MICHAEL COLLINS PIPER

ENDGÜLTIGES URTEIL

Das fehlende Glied in der Ermordung von JFK

Band I

MICHAEL COLLINS PIPER
(1960-2015)

Michael Collins Piper war ein US-amerikanischer politischer Autor und Radiomoderator. Er wurde 1960 in Pennsylvania, USA, geboren. Er war regelmäßiger Mitarbeiter von *The Spotlight* und dessen Nachfolgerin *American Free Press*, Zeitungen, die von Willis Carto unterstützt wurden. Er starb 2015 in Coeur d'Alene, Idaho, USA.

FINAL JUDGMENT
The Missing Link in the JFK Assassination Conspiracy
Erste Ausgabe (1993) The Wolfe Press
Sechste Auflage (2005) American Free Press
aus der die vorliegende Übersetzung stammt.

ENDGÜLTIGES URTEIL
Das fehlende Glied in der Ermordung von JFK
Band I

Aus dem Amerikanischen übersetzt und herausgegeben von
OMNIA VERITAS LTD

OMNIA VERITAS®
www.omnia-veritas.com

© Omnia Veritas Ltd - 2025

Alle Rechte vorbehalten. Kein Teil dieser Veröffentlichung darf ohne vorherige Genehmigung des Herausgebers in irgendeiner Form vervielfältigt werden. Das Gesetz zum Schutz des geistigen Eigentums verbietet Kopien oder Vervielfältigungen zur gemeinsamen Nutzung. Jede vollständige oder teilweise Wiedergabe oder Vervielfältigung ohne die Zustimmung des Herausgebers, des Autors oder ihrer Rechtsnachfolger ist rechtswidrig und stellt einen Verstoß dar, der nach den Artikeln des Gesetzbuchs für geistiges Eigentum geahndet wird.

Die israelischen Atomwaffen, die mit der Ermordung von JFK in Verbindung gebracht werden, sind Gegenstand einer weltweiten Debatte............ 25
Neue Beweise stellen eine Verbindung zwischen Israels Atomwaffenprogramm und der New Orleans Connection in der JFK-Verschwörung her 25
    JFK UND ISRAEL - KEINE „BESONDERE FREUNDSCHAFT"................ 26
    MOBILE................ 26
    DIE URSPRÜNGE... 27
    DIE AKTEURE 27
    DIE ERMITTLER 27
    FALSCHE INFORMATIONEN 27
    DIE ZAUBERTRICKS 27
    SPIEGEL 28
    DIE MAGIZISTEN 28
    HIER IST, WAS DIE AUSTRALISCHEN FORSCHER, DIE MIT DER ERMORDUNG VON JFK BETRAUT WAREN, ZUM THEMA ENDURTEIL: 29
    HIER IST, WAS EINIGE GROßE NAMEN ÜBER DAS ERSTE IN AMERIKA VERBOTENE BUCH GESAGT HABEN 30
    Ein ehemaliger hoch angesehener Beamter des US-Außenministeriums... 30
    Ein berühmter Hollywood-Drehbuchautor, der in den 1950er Jahren Opfer der „Hexenjagd" wurde 31
    Ein erfahrener und angesehener amerikanischer Autor, Journalist und Stiftungsleiter 31
    Ein ehemaliger hoher Beamter des Pentagons 31
    Einer der rigorosesten jungen unabhängigen investigativen Journalisten Amerikas... 32
    Und das sagt der bekannte populistische amerikanische Historiker Eustace Mullins über ENDGERICHT 32
DER MYTHOS VON DALLAS **34**
    NEUE ENTHÜLLUNGEN 34
EINLEITUNG **39**
    DIE PERSPEKTIVE EINES SCHWARZEN AMERIKANERS ÜBER DIE ERMORDUNG VON JOHN F. KENNEDY 39
    DANKSAGUNGEN - UND *INTRIGEN...* 41
EINE ENTSCHULDIGUNG DES AUTORS **45**
    „ICH HABE DAS FEHLENDE GLIED VERPASST" 45
„DIE ANDERE SEITE DES PUZZLES" **47**
    VORWORT DES AUTORS 47
VORWORT **60**
    DIE UNAUSSPRECHLICHE WAHRHEIT: DIE ZENTRALE ROLLE ISRAELS BEI DER ERMORDUNG VON JFK 60
    DIE VERBINDUNG ZU LANSKY 61
    DIE ISRAELISCHE VERBINDUNG 61
    ISRAEL, LANSKY UND DIE CIA 62
    DIE VERBINDUNG MIT DEM PERMINDEX 63

DIE INSIDER SIND SICH EINIG... 63
DAS VOLLSTÄNDIGE BILD 63
   EIN WHO'S WHO DER VERSCHWÖRUNG ZUM ATTENTAT VON JFK UND DIE
VERTUSCHUNG DER TATSACHEN... 64
   Innerhalb der Permindex 64
   Die Verbindung zum Mossad 65
   Die Verbindung zur CIA.. 65
   Lanskys Verbrechersyndikat 67
   Die französische Verbindung 68
   Die Wahrheitssucher.. 69
   Die Betrüger der Nachrichten 70
   Theoretiker und/oder Propagandisten? 70
KAPITEL I **73**
   DIE VERBINDUNG, DIE DAS GANZE ZUSAMMENHÄLT WAS DIE MEISTEN THEORIEN
DIE AM WEITESTEN VERBREITET SIND ÜBER DIE ERMORDUNG VON JFK GEMEINSAM HABEN:
DIE NIE ERWÄHNTE *ISRAELISCHE CONNECTION*.. 73
   DIE ZENTRALE ROLLE ISRAELS 74
   DAS ISRAELISCHE MOTIV 74
   EINE ART „ UNTERGRUNDORGANISATION" 75
   „ANDERE GEHEIMDIENSTNETZWERKE".. 76
   DIE ROLLE DER MEDIEN 76
   „FALSCHE BANNER"... 76
   EIN WANDEL IN DER NAHOSTPOLITIK... 77
   DIE THEORIEN SICH ARTIKULIEREN 77
   DIE ALLGEMEIN ANERKANNTEN SCHLUSSFOLGERUNGEN... 78
   DIE BEWEISE SIND DA 79
   WAS PASSIERT IST... 79
   DIE THEORIE DER MACHTPOLITIK AM WERK... 80
   WIE DIESES BUCH AUFGEBAUT IST: DER LEITFADEN FÜR EINEN LESER .. 81
   DER MOSSAD 81
   JFK, LBJ UND ISRAEL 81
   MEYER LANSKY, ISRAEL UND DIE CIA 82
   DER PERMINDEX UND DIE FRANZÖSISCHE VERBINDUNG.. 83
   EINIGE WENIG BEKANNTE ASPEKTE... 83
   IHR HABT HIER ZUERST DAVON GEHÖRT.. 84
   EIN ABSCHLIESSENDES URTEIL FÄLLEN.. 84
KAPITEL II... **86**
   MAN SOLL IHM DEN KOPF ABSCHLAGEN EIN KOMPLOTT DES MOSSAD, UM EINEN
AMERIKANISCHEN PRÄSIDENTEN ZU TÖTEN 86
   US-AMERIKANER DURCH ISRAELISCHE VERSCHWÖRUNG GETÖTET........... 87
   EINE SICHERHEITSLÜCKE 88
   IM JAHR 1991, WARUM ALSO NICHT IM JAHR 1963? 89
   EINIGE HISTORISCHE SPEKULATIONEN... 89

EINE INTERESSANTE HISTORISCHE FUSSNOTE 90
EINE REIHE VON BEWEISEN 90
KAPITEL III **92**
    EINE SCHLECHTE ANGEWOHNHEIT: ISRAELS VERWENDUNG „FALSCHER BANNER" IM INTERNATIONALEN TERRORISMUS - SCHULDZUWEISUNG AN ANDERE 92
    „FABRIZIERTE SPUREN" UND „FALSCHE BANNER" 92
    DIE U.S.S. LIBERTY - DIE ÄGYPTER BESCHULDIGEN 93
    DIE ATOMBOMBE 93
    DIE LAVON-AFFÄRE 93
    „RECHTSEXTREMISTEN" BESCHULDIGEN 94
    DIE KORSISCHE MAFIA BESCHULDIGEN 95
    NEONAZIS BESCHULDIGEN 95
    DIE SÜDKOREANER BESCHULDIGEN 95
    DIE LIBYER BESCHULDIGEN 95
    LIBYEN ERNEUT BESCHULDIGEN 96
    DIE SYRER BESCHULDIGEN 97
    DIE PLO ANKLAGEN 97
    WARUM MACHEN SIE AUS OSWALD EINEN „PRO-CASTRO-AGITATOR"? 98
    JFK UND DIE GEHEIMEN GESCHÄFTE 99
KAPITEL IV **100**
    AUF MESSERS SCHNEIDE JFK, MEYER LANSKY, DIE MAFIA UND DIE ISRAEL-LOBBY 100
    JFK, HITLER UND DER KRIEG IN EUROPA 100
    KENNEDY UND DER „FASCHIST" 101
    EIN UNTERNEHMENSPROJEKT 102
    OFFEN ANTIJÜDISCH 102
    JOE KENNEDY SPRICHT OFFEN 103
    NAZIS „BILLIGEN" NIXON 104
    KENNEDY ÄRGERT DIE ISRAELISCHE LOBBY 105
    KENNEDY UND LANSKY 106
    DER VERRAT 107
    KENNEDY UND DAS VERBRECHEN 107
    EIN VERSPRECHEN AN DIE MAFIA 108
    JFK, DIE MAFIA UND MEYER LANSKY 108
    PROBLEME MIT DER ISRAELISCHEN LOBBY 109
    ABRAHAM FEINBERG 110
    KENNEDYS „EMPÖRUNG" 110
    EINE „GEFÄHRLICHE" VOREINGENOMMENHEIT 111
    KENNEDY UND BEN-GOURION - DAS ERSTE TREFFEN 111
    KENNEDY DREHT DEN SPIESS UM 112
    JFK STELLT SICH GEGEN DIE ISRAEL-LOBBY 112
    GEHEIMKRIEGE 113

DAS MONOPOL DES GELDES 113
VERSCHIEDENE ENTITÄTEN 114
KAPITEL V **115**
    GENESIS: JFKS GEHEIMER KRIEG MIT ISRAEL 115
„ZIONISTEN IM SITZUNGSSAAL DES KABINETTS" 115
KENNEDYS GUTE ABSICHTEN 116
DIE FRIEDENSGESTE GEGENÜBER NASSER 116
AUS TRADITION AUFRECHT 117
DIE ISRAEL-LOBBY REAGIERT 117
ALGERIEN, NOCH 118
DE GAULLES UMSCHWUNG IM NAHEN OSTEN 118
„DOUBLE SENS" 119
KEINE „EXKLUSIVEN FREUNDE" 119
VIER PROBLEME MIT ISRAEL 119
DER BEDARF AMERIKAS IST GROSS 120
AMERIKA ZUERST - NICHT ISRAEL 120
NUKLEARE EXPANSION 120
EINE „SEHR SCHMERZHAFTE" SITUATION 121
KENNEDY „GEFIEL DAS NICHT" UND DE GAULLE WAR „VERÄRGERT"... 121
DER GEHEIME KRIEG 122
DAS ISRAELISCHE ATOMPROGRAMM 122
KENNEDY UND BEN-GOURION 123
VERGIFTETE BEZIEHUNGEN 124
HOSTILITÄT 124
„EINE ERNSTERE GEFAHR" 125
DIE GESTEN KENNEDYS 125
DAS ERBARMUNGSLOSE ISRAEL 126
DIE DROHUNGEN GEGEN JFK 127
DER WÜSTENSCHWINDEL 127
DER „LETZTE AMERIKANISCHE PRÄSIDENT" 128
„DAS TURBULENTE JAHR" 128
DAS ALGERISCHE PROBLEM 128
DIE LETZTE PRESSEKONFERENZ 129
JFKS „GUTER GLAUBE" IN FRAGE GESTELLT 130
BEN-GOURION: „ZEICHEN VON PARANOIA" 131
GEHEIMER BRIEFWECHSEL „IMMER VERBITTERTER" 131
KENNEDY IST EIN „TYRANN" 131
DIE EXISTENZ ISRAELS „IN GEFAHR" IST 131
EINE IMPASSE MIT BITTEREM GESCHMACK 132
EIN MODERNER HAMAN? 132
DIE ENDGÜLTIGE REIHENFOLGE? 133
DIE SCHARFSCHÜTZEN DES MOSSAD 134

DIE FEINDE VEREINIGEN SICH	*134*
DAS KOMMEN DES MESSIAS	*135*
KAPITEL VI	**136**
DAS KOMMEN DES MESSIAS LYNDON JOHNSON EILT ISRAEL ZU HILFE ; DIE US-POLITIK IM NAHEN OSTEN WIRD AUF DEN KOPF GESTELLT	136
DAS ÜBERLEBEN ISRAELS	*136*
DIE VERBINDUNG ZWISCHEN JOHNSON UND LANSKY	*137*
JOHNSON STELLT SICH DEM GEFÄNGNIS?	*138*
PLÖTZLICHE ÄNDERUNGEN DER POLITIK	*138*
VON DEN „GUTEN NACHRICHTEN" AUS DALLAS	*138*
ISRAELS INTERESSEN ZUERST	*139*
TRAUER IN DER ISLAMISCHEN WELT	*140*
DEUIL À PARIS	*140*
VERDÄCHTIGUNGEN	*141*
SICH SCHNELL BEWEGEN	*141*
EIN LANGJÄHRIGER FAVORIT ISRAELS	*142*
DER POLITIKWECHSEL BEGINNT	*143*
DIE ATOMBOMBE	*143*
HUBERT HUMPHREY UND DAS LANSKY-SYNDIKAT	*144*
STAATLICH GEFÖRDERTE AUSLANDSHILFE	*144*
BEWAFFNUNG DER ISRAELISCHEN KRIEGSMASCHINERIE	*145*
ISRAELS INTERESSEN ZUERST	*145*
ISRAEL PROFITIERT VON VIETNAM	*146*
VIETNAM - DAS SCHMUTZIGE KLEINE GEHEIMNIS ISRAELS	*147*
WO SOLL AMERIKA KÄMPFEN?	*148*
LANSKY, DIE CIA & VIETNAM	*148*
EINE LEIDENSCHAFTLICHE VERBUNDENHEIT	*149*
KAPITEL VII	**150**
DER PATE ISRAELS: DER MITTELSMANN MEYER LANSKY, DIE CIA, DAS FBI UND DER ISRAELISCHE MOSSAD	150
WER WAR MEYER LANSKY?	*151*
EIN RATSMITGLIED	*151*
VERBINDUNGEN ZU DEN AMERIKANISCHEN GEHEIMDIENSTEN	*152*
DER VORSITZENDE DES VERWALTUNGSRATES	*152*
LANSKY UND CUBA	*152*
ALLIANZ UND RIVALITÄT	*153*
LUCIANO OPFER EINES ABGEKARTETEN SPIELS	*153*
LANSKY, DEWEY UND DIE CIA	*154*
FRANK COSTELLO „ZIEHT SICH ZURÜCK"	*155*
LUCIANO ERINNERT SICH....	*155*
„DER CHEF VON ALLEM"	*155*
WOHLWOLLENDE HILFE	*156*

SICH HINTER „DER MAFIA" VERSTECKEN	156
„DIE WAHREN ANFÜHRER DES VERBRECHENS"	156
„KOSCHER NOSTRA"	157
DIE MAFIA IM CHAOS / LANSKY AUF DEM GIPFEL	158
DIE VERBINDUNG ZWISCHEN HOOVER UND LANSKY	159
ADL UND DAS ORGANISIERTE VERBRECHEN	160
DIE AUGEN SCHLIESSEN	161
EIN TOTER ZEUGEN	161
DAS HOOVER-ABKOMMEN	162
WAS HOOVER WUSSTE	162
DIE ANGLETONVERBINDUNG	163
DER PATEN	163
WAFFENHANDEL FÜR ISRAEL	163
OPERATION UNDERWORLD	164
ISRAEL: EINE AUSBEUTUNGSBASIS	166
GELDWÄSCHE	166
RABBINER TIBOR ROSENBAUM	166
DIE INTERNATIONALE KREDITBANK	167
DIE ISRAELISCHE GESELLSCHAFT	168
DIE BANKEN DER ADL	169
DER SPONSOR GEHT NACH HAUSE	170
PEGRE GELD IN ISRAEL	170
LANSKY AUF DEM ABSTEIGENDEN AST	171
KAPITEL VIII	**173**
LES INSÉPARABLES: GEFÄHRLICHE VERBINDUNGEN JAMES JESUS ANGLETON UND DIE PROFANE ALLIANZ ZWISCHEN ISRAEL, DER CIA UND DEM SYNDIKAT DER VON MEYER LANSKY	173
MÄCHTIGE BOSSE	174
EINE MACHT FÜR SICH ALLEIN	174
DER CHEF DES INTERNATIONALEN NACHRICHTENDIENSTES	175
BEN-GURIONS MANN IN WASHINGTON	175
KENNEDY EINE DROHUNG	176
DIE CIA UND ISRAEL: DIE ANFÄNGE	176
DIE MORDKOMPLOTTE	177
DAS ZR/RIFLE-TEAM VON ANGLETON	177
EIN STARKES BÜNDNIS	178
EINE UMKEHRUNG DER POLITIK	178
ANGLETON UND DIE ISRAELISCHE ATOMBOMBE	179
THEODORE SHACKLEY	179
DAS GEHEIME MEMORANDUM	180
ANGLETONS MACHT WIRD GESTÄRKT	180
ANGLETON, LANSKY UND DIE OSS	181

DER JÜDISCHE WIDERSTAND 181
WIEDER TIBOR ROSENBAUM 182
DIE VERBINDUNG DER KORSISCHEN MAFIA 182
DIE AUFTRAGSKILLER DER CIA 182
ANGLETON, DIE CIA UND DIE FRANZÖSISCHE CONNECTION 183
DIE MANIPULATION DER WARREN-KOMMISSION 184
DER FALL NOSENKO: DIE ANKLAGE 185
DIE FANTASIE IN BUCHFORM 186
VON EINEM FALSCHEN BANNER GETÄUSCHT 187
„EIN HAUS HAT VIELE ZIMMER" 187

KAPITEL IX **189**
    EINE KLEINE UNANNEHMLICHKEIT JFKS KRIEG MIT DEN VERBÜNDETEN ISRAELS INNERHALB DER CIA 189
DIE SCHWEINEBUCHT 189
KENNEDYS MASSNAHMEN GEGEN DIE CIA 190
DIE KONTROLLE DER CIA 190
DIE CIA UND VIETNAM 191
KENNEDYS VERTRAUENSWÜRDIGER VERMITTLER 191
AUSSER KONTROLLE 192
EIN VON DER CIA GESPONSERTER STAATSSTREICH? 192
DIE CIA SIEGT 193
DIE CIA UND DIE ERMORDUNG VON JFK 194
HUNT EIN UNABHÄNGIGER AGENT? 194
HUNT, STURGIS UND RUBY IN DALLAS 195
DIE NOVO-BRÜDER 195
DIE HUNT - BUCKLEY - VERBINDUNG 196
DIE VIELFÄLTIGEN VERBINDUNGEN DES MOSSAD 197
DER SCHÜTZLING VON TIBOR ROSENBAUM 198
DIE VERBINDUNG ZWISCHEN BUCKLEY UND ISRAEL 198
LA CONNEXION BUCKLEY - De Mohrenschildt 199
VON MOHRENSCHILDT UND HUNT 200
DIE CIA UND DIE OAS 200
DIE OAS UND „DIE FREUNDE ISRAELS IN FRANKREICH"'. 202
DREI MÄCHTIGE KRÄFTE 202

KAPITEL X **204**
    DER HANDLANGER DES HANDLANGERS MEYER LANSKY UND CARLOS MARCELLO -. HAT DIE MAFIA JFK GETÖTET? 204
MARCELLO ANKLAGEN 204
DIE VERZERRUNG DER WAHRHEIT 204
CLAY SHAW UND DIE CIA 205
DIE FAKTEN IGNORIEREN 205
GARRISON SABOTAGE 206

DER „EXPERTE" FÜR DAS ORGANISIERTE VERBRECHEN 206
DIE BLAKEY - LANSKY - VERBINDUNG 207
DALITZ, SIEGEL UND LANSKY.. 207
ISRAEL HONORE DALITZ 208
BLAKEY UND DIE CIA.. 209
LOUISIANA'S LEIHGEBER... 209
DER MARKT ZWISCHEN LONG und LANSKY... 210
MARCELLO TRÄGT DEN HUT 211
LANSKY, MARCELLO UND DIE CIA... 212
MARCELLO, FERRIE, BANISTER & LA CIA... 212
LANSKY UND DIE ERMORDUNG VON LONG 213
LANSKY ÜBER MARCELLO AUFSPÜREN 214
DIE „KOSCHER NOSTRA" VON LANSKY 215
WORTE IN DER LUFT.. 215
LANSKY WIRD NICHT ERWÄHNT 216

KAPITEL XI.. 217
KUBANISCHE SERENADE MEYER LANSKY, DIE MAFIA, DIE CIA, DER MOSSAD
UND DIE VERSCHWÖRUNGEN ZUR ERMORDUNG CASTROS 217
DAS BÜNDNIS ZWISCHEN LANSKY UND DER CIA... 218
KUBANISCHE „JÜDISCHE VERBINDUNG"... 220
LANSKY UND DIE MORDKOMPLOTTE.. 220
ROSSELLI UND DIE ERMORDUNG VON JFK... 221
DIE VERBINDUNG DES MOSSAD ZU SAM GIANCANA 222
GIANCANA UND ROSSELLI HINGERICHTET 224
DIE MAFIA UND DER MOSSAD 225

KAPITEL XII.. 226
OPIUM FÜR DAS VOLK DER DROGENHANDEL IN SÜDOSTASIEN VON LANSKY UND
DER CIA UND DIE VERBINDUNG ZUM MOSSAD 226
DER DROGENBOSS 227
TRAFFICANTE DER STROHMANN.. 227
LANSKY RÜCKT AN DIE SPITZE VOR.. 227
DIE MAFIA UNTER DRUCK 228
WER IST DER CHEF?.. 229
DIE VERBINDUNG ZWISCHEN DROGEN UND DEM MOSSAD 230
DIE KORSIKANISCHE MAFIA.. 230
LANSKY, DIE CIA UND DIE KORSISCHE MAFIA.. 231
DIE VERBINDUNG ZWISCHEN VIETNAM UND DROGEN................................. 231
DIE LANSKY-VERBINDUNG TARNEN.. 232
FRANZÖSISCHE ATTENTÄTER?.. 233
DIE HUNT-VERBINDUNG 234
DIE ZWEI SEITEN DERSELBEN MEDAILLE.. 235
ISRAEL, DIE CIA UND DAS DROGENKARTELL.. 235

KAPITEL XIII 236
KALIFORNIENS VERBINDUNGEN ZU ISRAEL MICKEY COHEN UND DIE VERSCHWÖRUNG ZUR ERMORDUNG VON JFK 236
COHENS MEMOIREN 236
DIE VERBINDUNG ZU CIA 237
SIEGELS NACHFOLGER 237
LANSKY BEFIEHLT MORD 237
HOOVER SPRICHT SEIN BEILEID AUS 238
LANSKYS „AUGEN UND OHREN" 238
COHEN UND ISRAEL 238
MENACHEM BEGIN LANDET IN DER STADT 239
ISRAEL ERGEBEN 240
JACK RUBY LANDET IN DER STADT 240
COHEN, MARILYN MONROE UND JFK 241
JFK'S POSITIONEN GEGENÜBER ISRAEL? 242
ZWEI MORDE? 243
WAS FÜHRTEN SIE IM SCHILDE? 243
MELVIN BELLI 244
COHENS MISSION 244
ISRAELS RÜCKENDECKUNG 244
DIE COHEN-VERBINDUNG 245

KAPITEL XIV 247
DER KURIER: JACK RUBY WAR MEHR „MOSSAD" ALS „MAFIA" 247
RUBY UND LANSKYS DROGENHANDEL 249
RUBY GEHÖRTE NICHT ZUR „MAFIA". 249
RUBYS ISRAELISCHE VERBINDUNGEN 250
RUBY UND DER ISRAELISCHE WAFFENHANDEL 251
RUBY UND DIE FAMILIE BRONFMAN 253
RUBY UND DIE CIA 253
RUBY, OSWALD UND DIE CIA 254
EINE VERSCHWÖRUNG GEGEN CONNALLY? 256
LANSKYS KURIER IN DALLAS 257
BRADEN, RUBY & FERRIE 257
MELVIN BELLI KOMMT IN DIE STADT 259
DIE VERSCHLEIERUNG DURCH DIE MEDIEN 261
EIN GUT PLATZIERTER KURIER 261
EINE SELTSAME GESCHICHTE 262
VERBINDET MIT ISRAEL? 262
JEMAND RUBY GEHOLFEN HAT 263
DAS LETZTE GEHEIMNIS - RUBY UND DIE ADL 265
NEUE ENTHÜLLUNGEN.... 265
DIE GESCHIRRTÜCHER VERMISCHEN SICH MIT DEN HANDTÜCHERN 266

KAPITEL XV **267**
  DAS GEHEIMNIS DES PERMINDEX ISRAEL, DIE CIA, LANSKYS
  VERBRECHERSYNDIKAT UND DAS KOMPLOTT ZUM MORD AN JOHN F. KENNEDY 267
    DAS GEHEIMNIS DES PERMINDEX 268
    „LÄNDERÜBERGREIFENDE VERBINDUNGEN" 268
    WAS IST PERMINDEX? 269
    DIE UNBEKANNTEN SPONSOREN VON CLAY SHAW 270
    SEYMOUR WEISS UND DIE CIA 270
    DIE MÄNNER HINTER SHAW 271
    LOUIS BLOOMFIELD - DIE BRONFMAN CONNECTION 272
    BLOOMFIELD UND DER AMERIKANISCHE GEHEIMDIENST 273
    SHAW UND ANGLETON 274
    NOCH SELTSAMERE VERBINDUNGEN 275
    DIE ROLLE ISRAELS IST GESCHLOSSEN 276
    EISENBERG UND FEINBERG - NOCH 277
    DAS PERMINDEX-KOMPLOTT 278
    LANSKYS KURIER IN MIAMI UND GENF 278
    EINE ANDERE VERBINDUNG VON ISRAEL 279
    DIE VERSCHWÖRUNGEN ZUR ERMORDUNG VON CHARLES DE GAULLE . 280
    SOUSTELLE, DIE OAS UND DER IRGOUN 280
    ISRAEL UND DIE OAS 282
    DIE OAS, DER PERMINDEX UND NEW ORLEANS 282
    DIE ISRAELISCHE BANISTER-CONNECTION 284
    EINE „DRITTE KRAFT"? 285
    EIN BESUCH DES PERMINDEX 286
    DIE SELTSAME WELT DES CLAY SHAW 287
    WAS IST MIT DER „NAZI"-VERBINDUNG? 287
    „FASCHISTISCHE JUDEN" 288
    EINE LÄNDERÜBERGREIFENDE BESTIMMUNG 289
KAPITEL XVI **291**
  VERRAT IN DALLAS WAS GESCHAH WIRKLICH AUF DER DEALEY PLAZA? JAMES
  JESUS ANGLETON, E. HOWARD HUNT UND DAS ATTENTAT AUF JFK. DIE WAHRHEIT ÜBER
  „DIE FRANZÖSISCHE VERBINDUNG" 291
    HAT DIE CIA HUNT EINE FALLE GESTELLT? 292
    EIN KONKURS DER CIA UND DES MOSSAD? 292
    HUNT WAR IN DALLAS 293
    LANE GREIFT DEN FALL AUF 294
    HUNT UND RUBY IN DALLAS 295
    DIE VERBINDUNG MIT ANGLETON 296
    WURDE DIE NOTIZ ABSICHTLICH OFFENGELEGT? 301
    WURDE HUNT BEFOHLEN, NACH DALLAS ZU GEHEN? 302
    DIE CIA UND DAS MEXICO SCENARIO 302
    OSWALD UND KGB? 303

WARREN „ALS GEISEL FESTGEHALTEN"	304
ANGLETON UND MEXIKO	304
WAS MOTIVIERTE ANGLETON?	305
DIE ERMORDETE GELIEBTE	306
WAS WUSSTE ER UND WANN WUSSTE ER ES?	307
ANGLETON, HUNT UND DIE ERMORDUNG VON JFK	307
HUNTS SCHWEIGEN	309
WAR HUNT EIN SÜNDENBOCK?	310
DER POLIZIST, DER FILMSTAR UND DER SHERIFF	310
„EIN SCHRECKLICHER VERRAT IRGENDWO"	311
DIE FUSSSPUREN AN CASTROS TÜR	311
„EIN VERRAT MIT UNGLAUBLICHEN PROPORTIONEN"?	313
JOHNS IDENTITÄT?	313
EINE „DRITTE KRAFT"?	314
WER HATTE DIE MACHT?	315
EIN MOSSAD-AGENT IN DEALEY PLAZA	315
STURGIS, BANISTER, FERRIE UND OSWALD	317
DIE TENTAKEL DES MOSSAD UMGEBEN OSWALD	317
DIE TARNUNG DES MOSSAD	319
FALSCHE BANNER IN DEALEY PLAZA?	320
DURCH DIE CIA UND DEN MOSSAD UNTERSUCHT?	321
DIE FRANZÖSISCHE VERBINDUNG	322
DER SÖLDNER DER OAS	323
FRANZÖSISCHE VERBINDUNGEN AUS ISRAEL	325
SCHAKAL ODER JACL?	326
DER KREIS DER VERSCHWÖRUNG IST GESCHLOSSEN	326
CHRISTIAN DAVID	327
DIE SCHLEIFEN SCHNEIDEN SICH IN DALLAS	328
DE GAULLES GEGENANGRIFF	329
DER PERMINDEX UND DIE FRANZÖSISCHE VERBINDUNG	329
NOCH ISRAEL	330
DIE TREIBENDE KRAFT	331
KAPITEL XVII	**332**
SIE WAGEN ES NICHT, SICH ZU ÄUßERN: DAS SCHWEIGEN DER MEDIEN - WARUM DIE ROLLE ISRAELS? BEI DER ERMORDUNG VON JFK NICHT ENTHÜLLT WERDEN KONNTE	332
DER DISSENS EINES BÜRGERS	332
GARRISON UND DIE VERBINDUNG VON CIA UND MOSSAD	333
DIE INTERVENTION VON ANGELTON	333
DIE „STERN GANG"	334
SABOTAGE	335
NOCH MEHR VON DER „STERN GANG"	335

OSWALDS „KOSTENLOSE WERBUNG" 336
DIE VERBINDUNG ZU SHERIDAN UND ISRAEL 337
GARNISON KRITISIERT 337
DIE SABOTAGE VON INNEN 338
NOCH MEHR CIA-INTERVENTION? 338
GARRISON UND MARCELLO 339
DIE FÖDERALISTEN GEGEN GARRISON 340
DIE MEDIEN BESCHMUTZEN KENNEDYS IMAGE 340
DIE VERBINDUNG ZU HUNT - CIA ELIMINIERT 341
DIE CIA UND DIE MEDIEN 341
ISRAEL UND DIE AMERIKANISCHEN MEDIEN 342
DIE TENTAKEL DES MOSSAD 342
DIE ANTI-DEFAMATIONSLIGA 343
DIE ADL UND DIE LANSKY-GEWERKSCHAFT 343
DIE ADL UND DER AMERIKANISCHE GEHEIMDIENST 344
DIE ADL UND DIE MEDIEN 344
GEGEN ISRAELKRITIKER VORGEHEN 344
SPIONAGESKANDAL 345
JEDEN AUSSPIONIEREN 346
DIE VERBINDUNG MIT ANGLETON 346
DIE ADL UND DIE ERMORDUNG JFKS 346
DAS DECKEN VON PEARSON UND ANDERSON 347
WARUM DAS COVER NICHT HÄLT, WAS ES VERSPRICHT 347
DIE VERBINDUNG ZU CIA 348
PEARSON, JOHNSON UND DAS LANSKY-SYNDIKAT 349
EARL WARREN WIRD ABGEZOCKT 349
VON DER POLEMIK ABLENKEN 350
ISRAELS LIEBLINGSJOURNALIST 350
PEARSON UND DIE ADL 351
PEARSONS VERBINDUNG ZUM MOSSAD 351
DIE ISRAELISCHE LOBBY UND PEARSON 352
MICKEY COHENS ZUSTIMMUNG 352
PEARSON UND DER NATIONAL ENQUIRER 353
DIE VERBINDUNG ZU JOE TRENTO 353
DIE VERBINDUNGEN VON JACK ANDERSON 354
EINE FALLSTUDIE ZUM THEMA DESINFORMATION 355
NOCH MEHR DESINFORMATION 355
EIN PRO-ISRAELISCHER „KRITIKER" 356
DAS COVER „HOFFA HAT JFK GETÖTET" 356
WARUM HOFFAS GESCHICHTE NICHT STIMMT 357
WER HAT HOFFA GETÖTET? 358
SUN MYUNG MOON, ISRAEL UND DIE CIA 358

DIE VERSCHLEIERUNG DER KONSERVATIVEN *359*
WER STEHT HINTER DEM AIM? *359*
DIE ISRAELISCHE VERBINDUNG VON AIM *360*
EINE ANDERE VERBINDUNG ZUR CIA UND LANSKY *360*
OLIVER STONE *360*
IN DIE FALSCHE RICHTUNG WEISEN *361*
STONES VERBINDUNG ZU LANSKY UND ISRAEL *361*
„DIE ISRAELISCHE MAFIA" *362*
WIEDER TIBOR ROSENBAUM *362*
DIE TIME-LIFE-BANDE *363*
WIEDER DIE BRONFMANS *363*
STEINS VERBINDUNG MIT DEM ADL *364*
STONE REAGIERT AUF ENDURTEIL... .... *364*
STONE UND „DIE FRANZÖSISCHE VERBINDUNG" *364*
STONES VERBINDUNG ZUM MOSSAD *365*
EINE „BEGRENZTE SITUATION" NACH HOLLYWOOD-ART? *366*
EINE EINLADUNG ZUR DEBATTE *366*
WO STONE VERSAGT HAT.... .... *366*
DIE MEDIEN LEHNEN ENDURTEIL AB *367*
KAPITEL XVIII **368**
DER ERBE DES DIE ERMORDUNG VON ROBERT F. KENNEDY ISRAEL, DER IRAN, LANSKY UND DIE CIA *368*
„DER TÄTER IST EIN ARABER" *369*
DIE RFK-VERSCHWÖRUNG *369*
DIE SAVAK MACHT IHREN AUFTRITT *370*
DIE ZWEITE „WAFFE" *371*
ANDERE POTENZIELLE SCHÜTZEN *371*
DIE UNTERSUCHUNG SABOTIERT WIRD *371*
DIE VERBINDUNG ZU LANSKY *372*
ISRAEL UND DER IRAN *373*
DER IRAN UND DIE ISRAELISCHE LOBBY *373*
DIE ISRAELISCHEN URSPRÜNGE DER SAVAK *374*
ISRAEL BILDET DIE SAVAK AUS *374*
EIN SHAH RAVI *374*
DIE VERTUSCHUNG FORTSETZEN *375*
RICHARD HELMS UND DER SCHAH *375*
EINIGE ABSCHLIESSENDE BEMERKUNGEN *376*
ZUSAMMENFASSUNG *377*
SCHLUSSFOLGERUNG **378**
OPERATION HAMAN DIE THEORIE, DIE FUNKTIONIERT DIE ZUSAMMENFASSUNG *378*
LANSKYS GEWERKSCHAFT MIT VERBINDUNG ZU ISRAEL *378*
LYNDON JOHNSON *378*

KUBANISCHE ANTI-CASTORISTEN 379
DIE CIA 379
HOOVER 379
VIETNAM UND DROGEN 379
ISRAEL, DIE CIA UND DAS LANSKY-SYNDIKAT 380
MICKEY COHEN 380
BEN-GURION UND DIE ISRAELISCHE ATOMBOMBE 380
DIE VERSCHWÖRUNG WIRD IN GANG GESETZT 381
DIE WICHTIGSTEN AKTEURE DER CIA - ALLE MIT DEM MOSSAD VERBUNDEN 381
DIE FRANZÖSISCHE VERBINDUNG 382
„DER FIKTIVE MORD" 382
JACK RUBY, MICKEY COHEN UND DER MOSSAD 383
EARL WARREN 383
FALSCHE PISTEN 384
ROBERT F. KENNEDY 384
ISRAEL UND DIE MEDIEN 384
DIE AUSWIRKUNGEN DES ATTENTATS 385
EIN KLEINER KREIS VON VERSCHWÖRERN 385
DIEJENIGEN, DIE AM RANDE STANDEN 386
DAS ENDGÜLTIGE URTEIL 387
    FÜNF ANSICHTEN ÜBER DIE VERBINDUNGEN DES MOSSAD ZUR VERSCHWÖRUNG ZUR ERMORDUNG VON JFK 421
ANDERE PUBLIKATIONEN **429**

Endgericht ist zweifellos das „kontroverseste" - und sicherlich auch das am breitesten angeprangerte - Buch über das vielleicht am meisten behandelte Thema der amerikanischen Geschichte...
Dennoch haben die meisten, die dieses Buch hysterisch verurteilt haben, es nie gelesen...
Die Kritiker greifen den Autor heftig an, weigern sich jedoch, mit ihm zu diskutieren...
Dies ist das einzige Buch über die Ermordung von JFK, das kein großer Verlag zu veröffentlichen wagte...

Trotz alledem kamen die aufgeschlossenen Menschen, die *es wagten, „Endgültiges Urteil" zu lesen* - darunter einige sehr bekannte Namen - zu dem Schluss, dass dieses Buch das einzige Buch ist, das die gesamte Verschwörung, die John F. Kennedy das Leben kostete, am umfassendsten beschreibt.

Final Judgement präsentiert das, was der Autor Michael Collins Piper als „die andere Seite des Puzzles" bezeichnet - die lange Zeit ignorierten, aber frei zugänglichen Details (alle in der „Mainstream"-Literatur gefunden), die ein neues und packendes Licht auf die Umstände rund um die Ermordung von JFK werfen.

Dieses Buch belegt die hohe Wahrscheinlichkeit, dass der israelische Geheimdienst Mossad zusammen mit der CIA und Meyer Lanskys Verbrechersyndikat an der Ermordung von JFK beteiligt war, da Präsident Kennedy sich bemühte, Israel daran zu hindern, in den Besitz von nuklearen Massenvernichtungswaffen zu gelangen. Diese Tatsache blieb jahrzehntelang ein gut gehütetes Geheimnis.

Mitte der 1980er Jahre begann jedoch die Wahrheit über die Hintergründe von Präsident Kennedys Krieg gegen Israel ans Licht zu kommen. Doch viele der ansonsten fleißigen Ermittler, die an der Ermordung JFKs arbeiteten, zogen nie die Möglichkeit in Betracht, dass Israel gute Gründe hatte, sich mit anderen mächtigen Kräften zu verbünden, die JFK aus dem Weißen Haus entfernen wollten. Sobald Sie *„Endgültiges Urteil"* gelesen haben, werden Sie feststellen, dass die Beweise für die Beteiligung Israels tatsächlich vorhanden sind.

Obwohl das Buch erstmals 1994 veröffentlicht wurde, wurde es nur von einer einzigen Zeitung, einer kleinen Wochenzeitung mit Sitz in Washington, erwähnt. Trotzdem hat sich *Jüngstes Gericht bis* heute über 40.000 Mal verkauft und ihm damit den berühmten Status eines „unabhängigen" Bestsellers verschafft.

Dennoch haben die meisten Amerikaner noch nie etwas von dieser bahnbrechenden historischen Bombe oder ihrer umstrittenen These gehört.

Illustrationen auf dem Titelbild
David Ben Gurion (links), John Fitzgerald Kennedy (rechts).

Widmung

An meine verstorbene Freundin Lois Petersen.

Ohne Lois wäre dieses Buch schlichtweg nicht möglich gewesen.

Danke, Lois, für alles.

Dem bemerkenswerten O.W. MacLeod, dessen Freundschaft und Ermutigung sehr wertvoll waren.

An Robert M. Piper, der meine Begeisterung für scheinbar aussichtslose Fälle geteilt hat.

Und an den mutigen und unnachahmlichen Jim Floyd, der mir seine Unterstützung anbot, als die meisten sie mir verweigerten.

Die israelischen Atomwaffen, die mit der Ermordung von JFK in Verbindung gebracht werden, sind Gegenstand einer weltweiten Debatte...

Zehn Jahre lang haben israelische Propagandisten Michael Collins Piper, den Autor des Buches *„Endgericht"*, als „Lügner" und „Antisemiten" bezeichnet, weil er den israelischen Geheimdienst beschuldigt hatte, eine Rolle bei der Verschwörung zum Mord an JFK gespielt zu haben, und zwar aufgrund des erbitterten Geheimkonflikts zwischen JFK und dem israelischen Premierminister David Ben Gurion über Israels Bemühungen, nukleare Massenvernichtungswaffen herzustellen. Einige sogenannte „Ermittler, die an der Ermordung von JFK arbeiten", machten sich über Piper lustig und weigerten sich, auf die These in seinem Buch einzugehen.

Am 25. Juli 2004 wurden jedoch viele von Pipers Kritikern zum Schweigen gebracht und rot vor Verwirrung, als die angesehene *Jerusalem Post* aus Israel einen Artikel veröffentlichte mit der Überschrift: „Vanunu: Israel hinter der Ermordung von JFK." Die Zeitung erklärte, dass der berühmte Atomphysiker jüdischer Herkunft, Dr. Mordechai Vanunu, der vor kurzem nach 18 Jahren Haft wegen der Enthüllung von Israels geheimem Atomwaffenprogramm freigelassen wurde - die Befürworter der israelischen Atomkampagne beschuldigt hatte, *in die Ermordung von JFK verwickelt zu sein, eben weil JFK sich in ihre Ziele eingemischt* habe.

Die israelische Regierung wies Vanunus Behauptungen zurück, doch seine Aussagen fanden weltweit Beachtung in den Zeitungen, mit der bemerkenswerten Ausnahme der USA, wo *nur eine einzige Zeitung* Vanunus Anschuldigungen erwähnte, nämlich *American Free Press*, die in Washington ansässige Wochenzeitung, die *das Endgericht* veröffentlichte. Wie der meistgelesene Autor im Internet, Reverend Mark Dankof, jedoch richtig erklärte: „Vanunus und Pipers Behauptungen über Israel werden nicht verschwinden."

Neue Beweise stellen eine Verbindung zwischen Israels Atomwaffenprogramm und der New Orleans Connection in der JFK-Verschwörung her

Während der zweite Druck der sechsten Auflage dieses Buches in Druck ging, lieferte eine hochrangige Quelle, die mit den Geschäften des Atomkraftwerks NUMEC in Pennsylvania vertraut war, das nukleares Material nach Israel geschmuggelt hatte (siehe nur Kapitel 8), Michael Collins Piper Dokumente, die belegten, dass die Familie von Edith Rosenwald Stern, einer prominenten jüdischen Führerin aus New Orleans, zu den Hauptfinanziers hinter NUMEC gehörte. Frau Stern war die engste Freundin von Clay Shaw, einem langjährigen CIA-Informanten, der von Jim Garrison, dem Staatsanwalt von New Orleans, im Zusammenhang mit dem JFK-Komplott angeklagt wurde. *Final Judgement* hatte bereits über Shaws Verbindungen zum israelischen Geheimdienst berichtet, daher ist die Verbindung zwischen NUMEC und Stern umso belastender und erklärt zusammen mit anderen Daten, warum Garrison schließlich zu dem Schluss kam, dass eine israelische Verbindung hinter dem Komplott steckte. Und beachten Sie Folgendes: Ein weiterer Investor der NUMEC war Richard Scaife, ein „rechter" Milliardär mit Verbindungen zur CIA in Pittsburgh, dessen Schützling Joe Farah, ein glühender Anhänger Israels, ein Buch über die JFK-Verschwörung gefördert hatte, das offensichtlich dazu gedacht war, von *Judgement* Day abzulenken. Es ist alles gesagt.

Die Verbindung zwischen israelischen Atomwaffen und der Ermordung von JFK ist eine Tatsache - eine historische Tatsache, die nicht so schnell verschwinden wird...

JFK und ISRAEL - Keine „Besondere Freundschaft".

„Israel muss sich nicht für die Ermordung oder Vernichtung derjenigen entschuldigen, die es zerstören wollen. Das erste, was jedes Land tun muss, ist, sein Volk zu schützen."
Washington Jewish Week **9. Oktober 1997**

„Die Ermordung von US-Präsident John F. Kennedy setzte dem massiven Druck der US-Regierung auf die israelische Regierung, das Atomprogramm zu stoppen, ein jähes Ende [in Avners *Israel & the bomb*] Cohen zeigt ausführlich den Druck auf, den Kennedy auf Ben-Gurion ausübte ... in dem Kennedy dem israelischen Premierminister klarmacht, dass er unter keinen Umständen zustimmen würde, dass Israel ein Atomstaat wird. Das Buch implizierte, dass, wenn Kennedy am Leben geblieben wäre, es unwahrscheinlich ist, dass Israel heute eine nukleare Option hat."
Reuven Pedatzer in der Zeitung *Ha'aretz*, **5. Februar 1999, in dem er die Kritik von** *Israel & the bomb*. **(New York: Columbia University Press, 1998)**

„Nichts im Universum ist Zufall", sagte Rabbiner Meir Yeshurun vom Kabbalah-Zentrum in Boca Raton, Florida, einem Reporter der *Palm Beach Post*. „Jemand in der Familie [Kennedy] hat etwas getan, damit die Familie für diese negative Energie disponiert war, und das hat die Kennedys jahrzehntelang getroffen." Laut einer Geschichte, die in jüdisch-mystischen Kreisen erzählt wird ... [JFKs Vater] Joseph Kennedy ... kehrte an Bord eines Schiffes in die Vereinigten Staaten zurück, auf dem sich auch Israel Jacobson, ein armer Rabbi aus Lubavitcher, und sechs seiner Jeschiwa-Schüler befanden, die vor den Nazis flohen.
„Als bekannter Antisemit beschwerte sich Kennedy beim Kapitän, dass bärtige und schwarz gekleidete Juden die Passagiere der ersten Klasse beim Beten am heiligen Tag Rosh Hashanah störten..... Als Vergeltung oder wie es die Geschichte erzählt, belegte Rabbi Jacobson Kennedy mit einem Fluch, der ihn und alle seine männlichen Nachkommen zu tragischen Schicksalen verurteilte.
„.... Es ist eine merkwürdige Tatsache, dass dieselben Leute, die sich über das Konzept von Kismet oder das Schicksal lustig machen, Schwierigkeiten haben, das Konzept von Flüchen abzulehnen... [Die Kennedy-Familie] hat den fatalen Fehler begangen, sich für Gott zu halten".
Edward Klein, ehemaliger Chefredakteur der Zeitschrift *The New York Times,* **auf den ersten Seiten von** *The Kennedy Curse* **(New York: St Martin's Press, 2003)**

MOBILE

„Es ist interessant - aber nicht überraschend - dass in all den Worten, die über die Ermordung Kennedys geschrieben und gesprochen wurden, der israelische Geheimdienst Mossad nie erwähnt wurde. Dabei ist das Motiv des Mossad offensichtlich. In dieser Frage, wie auch in fast allen anderen, können sich amerikanische Journalisten und Kommentatoren nicht dazu durchringen, Israel in einem schlechten Licht darzustellen - trotz der offensichtlichen Tatsache, dass die Mitschuld des Mossad genauso plausibel ist wie alle anderen Theorien."

Der ehemalige Abgeordnete Paul Findley (R-Ill.),
im *Washington Report on Middle East Affairs*, März 1992.

DIE URSPRÜNGE...

„.... Der israelische Ursprung sollte vollständig begraben werden, während die Aufmerksamkeit auf jeden anderen möglichen Faktor gerichtet werden sollte. ...″
Benjamin Givli, Leiter des Militärgeheimdienstes
israelischen Regierung, der eine Terrorkampagne beschrieb.
die muslimischen Extremisten die Schuld in die Schuhe schiebt
Beschrieben während der Untersuchung der „Lavon-Affäre".

DIE AKTEURE

„Seit den ersten Tagen des israelischen Staates und den ersten Tagen der CIA gab es fast immer eine geheime Verbindung, durch die im Grunde der israelische Geheimdienst für die CIA und den Rest des amerikanischen Geheimdienstes arbeitete. Sie können nicht verstehen, was mit den amerikanischen Geheimoperationen und den israelischen Geheimoperationen passiert ist, bevor Sie dieses geheime Arrangement nicht verstanden haben."
Andrew Cockburn in
Booknotes von C-SPAN 1er September 1991.

DIE ERMITTLER

„Während die [mit dem JFK-Attentat befassten] Forscher sich mit der mikroanalytischen Suche nach Fakten darüber befassten, wie das Attentat ausgeführt wurde, gab es kaum methodische Überlegungen dazu, warum Präsident Kennedy getötet wurde."
Der Ermittler Vincent Salandria zitiert von
Daniel Brandt vom *NameBase NewsLine Report*,
Januar-März 1994.

FALSCHE INFORMATIONEN

„Es wurden viele Fehlinformationen verbreitet.... Es ist an der Zeit, dass sich die Leute mit anderen Spuren beschäftigen. Mir ist es nicht wirklich wichtig, wer das getan hat. Ich möchte nur, dass Lee entlastet wird, wenn er nicht schuldig ist".
Marina Oswald, in
The Man Who Knew Too
von Dick Russell

DIE ZAUBERTRICKS

„Es gibt eine Art optische Täuschung, die in ihren prätentiösesten Ausprägungen als „Kunst der Tarnung" bekannt ist. Dabei handelt es sich um Gemälde, meist von wilden Landschaften, die aus der Nähe betrachtet wie einfache malerische Szenen aussehen:

ein Bergsee mit einer verschneiten Piste, die sich auf der Oberfläche spiegelt, ein Feld mit Wildblumen, ein Birkenwald. Gehen Sie jedoch ein paar Schritte zurück, und das Bild verändert sich. Der reflektierte Fels nimmt die Form eines fliegenden Adlers an, die Blumen verwandeln sich in einen sich aufbäumenden Hengst, die Birkenstämme werden zum Profil eines Apachenkriegers. Die Myriaden von Details fügen sich zu einem einzigen, unzweifelhaften Bild zusammen, das bis dahin gut verborgen war, aber nur, wenn man es aus der Ferne betrachtet."

Deranged, **die Studie eines Serienmörders Albert Fish von Harold Schecter**

SPIEGEL...

„Der überwältigende Beweis ist, dass eine Verschwörung - eine große Verschwörung, die viele Ebenen der Intrige enthält - zum Mord an Kennedy geführt hat. Wohin man auch blickt, es gibt eine weitere Spiegelgalerie. Im Laufe der Jahre ... ist es praktisch unmöglich geworden, die Wahrheit zu erkennen. Wo ist der Zauberer, die böse Hexe? Es ist all das und nichts zur gleichen Zeit. .... Was uns letztlich gegenübersteht, ist eine Bestie mit dem Kopf einer Hydra, aber es ist möglich, zumindest ihre Klauen anzugreifen. Immer daran denkend, dass die eigentliche Natur dieser Bestie Nebel und Rauch ist, ist es dennoch keine völlig zweideutige und unbekannte Welt...".

The Man Who Knew Too Much **von Dick Russel**

DIE MAGIZISTEN....

„Die Ermordung von Präsident Kennedy war das Werk von Zauberern. Es war ein Trick, der mit Requisiten und falschen Spiegeln geliefert wurde, und als der Vorhang fiel, verschwanden sowohl die Schauspieler als auch das Bühnenbild. Nur dass die Zauberer keine Illusionisten waren, sondern Profis, Künstler auf ihre eigene Art und Weise."

Farewell America **von Herve Lamarr**

Hier ist, was die australischen Forscher, die mit der Ermordung von JFK betraut waren, zum Thema *ENDURTEIL:*

MICHAEL COLLINS PIPER MUSS EIN MASOCHIST SEIN. Als sein Buch „*Endgültiges Urteil*" zum ersten Mal erschien, brach in den USA ein Sturm der *Entrüstung* los, da einige „Lobbygruppen" versuchten, das Buch verbieten zu lassen. Seitdem wurde „*Endgültiges Urteil*" in drei weiteren Auflagen gedruckt - und die Kontroverse hat nicht nachgelassen.

Hier in Australien sind wir der Meinung, dass alle Theorien über die Ermordung von JFK gehört werden sollten, egal ob man mit ihnen einverstanden ist oder nicht. Verdammt, wir haben sogar Gerald Posners Case Closed (Fall abgeschlossen) gekauft und gelesen, und es gibt keine weit hergeholtere Theorie als die seine! Der Versuch, ein anderes Buch verbieten zu lassen, weil man damit nicht einverstanden ist oder weil es nicht politisch korrekt ist (die größte Zensurbewegung der 80er und 90er Jahre), ist genau die Art von Sache, gegen die wir kämpfen.

Es ist das Gleiche, wenn Gruppen wie das FBI und die CIA hier und da Texte „verfassen".

Menschen, die sich in gläsernen Theorien befinden, sollten so gut wie keine Bücher schreiben.

Wir von *Probable Cause* sind daher stolz darauf, *Final Judgment* zu besprechen, und hoffen, dass wir nie den Weg „des amerikanischen Modells" einschlagen werden - Meinungsfreiheit und erster Verfassungszusatz und so weiter - ja, okay, bis Sie anfangen, Ihre Meinung zu äußern und anderen auf die Füße zu treten. Sie stellen Sie in eine Reihe, um Sie zu stoppen. Mein Gott, weiß Michael Collins Piper davon!

Okay, also nach diesem kleinen Editorial: Worum geht es bei „*Endgültiges Urteil*"? Pipers These ist, dass der israelische Geheimdienst Mossad neben der CIA und dem organisierten Verbrechen eine Schlüsselrolle bei der Ermordung gespielt hat. Während seiner gesamten Präsidentschaft war JFK in einen immer erbitterteren Streit mit dem israelischen Premierminister David Ben-Gurion über die unerschütterliche Entschlossenheit Israels, ein Atomwaffenarsenal aufbauen zu wollen, verwickelt. JFK wollte, dass sie damit aufhören. Aber sie hatten andere Ideen im Kopf.

Klingt das wie an den Haaren herbeigezogen? Tatsächlich werden Sie überrascht sein, wie viele der „bekannten Akteure des JFK-Mordes" Verbindungen zum Mossad haben, und wir waren von den im Buch dokumentierten Beweisen sehr beeindruckt. Es bleibt dabei: Sie müssen es lesen, um eine Entscheidung zu treffen. Piper wird in den USA von der Anti-Defamation League (ADL) wegen dieses Buches angegriffen, und das ist in Wirklichkeit nicht gerechtfertigt. War die französische Gemeinschaft in den USA verärgert, als man andeutete, dass es eine französische Verbindung zu dem Attentat gab? Nein. Aber noch einmal: Vielleicht haben sie nicht die Lobbying-Macht der ADL.

Die Internetkritik zu „*Judgement*".
von der australischen Band „*Probable Cause*"
Die Kritik gibt auch 3 Sterne für
Final Judgement **- mangels einer möglichen 4**

Hier ist, was einige große Namen über das erste in Amerika verbotene Buch gesagt haben

Ein ehemaliger hoch angesehener Beamter des US-Außenministeriums...

„Nachdem ich über 200 Bücher über den JFK-Mord gelesen habe und mich sowohl als Einzelperson als auch als Mitglied verschiedener Teams an der Untersuchung beteiligt habe, kann ich ohne Angst vor Widerspruch sagen, dass Pipers Buch heute das definitive Werk über den JFK-Mord ist.

Jugement Final ist von allem, was ich bislang gelesen habe, das gründlichste, ehrlichste, eindringlichste, sachlichste und analytisch umfassendste und methodischste.

„Der Autor baut ein komplexes aufsteigendes Mosaik aus gut recherchierten Fakten, die die Fäden der Verschwörung verknüpfen, während sie von der Basis bis zur Spitze der Pyramide aufsteigen. Im Laufe der Erzählung bricht er die Verschwörung in leicht verdauliche Stücke. Andernfalls wäre es fast unmöglich, seine schiere Komplexität zu verfolgen und zu entschlüsseln. Auf jeder Ebene werden die Fäden des Rätsels so zusammengewoben, dass sich der Nebel des Labyrinths langsam, aber unaufhaltsam lichtet, bis die Wahrheit ans Licht kommt und die Grundzüge der Verschwörung offengelegt werden. Was enthüllt wird, ist ebenso überzeugend wie erschreckend.

„Eines Tages wird sich Amerika unangenehmen Wahrheiten über seine Demokratie stellen müssen und darüber, wie sie von denen, deren Loyalität im Wesentlichen woanders liegt, manipuliert, wenn nicht sogar vollständig requiriert wurde und wird. Auch wenn die Verbindungen auf manchen Ebenen brüchig sind, weigert sich der Autor, „Daten zu fälschen oder zu manipulieren" oder „fatal selektiv" zu sein, was einbezogen oder ausgeschlossen wird - wie es in Gerald Posners *„Case Closed"* der Fall war oder wie es in dem mit Fehlern behafteten Bericht der Warren-Kommission der Fall war. Piper ist unerschrocken in der Verfolgung seiner Analyse jeder logischen Schlussfolgerung - wohin sie auch führen und welche Auswirkungen sie auch immer haben mögen.

„Kurz gesagt, Piper behält den Donut (das Gesamtbild) im Auge und nicht das Loch (die vernachlässigbaren Details). Er konzentriert sich auf das „Warum und Wie" der Verschwörung, und zweifellos führen alle Fäden nach Israel, zu den israelischen Superpatrioten, zum „jüdischen Zweig der Mafia" unter der Führung von Meyer Lansky, zum Mossad und zu den „internationalen Einflussagenten" unter seiner Kontrolle.

„Während führende Wissenschaftler über Details streiten, die für die Untersuchung unnötig sind, wie schwache Verbindungen auf einigen Ebenen oder Redundanzen auf anderen, wussten diejenigen von uns, die sich in der Zeit nach dem Attentat mit dem Thema befassten, immer, dass die Wahrheit ihren eigenen Klang haben würde - so wie es Garrisons Untersuchung tat. Wir wussten, dass die Wahrheit ihren eigenen Kontext, ihren eigenen Geruch haben würde - so wie es Peter Dale Scotts *Deep Politics and the Death* of *JFK* getan hat. Pipers Buch hatte sie alle, und in der großen Tradition von Karl Oglesbys *The Yankee and Cowboy War* hat Michael Collins Piper den Jackpot geknackt. Er hat den „Jackpot" geknackt und gleichzeitig die Schlinge um die Hälse der Verschwörer aus der Clique der Verantwortlichen, die bei der Ermordung von JFK die Fäden (und Abzüge) zogen, aufgezeigt und sogar zugezogen.

„Die Erforschung des JFK-Attentats hat einen neuen Hoffnungsträger. Es wird nie wieder dasselbe sein. Dank dieses Buches wird die zukünftige Forschung beginnen, sich mehr auf das „Gesamtbild" zu konzentrieren und sich von den ständigen Ungereimtheiten des Berichts der Warren-Kommission zu entfernen. Verglichen mit Posners *„Case Closed"* ist *„Endgültiges Urteil"* ein Meisterwerk".

Herbert L. Calhoun
(Dr. Herbert L. Calhoun ging als stellvertretender Abteilungsleiter des Büros für politisch-militärische Angelegenheiten des Außenministeriums in den Ruhestand und war Spezialist für auswärtige Angelegenheiten bei der US-Behörde für Rüstungskontrolle und Abrüstung und als Vertreter der Vereinigten Staaten nach der 1996 und 1998 eingesetzten Gruppe von Regierungssachverständigen der Vereinten Nationen über Kleinwaffen und leichte Waffen tätig. Dr. Calhoun hat diese Zustimmung zu *Endgültiges Urteil* am 10. März 2003 auf amazon.com gepostet).

Ein berühmter Hollywood-Drehbuchautor, der in den 1950er Jahren Opfer der „Hexenjagd" wurde ....

„Michael Collins Piper hat das einzig sinnvolle Szenario für die Ermordung von JFK vorgelegt. Er ist ein mutiger Typ, der keine Angst davor hatte, der Wahrheit ins Auge zu sehen. Das ist Amerika. *Endgültiges Urteil* ist ein Meisterwerk, das einen großen Film abgeben würde, - aber das wird wahrscheinlich nicht der Fall sein".

Bill Norton
(Als einer der produktivsten Drehbuchautoren der Filmindustrie wurde der unnachahmliche Bill Norton von der Londoner *Sunday World* (9. April 2000) als „eine Figur des Hollywoodkinos" und „ein hingebungsvoller Sozialist und ein Mann mit großer religiöser Überzeugung, der verschiedenen linken Anliegen geholfen hatte." In den späten 40er und frühen 50er Jahren war Norton ein feindseliger Zeuge bei den berüchtigten antikommunistischen „Hexenjagden" des Komitees für unamerikanische Aktivitäten).

Ein erfahrener und angesehener amerikanischer Autor, Journalist und Stiftungsleiter

„Ich denke, Sie haben den Nagel auf den Kopf getroffen. Meiner Meinung nach reiht sich *Jüngstes Gericht* als das wichtigste Buch des 20. Jahrhunderts ein."

William J. Gill
(Gill - der starb, während diese Ausgabe von *Das jüngste Gericht* in Druck gehen sollte - war der Autor von Büchern wie *Trade Wars Against America, The Ordeal Of Otto Otepka, Suite 3505: Story Of the Draft Goldwater Movement* und *Why Reagan Won*. Als Journalist bei United Press International und *Pittsburgh Press* hat Gill auch für *Life, Fortune, The Saturday Evening Post, Reader's Digest* und *National Geographic* geschrieben. Er diente auch als Exekutivdirektor der renommierten Allegheny Foundation und war ein bekannter Vertreter der nationalen Stahlindustrie in Washington).

Ein ehemaliger hoher Beamter des Pentagons

Hier ist, was Oberst Donn De Grand Pre in seinem Buch *Barbarians Inside The Gates* schrieb *und Endgericht* zitierte, das Grand Pre als „brillant" bezeichnete...

„Mehrere hochrangige Militäroffiziere waren der Ansicht, dass der Mord an JFK in Wirklichkeit ein Staatsstreich war, der von CIA-Mitgliedern durchgeführt wurde, die mit dem israelischen Mossad zusammenarbeiteten. Kennedy versuchte, die Entwicklung von Atomwaffen durch die Israelis zu stoppen, während er gleichzeitig plante, die CIA zu zerschlagen und unsere militärischen Truppen aus der Indochina-Zone abzuziehen (Lesen Sie *Endgültiges Urteil* von Michael Collins Piper für weitere Details)".

Col. Donn De Grand Pre
(Als Veteran des Zweiten Weltkriegs und des Koreakriegs bekleidete Grand Pre im Pentagon den Posten des stellvertretenden Leiters der Internationalen Abteilung und des Büros des Leiters der Forschungs- und Entwicklungsabteilung. 1967 wurde Grand Pre zum Direktor für Bodenwaffensysteme des neuen Büros für Internationale Logistikverhandlungen ernannt, das für die Aushandlung von Kaufverträgen für militärische Verteidigungssysteme mit den Führern ausländischer Nationen zuständig war. Am 30. September 1979 schrieb die Zeitschrift *Washington Post* über Grand Pre und zitierte seine Expertise: „Wenn Sie in den 70er Jahren ein Führer des Nahen Ostens auf der Suche nach amerikanischen Verteidigungssystemen gewesen wären, hätten Sie Donn de Grand Pre, den Waffenhändler des Pentagons, angerufen").

Einer der rigorosesten jungen unabhängigen investigativen Journalisten Amerikas...

Kurz vor seinem seltsamen Tod in Phoenix, Arizona, am 16. Juni 2003 schrieb der Journalist Brian Downing Quig an Michael Collins Piper und erklärte:
„Eine sehr wichtige Person hat mir Ihr Buch geschenkt. Also begann ich zu lesen, was ich bei einem Ein-Dollar-Buchverkauf nicht gekauft hätte. Ich war gegen die These, die auf Ihrem Einband aufgestellt wurde, feindlich eingestellt! Aber ich habe mir die Bilder angesehen und jedes Wort gelesen. Ich bin jetzt davon überzeugt, dass Sie das wichtigste Merkmal des JFK-Mordes, das bis heute von allen übersehen wurde, gesehen haben und nun anderen helfen, es zu sehen. Ich denke, *Endgültiges Urteil* erfüllt alle Ihre Versprechungen".

Brian Downing Quig
(Quig war eher für seine Ermittlungen zum Tod des Journalisten Don Bolles und später für seine Arbeit am Charles-Keating-Skandal bekannt).

Und das sagt der bekannte populistische amerikanische Historiker Eustace Mullins über ENDGERICHT ...

„Nur einmal alle zehn Jahre erscheint ein Buch, das sofort zur „Pflichtlektüre" für alle betroffenen Patrioten wird. *Endgültiges Urteil* ist ein solches Buch. *Endgültiges Urteil* ist ein „unverzichtbares" Buch, weil es viele Fragen aufwirft und beantwortet, über die wir Bescheid wissen müssen.
„Sie müssen alles aus diesem Buch wissen, wenn Sie die subversiven Kräfte verstehen wollen, die unsere Nation zerstören.

„*Final Judgement*" ist Munition für den nächsten Befreiungskrieg Amerikas. Ohne Informationen ist ein Sieg nicht möglich, und dieses Buch hat uns die Informationen geliefert, die wir brauchen.

„Sie werden lange warten, wenn nicht gar nie, bis Sie eine so gargantueske Zusammenstellung lebenswichtiger Informationen sehen, wie Sie sie in diesem Buch finden."

ENDGERICHT - *das einzige Buch, das, wenn es von genügend Menschen gelesen wird, die amerikanische Politik erschüttern wird.*

DER MYTHOS VON DALLAS

Neue Enthüllungen

Als die zweite Ausgabe der sechsten Auflage von *Doomsday* kurz vor der Drucklegung stand, landete ein 19-seitiger anonymer ausführlicher Bericht mit 115 Fußnoten, der sich auf eine Vielzahl von Quellen aus dem Mainstream stützte, im Briefkasten von Michael Collins Piper, dem Autor von *Doomsday*. Das Dokument befand sich in einem Umschlag (ohne Rücksendeadresse), der mit „Dallas, Texas" frankiert war. Das Dokument mit dem Titel „Kennedy-Attentat und Israel: Einige Verbindungen in Bezug auf Dallas" war offenbar die Arbeit eines professionellen Journalisten - fokussiert auf „Details, wie die Israelis die Ereignisse in Dallas beeinflusst haben könnten" und ergänzte detailliert die Lücken in einigen Spuren, die in früheren Ausgaben von *„Endgültiges Urteil"* nicht untersucht worden waren. Die Daten sind ziemlich brisant, vor allem wenn man sie mit der Mythologie über Dallas (Big D) vergleicht, die in den Schriften über JFK unermüdlich wiederholt wird. Das wahre Dallas zu verstehen - und nicht die Legende, die in den Hollywood-Filmen dargestellt wird - bereitet den Leser jedoch auf die Enthüllungen vor, die in *„Endgültiges Urteil"* präsentiert werden.

Das Dokument begräbt den alten, müden Mythos, dass eine Clique von weißen, protestantischen, antisemitischen, angelsächsischen Ölplutokraten (WASPs) Dallas beherrschte.

In Wahrheit war es genau das Gegenteil. Dallas hatte nicht nur eine immens mächtige jüdische Gemeinde, sondern, was noch wichtiger ist, die Stadt (und Texas) waren seit den 1940er Jahren *ein wichtiges Zentrum für Geldsammlungen und Waffenhandel im Namen der zionistischen Sache* gewesen. Sogar Jonathan Pollard, der amerikanische Spion für Israel, sagte, er habe sich von den Geschichten über pro-israelischen Aktivismus inspirieren lassen, die er (als er in Texas lebte) über den Waffenhandel von Juden für den israelischen Widerstand in Texas gehört hatte. Tatsächlich berichtete die Publikation, die die offizielle Geschichte einer großen zionistischen Waffenschmuggeloperation erzählt, das Sonneborn-Institut, dass seine Agenten Flugzeugteile von Texas nach Israel schmuggelten.

Dies geschah, als Jack Ruby, ein kürzlich pensionierter Flugzeugmechaniker der Luftwaffe, 1947, im Jahr vor der Geburt Israels, als die Sonneborn-Aktivitäten ihren Höhepunkt erreichten, nach Dallas zurückkehrte. Ruby prahlte damit, dass sie mit Waffen nach Israel gehandelt hatte, und beteiligte sich 1963 an einem Waffenhandel, der von einem israelischen Geheimdienstoffizier beaufsichtigt wurde. *Die israelische Verbindung zu Texas war also viel enger, als man damals dachte.*

1963 bestand JFKs Hauptinteresse in Dallas darin, bei der Elite von Dallas Geld zu sammeln, und damit waren die reichen pro-israelischen jüdischen Demokraten gemeint, die wichtige finanzielle Engel für die dort regierende Demokratische Partei waren. Und da JFK zu dieser Zeit mit Israel wegen dessen Atomwaffenprogramm im Streit lag, ist es von entscheidender Bedeutung, darüber Bescheid zu wissen, wie JFK nach Dallas gelockt wurde und wer für die Absprachen verantwortlich war, die seine Ermordung tatsächlich erleichterten. Und während es allgemein bekannt ist, dass die Etappe von JFKs Reise nach Texas vom Citizens' Council (CC), der elitären Geschäftsgruppe, die Dallas beherrschte, gesponsert wurde, zeigen die unbemerkten Beweise, dass zwei der drei Schlüsselpersonen, die den CC beherrschten, Juden waren - und keine „WASPs", wie die Dallas-Legende suggeriert. Sie waren es, die Dallas wirklich regierten, und nicht die Konservativen, die der John Birch Society angehörten, wie der alte Mythos suggeriert. Julius Schepps, einer dieser jüdischen Einflussnehmer, war 1963 ein offen pro-israelischer Alkoholgroßhändler, der die Vertriebsrechte für die Seagram-Produkte der Bronfman-Familie in Dallas besaß. Und wie wir noch sehen werden, wurde nachgewiesen, *dass Jack Ruby zum Personal der Bronfman-Familie gehörte, deren Fingerabdrücke überall im JFK-Mordkomplott zu finden sind.*

Die Mittel, mit denen die Elite von Dallas die Kontrolle über JFKs Reiseprogramm nach Dallas übernahm, sind interessant. Da JFKs Reise nach Dallas offiziell als „nicht politisch" galt - im Gegensatz zu anderen Zwischenstopps in Texas wie Houston und Austin, die als „politisch" eingestuft wurden - übernahmen private Organisationen, die für die Dallas-Reise zahlten, die Kontrolle über die Planung (indem sie diese aus den Händen des von JFK kontrollierten Democratic National Committee (DNC) entfernten). Das ZK ernannte ein „Empfangskomitee". Der Vorsitzende war Sam Bloom, jüdischer Führer und PR-Vertreter der jüdischen Gemeinde in Dallas, langjähriger Exekutivdirektor des CC und - rückblickend - eine der weniger bekannten, aber wichtigsten Figuren der Weltgeschichte.

Es kam zu einer sofortigen Konfrontation zwischen Bloom, einem Vertreter der Elite von Dallas, und Jerry Bruno, einem Veteranen, der JFK vor Ort vertrat. Bruno wollte, dass der Präsident im Women's Building sprach, doch die Führung in Dallas bestand darauf, dass JFK im Trade Mart sprach. Obwohl Bruno lange und hart kämpfte, triumphierte nach viel Druck die Elite aus Dallas, was den JFK-Loyalisten zu der Aussage veranlasste, dass „dies einer der wenigen Kämpfe dieser Art war, die ich verloren habe. In solchen Fällen war mein Urteilsvermögen normalerweise gut. Dieses Mal war es nicht so".

Indem sie JFK zwangen, am Trade Mart zu sprechen, sorgte die Elite von Dallas dafür, dass der Konvoi von JFK die berüchtigte „verdrehte Winkel"-Kurve nahm, die ihn geradewegs in die klassische, von Scharfschützen bevorzugte „Schusszone" führen sollte, in der Elm Street, direkt unterhalb des Buchlagers der Texas School (TSBD), von wo aus der mutmaßliche Attentäter, der TSBD-Mitarbeiter Lee Harvey Oswald, die tödlichen Schüsse abgegeben haben soll, wie später behauptet wurde. Der Ort war auch vom „Rasen" und dem benachbarten Dal-Tex Building aus leicht erreichbar, wo die Ermittler des Attentats glauben, dass die Scharfschützen stationiert waren. Hätte sich die Entscheidung des JFK-Vertreters - wie üblich - durchgesetzt, wäre JFK (auf dem Weg zum gewünschten Ort) zwei Blocks weiter vom TSBD entfernt - außerhalb des Schussfelds - mit höherer Geschwindigkeit durchgegangen.

Obwohl der Geheimdienst (aus Sicherheitsgründen) gegen die Veröffentlichung der Route von JFKs Autokonvoi war, sorgte Bloom (der Vertreter der Elite von Dallas) dennoch dafür, dass eine Karte mit der Route mehrmals in der Zeitung von Dallas abgedruckt wurde. So gab es später, als der „Sündenbock" in Polizeigewahrsam war, eine plausible Erklärung dafür, wie er gewusst hatte, dass JFK an seinem Arbeitsplatz vorbeikommen würde.

Die Tatsache, dass ein Attentäter wahrscheinlich vom Dal-Tex-Gebäude aus auf JFK geschossen hat, ist für die Untersuchung der israelischen Verbindung höchst relevant. Als Miteigentümer von David Weisblat, einem wichtigen finanziellen Unterstützer der Anti-Defamation League der Israel-Lobby, beherbergte das Dal-Tex-Gebäude auf mehreren Etagen eine Reihe von Unternehmen, die die Telefonnummer von Morty Freedman, einem Anwalt, Bekleidungshersteller und Aktivisten für jüdische Anliegen, nutzten. Angesichts der Tatsache, dass JFK sich bemühte, Israels Atomwaffenprogramm zu stoppen - das von den USA geschmuggeltes Uran erhielt - ist es interessant, dass eine der Dal-Tex-Firmen, die mit Freedman in Verbindung stand, die Dallas Uranium & Oil Company war. Merkwürdig ist auch, dass einer von Freedmans Geschäftspartnern, der mit Dal-Tex verbunden war, Abe Zapruder war, der jüdische Kleidermacher, der das Attentat filmte und davon stark profitierte. Heute gehen einige Leute davon aus, dass Zapruder vorab von dem Attentat wusste.

Nachdem der angeklagte Mörder in Gewahrsam genommen worden war, war es - Sie werden es erraten haben - Sam Bloom, der zuvor JFK in die Mordzone gedrängt hatte, der anschließend den Bürgermeister Elgin Crull unter Druck setzte, damit dieser seinerseits den Polizeichef von Dallas, Jesse Curry, unter Druck setzte, Oswald der Presse zugänglich zu machen und ihn öffentlich von der Polizeistation in Dallas ins Stadtgefängnis zu bringen. Auf diese Weise wurde die Situation für Jack Ruby geschaffen, um ihn zu töten. Mehrere Quellen, darunter James Hosty, ein FBI-Agent aus Dallas, erklärten, dass Bloom und seine Anhänger die treibende Kraft hinter all dem waren. Als die Polizei Rubys Wohnhaus durchsuchte, fanden sie ein Stück Papier, auf dem Blooms Name, seine Adresse und Telefonnummer standen.

So stirbt der Mythos von Dallas einen qualvollen Tod. Es wird schmerzhaft für diejenigen sein, die dachten, die Stadt sei eine antijüdische Bastion, die reif für eine Nazi-Revolution war. Stattdessen war Dallas in Wirklichkeit ein Vorposten für die Förderung der Interessen Israels, wie es auch heute noch der Fall ist.

Obwohl Walt Brown *in Treachery in Dallas* andeutete, dass die Elite der Stadt hinter den Ereignissen vom 22. November 1963 steckte, schrieb er an anderer Stelle übereilt, dass das Attentat auf JFK „nicht vom Mossad verübt wurde ... wie uns manche glauben machen wollen" (in Anlehnung an *Endgültiges Urteil*). Angesichts des „Überblicks über das große Dallas" („Big D") - Details, die Brown aus Sicht ihres endgültigen (und kritischen) Kontexts ignoriert (oder weggelassen) hat - ist es jedoch für echte Wahrheitssucher in Bezug auf das JFK-Attentat an der Zeit, einen neuen Blick auf *Endgültiges Urteil* zu werfen.

Nur wenige wissen es, aber ein Buch braucht nur 40 000 Exemplare, um es auf die Bestsellerliste der *New York Times zu schaffen*. Was viel weniger Menschen wissen - aber Buchhändler können es bestätigen - ist, dass es in Wirklichkeit sogar Bücher gab, die von der *Times* als „Bestseller" gelistet wurden, obwohl diese Bücher noch nicht einmal gedruckt worden waren! Vorbestellungen seitens der Buchhändler - vermutlich - machen dieses ungewöhnliche Phänomen möglich.

Wie dem auch sei, hinter der Geschichte der „Bestseller" steckt viel mehr, als es zunächst den Anschein hat. Und es ist eine Geschichte, die die meisten großen Namen der Verlagsbranche wahrscheinlich lieber nicht erzählen würden.

Dennoch haben es einige Bücher, die sich mit der Ermordung von JFK befassen, auf die Liste der *Times* geschafft. Seltsamerweise wurde Mark Lanes beispielloser Erfolg *Rush to Judgment*, der es auf die Liste geschafft hatte, nie von der *Times* rezensiert, die uns erklärt, das Buch sei die Quelle „aller Informationen, die es wert sind, in den Druck zu gehen", obwohl das Buch zu einem international bekannten Thema geworden war.

In den letzten Jahren, insbesondere nach dem Erscheinen von Oliver Stones äußerst erfolgreichem Hollywood-Film *JFK*, erreichten mehrere andere Bücher die Bestsellerliste der *Times*. *Endgültiges Urteil* gehörte nicht dazu. Und das, obwohl in den zwei Wochen, in denen das Buch im Januar 1994 erschien, fast 8000 Exemplare von *Endgültiges Urteil* verkauft wurden - aufgrund einer bescheidenen Anzeige in einer kleinen, landesweit erscheinenden Wochenzeitung.

Seitdem wurden über 300 Exemplare des Buches von Händlern in großen Mengen gekauft. Alle anderen Verkäufe waren Verkäufe an Privatpersonen. In einem Fall kaufte jedoch ein begeisterter Leser 100 weitere Exemplare, nachdem er die ersten beiden Exemplare, die er bestellt hatte, gut erhalten hatte. Heute werden aufgrund von Postwurfsendungen Tausende zusätzlicher Exemplare von *Endgültiges Urteil* im ganzen Land verkauft, wobei mehr als 40.000 Exemplare im Umlauf sind.

Als das Buch vorübergehend ausverkauft war - im Herbst 2003 - war die Nachfrage so groß, dass gebrauchte Exemplare von Internet-Buchhändlern zeitweise für nicht weniger als *185 Dollar pro Exemplar verkauft wurden.* Offensichtlich weckt dieses Buch, dessen Existenz manche Leute nicht einmal zugeben wollen, ein wenig Interesse! Dass *„Endgültiges Urteil"* bereits so gut verkauft hat, ist angesichts des allgemeinen Mangels an Werbung, die das Buch erhalten hat, durchaus bemerkenswert. Das viel diskutierte Werk *The Plot to Kill the President* von G. Robert Blakey, dem ehemaligen Leiter der Kommission zur Untersuchung der Mordfälle, wurde landesweit stark beworben, als es 1981 von einem Tochterunternehmen des Buchverlags der *New York Times* veröffentlicht wurde.

Dennoch verkaufte sich Blakeys Buch laut Blakey selbst nur 20.000 Mal - viel weniger als *Final Judgement*, das von den Massenmedien keinerlei Werbung jeglicher Art erhalten hatte.

Wenn Sie also noch nie etwas über das Attentat auf JFK gelesen haben, ist *„Final Judgement"* das einzige Buch, das Sie zu diesem Thema lesen müssen. Wenn Sie andererseits ein oder mehrere ältere Bücher zu diesem Thema gelesen haben, werden Sie von den brisanten neuen Enthüllungen, die in *„Endgültiges Urteil"* auftauchen, verblüfft sein.

Versuchen Sie nicht zu analysieren, „woher die Schüsse kamen" oder „wie viele Schüsse abgefeuert wurden" oder „wie viele Attentäter beteiligt waren". Nichts davon taucht hier auf. Indem er die gesamte Mordverschwörung seziert, bringt *Endgericht* unbekannte Details zusammen, die von anderen Autoren - zufällig oder absichtlich - übersehen oder missverstanden (oder sogar verschwiegen) wurden. *Endgültiges Urteil* legt den Schwerpunkt auf die wichtigste Frage von allen: Wer war letztendlich für die Ermordung von John F. Kennedy verantwortlich?

Sobald Sie *„Endgültiges Urteil"* gelesen haben, werden Sie die Ermordung von JFK nie wieder auf dieselbe Weise sehen. Und Sie werden vielleicht nie wieder darauf vertrauen, dass die Medien Sie mit allen Fakten über jedes andere wichtige Ereignis versorgen, das den Lauf der Geschichte geprägt hat. Vor allem aber werden Sie verstehen, wie sich die Verschwörung zum Mord an JFK so entwickelt hat, wie sie es tat, und warum die Wahrheit nie ans Licht kam - zumindest nicht bis zum Erscheinen des Jüngsten *Gerichts*.

Es ist wichtig zu beachten, dass seit der Erstveröffentlichung von *„Judgment Final"* nur eine Handvoll kleinerer Fehler bekannt geworden sind. Die Fehler hatten jedoch nichts mit der These des Buches zu tun und basierten auf der Recherche anderer. Diese Fehler wurden korrigiert. Ansonsten bleiben die Schlussfolgerungen unverändert.

Endgültiges Urteil bleibt unangefochten. Die einzige Kritik war *ad hominem.* Allerdings sind Beleidigungen keine erfolgreiche Herausforderung. Auf jeden Fall verleiht die hysterische und bösartige Diffamierung - insbesondere wenn man die Quellen betrachtet - der These des Buches auf ihre Weise Glauben.

Es gibt also noch viel über die Ermordung von John F. Kennedy zu erfahren. *Endgültiges Urteil* weist die Richtung für diejenigen, die sich eingehender mit der Thematik befassen möchten. *Final Judgement* ist - zumindest im Moment - genau das, was der Titel vermuten lässt.

Michael Collins Piper hat die notwendige Arbeit geleistet, um dieses Buch zusammenzustellen. Nun liegt es an den Lesern, dafür zu sorgen, dass die Botschaft, die auf diesen Seiten vermittelt wird, ein möglichst breites Publikum erreicht. Wenn Sie das Buch fertiggestellt haben, geben Sie es an einen Freund weiter. Bestellen Sie zusätzliche Exemplare als Spende für Bibliotheken und Meinungsführer. Schreiben Sie Briefe an die Redakteure der Lokalzeitungen über das Buch. Rufen Sie Radiosendungen an.

Die Amerikaner müssen die Wahrheit erfahren. *Es liegt an ihnen.* Wenn dieses Buch von genügend Menschen gelesen wird, könnte es - ebenso wie die Ermordung von Präsident Kennedy - eine wichtige Rolle dabei spielen, den Lauf der Weltgeschichte neu zu gestalten.

Das kann jedoch nur geschehen, wenn genügend Menschen - wütend über die Wahrheit - Maßnahmen ergreifen.

Jetzt machen Sie sich bereit für eine außergewöhnliche Reise und erfahren Sie endlich - wer *John F. Kennedy wirklich getötet hat ... und warum.*

EINLEITUNG

von Robert L. Brock

Die Perspektive eines schwarzen Amerikaners über die Ermordung von John F. Kennedy

Als Amerikaner, der von afrikanischen Sklaven abstammt, als Veteran der US-Armee im Zweiten Weltkrieg und als langjähriger Arbeiter in der afroamerikanischen Gemeinschaft möchte ich unbedingt genau wissen, wer Präsident John F. Kennedy getötet hat und warum.

John F. Kennedy und sein Bruder Robert Kennedy setzten viel von ihrer Glaubwürdigkeit aufs Spiel, als sie vorpreschten und sich mit der Sache der Gerechtigkeit für die Schwarzen in Amerika identifizierten. Natürlich waren Jack und Bobby versierte Politiker, die sich der Entwicklung des schwarzen Wählerblocks und seines wachsenden Einflusses in Amerika bewusst waren. So hatten sie aus persönlichen Gründen die bewusste Entscheidung getroffen, sich politisch auf die Seite der von afrikanischen Sklaven abstammenden Amerikaner zu stellen. Gleichzeitig glaubten Jack und Bobby jedoch wirklich, dass es an der Zeit war, dass der schwarze Mann und die schwarze Frau in Amerika eine gerechte Behandlung verdienten.

Mit ihren Worten und, was noch wichtiger ist, mit ihren Taten brachten die Kennedy-Brüder ein Volk, dem die Bürgerrechte vorenthalten wurden, unter den Schutz der Kennedy-Dynastie. Hätte John Kennedy überlebt und wäre für eine zweite Amtszeit gewählt worden, wären die schwarzen Wähler - in den kommenden Jahren - schließlich Teil von Kennedys politischer Stärke geworden.

Während des gesamten 20. Jahrhunderts wurde der schwarze politische Apparat in Amerika auf höchster Ebene von jüdischem Einfluss beherrscht, insbesondere im sehr wichtigen Finanzbereich. Organisationen wie die Anti-Defamation League (ADL) von B'nai B'rith, einer der Hauptbestandteile der mächtigen Israel-Lobby, diktierten aggressiv die inneren Angelegenheiten, den öffentlichen Kurs und die Rhetorik der scheinbar „schwarzen" - oder, wie man heute sagt, „Neger" - Bürgerrechtsorganisationen.

Mit dem Antritt der Präsidentschaft Kennedys hatten die Amerikaner, die von afrikanischen Sklaven abstammen, nun jedoch einen effektiven und wortgewandten Sprecher im Weißen Haus. Dies hatte im Wesentlichen den Effekt, dass zum Beispiel die ADL aus der Schleife herausfiel. Die ADL war nicht mehr „der Vermittler", der die Krümel der Bürgerrechte für Schwarze in Amerika aufteilte.

John F. Kennedy war, wenn überhaupt, als die weiße Stimme „der Mehrheit" für die politische Emanzipation des schwarzen Amerika erschienen. Als Präsident der Vereinigten Staaten, der für die Anliegen der Schwarzen sprach, hatte John F. Kennedy die lange Dominanz der jüdischen Finanzinteressen über die schwarze Gemeinschaft kurzgeschlossen und sich selbst in den Mittelpunkt der Bürgerrechtsdebatte gestellt. Die ADL und andere von jüdischen Finanzinteressen finanzierte „Bürgerrechts"-Organisationen wurden beiseite geschoben und wurden bedeutungslos. Ein weißer katholischer Mann irischer Abstammung - Enkel eines Saalaufsehers - wurde zum unwahrscheinlichen Sprecher des schwarzen Amerikas und übernahm die Kontrolle über die jüdischen Aufseher der Bürgerrechtsbewegung in Amerika.

Dementsprechend glaube ich, wie viele andere Amerikaner, die von afrikanischen Sklaven abstammen, dass dies einer der Gründe ist, warum die Mächte innerhalb der plutokratischen Elite der USA beschlossen, dass die Präsidentschaft von John F. Kennedy vorzeitig beendet werden sollte.

Mehr noch, all dies geschah zu einer Zeit, in der unabhängige schwarze Stimmen wie Malcolm X und Martin Luther King selbst immer populärer und einflussreicher wurden, sehr zum Missfallen der jüdischen Gemeinschaft. Wir wissen heute, dass, obwohl wir in den Medien viel über J. Edgar Hoovers Krieg gegen Dr. King gehört haben, es die ADL war, die die Infanteristen für diesen Krieg stellte - eine Tatsache, die die ADL am liebsten geheim halten würde. Ein ehemaliger ADL-Beamter gab zu, dass (und wie Michael Collins Piper in *Final Judgement* nachweist) es die ADL war, die einen großen Teil der Überwachung von Dr. King übernahm, dessen illegale Früchte wiederum von der ADL an J. Edgar Hoovers FBI weitergeleitet wurden.

Dr. King, Malcolm X und andere kannten den Lebensstil des schwarzen Ghettos. Sie wussten, wie das schwarze Amerika manipuliert wurde. Sie wussten, dass der Drogenhandel, das Glücksspiel und die Prostitution von Meyer Lansky - einem Großspender der ADL - das schwarze Amerika ausweideten. Sie hatten es gewagt, etwas zu sagen. Martin und Malcolm zahlten schließlich den Preis dafür.

Letztendlich besteht für mich kein Zweifel daran, dass sich herausstellen wird, dass diejenigen, die diese Träumer massakrierten, auch hinter dem Mord an John F. Kennedy und seinem Bruder Bobby steckten. Aus diesem Grund macht es mir große Freude, diese kurze Einführung in das bemerkenswerte Buch von Michael Collins Piper zu schreiben. Ich glaube, dass „*Endgültiges Urteil*" die Antwort auf das Rätsel gibt, wer John F. Kennedy wirklich ermordet hat - und warum.

Ich habe nichts als Verachtung für diese feigen weißen Liberalen übrig, die sich als Bewunderer von JFKs Haltung zu den Bürgerrechten darstellen und behaupten, die wahren Mörder von Präsident Kennedy finden zu wollen, aber ansonsten die Fakten, die in „*Endgültiges Urteil*" hervorgehoben werden, ignorieren oder unterdrücken. Sie sind Betrüger und Hochstapler. Sie haben Angst vor der Wahrheit. Sie sind Profiteure, die mit dem Tod von Präsident Kennedy Geschäfte machen und dabei alle Fakten, die ihnen vorgelegt werden, verheimlichen.

Es gibt kein anderes Buch, das die Verschwörung zur Ermordung von JFK so offen erklärt oder alles, was mit der JFK-Verschwörung zu tun hat, so klar darstellt. Sobald Sie „*Final Judgement*" gelesen haben, werden Sie die gesamte Situation verstehen.

Michael Collins Piper landete direkt im Rampenlicht, und wie einer dieser großen Broadway-Impresarios legte Piper ein fesselndes Drehbuch vor, das die gesamte Verschwörung zur Ermordung von JFK beschrieb, so kraftvoll und überzeugend wie kein anderes zuvor. Ich denke, Sie werden mir zustimmen.

ROBERT L. BROCK,
Gründer des Komitees für Selbstbestimmung

Danksagungen - und *Intrigen*...

Ein Buch über ein so „kontroverses" Thema wie die Ermordung von JFK zu schreiben - dieses Thema mit einer besonders „sensationellen" These zu verbinden - hat sich als ein echtes Abenteuer erwiesen. Es war lohnend und manchmal auch frustrierend. Es hat mir viele neue Freunde gebracht - und auch viele Feinde!

Seit dem Erscheinen der ersten Ausgabe habe ich sehr viele Glückwunschschreiben erhalten und mich über die Kommentare vieler Menschen, die ich respektiere, gefreut, die - wie einer von ihnen sagte: „Ich glaube, Sie haben den Nagel auf den Kopf getroffen."

Ich habe mich nie als „Experte" für die Ermordung von JFK bezeichnet und protestiere, wenn mich jemand als solchen bezeichnet. Tatsächlich hat mich das Thema, auch wenn viele das vermutet haben, nie besonders beschäftigt. Andere haben dem Thema viel mehr Zeit gewidmet. Und ich kenne ihre Arbeit *sehr* gut.

Es gibt jedoch viele Forscher im Bereich des JFK-Mordes, die sich weigern, anzuerkennen, dass es eine Grundlage für meine These gibt. *Einige wollen nicht einmal die Existenz dieses Buches anerkennen - es ist so „umstritten".*

Auf den folgenden Seiten fasse ich mich nicht mit Samthandschuhen an, wenn ich Namen nenne oder hervorhebe, warum ich glaube, dass einige „Forscher" unehrlich und vielleicht sogar kompromittiert, bestochen von den Kräften sind, die für die Ermordung von JFK verantwortlich sind. Ich glaube, ich übertreibe überhaupt nicht.

Einige Dummköpfe haben vorgeschlagen, dass *„Judgement Day"* „arabische Propaganda" sei. Keine arabische Regierung und kein Finanzinteresse - nicht einmal eine arabisch-amerikanische Quelle - war an der Vorbereitung, Veröffentlichung oder Verbreitung dieses Buches beteiligt. Erst Ende 2001, ein Jahr nach der Veröffentlichung der fünften Auflage in englischer Sprache, veröffentlichte ein privater arabischsprachiger Verlag eine Übersetzung des Buches.

Diese Arbeit ist meine und nur meine.

Einige Kritiker haben darauf hingewiesen, dass ich ein Mitarbeiter von Liberty Lobby bin, der populistischen Einrichtung, die die (inzwischen aufgelöste) landesweite Wochenzeitung *The Spotlight* herausgegeben hat. Diese Kritiker weisen darauf hin, dass Liberty Lobby die Bevorzugung Israels durch die Vereinigten Staaten in Frage gestellt hat. All dies ist wahr. Ich entschuldige mich nicht dafür, und ich muss mich auch nicht dafür entschuldigen. In der Tat, während diese neue Ausgabe von *Endgültiges Urteil* an den Verlag ausgeliefert wird, konzentrieren sich die weltweiten Medien auf Israel und den Nahen Osten ... und die Publikationen und Stimmen der Israel-Lobby in Amerika behaupten (wahr oder nicht): „Die ganze Welt ist gegen uns."

Es war also gerade meine Beziehung zur Liberty Lobby, die es mir ermöglichte, besondere Informationen zu erhalten, insbesondere über die Politik der USA gegenüber Israel, was mir bei der Vorbereitung dieses Buches enorm geholfen hat. Andere Forscher hatten diesen außergewöhnlichen Vorteil nicht.

Darüber hinaus wurde Liberty Lobby, wie Sie in *„Endgültiges Urteil"* sehen werden, in eine Verleumdungsklage verwickelt, nachdem die ehemalige CIA-Figur E. Howard Hunt Liberty Lobby verklagt hatte, weil sie einen Artikel veröffentlicht hatte, in dem behauptet wurde, die CIA beabsichtige, Hunt wegen seiner Beteiligung an der Ermordung von JFK anzuklagen.

Mark Lane, der Doyen unter den Kritikern der Warren-Kommission, führte die Verteidigung von *Spotlight* erfolgreich an, wie es sich gehört. Lane ließ die angeblichen ideologischen Differenzen mit Liberty Lobby beiseite und nutzte den Fall Hunt geschickt, um den Mord an JFK vor einer juristischen Instanz zu erforschen - die erste echte Gelegenheit dieser Art seit Jim Garrisons unglücklichen Klagen gegen Clay Shaw.

Als ich also den Fall Hunt von „innen" verfolgte - und später die Schilderung des Falls in Lanes *Plausible Denial* studierte -, gab mir das eine einzigartige Perspektive, die andere nicht hatten. Ich danke Mark Lane - und Willis Carto, dem Gründer von Liberty Lobby - für diese Gelegenheit.

Willis Cartos Ermutigung und Enthusiasmus waren sehr wichtig für die Entstehung dieses Buches. Der Titel „*Endgericht*" war seine Idee und er hatte den Nagel auf den Kopf getroffen.

Was Mark Lane betrifft, so sei angemerkt, dass wir ihm immer noch zu Dank verpflichtet sind, wenn er nach *Rush To Judgement* - dem Buch, das bewies, dass die Warren-Kommission ein Betrug war - nicht ein einziges Wort geschrieben hätte.

Obwohl später viele Bücher anderer Autoren erschienen, überzeugte Marks einzigartiger Kreuzzug die Welt davon, dass die Geschichte damit nicht zu Ende war. Mark und seine einzigartige Frau Trish sind großartige Menschen und wertvolle Freunde. In *Endgültiges Urteil* werden Sie auch einer anderen bemerkenswerten Person begegnen: einem ehemaligen französischen Geheimdienstoffizier, der mir erstaunliche „interne" Informationen lieferte, die mich dazu zwangen, den ersten Entwurf von *Endgültiges Urteil* umzuschreiben und damit meine Dissertation abzuschließen. Ohne seinen Beitrag wäre dieses Buch nicht vollständig.

Der Name meiner französischen Quelle, Pierre Neuville, wurde zum ersten Mal in der fünften Ausgabe von *Endgültiges Urteil* enthüllt, aber der Mossad - natürlich - kannte seine Identität von Anfang an.

Obwohl der erste Entwurf - wie ich glaube - eine überzeugende Anklage gegen den Mossad bei der Ermordung von JFK enthielt, lenkte mich meine französische Quelle in eine Richtung, die mich - und viele Leser - davon überzeugte, dass „*Endgültiges Urteil*" auf dem richtigen Weg war.

Die Geschichte ist Paul Findley zu verdanken, einem bekannten und angesehenen ehemaligen Mitglied des US-Kongresses, der liberal und keineswegs „rechtsextrem" ist, und der mich mit dieser französischen Quelle bekannt gemacht und mir ihre Glaubwürdigkeit garantiert hat. Erst vor kurzem habe ich Findley offiziell als Mittelsmann identifiziert, aber auch das war kein Geheimnis für diejenigen, deren Beruf es ist, solche Dinge zu wissen.

Ein weiterer ehemaliger US-Kongressabgeordneter, der verstorbene John G. Schmitz, teilte mir seinen langjährigen Verdacht mit, dass der Mossad in die Ermordung von JFK verwickelt war (aufgrund seiner eigenen Ermittlungen), und ermutigte mich, dieses Buch zu schreiben, indem er sagte, er hätte es gerne selbst geschrieben. Ein etwas eigenwilliger internationaler Geschäftsmann, der mit mehreren wichtigen Figuren, die in *Endgericht* erwähnt werden, eng verbunden ist, gab mir eine ziemlich starke Zustimmung zur These dieses Buches und sagte kurz und bündig: „Ich denke, das ist so ziemlich das, was passiert ist." Angesichts der Verbindungen dieses Herrn ist seine Einschätzung sicherlich sehr aufschlussreich.

Obwohl sie meine These wahrscheinlich nie gebilligt haben, bestätigen mehrere Autoren, auf die ich mich stark gestützt habe, den geheimen Krieg zwischen JFK und Israel und legen (meiner Meinung nach) nahe, dass die inoffizielle Intrige der amerikanisch-israelischen Beziehungen relevant ist, was die Ereignisse des 22. November 1963 angeht. Stephen Green, Andrew und Leslie Cockburn und Seymour Hersh dienten in ihren eigenen Studien über die Politik der USA im Nahen Osten (*Taking Sides, Dangerous Liaison, and The Samson Option*, bzw.) als Grundlage, auf der ein Großteil meiner Recherchen basierte. 1998, vier Jahre nach der Erstveröffentlichung von *Endgültiges Urteil*, kamen der israelische Historiker Avner Cohen, Autor von *Israel and the Bomb*, und sein Buch (sicherlich unbeabsichtigt) verlieh meiner These große Glaubwürdigkeit.

Cohen erklärte einem gegenseitigen Bekannten - ich bin sicher, er wäre schockiert, wenn er wüsste, dass wir einen gemeinsamen Bekannten haben -, dass er entsetzt gewesen sei, als er (bei einer Internetrecherche nach Daten zu seinem eigenen Buch) von der Existenz von *Endgültiges Urteil* und seiner These erfahren habe. Natürlich eilte Cohen herbei, um seinen Standpunkt zu bekräftigen, der die Idee einer israelischen Beteiligung an der Ermordung von JFK zurückweist, aber der Geist kam aus seiner Lampe und die Welt weiß nun, dass Israel und JFK keine „guten Freunde" waren, wie uns manche glauben machen wollen.

There's a Fish in The Courthouse von Gary Wean, ein unbemerkt gebliebenes, aber wichtiges Buch, hat mein Werk erheblich bereichert. Leider behauptet Gary, mein Buch habe sein Buch „plagiiert" und ich sei „gezwungen" gewesen, seine Arbeit anzuerkennen, was natürlich von Anfang an klar zitiert und gut sichtbar erwähnt und anerkannt wurde.

Niemand „zwang" mich, seinem Buch die ihm gebührende Anerkennung zu verschaffen. Garys Freund Wade Frazier wies sogar darauf hin, dass ich einer der wenigen bin, die Gary irgendeine Art von Glaubwürdigkeit oder Öffentlichkeit verschafft haben.

Ein „besonderes" Dankeschön an einen echten Freund, Tom Valentine, Moderator des beliebten Radiosenders *Free America*. Als es sonst niemand tat, gab Tom mir die Gelegenheit, über dieses Buch zu sprechen und gab mir kontinuierlich viel Ermutigung. (Übrigens ist Tom unter anderem auch eine fabelhafte Quelle für Informationen über alternative Gesundheit. Besuchen Sie seine Website carotec.com).

Mehrere andere Radiomoderatoren, darunter Jack Stockwell und Barbara Jean von „K-TALK" in Salt Lake City und „One Eyed Jack" Jackson in Springfield, Illinois, Bill Boshears in Cincinnati, Ron Muhammed in San Diego, Victor Thorn und Lisa „Vicki" Guliani (von babelmagazine.com) und Rick Adams von WALE in Providence, Rhode Island, wagten es ebenfalls, mich auf Sendung zu haben.

Ich begrüße den Anwalt von Victor Marchetti, dem ehemaligen CIA-Offizier, auch wenn mein alter Freund mich zum Lachen bringt, wenn er sagt, dass er immer noch glaubt, dass „Der KGB JFK getötet hat". Als Herausgeber von New American View behielten Victor und seine rechte Hand Donna McGrath die israelische Lobby in Washington im Auge.

Vince Ryan, John Tiffany, Travis McCoy, Jim Yarbrough und andere haben bei der Erstellung von *„Endgültiges Urteil"* hilfreiche Ideen geliefert. Jeder von ihnen hat auf seine Weise zu diesem Buch beigetragen.

Dr. Alfred Lilienthal, der unerbittliche und wunderbare amerikanische Kritiker und Pionier der katastrophalen US-Politik im Nahen Osten, war sehr wohlwollend.

Eine herzliche Hommage an den verstorbenen H. Keith Thompson, dessen Unterstützung für meine Arbeit eine große Ehre für mich war.

Von Anfang an war Van Loman ein geschätzter Vertrauter, der scharfsinnige Ideen und bemerkenswerte Hinweise lieferte, die das Buch abschlossen

Ein riesiges, wenn auch verspätetes Wort des Dankes an Bill Grimstad, der mich auf die Spur von Franck Strugis' wenig bekannter Verbindung zum Mossad gebracht hat, ein ziemlich relevanter Punkt - und das Wort ist schwach -, der meinen eigenen Nachforschungen entgangen war.

Tom Kerr, Bill W., Reg O., Martin Williams, Tony Blizzard und andere haben an der Korrektur mitgewirkt, die dieses Buch erheblich verbessert hat. Der Humor und die Unterstützung von Bob „H. L." Diehli waren ebenfalls ermutigend.

Die freundlichen Worte des verstorbenen Ace Hayes, des provokativen Herausgebers von *Portland Free Press*, und Daniel Brandt von *NameBase Newsline* haben bewiesen, dass die Ermordung von JFK keine Frage von „rechts" oder „links" war, wie einige naive Menschen immer noch glauben. Diese alten Bezeichnungen wurden vom Wind verweht.

Gott segne Dr. Herbert Calhoun, den ehemaligen Beamten des Außenministeriums, dessen absolute Zustimmung zum Jüngsten *Gericht* meine Kritiker auf sich vereinigt hat, die wissen, dass viele andere in den höchsten Kreisen mit Calhoun übereinstimmen, aber noch nicht bereit sind, dies öffentlich zu sagen.

Die Ratschläge des britischen Schriftstellers Gordon Thomas waren sehr wertvoll. Vielen Dank auch an Gordons Kollegen bei *The European*, die einen ausführlichen Artikel über meine umstrittene Forschung veröffentlicht haben.

Die enthusiastische Unterstützung durch den Anwalt Edmund Steele aus Idaho (siehe conspiracypenpal.com) hat sicherlich dazu beigetragen, dass sich die Sache herumgesprochen hat.

Und ich möchte Sid und Woolf bei feralnews.com, Russ bei playtowinmoney.com und die Leute von afrocubaweb.com nicht erwähnen, die großzügigerweise *das Final Judgement* gefördert haben.

Alan Jones' ausgezeichnetes Exposé zu *Endgültiges Urteil* in *How The World Really Works* (siehe abjpress.com) war wirklich ein Anstoß. Und Carol Adler, die bedingungslose und mutige Herausgeberin vieler umstrittener „faszinierender" Titel (siehe dandelionbooks.net), zeichnet sich ebenfalls durch ihr Interesse an meiner Arbeit aus.

An Christopher und Helje Bollyn: Sie sind mutige Menschen und gute Freunde. Dasselbe gilt für Professor Ray Goodwin, der seine Karriere aufs Spiel setzte, als er seinen Studenten sagte, das Jüngste *Gericht* sei das „letzte Wort" im Fall JFK.

Vielen Dank an alle, die uns auf dem Weg moralisch unterstützt haben: Blayne Hutzel, Paul Wolff, Pete Godlove, Dale Crowley, Robert Boody, Mark Lillis, Mary und Mae, die Reisebüros, Tom McIntyre, Joe Power, Ed Harrington, George Kadar, Joe Fields, Jim Scott, Robert Wolfe, Larry Showell, RH Showell, Greg Garnett, Jerry Myers, Donald Malloy, David Lewis, Dan Hinton, James Jakes, Anne Cronin, Julia Foster, Trisha Katson, Ann Brown, Helen Nunley, Marie Zittel, Agi, Mike, Nick, Jim, Judy, Ruby Lee, George, Will, Ricky, DVS, Steve, James the Poet, und schließlich, aber vor allem, dieser besondere Hund, Brute, und all meine anderen vierbeinigen Freunde, von denen es zu viele gibt, um sie zu erwähnen.

Meine Mutter - immer noch meine schlechteste Kritikerin - las das Buch und war trotz ihrer anfänglichen Zweifel überzeugt. Schade, dass mein Vater die Veröffentlichung des Buches nicht mehr erleben konnte. Er wäre stolz gewesen.

Nachdem all dies gesagt wurde, überlasse ich es nun dem Leser, zu entscheiden, ob ich tatsächlich „ins Schwarze getroffen" habe

- MCP

Eine Entschuldigung des Autors

„Ich habe das fehlende Glied verpasst".

„Michael Collins Piper tut viel mehr, als die Leser von der multidimensionalen Verschwörung zur Entmachtung JFKs zu überzeugen: Er überzeugt uns davon, dass die Fakten schon immer direkt vor unseren Augen lagen."
Auszug aus einer Rezension von Final Judgement auf amazon.com

Eines der Probleme beim Schreiben eines Buches ist, dass ein Autor, egal wie sehr er sein Thema erforscht, beim ersten Mal zwangsläufig einige wichtige Elemente übersehen wird. Seit der Erstveröffentlichung von *Endgericht* 1994 habe ich mich mehrmals getreten, weil ich mehrere Details übersehen hatte, die meiner Meinung nach der Theorie, die das Buch vorstellt, Glauben schenkten.

Unter Einbeziehung der vierten Auflage von *Endgültiges Urteil* habe ich wiederholt argumentiert, dass Jim Garrison, der Älteste aus New Orleans, der den Geschäftsmann Clay Shaw wegen Verschwörung zum JFK-Attentat verklagt hatte, keine Ahnung hatte, dass der Mossad mit dem Attentat in Verbindung stand. Heute sieht es jedoch so aus, als hätte ich mich geirrt.

Nach der Veröffentlichung der vierten Auflage von *Endgericht* machte ich die leicht verunsichernde Entdeckung, dass Garrison anscheinend tatsächlich erkannt hatte, dass der Mossad mit der Verschwörung in Verbindung stand - und die Information war da, damit ich sie finden konnte, wenn ich an der richtigen Stelle nachgesehen hätte.

Beim Durchstöbern der recht umfangreichen Website von A.J. Weberman (www.weberman.com), dem ehemaligen Ermittler des JFK-Attentats, bin ich auf etwas gestoßen, das gelinde gesagt erstaunlich ist. Auf seiner Website stellte Weberman die folgende bemerkenswerte Behauptung auf:

> Ich lernte Jim Garrison Mitte der 1970er Jahre kennen. Garrison wollte, dass ich einen Verleger für ein Manuskript fand, das er über die Ermordung von Präsident John F. Kennedy geschrieben hatte. Als ich das Manuskript las, stellte ich fest, dass es sich um ein fiktives Werk handelte, das die Schuld am Tod John Kennedys dem israelischen Geheimdienst - dem Mossad - in die Schuhe schob.

In Anbetracht all des Ärgers, dem ich in den letzten Jahren ausgesetzt war - einschließlich der Kritik, die von einigen Befürwortern von Garrisons Untersuchung kam - konnte ich kaum glauben, was ich gelesen hatte. A. Weberman zufolge hatte Jim Garrison tatsächlich herausgefunden - in gewisser Weise nicht überraschend -, dass es gute Gründe für die Annahme gab, dass der Mossad in das Verbrechen des Jahrhunderts verwickelt war.

Doch Garrison selbst kam offensichtlich (übrigens zu Recht) zu dem Schluss, dass es nicht in seinem Interesse lag, dies zu sagen - zumindest nicht öffentlich und schon gar nicht in einem seiner Sachbücher zu diesem Thema. Garrison beschloss also, seine These in einen Roman zu verpacken, und dieser Roman wurde natürlich nie veröffentlicht. Ich bezweifle, dass Garrisons Familie versuchen wird, das unveröffentlichte Manuskript (falls es noch existiert) in nächster Zeit auf den Markt zu bringen.

Webermans Enthüllung wird sicherlich vielen Verteidigern von Jim Garrison unangenehm sein, aber sie bestätigt überraschend, dass die These, die in *Endgültiges Urteil* aufgestellt wurde, echte Unterstützung von einer Person erhält, die sowohl zu einem Banditen als auch zu einer Ikone in der Geschichte des JFK-Attentatsplans geworden ist.

Natürlich zeigt die von Garrison berichtete Theorie der Mossad-Beteiligung nicht, dass der Mossad an der Ermordung von JFK beteiligt war, aber sie verleiht dem Glauben, was auf den Seiten von *Final Judgement* ausführlich kritisiert (aber nicht widerlegt, wenn ich das so sagen darf) wurde.

Natürlich stellt sich die Frage, ob Weberman in Bezug auf Garrisons Mossad-Theorie gelogen hat, und wenn ja, warum sollte Weberman diese Behauptung aufstellen? Es steht mir nicht zu, diese Frage zu beantworten. Ich bin nur dazu da, Ihnen zu sagen, dass Weberman das behauptet hat.

Wenn Weberman nicht lügt, können wir dann glauben, dass Garrison einfach nur Spaß daran hatte, sich dieses Szenario für einen bestimmten Zweck auszudenken? Dies erscheint natürlich sehr unwahrscheinlich.

Es bleiben also Webermans Behauptungen über Garrisons scheinbare Annahmen in Verbindung mit der Tatsache, dass das *endgültige Urteil* nun gefällt wurde und das „Wie" und „Warum" der Beteiligung des Mossad am JFK-Mordkomplott aufzeigt.

Und so sehr es Israel und seine mächtige Lobby in Amerika, vertreten durch die Anti-Defamation League (ADL) von B'nai B'rith und andere mächtige Kräfte, auch bestürzen mag - es gibt viele Menschen - und zwar immer mehr -, die glauben, dass das Jüngste *Gericht* ein Szenario präsentiert, das Sinn macht, das genauso viel oder sogar mehr Sinn macht als viele andere klassische Theorien zu diesem Thema, trotz der hysterischen Bemühungen der ADL, mich zum Schweigen zu bringen (aber nicht zu widerlegen).

Trotz des Untertitels meines Buches habe ich also in gewisser Weise tatsächlich ursprünglich das „Missing Link in der JFK-Attentatsverschwörung" übersehen: die Tatsache, dass Jim Garrison tatsächlich die Mossad-Verbindung zugegeben hatte.

Erst jetzt bin ich endlich in der Lage, meinen Lesern dieses entscheidende Detail zu vermitteln. Ich bedauere nur, dass ich es nicht schon früher getan habe. Mit all dem im Hinterkopf lade ich die Leser von *Final Judgement* ein, zu lesen, was ich geschrieben, umgeschrieben, überarbeitet und aktualisiert habe, und für sich selbst zu entscheiden, ob Jim Garrisons scheinbarer Verdacht tatsächlich ins Schwarze traf und Israel und sein Mossad neben der CIA die Hauptakteure bei der Ermordung von John F. Kennedy waren.

- **Michael Collins Piper**
Washington, D.C.

„Die andere Seite des Puzzles"

Vorwort des Autors

Am 21. August 1997 erschien auf der Titelseite der *Los Angeles Times* ein Artikel, in dem ein Aufstand in Südkalifornien beschrieben wurde, der während meiner bevorstehenden Vorlesung an einem College-Seminar über den Mord an JFK ausbrach. Das Seminar wurde unter der Schirmherrschaft der Orange County South Sector Community University (SOCCCD) veranstaltet. Obwohl vier Redner angesetzt waren, war es meine Anwesenheit - und nur meine Anwesenheit -, die für Kontroversen sorgte. Die Anti-Defamation League (ADL) von B'nai B'rith war (wenig überraschend) verärgert darüber, dass ich in meinem Buch *Endgericht* die Tatsache unterstützte, dass der israelische Geheimdienst Mossad zusammen mit der CIA und Lanskys Verbrechersyndikat eine führende Rolle bei der Ermordung von JFK gespielt hatte.

Die *Times* berichtete, dass die ADL meine Wenigkeit beschuldigte, „ein Anhänger der Holocaust-Leugnung zu sein, und seine Behauptung, die Israelis hätten Kennedy getötet, als lächerlich bezeichnete". Die ADL konnte nicht beweisen, dass ich ein „Anhänger der Holocaust-Leugnung" bin, aber natürlich sieht die ADL das als letzten Todesstoß an und hält solche Anschuldigungen für ein faires Spiel, wenn man versucht, jeden zum Schweigen zu bringen, der sich ihrer Agenda widersetzt.

Dass die ADL davon ausgeht, meine Anschuldigung bezüglich der israelischen Beteiligung an der Ermordung von JFK als „lächerlich" zu bezeichnen, ist geradezu lachhaft. Da die ADL nicht nur als wichtige Kraft in der israelischen Lobby in den USA fungiert, sondern auch der Nachrichten- und Propagandadienst des Mossad ist, erscheint es unwahrscheinlich, dass die ADL meine These unterstützen würde.

Jedenfalls wurde das JFK-Seminar aufgrund des intensiven und hochgradig hysterischen Geschreis der ADL abgesagt, obwohl die College-Leitung und andere öffentlich und offen erklärten, dass sie über die Auswirkungen und Folgen der Druckkampagne der ADL zur Einschränkung der Meinungsfreiheit, insbesondere in einem akademischen Forum, besorgt waren.

Dennoch erschienen Berichte über den Fall in den Zeitungen des Landes, darunter auch ein Kommentar in *Newsweek* von George Will, einem glühenden Verfechter Israels.

Daher freue ich mich, sagen zu können, dass das Ganze einen positiven Aspekt hatte. Heute haben die Leser von „Mainstream-Zeitungen" in ganz Amerika zum ersten Mal seit der Erstveröffentlichung von *„Endgültiges Urteil"* im Jahr 1994 erfahren, dass eine Theorie im Umlauf ist, wonach der israelische Mossad in die Ermordung von John F. Kennedy verwickelt war.

Wie ich der *Los Angeles Times* sagte und was in einem zweiten Artikel am 22. August zitiert wurde: „Die Anti-Defamation League ist noch nicht fertig damit, vom Jüngsten *Gericht* zu hören. Die Tür wurde aufgestoßen. Es wird jetzt viel über dieses Buch diskutiert werden", ob es der ADL nun gefällt oder nicht.

Obwohl der Journalist der *Los Angeles Times*, Michael Granberry, versucht hat, meine Sicht der Dinge darzustellen, fühle ich mich dennoch verpflichtet, verschiedene Aspekte des Artikels *der Los Angeles Times* zu kommentieren, da die gesamte Geschichte hinter dem Artikel erzählt werden muss.

Die *Times* zitierte einen gewissen Gerald Posner, den Autor von *Case Closed*, als Experten für die JFK-Verschwörung. Tatsache ist, dass Posner von führenden langjährigen

JFK-Mordforschern weitgehend verunglimpft wurde, weil er *Case Closed* geschrieben hat, in dem er behauptet, der Bericht der Warren-Kommission sei (trotz einiger Mängel) korrekt gewesen und Lee Harvey Oswald habe allein gehandelt.

Der Kosmopolit M. Posner soll angeblich „bestürzt" gewesen sein, dass das Seminar angesetzt wurde, und erklärte: „Das scheint mir ähnlich der Idee zu sein, dass der Holocaust ein Scherz war." Zufällig ist dies heute genau die Propagandalinie, die von der ADL gefördert wird, die erklärte, wenn die Menschen glauben, dass hinter der Ermordung von JFK eine Verschwörung stecke, könnten sie am Ende auch glauben, dass es keinen Holocaust gab.

In *Antisemitism in America Today: Outspoken Experts Explode the Myths* erklärt der nationale Direktor der ADL, Abe Foxman, ganz offen:

„Wenn Teile der Bevölkerung wirklich bereit sind zu glauben, dass Präsident Kennedy vom militärisch-industriellen Komplex getötet wurde, weil er gegenüber dem Kommunismus zu nachgiebig war ... dann ist es nicht schwer, sich vorzustellen, dass einige der gleichen Leute auf die Lügen von Bradley Smith oder die Erfindungen von Louis Farrakhan und Leonard Jeffries hereinfallen.

„All diesen Verschwörungstheorien ist das grundlegende Merkmal gemeinsam, dass die „Forschung", die sie stützt - in der Tat etwas mehr als eine Sammlung von Anekdoten, die von ihrem ursprünglichen Kontext getrennt wurden - manipuliert wird, um zu vorbestimmten Schlussfolgerungen zu gelangen, und nicht zu historischen Enthüllungen oder Erkenntnissen."

(Besagter Smith vertritt übrigens die auch von Jim Marrs, dem sogenannten „Mainstream"-Forscher im Fall JFK, geteilte Meinung, dass die Zahl der Juden, die während des Holocausts starben, übertrieben wurde.)

(Farrakhan und Jeffries sind unbestreitbar wortgewandte schwarze Persönlichkeiten, die die bedeutende jüdische Rolle im Sklavenhandel untermauerten und der ADL viel Ärger bereiteten).

Kurz gesagt: Wenn Sie an eine Verschwörungstheorie zur Ermordung von JFK glauben, könnten Sie in Wirklichkeit etwas anderes über andere Fälle - wie den Holocaust oder den Sklavenhandel - glauben, was die ADL nicht will, dass Sie es glauben.

Doch zurück zu Posner, dem Freund der ADL. Tatsächlich ist Posners Buch nichts anderes als ein Aufguss des ursprünglichen Berichts der Warren-Kommission, ergänzt durch einen offensiven Mix aus scharfen Angriffen auf nicht nur eine Reihe von Ermittlern, die für den JFK-Fall verantwortlich waren, sondern auch auf Bürger, die glaubwürdige Beweise für eine Verschwörung hinter der Ermordung des Präsidenten vorgelegt haben. Aber wer ist Posner eigentlich? Warum erschien er als eine Art Liebling der ADL und anderer Kritiker des *Jüngsten Gerichts* (und der JFK-Verschwörungstheorien im Allgemeinen)?

Jim Marrs, der Autor von *Crossfire*, einer populären Sammlung von JFK-Verschwörungstheorien, hat Posner heftig kritisiert und seine Kritik öffentlich gemacht, er hat seine eigenen (zitierfähigen) Ansichten über Posners Herkunft.

In der Herbstausgabe 1995 der Zeitschrift *Paranoia* enthüllte ein Artikel Posners, dass er Marrs gegenüber privat zugegeben hatte, dass Bob Loomis, ein leitender Mitarbeiter von *Random House*, an ihn herangetreten war und ihn gebeten hatte, ein Buch über die Ermordung von JFK zu schreiben, wobei er ihm versprach, dass die CIA ihm ihre eigenen Akten über die Ermordung von JFK öffnen würde, damit er das Buch schreiben könne.

Aus diesem Grund verurteilte Marrs Posner als Strohmann der CIA. Warum bat Loomis ausgerechnet Posner - von all den Autoren auf der Welt -, das Buch zu schreiben? Laut Marrs: „Wahrscheinlich, weil [Posner] in seinem vorherigen Buch *Hitler's Chilren* als Werkzeug für die CIA gedient hatte. In diesem Buch hatte er die Kinder hochrangiger Naziführer interviewt. Wie kommen Sie dazu, das zu tun? Wie finden Sie heraus, wer sie sind? Sie haben alle ihre Namen geändert. Wie machen Sie sie ausfindig? Posner muss auch für dieses Buch von der CIA reingelegt worden sein", sagte Marrs.

Marrs ist (zu Recht) verärgert darüber, wie die Mainstream-Medien Posners Buch am 30. Jahrestag der Ermordung von JFK beworben haben. Damals war es offensichtlich (wie auch heute noch), dass die Medien die Öffentlichkeit glauben machen wollten, der Fall JFK sei ein „abgeschlossener Fall". Bemerkenswert ist, dass der bei weitem größte Medienschub für Posners Buch in der Ausgabe des U.S. News & World Report vom 30. August 1993 auftauchte, die dem Buch eine weithin beachtete Titelgeschichte bescherte. Ich werde wahrscheinlich einige Leute verärgern, wenn ich darauf hinweise, dass die U.S. News Mort Zuckerman gehört, einer der wortgewaltigsten und mächtigsten Figuren der Israel-Lobby in Amerika.

In einem Anhang zu dieser Ausgabe von *Final Judgement* habe ich Posners Buch analysiert und gezeigt, wie erbärmlich betrügerisch es war. Wer jedoch an einer umfassenderen Kritik Posners interessiert ist, dem empfehle ich wärmstens *Case Open* von Harold Weisberg, einem erfahrenen Forscher des JFK-Falls.

So viel zu Gerald Posner. Obwohl er (natürlich) keine zuverlässige Quelle ist, zitierte die *Los Angeles Times* mit großem Vergnügen aus seiner Kritik am *Jüngsten Gericht*, die Posner als eine der „extravagantesten" Theorien bezeichnete, die bislang vorgelegt wurden, so die *Times*.

Die *Los Angeles Times* zitierte auch einen gewissen Chip Berlet, den sie als „gründlich mit dem Attentat befasst" und als „bewährten Analytiker" in einer „Denkfabrik ..., die totalitäres Denken untersucht" beschreibt. Berlet erklärte, dass meine Ansichten das „Jenseits der Realität" repräsentierten.

Zunächst einmal ist mir nichts bekannt, was Berlet jemals über das JFK-Attentat geschrieben hätte (außer zufälligen Angriffen auf andere JFK-Verschwörungstheoretiker), daher sind mir keine veröffentlichten Beweise für seine „gründliche Studie" bekannt. Dies steht in scharfem Kontrast zu der damals 385 Seiten umfassenden dritten Auflage von *Endgericht*, die mit 746 Fußnoten dokumentiert war.

Darüber hinaus dient der sogenannte „Think Tank", der Berlet beschäftigt, seinen eigenen persönlichen Interessen. Die *Times* hat es versäumt, diesen Punkt hervorzuheben, indem sie Berlet als eine Art objektiven Analysten darstellte. Was die *Times* ebenfalls nicht erwähnte, war, dass Berlets „Denkfabrik" von mindestens zwei bekannten Tarnfirmen finanziert wurde, die der CIA gehörten. Wir können also auch heute noch sehen, woher Berlet kommt.

An dieser Stelle; muss ich auch anmerken, dass prominente Aktivisten der „neuen Linken" der 1960er Jahre wie Ace Hayes (inzwischen verstorben), Herausgeber der *Portland Free Press*, und Daniel Brandt vom *NameBase-Newsletter NewsLine*, Berlet seit langem aufmerksam verfolgt hatten und zu folgendem Schluss gekommen waren:

1) Es besteht kein Zweifel daran, dass Berlet so eng mit der ADL zusammengearbeitet hat, dass er als weit mehr als ein „Komplize" der ADL und schlimmstenfalls vielleicht sogar als einer ihrer Geheimagenten angesehen werden muss; und

2) Berlet könnte auch versteckte Verbindungen zur CIA haben, einschließlich der Teilnahme an einer von der CIA finanzierten Gruppe von „Studenten" in den 1960er Jahren.

Andere wiesen darauf hin, dass Berlet trotz seines gutmütigen Spitznamens in Wirklichkeit John Foster Berlet hieß. Er wurde auf den Namen des ehemaligen Außenministers John Foster Dulles getauft, der offenbar mit Berlets Vater in Verbindung stand. Dulles' Bruder Allen wurde natürlich von JFK nicht nur als CIA-Direktor entlassen, sondern war später auch Mitglied der Warren-Kommission, die die Wahrheit über das Attentat verschleierte.

Da *Endgültiges Urteil* die CIA beschuldigt, mit dem Mossad bei der Ermordung von JFK zusammengearbeitet zu haben, können wir verstehen, warum Berlet (und Posner) daran interessiert sind, dass *Endgültiges Urteil* nicht enthüllt wird. Offensichtlich hat die ADL die *Los Angeles Times* an Posner und Berlet verwiesen, weil sie wusste, dass die beiden „Experten" mit CIA-Verbindungen so davonkommen würden, wie sie es taten.

Die *Times* zitierte auch Roy Bauer, einen Philosophieprofessor an der Irvine Valley University, der sich auf mich (und die anderen Referenten der Konferenz) als „verrückt" bezog. (Anscheinend war es Bauer, der ursprünglich die ADL angerufen hatte, um sich über meine bevorstehende Anwesenheit auf dem Seminar zu beschweren.) Ich bin mir sicher, dass Bauer mein Buch nie gelesen hat, daher ist der Vorwurf, ich sei ein „Spinner", eine böswillige und haltlose Beleidigung der schlimmsten Art. Mehr noch: Obwohl ich mit der „Philosophie", die der gute Lehrer im Unterricht anwendet, nicht vertraut bin, ist es eindeutig keine Philosophie, die der amerikanischen Tradition der Meinungsfreiheit entspricht.

Ich versuchte mehrmals, Bauer zu kontaktieren, um direkt mit ihm zu sprechen, aber er weigerte sich, meine Anrufe zu beantworten. Als ich Bauer schließlich erreichte, sagte er mir, dass man ihm „geraten" habe, nicht mit mir zu sprechen, und legte sofort auf. Dieser Rat, da bin ich mir sicher, kam direkt von Bauers Freunden in der ADL. Jahrelang hatte die ADL eine Politik der „Verweigerung der Debatte" mit denjenigen, die sie in der Presse so fieberhaft angreift, beibehalten. Der ängstliche Bauer fühlte sich natürlich wohl dabei, aus der Ferne Kritik zu üben und die „Gedankenpolizei" der ADL anzurufen, aber er hatte nicht die Kraft, mich direkt zu konfrontieren.

Die *Los Angeles Times* berichtete übrigens auch, dass der Universitätsverwalter Steve Frogue, der Pate des Seminars der unglücklichen Universität, einige Zeit zuvor behauptet hatte, dass „die ADL hinter" der Ermordung Kennedys stehe. Frogue hatte das nicht gesagt. Was Frogue vielmehr sagte, war, dass es Beweise gab (die in *„Endgültiges Urteil"* klar dokumentiert sind), dass Lee Harvey Oswalds seltsame Aktivitäten in New Orleans Teil einer der berühmten (oder berüchtigten) Ermittlungen der ADL gewesen sein könnten.

Der *Times-Journalist* hat Frogues Bemerkungen über die Verbindung der ADL zu Oswald (vielleicht) missverstanden, aber jetzt, da wiederholt über die Fehlinterpretation berichtet wurde, ist sie von Bedeutung. Aber Frogue hat nicht das gesagt, was er angeblich gesagt hat. Nichtsdestotrotz werden in *Endgültiges Urteil* Oswalds (überraschende) Verbindungen zur ADL zum ersten Mal untersucht.

Armer Herr Frogue. Als junger Bewunderer von JFK war Frogue drauf und dran, sich dem Friedenskorps anzuschließen, inspiriert von Kennedys Neuer Grenze. Nach dem Tod des Präsidenten war Frogue jedoch so frustriert und desillusioniert, dass er stattdessen dem Marine Corps beitrat. Als Universitätsprofessor und Gemeindevorsteher (und als Teilzeitstudent der JFK-Verschwörungstheorien) war Frogue der Ansicht, dass ein Universitätsforum - unter der Schirmherrschaft der Orange County South Sector Community University (zu deren Präsident er gewählt worden war) - eine ideale Möglichkeit wäre, die in *End Judgment* vorgestellte Theorie sowie andere konkurrierende Theorien zu diskutieren - einschließlich der Theorie, dass „die Nazis JFK getötet haben".

Die ADL dachte jedoch anders. Sie hatten nicht den Wunsch, Universitätsstudenten und anderen interessierten Teilnehmern zu ermöglichen, zu hören, was ich zu sagen hatte. Sie hielten die These vom Jüngsten *Gericht* für so gefährlich, dass sie alles in ihrer Macht Stehende taten, um zu verhindern, dass ich gehört wurde. Infolgedessen wurde Steve Frogues Projekt durch eine Verleumdungskampagne gegen mich und diesen ehrlichen Mann sabotiert, die er wahrscheinlich nie für möglich gehalten hätte.

Die *Los Angeles Times* berichtete korrekt über meinen Kommentar, in dem ich erklärte, dass JFK in einen erbitterten Kampf mit dem israelischen Premierminister David Ben-Gurion über Israels Bemühungen um den Aufbau eines Atomwaffenarsenals verwickelt gewesen war. Der junge Journalist Mike Granberry hatte mich gezielt gefragt (und das war eine gute Frage, unnötig zu sagen): „Meine Redakteure wollen wissen, warum Sie glauben, dass Israel sich gegen John F. Kennedy stellen würde?", also erklärte ich es ihm und er druckte meine Antwort ab.

Was die *Times* nicht berichtete, war, dass ich außerdem darauf hingewiesen hatte, dass nach dem Tod von JFK die Politik der USA gegenüber Israel unter Lyndon Johnson eine vollständige und sofortige 180-Grad-Wende vollzogen hatte und, was am wichtigsten war, das israelische Atombombenprogramm ungehindert ablief.

Wie ich der *Times* sagte (was jedoch nicht veröffentlicht wurde): „Obwohl es eine Debatte darüber gibt, ob die Vereinigten Staaten in Vietnam involviert geblieben wären oder nicht, wenn JFK überlebt hätte, gibt es absolut keinen Zweifel an der drastischen Umkehrung der US-Politik im Nahen Osten, von der Israel am meisten profitierte." Ich wies die *Times* darauf hin, dass vier prominente Autoren, Seymour Hersh, Stephen Green sowie Andrew und Leslie Cockburn, viel über JFKs Politik gegenüber Israel geschrieben hätten und ich mich fast ausschließlich auf ihre Schlussfolgerungen verlassen habe.

Ich *habe nicht* gesagt, dass ich, wie die *Times* berichtete, die weit verbreitete Zahl, dass „sechs Millionen Juden" durch die Hände der Nazis starben, bestritten hätte, und ich habe auch nie auf Behauptungen hingewiesen, dass die Zahl viel niedriger sei. Was ich sagte, war Folgendes: „Zunächst einmal geht es in meinem Buch um die Ermordung von JFK. Es hat nichts mit dem Holocaust zu tun. Das Attentat auf JFK fand 1963 statt. Der Holocaust endete 1945. Meine Ansicht darüber, was während des Holocausts stattgefunden hat und was nicht, hat nichts mit meinem Buch über die Ermordung von JFK zu tun. Das ist ein ganz anderes Thema.

„Was die Zahlen angeht", stellte ich klar, „habe ich die Zahl sechs Millionen mein ganzes Leben lang gehört. Man kann sich nicht umdrehen, ohne ständig etwas darüber in der Presse zu lesen. Ich fügte jedoch hinzu: „In den letzten Jahren haben einige jüdische Historiker behauptet, dass die Zahl sieben oder sogar acht Millionen betragen würde. Ich kenne diese Zahl also nicht.

(Ein Beispiel für eine solche Behauptung, dass die Zahl 7 Millionen erreichen könnte, findet sich in der Auguste *Washington Post* vom 20. November 1996, in der Ausgabe der hoch angesehenen *Jerusalem Post* für die Woche bis zum 23. November 1996 und in den Ausgaben der New Yorker Jewish Press vom 23. und 30. Mai 1997, die alle von der ADL als absolut „verantwortungsvoll" eingestuft wurden).

Ich habe der *Los Angeles Times* gegenüber nie angedeutet, dass ich glaube, wie die *Times* fälschlicherweise behauptete, „dass keine Juden in Gaskammern getötet wurden". Es handelt sich um eine literarische Freiheit des Journalisten, der annahm, dass dies meine Meinung sei, die auf dem beruhte, was die ADL ihm bereits (fälschlicherweise) über meine Ansichten zu dieser irrelevanten Frage mitgeteilt hatte.

Trotz all dessen hatte mein Buch über JFK natürlich **nichts** *mit dem Holocaust zu tun, trotz der bösartigen und falschen Hirngespinste der ADL.*

Und es ist wahrscheinlich erwähnenswert, dass eine Handvoll Figuren, die sich als Holocaust-Revisionisten bezeichnen - „Holocaust-Leugner" in der Sprache der ADL - nicht nur versucht haben, die Verbreitung von „*Endgültiges Urteil*" zu stoppen und es zu diskreditieren, sondern dass es denselben Intriganten auch gelungen ist, eine laufende Übersetzung des Buches in die russische Sprache zu sabotieren! Also, was den Unsinn über den Holocaust angeht, kommen wir wieder!!

Ehrlich gesagt bezweifle ich stark, dass die katholische Kirche, wenn ich in der Abtreibungsfrage „dafür" gewesen wäre, auf dieser Grundlage eine große Verleumdungskampagne gestartet hätte, um mich daran zu hindern, über das nicht verwandte Thema der Ermordung von JFK zu sprechen. Wir müssen uns also noch einmal genau fragen, warum die ADL so kategorisch dagegen war, dass mein Vortrag gehört wurde, und dann das *irrelevante* Thema „Holocaust" einführte. Die Antwort ist offensichtlich. Letztendlich bestätigt die hysterische Reaktion der ADL auf „*Endgültiges Urteil*" die These dieses Buches. So einfach ist das.

Die *Los Angeles Times* verwies auf John Judge, einen weiteren Referenten, der bei dem sabotierten Seminar vorgesehen war, und betonte, dass er dafür bekannt sei, dass er „den Verschwörungstheorien des verstorbenen Staatsanwalts von New Orleans Jim Garrison" zustimme und dass „diese Theorien keinen antisemitischen Unterton hätten."

Interessanterweise weigerte sich Judge, mich auf einer Konferenz über JFK sprechen zu lassen, die er im Oktober 1996 hier in Washington organisiert hatte. Die diplomatische Ausrede damals (in den Worten von Judges Geschäftspartner Philip Melanson) lautete, dass das Programm dieser Konferenz „versuchte, sich eher auf grundlegende Probleme und Fragen zu konzentrieren als auf breite historische Themen und Theorien." Allerdings erzählten die Judge-Partner einem Teilnehmer, der gefragt hatte, warum das *Jüngste Gericht* bei dieser Konferenz nicht auf dem Plakat zu sehen war: „Weder Michael Collins Piper noch sein Buch sind hier willkommen." Als schließlich Judges Name in Pressemitteilungen mit meinem in Verbindung gebracht wurde, beeilte sich Judge, einen Brief an das *Orange County Register* (eine Zeitung in Orange *County*) schicken, in dem er seinen Lesern versicherte, dass er und seine Kollegen ganz sicher nichts mit einem Extremisten wie mir zu tun hätten. *Und doch steckt selbst Judge in Bezug auf die ADL in der Klemme: Schließlich glaubt auch Judge an eine Verschwörungstheorie - und das ist maaaaal!*

Ich finde es daher durchaus amüsant, dass Judge heute neben mir als „Spinner" bezeichnet wird. Ebenso wie eine andere Person, die bei dem Seminar in Kalifornien sprechen sollte - ein gewisser Dave Emory -, der behauptet, dass die Nazis hinter der Ermordung von JFK steckten. Ich möchte dem Leser hier keine Kommentare zu dieser speziellen Vorstellung auferlegen, obwohl in Kapitel 15 von *Endgültiges Urteil* einige interessante Informationen über Emorys sogenannte „Nazi-Connection" liefere, die beweisen, dass es alles andere als das war.

Wenn man so will, *rechtfertigt* die in *Endgericht* vorgelegte These sogar Jim Garrisons Anklage gegen Clay Shaw wegen dessen Beteiligung an der Verschwörung zur Ermordung von JFK. Garrison hat zunächst Clay Shaws Rolle in der Verschwörung hervorgehoben, und in Kapitel 15 werden Shaws Verbindungen zu Israel ausführlich beschrieben. Ich muss jedoch sagen, dass die in „*Endgültiges Urteil*" vorgestellte Theorie nicht auf Clay Shaw beruht. *Mit oder ohne Shaw gibt es in vielen anderen Bereichen zahlreiche Beweise, die auf eine israelische Beteiligung an der Ermordung von JFK hindeuten.* Shaws Mitschuld an der Verschwörung schließt jedoch nur den Kreis, wie Sie sehen werden.

Zu der Andeutung der *Times*, meine Dissertation habe „antisemitische Untertöne", möchte ich Folgendes sagen: Ich glaube nicht, dass das Buch „antiisraelisch" oder „antisemitisch" ist. Punkt. Die Handlungen Israels und seiner Lobby in diesem Land zu kritisieren ist nicht „antisemitisch" und Menschen mit gesundem Menschenverstand, die keine persönlichen religiösen oder politischen Interessen haben, verstehen das.

Der Kritiker Kenn Thomas bemerkte in seinem verschwörungstheoretischen Journal *Steamshovel Press*, dass „das Buch nicht gelesen werden kann, ohne zu versuchen, die subtile Unterscheidung zwischen einer antiisraelischen/antizionistischen Kritik und einem überholten Antisemitismus zu identifizieren." Ich halte das für absurd. Um ganz ehrlich zu sein, muss ich jedoch davon ausgehen, dass Thomas diese Bemerkung (im Zusammenhang mit einer widerwilligen Kritik) lediglich in der Hoffnung machte, nicht selbst als „Antisemit" bezeichnet zu werden, weil er (wie er es tat) andeutete, dass der Leser viel lernen könnte, wenn er das Buch über JFKs wenig bekannten geheimen Kampf mit Israel liest. Sehen Sie, es gibt viele Feiglinge da draußen, unter diesen sogenannten Verschwörungsermittlern: „Mossad-Beteiligung? Oh nein", rufen sie, und dann fügen sie, untereinander flüsternd, hinzu: „Aber, wenn es so wäre, dann sagen Sie es auf keinen Fall. Wir würden in unserer Forschung diskreditiert werden". Arme Leute.

Israel ist meiner Meinung nach nur ein weiteres fremdes Land und verdient ebenso wenig eine Sonderbehandlung wie Irland oder Island. Allerdings gibt es in Amerika eine sehr starke pro-israelische Lobby (zu der auch einige ihrer mächtigsten Unterstützer wie sehr prominente Christen wie Jerry Falwell und Pat Robertson gehören) und daher hat Israel eine sehr große Macht über die Außenpolitik der Vereinigten Staaten. Aufgrund dieser „besonderen Beziehung" nimmt Israel eine einzigartige Position ein, die es in die Schusslinie der Kritiker gebracht hat. Israel ist nicht makellos und weil es seinen Einfluss ausüben möchte, muss es damit rechnen, kritisiert zu werden.

Ich bin der festen Überzeugung, dass der Mossad an der Ermordung von JFK beteiligt war und dass Israel für seine Taten zur Verantwortung gezogen werden muss. So einfach ist das. Wenn es Beweise dafür gäbe, dass Araber eine Rolle bei der Ermordung von JFK gespielt haben, müssten sie ebenfalls zur Verantwortung gezogen werden. Die Beweise deuten jedoch nicht in Richtung der Araber.

Wie dem auch sei, ich habe gemäß unserer guten alten amerikanischen Verfassung (zumindest derzeit) das Recht, meine Ansichten zu äußern. Wenn jemand (fälschlicherweise) diese Ansichten als „antiisraelisch" oder „antisemitisch" interpretiert, ist das ebenfalls sein Recht. Aber gegen Israels Untaten zu sein, bedeutet nicht, „antisemitisch" zu sein, „egal, was die ADL sagt". In jedem Fall ist es mir jedoch ehrlich gesagt egal, was die ADL denkt.

Die in *Endgültiges Urteil* vorgelegten Beweise für sich selbst, egal was die Ankläger der ADL und ihre diversen Komplizen sagen. Jeder, der behauptet, ich glaube, dass die Ermordung von JFK eine „jüdische Verschwörung" war, ist ein Lügner oder ein Dummkopf oder beides - oder zumindest ein Analphabet.

Trotz alledem brachte, wie gesagt, die Aufregung um das Universitätsseminar der in *Endgericht* aufgestellten These eine unglaubliche und völlig unerwartete Publizität

Von den 27 verschiedenen Artikeln, die mir in den Tagen nach dem ersten Artikel in der *Los Angeles Times* über die Kontroverse zur Kenntnis gebracht wurden, hieß es in 21 von ihnen (basierend auf dem *Times-Artikel* und dem Bericht der *Associated Press*) ausdrücklich, dass in dem Seminar ein Referent auftrat, der behauptete, der Mossad sei an der Ermordung des Präsidenten beteiligt gewesen. Die meisten Hinweise erschienen sogar in den einleitenden Absätzen der betreffenden Artikel.

Nicht alle Artikel erwähnten das *Jüngste Gericht* im Titel - obwohl viele dies taten -, aber die im Buch vorgestellte These wurde definitiv als Referenz genannt und überraschte zweifellos diejenigen, die zuvor noch nie etwas von der Theorie gehört hatten.

Einige der Schlagzeilen in den Artikeln selbst waren ziemlich direkt: „Gastredner sagen, Kennedy wurde durch ein israelisches Komplott getötet" las man in einem Artikel des *Bryan College Station Eagle*, der in Texas erschien. „Gastredner behauptet, dass Israel der Drahtzieher des Mordes war", kündigte ein Untertitel des *Miami Herald* an. „Dozenten schieben den Tod von JFK auf die Israelis", erklärte die *Chicago Sun-Times*. „Professoren der Universität geben Israel die Schuld an JFKs Tod", erklärte die *Birmingham News*. Als die *Pasadena Star-News* meldete, dass ein „Aufruhr" die Absage des Seminars erzwungen habe, fügte sie (fälschlicherweise) hinzu, dass „ein Mitglied des Panels erklärt habe, dass die Juden hinter JFKs Tod steckten".

Und so wurde es im ganzen Land verbreitet. Was letztlich sehr ironisch ist: Hätte die ADL das Seminar ignoriert, hätte die Rolle des israelischen Mossad bei der Ermordung von JFK vielleicht nie eine so breite landesweite Berichterstattung in der Tagespresse erhalten.

Ironischerweise verließ Michael Granberry, der junge Mann, der für die *Los Angeles Times* über die Geschichte berichtete - und dessen Unterschrift in vielen Geschichten im ganzen Land zu lesen war -, seinen Posten kurz nach der Veröffentlichung seiner

Geschichte. Zahlte Granberry den Preis dafür, dass er seinen Lesern zu viel von der These des *Jüngsten Gerichts* erzählt hatte? Ich weiß es nicht, aber es ist eine Sache, die zum Nachdenken anregt.

Zu seinen Gunsten hat der renommierte Kommentator Nat Hentoff, der eine vielgelesene Kolumne zu Fragen des ersten Verfassungszusatzes verfasst hat, die Kontroverse gewichtet. Hentoff schrieb: „Es gibt keine akademische Freiheit, es sei denn, man hat die Freiheit, über eine Idee zu sprechen, egal wie grob oder unflätig sie ist" (wobei der Vorschlag natürlich lautet, dass meine Dissertation aufgrund der Tatsache, dass ich etwas Unfreundliches über Israel gesagt habe, naturgemäß „unflätig" ist - das ist in der Tat eine einzigartige Neudefinition des Wortes „unflätig"!).

Hentoffs Kommentare wurden in einem Bericht mit dem Titel „Freedom of expression in the fired academic environment" (Meinungsfreiheit im brennenden akademischen Umfeld) vorgestellt, der vom First Amendment Center der Vanderbilt University veröffentlicht wurde. Wie sich herausstellte, ist Caroline Kennedy, die Tochter des verstorbenen Präsidenten, niemand anderes als Caroline Kennedy, Mitglied des Beirats des Zentrums.

Es ist daher offensichtlich, dass Caroline wahrscheinlich vom *Jüngsten Gericht* gehört hat - wie mehrere ihrer Familienmitglieder und, wie wir sehen werden, wahrscheinlich auch ihr verstorbener Bruder.

Wie dem auch sei, als direkte Folge seines hysterischen (und erfolgreichen) Versuchs, mich von meinem Auftritt beim Seminar in Orange County abzuhalten, erlitt die ADL innerhalb von acht Tagen einen historischen (wohlverdienten) „Doppelschlag", der sich direkt aus der Kontroverse ergab.

Zunächst einmal veröffentlichte das *Orange County Register,* die größte Tageszeitung in einer der am dichtesten besiedelten Metropolregionen des Landes, am 12. Oktober 1997 einen langen Kommentar, in dem ich auf die Angriffe der ADL antwortete und die Thesen des Buches skizzierte.

Es war das erste Mal seit der Veröffentlichung von *Final Judgement* im Januar 1994, dass eine Mainstream-Zeitung die in dem Buch aufgestellten Behauptungen so substanziell publik gemacht hatte.

Obwohl ein zaghafter Versuch einer „Widerlegung" durch Bruno Medwin, einen Sprecher der ADL, zusammen mit meinem Kommentar veröffentlicht wurde, hat die lahme Antwort der ADL nicht ein einziges Mal versucht, auch nur eine meiner Behauptungen zu widerlegen. Der ADL-Kommentar führte die Leser tatsächlich in die Irre, indem er suggerierte, dass die ADL der Meinung sei, dass die „vorherrschenden" Theorien über ein mögliches Mordkomplott gegen JFK ein Recht darauf hätten, gehört zu werden.

Wie wir bereits festgestellt haben, hatte der nationale Direktor der ADL, Abe Foxman, an anderer Stelle gesagt, dass jede wie auch immer geartete Theorie über das Attentat potenziell gefährlich und unbegründet sei. Offensichtlich ist die ADL bereit, ihre Position je nach Zuhörerschaft zu ändern, was von vornherein viel über ihre Unehrlichkeit aussagt.

Eine Woche später, am 20. Oktober 1997, musste die ADL einen noch größeren Schock verkraften. Bei einer Vorstandssitzung der Orange County South Sector Community University (SOCCCD) wurde der Vorstandsvorsitzende Steven Frogue - der mich zum JFK-Seminar in Orange County eingeladen hatte - mit 4 zu 3 Stimmen wiedergewählt, sehr zum Entsetzen der ADL.

Obwohl die ADL Frogues Kopf forderte und ihre Fürsprecher schickte, um ihn zum Rücktritt aus dem Vorstand zu bewegen - oder ihn zwangsweise zu entlassen -, war dieser Versuch vergeblich. Dann brachte ein anderes Vorstandsmitglied, Marcia Milchiker - selbst Vorstandsmitglied der örtlichen ADL-Division - eine Resolution zur Entlassung Frogues ein, doch ihr Plan ging in die Hose.

Der gescheiterte Versuch, Frogue zu bestrafen, erfolgte nach einer großen Versammlung, bei der etwa 40 Personen aus der Öffentlichkeit sprechen durften und die meisten von ihnen - Durchschnittsbürger, Lehrer, Studenten und andere - sich für Frogue aussprachen und die ADL öffentlich herausforderten, obwohl Mitarbeiter der ADL Fotos von Teilnehmern der Versammlung in den Händen hielten. „Das ist Gedankenkontrolle", sagte James Scott, ein Redner, der die Kampagne der ADL anprangerte und (unter großem Beifall) sagte: „Heute Abend sind wir der Boss".

Als Marcia Milchiker von der ADL feststellte, dass es einen *regelrechten* Volksaufschrei gegen ihre Bemühungen, Frogue aus dem Amt zu entfernen, gab - im Gegensatz zu der von der ADL *orchestrierten* Kampagne - konnte Milchiker nur unzusammenhängend, inkohärent und ziemlich pathetisch antworten, woraufhin andere Ratsmitglieder forderten, sie solle ihre Bemerkungen zurückschrauben.

Als Milchiker ihre „Recherchen" über die Ursprünge des Jüngsten *Gerichts* beschrieb und ihre sogenannten Schlussfolgerungen zitierte, bezog sie sich an einer Stelle auf mich als „William Collins Piper", was genau zeigte, wie angemessen ihre Recherchen wirklich waren. Milchiker behauptete, „Wissenschaftler" zu sein (und ist daher wahrscheinlich des Lesens mächtig), aber sie antwortete nicht, als ein aufgebrachter Steuerzahler aus Orange County sie schreiend fragte: „Haben Sie das Buch *gelesen*?", während Milchiker versuchte (ohne jegliche Belege) zu erklären, warum das Jüngste *Gericht* einfach nicht geglaubt werden könne.

Als Milchiker bei der Versammlung ankam, war sie sich sicher, dass Frosch auf dem Weg nach Hause war. Welche Überraschung würde sie erwarten. Am Ende behauptete Milchiker, dass die Theorie des Jüngsten *Gerichts* „wissenschaftlich nicht beweisbar", „skandalös" und „absurd" sei, aber sie zeigte nicht auf, warum. Sie konnte es einfach nicht. Schließlich beschuldigte ein anderes Vorstandsmitglied, Dorothy Fortune, die zu Frogues Verteidigung sprach, Milchiker - die Jüdin ist - öffentlich, „die Karte der Religion zu politischen Zwecken zu spielen". Frogue wurde daraufhin wiedergewählt.

Aber die ADL hatte noch eine weitere Karte im Ärmel. Mit dem pensionierten Minister Buckner Coe als Strohmann inszenierte die ADL eine Abwahlkampagne gegen Frogue. Obwohl es den Bemühungen nicht gelang, bis März 1998 die erforderlichen Unterschriften von 35.000 Wählern aus dem Universitätssektor zu sammeln, spendete eine „anonyme" Quelle 10.000 Dollar und die Abwahlkampagne wurde neu gestartet.

Zu diesem Zeitpunkt versuchte die ADL, eine „Einheitsfront" gegen Frogue aufzubauen, indem sie verschiedene spezielle Interessengruppen, darunter asiatische Amerikaner, Latinos, Schwarze und Aktivisten für Homosexuellenrechte, dazu brachte, den Widerruf zu unterstützen. Obwohl es mit dieser Masche nicht gelang, mehr Interesse zu erzeugen, weigerte sich die ADL, aufzugeben, und rief eine Vielzahl prominenter Politiker aus Südkalifornien an, darunter zwei republikanische Kongressabgeordnete - Dana Rohrabacher und Christopher Cox -, um die Absetzung Frogues zu fordern. Zusammen mit anderen republikanischen Beamten schlossen sich die beiden Abgeordneten mit ihren Freunden von der Demokratischen Partei zusammen und griffen auf ihre schwarzen Wahlkampfkassen zurück, um die ADL-Kampagne zur Absetzung Frogues mitzufinanzieren, wobei sie bei einer sehr populären Spendenaktion rund 40.000 Dollar erwirtschafteten.

George Kadar, ein Bewohner von Orange County, der ein Ad-hoc-Komitee zur Unterstützung von Frogue bildete, war ebenfalls Angriffen der Medien ausgesetzt. In einem Fall verkündete eine Journalistin, dass Kadar laut der ADL auch „einwandererfeindlich" sei, und schämte sich, als sie später erfuhr, dass Kadar selbst ein Einwanderer war, der vor der sehr kommunistischen „Gedankenpolizei" in Osteuropa geflohen war, deren Taktiken so gut nachgeahmt - und im Orange County von der ADL und ihren Verbündeten übernommen - wurden.

Mitten in der Anti-Drogen-Petitionskampagne behauptete ein Mitglied der ADL, Harriet Walther, dass sie vor dem Büro der County Registry Opfer eines „antisemitischen" Angriffs geworden sei. Walther behauptete, dass Personen aus dem Büro der Registratur den Vorfall gesehen hätten, aber laut einem Bericht des *Orange County Registers* vom 4. Februar 1998 sagte ein Aufseher des Büros, Mai Kang, laut dem *Register*: „Niemand hat den Angriff gesehen."

Ich selbst war auf dem Höhepunkt der Aufregung nach Orange County gereist, um im Juni 1998 bei einer öffentlichen Sitzung des Verwaltungsrats der SOCCCD (Community University of the Southern Sector of Orange County) zu sprechen.

Die Veranstaltung war ein Medienzirkus, bei dem die Presse und die bewaffneten Wachen gut sichtbar waren, während sich Hunderte von Menschen in den Sitzungssaal und in einen Nebenraum drängten, wo eine kompakte Menschenmenge die Debatten dank der Magie der Videotechnik live verfolgen konnte. Als sie vor dem Treffen draußen wartete, bemühte sich eine junge, idealistische Journalistin einer lokalen jüdischen Gemeindezeitung energisch, mich als „Holocaust-Leugner" und „Antisemit" festzunageln und die These vom Jüngsten *Gericht* zu bestreiten. Bob Ourlian, ein Journalist der *Los Angeles Times*, wurde jedoch dabei belauscht, wie er der jungen Frau zuflüsterte: „Versuchen Sie nicht, mit diesem Kerl zu diskutieren. Er ist sehr eloquent und weiß, wovon er spricht", und sie änderte schnell (und weise) ihre Herangehensweise.

Eine Woche zuvor hatte ich Ourlian tatsächlich ein Exemplar von *Endgericht* geschickt, so dass er genau wusste, dass das Buch sorgfältig recherchiert war und dass ich die Informationen, die ich präsentiert hatte, perfekt beherrschte. In Bezug auf den Holocaust sagte ich der Presse Folgendes:

> **Ich bin es leid, vom Holocaust zu hören. Es ist langweilig. Jetzt ist es genug. Es ist vor über 50 Jahren passiert - lange vor meiner Geburt. Meine Großmutter schickte vier ihrer Söhne - meinen Vater und drei seiner Brüder - während des Zweiten Weltkriegs in den Kampf.**
>
> **Sie haben als Mitglieder der US-Armee an den Rettungsaktivitäten des Holocaust teilgenommen. Mein Vater hat wegen seines Einsatzes für die Juden einige Zeit in einem Veteranenkrankenhaus verbracht. Also bitte: Ich möchte wirklich nichts über den Holocaust hören. Ich bin hier, um über die Ermordung von JFK zu sprechen.**
>
> **Wenn Sie aber mehr über einen echten Holocaust erfahren wollen, der gerade stattfindet, werfen wir einen Blick darauf, was mit den amerikanischen Indianern in den Konzentrationslagern in den USA geschieht, die euphemistisch als „Reservate" bezeichnet werden."**
>
> **Mein Ururgroßvater war ein reinblütiger amerikanischer Indianer und soweit ich weiß, habe ich heute Verwandte in den Reservaten, die unter Unterernährung, Alkoholismus, hohen Selbstmordraten und anderen Tragödien leiden.**
>
> **Trotzdem kürzt die Bundesregierung die Unterstützung für die Reserven, aber Milliarden Dollar der amerikanischen Steuerzahler fließen nach Israel. Wenn Sie *über diesen* Holocaust sprechen möchten, bin ich gerne bereit, dies zu tun.**

Unnötig zu sagen, dass die Journalisten kein Interesse daran zu haben schienen, über dieses Thema zu sprechen, und ehrlich gesagt war ich nicht überrascht.

Es war ein großes Drama. Der korpulente Professor Roy Bauer erschien in Begleitung eines Klüngels kichernder und vor allem unattraktiver Frauen, die seinen Gedankenspielen zuzwitscherten, während er einen vierseitigen, böswilligen „Bericht" mit dem Titel „Wer ist Michael Collins Piper?" in Umlauf brachte, der angeblich meine Verbrechen gegen das jüdische Volk im Einzelnen darstellte. Interessant war jedoch, dass Bauer seine Anschuldigung, ich sei ein „Holocaust-Leugner", fallen gelassen hatte und nun behauptete, ich sei offenbar nur ein „Revisionist" des Holocausts.

Marcia Milchiker, meine Hauptkritikerin im SOCCCD-Vorstand, war leider nicht anwesend. Obwohl sie ein ganzes Jahr lang viel über mich und meinen Herausgeber zu sagen hatte, einschließlich der offensichtlich lächerlichen Anschuldigung, wir würden versuchen, „die Nazipartei wiederzubeleben", weigerte sie sich (in ADL-Manier), mich zur Rede zu stellen, als ich sie damit konfrontieren wollte. Obwohl ich seit fast einem Jahr bei den SOCCCD-Treffen im Mittelpunkt erbitterter öffentlicher Argumente stand, gewährte mir der Vorstand leider nicht mehr als drei Minuten Redezeit (die gleiche Zeit, die auch anderen Rednern zugestanden wurde).

Während ich sprach, schrien jedoch Irv Rubin, der Leiter der gewalttätigen Jewish Defense League (JDL), und zwei ebenso verabscheuungswürdige Mitarbeiter aus dem Publikum, woraufhin die Polizei einen von Rubins Freunden, einen lustigen Troll namens Barry Krugel, für immer aus dem Saal verwies.

Irgendwann erklärte ich entnervt dem Vorstand ganz offen: „Hier wurde viel über „Antisemitismus" diskutiert, aber wenn es jemals ein Argument für Antisemitismus gab, dann kam es von dem selbsternannten Sprecher der jüdischen Gemeinde hier", wobei ich mich auf Rubin bezog.

Es gab jedoch auch eine positive Seite an diesem sehr lauten Ereignis. Am nächsten Tag wurde ich vom Journalismusprofessor der Saddleback University, Lee Williams, eingeladen, vor seiner Klasse auf dem Universitätscampus zu sprechen. Williams sprach die Einladung im Namen der Mitarbeiter der Universitätszeitung aus und ich traf mich mit den Mitarbeitern des Zeitungsbüros auf dem Campus, wo *die Studenten überlegte Fragen stellten und genau die Art von intellektueller Neugierde zur Schau stellten, die die ADL so sehr zu unterdrücken entschlossen war.*

Die Schüler forderten nicht nur diejenigen heraus, die das Buch in der ADL verbieten lassen wollten, indem sie mich baten, für ein Foto mit ihnen zu posieren, sondern sie gingen später noch einen Schritt weiter und forderten als Gruppe die ADL öffentlich heraus, indem sie Steve Frogue verteidigten.

Doch der Aufruf der ADL, zur Zerstörung von Frogue aufzurufen, ging weiter. Die ADL schaffte es sogar, ein kurzfristiges Bündnis zwischen der demokratischen Abgeordneten Loretta Sanchez aus Orange County und ihrem erbitterten Gegner, dem ehemaligen Abgeordneten Bob Dornan, herzustellen, dem Republikaner, den Frau Sanchez 1996 knapp geschlagen hatte und der bei den Wahlen 1998 in die Wüste geschickt worden war. Sowohl Frau Sanchez als auch Dornan stimmten der Rückrufkampagne auf Wunsch der ADL zu. Frau Sanchez machte jedoch einen Rückzieher, nachdem viele ihrer hispanischen Anhänger (die Dornan verachteten) sich über ihren „Pakt mit dem Teufel" lustig gemacht hatten.

Trotz all dieser Feuerkraft scheiterte der Plan der ADL, die Menschen zurückzurufen. Letztendlich mussten die Hass-Säer der ADL am 12. November 1998 eine peinliche Niederlage hinnehmen. Die von den Medien unterstützte Kampagne, die über 16 Monate lang angedauert hatte, um Frogue aus dem Amt zu drängen, fand ein abruptes Ende. Der Wahlleiter von Orange County urteilte, dass das Team aus einem Dutzend Petenten mit rund 13.000 ungültigen Unterschriften nicht gut genug gewesen sei.

Die Berichterstattung der Medien über das Waterloo der ADL war interessant. Kimberly Kindy vom *Orange County Register*, die die ADL-Kampagne gegen Frogue mit großem Interesse angeprangert hatte, vergaß, die Rolle der ADL in Bezug auf diese unverschämte Erinnerung in ihrem insbesondere kurzen Bericht über die Einstellung dieser Kampagne zu erwähnen. Stattdessen konzentrierte sich Kindy auf die Rolle der

Demokraten und Republikaner bei der Aktion und wies nicht ein einziges Mal darauf hin, dass die ADL die Haupttriebkraft hinter den ungeschickten Bemühungen zur Schwächung Frogues gewesen war.

Zu diesem Thema gibt es eine interessante Anekdote. Mein alter Erzfeind, Professor Roy Bauer, wurde wegen der Hetzschriften in seinem verleumderischen Campus-Newsletter, in dem ich eine seiner Zielscheiben gewesen war, angewiesen, einen Psychiater zu konsultieren. Bauer verklagte den Rat der SOCCCD und erklärte, dass seine Rechte nach dem ersten Verfassungszusatz verletzt worden seien. Bauers Sorge um die Meinungsfreiheit bedeutete nicht viel, als er sich bemühte, meine Freiheiten zu unterdrücken, aber als sich die Rollen vertauschten, begann er, sich die Menschenrechtserklärung genauer anzusehen. Bauer gewann seinen Prozess und ich bin froh darüber, denn im Gegensatz zu Bauer glaube ich an den ersten Verfassungszusatz, auch wenn er und die ADL nicht daran glauben.

Steve Frogue weigerte sich im Jahr 2000, sich erneut in den SOCCCD-Vorstand wählen zu lassen, aber wir können sicher sein, dass ihn der „Fall des Jüngsten Gerichts" wieder heimgesucht hätte. Tatsache ist jedoch, dass die ADL in Orange County und auch in Schaumburg, Illinois, eine heftige Niederlage erlitten hatte, wie wir später noch sehen werden. Die ADL wird in dieser Frage weiterhin besiegt werden, solange ich etwas dazu zu sagen habe - und die ADL weiß das.

Der verhasste Irv Rubin von der JDL (Jewish Defense League) ist seinerseits inzwischen verstorben - er soll Selbstmord begangen haben, während er sich in Bundeshaft befand, nachdem er Ende 2001 wegen des Plans, das Büro des kalifornischen GOP-Abgeordneten Darrel Issa zu bombardieren, verhaftet worden war. Dabei war Rubin genau die Art von Redner, die die ADL und ihre Verbündeten bei der SOCCCD willkommen geheißen hatten - das sagt viel über die Agenda der ADL aus.

Was stört die ADL so sehr an *„Endgültiges Urteil"*? Warum „protestiert die ADL so sehr"? Hier ist die Gelegenheit, es herauszufinden. Vielleicht verstehen Sie dann, warum *„Endgültiges Urteil"* den *Nagel* auf den *Kopf* trifft.

Hätte ich das Buch nach seiner Erstausgabe nicht überarbeitet, würde ich selbst jetzt noch sagen, dass es seine Vorzüge ohne jegliche Korrekturen weiter verteidigen könnte. Jetzt, da das Buch erheblich erweitert wurde, mehr als ich je für möglich gehalten hätte, glaube ich, dass das Buch den Test der Zeit bestehen wird.

Die Fakten sprechen für sich. Der israelische Mossad spielte neben der CIA und Lanskys Verbrechersyndikat tatsächlich eine Hauptrolle bei der Ermordung von John F. Kennedy. *Letztendlich* wird sich *„Endgültiges Urteil"* als der allererste umfassende Bericht über dieses Komplott erweisen.

Ich glaube, ich habe einen neuen Blick auf ein sehr großes Puzzle geworfen, das ein bemerkenswert komplexes und etwas obskures Bild zeigt. Von dem Puzzle aus sehen Sie vor sich all die verschiedenen Gruppen und Einzelpersonen, die an dem Mordkomplott gegen JFK beteiligt waren. Das ist ein immens verwirrendes Bild. Wenn Sie das Puzzle jedoch umdrehen, finden Sie ein vollständiges Bild, und das ist ein sehr großes und klares Bild der israelischen Flagge. Alle anderen Flaggen auf der Vorderseite des Puzzles sind im Geheimdienstjargon „falsche Banner", und *Endgültiges Urteil* beweist das.

MICHAEL COLLINS PIPER

ENDGÜLTIGES URTEIL

„Ein Verbrechen ist wie jedes andere Kunstwerk. Jedes Kunstwerk, ob göttlich oder teuflisch, hat eine unumstößliche Prägung - das Zentrum des Kunstwerks ist einfach, auch wenn die Vollendung kompliziert sein kann..."

„Jedes intelligente Verbrechen beruht letztlich auf einer recht einfachen Tatsache, einer Tatsache, die selbst nicht mysteriös ist."

„ Mystifikation tritt ein, wenn man es tarnt, indem man die Gedanken der Menschen ablenkt."

Der legendäre „Father Brown"
von G.K. Chesterton in The Queer Feet

VORWORT

Die unaussprechliche Wahrheit: Die zentrale Rolle Israels bei der Ermordung von JFK

Wie zum Teufel kommt man dazu, die Idee vorzuschlagen, dass der israelische Mossad an der Ermordung von John F. Kennedy beteiligt war? Alle Informationen zusammengenommen beweisen, dass dieses Argument längst Allgemeingut ist. In diesem Buch, *Endgericht*, werden all diese Fakten zum ersten Mal in einem faszinierenden und beängstigenden Szenario zusammengefasst, das zwar umstritten ist, aber dennoch Sinn ergibt.

Bedenkt man all die Theorien über den Mord an John F. Kennedy, die seit Jahren kursieren, wie kann man dann vorschlagen, dass der israelische Mossad darin verwickelt war?

Das war die Reaktion vieler Menschen, nachdem sie die auf den Seiten dieses Buches vorgestellte These kennengelernt hatten. Aber ich glaube, wenn Sie dieses Buch lesen, werden Sie zu demselben Schluss kommen: Israel und seine Spionageagentur Mossad haben tatsächlich eine entscheidende Rolle bei der Verschwörung zur Ermordung von JFK und ihrer Vertuschung gespielt. Die Beweise dafür sind vorhanden, wie Sie sehen werden.

Als ich 1989 A.J. Weberman und Michael Canfields *Coup d'État in America* (zuerst 1975 veröffentlicht) erneut las, stieß ich zum ersten Mal auf eine seltsame Erwähnung, die mich schließlich zu der Untersuchung führte, die auf den Seiten von *Endgericht* beschrieben wird. Der Eintrag, so einfach er auch war, auf Seite 41 lautete wie folgt:

„Nach dem Attentat berichtete uns ein Informant des Geheimdienstes und des FBI, der eine Gruppe kubanischer Exilanten infiltriert hatte und ihnen automatische Waffen verkaufte, was ihm am 21. November 1963 gesagt worden war: „Wir haben jetzt viel Geld - unsere *neuen finanziellen Unterstützer sind Juden - sobald sie sich um JFK gekümmert haben.*" Dieser Mann hatte in der Vergangenheit zuverlässige Informationen geliefert." (Hervorhebung durch den Autor)

Ich habe die Erwähnung kaum zur Kenntnis genommen, aber sie hat mich neugierig gemacht. Was meinte die Quelle mit „die Juden" und warum sollten (von allen Völkern) „*sie*" „*sich um JFK kümmern*" wollen? Ich kam zu dem Schluss, dass die Quelle jüdische Banditen wie Meyer Lansky gemeint hatte, die ihre Glücksspielfirmen in Kuba zurückhaben wollten, die sie verloren hatten, als Castro an die Macht gekommen war. Dies, so dachte ich, muss die Antwort sein.

Ehrlich gesagt, habe ich die Spekulation beiseite geschoben. Es war nur ein einzelnes Detail unter Millionen von Worten, die über die Ermordung von JFK geschrieben wurden. Fast ein Jahr war vergangen, bevor ich zufällig wieder auf die Erwähnung stieß - beim erneuten Lesen desselben Buches. Ich meditierte einen Moment lang über das Zitat und dachte: „Das *ist* interessant".

Dennoch legte ich es wieder beiseite. Ich war schon längst zu dem Schluss gekommen, dass die CIA in Absprache mit Mitgliedern der „Mafia" und anti-castrokubanischen Exilkubanern für die Ermordung des Präsidenten verantwortlich war. Ein ganzes Jahr später - im Laufe des Jahres 1991 - stieß ich jedoch zufällig auf eine Variante desselben Zitats, das in dem Buch von Weberman und Canfield zitiert wurde. Diesmal tauchte es in David Scheims Buch *Contract on America* auf, in dem er behauptet, dass „die Mafia JFK getötet hat", und auch vehement jede Beteiligung der CIA ablehnt. Ich hatte Scheims Buch gelesen, als es 1988 erschien, aber die Erwähnung (oder die Ähnlichkeit mit dem anderen Buch) war mir damals nicht aufgefallen.

Was mich jedoch stutzig machte, war, dass Scheims Interpretation des Zitats den Hinweis auf die angeblich jüdischen finanziellen Unterstützer der kubanischen Verschwörer strich. Mein unmittelbarer Gedanke war: „Was versucht Scheim zu verbergen?". An diesem Punkt begann ich schließlich zu erkennen, dass dieses ungewöhnliche (scheinbar unbedeutende) Detail in Wirklichkeit auf etwas viel Größeres verweisen könnte, als ich erkannt hatte.

DIE VERBINDUNG ZU LANSKY

Zu dieser Zeit wurde eine neue Biografie über Meyer Lansky, eine Figur des organisierten Verbrechens, veröffentlicht. Das Buch mit dem Titel *Little Man: Meyer Lansky and the Gangster Life*, das in Zusammenarbeit mit Lanskys Familie erstellt wurde, war kaum mehr als eine Lobrede auf Lansky. Mir wurde sofort klar, dass das Buch in gewisser Weise viele Dinge zu übersehen schien. Es war unvollständig.

In diesem Moment ging ich zurück in meine Bibliothek und zog ein Buch aus dem Regal, das ich vielleicht fünfzehn Jahre lang nicht mehr gelesen hatte. Es war eine Biografie über Lansky von Hank Messick. Als ich dieses wichtige Buch erneut las, begann ich zu begreifen, dass Meyer Lansky nicht nur ein Berater der Mafia war, wie es beispielsweise David Scheim seinen Lesern weismachen wollte. Lansky war vielmehr „der Vorstandsvorsitzende" des organisierten Verbrechens. Alle Mafiafiguren, die mehrfach in die Ermordung des JFK verwickelt waren, waren in Wirklichkeit Lanskys Strohmänner, seine Untergebenen, seine Untergebenen. Kurz gesagt: Wenn „die Mafia" bei der Ermordung von JFK ihre Finger im Spiel hatte, dann musste Lansky einer der Hauptprotagonisten sein.

Doch wie ich schnell zu erkennen begann, als ich viele der Werke untersuchte, in denen behauptet wird, dass „die Mafia JFK getötet hat", wurde die Bedeutung von Lanskys Rolle ignoriert oder sogar heruntergespielt. Ich wusste von Lanskys engen Verbindungen zu Israel. Immerhin war Lansky nach Israel geflohen, als es in den USA heiß herging. Doch wie weit führt Lanskys Verbindung zu Israel? Meine Nachforschungen zu dieser Frage brachten allmählich interessante Fakten ans Licht.

DIE ISRAELISCHE VERBINDUNG

Zu diesem Zeitpunkt hatte ich jedoch keinen Grund anzunehmen, dass Israel irgendeinen Grund gehabt hätte, sich an der Verschwörung zur Ermordung von JFK zu beteiligen. Etwa zu der Zeit, als ich begann, mir die Verbindung zu Lansky erneut anzusehen - 1991 -, wurden jedoch mehrere neue Bücher veröffentlicht, die bisher unbekannte Informationen über die geheimen Beziehungen zwischen den USA und Israel lieferten.

Diese Bücher, die in *„Endgültiges Urteil"* ausführlich zitiert wurden, belegten eindeutig, dass John F. Kennedy sich inoffiziell auf einen erbitterten Kampf gegen Israel eingelassen hatte. In Wirklichkeit befand sich Kennedy in einem Krieg.

JFKs geheimer Krieg mit Israel war etwas, von dem selbst die erfahrenen Forscher, die mit dem JFK-Attentat betraut waren, nichts wissen konnten. Ein Großteil der Daten war längst als vertraulich eingestuft worden. Es war ein Geheimnis, ein großes und dunkles Geheimnis.

Einige von JFKs Kommunikationen mit dem damaligen israelischen Premierminister David Ben-Gurion waren jahrelang, bis vor kurzem, als vertraulich eingestuft worden. Selbst hochrangige Geheimdienstmitarbeiter mit einer speziellen Sicherheitsüberprüfung hatten keinen Zugang zu diesen brisanten Dokumenten.

Tatsächlich war vor diesen neueren Enthüllungen nur sehr wenig über JFKs Beziehungen zu Israel und der arabischen Welt jemals irgendwo veröffentlicht worden. Wie der Historiker David Schoenbaum besonders in seinem Buch *The United States and the State of Israel:*

„Eingebettet inmitten wichtiger Themen wie den Ost-West-Beziehungen, dem nuklearen Wettrüsten und dem Aufkommen eines Testverbots und der Nichtverbreitung, der Berlin- und der kubanischen Raketenkrise, der Komplexität des neuen entkolonialisierten Belgisch-Kongo, den anhaltenden Hoffnungen auf eine Allianz für den Fortschritt in Lateinamerika und der Verschärfung des Sumpfes in Vietnam *ist der Nahe Osten in den klassischen Biografien nach der Ermordung Kennedys kaum sichtbar. Selbst nach den Schätzungen der Liberalen tauchen Ben-Gurion und Nasser, Israel und Ägypten nur in nur sieben der 758 Textseiten von Theodore Sorensen und den 1031 Textseiten von Arthur M. Schlesinger auf."* (Hervorhebung durch den Autor).

Kurz gesagt: Während die mit dem JFK-Attentat befassten Forscher damit beschäftigt waren, eine Vielzahl von Bereichen auszuloten, fehlte ihnen der Überblick: das Bild, das sich hinter dem Puzzle verbirgt.

So führten mir die neuen Enthüllungen über Kennedys Beziehungen zu Israel (und seine mögliche Verbindung zum Mordkomplott) vor Augen, dass es ein unerforschtes - nie untersuchtes - Forschungsgebiet gibt, das einer Untersuchung bedarf.

ISRAEL, LANSKY UND DIE CIA

Zu diesem Zeitpunkt war die lange und enge Beziehung zwischen Israel und den Feinden von JFK bei der CIA eine mittlerweile feststehende Tatsache. Und JFKs Krieg mit der CIA war bereits allgemein bekannt. Zum Zeitpunkt der Ermordung von JFK waren die Tiefe und das Ausmaß der Beziehungen der CIA zum israelischen Mossad jedoch nicht so allgemein bekannt.

Die Teile des Puzzles waren alle vorhanden. Sie mussten nur zusammengesetzt werden. Mit einer sich in meinem Kopf entwickelnden Grundthese begann ich, einen Großteil der veröffentlichten Informationen über die Ermordung von JFK, seine Politik gegenüber Israel und die Geschichte des organisierten Verbrechens erneut zu lesen.

Und dabei stieß ich immer wieder auf neue Informationen, die weiterhin das bestätigten, was ursprünglich nur eine Theorie in meinem Kopf war, was ich aber mittlerweile für die Wahrheit halte. Im Dezember 1992 wurde mir klar, dass ich genug Material für ein Buch hatte, und ich begann, es zu schreiben.

Doch noch während ich bereits an dem Buch schrieb, war ich überrascht von der enormen Menge an Daten, die ich ständig entdeckte, und praktisch alles befand sich auf den Seiten der allgemein zugänglichen Quellen, die jedem, der sich um die Recherche bemühte, frei zugänglich waren. Mir wurde klar, dass ich tatsächlich begonnen hatte, eine bemerkenswerte Fülle an Material zusammenzutragen, die den Kreis zu meiner ursprünglichen These schloss.

DIE VERBINDUNG MIT DEM PERMINDEX

Es ist die Verbindung zur Permindex, die das Bindeglied ist - der endgültige Beweis dafür, dass der Mossad im Zentrum der Mordverschwörung stand. In der Permindex-Tochter finden wir alle wesentlichen Elemente, die den Mossad, die CIA und Lanskys Verbrechersyndikat in einem Komplott vereinen, das eng und *direkt mit dem Mord an Präsident Kennedy verknüpft* ist.

Obwohl die mit dem JFK-Attentat befassten Forscher viel Zeit und Energie darauf verwendet haben, einer Vielzahl von Fragen zum JFK-Attentat nachzugehen (mit Schwerpunkt auf vielen Fragen, die nie geklärt werden), haben die meisten den Permindex gemieden. Diejenigen, die sich darauf bezogen haben, stellen die Permindex als eine Art Überbleibsel des Dritten Reichs dar, doch das könnte nicht falscher sein.

Tatsächlich ist das Verständnis der Kräfte hinter Permindex der Schlüssel zur Lösung des größten Rätsels dieses Jahrhunderts: die Frage, wer nicht nur diejenigen waren, die John F. Kennedy töteten, sondern auch warum.

DIE INSIDER SIND SICH EINIG...

Kurz bevor ich mit dem Buch begann, erwähnte ich meine Theorie gegenüber einem ziemlich bekannten ehemaligen US-Kongressabgeordneten. Er überraschte mich, als er sagte: „Ich glaube, Sie haben den Nagel auf den Kopf getroffen. Ich habe jahrelang geglaubt, dass der Mossad in die Ermordung Kennedys verwickelt war, aber ich habe mir nie wirklich die Zeit genommen, genauer hinzuschauen. Daher freue ich mich, dass Sie das tun. Es wird ein wichtiges Buch sein. Es ist ein Buch, von dem ich wünschte, ich hätte es geschrieben".

Dann, kurz nachdem ich den ersten Entwurf fertiggestellt hatte, schickte ich ein Exemplar des Manuskripts an einen anderen ehemaligen Kongressabgeordneten, Paul Findley, in der Annahme, dass er sich für das Thema interessieren könnte. Seine Antwort war ziemlich überraschend. Der ehemalige Kongressabgeordnete schrieb mir einen überraschenden Brief, in dem er erklärte: „Ich werde sagen, dass ich in den letzten vier Jahren eine lange Korrespondenz mit einem pensionierten Diplomaten einer westeuropäischen Nation geführt habe, dessen Familie (einschließlich seiner selbst) katastrophale Erfahrungen mit Israel und dem Mossad gemacht hat. All diese Jahre hat er mich dazu gedrängt, das zu tun, was Sie getan haben". - nämlich ein Buch zu schreiben, das die geheime Rolle Israels bei der Verschwörung zur Ermordung von JFK erforscht.

Abgeordneter Findley leitete das Manuskript dann an den Franzosen weiter (dessen bemerkenswerte Geschichte Sie auf diesen Seiten kennenlernen werden), der mir wiederum faszinierende Zusatzinformationen und Insiderwissen lieferte, die die in *Endgültiges Urteil* dargelegte These vervollständigten

DAS VOLLSTÄNDIGE BILD

Der israelische Mossad war in der Tat das entscheidende Puzzleteil hinter dem Mordkomplott gegen JFK. Die israelische Verbindung fügt alle Teile des Puzzles zu einem vollständigen Bild zusammen. Die Rolle des Mossad bei der Ermordung von JFK ist in der Tat das „Missing Link" der Verschwörung. Um der Geschichte willen muss diese Geschichte erzählt werden.

- **MICHAEL COLLINS PIPER**

Ein Who's Who der Verschwörung zum Attentat von JFK und die Vertuschung der Tatsachen

Obwohl die folgende Auswahl an Namen keineswegs vollständig ist, verschafft sie dem Leser von *Final Judgement* einen kurzen Überblick über die Fakten zur Verwicklung der betreffenden Personen in die Umstände, die nicht nur den Mord an JFK, sondern auch die Bemühungen einiger, die Wahrheit über den Mord aufzudecken - und anderer, sie zu begraben - betreffen.

Nach jedem Namen und jeder Beschreibung gibt es Verweise auf bestimmte Kapitel in *Endgültiges Urteil*, in denen die relevanten Details zu dieser Person zu finden sind. Die Aufnahme eines bestimmten Namens soll keineswegs suggerieren, dass die Person, sofern nicht anders angegeben, von der geplanten Ermordung Präsident Kennedys gewusst hat.

Wie wir auf diesen Seiten sehen, hatten viele Personen, die an dem Mordkomplott gegen JFK und der anschließenden Vertuschung beteiligt waren, keine Ahnung, welche Rolle sie spielten.

Die folgende „Fine Fleur" bietet, wenn sie in diesem Kontext gelesen wird, dem Leser einen schnellen Blick auf die Schlüsselpersonen, die sich schließlich als wesentlich für ein vollständiges Verständnis der gesamten Verschwörung erweisen, die zur Ermordung von Präsident Kennedy führte.

Innerhalb der Permindex

Clay Shaw - Wäre es dem Staatsanwalt von New Orleans Jim Garrison erlaubt gewesen, eine ungehinderte Untersuchung und Strafverfolgung gegen Shaw durchzuführen, einen CIA-Agenten und ehemaligen Direktor des International Trade Mart in New Orleans, der mit Lee Harvey Oswald, David Ferrie verwickelt war, Guy Banister und anderen Schlüsselfiguren des JFK-Mordkomplotts, die Wahrheit über Shaws Verbindungen - über die mysteriöse, als Permindex bekannte Scheinfirma - nicht nur mit dem israelischen Mossad, sondern auch mit dem Internationalen Verbrechersyndikat des israelischen Loyalisten Meyer Lansky, der ganzen Welt enthüllt worden wäre. (Siehe Kapitel 15)

Louis M. Bloomfield - Der in Montreal ansässige Bloomfield war ein alter Geheimdienstagent und Namensgeber für die mächtigen Interessen der Bronfman-Familie. Die Bronfmans waren nicht nur Israels wichtigste internationale Unterstützer, sondern auch alte Bekannte aus Lanskys Verbrechersyndikat. Bloomfield, eine der führenden Figuren der Israel-Lobby in Kanada und einer der wichtigsten internationalen Agenten Israels, war nicht nur Mehrheitsaktionär der Firma Permindex, bei der Clay Shaw im Vorstand saß, sondern hatte auch enge Verbindungen zu den US-Geheimdiensten. (Siehe Kapitel 15)

Tibor Rosenbaum - Einer der „Paten" des Staates Israel und der erste Direktor für Finanzen und Versorgung des israelischen Geheimdienstes Mossad. Rosenbaum war ein führender Finanzengel hinter der Firma Permindex und eine Schlüsselfigur im JFK-Mordkomplott. Seine Schweizer Bank, die Internationale Kreditbank, diente auch zur Geldwäsche in Europa, für Meyer Lansky Chef des Weltverbrechersyndikats (siehe Kapitel 8, Kapitel 15, Anhang vier und Anhang neun).

John King - Bernard Cornfelds enger Geschäftspartner, Protegé und Namensgeber von Tibor Rosenbaum. King tauchte zu Beginn von Jim Garrisons Ermittlungen in New Orleans auf, bevor der Name Clay Shaw auftauchte - und versuchte, Garrison (durch einen Bestechungsversuch) dazu zu bewegen, die Ermittlungen einzustellen. Glücklicherweise scheiterte sein Plan (Siehe Kapitel 15).

Die Verbindung zum Mossad

David Ben-Gurion - Premierminister von Israel; trat im April 1963 aus Abscheu vor JFKs Haltung gegenüber Israel von seinem Amt zurück; JFKs besagte Haltung bedrohte das Überleben Israels selbst. (Siehe Kapitel 4 und Kapitel 5)

Yitzhak Shamir - Langjähriger Mossad-Offizier (hauptsächlich im europäischen Mossad-Büro in Paris stationiert), Shamir leitete das Mossad-Killerkommando zum Zeitpunkt der Ermordung von JFK. Ein ehemaliger französischer Geheimdienstoffizier beschuldigte Shamir, die JFK-Attentäter über einen engen Verbündeten des französischen Geheimdienstes selbst angeheuert zu haben. (Siehe Kapitel 5 und Kapitel 16)

Menachem Begin - 1963 war Begin (später Israels Premierminister) reisender israelischer Diplomat; vor der Ermordung von JFK wurde er dabei belauscht, wie er sich mit Meyer Lanskys Handlanger Mickey Cohen in einem Gespräch verschwor, das auf feindliche Absichten Israels gegenüber dem US-Präsidenten hindeutete. (Siehe Kapitel 13)

Luis Kutner - Bekannt als „Anwalt der Unterwelt" in Chicago, diente Kutner - der lange Zeit mit Jack Ruby, einem gelegentlichen Klienten, zusammenarbeitete - auch als internationaler Geheimdienstagent und fungierte als Berater einer speziellen pro-israelischen Lobbygruppe in den USA. (Siehe Kapitel 14)

A.L. Botnick - Leiter des Büros der New Orleans Anti-Diffamation League (ADL) der B'nai B'rith, einem Zweig des israelischen Mossad-Geheimdienstes und -Propaganda; enger Mitarbeiter von Guy Banister, einem in New Orleans ansässigen CIA-Agenten, der dazu beitrug, das Profil von Lee Harvey Oswald im Vorfeld der Ermordung als „Pro-Castro"-Agitator zu erstellen. Die Beweise legen nahe, dass die Manipulation Oswalds durch Banister unter dem Deckmantel einer „gründlichen Ermittlungsoperation" der ADL erfolgt sein könnte. (Siehe Kapitel 15 und Anhang drei)

Arnon Milchan - Milchan war Israels größter Waffenhändler, er war „ausführender Produzent" (d. h. der finanzielle Engel) von Oliver Stones Hollywood-Fiktion über die Ermordung von JFK, was Stones Abneigung gegen die Erforschung der israelischen Verbindung in dem Fall erklären könnte. (Siehe Kapitel 17)

Shaul Eisenberg - Israels reichster Industrieller und langjähriger Mossad-Beamter, der eine Haupttriebfeder für Israels Bemühungen um den Aufbau eines Atomwaffenarsenals war. Seine geheimen Beziehungen zur Volksrepublik China spielten eine Schlüsselrolle bei dem Mordkomplott gegen JFK (Siehe Anhang neun).

Die Verbindung zur CIA

Rudolph Hecht - Eigentümer der mit der CIA verbundenen Firma Standard Fruit - Hecht war eine herausragende Persönlichkeit in der jüdischen Gemeinde von New Orleans und als Vorstandsvorsitzender des International Trade Mart der Hauptverantwortliche für Clay Shaw, Vorstandsmitglied der Permindex. (Siehe Kapitel 15)

James Jesus Angleton - Angleton, langjähriger Leiter der CIA-Spionageabwehr, war der wichtigste große Verschwörer der CIA bei der Ermordung von Präsident Kennedy und der Vertuschung der Tatsachen. Angleton, der vom israelischen Mossad kooptiert worden war und diesem völlig treu ergeben war, spielte eine wichtige Rolle bei den Bemühungen, Lee Harvey Oswald eine Falle zu stellen. *Final Judgement* ist die erste Studie über das JFK-Attentat, die sich mit Angletons Rolle in der Verschwörung befasst (siehe Kapitel 8, Kapitel 9 und Kapitel 16).

David Atlee Phillips - Als langjähriger hochrangiger CIA-Beamter war Phillips Leiter des CIA-Büros in Mexiko-Stadt, als ein seltsamer Versuch unternommen wurde, Lee Harvey Oswald als Mitarbeiter des sowjetischen KGB zu verwickeln. Wenn jemand in der CIA die Wahrheit über Oswald kannte, dann war es Phillips. Er gab öffentlich zu, dass die Geschichte von Oswald, der sich in Mexiko-Stadt aufhielt, nicht genau das war, was die CIA lange Zeit behauptet hatte. (Siehe Kapitel 16)

E. Howard Hunt - Lange Zeit CIA-Agent und Verbindungsmann zu den gegen Castro gerichteten Exilkubanern. Die Aussage der ehemaligen CIA-Agentin Marita Lorenz verortete Hunt in Dallas, Texas, am Tag vor der Ermordung des Präsidenten. Die ganze Wahrheit über Hunts tatsächliche Beteiligung an dem Fall wird wahrscheinlich nie ans Licht kommen, aber es besteht kein Zweifel daran, dass Hunt tief in das Komplott rund um die Ermordung des Präsidenten verstrickt war. Die Beweise deuten tatsächlich darauf hin, dass es ein bewusstes Bemühen gab, Hunt der Beteiligung an dem Verbrechen zu beschuldigen (siehe Kapitel 9 und Kapitel 16).

Guy Banister - Ehemaliger FBI-Agent, der zum CIA-Agenten wurde. Sein Büro in New Orleans war ein zentraler Punkt in der Verschwörung, in die die CIA, exilkubanische Anti-Castro-Kämpfer und die Anti-De-Gaulle-Kräfte der französischen Geheimen Armeeorganisation (OAS) verwickelt waren. Unter Banisters Führung machte Lee Harvey Oswald als „Pro-Castro"-Agitator auf den Straßen von New Orleans von sich reden.

David Ferrie - Der rätselhafte CIA-Agent Ferrie war im Sommer 1963 in New Orleans eng mit Lee Harvey Oswald verbunden und arbeitete vom Büro von Guy Banister aus an der Seite Oswalds. Ferries Ermittlungen durch den Staatsanwalt von New Orleans Jim Garrison führten schließlich zur Aufdeckung der Verbindungen von Clay Shaw, Mitglied des Vorstands von Permindex, zu Ferrie, Oswald und Banister. (Siehe Kapitel 15 und Anhang 3)

Marita Lorenz - Ehemalige CIA-Agentin, die einen Tag vor der Ermordung von JFK unter Eid aussagte, dass sie mit ihrem CIA-Verantwortlichen Frank Sturgis und einem bewaffneten Konvoi von Exilkubanern in Dallas angekommen war, denen sich nicht nur Jack Ruby, der später Lee Harvey Oswald tötete, sondern auch der CIA-Verantwortliche E. Howard Hunt anschloss. (Siehe Kapitel 9 und Kapitel 16)

Frank Sturgis - Besser bekannt als Schlüsselfigur der CIA im Krieg gegen Castro, hatte Sturgis schon lange vor seiner Zeit bei der CIA für den Mossad gearbeitet und bis in die 1970er Jahre hinein Verbindungen zum Mossad unterhalten. Sturgis war nicht nur an der Ausbildung von Exilkubanern in der Nähe von New Orleans beteiligt (dieselbe Operation, an der Guy Banister und David Ferrie beteiligt waren), sondern führte auch den (von Marita Lorenz beschriebenen) bewaffneten Konvoi an, der am Tag vor der Ermordung von JFK in Dallas eintraf. Sturgis sagte später gegenüber Miss Lorenz aus, dass sein Team eine Rolle bei den Ereignissen auf der Dealey Plaza gespielt habe (siehe Kapitel 16).

Guillermo und Ignacio Novo - Die Novos-Brüder waren Veteranen der von der CIA unterstützten Kriege der Exilkubaner gegen Fidel Castro und gehörten zu dem bewaffneten Konvoi, der am 21. November 1963 unter der Führung der CIA und des Mossad-Agenten Frank Sturgis in Dallas eintraf. Mehrere Jahre nach Dallas wurden die Novos für schuldig befunden, gemeinsam mit Michael Townley, einem weiteren Abenteurer mit Mossad-Verbindung, der 1963 für hochrangige Mossad-Mitarbeiter arbeitete, die in die JFK-Verschwörung verwickelt waren, an der Ermordung eines chilenischen Dissidenten beteiligt gewesen zu sein (siehe Kapitel 9 und Kapitel 16). (Siehe Kapitel 9 und Kapitel 16).

Victor Marchetti - Hoher CIA-Beamter, der die Agentur angewidert verließ. Marchetti machte später Karriere, indem er über die CIA schrieb. In einem *Spotlight-Artikel* aus dem Jahr 1978 prangerte Marchetti an, dass die CIA dabei war, ihrem langjährigen Agenten E. Howard Hunt eine Verwicklung in das Attentat auf JFK anzuhängen. Ein Verleumdungsverfahren, das Hunt aufgrund von Marchettis Artikel angestrengt hatte, führte zu einer denkwürdigen Entdeckung durch einen Geschworenen, die belegte, dass die CIA in die Ermordung des Präsidenten verwickelt war (siehe Kapitel 16).

Robin Moore - langjähriger Journalist mit engen Verbindungen zur CIA. Moore ist Mitautor des Buches *LBJ and the JFK Conspiracy* des ehemaligen CIA-Mannes Hugh McDonald, der die falsche Behauptung von James J. Angleton verteidigte, dass der KGB hinter dem Mord am Präsidenten steckte - eine weitere der Desinformationsgeschichten, die nach dem Attentat auftauchten. (Siehe Kapitel 17)

Lanskys Verbrechersyndikat

Meyer Lansky - Generaldirektor und de facto „Schatzmeister" des internationalen Verbrechersyndikats; war im Waffenhandel für das israelische Untergrundnetzwerk tätig; arbeitete an mehreren Fronten eng mit dem US-Geheimdienst zusammen; ließ sich später in Israel nieder. Die mit der Ermordung von JFK befassten Forscher, die behaupteten, „Die Mafia hat JFK getötet", weigerten sich, Lanskys führende Position in der Unterwelt anzuerkennen (siehe Kapitel 7).

Carlos Marcello - Chef der Mafia von New Orleans. Marcello verdankte seinen Status Meyer Lansky, der sein wichtigster Pate innerhalb des Verbrechersyndikats war. Marcello hätte das Attentat auf JFK - wie einige vermuten - nicht ohne Lanskys ausdrückliche Zustimmung inszenieren können (siehe Kapitel 10).

Seymour Weiss - Meyer Lanskys Geldeintreiber in New Orleans und Verbindungsmann zur herrschenden Klasse in Louisiana, der den Posten des Geschäftsführers der mit der CIA verbundenen Firma Standard Fruit innehatte. Er scheint zum Zeitpunkt der Ermordung von JFK ein hochrangiger CIA-Mitarbeiter in New Orleans gewesen zu sein (siehe Kapitel 15).

Santo Trafficante, Jr. - Trafficante, der vor allem als Mafiaboss in Tampa bekannt ist, fungierte in Wirklichkeit als Meyer Lanskys Oberleutnant im Verbrechersyndikat und als Lanskys Verbindungsmann zur CIA bei den Mordplänen gegen Castro (siehe Kapitel 12).

Sam Giancana - Langjähriger Anführer der Chicagoer Mafia. Giancana spielte eine Rolle bei den Verschwörungen der CIA und der Mafia gegen Castro und arbeitete unter der Leitung des wahren „Bosses" des Verbrechersyndikats in Chicago, der mit dem Mossad verbunden ist, Hyman Lamer, einem Partner des nationalen Verbrecherbosses Meyer Lansky. (Siehe Kapitel 11)

Johnny Rosselli - Als reisender „Botschafter" der Chicagoer Mafia mit Verbindungen zum Mossad war Rosselli der Hauptvermittler zwischen der CIA und der Unterwelt bei den Verschwörungen gegen Fidel Castro; möglicherweise arrangierte er den Mord an Sam Giancana und wurde später ebenfalls ermordet (siehe Kapitel 11).

Mickey Cohen - Handlanger von Meyer Lansky an der Westküste; Modell von Jack Ruby und Waffenhändler für das israelische Untergrundnetzwerk; Cohen arbeitete vor der Ermordung von JFK eng mit dem israelischen Diplomaten Menachem Begin zusammen; Cohen arrangierte alles, damit John F. Kennedy die Schauspielerin Marilyn Monroe traf, die JFKs private Positionen und Absichten gegenüber Israel aufdecken sollte. (Siehe Kapitel 13)

Jack Ruby - Als langjähriger Funktionär für Lanskys Syndikat war Ruby Lanskys Kontaktmann in Dallas und war auch in den Waffenhandel mit den Anti-Castro-Exilkubanern verwickelt, die mit der CIA in Verbindung standen. Offensichtlich steckt hinter Rubys plötzlichem Tod noch viel mehr (siehe Kapitel 14).

Jim Braden - ehemaliger persönlicher Kurier von Meyer Lansky. Braden stand vor dem JFK-Attentat in Dallas mit Sicherheit in Kontakt mit Jack Ruby. Er wurde wenige Minuten nach der Ermordung des Präsidenten auf der Dealey Plaza kurzzeitig festgenommen, doch die mit dem JFK-Mord befassten Forscher, die Braden erwähnt hatten, zogen es vor, ihn als eine Figur der „Mafia" darzustellen und nicht als Lanskys Mann am Tatort in Dallas (Siehe Kapitel 14).

Al Gruber - Handlanger von Mickey Cohen, dem Lansky-Agenten an der Westküste. Gruber und Ruby telefonierten kurz bevor Ruby Lee Harvey Oswald tötete. Es wird vermutet, dass Gruber Ruby im Namen seiner Vorgesetzten darum bat, Oswald zu töten. (Siehe Kapitel 13)

Die französische Verbindung

Charles De Gaulle - wurde wiederholt von den alliierten israelischen Kräften des französischen Geheimdienstes und der Organisation der Geheimen Armee (OAS), die verärgert darüber waren, dass De Gaulle Algerien die Unabhängigkeit gewährt hatte, für ein Attentat ausgewählt. Die vom Mossad gesponserte Permindex, die auch an der Ermordung von JFK beteiligt war, wusch das Geld, das bei den Attentatsversuchen auf De Gaulle verwendet wurde. (Siehe Kapitel 9, Kapitel 15 und Kapitel 16)

Georges De Lannurien - Hoher Beamter des französischen Geheimdienstes SDECE (Service de documentation extérieure et de contre-espionnage); wurde von einem ehemaligen französischen Geheimdienstmitarbeiter als die Person identifiziert, die (auf Wunsch des Mossad-Chefmörders Yitzhak Shamir) das Team anheuerte, das JFK in Dallas tötete. (Siehe Kapitel 16)

Michael Mertz - Ehemaliger französischer SDECE-Offizier und Pariser Verbindung zum Heroinhandel von Lansky und Trafficante; soll einer der bewaffneten Männer in Dallas am 22. November 1963 gewesen sein. Galt lange Zeit als der legendäre CIA-Auftragskiller QJ / WIN. (Siehe Kapitel 16)

Jean Souètre - Kontaktperson von E. Howard Hunt für die OAS, Souètre stand in Kontakt mit Guy Banisters Hauptquartier für Waffenschmuggel und der Unterwelt in New Orleans. Souètre könnte sich zur Zeit des JFK-Attentats in Dallas aufgehalten haben. Es gibt Beweise, die eine Verbindung zwischen Souètre und der Verschwörung von James Jesus Angleton innerhalb der CIA herstellen, die den französischen Geheimdienst auf dramatische Weise beeinträchtigte (siehe Kapitel 15 und Kapitel 16).

Thomas Eli Davis III - Der weltumspannende Söldner, der mit Jack Rubys Waffenhandel in Verbindung stand, wurde wegen seiner subversiven Aktivitäten an der Seite israelischer Agenten in Nordafrika inhaftiert, weil er die OAS kurz vor der Ermordung von JFK mit Waffen versorgt hatte. Es wurde lange Zeit gemunkelt, dass der berüchtigte internationale Attentäter QJ/WIN von der C.I.A. Davis' Freilassung aus dem Gefängnis erwirkt haben soll. (Siehe Kapitel 16)

Geoffrey Bocca - Ehemaliger OAS-Propagandist, Bocca war später Co-Autor des Buches des ehemaligen CIA-Agenten Hugh McDonald, *Appointement in Dallas*, in dem die Verantwortung für den Mord an JFK von den tatsächlich Verantwortlichen abgezogen wurde - das erste von zwei fragwürdigen Büchern, die McDonald veröffentlichte. (Siehe Kapitel 17 und Anhang 8.)

Christian David - Französischer Krimineller korsischer Abstammung, der mit dem berüchtigten JFK-Attentäter Michael Mertz in Verbindung gebracht wird. David behauptet, von einem französischen Team gewusst zu haben, das in die Ermordung von JFK verwickelt war. David selbst war der Hauptverdächtige im Mord an dem marokkanischen Dissidenten Mehdi Ben Barka, dessen Ermordung vom israelischen Mossad über die Kräfte des französischen Anti-De-Gaulle-Geheimdienstes inszeniert worden war. (Siehe Kapitel 16)

Die Wahrheitssucher

Mark Lane - Von Lee Harvey Oswalds Mutter angeheuert, um die Interessen ihres Sohnes vor der Warren-Kommission *zu* vertreten, war Lanes Buch *Rush to Judgment* die erste größere Kritik am Bericht der Warren-Kommission. Als Lane eine Verleumdungsklage des ehemaligen CIA-Agenten E. Howard Hunt gegen die Zeitung *The Spotlight* verteidigte, bewies er zur Zufriedenheit der Jury, dass die CIA tatsächlich in die Ermordung von JFK verwickelt gewesen war. Sein Bestseller-Buch *Plausible Denial* beschreibt die Umstände dieses Verleumdungsprozesses und seine endgültige Schlussfolgerung. (Siehe Kapitel 9 und Kapitel 16)

Gary Wean - Als ehemaliger Detektiv des Los Angeles Police Department, der in der Gegend von Hollywood tätig war, fand Wean heraus, wie Mickey Cohen, Meyer Lanskys Handlanger an der Westküste, sich im Namen der Israelis gegen John F. Kennedy verschworen hatte. Bei einem Treffen mit Bill Decker, dem ehemaligen Sheriff von Dallas

County, erfuhr Wean einen Teil der Wahrheit über das, was wirklich in Dallas geschah (siehe Kapitel 13 und Kapitel 16).

Die Betrüger der Nachrichten

Edgar und Edith Stern - enge Freunde von Clay Shaw und finanzielle Unterstützer der pro-israelischen Anti-Defamation League (ADL) von B'nai B'rith, Eigentümer des WDSU-Medienimperiums in New Orleans, die nicht nur eine wichtige Rolle dabei spielten, Lee Harvey Oswalds Porträt als „Pro-Castro-Agitator" eine breite Öffentlichkeit zu verschaffen, sondern später auch versuchten, Jim Garrisons Untersuchung von Clay Shaw zu untergraben (siehe Kapitel 17 und Anhang drei). (Siehe Kapitel 17 und Anhang drei)

Johann Rush - Als junger Kameramann des WDSU war Rush vor Ort, um Oswalds „Pro-Castro"-Aktivitäten aufzuzeichnen. Er erschien - viele Jahre später - als der Kopf hinter einer „computerverbesserten" Version von Zapruders berühmtem Film über das JFK-Attentat, den der Autor Gerald Posner als „Beweis" dafür anführte, dass Oswald bei der Ermordung des Präsidenten allein gehandelt hatte (Siehe Kapitel 17).

Drew Pearson - Von seiner eigenen Schwiegermutter beschuldigt, ein „Sprecher" der pro-israelischen ADL zu sein, hatte Pearson nicht nur enge Verbindungen zur Israel-Lobby, sondern auch zur CIA und zu Präsident Lyndon Johnson und seinen Freunden. Es war Pearson, der die unwahrscheinliche Geschichte erzählte, dass Fidel Castro hinter der Ermordung von JFK steckte, und er hatte auch einen großen Einfluss auf Earl Warrens Wahrnehmungsformung über die Tragödie (Siehe Kapitel 17).

Jack Anderson - Als Protegé von Drew Pearson hatte auch Jack Anderson seltsame Verbindungen, die seine Berichterstattung über den JFK-Fall verzerrt haben könnten. Seit 1963 förderte Anderson eine Reihe widersprüchlicher Versionen darüber, „wer JFK wirklich getötet hatte", die von „der Mafia" bis zu Fidel Castro oder einer Kombination aus beiden reichten (siehe Kapitel 17).

Jack Newfield - Der liberale Kolumnist und leidenschaftliche Liebhaber des JFK-Attentats war seit langem auch ein glühender Anhänger Israels. Er erregte Aufsehen mit der sehr extravaganten Geschichte, dass der verschwundene Teamster-Boss Jimmy Hoffa zwei Mafia-Größen „befohlen" habe, den Mord an Präsident Kennedy zu organisieren. Wie zu erwarten war, wurde Newfields lächerliche Geschichte in den Medien der herrschenden Klasse weit verbreitet (Siehe Kapitel 17).

Theoretiker und/oder Propagandisten?

Oliver Stones - *JFK*, sein Hollywood-Spektakel, lieferte dem Publikum eine formvollendete Verschwörungstheorie, alles in Farbe und bis ins kleinste Detail des JFK-Attentats. Dennoch war Stones Darstellung der Verschwörung alles andere als vollständig und führte zu keinen soliden Schlussfolgerungen. Er unterschlug absichtlich die „französische Verbindung", die wiederum die lange verborgene israelische Verbindung war. Nicht nur, dass Stones oberster Finanzdirektor Israels wichtigster Waffenhändler war, auch die Firma, die seinen Film vertrieb, war dank Lanskys Verbrechersyndikat entstanden. Darüber hinaus war einer der Hauptaktionäre der Filmgesellschaft niemand anderes als Bernard Cornfeld, Tibor Rosenbaums ehemaliger Partner bei Permindex (siehe Kapitel 17).

Frank Mankiewicz - dieser ehemalige Publizist der mit dem Mossad verbundenen Anti-Defamation League spielte eine besondere Rolle bei den Ereignissen vor dem Mord an Robert F. Kennedy. Als Oliver Stone dann begann, seinen Film *JFK* zu bewerben, tauchte Mankiewicz als sein wichtigster PR-Beauftragter auf. (Siehe Kapitel 17 und Kapitel 18)

Anthony Summers - Autor eines Buches, in dem er andeutete, dass die Kennedy-Familie für den Tod - möglicherweise Mord - der Schauspielerin Marilyn Monroe verantwortlich war, schrieb Summers ein weiteres Buch über die JFK-Verschwörung. In keinem der beiden Bücher enthüllte Summers brisante Informationen (die ihm bekannt waren), die dazu hätten beitragen können, in die Richtung derselben Kräfte zu lenken, die bei beiden Verbrechen eine Rolle gespielt hatten. (Siehe Kapitel 13)

Robert Morrow - Ehemaliger CIA-Agent, der eine wichtige Rolle bei den Aktivitäten am Rande des JFK-Mordkomplotts spielte. Morrows Buch über seine Erfahrungen ist voller Details, aber in den Augen vieler, die seine Behauptungen geprüft hatten, verdächtig. Morrows Buch spricht James J. Angleton, den Hauptverschwörer der CIA, von seiner Beteiligung an der Verschwörung gegen JFK frei und stellt ihn als „aus dem Schneider" dar, obwohl in Wirklichkeit genau das Gegenteil der Fall ist. Ist es ein Zufall, dass der Herausgeber von Morrows Buch eine amerikanische Tochtergesellschaft eines israelischen Verlagshauses ist? (Siehe Epilog)

G. Robert Blakey - Eine unwahrscheinliche Wahl als Direktor der Kommission zur Untersuchung von Mordfällen (HSCA). Zwei Jahre zuvor hatte Blakey als Zeuge für einen langjährigen engen Vertrauten des Verbrecherbosses Meyer Lansky fungiert. Bei der Ermordung von JFK beschuldigte Blakey Carlos Marcello, Lanskys Schützling und Mafiaboss von New Orleans, ging der Sache aber nicht weiter nach. Ebenso wenig wies Blakey nach, welche Rolle die CIA - oder irgendein anderer Geheimdienst - bei dem Attentat gespielt hatte. Blakey sagt, dass, wenn (und nur *wenn*) es eine Verschwörung gab - „die Mafia JFK getötet hat". (Siehe Kapitel 10)

David Scheim - Autor eines Buches, das den Mord an Präsident Kennedy auf „die Mafia" festnagelt. Scheim weigert sich, die Geheimdienstverbindungen des Permindex-Vorstandsmitglieds Clay Shaw anzuerkennen, und stellt den israelischen Loyalisten Meyer Lansky als eine niedrige Gangfigur ohne jeden Einfluss dar. Scheims Buch wurde von der US-Front für einen israelischen Verlag herausgegeben. (Siehe Kapitel 10)

John Foster „Chip" Berlet - So genannter „Journalist" mit langjährigen geheimen Verbindungen zur CIA und offener Mitarbeiter der Anti-Defamation League (ADL) - Vermittler für den Mossad - Berlet spielte eine Schlüsselrolle in einer großen Propagandakampagne der ADL, um zu verhindern, dass die auf den Seiten des *Final Judgement* dargestellten Fakten über die Ermordung von JFK gehört werden. (Siehe Vorwort)

James Di Eugenio - Obwohl er ein großer Bewunderer von John F. Kennedy und dem Staatsanwalt von New Orleans Jim Garrison ist, ging Herr Di Eugenio leichtfertig mit Clay Shaws Verbindungen zur Permindex mit ihren vielfältigen Verbindungen zum israelischen Mossad und dem Verbrechersyndikat um (siehe Anhang 3 und Epilog).

Peter Dale Scott - Seine jahrelangen gründlichen Recherchen zum JFK-Mord führten ihn direkt an die Tür der CIA, des Mossad und des Lansky-Verbrechersyndikats, doch er war nie bereit, Namen zu nennen oder mit dem Finger auf eben diese Kräfte zu zeigen, sondern zog es vor, das Problem zu umgehen. Hat er Angst oder ist er einfach nur unwissend? (Siehe Epilog).

Und nun, Platz für das Jüngste Gericht ...

KAPITEL I

**Die Verbindung, die das Ganze zusammenhält
Was die meisten Theorien
die am weitesten verbreitet sind
über die Ermordung von JFK gemeinsam haben:
die nie erwähnte *israelische Connection***

Wer hat John F. Kennedy ermordet? Diese Frage quält die Welt seit einer Generation. Was wissen wir über den Mord an JFK, das alle großen Theorien miteinander verbindet? Was haben alle Theorien gemeinsam?

Die Verantwortung für das Attentat wurde zahlreichen Machtgruppen zugeschrieben, die möglicherweise unabhängig voneinander oder gemeinsam arbeiteten. Die CIA (oder zwielichtige Elemente, die Teil davon waren), das organisierte Verbrechen und das kubanische Anti-Castro-Netzwerk wurden am häufigsten genannt.

Doch eine bestimmte Macht - Israel und seine Spionageagentur Mossad - verbindet all diese Kräfte. Israel ist jedoch der zentrale Akteur, dessen Rolle systematisch ignoriert wurde.

„Manchmal hat man den Eindruck, dass jeder auf der Erde am 22. November 1963 in eine Verschwörung zur Ermordung von JFK verwickelt war. Wenn all diese mutmaßlichen Verschwörer - die alle die Vorwürfe bestritten haben - vor Ort waren, ist es ein Glück, dass alle die Dealey Plaza lebend verlassen haben."[1]

Dies waren die Worte des Journalisten Terry Catchpole, der sich mit der Kontroverse um das Hollywood-Spektakel *JFK* und dem weit verbreiteten Interesse an der Ermordung von JFK im Allgemeinen befasste.

Catchpole nennt Gruppen, die häufig verdächtigt werden, in irgendeiner Weise in die Ermordung von JFK verwickelt gewesen zu sein, obwohl diese Zusammenfassung nicht erschöpfend ist (sie berücksichtigt insbesondere nicht die CIA als Institution):

- Die kubanischen Kommunisten
- Kubanische Antikommunisten
- Der militärisch-industrielle Komplex
- Eine Rebellengruppe der CIA
- Organisiertes Verbrechen
- Sowjetische Kommunisten
- Das FBI
- Das Gehirn

Letztere Theorie lautet laut Catchpole: „Die Mafia hatte die Organisation tatsächlich von Howard Hughes, dem einsamen Bettler, übernommen und wurde von 'Mister X', wahrscheinlich [dem Chef des Verbrechersyndikats] Meyer Lansky, geleitet."[2]

---

[1] *Entertainment Weekly*, 17. Januar 1992.
[2] *Ibid.*

Natürlich hat jede dieser Theorien ihre eigenen Befürworter. Darüber hinaus wurde jede dieser Theorien mit einer oder mehreren anderen Theorien verwoben. Und heute hat das Aufkommen von Stones Film, gepaart mit der bevorstehenden Veröffentlichung mehrerer neuer Bücher über das Attentat - insbesondere das Buch von mark Lane *Plausible Denial*, das die Mitschuld der CIA an der Ermordung des Präsidenten belegt - neues Interesse an der Kontroverse geweckt.

Vielleicht wird es sogar eines Tages ein Buch geben, in dem „Clowns im Ruhestand" angeklagt werden, wie Jim Garrison, der Staatsanwalt von New Orleans, sagte. Allerdings waren es keine pensionierten Clowns, die John F. Kennedy getötet hatten, zumindest soweit wir wissen.

DIE ZENTRALE ROLLE ISRAELS

Dieses Buch behauptet, dass der israelische Mossad neben der CIA und Lanskys Verbrechersyndikat ein Hauptakteur bei der Verschwörung zum Mord an JFK war und dass die Rolle des Mossad in der Tat wahrscheinlich die treibende Kraft hinter der Verschwörung war. Es ist eindeutig Israel und sein Mossad - wie wir zeigen werden - die einzige Kraft, die alle am häufigsten genannten mutmaßlichen Verschwörer miteinander verbindet: die CIA, die kubanischen Anti-Castro-Kräfte, das organisierte Verbrechen und speziell - bedeutender als die sogenannte Mafia - das Verbrechersyndikat von Meyer Lansky. Diese Verbindungen sind viel geheimer und reichen viel weiter, als sich die meisten Menschen vorstellen können. In *Final Judgement* werden wir all dies im Detail untersuchen.

DAS ISRAELISCHE MOTIV

Israel hatte, wie wir sehen werden, ein ganz bestimmtes Motiv, nicht nur die Absetzung Kennedys zu orchestrieren, sondern auch seinen Nachfolger Lyndon B. in die Höhe zu treiben. Johnson ins Weiße Haus zu bringen. So wie natürlich auch viele der anderen Elemente der Verschwörung, die zum Mord an Kennedy führte.

Nicht ein einziges Mal jedoch - zumindest im Rahmen einer klassischen Morduntersuchung - wurde angedeutet, dass Israel in den Mord an Kennedy verwickelt war. Dennoch sind die Beweise da, Beweise, die schlummerten, ignoriert wurden oder deren Bedeutung unbemerkt geblieben war.

Denn praktisch alle Fakten, die in *Final Judgement* zusammengetragen wurden, stammen aus anerkannten Büchern zur Erforschung des JFK-Attentats und anderen klassischen Quellen.

Ein ehemaliger Kongressabgeordneter, der Abgeordnete Paul Findley (R-III.), hat öffentlich vorgeschlagen, dass Israel möglicherweise an der Ermordung von JFK beteiligt war. In der März-Ausgabe 1992 des *Washington Report on Middle East Affairs* betonte Findley:

„Es ist interessant, aber nicht überraschend, dass in all den Worten, die über den Kennedy-Mord geschrieben und gesprochen wurden, der israelische Geheimdienst Mossad nie erwähnt wurde. Dabei ist das Motiv des Mossad offensichtlich".[3]

Findley stellt das Motiv vor - ein Motiv, das wir auf den Seiten dieses Buches ausführlich beschreiben: „Die israelischen Führer haben den Kennedys nie getraut. Sie

---

[3] *Washington Report on Middle East Affairs*, März 1992.

waren sich bewusst, dass der Vater von Präsident Kennedy, Joseph Kennedy, als Botschafter in Großbritannien häufig Nazi-Deutschland gelobt hatte.

„Während John Kennedys Wahlkampf für die Präsidentschaft hatte eine Gruppe von New Yorker Juden privat angeboten, seine Wahlkampfkosten zu decken, wenn er sie seine Nahostpolitik umsetzen ließe. Er war damit nicht einverstanden..... Als Präsident unterstützte er Israel nur begrenzt.

„Andererseits hatte Lyndon Johnson während seiner gesamten politischen Karriere seine starke Unterstützung für Israel unter Beweis gestellt. Die israelische Regierung hatte also allen Grund zu glauben, dass ihre Interessen mit Johnson als Präsident besser vertreten würden. Und tatsächlich waren sie es auch. Nach Kennedys Tod begannen die USA zum ersten Mal, in großem Stil Waffen an Israel zu liefern...

„Der Mossad verfügte zweifellos über die nötigen Ressourcen, um überall auf der Welt ein Attentat zu verüben."

Findley kommt zu dem Schluss: „Beschuldige ich den Mossad der Mittäterschaft? Absolut nicht. Ich habe keinerlei Beweise dafür. Mein Standpunkt ist einfach der folgende: In dieser Frage, wie auch in fast jeder anderen, können sich amerikanische Journalisten und Kommentatoren nicht dazu durchringen, ein ungünstiges Licht auf Israel zu werfen, trotz der offensichtlichen Tatsache, dass die Mitschuld des Mossad genauso plausibel ist wie jede andere Theorie."[4]

Auf diesen Seiten werden wir dem Abgeordneten Findley und den Lesern das Beweismaterial zur Verfügung stellen. Das endgültige Urteil überlassen wir den Lesern.

EINE ART „UNTERGRUNDORGANISATION"

Carl Oglesby, einer der prominentesten Ermittler in Sachen Mord, fasste kürzlich seine zehnjährige persönliche Forschungsarbeit zusammen. „Es war eine Arbeit von innen heraus", sagte er, „etwas in der Größenordnung des Falls, den wir im Iran/Contra-Skandal aufgedeckt haben.

„Gleichzeitig", fügte er warnend hinzu, „kann ich mich nicht dazu durchringen, zu glauben, dass eine Einrichtung wie die CIA [zum Beispiel] formell und angeblich beschließen kann, den Präsidenten zu töten.

„Was ich also meine, ist eine Art klassische, inoffizielle Aktion, die von einer Art Untergrundorganisation ins Leben gerufen worden sein muss, die nicht nur über die CIA, sondern in gewissem Maße auch über das FBI, die Polizei von Dallas und die militärischen Geheimdienste selbst läuft."[5]

Final Judgement **legt nahe, dass es der israelische Mossad war, der tatsächlich die berühmte „Untergrundorganisation" war, die durch die verschiedenen Einheiten lief, die in das Attentat auf JFK verwickelt waren.**

In einem kürzlich geführten Interview verleiht Peter Dale Scott, ein weiterer angesehener Forscher in Sachen JFK-Attentat, der Theorie, die wir gleich vorstellen werden, vielleicht mehr Glaubwürdigkeit. Scott ist der Meinung, dass der Mord an JFK von verschiedenen Kräften ausgeführt wurde. Er verweist insbesondere auf „Lyndon Johnsons Unterstützer - insbesondere diejenigen, bei denen es um den militärisch-industriellen Komplex ging" und „eine Verbindung zwischen der Mafia und dem Geheimdienst, die mit Lyndon Johnsons Unterstützern der militärisch-industriellen Unternehmen verwickelt waren, die wiederum mit den Leuten der Mafia verwickelt waren".

---

[4] *Ibid.*
[5] *University Reporter,* Januar 1992.

„Mindestens", so Scott, „müssen Sie diese Triade von Kräften in Betracht ziehen". Beachten Sie Scotts Worte: „mindestens".[6]

Dies deutet natürlich darauf hin, dass tatsächlich andere Kräfte beteiligt waren. *Final Judgement* deutet nicht nur an, dass es tatsächlich der israelische Mossad war, sondern identifiziert auch eindeutig die Verbindung zum Mossad.

„ANDERE GEHEIMDIENSTNETZWERKE"

Scott selbst geht noch weiter, ohne jedoch den Mossad zu nennen. Er sagt: „Bei meinen Recherchen kamen die suggestivsten Hinweise aus einem relativ kleinen Kreis, den ich den dunklen Quadranten der unterdrückten Beziehungen oder der tiefen Politik nenne: Es handelt sich um einen Kreis erstens innerhalb der dreigliedrigen Welt der CIA, des Verteidigungsministeriums und anderer Geheimdienstnetzwerke; zweitens innerhalb der Unterwelt, des organisierten Verbrechens und der Anti-Castro-Kubaner; und drittens innerhalb der Interessen von Unternehmen, die sowohl mit den Geheimdienst- und Verteidigungskreisen als auch mit dem organisierten Verbrechen verbunden sind.

„Der Schlüssel", so Scott, „ist, dass jeder, der sich in diesem dunklen Quadranten befand, sich seiner Enthüllung widersetzt hätte, unabhängig davon, ob er ein Schlüsselverschwörer war oder nicht".[7] *Final Judgement* stimmt Scotts *Urteil* zu. Beachten Sie auch hier Scotts Worte: „die CIA, das Verteidigungsministerium und andere Geheimdienstnetzwerke".

Wie wir zeigen - und was nicht wirklich geheim ist - ist es der Mossad - über und jenseits jedes anderen - ausländischen oder nationalen - Geheimdienstnetzwerks, der in einer Vielzahl von internationalen Unternehmen außergewöhnlich nah (fast inzestuös) an der CIA dran war.

DIE ROLLE DER MEDIEN

Mehr noch: Wir gehen über Scotts Schlussfolgerungen hinaus. *Final Judgement* betont die sehr wichtige Rolle der US-Medien bei der Vertuschung. Die Vertuschung des Mordkomplotts gegen JFK hätte ohne die Unterstützung williger Medien niemals erfolgreich sein können. Tatsache ist, dass Israel und seine Unterstützer in den US-Medien seit langem eine enge Beziehung pflegen. Bis in die letzten Jahre und auch heute noch war Kritik an Israel und seinen Untaten in den Medien der herrschenden Klasse verboten, wie bereits in den Kommentaren des Abgeordneten Findley mitgeteilt wurde.

„FALSCHE BANNER"

Wir werden anhand mehrerer bemerkenswerter Beispiele veranschaulichen, wie die wichtigsten Freunde Israels in den US-Medien Schlüsselfiguren bei der Verbreitung „falscher Spuren" (oder „falscher Banner" im Geheimdienstjargon) waren, die die Aufmerksamkeit und den Verdacht an andere Stellen lenkten. Dies ist ein Phänomen, das vor der Untersuchung des JFK-Attentats nie untersucht worden war und das zum großen Teil erklärt, warum die wahre Wahrheit über das Attentatskomplott trotz aller Nachforschungen so lange verborgen geblieben ist.

---

[6] *Tikkun*, März/April 1992.
[7] *Ibid.*

(In Kapitel 3 werden wir zahlreiche Fälle untersuchen, in denen der Mossad selbst „falsche Banner" benutzte, um seine eigene Rolle in einer Vielzahl von Mordverschwörungen und Verbrechen auf der ganzen Welt zu vertuschen).

EIN WANDEL IN DER NAHOSTPOLITIK

Professor Scott konzentrierte sich wie viele Ermittler der JFK-Verschwörung lange Zeit auf den Politikwechsel in Bezug auf Vietnam, der nach der Ermordung von John F. Kennedy stattfand. Er betont auch, dass es darüber hinaus eine Änderung der Politik gegenüber Lateinamerika gab.

Auf diesen Seiten zeigen wir jedoch zweifelsfrei, dass der tiefgreifendste - und im Nachhinein betrachtet wohl auch nachhaltigste und ungewöhnlichste - Umsturz im außenpolitischen Verhalten der USA im Bereich der israelisch-amerikanischen Beziehungen stattfand. Diese Tatsachen wurden leider selbst von den seriösesten Forschern des JFK-Attentats übersehen.

DIE THEORIEN SICH ARTIKULIEREN

Das Ziel von *Doomsday* ist es nicht, ein für alle Mal zu beweisen, dass es tatsächlich eine Verschwörung zur Ermordung von Präsident John F. Kennedy gab und die Vertuschung dieser Verschwörung fortgesetzt wird. Dies wurde immer wieder in unzähligen Büchern, Monographien, Zeitschriftenartikeln und sogar auf den Seiten mehrerer Romane bewiesen.

Stattdessen führt *Final Judgement* die am meisten akzeptierten Theorien ein Stück weiter und verknüpft sie alle sehr gut miteinander, in einem alarmierenden Szenario, das der Wahrheit sehr nahe kommt.

Viele wünschten sich die Absetzung JFKs vom Präsidentenamt. Doch wie wir auf diesen Seiten festgestellt haben, hat die Untersuchung im Laufe der Jahre - aus verschiedenen Gründen - den erbitterten Konflikt zwischen dem Staat Israel und John F. Kennedy ignoriert.

Ebenso ignorierten die Ermittler - wiederum aus verschiedenen unschuldigen und anderen Gründen - die sehr engen Verbindungen zwischen Israel und jeder der verschiedenen Gruppen , die einen Grund gehabt hatten, John F. Kennedys Präsidentschaft zu beenden: Meyer Lanskys Syndikat des organisierten Verbrechens, die Mafia, die Anti-Castro-Kubaner und die CIA.

In *Endgericht* stellen wir eine Theorie vor, die auf dem freien Markt der Ideen Beachtung verdient - auch wenn sie umstritten ist.

John F. Kennedy selbst hat es besser als jeder andere ausgedrückt: „Eine Nation, die Angst davor hat, ihr Volk darüber urteilen zu lassen, was wahr und was falsch ist, ist eine Nation, die Angst vor ihrem eigenen Volk hat."

Was alle allgemein behaupteten Verschwörungen verbindet, ist das einzige Element, das immer ignoriert wurde, und das ist natürlich die israelische Verbindung.

In *Final Judgement* werden wir diesen (leider) lange ignorierten verborgenen Aspekt der Geschichte betrachten.

Was *Final Judgement* beweist, ist nicht nur, dass Israel Gründe hatte, sich gegen JFK zu verschwören, sondern dass Israel in einer zentralen Position war, um nicht nur den Mordplan zu koordinieren (und dies auch tat), sondern auch die anschließende Vertuschung - alles in enger Zusammenarbeit mit seinen Mitverschwörern von der CIA und dem organisierten Verbrechen - speziell jenen Mitgliedern, die eng mit dem Syndikatsboss Meyer Lansky verbunden waren.

Israel wird - ebenso wie beispielsweise die Mafia oder die CIA - stark vom Tod des 35. Präsidenten Amerikas profitieren - und die Ermordung von JFK hat Israel den Weg zu einer Großmacht geebnet.

Die Erforschung des Kennedy-Attentats ist sehr schwierig, schon allein deshalb, weil die Dokumentation so umfangreich, das Netz so verwickelt und das Überangebot an Theorien und potenziellen Verschwörern so endlos zu sein scheint. Hinzu kommt, dass einige der mit dem Attentat befassten Forscher an ihren einzigartigen Theorien festhielten und daher nicht in der Lage waren, anderswo, etwa in Richtung Israel, zu suchen. Mit all dem im Hinterkopf gehen wir davon aus, dass es gewisse Gemeinsamkeiten gibt.

DIE ALLGEMEIN ANERKANNTEN SCHLUSSFOLGERUNGEN

Unser abschließendes Urteil - das auf diesen Seiten dargelegt wird - basiert auf den folgenden allgemein anerkannten Schlussfolgerungen über die Art des Mordkomplotts gegen JFK:
- Es gab eine Verschwörung zum Mord an John F. Kennedy ;
- An der Verschwörung selbst waren Mitglieder der US-Geheimdienstgemeinschaft, insbesondere der CIA, beteiligt;
- Figuren des organisierten Verbrechens spielten eine wichtige Rolle bei der Verschwörung;
- Anti-Castro-Kubaner haben sich aktiv an der Verschwörung beteiligt, auf Wunsch und/oder mit Manipulation der CIA und von Mitgliedern des organisierten Verbrechens ;
- Auf die eine oder andere Weise wurde Lee Harvey Oswald (unfreiwillig oder unbewusst) in die Verschwörung eingeführt, und die Verschwörer säten falsche Beweise, um Oswald mit Fidel Castro und den Sowjets in Verbindung zu bringen;
- Oswald war in gewissem Umfang an US-Geheimdienstaktivitäten beteiligt, obwohl er nicht wusste, dass diese Aktivitäten von einem Mitglied des US-Geheimdienstes gesponsert oder manipuliert wurden.
- Jack Ruby war aktiv an dem Mordkomplott beteiligt oder wurde in irgendeiner Weise benutzt, um Oswald vor dem Mord an JFK zu manipulieren;
- Ruby war aktiv in die Aktivitäten des organisierten Verbrechens verwickelt und stand als Folge dieser Verwicklung auch mit den Aktivitäten des organisierten Verbrechens in Verbindung, das parallel zu den Aktivitäten der US-Geheimdienste operierte.
- Die CIA wusste von Oswalds und Rubys Aktivitäten und hat die beiden sicherlich manipuliert;
- Oswald wurde von Jack Ruby mit dem Ziel hingerichtet, Oswald für immer zum Schweigen zu bringen;
- Eine umfangreiche Vertuschung des Mordkomplotts gegen JFK wurde nach den Ereignissen in Dallas vorgenommen;
- An der Vertuschung waren Mitglieder der Bundesregierung (einschließlich der CIA) beteiligt;
- Die Warren-Kommission und die Morduntersuchungskommission haben sich bewusst an der Vertuschung beteiligt
- Die Vertuschungsabsprache wurde aus einer Vielzahl von Gründen organisiert - vordergründig „patriotisch" und aus anderen Gründen, einschließlich, aber nicht beschränkt auf:
    a) die Verbindungen der Geheimdienstgemeinschaft zur Mordverschwörung begraben ;
    b) die beteiligten Mitglieder des organisierten Verbrechens schützen ;

c) Feindseligkeiten zwischen den USA und ausländischen Nationen (sei es die Sowjetunion oder Castros Kuba) zu verhindern; und
d) die Fragen über den Mord in den Köpfen der Öffentlichkeit hier und im Ausland lösen.

• Die kontrollierten Medien haben die Vertuschung aufgrund ihrer Verbindungen zur CIA, der Geheimdienstgemeinschaft im Allgemeinen und dem organisierten Verbrechen aktiv gefördert und/oder sich daran beteiligt.

Dies ist die Grundlage, auf der die Recherchen für dieses Buch durchgeführt wurden.

Auf dieser Grundlage stellt *Endgericht* alle Fakten zusammen und zeigt, wie der Staat Israel und seine Spionageagentur Mossad nicht nur mit der CIA, sondern auch mit Schlüsselelementen des organisierten Verbrechens und der kubanischen Anti-Castro-Gemeinschaft zusammenarbeiteten, um die Ermordung von John F. Kennedy und die Vertuschung zu orchestrieren.

DIE BEWEISE SIND DA

Einige der dargestellten Fakten - auch wenn sie nicht unbedingt „neu" sind - standen den Forschern schon seit Jahrzehnten zur Verfügung. Viele der Forscher hatten jedoch leider nicht in die richtige Richtung geschaut. Natürlich ist das nicht ihre Schuld. Zusätzliche Informationen - insbesondere über Kennedys schwierige Beziehung zu Israel und darüber, wie sich die israelisch-amerikanischen Beziehungen nach der Ermordung von JFK radikal veränderten - wurden erst vor kurzem der Öffentlichkeit zugänglich gemacht. In *Final Judgement* werden wir diese Informationen im Detail erforschen. Es ist diese Information - die selbst den engagiertesten Forschern lange Zeit nicht zur Verfügung stand -, die alle vorherigen Daten miteinander verbindet.

Das bemerkenswerte Szenario, das in *Endgericht* präsentiert wird, bettet alle gängigen Theorien logisch in eine weitgehend allumfassende Theorie ein, die nicht nur Sinn ergibt, sondern auch die verschiedenen Elemente der Verschwörung näher zusammenbringt. Aus diesem Grund *„Endgültiges Urteil"* seinem Titel gerecht.

Die auf den Seiten von *Endgericht* vorgestellte Theorie wurde als „Antisemitismus" gebrandmarkt - ein klassischer Angriff, der gegen jede noch so vage kritische Äußerung über Israel und seine Untaten gerichtet ist.

Der Autor überlässt es jedoch der Ehrlichkeit und Offenheit der Leser, zu entscheiden, ob die in diesem Buch vorgestellte Theorie Sinn macht.

WAS PASSIERT IST....

Dies sind, kurz zusammengefasst, - manchmal bis ins kleinste Detail - die Grundlagen der Theorie, die auf den folgenden Seiten vorgestellt und dokumentiert wird.

• Während seiner Präsidentschaft erregte John F. Kennedy die Feindschaft von drei wichtigen internationalen Machtblöcken: der US-amerikanischen CIA, dem organisierten Verbrechen und Israel und seiner US-Lobby.

• In jedem Fall wurde die Fortsetzung von Kennedys Amtszeit im Weißen Haus von jeder dieser Machtgruppen als Bedrohung ihrer Existenz wahrgenommen.

• Jeder dieser großen internationalen Machtblöcke war eng mit den anderen verbunden, oft auf mehreren Ebenen.

• Als Kennedys Anwesenheit im Weißen Haus zu unerträglich wurde, schlossen sich diese Kräfte zu einer riesigen Verschwörung zusammen, die schließlich zum Mord an JFK führte.

- Die vereinte Macht dieser Kräfte über die US-Medien spielte eine wesentliche Rolle bei der Verschleierung des Mordkomplotts.

Final Judgement untersucht detailliert den wenig bekannten Krieg zwischen John F. Kennedy und Israel und zeigt auf, wie die Politik der USA gegenüber Israel und der arabischen Welt zum Zeitpunkt des Attentats eine abrupte Kehrtwende erfuhr.

Dieses Buch dokumentiert außerdem nicht nur die enge Zusammenarbeit zwischen Meyer Lanskys Verbrechersyndikat und dem Mossad, sondern auch die ähnlich inzestuöse Beziehung zwischen Lanskys Syndikat und Israels Verbündeten innerhalb der CIA. Wir werden uns auch auf die einzigartig wichtige Rolle von Meyer Lanskys Positionierung in der Verbindung zwischen dem Mossad, der CIA und dem organisierten Verbrechen konzentrieren, die sich bei der Ermordung von JFK herausbildete.

Lanskys Rolle bei der Verschwörung zum Mord an JFK wurde ständig ignoriert und sogar eliminiert, sogar von denselben „Behörden", die behaupten, „Die Mafia hat JFK getötet". Wie wir sehen werden, war Meyer Lansky in Wirklichkeit der wahre „Herr" des internationalen Verbrechersyndikats; viele der „Mafia-Bosse", die angeblich über die Ermordung von JFK nachdachten, waren in der Tat Lanskys Handlanger, Strohmänner, Untergebene.

Die grundlegenden Fakten wurden praktisch alle in früheren Arbeiten über die Ermordung von JFK und in anderen Studien über die israelisch-amerikanischen Beziehungen, internationale Geheimdienstverschwörungen und das organisierte Verbrechen veröffentlicht.

Doch erst heute wurden schließlich alle Fakten zusammen in einem sorgfältig konstruierten Puzzle zusammengefügt, das das Gesamtbild in seiner einfachsten Form darstellt. Es ist, wie wir sehen werden, nicht so komplex, wie es scheint. Letztendlich ist jedoch klar, dass Israel nicht nur das Motiv hatte, sich an der Ermordung von JFK zu beteiligen, sondern dass es tatsächlich eine entscheidende Rolle in der Verschwörung spielte.

DIE THEORIE DER MACHTPOLITIK AM WERK

Die hier beschriebene Verschwörung war ein kriminelles Unternehmen, das die Machtpolitik in ihren höchsten - und niedrigsten - Formen einbezog. Dieser Band:
- Stellt die internationalen Machenschaften jenseits der wackeligen Beziehungen der USA und Israels des Augenblicks dar;
- Untersucht die tragische Realität der amerikanischen Beteiligung in Südostasien - die Kennedy zu verhindern versuchte -, deren Endergebnis garantierte:
   (a) Israels Dominanz in Angelegenheiten des Nahen Ostens, während die USA sich in Asien verstrickten ;
   (b) Drogenprofite in Südostasien für den globalen Drogenhandel von Meyer Lansky (in Zusammenarbeit mit der CIA, dem Verbündeten des Mossad); und
   (c) Milliardengewinne aus der Waffenproduktion für die finanziellen Unterstützer von Lyndon Johnson, Israels Verbündetem im militärisch-industriellen Komplex
- Erklärt, wie die CIA - die eng mit Israel verbunden ist - ihre geheimen unterirdischen Aktivitäten in Südostasien und anderswo nach der Beseitigung von JFK fortsetzen konnte;
- Veranschaulicht, wie bestimmte Einzelinteressen (die kubanische Anti-Castro-Bewegung und das organisierte Verbrechen) von einem anderen Einzelinteresse - der Mossad-CIA-Allianz - manipuliert werden könnten, um ein gemeinsames Ziel zu verfolgen: die Präsidentschaft von John F. Kennedy zu beenden ;

- Betont, warum die verschiedenen Mitglieder, die an der Verschwörung beteiligt waren, zusammenarbeiteten, um die Fakten über das Attentat zu vertuschen;
- Detailliert, wie die kontrollierten Medien - lange Zeit Haupthelfer von Lanskys pro-israelischer Lobby in den USA - die Lösung der Warren-Kommission vom einsamen Stalker beim Mord an JFK förderten und versuchten, Kritiker der „offiziellen" Erklärung zum Schweigen zu bringen.
- Enthüllt, wie die Wut und der Ekel eines mächtigen Mannes - in diesem Fall David Ben-Gurion von Israel - zu einem Rachefeldzug führen konnte, der mithilfe einer weitreichenden Verschwörung ausgeführt wurde, die von seinem eigenen Einflussbereich orchestriert wurde;
- Beschreibt, wie die wichtigsten Vermittler der politischen Macht in den USA - wie J. Edgar Hoover und insbesondere Lyndon B. Johnson (beide mit Verbindungen zu Lanskys Verbrechersyndikat), ihren Einfluss aufrechterhalten und angemessen ausweiten konnten, als John F. Kennedy starb und
- Zeigt, wie niederrangige Agenten wie Lee Harvey Oswald und Jack Ruby - beide mit einer Reihe von seltsamen Verbindungen - von Verschwörern an der Spitze benutzt wurden.

All dies macht die hier beschriebene Verschwörung nicht nur zu einer logischen Verschwörung, sondern auch zu einer Verschwörung, die alle prominenten Verschwörer zu einem Ganzen verbindet, das zu schlecht gepflegt wird.

WIE DIESES BUCH AUFGEBAUT IST: DER LEITFADEN FÜR EINEN LESER

Um die Verschwörung zu skizzieren, die auf den Seiten von *Endgericht* beschrieben wird, ist es von Anfang an notwendig, diese Verschwörung in ihrem historischen Kontext zu betrachten. Ein breites Spektrum an Beteiligten war involviert und ihre intrinsischen Verbindungen untereinander und zu den verschiedenen Kräften der Verschwörung machen es an dieser Stelle ratsam, dem Leser einen Überblick über die Dokumente zu geben, die gleich vorgestellt werden. Hier ist dennoch ein kurzer Überblick über die folgenden Kapitel, der die Grundzüge unseres Ansatzes zeigt, mit dem wir die Grundlagen schaffen, auf denen wir zu unserem endgültigen Urteil gelangen:

DER MOSSAD

- Kapitel 2 geht dem Vorwurf nach, dass der israelische Mossad tatsächlich plante, einen als israelfeindlich geltenden US-Präsidenten - in diesem Fall George Bush - zu ermorden, und überlegt, wie wahrscheinlich es ist, dass der Mossad zuvor tatsächlich an der Ermordung von John F. Kennedy mitgewirkt hatte.
- Kapitel 3 gibt einen Überblick über die historische Verwendung sogenannter „falscher Banner" durch den Mossad bei seinen weltweiten Terror- und Mordtaten und überlässt die Verantwortung dafür anderen (wie der Mafia, „Rechtsextremisten" und „arabischen Terroristen"). Tatsache ist, dass der Mossad bei der Ermordung von JFK das Gleiche getan haben könnte.

JFK, LBJ UND ISRAEL

- Kapitel 4 untersucht das anfängliche taktische Bündnis - und später die Feindschaft - zwischen John F. Kennedy und seinem Vater, Botschafter Joseph P. Kennedy, nicht nur mit der Israel-Lobby, sondern auch mit der israelischen Verbindung von Lanskys Verbrechersyndikat.
- Kapitel 5 geht ausführlich auf den wachsenden Konflikt zwischen Präsident John F. Kennedy und dem Staat Israel ein - Fakten, die von den Studenten des JFK-Attentats nie ernsthaft untersucht wurden.
- Kapitel 6 beschreibt, wie die Ermordung von John F. Kennedy es Lanskys Verbrechersyndikat und Lyndon B.s Israel-Lobby ermöglichte, die Präsidentschaft zu übernehmen. Johnson (Liebling der israelischen Verbündeten in der CIA) die Präsidentschaft übernehmen konnten und eine unglaubliche Umkehrung von JFKs Politik im Nahen Osten einleiten konnten, wodurch Israels globale Macht gestärkt wurde.

Dieses wichtige Kapitel zeigt auch, wie Israel, die CIA und das Lansky-Syndikat von der amerikanischen Beteiligung am Vietnamkrieg profitierten - ein wenig erforschter Aspekt dieser unglücklichen Zeit.

MEYER LANSKY, ISRAEL UND DIE CIA

- Kapitel 7 ist ein umfassender Überblick über Meyer Lansky, eine Figur des organisierten Verbrechens, die ihre führende Rolle in globalen kriminellen Unternehmen und ihre Verbindungen nicht nur zum israelischen Mossad, sondern auch zu den US-Geheimdiensten verschleiert hat.
- Kapitel 8 untersucht die enge Beziehung zwischen Israels Mossad und der US-amerikanischen CIA, insbesondere die wichtige Rolle von James Angleton, dem Chef der CIA-Spionageabwehr und wichtigsten Verbündeten des Mossad.
- Kapitel 9 beleuchtet die Konflikte zwischen der Regierung von John F. Kennedy und der CIA, Israels wichtigstem Bindeglied in der Welt des internationalen Geheimdienstes. Betrachtet werden auch die Verbindungen einer Reihe von CIA-Schlüsselfiguren (die mit der Ermordung von JFK in Verbindung gebracht werden) zu Israel.
- Kapitel 10 wirft ein wichtiges Licht auf Meyer Lanskys Verbindungen zu Carlos Marcello, dem Chef der New-Orleans-Mafia (der oft als einer der Hauptverschwörer bei der Ermordung von JFK bezeichnet wird), und auf Lanskys Dominanz über die italienische Mafia bei den Aktivitäten des organisierten Verbrechens.
- Kapitel 11 lässt Lanskys Verstrickungen mit den Mafia-Größen Johnny Rosselli, Santo Trafficante Jr. und Sam Giancana Revue passieren und untersucht neue Enthüllungen über die Verbindungen zwischen der Chicagoer Mafia und den israelischen Geheimdiensten.
- Kapitel 12 untersucht ausführlich Meyer Lanskys vorherrschende Rolle im internationalen Drogenhandel und die Art und Weise, wie sein kriminelles Syndikat bei diesen internationalen Unternehmungen mit der CIA zusammengearbeitet hat.
- Kapitel 13 behandelt einen wenig bekannten Aspekt der Verschwörung zur Ermordung von JFK: die Rolle von Mickey Cohen, Lanskys Handlanger an der Westküste. Dieses Kapitel dokumentiert Cohens enge Beziehung zum israelischen Geheimdienst und bringt den Mord an der Schauspielerin Marilyn Monroe, mit Cohens pro-israelischen Aktivitäten in Verbindung.
- In Kapitel 14 wird Jack Rubys Karriere als Kurier für die CIA und Lanskys Verbrechersyndikat sowie seine Aktivitäten im Zusammenhang mit dem JFK-Attentat beleuchtet. Und ja, es gibt sogar Beweise, die eine Verbindung zwischen Ruby und Israel herstellen.

DER PERMINDEX UND DIE FRANZÖSISCHE VERBINDUNG

- Kapitel 15 mit dem Titel „Handtücher vermischen sich mit Geschirrtüchern" zeigt, dass es der wenig erforschten Geheimdienstoperation in Rom mit dem Namen Permindex zu verdanken ist, dass sich die Allianz aus dem israelischen Mossad und der CIA sowie Lanskys Verbrechersyndikat zusammenfanden und ihre gemeinsamen Ressourcen nutzten, um den Mord an JFK zu inszenieren, womit sich der Kreis der in den vorherigen Kapiteln dokumentierten Verschwörung schließt.
- Kapitel 16 dokumentiert einen wenig bekannten Verleumdungsprozess, in dem eine Jury zu dem Schluss kam, dass die CIA an der Ermordung von John F. Kennedy beteiligt war, und untersucht die Rolle, die James Jesus Angleton, Israels Verbündeter innerhalb der CIA, bei der Verschwörung gespielt hat. Noch wichtiger ist, dass wir die oft zitierte (aber wenig verstandene) „französische Verbindung" mit der JFK-Mordverschwörung untersuchen, die in Wirklichkeit auch die israelische Verbindung war.
- Kapitel 17 seziert die Rolle, die CIA- und Mossad-Agenten in den Medien spielten, als sie die öffentliche Wahrnehmung der Verschwörung zur Ermordung von JFK verzerrten und wie sie die Schuld auf andere schoben.
- Kapitel 18 wirft einen neuen Blick auf die Ermordung von Senator Robert F. und wie der Mord an RFK nicht nur die CIA, den israelischen Mossad und das Syndikat von Meyer Lansky, sondern auch die iranische Geheimpolizei SAVAK (eine Gründung der CIA und des Mossad) miteinander verbindet.
- Das Schlusskapitel gibt einen Einblick in die Natur der Verschwörung, die die Ermordung von JFK zur Folge hatte.

Anschließend finden Sie zehn einzigartig vielfältige Anhänge, die ein neues Licht auf eine große Bandbreite wenig bekannter Aspekte der JFK-Attentatsverschwörung und der Vertuschung werfen, die verzerrt oder falsch interpretiert oder sogar vergessen wurden.

EINIGE WENIG BEKANNTE ASPEKTE....

- Anhang 1 beleuchtet die geheime Karriere von George Herbert Walker Bush bei der CIA und untersucht seine intrinsische Verbindung zu mehreren der Hauptakteure des JFK-Mordkomplotts, wobei die entscheidende Frage behandelt wird: „Wo war George?".
- Anhang 2 gibt einen Überblick über die wenig bekannte Verbindung von Lee Harvey Oswald zu mindestens einem ehemaligen verdeckten Bundesinformanten, der sowohl in der „Rechten" als auch in der „Linken" Fraktion operierte.
- Anhang 3 räumt schließlich mit der Theorie auf, dass „Rechtsextremisten" die treibende Kraft hinter dem JFK-Mord waren. Die „rechte" Hauptfigur, die mit dem Attentat in Verbindung gebracht wurde, bewegte sich von Anfang an in pro-israelischen Kreisen (Dieser Anhang wird sicherlich neue Perspektiven für die Argumentation und Diskussion unter den „liberalen" Ermittlern eröffnen, die am JFK-Attentat arbeiten).
- Anhang 4 behandelt ein sehr kontroverses Thema, das in keinem anderen Buch über den Mord an JFK erwähnt wurde: den ethnischen und politischen Hintergrund der Anwälte, die sich mit der täglichen „Untersuchung" der Warren-Kommission über den Mord an JFK befassten.

In diesem Anhang werden auch die wenig bekannten Fakten über die „graue Eminenz" hinter Gerald R. Ford, Mitglied der Warren-Kommission, analysiert: ein Makler der politischen Macht mit Verbindungen zu Israels Mossad und Lanskys Verbrechersyndikat.

- Anhang 5 untersucht die weithin diskutierte Behauptung, dass „die Federal Reserve JFK getötet hat". Indem er die Fakten von den Mythen trennt, zeigt dieser Anhang, dass die Geschichte viel komplexer ist, als es den Anschein hat.
- Anhang 6 wirft einen Blick auf den seltsamen Tod nicht nur des ehemaligen CIA-Direktors William Colby (eines Israelkritikers), sondern auch eines hochrangigen CIA-Mitarbeiters, der vor dem israelischen Mossad geflohen war (selbst in diesen beiden Fällen könnte es tatsächlich einen Zusammenhang mit dem JFK-Attentat geben).

IHR HABT HIER ZUERST DAVON GEHÖRT...

- Anhang 7 ist die erste Darstellung der *tatsächlichen* Verbindung zwischen dem Attentat auf JFK und Watergate. Vergessen Sie alles, was Sie jemals über die Verbindung „Dallas-Watergate" gehört haben. Was Sie hier lesen werden, stellt die Verbindung zwischen den beiden Verschwörungen her, im Gegensatz zu dem, was Sie bereits zuvor gelesen haben.
- Anhang 8 ist eine spezielle Übersicht über einige der relevantesten (mit einigen der skandalösesten) Bücher, die im Laufe der Jahre über die Ermordung von JFK erschienen sind - ein Leitfaden für Leser zu allgemein zugänglichen Daten.
- Anhang 9 untersucht die lange geheime Zusammenarbeit zwischen Israel und der Volksrepublik China (Rotchina) im Bereich der Atomproduktion und geht der Frage nach, ob die Absage (durch Lyndon Johnson) von JFKs Plänen, einen Militärschlag gegen die Atomanlagen des kommunistischen China zu führen, eine direkte Folge von Israels Rolle in der Verschwörung zur Ermordung JFKs war.
- In Anhang 10 wird die aktuelle politische Krise in Israel analysiert: Viele Israelis glauben, dass der israelische Geheimdienst an der Ermordung des israelischen Premierministers Yitzhak Rabin beteiligt war. Wenn diese Theorie in Israel offen diskutiert wird, warum ziehen die Amerikaner dann nicht die Möglichkeit in Betracht, dass der israelische Geheimdienst an der Ermordung eines amerikanischen Präsidenten beteiligt war?
- Eine Sonderbeilage zu dieser Ausgabe von *Endgericht* erscheint in Form dessen, was ursprünglich in einem separaten Buch unter dem Titel *Standardurteil* veröffentlicht worden war. Es handelt sich dabei um eine detaillierte Auswahl von Fragen, die nach der ursprünglichen Veröffentlichung von *Endgericht* an den Autor gerichtet wurden. Die Antworten werfen zusätzliches Licht auf viele der in *Final Judgement* diskutierten Fragen sowie auf einige Dinge, die nicht angesprochen wurden.
- Unser Epilog und das, was unser „letztes Wort" sein könnte, spiegeln das Wesen der fortgesetzten Vertuschung wider und wie die Wahrheit nie wirklich erzählt werden kann. Ein spezielles Postskriptum erklärt die tragische Geschichte, wie ein ehrlicher französischer Diplomat nach der Veröffentlichung von *Endgültiges Urteil* starb - ein weiterer der seltsamen Todesfälle, die sich nach dem Attentat vom 22. November 1963 in Dallas ereigneten. Viele Leser glauben heute an das, was auf diesen Seiten erscheint und was eine logisch aufgebaute Erzählung der Fakten ist, die uns zu der Schlussfolgerung führen, dass der israelische Mossad eine entscheidende Rolle in der Verschwörung zur Ermordung von JFK spielte.

EIN ABSCHLIESSENDES URTEIL FÄLLEN

Sie werden der Richter sein.
Sie haben alle anderen Theorien immer und immer wieder gehört.

Es ist das einzige Buch, das all diese Theorien miteinander in einer umfassenden Zusammenfassung verbindet, die einen ultimativen Sinn hat.
Lesen Sie dieses Buch und fällen Sie Ihr abschließendes Urteil.

KAPITEL II

Man soll ihm den Kopf abschlagen
Ein Komplott des Mossad, um
einen amerikanischen Präsidenten zu töten

Hat der israelische Mossad tatsächlich geplant, einen als israelfeindlich empfundenen US-Präsidenten zu ermorden? Ein ehemaliger Mossad-Agent sagt „Ja". Laut dem ehemaligen Mossad-Mitglied Victor Ostrovsky hat der israelische Spionagedienst einen Plan zur Ermordung von Präsident George Bush ausgearbeitet.

Während Präsident John F. Kennedy durch eine Verschwörung getötet wurde, die - zumindest teilweise - vom israelischen Geheimdienst Mossad inszeniert wurde, war dies natürlich nicht das letzte Mal, dass der Mossad die Ermordung eines amerikanischen Präsidenten geplant hat. Laut dem ehemaligen Mossad-Agenten Victor Ostrovsky planten die Mossad-Mitarbeiter ein Attentat auf Präsident George Bush. Der Grund: Laut Ostrovsky war Bush beim Mossad verhasst und galt als Feind Israels.

Diese erstaunliche Enthüllung wurde in der Ausgabe des *Washington Report on Middle East Affairs* vom Februar 1992 veröffentlicht. Der Autor war der ehemalige Kongressabgeordnete Paul Findley (R-Ill.), selbst ein prominenter Israelkritiker (Findleys meistverkauftes Buch, *The Dare to Speak Out: People and Institutions Confront Israel's Lobby*, ist eine klassische Darstellung, wie die Israel-Lobby daran gearbeitet hat, amerikanische Kritiker der fremden Nation zum Schweigen zu bringen).

Findley berichtete, Ostrovsky habe von seinen Quellen in Geheimdienstkreisen erfahren, dass der Mossad aufgrund der offensichtlichen Unnachgiebigkeit von Präsident Bush gegenüber den Forderungen Israels begonnen habe, die Pläne für die Ermordung des amerikanischen Präsidenten zu koordinieren.

Ostrovsky gab diese Information an mehrere Mitglieder des kanadischen Parlaments weiter und wies darauf hin, dass die gewählten Mossad- und nicht israelischen Führer „der wahre Motor der Politik in Israel" seien.[8] Einer der Teilnehmer des Treffens mit Ostrovsky hatte die Information an einen anderen ehemaligen US-Vertreter, Paul N. (Pete) McCloskey (R-Calif.), weitergegeben.

Nachdem er von der potenziellen Bedrohung in Bezug auf Präsident Bush erfahren hatte, flog der ehemalige Abgeordnete McCloskey nach Kanada, wo er sich mit Ostrovsky traf. Laut Findley: „Ostrovsky beeindruckte McCloskey als patriotischer Zionist, der glaubt, dass der Mossad außer Kontrolle geraten ist. Ostrovsky erklärte ihm, dass die derzeitige Führung des Mossad darin bestehe, „alles zu tun, um den Kriegszustand zwischen Israel und seinen Nachbarn aufrechtzuerhalten, notfalls durch die Ermordung von Präsident Bush."[9]

„Er erklärte, dass in Israel und den USA bereits eine Kampagne im Gange sei, „um die öffentliche Akzeptanz von Dan Quayle [dem Vizepräsidenten] als Präsident vorzubereiten." Nach einer langen Diskussion, in der er davon überzeugt war, dass

---

[8] *Washington Report on Middle East Affairs*, Februar 1992.
[9] *Ibid.*

Ostrovsky es „ernst" meinte und die Wahrheit sagte, nahm McCloskey den nächsten Flug nach Washington.

„Dort leitete er die Informationen an den Geheimdienst und das Außenministerium weiter und erhielt gemischte Reaktionen auf Ostrovskys Zuverlässigkeit. Ein Offizier des Marineministeriums lehnte ihn schlicht als „Verräter Israels" ab.[10]

US-AMERIKANER DURCH ISRAELISCHE VERSCHWÖRUNG GETÖTET

Findley weist darauf hin, dass besagter Ostrovsky in seinem umstrittenen Buch *By Way of Deception* eine Aktion des Mossad dokumentierte, die „für amerikanische Leser besonders schockierend" war.[11] In diesem Fall wurden 241 US-Marines durch eine LKW-Bombe ermordet, die 1983 die Kaserne der Marines in Beirut verwüstete.

Obwohl die israelischen Agenten von dem bevorstehenden Angriff erfahren hatten, wies das Mossad-Hauptquartier in Tel Aviv seine Agenten an, die Bedrohung zu ignorieren und das US-Militär nicht vor der Gefahr zu warnen. „Wir sind nicht hier [in Beirut], um die Amerikaner zu schützen", erklärten die Mossad-Beamten. „Das ist ein großes Land. Senden Sie nur die regulären Informationen". Laut Ostrovsky waren die „regelmäßigen Informationen" „wie das Senden eines Wetterberichts, kaum geeignet, einen besonderen Alarm auszulösen".[12]

„Ist es denkbar", fragt Findley, „dass Israels Mossad George Bush ermorden könnte, um einen sympathischeren Mann ins Weiße Haus zu bringen? Es ist gut, sich an die beiden früheren Ereignisse zu erinnern, bei denen die israelischen Behörden bereit waren, amerikanische Leben zu opfern, um ihren eigenen nationalen Interessen zu dienen."[13] Kongressabgeordneter Findley nennt zwei weitere Anlässe, bei denen Amerikaner starben oder von Israel mit dem Tod konfrontiert wurden:

• Am 8. Juni 1967 griffen die israelischen See- und Luftstreitkräfte absichtlich - und ohne Provokation - das amerikanische Spionageschiff U.S.S. Liberty an, wobei 34 amerikanische Seeleute getötet und 171 weitere verletzt wurden. Es war ein Versuch, das Schiff und seine gesamte Besatzung zu zerstören.

• Während des Oktoberkriegs 1973 erhielten israelische Piloten den Befehl, ein unbewaffnetes amerikanisches Aufklärungsflugzeug abzuschießen, das über Israels geheimes Atombombenentwicklungsgelände in Dimona flog. Das Flugzeug flog jedoch zu hoch, als dass es von Israels potenziellen Attentätern hätte erreicht werden können.

Bei der Einschätzung der potenziellen Gefahr für Präsident George Bush kam der Kongressabgeordnete Findley zu dem Schluss: „Der amerikanische Geheimdienst sollte besser vom Schlimmsten ausgehen."[14]

Unglaublicherweise ereigneten sich etwa zur gleichen Zeit, als Findleys provokativer Bericht auftauchte, mehrere seltsame Ereignisse, die die Behauptung zu bestätigen schienen, dass es tatsächlich eine Verschwörung geben könnte, George Bush, wenn nicht physisch, so doch politisch zu beseitigen. Jeder dieser bedrohlichen Vorfälle ereignete sich während der Reise von Präsident George Bush in den Fernen Osten im Januar 1992.

Der bemerkenswerteste Vorfall war natürlich der seltsame öffentliche Anfall des Präsidenten während des Essens mit dem japanischen Premierminister. Mehrere Personen

---

[10] *Ibid.*
[11] *Ibid.*
[12] *Ibid.*
[13] *Ibid.*
[14] *Ibid.*

spekulierten - unter vier Augen -, dass der Präsident tatsächlich vergiftet worden sein könnte. Dies ist natürlich nur eine Spekulation, die jedoch auf Tatsachen beruht.

Interessanterweise war es während der Blitzreise des Präsidenten in den Fernen Osten, dass die *Washington Post* - die führende Tageszeitung des Landes - unerklärlicherweise eine Kehrtwende machte und begann, eine lange und brillante siebenteilige Serie zu veröffentlichen, in der Vizepräsident Dan Quayle begrüßt wurde. Natürlich scheint dies eine Bestätigung für Victor Ostrovskys Behauptung zu sein, dass in den USA Vorbereitungen getroffen wurden, um die Präsidentschaft von Dan Quayle akzeptabel zu machen.

Die ungewöhnliche Kehrtwende der *Post* war umso mächtiger, als die Nachricht eintraf, dass der Präsident getroffen worden war. Quayle hatte natürlich bereits die Unterstützung der herrschenden Klasse, wenn er unerwartet ins Präsidentenamt gedrängt worden wäre. Kurioserweise war die Washingtoner Tageszeitung vor der Kehrtwende der *Post* einer der hartnäckigsten Kritiker Quayles. Allerdings hatte sich in dieser turbulenten Woche auch etwas sehr Alarmierendes ereignet.

EINE SICHERHEITSLÜCKE

Zwei Tage lang wurden während des Besuchs von Präsident Bush in Seoul, Südkorea, auf unerklärliche Weise streng geheime Informationen über die persönlichen Absprachen von Präsident Bush der Öffentlichkeit zugänglich gemacht. Unglaublicherweise geschah dies zu einer Zeit, in der die Terrorwarnstufe bereits hoch war. Sicherheitsexperten glauben, dass, wenn die potenziellen Attentäter des Präsidenten eine solche Aktion im Sinn gehabt hätten, die Sicherheitslücke ihnen enorm geholfen hätte. Laut Robert Snow, einem Sprecher des Geheimdienstes, „wäre es nicht übertrieben"[15], wenn er andeutete, dass die Sicherheitslücke Bush in Gefahr hätte bringen können. Die Verantwortung aufgrund der Sicherheitslücke wurde dem United States Information Service (USIS), einem Zweig des Außenministeriums, zugeschrieben. Die Beamten des Außenministeriums waren ihrerseits nicht in der Lage, eine Erklärung für die seltsame Sicherheitslücke abzugeben. Das Weiße Haus lehnte einen Kommentar ab.

Der USIS erstellte eine Liste mit den Namen und Hotelzimmernummern der Delegation des Präsidenten, die 471 Personen umfasste (die Tatsache, dass der Präsident in der Residenz des US-Botschafters wohnte, war Teil der angegebenen Informationen). Die Liste enthielt die Namen und Zimmernummern von 122 Geheimdienstmitarbeitern, acht Marineinfanteristen, vier Präsidentenstewards und sechs Militärassistenten. Außerdem wurden der Standort des Sicherheitskontrollraums in dem Hotel, in dem der Präsident wohnte, sowie die Namen von zehn Geheimdienstmitarbeitern, die für die Sicherheit an den verschiedenen Orten, die der Präsident während seines Aufenthalts in Korea besuchte, verantwortlich waren, bekannt gegeben. Auch die Raumzuweisungen der hohen Regierungsbeamten, die den Präsidenten begleiteten, sowie der 13 Führungskräfte aus Unternehmen, die an der Reise teilnahmen, wurden veröffentlicht.[16]

Diese unglaubliche Enthüllung weckte den Verdacht, dass diejenigen, die Machtpositionen innehatten und sich vielleicht nicht um die Sicherheit des Präsidenten sorgten, in Verdacht geraten waren. Die Tentakel des israelischen Mossad reichen bis in die Tiefen des US-Außenministeriums. War diese Sicherheitslücke ein erster Schritt in einem Attentatsversuch - ein Versuch, der möglicherweise von einer obskuren koreanischen Terrorgruppe durchgeführt wurde, die als „falsche Fahne" für den Mossad fungierte?

---

[15] *Washington Times*, 14. Januar 1992.
[16] *Ibid.*

Oberstleutnant Fletcher Prouty, pensionierter Luftwaffenoffizier und anerkannte Autorität auf dem Gebiet der verdeckten Operationen - einschließlich der Planung von Attentaten - behauptet, dass eine der wichtigsten notwendigen Maßnahmen bei jedem Mordkomplott das Verfahren ist, die Sicherheitsdeckung des anvisierten Opfers zu entfernen oder zu durchbrechen. Prouty, der im Sicherheitsdienst des Präsidenten mit dem Militär zusammengearbeitet hat, weiß, wovon er spricht. Prouty meint: „Niemand muss ein Attentat anführen. Es geschieht einfach. Die aktive Rolle spielt man im Geheimen, indem man zulässt, dass es geschieht ... Das ist der wichtigste Hinweis ... Wer hat die Macht, die üblichen Sicherheitsvorkehrungen zu deaktivieren oder zu reduzieren, die immer dann gelten, wenn ein Präsident reist?".[17]

IM JAHR 1991, WARUM ALSO NICHT IM JAHR 1963?

In seinem Buch *The Other Side of Deception* aus dem Jahr 1994 enthüllte das Mossad-Mitglied Victor Ostrovsky schließlich die Einzelheiten dessen, was er über das Mossad-Komplott von 1991 gegen Bush erfahren hatte: Der Mossad plante, Bush auf einer internationalen Konferenz in Madrid zu ermorden. Der Mossad nahm drei palästinensische „Extremisten" gefangen und meldete der spanischen Polizei, dass die Terroristen auf dem Weg nach Madrid seien. Der Plan war, Bush zu töten, die „Attentäter" inmitten der Verwirrung zu befreien und die Palästinenser an Ort und Stelle zu töten. Das Verbrechen würde den Palästinensern angelastet werden - eine weitere „falsche Flagge" des Mossad, über die wir in Kapitel drei mehr erfahren werden.[18]

EINIGE HISTORISCHE SPEKULATIONEN

Offen gesagt, haben einige nach der Veröffentlichung der ersten Ausgabe von *Endgültiges Urteil* angedeutet, dass Präsident Franklin Delano Roosevelt in der Tat selbst der erste amerikanische Präsident hätte sein können, der durch die Hände des Geheimdienstnetzwerks, das schließlich zum israelischen Mossad wurde, starb. Sie betonen auf der Grundlage gut dokumentierter historischer Beweise, dass FDR ein echtes Hindernis für die Gründung eines jüdischen Staates in Palästina gewesen sein könnte.

Es ist bekannt, dass der saudische König Abd al-Aziz Ibn Saud FDR am 14. Februar 1945 an Bord eines Schiffes der US-Marine traf, als der US-Präsident gerade von der berühmten Konferenz von Jalta zurückkehrte. Dort, so der ehemalige US-Diplomat Richard Curtiss, „verlangte der saudische König vom Präsidenten die Garantie, dass er nichts tun würde, um den Juden gegen die Araber zu helfen, und dass er keine feindlichen Bewegungen gegen das arabische Volk machen würde".[19]

Nach diesem Treffen, so Curtiss, „berichtete FDR Freunden, dass er in den wenigen Minuten des Gesprächs mit dem saudischen Monarchen mehr über die Lage in Palästina erfahren habe, als er in seinem ganzen Leben gelernt habe. Sein neues Wissen hielt ihn jedoch nicht davon ab, einem führenden amerikanischen Zionisten zu erlauben, zu erklären,

---

[17] Jim Marrs. *Crossfire: The Plot That Killed Kennedy* (New York: Carroll & Graf Publishers, Inc., 1989), S. 582.
[18] Victor Ostrovsky. *The Other Side of Deception (Die andere Seite der Täuschung). New York: HarperCollins, 1994*, S. 277-279.
[19] Richard Curtiss. *A Changing Image*. (Washington, DC: American Educational Trust, 1986), S. 24.

dass der Präsident nach wie vor für einen jüdischen Staat und eine uneingeschränkte jüdische Einwanderung nach Palästina sei.

„Dann, als die Araber mit unzufriedenen Fragen reagierten, ermächtigte er das Außenministerium, seine Verpflichtung gegenüber Ibn Saud und anderen arabischen Führern zu bekräftigen, dass es eine vorherige Konsultation mit den Arabern sowie mit den Juden geben würde, bevor die Vereinigten Staaten Maßnahmen im Zusammenhang mit Palästina ergreifen würden."[20] Eine Woche später starb FDR.

Tatsächlich - John Loftus und Mark Aarons - zwei Autoren, die für ihre Hingabe an die zionistische Sache bekannt sind, haben offen behauptet, dass viele Freunde Israels glauben, dass FDRs Tod völlig zufällig war: „Obwohl die öffentliche Meinung in den USA judenfreundlich ist, vertrauten nur wenige Zionisten Roosevelt völlig ... Wie mehrere führende Zionisten zugaben, wäre es unwahrscheinlich, dass Israel jemals geboren worden wäre, wenn Roosevelt gelebt hätte. Sie wussten, wovon sie sprachen.[21]

EINE INTERESSANTE HISTORISCHE FUSSNOTE

Wir könnten endlos darüber spekulieren, wie FDR wirklich gestorben ist. Wir wissen jedoch - aufgrund einer sehr zuverlässigen Quelle -, dass FDRs Nachfolger Harry Truman tatsächlich das Ziel eines Attentats war, weil er als feindlich gegenüber den zionistischen Interessen wahrgenommen wurde. Laut Margaret Truman, der Tochter des verstorbenen Präsidenten, versuchte die jüdische terroristische Untergrundbewegung in Palästina, die als Stern Gang (die Stern-Bande oder -Gruppe) bekannt ist, ihren Vater zu ermorden.

In einer Biografie über ihren Vater erwähnte Miss Truman den Mordversuch, den puertoricanische Nationalisten auf ihn verübt hatten. Dann kommentierte sie in einem wenig beachteten, aber sehr wichtigen Nebensatz: „Ich habe bei meinen Recherchen für dieses Buch erfahren, dass es weitere Versuche gab, Dads Leben anzugreifen, die er nie erwähnt hat ...". Im Sommer 1947 versuchte die sogenannte palästinensische Terroristenbande Stern, Papa per Post zu ermorden ..."[22]

Angeblich hatten jüdische Terroristen Briefe an den Präsidenten geschickt, die mit giftigen Chemikalien verseucht worden waren. Glücklicherweise war die Post abgefangen worden und es war kein Schaden entstanden. Harry Truman erhielt natürlich die Nachricht und erkannte den Staat Israel bei seiner Gründung 1948 trotz seiner Vorbehalte und denen seiner diplomatischen Berater überstürzt an.

Dieser ungeschickte Versuch, Truman zu töten, ist auf jeden Fall interessant und unterstreicht eine Tendenz zu politischer Gewalt seitens der israelischen Führer der Stern-Gang, die, wie man betonen muss, Individuen waren, die nach der Gründung des Staates Israel als Mossad-Führer aufgetaucht waren.

EINE REIHE VON BEWEISEN

Es ist sehr klar, dass es stichhaltige Beweise - eigentlich eine ganze Reihe - gibt, die darauf hindeuten, dass Israel tatsächlich die Ermordung eines US-Präsidenten plante. Dies

---

[20] *Ibid.*
[21] John Loftus und Mark Aarons. *The Secret War Against the Jews* (New York: St. Martin's Press, 1994), S. 154.
[22] Margaret Truman. *Harry S. Truman.* (New York: William Morrow & Company, Inc. 1973), S. 489.

vorausgeschickt, lassen Sie uns nun nach vorne schauen und die Beweise prüfen, die uns zu einem endgültigen Urteil führen werden.

KAPITEL III

Eine schlechte Angewohnheit: Israels Verwendung „falscher Banner" im internationalen Terrorismus - Schuldzuweisung an andere

Die Ermittler in der Kontroverse um den JFK-Mord haben immer wieder auf die falschen Spuren hingewiesen, die sich weiterhin abzeichnen. Die meisten glauben, dass Lee Harvey Oswald, der mutmaßliche Attentäter, tatsächlich das war, was er vorgab zu sein - die Taube - und die falschen Hinweise wurden von den wahren Verschwörern gelegt, um den Eindruck zu erwecken, Oswald sei ein Agent von Fidel Castro oder den Sowjets oder beidem gewesen. Die Verwendung dieser „falschen Fahnen" durch Israels Mossad zur Verschleierung seiner eigenen Rolle bei Mordkomplotten und anderen kriminellen Aktivitäten in der ganzen Welt wurde mehrfach dokumentiert. Araber", „die Mafia", „Rechtsextremisten" und andere haben wiederholt die Schuld für Verbrechen auf sich geladen, die vom Mossad begangen oder unter seiner Koordination ausgeführt wurden.

Die Verwendung von Operationen unter „falschen Bannern" durch Israel und seinen Mossad ist seit der Gründung des jüdischen Staates mehrfach dokumentiert worden. Dieses Buch behauptet, dass Israel und sein wichtigster Kollaborateur, die CIA, heimtückische „falsche Banner" benutzt haben, um die Ermordung von John F. Kennedy und die anschließende Vertuschung zu orchestrieren: „Die Mafia", „Anti-Castro-Kubaner", „die Sowjets", „Castro-Agenten" und sogar „Rechtsextremisten" wurden alle als Verantwortliche für die Ermordung von JFK angeführt. Doch die handfesten Beweise weisen sie in eine ganz andere Richtung.

„FABRIZIERTE SPUREN" UND „FALSCHE BANNER"

Ein führender Ermittler in Sachen JFK-Attentat, Professor Peter Dale Scott, beschrieb, was er als „das Genie der Attentatsverschwörung" bezeichnete.[23] Es handelte sich laut Scott um „Spuren, die von den Verschwörern hergestellt wurden, um zu einer Vertuschung zu führen". Scott nennt eine Reihe von Beispielen: „Es gab zum Beispiel Spuren, die Oswald potenziell mit Fidel Castro oder dem KGB und Chruschtschow in Verbindung brachten, eine Spur, die zu einem Krieg führen konnte.

„Darüber hinaus gab es falsche Beweise, die dem Geheimdienst übergeben wurden und die zu einer Gruppe von Anti-Castro-Kubanern in Chicago führten, deren Operationen indirekt von Bobby Kennedy selbst genehmigt worden waren. Dies ist nur eine von vielen Spuren, die in Richtungen geführt haben könnten, die niemand untersuchen wollte".[24]

Die Tatsache, dass Israel einen begründeten und langjährigen Ruf hatte, „falsche Banner" zu pflanzen, ist das Thema, das in diesem Kapitel diskutiert wird.

---

[23] *Tikkun*, März/April 1992.
[24] *Ibid.*

Im Hinblick auf unsere Überlegungen zur Rolle Israels bei der Verschwörung zum Mord an JFK ist es zunächst interessant, einige der bemerkenswertesten Fälle Revue passieren zu lassen, in denen Israel Morde orchestrierte und diese Gräueltaten auf den Rücken unschuldiger Menschen heftete - „falsche Fahnen."

In Kapitel 2 stellten wir fest, dass der ehemalige Abgeordnete Paul Findley zwei Fälle anführte, in denen Israel andeutete, dass es bereit war, amerikanische Leben für seine eigenen Interessen zu opfern: (a) den Angriff auf die U.S.S. Liberty im Juni 1967 und (b) den geplanten Angriff auf ein amerikanisches Aufklärungsflugzeug, das über Israels geheime Atombombenentwicklungsanlage flog. Diese Vorfälle sind im Lichte dessen, was wir in diesem Band behandeln werden, besonders interessant.

Der Angriff auf die *Liberty* - von allen außer Israel und seinen Verteidigern allgemein anerkannt - war ein absichtlicher Versuch, die *Liberty* und ihre Besatzung zu zerstören und das Schiff auf den Grund des Mittelmeers sinken zu lassen. Am interessantesten ist der Grund für diesen bizarren und brutalen Angriff.

DIE U.S.S. LIBERTY - DIE ÄGYPTER BESCHULDIGEN

In Wirklichkeit hoffte Israel, die Schuld auf den Rücken eines „falschen Banners" - Ägypten - zu schieben und die USA an der Seite Israels in den bevorstehenden Krieg von 1967 zu ziehen. Nur weil die Liberty nicht sank und gerettet wurde, steht heute nicht in den Geschichtsbüchern, dass „die Araber" ein amerikanisches Spionageschiff versenkten und einen weiteren „Lusitania-Zwischenfall" auslösten, der Amerika zum Krieg zwang.

DIE ATOMBOMBE

Der zweite Fall, auf den sich der Abgeordnete Findley bezog, war insofern von besonderem Interesse, als der geplante Anschlag auf ein Aufklärungsflugzeug der US-Luftwaffe ausgearbeitet worden war, um Israels geheime Entwicklung von Atomwaffen zu schützen. Es war Israels Nuklearoffensive, die Präsident John F. Kennedy in den „geheimen Krieg" gegen Israel führte, den er in den drei Jahren seiner kurzen Präsidentschaft mit zunehmender Intensität führte.

Wie wir in Kapitel 5 sehen werden, war es die eigentliche Frage von Kennedys kompromissloser Ablehnung der Entwicklung von Israels Atomwaffen, die zu einem zentralen Teil seiner Auseinandersetzung mit Israel und seinem Mossad wurde. Es war dieser Konflikt, der eine wesentliche Rolle dabei spielte, die Mordverschwörung, die John Kennedys Leben beendete, endgültig in Gang zu setzen.

Im Folgenden wird ein Überblick über einige weitere bemerkenswerte Fälle gegeben, in denen Israel bei seinen internationalen kriminellen Versuchen „falsche Banner" verwendet hat.

DIE LAVON-AFFÄRE

Das wohl bekannteste Beispiel, bei dem Israel „ein falsches Banner" benutzte, um seine eigene Spur zu verschleiern, war die berüchtigte Lavon-Affäre. Es war im Jahr 1954, als mehrere von Israelis inszenierte Terrorakte gegen britische Ziele in Ägypten verübt wurden. Die Muslimbruderschaft, die gegen das Regime des ägyptischen Präsidenten Gamul Abdul-Nasser opponierte, wurde für diese Anschläge verantwortlich gemacht.

Heute findet sich die Wahrheit über die Terrorwelle jedoch in einem ehemals geheimen Telegramm, das Oberst Benjamin Givli, Israels Chef des militärischen Nachrichtendienstes, verschickt hat und das den geplanten Zweck hinter der Terrorwelle beschreibt:
„[Unser Ziel] ist es, das Vertrauen des Westens in das bestehende [ägyptische] Regime zu brechen. Die Aktionen sollten zu Verhaftungen, Demonstrationen und Rachegelüsten führen. Der israelische Ursprung sollte vollständig begraben werden, während die Aufmerksamkeit auf jeden anderen möglichen Faktor verlagert werden sollte. Das Ziel ist es, die wirtschaftliche und militärische Hilfe des Westens in Ägypten zu verhindern."[25]

Schließlich wurde die Wahrheit über Israels Verwicklung in die Affäre öffentlich bekannt und Israel wurde durch den Skandal innerlich erschüttert. Die konkurrierenden politischen Komponenten in Israel nutzten den Skandal als Keule gegen ihre Gegner. Doch die Wahrheit über Israels Einsatz „eines falschen Banners" erregte internationale Aufmerksamkeit und zeigte, dass Israel im Rahmen seiner ehrgeizigen politischen Strategie, seinen Einfluss im Nahen Osten zu vergrößern, tatsächlich bereit war, das Leben unschuldiger Menschen unnötig zu gefährden.

„RECHTSEXTREMISTEN" BESCHULDIGEN

Eine mysteriöse „rechte" Gruppe, die unter dem Namen „Action Directe" bekannt war, wurde für den Anschlag auf das Restaurant Goldenberg in Paris am 9. August 1982 angeklagt. Sechs Menschen starben und 22 wurden verletzt. Der Anführer von „Action Directe" war ein gewisser Jean-Marc Rouillan. Rouillan hatte unter dem Codenamen „Sebas" im Mittelmeerraum operiert und war mehrfach mit dem Mossad in Verbindung gebracht worden. Alle Hinweise auf Rouillans Verbindungen zum Mossad wurden aus den damals veröffentlichten offiziellen Berichten gestrichen.

Der algerische nationale Informationsdienst - der Verbindungen zum französischen Geheimdienst hat - rechnete Rouillans Aktivitäten jedoch dem Mossad zu. Verärgerte französische Geheimdienstoffiziere sollen diese Information an die Algerier weitergegeben haben. Mehrere hochrangige französische Sicherheitsbeamte traten aus Protest gegen diese Mitschuld des Mossad an Rouillans Verbrechen zurück.[26] Allerdings fanden auch andere vom Mossad orchestrierte Operationen auf französischem Boden statt.

Am 3. Oktober 1980 wurde eine Synagoge in der Rue Copernic in Paris bombardiert. Vier Zuschauer wurden getötet. Neun wurden verletzt. Der Medienrummel, der auf den Vorfall folgte, war weltweit. Berichten zufolge waren „Rechtsextremisten" dafür verantwortlich. Von allen „Rechtsextremisten", die zum Verhör festgehalten wurden, wurde jedoch keiner verhaftet. Vielmehr wurden alle wieder freigelassen.

In den höchsten Kreisen des französischen Geheimdienstes wurde der Finger des Verdachts jedoch auf den Mossad gerichtet. In einem Bericht hieß es: „Am 6. April 1979 sprengte dieselbe Mossad-Terroreinheit, die heute des Kopernikus-Gemetzels verdächtigt wird, die schwer bewachte Fabrik der CNIM-Industrien in La Seyne-sur-Mer bei Toulon im Südosten Frankreichs in die Luft, wo ein Konsortium französischer Unternehmen einen Atomreaktor für den Irak baute.

„Der Mossad salzte den Ort der CNIM-Explosion „mit Hinweisen", gefolgt von anonymen Telefonanrufen bei der Polizei - was darauf hindeutete, dass die Sabotage das

---

[25] Livia Rokach. *Israel's Sacred Terrorism*. (Belmont, Massachusetts: AAUG Press, 1986), S. 34.
[26] *The Spotlight*, 6. September 1982.

Werk von Troup einer „konservativen" Umweltorganisation war - „die friedlichsten und harmlosesten Menschen auf der Erde", wie eine Quelle berichtete."[27]

DIE KORSISCHE MAFIA BESCHULDIGEN

- Am 28. Juni 1978 zündeten israelische Agenten eine Bombe unter einem kleinen Personenwagen in der Rue St Anne und töteten Mohammed Boudia, einen Organisator der Organisation für die Befreiung Palästinas (PLO). Unmittelbar danach gingen bei der Pariser Polizei anonyme Telefonanrufe ein, in denen Boudia beschuldigt wurde, an Drogengeschäften beteiligt gewesen zu sein, und sein Mord der korsischen Mafia zugeschrieben wurde. Eine gründliche Untersuchung ergab später, dass spezialisierte Agenten des Mossad für das terroristische Massaker verantwortlich waren.

NEONAZIS BESCHULDIGEN

- Im Oktober 1976 entführte die gleiche Mossad-Einheit zwei westdeutsche Studenten namens Brigette Schulz und Thomas Reuter aus ihrem Hotel in Paris. Die gestreuten „Hinweise" und anonymen Telefonanrufe ließen darauf schließen, dass eine bayerische „Neonazi"-Formation die Entführung durchgeführt hatte. Tatsächlich stellte der französische Geheimdienst fest, dass die beiden jungen Deutschen heimlich nach Israel gebracht, unter Drogen gesetzt, gefoltert, zu einem „falschen Geständnis der Komplizenschaft" bei PLO-Aktivitäten gezwungen und dann anonym in einem der berüchtigten politischen Gefängnisse der israelischen Regierung inhaftiert worden waren.

DIE SÜDKOREANER BESCHULDIGEN

- Im Februar 1977 kam ein eingebürgerter deutschstämmiger US-Bürger namens William Jahnke zu privaten Geschäftstreffen in Paris an. Er verschwand schnell und hinterließ keine Spuren. Die Pariser Polizei wurde anonym darüber informiert, dass Jahnke in einen Fall von südkoreanischer Hochkorruption verwickelt gewesen war und „eliminiert" wurde, als die Sache schief ging. Ein Sonderteam von Ermittlern des SDECE (Service de documentation extérieure et de contre-espionnage), des wichtigsten französischen Geheimdienstes, hatte schließlich festgestellt, dass Jahnke vom Mossad „entlassen worden war", weil dieser ihn verdächtigt hatte, geheime Informationen an die Libyer zu verkaufen. Zusammen mit anderen Details aus diesem schmutzigen Fall erfuhr das SDECE, dass Jahnke von seinem eigenen ehemaligen Arbeitgeber, der CIA, an den Mossad „verraten" worden war.[28]

DIE LIBYER BESCHULDIGEN

Eine der skandalösesten „False Flag"-Operationen Israels beinhaltete eine gewalttätige Propagandageschichte, die darauf abzielte, den libyschen Führer Muamar Qaddafi - einen der Lieblingsfeinde Israels - zu diskreditieren. In den ersten Monaten der Regierung von Präsident Ronald Reagan begannen die US-Medien eine Geschichte zu verbreiten, der

---

[27] *The Spotlight*, 10. November 1980.
[28] *Ibid.*

zufolge ein „libysches Kommando" in den USA sei, um Reagan gezielt zu ermorden. Dies erhitzte die Gemüter gegen Libyen und es kam zu wiederholten Mordaufrufen.

Plötzlich verschwanden jedoch die Geschichten des „Kommandos". Schließlich fand man heraus, dass die Quelle der Geschichte ein gewisser Manucher Ghorbanifar war, ein ehemaliger iranischer Agent der SAVAK (Geheimpolizei) mit engen Verbindungen zum Mossad.

Sogar die *Washington Post* gab zu, dass die CIA selbst glaubte, Ghorbanifar sei ein Lügner, der „die Geschichte des Kommandos erfunden hatte, um einem der Feinde Israels Probleme zu bereiten."[29]

Die *Los Angeles Times* hatte zuvor die israelischen Panikmache-Geschichten angeprangert. „Der israelische Geheimdienst, nicht die Reagan-Regierung", berichtete die Times, „war eine wichtige Quelle für einige der dramatischsten Berichte, die über ein libysches Kommando veröffentlicht wurden, das angeblich geschickt wurde, um Präsident Reagan und andere Beamte zu töten... Israel, das laut gut informierten Quellen „schon lange einen Vorwand suchte, um in Libyen einzumarschieren und zuzuschlagen, „versuchte vielleicht, die Unterstützung der amerikanischen Öffentlichkeit für einen Streik gegen [Qaddafi] zu bekommen, hatten die Quellen gesagt."[30]

Mit anderen Worten: Israel hatte den ehemaligen SAVAK-Agenten Ghorbanifar als zuverlässige Quelle in die Sphären Washingtons befördert. In Wirklichkeit war er ein Desinformationsagent für den Mossad, der ein „falsches Banner" schwenkte, um Amerika zu täuschen. Dies war ein weiterer israelischer Plan, Libyen für seine eigenen Untaten zu beschuldigen, wobei diesmal ein „falsches Banner" (Irans SAVAK) benutzt wurde, um die Schuld auf ein anderes „falsches Banner" (Libyen) zu schieben. (In Kapitel 18 werden wir noch ein weiteres Verbrechen der SAVAK sehen, das im Namen Israels und seiner Verbündeten bei der CIA begangen wurde).

LIBYEN ERNEUT BESCHULDIGEN

Der israelische Mossad war mit Sicherheit für die Bombardierung der Diskothek La Belle in West-Berlin am 5. April 1986 verantwortlich. Es gab jedoch Behauptungen laut, dass es „unwiderlegbare" Beweise dafür gab, dass die Libyer verantwortlich waren. Ein amerikanischer Soldat war getötet worden. Präsident Ronald Reagan reagierte darauf mit einem Angriff auf Libyen.

Geheimdienst-Insider glaubten jedoch, dass der israelische Mossad falsche „Beweise" erfunden hatte, um die libysche Verantwortung zu „beweisen". Manfred Ganschow, Polizeidirektor von West-Berlin, der die Ermittlungen übernommen hatte, sprach die Libyer frei und sagte: „Es handelt sich um eine hochpolitische Angelegenheit. Einige der Beweise, die in Washington angeführt werden, sind vielleicht überhaupt keine Beweise, sondern lediglich Hypothesen, die aus politischen Gründen geliefert wurden."[31]

---

[29] Jonathan Marshall, Peter Dale Scott und Jane Hunter. *The Iran-Contra Connection: Secret Teams and Covert Operations in the Reagan Era* (Boston, Massachusetts: South End Press, 1987), S. 217.
[30] *Ibid.*
[31] *The Spotlight*, 21. April 1986.

DIE SYRER BESCHULDIGEN

Am 18. April 1986 wurde ein gewisser Nezar Hindawi, ein 32-jähriger Jordanier, in London festgenommen, nachdem Sicherheitsbeamte festgestellt hatten, dass eine der Passagiere, die in ein israelisches Flugzeug nach Jerusalem einstiegen, die 22-jährige Ann Murphy, eine Plastiksprengstofffolie im doppelten Boden ihrer Handtasche mit sich führte. Miss Murphy erklärte den Sicherheitsbeamten, dass sie den (als Taschenrechner getarnten) Zünder von ihrem Geldgeber Hindawi erhalten hatte. Er wurde wegen versuchter Sabotage und versuchten Mordes angeklagt.

Es wurde gemunkelt, Hindawi habe gestanden und behauptet, er sei von General Mohammed Al-Khouli, dem Direktor des Nachrichtendienstes der syrischen Luftwaffe, angeheuert worden. Auch andere waren involviert, darunter der syrische Botschafter in London. Die französischen Behörden warnten den britischen Premierminister, dass all dies nicht das war, wonach es aussah - nämlich eine israelische Beteiligung. Dies wurde später in der westlichen Presse bestätigt.[32]

DIE PLO ANKLAGEN

1970 erhielt König Hussein von Jordanien belastende Informationen, die nahelegten, dass die Organisation für die Befreiung Palästinas (PLO) geplant hatte, ihn zu ermorden und die Macht über seine Nation zu übernehmen. Wütend mobilisierte Hussein seine Kräfte für das, was man heute den „Schwarzen September" nennt, die Säuberung der PLO. Tausende in Jordanien lebende Palästinenser wurden zusammengetrieben, einige Führer wurden gefoltert und schließlich wurden Massen von Flüchtlingen von Jordanien in den Libanon getrieben.

Neue Erkenntnisse, die nach dem Mord an zwei führenden Mossad-Agenten in Larnaka auf Zypern bekannt wurden, legen nahe, dass die gesamte Operation eine Geheimaktion des Mossad war, die von einer seiner führenden Agentinnen, Sylvia Roxburgh, geleitet wurde. Ihr gelang es, eine Verbindung zu König Hussein aufzubauen, und sie diente als Dreh- und Angelpunkt für einen wichtigen Mossad-Coup zur Destabilisierung der Araber.[33]

1982, genau zu dem Zeitpunkt, als die PLO den Einsatz von Terrorismus aufgegeben hatte, verbreitete der Mossad Desinformationen über „Terroranschläge" auf israelische Siedlungen entlang der Nordgrenze, um eine großangelegte militärische Invasion des Libanon zu rechtfertigen. Jahre später gaben sogar führende israelische Sprecher wie der ehemalige Außenminister Abba Eban zu, dass die Berichte über den „PLO-Terrorismus" vom Mossad entwickelt worden waren.[34]

Interessant ist auch, dass der Mordversuch - in London - an Shlomo Argov, dem israelischen Botschafter in England, zunächst der PLO zugeschrieben wurde.

Der Mordversuch wurde von Israel als Entschuldigung für seinen blutigen Überfall auf den Libanon im Jahr 1982 angeführt. Tatsächlich galt der betreffende Diplomat als eine von Israels „Tauben" und neigte zu einer gütlichen Einigung in dem langjährigen Konflikt zwischen Israel und der PLO. Er war das unwahrscheinlichste Ziel für den Zorn der PLO. Mehr noch: Einer der Verdächtigen des Verbrechens war mit einer „schwarzen Liste" gefunden worden, die tatsächlich den Namen des Leiters des PLO-Büros in London enthielt.[35] Es scheint also, dass der Mordversuch vom Mossad - wiederum unter einem

---

[32] *The Spotlight,* 10. November 1986
[33] *Ibid.*
[34] *Ibid.*
[35] *Ibid.,* 27. September 1982.

anderen „falschen Banner" - zu zwei Zwecken durchgeführt wurde: (a) die Beseitigung eines „Pazifisten" im Land, der als gütig gegenüber den Palästinensern galt; und (b) der Palästinensischen Befreiungsorganisation noch ein weiteres Verbrechen anzulasten.

WARUM MACHEN SIE AUS OSWALD EINEN „PRO-CASTRO-AGITATOR"?

Diese hier genannten Beispiele sind nur eine Handvoll „False-Banner"-Operationen, die vom Mossad inszeniert und einer breiten Palette von mutmaßlichen „Verdächtigen" angelastet wurden. Die Beweise, die wir in „*Endgültiges Urteil*" untersuchen werden, legen nahe, dass die Ermordung von John F. Kennedy eine weitere „False-Banner"-Verschwörung des israelischen Mossad und seiner Mitarbeiter in der US-amerikanischen CIA war.

Nach jahrelangen Untersuchungen zahlreicher mit dem JFK-Mord befasster Forscher wissen wir nun, dass vor Ermordung JFKs Lee Harvey Oswald, der mutmaßliche Attentäter, als Sündenbock auserkoren worden war. Tatsächlich wurden Oswalds Aktivitäten als Beweis dafür angeführt, dass ein „Pro-Castro-Agitator" der „einsame Störenfried" hinter der Ermordung des Präsidenten gewesen sei.

Wie dem auch sei, Lee Harvey Oswalds Identität als „pro-Castro-Agitator" war der CIA und ihren Verbündeten vom Mossad auf den Leib geschneidert (oder sollten wir sagen: auf den Leib geschneidert) worden. Was nur wenige der Ermittler, die für die Ermordung von JFK verantwortlich waren, bemerkten (oder vielleicht sogar verstanden), war, dass Fidel Castros Kuba Israel und der Sache des Zionismus schon lange feindlich gegenüberstand. Somit wäre ein „pro-Castro-Agitator" ein idealer Sündenbock für den Mossad und die CIA.

In einem langen Essay veröffentlichte die Castro-Regierung in der Ausgabe der offiziellen Zeitung Granma vom 4. November 1979: Kubanische Marxisten haben Israel und den Zionismus kritisiert. Die Castro-Zeitung erklärte zum Teil:

„Die Zionisten haben dem sowjetischen Staat und seiner Leninistischen Partei nie verziehen und werden es auch nie tun ... weil die Bolschewiki eine gerechte Politik betrieben hatten, die die Talente und Anstrengungen der sowjetischen Juden in die Aufgaben des Aufbaus einer neuen Gesellschaft einbezog und damit den Ursprung von Klassendiskriminierung und Antisemitismus aufzeigte, mit der Vergangenheit brach und eine echte Lösung für das jüdische Problem bot, eine Lösung, die niemals ein Massenexodus nach Palästina war und sein konnte.

„Mit dem Ausbruch des Kalten Krieges hatten die Zionisten bei allen subversiven und spalterischen Aktivitäten gegen die UdSSR und andere sozialistische Länder mitgewirkt. Der Geheimdienst des zionistischen israelischen Staates hatte seine Spionageaktivitäten mit der CIA abgestimmt. Und um das Bild zu vervollständigen, gab es die konterrevolutionären zionistischen Aktionen gegen die nationalen Befreiungsbewegungen.

„Die Zionisten sind zu einer Macht geworden und haben es 1948 geschafft, ihren eigenen Staat zu gründen. Jetzt haben sie die Aufgabe, die Ölrouten zu verteidigen, alle Interessen des US-Imperialismus zu schützen und den Fortschritt der arabischen Revolution zu blockieren. Weder die Mechanismen der zionistischen Konterrevolution noch die israelischen Waffen können den siegreichen Marsch der Völker der Welt bremsen".[36]

Das sind, gelinde gesagt, Kampfbegriffe, und sie erklären vielleicht, warum diejenigen, die dafür verantwortlich waren, Lee Harvey Oswald in die Falle zu locken, sein Profil als Pro-Castro-Agitator gewählt hätten. Das Profil wird sowohl die kompromisslosen Antikommunisten als auch die Zionisten zufrieden gestellt haben.

---

[36] *Granma*, 4. November 1979.

In den folgenden Jahren, als sich die anfängliche Coverstory, Oswald sei ein Pro-Castro-Agitator, zu klären begann, wurden neue Rückzugsziele benannt, hauptsächlich „die Mafia". Der Mossad und seine Verbündeten von der CIA und den kontrollierten amerikanischen Medien hatten alles unter Kontrolle. Jeder, der vom Mossad und seinen CIA-Verbündeten beschuldigt worden war, war darin verwickelt und jeder hatte folglich ein Interesse an der Vertuschung.

JFK UND DIE GEHEIMEN GESCHÄFTE

Um 1960 die Präsidentschaft zu erreichen, war John F. Kennedy gezwungen, geheime - inoffizielle - Abkommen mit einer Vielzahl mächtiger Kräfte zu schließen, die eng mit Israel verbunden waren. In Kapitel 4 werden wir die Geschichte dieser Geschäfte untersuchen und wie sie eine Rolle bei dem Mordkomplott gegen JFK spielten.

KAPITEL IV

Auf Messers Schneide
JFK, Meyer Lansky, die Mafia
und die Israel-Lobby

John Fitzgerald Kennedy, sein Vater, der mächtige Botschafter Joseph P. Kennedy, und Meyer Lansky, der Boss des organisierten Verbrechens, hatten eine lange Geschichte erbitterter Feindschaft, die zum Teil auf Kennedy Seniors Absprachen mit der Unterwelt zurückzuführen ist. Dies hinderte die Kennedy-Familie jedoch nicht daran, mit dem Verbrechersyndikat Vereinbarungen zu treffen, wenn es um den Gewinn von Wahlen ging.

Auch der angebliche Antisemitismus der Kennedy-Familie trug nichts dazu bei, JFKs Beziehungen zu Israel und seiner amerikanischen Lobby zu verbessern. Kennedys Intervention in der Frage der Unabhängigkeit Algeriens von Frankreich führte ebenfalls zu heftiger Kritik seitens der Israel-Lobby. Dennoch war John F. Kennedy, als er sich um die Präsidentschaft bewarb, bereit, Abkommen mit der Israel-Lobby zu schließen - und den Preis dafür zu zahlen.

Am Ende seiner Präsidentschaft hatte Kennedy jedoch seine Vereinbarungen nicht eingehalten, nicht nur mit Israels Patenonkel Meyer Lansky und seinen Mafia-Anhängern, sondern auch mit der Israel-Lobby.

John F. Kennedy war ein reines Produkt der Erziehung seines Vaters - sehr zum Leidwesen, könnte man sagen, vieler von JFKs eifrigsten Anhängern. Am liebsten würden sie einen Großteil der Familiengeschichte der Kennedys vergessen und JFK als eine Art Heiligen darstellen.

Die Tatsache, dass Präsident John F. Kennedy der Sohn des Botschafters Joseph P. Kennedy ist, der lange Zeit als zumindest neutral gegenüber den Ambitionen Nazideutschlands galt - und im schlimmsten Fall als Antisemit oder sogar Bewunderer Adolf Hitlers - war für Kennedys Bewunderer sehr schwer zu schlucken.

Botschafter Kennedy hatte natürlich gegen den Eintritt der USA in den Zweiten Weltkrieg gekämpft. Mehrere Berichte aus dieser Zeit legen nahe, dass Kennedy aus Großbritannien, wo er als US-Botschafter gedient hatte, mit dem Ziel zurückgekehrt war, eine große Kampagne gegen die Kriegspläne von Präsident Roosevelt zu starten.

Nach einem Treffen im Weißen Haus zwischen dem Botschafter und dem Präsidenten machte Kennedy jedoch einen Rückzieher. Was bei diesem Treffen geschah, bietet Raum für Spekulationen.

JFK, HITLER UND DER KRIEG IN EUROPA

Es ist interessant (und sicherlich wenig bekannt), dass zur gleichen Zeit, als Botschafter Kennedy gegen die amerikanische Beteiligung am späteren Zweiten Weltkrieg kämpfte, seine Söhne Joe, Jr. und John ebenfalls das gleiche Ziel förderten.

Joe Jr. saß als Harvard-Student im Harvard-Komitee gegen die militärische Intervention in Europa, das als „reaktionäre Gruppe, die Petitionen an einflussreiche Regierungsbeamte

richtete und Versammlungen abhielt, die sich gegen den amerikanischen Eintritt in die Kriegsanstrengungen in Europa richteten" bezeichnet wurde.[37]
Bezeichnenderweise scheint es jedoch, dass JFK selbst aufgrund seiner Anti-Kriegs-Aktivitäten regelmäßig von J. Edgar Hoovers FBI überwacht wurde. JFK wurde vom FBI beschuldigt, „antibritische und defätistische Gefühle auszudrücken und Winston Churchill dafür verantwortlich zu machen, dass die USA in den Krieg gezogen wurden ... „Es scheint auch", beschuldigte das FBI, „dass Kennedy für seinen Vater mindestens eine der Reden vorbereitet hatte, die sein Vater als Reaktion auf die Kritik an seiner angeblichen Appeasement-Politik gehalten hatte oder zu halten beabsichtigte ... Außerdem hatte Jack Kennedy erklärt, dass seiner Meinung nach England am Ende sei und dass der größte Fehler seines Vaters darin bestanden habe, nicht genug geredet zu haben, dass er zu früh aufgehört habe zu reden."[38]
Der junge Jack Kennedy war als Harvard-Student Hitler gegenüber mehr als neutral eingestellt, so scheint es. Nachdem er Mussolinis Italien, Stalins Russland und Hitlers Deutschland besucht hatte, notierte JFK laut *Time Magazine* in seinem Tagebuch, dass er entschieden habe, dass „Facismus [sic] die Sache von Deutschland und Italien ist, für Russland ist es der Kommunismus und für Amerika und England ist es die Demokratie."[39] Jugendlich anmutende, aber zumindest interessante Überlegungen.

KENNEDY UND DER „FASCHIST"

Nach dem Krieg erwog JFKs Vater, Botschafter Kennedy, sich aktiv an einem Projekt zur Beendigung des Krieges zu beteiligen - in Opposition zu Präsident Roosevelt.
Kennedy-Biograf Richard Whalen schrieb über ein geheimes Treffen zwischen Kennedy und einem prominenten Kritiker der Roosevelt-Regierung, dem umstrittenen Publizisten Lawrence Dennis. Dennis, der oft (ungenau) als „Amerikas größter Faschist" bezeichnet wird, war selbst ein ehemaliger Diplomat und einer der ersten Führungskräfte, die versuchten, die amerikanische Intervention in das, was sich zum Zweiten Weltkrieg ausweitete, zu blockieren. Folglich hatten er und Kennedy viele Gemeinsamkeiten.
Kennedys Biograf beschrieb die Umstände dieses geheimen Treffens - ein Treffen, das viel über Kennedys Denkweise aussagt:
„Im Oktober 1943 erhielt Lawrence Dennis einen Telefonanruf von seinem Freund Paul Palmer, dem damaligen Chefredakteur von *The Reader's Digest*. Vor dem Krieg hatte Dennis einen Beitrag für *The Digest* geleistet, aber der Autor von *The Coming American Fascism* seitdem war zu umstritten geworden, als dass seine Unterschrift in der größten Zeitschrift des Landes erschienen wäre. Von nun an erhielt er als Redaktionsberater einen Vorschuss von 500 Dollar pro Monat.
„Eine seiner jüngsten Initiativen war ein heftig kritisiertes Memorandum der bedingungslosen Kapitulation und der Gerüchte, dass Deutschland zerschlagen werden sollte. Palmer lud Dennis zum Mittagessen in seine Suite im Hotel St. Regis in Manhattan ein und sagte, dass er dort jemanden treffen würde, der ähnlich dachte.
„ Es stellte sich heraus, dass es sich um Joe Kennedy handelte. Während des Mittagessens behauptete Kennedy, dass er Erzbischof Spellman fast täglich gesehen habe. Er sagte, der Erzbischof sei aus Rom zurückgekehrt und habe erklärt, Hitlers Generäle

---

[37] C. David Heymann, *A WomanNamed Jackie* (New York: New American Library, 1989), S. 151.
[38] *Ibid.*
[39] *Zeit*, 9. Oktober 1992, S. 28.

könnten versuchen, ihn zu stürzen, wenn man ihnen weniger verzweifelte Bedingungen als die bedingungslose Kapitulation anbiete.

„ Kennedy war erschüttert und geißelte Roosevelt. Er erzählte von seinen beiden Söhnen in der Armee und erklärte, dass der Krieg innerhalb von zwei Wochen beendet sein könnte, wenn die deutschen Generäle ermutigt würden.

„Natürlich konnte sich kein Kirchenführer gegen den Wahnsinn von Roosevelts Politik stellen, aber Kennedy konnte es, und das war Palmers Ziel, als er das Mittagessen organisierte. Der Redakteur fragte, ob der ehemalige Botschafter einen Artikel schreiben oder zumindest unterschreiben würde, in dem er die bedingungslose Kapitulation verurteilte. Die Wirkung eines solchen Artikels hätte angesichts Kennedys früherer Position in der Regierung enorm sein können. Doch er nahm die Einladung nicht an und der Krieg, der von seinen Söhnen und so vielen anderen jungen Männern geführt wurde, tobte weiter.[40]

Botschafter Kennedy erinnerte sich zweifellos für den Rest seines Lebens an dieses Treffen. Er war sehr verbittert über den Krieg und besonders verbittert gegenüber Franklin D. Roosevelt. Kennedy bezeichnete FDR angeblich als „gelähmten Hurensohn, der meinen Sohn Joe getötet hat".

(Joe Kennedy Jr. war natürlich der älteste Sohn des Botschafters. Es war der Tod von Joe Jr., der schließlich den Grundstein für die Vorarbeit legte, damit der zweite Sohn, John, anstelle seines älteren Bruders auf das Präsidentenamt vorbereitet werden konnte).

EIN UNTERNEHMENSPROJEKT

Die Ansichten von Kennedy Senior änderten sich jedoch im Laufe der Zeit nicht. Doch als der Botschafter im Ruhestand älter wurde, wurde er pragmatischer. Dies wurde bei einem Treffen - Mitte der 1950er Jahre - zwischen Kennedy und einem Geschäftspartner von Lawrence Dennis - einem in New York ansässigen Manager der Unterhaltungsbranche namens DeWest Hooker - bestätigt.

Wie wir sehen werden, ist es sogar möglich, dass Hookers Bemühungen nach seinem Treffen mit Joe Kennedy John F. Kennedy zu seinem knappen Sieg bei den Präsidentschaftswahlen 1960 verholfen haben.

Hooker hoffte, dass Joe Kennedy Interesse an einem Projekt zeigen würde, das laut Hooker in seinen Bereich fallen könnte. Hooker wollte einen unabhängigen Fernsehsender aufbauen, und er glaubte, dass Kennedy, der selbst früher ein Filmmagnat war, Interesse daran haben könnte, das Projekt zu unterstützen. Hookers Erinnerung an dieses Treffen ist durchaus interessant, vor allem im Zusammenhang mit der auf diesen Seiten vorgestellten These. Um genau einschätzen zu können, woher Hooker kam, muss man sich seinen bemerkenswerten Hintergrund vergegenwärtigen.

OFFEN ANTIJÜDISCH

Hooker, der in Reichtum und Privilegien hineingeboren worden war und von einem der Unterzeichner der Unabhängigkeitserklärung abstammte, hatte eine vielseitige Karriere hinter sich. Er hatte nicht nur auf der Broadway-Bühne gespielt, sondern auch für Zigarettenwerbungen posiert. Er war auch eine Zeit lang Impresario für das mächtige Unternehmen MCA und gehörte in den 1950er Jahren eine Zeit lang zu den bestbezahlten

---

[40] Richard Whalen. *The Founding Father: The Story of Joseph P. Kennedy* (New York: New American Library, 1964), S. 366-367.

Impresarios in Amerika. Hooker betätigte sich auch als Fernsehproduzent und hatte damit ebenso großen Erfolg.

Es gab jedoch einen Aspekt seiner Persönlichkeit, der ihn - und das Wort ist schwach - zu einer *Persona non grata* in der Unterhaltungsindustrie machte: Hooker ist gnadenlos und offen antijüdisch. Er wird der Erste sein, der das zugibt, ohne dass man ihn danach fragt. Mit seiner imposanten Statur ist Hooker unerschrocken und hat keine Angst, seine Position bekannt zu machen.

Einer von Hookers Schützlingen war George Lincoln Rockwell, der Gründer der amerikanischen Nazipartei. In seinen Memoiren, This Time the World, schreibt Rockwell Hooker einen großen Einfluss auf sein Denken zu. Tatsächlich widmete Rockwell das Buch Hooker sowie einigen anderen, darunter Senator Joseph R. McCarthy und General Douglas MacArthur. Rockwell erklärte, Hooker sei derjenige gewesen, „der mich lehrte, die Tricks und schlechten Manieren des Feindes zu kennen".[41] Laut Rockwell war Hooker „das, was seit Bund am ehesten einem Nazi ähnelt".[42]

Der Grund für Hookers Interesse an der Gründung eines unabhängigen Senders war ein hochpolitischer: Hooker wollte, dass der neue Sender völlig losgelöst von jüdischem Geld und Einfluss betrieben wird. Seiner Meinung nach standen die drei bestehenden Sender vollständig unter der Kontrolle jüdischer Interessen. Hooker wollte einen Sender, der das präsentierte, was er als „unsere Denkweise" bezeichnete.

JOE KENNEDY SPRICHT OFFEN

Es war im Jahr 1956, als Hooker Kennedy privat in Palm Beach, Florida, traf. Nach einer Runde Golf machten sich Kennedy und Hooker an die Arbeit. Hooker war dort, um Kennedy um finanzielle, politische und persönliche Unterstützung für seinen geplanten Fernsehsender zu bitten.

(In dieser Zeit kandidierte Senator John F. Kennedy aktiv für das Amt des Vizepräsidenten der Demokratischen Partei. Er verlor, aber seine Bemühungen wurden in den Reihen der Partei gelobt und setzten den Mechanismus für den ersten Platz in Gang, den er bei den Wahlen der Partei im Jahr 1960 anstrebte).

Nachdem Hooker sich dem pensionierten Botschafter vorgestellt hatte, war Kennedys Reaktion im Geiste wohlwollend, aber Old Joe machte seine endgültige Position während ihrer vierstündigen Konferenz deutlich.

Laut Hooker „gab Joe zu, dass er während seiner Zeit als Botschafter in England pro-Hitler gewesen war. Nichtsdestotrotz haben „wir", so Kennedys Worte, den Krieg verloren. Mit „wir" meinte er nicht die Vereinigten Staaten. Als Kennedy „wir" erklärte, meinte er damit die Nichtjuden. Joe Kennedy war der Meinung, dass es die Juden waren, die den Zweiten Weltkrieg gewonnen hatten.

„Kennedy erklärte: „Ich habe alles getan, was ich konnte, um gegen die jüdische Macht in diesem Land zu kämpfen. Ich habe versucht, den Zweiten Weltkrieg zu stoppen, aber ich habe versagt. Ich habe das Geld verdient, das ich brauchte, und jetzt gebe ich alles, was ich gelernt habe, an meine Söhne weiter".

„Ich gehe nicht mit „den Verlierern",, sagte Kennedy zu mir. „Ich schließe mich den „Gewinnern" an. Ich werde mit den Juden arbeiten. Ich bringe meinen Jungs die ganze Geschichte bei und sie werden mit den Juden arbeiten. Ich werde Jack zum ersten irisch-katholischen Präsidenten der Vereinigten Staaten machen, und wenn das bedeutet, mit den

---

[41] George Lincoln Rockwell. *This Time the World.* (Liverpool, West Virginia: White Power Publications, 1963), S. v.
[42] *Ibid.*, S. 123.

Juden zu arbeiten, dann soll es so sein. Ich stimme mit dem überein, was Sie tun, Hooker", erklärte Kennedy, „aber ich werde nichts tun, was Jacks Chancen, Präsident zu werden, ruinieren könnte."⁴³

Hooker war von Kennedys Antwort natürlich enttäuscht, und schließlich scheiterte sein „vierter" Kanal. Hooker hatte jedoch zumindest die Genugtuung zu wissen, dass er und die Kennedy-Familie auf der gleichen Wellenlänge waren, auch wenn sie bereit waren, diese Ansichten aus politischen Gründen zu kompromittieren.

NAZIS „BILLIGEN" NIXON

Als sie sich am Ende ihres Treffens in Palm Beach trennten, fragte Hooker Kennedy, ob er etwas tun könne, um der Kennedy-Familie zu helfen.

„Ja, tatsächlich gibt es etwas, was Sie tun können", antwortete Joe Kennedy. „Ich möchte, dass Sie Ihre Kontakte in der rechten Szene nutzen. Bitten Sie sie, Artikel zu veröffentlichen, in denen Jack beschuldigt wird, von den Juden kontrolliert zu werden, eine jüdische Marionette zu sein. Dies wird dazu führen, dass die jüdische Opposition gegen Jack (meinetwegen) neutralisiert wird.

„Die Juden kennen meine Ansichten und werden natürlich davon ausgehen, dass Jack aus demselben Holz geschnitzt ist. Wenn die Rechte anfängt, auf Jack einzuschlagen, werden die Juden ihre Meinung ändern - zumindest die, die wählen gehen".⁴⁴

Hooker versprach Kennedy, dass er alles tun würde, was er könne. Da Hooker ein Mann seines Wortes war, beeinflusste er seine rechten Kontakte so, wie Kennedy es von ihm verlangt hatte. Hooker ermutigte seinen Freund, den Naziführer Rockwell, und andere „rechte Unterstützer", John F. Kennedy zu beschmutzen, wie es JFKs Vater vorgeschlagen hatte. Seine Bemühungen waren erfolgreich.

Wie in einer Chronik der Kampagne von 1960 bemerkt wurde: „Auch die amerikanische Nazipartei half, indem sie ihre Unterstützung für Richard Nixon lancierte. 'Die Nazis für Nixon, die Jugos für Kennedy' war einer ihrer Slogans. Ein anderer Slogan lautete: 'FDR und JFK = ein JÜDISCHER Pakt'."⁴⁵

Natürlich war dies von JFKs Vater inspiriert und wurde dank der guten Dienste von DeWest Hooker und seinem Freund George Lincoln Rockwell durchgeführt, obwohl der Historiker, der Rockwells Slogans schreibt, wahrscheinlich keine Ahnung hatte, dass dies indirekt die Arbeit von Joe Kennedy war.

„Ehrlich gesagt", sagte Hooker, „was mich betrifft, so war es meine Arbeit, die Johnny Kennedy ins Weiße Haus gebracht hat."⁴⁶ (Hookers Behauptung ist insofern nicht ganz falsch, als die damaligen jüdischen Führer Amerikas sagten, dass es die jüdische Unterstützung war, die ihm den knappen Sieg gegen Nixon bei den Wahlen 1960 bescherte).

Es ist unwahrscheinlich, dass dieser interessanten und aufschlussreichen Episode in der John F. Kennedy Bibliothek in Harvard oder in einer wohlwollenden Biografie der Kennedy-Familie gedacht wird. Es besteht jedoch kein Zweifel daran, dass Israel und seine amerikanische Lobby eine ziemlich gute Vorstellung davon hatten, was im Hintergrund vor sich ging.

---

⁴³ Interview mit DeWest Hooker, 20. Januar 1992.
⁴⁴ *Ibid.*
⁴⁵ Edward Tivnan. *The Lobby: Jewish Political Power and American Foreign Policy* (New York: Simon & Schuster, 1987), S. 54.
⁴⁶ Interview mit De West Hooker.

KENNEDY ÄRGERT DIE ISRAELISCHE LOBBY

1957, während seiner ersten Amtszeit als Senator, wurde John Kennedy in einen latenten internationalen Streit verwickelt, der von den amerikanischen Durchschnittswählern kaum beachtet wurde, aber für Israel und seine Lobby in Amerika von besonderem Interesse war: die Frage der algerischen Unabhängigkeit. Der gigantische arabische Koloss, eine ehemalige französische Kolonie, strebte nach seiner Freiheit und in Frankreich war die Nation in eine lebhafte Debatte über diese Frage verwickelt. Israel sah in der Entstehung einer weiteren unabhängigen arabischen Republik natürlich eine Bedrohung seiner Sicherheit, und jeder, der die algerische Unabhängigkeit befürwortete, befürwortete daher eine Politik, die als bedrohlich für das Überleben Israels angesehen wurde.

Der ehemalige Diplomat Richard Curtiss beschreibt Kennedys überraschenden Einstieg in die Algerien-Debatte: „1957 glaubte er als neues Mitglied des Senatsausschusses für Außenbeziehungen, die Tragödie der kolonialen Unflexibilität in Algerien zu erkennen. Er war bereits einer der wichtigsten Nutznießer der Kongressbibliothek und verbrachte seine Zeit mit Gesprächen mit William J. Porter, einem Pro-Araber und Leiter des Büros für Nordafrikanische Angelegenheiten im Außenministerium.

„Porter befürchtete, dass die bedingungslose Unterstützung Washingtons für seinen NATO-Verbündeten Frankreich bei der immer brutaleren französischen Unterdrückung der algerischen Nationalisten die gesamte Zukunft der Vereinigten Staaten in Nordafrika bedrohen würde. Kennedy führte auch Gespräche mit Mitgliedern der algerischen FLN-Delegation am Sitz der Vereinten Nationen".[47]

Am 2. Juli 1957 erschien JFK vor dem Senat und hielt seine erste Rede zur Außenpolitik zu dieser kontroversen Frage. Er erklärte auszugsweise: „Was auch immer unsere Sorge um gegenseitige Höflichkeit, unsere frommen Wünsche, unsere Nostalgie oder unser Bedauern sein mögen, sie dürfen sowohl Frankreich als auch die Vereinigten Staaten nicht davon abhalten, zu erkennen, dass, wenn Frankreich und der Westen im Allgemeinen einen Einfluss in Nordafrika behalten wollen ..., der erste Schritt, der getan werden muss, darin besteht, Algerien die Unabhängigkeit zu gewähren".[48]

Laut Curtiss: „Die Rede erregte mehr Post als jede andere, die er als Senator gehalten hatte. Die außenpolitische Führungsschicht in New York, einer Hochburg der atlantischen Solidarität, empörte sich tugendhaft".[49] Curtiss merkte auch an, dass „die Franzosen nicht begeistert waren".[50]

Einige von Kennedys Kritikern erklärten, die Rede sei ein politisches Manöver gewesen und er habe das Thema der algerischen Unabhängigkeit als Gegenstand seiner ersten großen außenpolitischen Rede gewählt, weil es weder eine „französische" noch eine „algerische" Stimme gab, der man in seinem Gebiet in Massachusetts oder in der gesamten Nation hätte entgegentreten können.

Obwohl die letzte Beobachtung natürlich richtig ist, ist es eine Tatsache, dass es einen besonders mächtigen amerikanischen Wahlblock (und eine Quelle für finanzielle Zuwendungen) gab, der Kennedys Unterstützung für die algerisch-arabische Unabhängigkeit zur Kenntnis nahm: die mächtige amerikanische Israel-Lobby.

---

[47] Richard Curtiss. *A Changing Image*. [Washington, D.C.:American Educational Trust, 1986), S. 65.
[48] *Ibid.*
[49] *Ibid.*, S. 66.
[50] *Ibid.*

Wie wir sehen werden, war es letztlich vielleicht JFKs Initiative in der Algerienfrage, die tatsächlich eine große Rolle bei der Entwicklung der Verschwörung spielte, die seinem Leben am 22. November 1963 in Dallas, Texas, ein Ende setzte.

Diese Geste des jungen Senators erzürnte auch viele französische Nationalisten, die die französische Kolonialkontrolle über Algerien beibehalten wollten.

Viele dieser Nationalisten schlossen sich später in der sogenannten Organisation de l'Armée Secrète - der von Israel unterstützten OAS - zusammen und kämpften gegen den französischen Präsidenten Charles De Gaulle, der schließlich die algerische Unabhängigkeit gewährte.

In Kapitel 12, Kapitel 15 und Kapitel 16 erfahren wir mehr über die sogenannte „französische Verbindung" und wie diese, manipuliert vom israelischen Mossad, letztlich eine Rolle bei der Ermordung von JFK spielte.

KENNEDY UND LANSKY

Kennedy hatte noch andere mächtige Feinde. Eine alte Feindschaft bestand auch zwischen Joseph P. Kennedy und Meyer Lansky, dem ersten Chef der jüdischen Mafia in Amerika. (In Kapitel 7 werden wir uns näher mit Lanskys Geschichte befassen.) Der Konflikt zwischen JFK und Lansky geht jedoch auf die Schmuggelaktivitäten des Vaters des Präsidenten zurück.

Laut Jim Marrs, dem Experten für das JFK-Attentat: „1927 wurde eine Ladung geschmuggelten Whiskys, die von Irland nach Boston unterwegs war, im Süden Neuenglands gekapert. Fast die gesamte Besatzung wurde bei der Schießerei getötet. Die Piraten gehörten zu Lucianos und Lanskys Mafia, während das Gerücht umging, dass Joseph P. Kennedy in die Expedition verwickelt war. Kennedy soll angeblich ein Vermögen bei der Affäre verloren haben und wurde von den Witwen der Wachen belagert, die finanzielle Unterstützung suchten. Lansky erklärte Biografen später, er sei überzeugt, dass Kennedy seit dieser Zeit einen persönlichen Groll gegen ihn hege und seine Feindseligkeit in der Tat an seine Söhne weitergegeben habe.[51]

Michael Milan, der lange Zeit Lanskys Handlanger war, unterstützt Marrs' Behauptung. Milan sagte: „Fragen Sie Meyer Lansky nach Joe Kennedy, und Sie könnten einen dieser seltenen Momente erleben, in denen Mr. L. ausrastet. Was sie in der Zeit der Prohibition sagten, war, dass man Joe Kennedy nicht trauen konnte, weil er sein Wort nicht hielt. Er bestahl seine Freunde so sehr, dass er selbst keine Freunde hatte. Und kurz vor dem Zweiten Weltkrieg machte der Hurensohn eine Kehrtwende und erklärte, wir müssten alle auf Hitlers Seite gehen, damit die Juden in die Hölle fahren könnten.

„Meyer war bereit, auszurasten. Seine Schläfen begannen zu pochen, als Sam Koenig ihm erzählte, was Kennedy gesagt hatte. Und dann schwor Meyer, als wäre er als Sizilianer geboren worden, der gesamten Familie blutige Rache. Er sagte immer wieder: „Die Sünden des Vaters", murmelte er wie ein alter Zeydah (Großvater), der Rache versprach. „Die Sünden des Vaters"."[52]

Der Konflikt zwischen Lansky und Joseph P. Kennedy war nur eine Facette von Kennedys Beziehung zum organisierten Verbrechen. Es war eine Beziehung zwischen mehreren Beteiligten, die schließlich eine deutlich wichtige Rolle spielte, als sie half, die

---

[51] Jim Marrs, *Crossfire: The Plot That Killed Kennedy* (New York: Carroll & Graf Publishers, Inc., 1989), S. 175.
[52] Michael Milan. *The Squad: The U.S. Government's Secret Alliance With Organized Crime*. [New York: Shapolski Publishers, 1989], S. 166.

Verschwörung zu entwickeln, die zur Ermordung des Sohnes von Botschafter Kennedy führte, der schließlich die Präsidentschaft erreicht hatte.

DER VERRAT

Als Kommentar zur Theorie, dass das organisierte Verbrechen JFK getötet hat (eine Theorie, der Fox zustimmt), bemerkte der Historiker Stephen Fox, dass „normalerweise Gangster ehrlichen Polizisten keinen Schaden zufügten"[53] insbesondere einem Präsidenten wie Kennedy, dessen Regierung begonnen hatte, das nationale Verbrechersyndikat zu unterdrücken.

Fox stellt jedoch fest: „Für einen so unglaublichen Mord - einen Präsidenten zu töten - müssen sie extrem provoziert worden sein. In ihren Worten konnte es sich nur um Verrat handeln. Die Kennedys mussten mit der Unterwelt in kompromittierender Weise verkehren. Als die Kennedys den Spieß umdrehten und sich dennoch mit dem organisierten Verbrechen anlegten, brachen sie den Kodex und setzten ein Kopfgeld auf den Präsidenten aus".[54]

Fox merkt an, dass, obwohl der alte Joe Kennedy ein unverbesserlicher Spieler war, der eng mit der Unterwelt verbunden war, „angesichts seines immensen Reichtums, egal wie viel er verloren hatte, die Mafia ihn niemals 'besessen' hätte."[55]

Joe Kennedy war ein regelmäßiger Besucher von Meyer Lanskys Colonial Inn, dessen Miteigentümer Lansky zusammen mit Frank Costello, dem Chef der New Yorker Mafia, und einer Reihe von Kleinaktionären war, darunter ein wenig bekannter Nachtclubwächter aus Dallas namens Jack Ruby. Lansky pflegte sich damit zu brüsten, dass zu seinen Kunden „Richter, Senatoren und angesehene Geschäftsleute" gehörten. Joe Kennedy kam vier- oder fünfmal die Woche".[56]

Während Kennedys ältester Sohn Jack in der politischen Arena Fortschritte machte, versuchte sein Vater jedoch, seine frühere Beziehung zu Frank Costello im Zaum zu halten. Ein Freund Costellos sagte: „So wie [Costello] über [Joe Kennedy] sprach, hatte man den Eindruck, dass sie sich während der Prohibition nahegestanden hatten und dann etwas passiert war. Frank sagte, er habe Kennedy geholfen, reich zu werden. Was genau zwischen ihnen passiert ist, weiß ich nicht".[57]

KENNEDY UND DAS VERBRECHEN

Es bedurfte der Familie von Sam Giancana, dem Boss der Chicagoer Mafia, um die fehlenden Teile des Puzzles zu füllen. Laut Sam Giancana (Neffe des Gangsters aus der Stadt der Winde) und Chuck Giancana (Bruder des Gangsters) hatte JFK - und sein Vater - tatsächlich das organisierte Verbrechen verraten.

Den Giancanas zufolge hatte die „jüdische Mafia" von Detroit, die sogenannte „Purple Gang", ein Kopfgeld auf Joe Kennedy ausgesetzt, weil dieser in den Tagen der Prohibition illegalen Alkohol ohne ihre Erlaubnis in ihr Gebiet geschmuggelt hatte. Kennedy Sr. war jedoch nach Chicago gefahren, um um sein Leben zu betteln, und die Chicagoer Mafiabosse

---

[53] Stephen Fox. *Blood and Power: Organized Crime in Twentieth Century America* (New York: William Morrow & Company, 1989), S. 307.
[54] *Ibid.*
[55] *Ibid.*, S. 313-314.
[56] *Ibid.*, S. 314.
[57] *Ibid.*, S. 315.

waren in seinem Namen eingeschritten und hatten ihm das Leben gerettet. Wie Giancana es ausdrückte: „Kennedy stand für immer in Chicagos Schuld".⁵⁸

Die Beziehung ging jedoch noch weiter. Laut den Giancanas: „Kennedys Verbindungen zur Unterwelt kreuzten sich in hundertfacher Hinsicht. Kennedy hatte nicht nur mit Schmuggel ein Vermögen gemacht, sondern in den 1920er Jahren auch ein finanzielles Massaker in Hollywood angerichtet, mit der inoffiziellen Hilfe von überzeugenden Bonzen aus New York und Chicago.

„Als die Prohibition als Teil eines landesweiten Abkommens zwischen den verschiedenen Schmugglern endete, besaß Kennedy über seine Firma Somerset Imports drei der lukrativsten Alkoholhändler des Landes: Gordon's Gin, Dewar's und Haig & Haig."⁵⁹

Die Giancanas sagen auch, dass es Sam Giancana war, der Frank Costello für Joe Kennedy eingefädelt hatte, nachdem Botschafter Kennedy den Gangster aus New York brüskiert hatte. Laut den Giancanas war Kennedy besorgt über die wachsende politische Karriere seines Sohnes und zu diesem Zeitpunkt hatte er zugestimmt, einen Deal mit dem organisierten Verbrechen auszuhandeln, um vorsichtig zu navigieren - und damit Frank Costello, in Kennedys Worten, „ihn ein bisschen loslassen würde".⁶⁰

EIN VERSPRECHEN AN DIE MAFIA

Nachdem Joe Kennedy bei einem Treffen in Chicago um Giancanas Hilfe gebettelt hatte, soll Giancana gesagt haben: „Ich habe heute nichts gehört, was mich zu der Annahme veranlasst, dass Sie mir etwas für meine Hilfe versprechen können.

Kennedy hatte geantwortet: „Ich kann. Und ich werde es tun. Sie helfen mir jetzt, Sam, und ich werde dafür sorgen, dass Chicago - also Sie - sich in das verdammte Oval Office setzen kann, wenn Sie wollen. Um die Aufmerksamkeit des Präsidenten zu bekommen. Aber ich brauche nur etwas Zeit. „

Kennedy sagte zu Giancana: „Er wird Ihr Mann sein. Ich schwöre es. Mein Sohn, der Präsident der Vereinigten Staaten - wird Ihnen das Leben seines Vaters schulden. Er wird sich niemals weigern. Sie haben mein Wort".⁶¹

JFK, DIE MAFIA UND MEYER LANSKY

Es war während des Vorwahlkampfes der Demokratischen Partei im Jahr 1960, als die Kennedys sich erneut an Giancana wandten, um die entscheidende Unterstützung der Mafia zu erhalten. Den Giancanas zufolge trafen sich Vater und Sohn Kennedy tatsächlich mit Sam Giancana, um eine gemeinsame Vereinbarung über die gegenseitige Unterstützung vor und nach den Wahlen zu treffen. Wie Giancana die Vereinbarung zusammengefasst hatte: „Ich helfe, dass Jack gewählt wird, und im Gegenzug beruhigt er die Lage. Die Geschäfte werden wie üblich laufen".⁶²

Das Geld der Mafia floss in die wichtigsten entscheidenden Staaten wie West Virginia (wo viele lokale politische Führer unter dem Schutz der Mafia standen), und zur Zeit des

---

⁵⁸ Sam Giancana und Chuck Giancana. *Double Cross*. (New York: Warner Books, 1992), S. 75.
⁵⁹ *Ibid.*, S. 227.
⁶⁰ *Ibid.*, S. 229.
⁶¹ *Ibid.*, S. 230.
⁶² *Ibid.*, S. 280.

Kongresses war JFK die Nominierung für die Präsidentschaftswahlen so gut wie sicher. Obwohl Carlos Marcello, der Mafiaboss von New Orleans, den Senator von Texas, Lyndon Johnson, bevorzugte, war eine Einigung erzielt und eine Kennedy-Johnson-Wahl angesetzt worden. Das demokratische Lager war auf die Wahl im Herbst vorbereitet.[63]

(In Kapitel 10 werden wir die Beziehung zwischen Carlos Marcello und Meyer Lansky ausführlich erkunden. Marcello war in Wirklichkeit ein Schützling von Lansky, sein Namensgeber in New Orleans, schlicht und einfach).

Es stellte sich auch heraus, dass JFK selbst mit anderen Mitgliedern der Unterwelt außer Sam Giancana verkehrte, aber die Geschichtsbücher haben die anderen kriminellen Verbindungen von JFK diskret ignoriert und sich stattdessen lieber auf die italienisch-amerikanischen Figuren der „Mafia" konzentriert.

Laut den Dokumenten und Abhörprotokollen des FBI stand JFK während der Präsidentschaftskampagne 1960 in „direktem Kontakt"[64] mit Meyer Lansky, vermutlich um die Unterstützung der Unterwelt für seine Präsidentschaftskampagne zu gewinnen - ein Pakt, der letztendlich zu einem Pakt mit dem Teufel werden sollte.

PROBLEME MIT DER ISRAELISCHEN LOBBY

Im selben Zeitraum nahm JFK auch entscheidende Verhandlungen mit einem anderen wichtigen Machtblock in den politischen Angelegenheiten der USA auf: der pro-israelischen Lobby. Aus offensichtlichen Gründen, wie wir gesehen haben, war es nicht die große Liebe zwischen JFK, seinem Vater, Botschafter Kennedy und der amerikanisch-jüdischen Gemeinschaft.

In seinem Buch *The Lobby: Jewish Political Power and American Foreign Policy* erklärt Edward Tivnan: Senator Kennedys „Bilanz in Bezug auf Israel war vage, sicherlich nicht so eloquent wie die von Hubert Humphrey. Und im Gegensatz zu Lyndon Johnson eilte Kennedy bei der Suez-Affäre nicht zur Verteidigung Israels.

„ Er war auch katholisch. Viele Juden brachten die amerikanischen Katholiken mit rechtsgerichteten, McCarthy-freundlichen und antisemitischen Anliegen in Verbindung. Schlimmer noch, es gab die heikle Frage nach dem Vater des Kandidaten, Joseph P. Kennedy, der als Botschafter am englischen Hof in den 1930er Jahren ein Befürworter von Neville Chamberlains Politik der Beschwichtigung der Nazis gewesen war."[65]

Wie wir gesehen haben, war Kennedys Rede von 1957, in der er die algerische Unabhängigkeit forderte, von den amerikanischen Verteidigern Israels nicht gut aufgenommen worden. Senator Kennedy hatte, was Israel noch mehr erzürnte, bereits einen Änderungsantrag verabschiedet, der die Wirtschaftshilfe für Afrika und den Nahen Osten von $175 auf $140 Millionen reduziert hätte, obwohl pro-israelische Senatoren sagten, dass dies für Israel schädlich wäre.[66]

---

[63] *Ibid.,* S. 284
[64] Heymann, S. 234.
[65] Tivnan, S. 52.
[66] Victor Lasky. *JFK: The Man & The Myth.* (New Rochelle, New York, 1966), S. 143.

ABRAHAM FEINBERG

John F. Kennedy war jedoch bereit, sich der Sache zu stellen, und er hatte Schritte unternommen, um die pro-israelische Lobby zu besänftigen. JFK, so Edward Tivnan, „erwies sich als ein besserer Diplomat als sein Vater".[67]

Kennedys Kontaktmann zur Israel-Lobby war der New Yorker Bekleidungshersteller und Finanzier Abraham Feinberg. Feinberg war Vorsitzender der Israel Bonds Organization und hatte geholfen, private Gelder zu mobilisieren, um Israels geheimes nukleares Entwicklungsprogramm zu finanzieren.

(Die Finanzierung erfolgte aus privaten, geheimen Mitteln und außerhalb des klassischen israelischen Haushaltsverfahrens, weil das nukleare Entwicklungsprogramm nicht nur in der Eisenhower-Administration in Washington, sondern auch in den Augen vieler Israelis umstritten war).

Unter Bezugnahme auf Kennedy sagte Feinberg später: „Mein Weg zur Macht war die gegenseitige Unterstützung in Bezug auf das, was sie brauchten - Wahlkampfgeld".[68] (Feinberg selbst hatte bereits JFKs Freund, Senator Stuart Symington, einen Rivalen bei der demokratischen Nominierung 1960, unterstützt).

Kennedy erkannte die Notwendigkeit nicht nur des jüdischen Geldes, das essentiell war, sondern auch der jüdischen Stimmen, und beschloss, sich mit Feinberg und einer Menge anderer reicher amerikanischer Juden in Feinbergs Wohnung in New York zu treffen. Im Anschluss an ein Gespräch mit Kennedy hatten Feinberg und seine Geschäftspartner vereinbart, 500.000 Dollar für Kennedys Konto zu zahlen. Laut Feinberg: „Ich rief ihn sofort an. Seine Stimme wurde schwächer. Er war gerührt, „voller Dankbarkeit".[69]

KENNEDYS „EMPÖRUNG"

Laut dem Autor Seymour Hersh, der Kennedys Beziehungen zu Israel und seiner amerikanischen Lobby untersuchte, geht die Geschichte jedoch noch weiter:

„Kennedy war am nächsten Morgen alles andere als dankbar, als er Charles L. Bartlett, einem Kolumnisten und engen Freund, die Sitzung schilderte. Er war zu Bartletts Haus im Nordwesten Washingtons gefahren und hatte seinen Freund auf einen Spaziergang mitgenommen, wo dieser eine ganz andere Version der Sitzung am Vorabend erzählte."

„Als amerikanischer Staatsbürger war er empört", erinnerte sich Bartlett, als eine zionistische Gruppe zu ihm sagte: „Wir wissen, dass Ihre Kampagne in Schwierigkeiten steckt. Wir sind bereit, Ihre Rechnungen zu bezahlen, wenn Sie uns erlauben, die Kontrolle über Ihre Politik im Nahen Osten zu übernehmen". Kennedy empörte sich als Präsidentschaftskandidat ebenfalls über die Grobheit, mit der man an ihn herangetreten war. „Sie wollten die Kontrolle". Sagte er wutentbrannt zu Bartlett.

„Bartlett erinnert sich noch daran, wie Kennedy sich selbst versprach, „wenn er es geschafft hätte, Präsident zu werden, würde er etwas dagegen unternehmen".[70] - d. h. Lobbys mit besonderen Interessen - insbesondere ausländische Lobbygruppen - diktieren

---

[67] Tivnan, *Ibid*.
[68] Seymour M. Hersh. *The Samson Option: Israel's Nuclear Arsenal and American Foreign Policy* (New York: Random House, 1991), S. 94.
[69] *Ibid.*, S. 96.
[70] *Ibid.*, S. 97.

durch ihren finanziellen und politischen Einfluss die amerikanischen und ausländischen Wahlkampagnen.

EINE „GEFÄHRLICHE" VOREINGENOMMENHEIT

In einem privaten Brief an den amerikanisch-jüdischen Historiker Alfred Lilienthal, der selbst ein Kritiker Israels war, hatte Kennedy jedoch seine Gefühle in Bezug auf den Nahostkonflikt offengelegt. Der Brief, der am 30. September 1960 geschrieben wurde, lautete zum Teil so: „Ich stimme Ihnen völlig zu, dass die amerikanische Parteilichkeit im arabisch-israelischen Konflikt sowohl für die Vereinigten Staaten als auch für die freie Welt gefährlich ist."[71] Nach Lilienthals Meinung war Kennedys Kommentar „eine der wichtigsten und scharfsinnigsten Erklärungen zum Nahen Osten", die jemals von einem amerikanischen Politiker abgegeben wurde.[72]

Doch Kennedy hatte bereits Absprachen ausgehandelt. Nicht nur das organisierte Verbrechen - sondern auch die Israel-Lobby (für die Meyer Lansky ein wichtiger Unterstützer war) - hatte Forderungen an John F. Kennedy.

Nach den Wahlen erwarteten sie von Kennedy, dass er Rubine auf Nägel zahlen würde. Bei den Wahlen war es ein knapper Sieg Kennedys über den republikanischen Kandidaten, Vizepräsident Richard M. Nixon.

Die Rolle der politischen Maschinerie der Demokratischen Partei in Chicago (unter der Kontrolle des Mafiabosses Sam Giancana) beim Diebstahl der Stimmen aus Illinois im Namen der Kennedy-Johnson-Wahl ist inzwischen allgemein bekannt und ein weithin akzeptierter Teil der amerikanischen politischen Geschichte.

Sam Giancana und seine Verbündeten aus dem organisierten Verbrechen, darunter Meyer Lansky und die Israel-Lobby, waren sich sicher, dass sie einen Präsidenten gefunden hatten.

KENNEDY UND BEN-GOURION - DAS ERSTE TREFFEN

Kurz nach seiner Amtseinführung als Präsident beschloss Kennedy, sich mit dem israelischen Premierminister David Ben-Gurion zu treffen. Bei diesem Treffen erklärte Kennedy: „Ich weiß, dass ich aufgrund der jüdisch-amerikanischen Stimmen gewählt wurde. Ich verdanke ihnen meine Wahl. Sagen Sie mir, gibt es irgendetwas, das ich für das jüdische Volk tun kann?

Laut Seymour Hersh „war Ben-Gourion von der Offenheit überrascht und wich der Frage aus, indem er antwortete: „Sie müssen das tun, was für die freie Welt am besten ist."., Ben-Gourions wahre Reaktion auf Kennedy war jedoch etwas anders. „Was für ein Politiker!" war die Beschreibung, die der israelische Führer über den amerikanischen Führer abgab.[73]

Dies war der Beginn einer bitteren und unangenehmen Beziehung zwischen den beiden Männern, die am 22. November 1963 in Dallas endete (In Kapitel 5 werden wir diese unerfreuliche Beziehung im Detail untersuchen).

---

[71] Alfred M. Lilienthal. *The Zionist Connection II.* (New Brunswick, New Jersey: North American, 1982), S. 548.
[72] *Ibid.*
[73] Hersh, S. 103.

KENNEDY DREHT DEN SPIESS UM

Nur kurze Zeit später begannen Kennedys Freunde aus dem organisierten Verbrechen zu erkennen, dass Kennedy sich nicht als der treue Verbündete erwies, den sie erwartet hatten. Kurz nach JFKs Amtseinführung als Präsident begann ein unerwarteter Krieg gegen das organisierte Verbrechen. Robert Kennedy, der sich als Berater des „Schmuggelausschusses" des Senats bei der Verfolgung von Mafiosi die Zähne ausgebissen hatte, wurde zum Generalstaatsanwalt ernannt und es war offensichtlich, dass er seinen neuen Job ernst nahm.

Sam Giancana meint: „Das ist ein brillanter Schachzug von Joe [Kennedy]. Er wird dafür sorgen, dass Bobby uns verschwinden lässt, um ihre eigenen schmutzigen Spuren zu verwischen und alles wird im Namen des 'Kennedy-Krieges gegen die Verbrecherorganisation' geschehen. Das ist brillant. Es ist einfach verdammt 'brillant'."[74]

Mickey Cohen, Meyer Lanskys Handlanger an der Westküste, erinnerte sich an die Jahre nach der Allianz zwischen dem organisierten Verbrechen und Kennedy und was das bedeutete, insbesondere nachdem Bobby Kennedy seinen Feldzug gegen die Unterwelt begonnen hatte.

„Ich weiß, dass einige Leute in der Organisation von Chicago wussten, dass sie John Kennedy zum Sieg verhelfen mussten. Niemand dachte, dass er das Beste aus John Kennedy herausholen würde. Sehen Sie, es kann sein, dass es verschiedene Typen gibt, die sich zur Wahl stellen, und keiner von ihnen ist ... das Beste, was es als Kombination gibt.

„ Die Wahl, die Sie treffen, ist dann die beste. John Kennedy war der Beste der Auswahl. Aber niemand in meiner Branche hatte eine Ahnung, dass er Bobby Kennedy zum Generalstaatsanwalt ernennen würde. Das war das Letzte, woran wir gedacht haben".[75]

(In Kapitel 13 und Kapitel 14 werden wir Cohens seltsame Rolle in der Verschwörung zum Mord an JFK und dessen endgültige Vertuschung untersuchen - ein weiteres Puzzleteil, das auf diesen Seiten zusammengetragen wurde).

Letztendlich, wie wir sehen werden, führt JFKs Krieg gegen seine ehemaligen Verbündeten in der Unterwelt ihn zu den Türen der wahren Drahtzieher hinter Meyer Lanskys nationalem - und internationalem - Verbrechersyndikat.

Auf jeden Fall hatte er seine engsten Vertrauten aus der Unterwelt bereits verdoppelt. Das reichte aus, um JFK zu verurteilen.

JFK STELLT SICH GEGEN DIE ISRAEL-LOBBY

Kennedy ließ sich jedoch auch auf einen legislativen Trick ein, der sich ebenfalls als gefährlich für den politischen Einfluss Israels in der amerikanischen Wahlpolitik erweisen konnte. Verärgert über seine Wahlkampferfahrungen mit den Geldeintreibern der Israel-Lobby ernannte Kennedy 1961 eine überparteiliche Kommission, die Mittel und Wege empfehlen sollte, „die finanzielle Basis unserer Präsidentschaftskampagnen zu erweitern."[76]

Laut Seymour Hersh „kritisierte [Kennedy] in einer Erklärung, die viel aufrichtiger war, als es die Öffentlichkeit oder die Presse wahrnehmen konnte, die derzeitige Methode der Wahlkampffinanzierung als „höchst unerwünscht" und „ungesund", da sie die Kandidaten

---

[74] Giancana, S. 296.
[75] Mickey Cohen und John Peer Nugent. *Mickey Cohen: In My Own Words.* (Englewood Cliffs, New Jersey: Prentice-Hall, Inc., 1975), S. 236.
[76] Hersh, S. 97.

„von den großen finanziellen Beiträgen derjenigen mit besonderen Interessen abhängig" machte."[77]

1962 legte Kennedy dem Kongress fünf Gesetzentwürfe zur Reform der Wahlkampffinanzierung vor und 1963 zwei ähnliche Gesetzentwürfe. Keiner dieser Entwürfe überlebte jedoch, nachdem er von den Interessengruppen, denen Kennedy entgegenwirken wollte, unterlegen war.[78]

GEHEIMKRIEGE

Dennoch war Kennedy auf einer subtileren Ebene tiefer mit Israel verstrickt. Wie wir in Kapitel 5 sehen werden, befand sich Kennedy in Wirklichkeit im Krieg mit Israel.

Kennedy hatte nicht nur seine Verbündeten im organisierten Verbrechen verraten, sondern sich auch über seine pro-israelischen Geldgeber hinweggesetzt. Israel stand, wie wir in Kapitel 7 sehen werden, dem Syndikat des organisierten Verbrechens von Meyer Lansky nahe.

Und Israel stand, wie wir in Kapitel 8 sehen werden, der CIA besonders nahe. In der Mitte seiner Präsidentschaft befand sich Kennedy ebenfalls im Krieg mit der CIA. Wir werden dies in Kapitel 9 besprechen.

All diese mächtigen Interessengruppen hatten gute Gründe dafür, dass JFK als Präsident abgewählt und durch Lyndon Johnson ersetzt werden sollte. Es war nicht die große Liebe zwischen John F. Kennedy und den mächtigen Kräften, die ihn ins Präsidentenamt gebracht hatten.

Ein reformorientierter Präsident wie Kennedy hatte auch andere langfristige Pläne in der Schublade. Als Nachkomme eines unabhängigen und im Wesentlichen autodidaktischen Mannes, der „mitspielte", um Macht und Einfluss zu erlangen und seinen Sohn zum Präsidenten zu machen, JFK in der Tat der Sohn seines Vaters. Folglich schlug JFK in einem anderen wichtigen Bereich eine Richtung ein, die das Herz des internationalen Bankensystems zum Kippen bringen konnte.

Fast eine Generation lang gab es Gerüchte, dass JFK plante, zinslose Banknoten - die sogenannten „Greenbacks" - unabhängig vom Zugriff des privaten Federal Reserve Systems auszugeben. Tatsächlich wurden während der Präsidentschaft von JFK zinslose US-Banknoten ausgegeben - einige davon sind auch heute noch in privater Hand -, aber es gab viele Mythen über das, was manche als „JFKs Greenbacks" bezeichnen, und in Anhang 5 werden wir uns ausführlich mit dieser Kontroverse beschäftigen.

DAS MONOPOL DES GELDES

Es besteht jedoch kein Zweifel daran, dass JFK - sobald er sich im Präsidentenamt etabliert hatte - voll und ganz die Absicht hatte, sich dem Geldmonopol der Federal Reserve zu widersetzen. Tatsächlich hatte JFKs Vater, Botschafter Joseph P. Kennedy, bei seinem privaten Treffen mit DeWest Hooker, das früher auf diesen Seiten beschrieben wurde, Hooker versichert, dass eines der ultimativen langfristigen Ziele der Kennedy-Dynastie die Zerstörung dessen sein würde, was die Kennedys als „Rothschild-dominierte Federal Reserve" bezeichnet hatten.

Diese einfache Tatsache konnte die Beseitigung von JFK aus dem Weißen Haus sicherstellen. Allerdings waren andere, unmittelbarere und grundsätzlich gefährlichere

---

[77] *Ibid.*
[78] *Ibid.*

Konflikte am Werk zwischen den Kräften, deren Einfluss JFK zu brechen versucht hatte, und der gefürchteten neuen Kennedy-Regierung.

VERSCHIEDENE ENTITÄTEN

Gehen wir weiter und untersuchen wir die seltsamen und engen Verbindungen zwischen all diesen Feinden Kennedys und die Dynamik, die zwischen ihnen am Werk ist. Wie wir sehen werden, ist es auf jeden Fall der rote Faden Israels und seines Mossad, der all diese verschiedenen Entitäten miteinander verbindet.

Um den Prozess der Entwirrung der verdeckten Verschwörung zu beginnen, müssen wir zunächst die lange verborgene Geschichte von Israels geheimem Krieg mit John F. Kennedy Revue passieren lassen.

KAPITEL V

Genesis: JFKs geheimer Krieg mit Israel

Die Geschichtsbücher haben uns von John F. Kennedys epischen Kämpfen mit Fidel Castro und den Sowjets im Schweinebucht-Debakel und der kubanischen Raketenkrise erzählt.

Aber erst in den letzten Jahren haben wir begonnen, mehr über Kennedys geheimen Krieg mit Israel zu erfahren. Ein Großteil des Konflikts ergab sich aus Israels Entschlossenheit, eine Atombombe zu bauen. Es handelt sich um eine geheime Geschichte, die dazu beiträgt, die dynamischen Kräfte, die zur Ermordung Kennedys führten, teilweise zu erklären.

Mitte 1963 hegte der israelische Premierminister David Ben Gurion eine tief verwurzelte Antipathie gegen Kennedy. Er betrachtete JFK als eine Bedrohung für das Überleben des jüdischen Staates.

Eine der ersten Ernennungen John F. Kennedys zum Präsidenten war die Ernennung seines ehemaligen Wahlkampfhelfers Myer (Mike) Feldman zum Beauftragten für jüdische und israelische Angelegenheiten - eine wichtige Position angesichts von JFKs besonders fragilen Beziehungen zu Israel und seiner amerikanischen Lobby.

Laut Autor Seymour Hersh „sah der Präsident Feldman, dessen starke Unterstützung für Israel weithin bekannt war, als notwendiges Übel an, dessen stark manifestierte Position im Weißen Haus eine politische Schuld war, die beglichen werden musste."[79]

Hersh zufolge war die Regierung jedoch entschlossen, dafür zu sorgen, dass niemand - insbesondere Feldman - die Nahostpolitik der Regierung umgehen konnte.

„Die höchsten Berater des Präsidenten, insbesondere McGeorge Bundy, der nationale Sicherheitsberater, versuchten verzweifelt, Feldman aus dem Umlauf von Dokumenten, die den Nahen Osten betrafen, auszuschließen."[80] Hersh zitiert einen weiteren Assistenten des Präsidenten mit der Aussage: „Es war schwierig, den Unterschied zwischen dem, was Feldman sagte, und dem, was der israelische Botschafter sagte, zu erkennen."[81]

„ZIONISTEN IM SITZUNGSSAAL DES KABINETTS"

Laut Charles Bartlett, dem engen Freund des Präsidenten (dem gegenüber Kennedy 1960, wie in Kapitel 4 beschrieben, Bedenken über den israelischen Einfluss geäußert hatte), hatte Präsident Kennedy selbst einen Verdacht in Bezug auf Feldman.

Bartlett erinnerte sich an einen Besuch im Haus des neuen Präsidenten in Hyannis Port, Massachusetts, an einem Samstag (dem jüdischen Sabbat). Das Gespräch hatte sich um Feldmans Rolle in der Bürokratie des Weißen Hauses gedreht. „Ich stelle mir vor, dass

---

[79] Seymour Hersh. *The Samson Option: Israel's Nuclear Arsenal and American Foreign Policy* (New York: Random House, 1991), S. 98.
[80] *Ibid.*, S. 99.
[81] *Ibid.*

Mike ein Treffen von Zionisten im Kabinettssitzungssaal hat", erklärte der Präsident laut Bartlett.[82]

Der Bruder des Präsidenten, Robert Kennedy selbst, erklärte, dass sein Bruder Feldmans Arbeit bewundere, fügte aber hinzu: „Sein Hauptinteresse galt eher Israel als den Vereinigten Staaten."[83]

Während Myer Feldman jedoch damit beschäftigt war, im Weißen Haus die Interessen Israels zu fördern, sandte der Präsident eine Botschaft an den Rest der außenpolitischen Institution in Washington.

Kennedy erklärte, er habe ein klares Interesse daran, einen Weg zum Frieden im Nahen Osten zu finden, und suche insbesondere nach Wegen, um das Problem zu lösen, ein Zuhause für die palästinensischen Flüchtlinge zu finden, die 1948 von Israel vertrieben worden waren.

KENNEDYS GUTE ABSICHTEN

Laut Hersh waren „die proarabischen Mitarbeiter des Außenministeriums Anfang 1961 angenehm überrascht, als sie laut [einer Quelle] aus dem Weißen Haus erfuhren, dass „die Tatsache, dass 90% der jüdischen Stimmen an Kennedy gegangen waren, nicht bedeutete, dass er in ihrer Tasche steckte".[84]

In *A Changing Image: American Perceptions of the Arab-Israeli Dispute* befasste sich Richard H. Curtiss, ein ehemaliger hochrangiger US-Diplomat, ausführlich mit Kennedys Haltung zur Nahost-Kontroverse. In einem Kapitel mit dem passenden Titel: „Präsident Kennedy und seine guten Absichten kamen zu spät", kommentiert Curtiss:

„Es ist überraschend, im Nachhinein zu erkennen, dass Kennedy seit dem Moment, als er sein Amt als knapp gewählter Kandidat einer Partei antrat, die stark von jüdischer Unterstützung abhängig war, plante, einen neuen Blick auf die Politik der Vereinigten Staaten im Nahen Osten zu werfen.

„Er konnte natürlich nicht zurückrudern und die Arbeit seines demokratischen Vorgängers, Präsident Truman, zunichte machen, dass er die Gründung Israels möglich gemacht hatte. Wahrscheinlich hätte er das auch nicht gewollt.

„Kennedy war jedoch entschlossen, neue gute Beziehungen zu den verschiedenen arabischen Führern aufzubauen, einschließlich derer, mit denen sich die Beziehungen der vorherigen Regierung verschlechtert hatten.

„Dementsprechend waren verschiedene Führer neu unabhängiger Länder erstaunt, als sie als Antwort auf ihre pro forma-Glückwunschbotschaften zu Kennedys Amtsantritt persönliche Briefe des jungen amerikanischen Präsidenten vorfanden."[85]

DIE FRIEDENSGESTE GEGENÜBER NASSER

Der wichtigste arabische Führer zu dieser Zeit war der Ägypter Gamal Abdel Nasser, die Stimme des Panarabismus. Kennedy war besonders fasziniert von der Möglichkeit, Beziehungen zu Nasser aufzunehmen.

---

[82] *Ibid.*
[83] *Ibid* S.100.
[84] *Ibid.*, S. 113.
[85] Richard Curtiss. *A Changing Image (*Washington, D.C.: American Educational Trust, 1986), S. 65.

Laut Kennedys Partner Theodore Sorensen „schätzte Nasser Kennedys Botschafter John Badeau, und er schätzte Kennedys Methode der persönlichen Korrespondenz. Kennedy sagte jedoch eine Besuchseinladung Nassers ab, bis die Verbesserung seiner Beziehungen es ihm ermöglichte, auf die politischen Angriffe zu reagieren, dass ein solcher Besuch Israel freundlichere Wähler bringen würde."[86]

(Leider wurde, wie Richard Curtiss bemerkte: „Wie die meisten guten Absichten, die zu spät kommen, wurde die Einladung an Nasser zu einem persönlichen Treffen mit Kennedy nie ausgesprochen".)[87]

So versuchte Kennedy während seiner Amtszeit, mit den arabischen Staatschefs Kontakt aufzunehmen, um herauszufinden, wie die USA jedem Land bei seinen Streitigkeiten mit Israel helfen könnten.

AUS TRADITION AUFRECHT

Kennedy wollte jedoch, dass vor allem eine Sache von allen am Konflikt beteiligten Parteien verstanden wurde: Der neue US-Präsident wollte „absolut klarstellen, dass die Vereinigten Staaten das meinten, was in der Dreigliedrigen Erklärung von 1950 erwähnt wurde - dass wir schnell und entschieden gegen jede Nation im Nahen Osten vorgehen würden, die ihren Nachbarn angriff".[88] Diese Politik war nicht nur an die Araber gerichtet, sondern auch an Israel. Kennedy meinte es wirklich ernst.

DIE ISRAEL-LOBBY REAGIERT

Kurz nachdem Kennedy sein Amt angetreten hatte, begannen Israel und seine amerikanische Lobby zu verstehen, wie wichtig Kennedys Positionierung in Bezug auf den israelisch-arabischen Konflikt war. Israel war - gelinde gesagt - nicht gerade glücklich und begann, über seine Anhänger im Kongress Druck auf das Weiße Haus auszuüben, von denen viele auf die Unterstützung der israelischen Lobby in Form von Wahlkampfspenden und politischem Einfluss angewiesen waren.

Laut dem bekanntesten jüdischen Kritiker Israels, Dr. Alfred Lilienthal: „Während der Präsident, häufiger durch Vizepräsident Lyndon Johnson, den israelischen Bestrebungen viel Aufmerksamkeit schenkte, widersetzte sich seine Regierung weiterhin dem Druck, einschließlich einer von 226 Kongressabgeordneten beider Parteien unterzeichneten Petition (unterstützt durch eine große Anzeige in der *New York Times* am 28. Mai 1962), direkte Verhandlungen zwischen Arabern und Israelis zu beginnen. Kennedy hatte beschlossen, sein Engagement für das demokratische Forum beiseite zu legen, um die israelischen und arabischen Führer an einen Verhandlungstisch zu bringen, um die Palästinafrage zu lösen."[89]

---

[86] *Ibid.*, S. 67.
[87] *Ibid.*
[88] New Outlook Magazine, Januar 1964, S. 5.
[89] Alfred Lilienthal. *The Zionist Connection II.* (New Brunswick, New jersey: North American, 1982), S. 545.

ALGERIEN, NOCH

In der Mitte seiner Präsidentschaft hatte Kennedy die Genugtuung, dass der französische Präsident Charles De Gaulle Algerien die Unabhängigkeit gewährte - natürlich wurde dies, wie wir in Kapitel 4 gesehen haben, von Israel und seiner amerikanischen Lobby nicht gerne gesehen.

Fünf Jahre und einen Tag nach Kennedys Rede vor dem Senat, in der er die algerische Unabhängigkeit forderte, wurde Algerien am 3. Juli 1962 ein souveräner Staat. Laut dem ehemaligen Diplomaten Richard Curtiss „hatten die algerischen [revolutionären] Führer den US-Senator, der ihre Sache unterstützt hatte, nicht vergessen und begrüßten seine Wahl öffentlich."[90]

„Kennedy wiederum schickte William Porter, einen amerikanischen Außenbeamten, der ihm die algerische Sache erklärt hatte, als ersten Botschafter der Vereinigten Staaten nach Algerien. [Der algerische Führer] Ahmad Ben Bella besuchte Washington im selben Jahr. Später schrieb Ben Bella nach den Worten von Botschafter Porter Kennedy alles zu, was er in den Vereinigten Staaten für gut hielt."[91]

Obwohl pro-israelische Propagandisten und einige amerikanische Konservative mit engen Verbindungen zur Israel-Lobby erklärten, dass das unabhängige Algerien ein „kommunistischer" Außenposten im Nahen Osten sein würde, verbot der algerische Premierminister Ahmed Ben Bella am 29. November 1962 die Kommunistische Partei Algeriens.[92] Tatsächlich war Algerien ein islamischer Staat und genau das war es, was Israel so große Sorgen bereitete.

DE GAULLES UMSCHWUNG IM NAHEN OSTEN

Jedenfalls löste die Debatte über die algerische Unabhängigkeit eine große Krise in Frankreich aus, und die französische Organisation de l'Armée Secrète (OAS), die gegen die algerische Freiheit gekämpft hatte, betrachtete John F. Kennedy als zweiten Feind nach Charles De Gaulle.

(In den folgenden Kapiteln werden wir genauer darauf eingehen, wie JFKs Feinde bei der CIA in Wirklichkeit mit De Gaulles Feinden bei der OAS und den Verrätern innerhalb seines Regimes sowie mit dem israelischen Mossad zusammenarbeiteten).

Zwanzig Jahre nach der algerischen Unabhängigkeit kommentierte die *Washington Post* die Auswirkungen der algerischen Freiheit auf De Gaulles Nahostpolitik und umgekehrt auf Israel:

„Diplomatisch kehrte das um Algerien beraubte Frankreich unter Präsident Charles De Gaulle zu seiner traditionellen Politik der Freundschaft mit den Arabern zurück - sehr zum Leidwesen Israels und der 200.000 algerischen Juden, die bis zu ihrer Auswanderung nach Frankreich friedlich neben ihren arabischen Nachbarn gelebt hatten."[93]

Der israelische Historiker Benjamin Beit-Hallahmi stellt fest: „Als das endlich unabhängige Algerien den Vereinten Nationen beitrat, stimmte nur Israel gegen seine Aufnahme".[94] Tatsächlich spielte die Algerienfrage, wie wir noch sehen werden, letztlich eine Rolle bei den Ereignissen, die zur Ermordung von JFK führten.

---

[90] Curtiss, S. 66.
[91] *Ibid.*, S. 66
[92] *Washington Post*, 20. November 1962.
[93] *Washington Post*, 20. März 1982.
[94] Benjamin Beit-Hallahmi. *The Israeli Connection-Who Israel Arms and Why* (New York: Pantheon Books, 1987), S. 45.

Gleichzeitig gestaltete JFK eine Politik im Nahen Osten, die ihn mit Israel in Konflikt brachte. Da er sich jedoch des politischen Einflusses Israels in den USA bewusst war, machte JFK Israel entgegenkommende Angebote und arrangierte im Dezember 1962 ein Treffen mit der israelischen Außenministerin Golda Meir in Palm Beach.

„DOUBLE SENS"

Bei diesem Treffen ging Kennedy sogar so weit, die amerikanische Unterstützung für Israel zu betonen, wahrscheinlich in einer Weise, wie es noch nie ein amerikanischer Präsident seit der Gründung Israels getan hatte.

Der Präsident temperierte dieses Engagement jedoch in der Hoffnung, dass Israel anerkennen würde, dass die USA auch Interessen im Nahen Osten hatten.

Präsident Kennedy meinte in Bezug auf die israelisch-amerikanischen Beziehungen: „Unsere Beziehung ist eine Beziehung in beide Richtungen."[95]

KEINE „EXKLUSIVEN FREUNDE"

Phillips Talbot, stellvertretender Staatssekretär für Nahostangelegenheiten, der bei der Konferenz von Kennedy und Meir anwesend war, hatte ein Memorandum für das Außenministerium vorbereitet, in dem das Treffen zusammengefasst wurde. Laut dem Memorandum, das von Stephen Green in seiner monumentalen Studie *Taking Sides: America's Secret Relations With a Militant Israel* zusammengefasst wurde:

„Die Vereinigten Staaten", erklärte der Präsident, „haben eine besondere Beziehung zu Israel im Nahen Osten, die nur mit der Beziehung zu Großbritannien in einem breiten Spektrum von globalen Angelegenheiten vergleichbar ist. Aber um die Rolle, die wir spielen sollen, angemessen zu erfüllen, können wir uns nicht den Luxus leisten, Israel oder Pakistan oder bestimmte andere Länder als unsere exklusiven Freunde zu identifizieren."[96]

Green zufolge lautete Kennedys Botschaft an Israel: „Der beste Weg für die Vereinigten Staaten, den nationalen Sicherheitsinteressen Israels wirksam zu dienen", erklärte Kennedy, „bestand darin, die amerikanische Zusammenarbeit mit anderen Ländern in der Region aufrechtzuerhalten und auszubauen. Der Einfluss (Amerikas) konnte dann bei Bedarf in bestimmten Konflikten eingesetzt werden, um sicherzustellen, dass die grundlegenden Interessen Israels nicht gefährdet werden".[97]

„Wenn wir uns aus dem arabischen Nahen Osten zurückziehen und unsere Verbindungen nur mit Israel aufrechterhalten würden, wäre das nicht in Israels Interesse", erklärte Kennedy."[98]

VIER PROBLEME MIT ISRAEL

Der US-Präsident nannte vier Bereiche, die zu Spannungen in den Beziehungen zwischen den USA und Israel führten: 1) die Umleitung des Wassers des Jordanflusses von den arabischen Staaten durch Israel; 2) Israels Vergeltungsangriffe auf arabische

---

[95] Stephen Green. *Taking Sides: America's Secret Relations With a Militant Israel* (New York: William Morrow & Company, 1984), S. 182.
[96] *Ibid.*, S. 181.
[97] *Ibid.*
[98] *Ibid.*

Streitkräfte in den Grenzgebieten; 3) Israels zentrale Rolle im palästinensischen Flüchtlingsproblem und 4) Israels Beharren auf dem Verkauf hochentwickelter Hawk-Raketen durch die USA.[99]

Der Präsident legte Frau Meir das vor, was schließlich als Kennedy-Doktrin bekannt wurde. Kennedy erklärte Meir, dass die Interessen der Vereinigten Staaten und die Interessen Israels nicht immer dieselben seien. Das Talbot-Memorandum beschreibt Kennedys direkte Position:

„Wir wissen", [sagte Kennedy] „dass Israel vor enormen Sicherheitsproblemen steht, aber wir auch. Wir sind im letzten Frühjahr fast zu einer direkten Konfrontation mit der Sowjetunion gekommen und erst kürzlich wieder in Kuba..... Weil wir große Verantwortung für die Sicherheit übernommen haben, haben wir immer noch das Potenzial, uns in eine große Krise zu verwickeln, die nicht von uns verursacht wurde...".

DER BEDARF AMERIKAS IST GROSS

„Unsere Sicherheitsprobleme sind daher genauso wichtig wie die Israels. Wir müssen uns für den gesamten Nahen Osten interessieren. Wir möchten, dass Israel erkennt, dass die Partnerschaft, die wir mit Israel haben, zu Spannungen für die Vereinigten Staaten im Nahen Osten führt ... wenn Israel ähnliche Maßnahmen ergreift wie im letzten Frühjahr [als Israel einen Einmarsch in Syrien startete, was zu einer Verurteilung durch den UN-Sicherheitsrat führte]. Ob gut oder schlecht, diese Maßnahmen involvieren nicht nur Israel, sondern auch die Vereinigten Staaten."[100]

AMERIKA ZUERST - NICHT ISRAEL

Stephen Green glaubt, dass Kennedys Haltung gegenüber Israel eine wichtige Position war: „Es war ein bemerkenswerter Austausch und das letzte Mal seit sehr vielen Jahren, dass ein amerikanischer Präsident die Unterschiede der Unterschiede zwischen amerikanischen und israelischen nationalen Sicherheitsinteressen gegenüber der Regierung Israels präzise festlegte."[101]

So informierte John F. Kennedy Israel mit deutlichen Worten darüber, dass er - in erster Linie - die Interessen Amerikas - und nicht die Interessen Israels - in den Mittelpunkt der US-Politik im Nahen Osten stellen wollte.

NUKLEARE EXPANSION

Dies legte den Grundstein für neue Spannungen zwischen den USA und Israel in einer noch brisanteren Frage: Israels Entschlossenheit, eine Atombombe zu bauen. Israel hatte im letzten Jahrzehnt an der nuklearen Entwicklung gearbeitet, beharrte aber weiterhin auf dem strikt friedlichen Charakter seiner Atomprogramme. Die Fakten belegen jedoch das Gegenteil.

Um den Konflikt zwischen Kennedy und Israel über die nuklearen Absichten des zionistischen Staates genauer zu untersuchen, beziehen wir uns erneut auf das Buch des besagten Stephen Green: *Taking Sides: America's Secret Relations With a Militant* Israel,

---

[99] *Ibid.*, S. 181-182.
[100] *Ibid.*, S. 182.
[101] *Ibid.*, S. 182-183.

eine Schatzkiste mit wenig bekannten Informationen über die Beziehungen zwischen den USA und Israel von 1948 bis 1967. Green schreibt über JFKs Entdeckung, dass Israel an der Entwicklung von Atomwaffen arbeitete.

Als Kennedy während der Übergangszeit im Dezember 1960 sein Amt antrat, informierte die Eisenhower-Regierung Kennedy über Israels geheime Entwicklung von Atomwaffen in der Wüste an einem Ort namens Dimona. Israel brachte mehrere Tarngeschichten vor, um seine Aktivitäten in Dimona zu erklären.

EINE „SEHR SCHMERZHAFTE" SITUATION

Israel hatte das Atomwaffenprogramm so geheim wie möglich gehalten, doch der US-Geheimdienst kam dem Projekt auf die Spur. Kennedy bezeichnete die Situation als „sehr schmerzhaft".[102] Nach seinem Amtsantritt beschloss Kennedy, dass er sich bemühen würde, Israels Entwicklung von Atomwaffen zu vereiteln. Die Verbreitung von Atomwaffen sollte eine von Kennedys Hauptsorgen sein.

Israels geplanter Eintritt in die nukleare Arena war daher in JFKs Kopf eine beängstigende Aussicht, vor allem angesichts der anhaltenden Konflikte im Nahen Osten.

Gleich zu Beginn seiner Präsidentschaft befand sich John F. Kennedy in völliger Uneinigkeit mit der israelischen Regierung. Es war ein Konflikt, der bis zu JFKs Tod in Dallas nie wirklich gelöst werden würde. Es war kein vielversprechender Anfang für die Neue Grenze.

KENNEDY „GEFIEL DAS NICHT" UND DE GAULLE WAR „VERÄRGERT".

Stephen Green: „Das folgende Jahr, 1961, sollte für den Prozess der Nuklearisierung des Nahen Ostens von großer Bedeutung sein. Im Januar informierte (der israelische Premierminister) David Ben-Gurion die israelische Versammlung (die Knesset) und den Rest der Welt darüber, dass der Reaktor in Dimona in Wirklichkeit weder eine Textilfabrik noch eine Pumpstation war, sondern „ein wissenschaftliches Institut zur Erforschung der Probleme von Trockengebieten und der Flora und Fauna der Wüste". Dem neuen US-Präsidenten John Kennedy gefiel das nicht".[103]

In Paris spiegelte die Reaktion von Charles De Gaulle die Kennedys wider. Seine Regierung hatte Israel Unterstützung im Bereich der Nukleartechnologie gewährt, allerdings mit der Zusicherung Ben-Gurions, dass die nukleare Entwicklung friedlicher Natur sei.

Die israelischen Historiker Dan Raviv und Yossi Melman meinen: „Es gab auch Druck von Präsident De Gaulle in Paris. Die französische Haltung gegenüber dem Nahen Osten begann sich unmittelbar nach seinem Amtsantritt 1958 zu ändern. Er vermutete, dass der Dimona-Reaktor für militärische Zwecke bestimmt war, und das hatte den französischen Präsidenten sehr verärgert".[104] (De Gaulles spätere, bereits erwähnte Entscheidung, Algerien die Unabhängigkeit zu gewähren, hatte die ohnehin schon wachsenden Spannungen mit Israel lediglich verschärft).

---

[102] *Ibid.*, S. 154.
[103] *Ibid.*, S. 159-160.
[104] Dan Raviv und Yossi Melman. *Every Spy a Prince (Jeder Spion ein Prinz)* (Boston: Houghton Mifflin Co., 1990), S. 71-72.

In Washington war JFK entschlossen, das Problem ein für alle Mal zu lösen. Stephen Green berichtete von Kennedys anschließender Maßnahme: „Im Mai trafen sich Kennedy und Ben-Gourion in New York im Waldorf-Astoria-Hotel. Kennedy hatte bereits einen Brief an Ben-Gurion geschrieben, in dem er seine äußerste Besorgnis über das Dimona-Projekt zum Ausdruck brachte und regelmäßige Inspektionen durch die Internationale Atomenergiebehörde vorschlug. In New York stimmte Ben-Gurion dem Kompromiss zu, dass (ungefähr) jährliche Inspektionen durch amerikanische Wissenschaftler zu Zeiten und unter Bedingungen, die vom israelischen Verteidigungsministerium festgelegt wurden, durchgeführt werden sollten.

„Später sollte Myer Feldman, Kennedys Assistent für Nahostangelegenheiten, enthüllen, dass Ben-Gurion als Gegenleistung für die regelmäßigen Inspektionen der USA die Bereitstellung von hochentwickelten Ground-Air Hawk-Raketen gefordert hatte.

„Es gibt keinen Grund, an Kennedys Ernsthaftigkeit zu zweifeln, die israelische Atomforschung aufzuspüren und die Entwicklung von Waffen zu verhindern, aber die Frage, ob die jährlichen Inspektionen unter den angegebenen Bedingungen zu diesem Ergebnis geführt haben, war [im Verlauf der Ereignisse] umstritten."[105]

Und so kam es, dass John F. Kennedy inoffiziell unfreiwillig in einen Konflikt mit Israel geriet.

DER GEHEIME KRIEG

Kennedys Empfehlungen für gutes Benehmen an die arabischen Staaten waren nur ein öffentlicher Aspekt dessen, was sich schließlich zu einem erbitterten „geheimen Krieg" zwischen Kennedy und Israel entwickelt hatte.

Seymour Hersh meint: „Die Bombe Israels und was man darüber brauchte, war zu einer Fixierung des Weißen Hauses geworden, zu einem Teil des geheimen präsidialen Ziels, das für die nächsten dreißig Jahre verborgen bleiben würde."[106]

Wie Hersh bemerkenswerterweise rückblickend feststellt, war dieser geheime Krieg mit Israel von keinem der Biografen Kennedys jemals erwähnt worden.[107] Wäre er es tatsächlich gewesen, wie wir sehen werden, wäre das Geheimnis hinter der Ermordung JFKs schon vor langer Zeit gelüftet worden.

DAS ISRAELISCHE ATOMPROGRAMM

Es gab eine zusätzliche Falschfaltung. Obwohl Israel und die CIA seit langem eine enge und nachhaltige Arbeitsbeziehung aufgebaut hatten, überwachte die CIA die Entwicklung von Atomwaffen in Israel.

Im März 1963 schrieb Sherman Kent, Vorsitzender des Nationalen Datenrats der CIA, ein langes Memorandum an den CIA-Direktor über das höchst umstrittene Thema „Folgen des Erwerbs nuklearer Fähigkeiten durch Israel".

Laut Stephen Green definierte Kent für die Zwecke dieser internen Notiz „Erwerb" durch Israel als entweder (a) die Zündung eines nuklearen Geräts mit oder ohne Besitz von tatsächlichen Atomwaffen oder (b) eine Ankündigung Israels, Atomwaffen zu besitzen, auch ohne Tests durchzuführen. Kents Hauptschlussfolgerung war, dass eine israelische

---

[105] *Ibid.*, S. 159-160.
[106] Hersh, S. 100.
[107] *Ibid.*

Bombe „erheblichen Schaden für die amerikanische und westliche Position in der arabischen Welt" verursachen würde.[108]

Laut Greens genauer Einschätzung war „das Memorandum sehr stark und entschieden negativ in seinen Schlussfolgerungen"[109], die wie folgt lauteten:

„Obwohl Israel bereits eine klare militärische Überlegenheit gegenüber seinen arabischen Gegnern, einzeln oder zusammen, genießt, würde der Erwerb einer nuklearen Kapazität das Sicherheitsgefühl Israels erheblich stärken. In diesem Fall könnten einige Israelis dazu neigen, eine gemäßigte und versöhnliche Haltung einzunehmen.

„Wir halten es jedoch für viel wahrscheinlicher, dass die Politik Israels gegenüber seinen Nachbarn dadurch nur noch härter wird. [Israel würde versuchen, die psychologischen Vorteile seiner nuklearen Kapazität auszunutzen, um die Araber einzuschüchtern und sie daran zu hindern, an den Grenzen Ärger zu machen".[110]

In Bezug auf die USA meinte der CIA-Analyst, dass ein nukleares Israel „den größten Nutzen aus der fast unvermeidlichen arabischen Tendenz ziehen würde, sich an den Sowjetblock zu wenden, um Hilfe gegen die neue Bedrohung durch Israel zu erhalten, und argumentierte, dass Israel in Bezug auf Stärke und Zuverlässigkeit eindeutig der einzige gültige Freund der USA in der Region sei."

„Israel", so Kents Analyse, „würde alle Mittel der Aktion einsetzen, um die Vereinigten Staaten zum Nicken zu bewegen und sogar den Besitz einer nuklearen Kapazität zu unterstützen."[111]

Kurz gesagt, Israel würde seine enorme politische Macht - insbesondere durch seine Lobby in Washington - nutzen, um die USA zu zwingen, sich Israels nuklearen Absichten anzuschließen.

Die CIA hatte jedoch keine Bedenken hinsichtlich Israels Entschlossenheit, eine Atombombe zu produzieren, geäußert. Laut Green „ist es vielleicht bezeichnend, dass das Memorandum nicht als offizielle Einschätzung des Nationalen Nachrichtendienstes (NIE) verfasst wurde, was seine Verteilung an mehrere andere Regierungsstellen bedeutet hätte. Vor 1968 wurde keine offizielle NIE von der CIA über das israelische Atomwaffenprogramm veröffentlicht".[112]

Es ist nicht überraschend, dass die CIA- oder zumindest Mitglieder der CIA- die Interessen Israels schützen wollen. Wie wir in Kapitel 8 sehen werden, unterhielten Israel und die CIA sehr enge - in vielerlei Hinsicht vielleicht zu enge - Beziehungen.

KENNEDY UND BEN-GOURION

In der Zwischenzeit war sich Präsident Kennedy durchaus bewusst, dass Israels Atomprojekt in Dimona es Israel ermöglichen würde, mindestens eine Bombe pro Jahr zu produzieren - und das war genug, um einen Weltkrieg zu beginnen.

Obwohl das israelische Atomprogramm scheinbar „friedlicher" Natur war, ist es eine Tatsache, dass das Projekt vollständig vom israelischen Verteidigungsministerium kontrolliert wurde. Das allein machte das Projekt selbst in Israel umstritten. Aus diesem Grund war es für den israelischen Premierminister David Ben-Gurion von entscheidender Bedeutung, den Widerstand von JFK zu neutralisieren.

---

[108] Green, S. 164.
[109] *Ibid.*
[110] *Ibid.*
[111] *Ibid.*, S. 164-165.
[112] *Ibid.*, S. 164.

In Israel selbst gab es genügend nationalen Widerstand gegen das Programm, so dass Kennedys kategorische Weigerung, die israelische Nuklearentwicklung zu unterstützen, das Projekt schlicht und einfach beenden konnte.

In den ersten Monaten seiner Regierung hielt Kennedy regelmäßigen Kontakt zu Ben-Gurion mit dem Ziel, die nukleare Entwicklung zu stoppen. Die beiden Politiker führten einen ständigen privaten Briefwechsel zu diesem Thema.

VERGIFTETE BEZIEHUNGEN

Laut Seymour Hersh „erschwerte und vergiftete das israelische Bombenprogramm und der ständige Briefwechsel darüber Kennedys Beziehung zu David Ben-Gurion in der Folgezeit."[113]

Ben-Gurion bemühte sich um ein privates Treffen mit Kennedy - im Rahmen eines offiziellen Staatsbesuchs in Washington -, doch der Präsident weigerte sich, eine formelle Einladung auszustellen.

Daraufhin arrangierte Ben-Gurion, der über Beziehungen zum Weißen Haus verfügte, im Mai 1961 dank der Vermittlung des New Yorker Finanziers Abe Feinberg ein Treffen mit Kennedy.

Es war Feinberg, wie wir in Kapitel 4 gesehen haben, der die Beziehungen zwischen Kennedy und der jüdischen Gemeinschaft in den USA während des Präsidentschaftswahlkampfs 1960 anfänglich geglättet und eine massive jüdische Geldspritze für JFKs Wahlkampf organisiert hatte.

(Es war diese Erfahrung, wie bereits erwähnt, die Kennedys Haltung gegenüber Israel und seiner mächtigen Lobby erheblich beeinträchtigte).

Feinberg traf Vorkehrungen für ein Treffen zwischen dem US-Präsidenten und dem israelischen Führer während Ben-Gurions inoffiziellem Besuch in den USA, bei dem er bei einer Vorladung an der Brandeis University, einem jüdischen Lernzentrum in der Nähe von Boston, geehrt werden sollte.

Nach der Brandeis-Affäre reiste Ben-Gurion nach New York, wo er sich mit Kennedy im Hotel Waldorf Astoria traf. Laut Hersh „war das Treffen mit Kennedy eine große Enttäuschung für den israelischen Premierminister, und das nicht nur wegen der Atomfrage".[114] „Er schien mir wie ein fünfundzwanzigjähriger Junge auszusehen", sagte Ben-Gurion später seinem Biografen. „Ich fragte mich:" Wie kann ein so junger Mann zum Präsidenten gewählt werden? „Zuerst nahm ich ihn nicht ernst."[115]

HOSTILITÄT

Im Anschluss an das Treffen beschwerte sich Ben-Gourion bei Feinberg über seine erste unglückliche Begegnung mit JFK. Das war kein vielversprechender Anfang, und wie wir sehen werden, setzte es eine Dynamik in Gang. Laut Feinberg gab es „keine Möglichkeit, die Beziehung zwischen Jack Kennedy und Ben-Gurion zu beschreiben, weil es keine Absicht von B.G. gab, JFK als gleichwertig zu behandeln, zumindest was B.G. betraf. Gegenüber der Jugend hatte er die typische Haltung eines altmodischen Juden. Er hatte [Kennedy] nicht als jungen Menschen respektiert".[116]

---

[113] Hersh, S. 101.
[114] *Ibid.*, S. 102.
[115] *Ibid.*
[116] *Ibid.*, S. 103.

Mehr noch, der israelische Premierminister hatte noch einen weiteren Grund, den Motiven des jungen Amerikaners zu misstrauen. Laut Feinberg „konnte B.G. bösartig sein, und er hatte einen Hass auf den alten Mann".[117] Der „alte Mann" war in diesem Fall der Vater des Präsidenten, der ehemalige Botschafter Joseph P. Kennedy, der lange Zeit nicht nur als „Antisemit", sondern auch als Hitler-Anhänger galt.

Ben-Gurions Verachtung für den jungen Kennedy steigerte sich zusehends - fast schon pathologisch. Laut Hersh: „Später begann der israelische Premierminister in privaten Mitteilungen an das Weiße Haus, sich auf den Präsidenten als „jungen Mann" zu beziehen. Kennedy hatte den Mitarbeitern von B.G. deutlich erklärt, dass er die Briefe als beleidigend empfunden hatte."[118]

Kennedy hatte seinem engen Freund Charles Bartlett gesagt, er sei es leid, dass „die israelischen Hurensöhne mich ständig über ihre nukleare Kapazität anlügen."[119]

Natürlich war es, gelinde gesagt, nicht die große Liebe zwischen den beiden Politikern. Die Beziehung zwischen den USA und Israel befand sich in einer sich ständig verändernden und katastrophalen Sackgasse, aber so gut wie nichts davon war der amerikanischen Öffentlichkeit zu dieser Zeit bekannt.

„EINE ERNSTERE GEFAHR"

Präsident Kennedys Bemühungen, das Problem der palästinensischen Flüchtlinge zu lösen, stießen auch auf den heftigen und bitteren Widerstand Ben-Gurions. Der israelische Führer weigerte sich, einen Vorschlag Kennedys zu akzeptieren, wonach die Palästinenser entweder in ihre Heimat Israel zurückkehren dürften oder von Israel entschädigt und in den arabischen Ländern oder anderswo angesiedelt werden sollten.

Der ehemalige Unterstaatssekretär George Ball erwähnt in seinem Buch *The Passionate Attachment*, dass „Ben-Gurion im Herbst 1962 seine eigenen Ansichten in einem Brief an den israelischen Botschafter in Washington, der zur Verteilung an die jüdischen Führer Amerikas bestimmt war, weitergegeben hatte, in dem er Folgendes erklärte: „Israel wird diesen Plan als eine größere Gefahr für seine Existenz betrachten als alle Drohungen arabischer Diktatoren und Könige, als alle arabischen Armeen, als alle Raketen Nassers und seine sowjetischen MIGs ... Israel wird bis zum letzten Mann gegen diese Umsetzung kämpfen".[120]

Zu diesem Zeitpunkt sah Ben-Gurion die Politik des amerikanischen Präsidenten als eine sehr große Bedrohung für das Überleben Israels an. Ben-Gurion schwor, dass er, wie wir gesehen haben, „bis zum letzten Mann" kämpfen würde.

DIE GESTEN KENNEDYS

Trotz all dessen blieb der US-Präsident entschlossen, eine Lösung für die potenzielle Krise zu finden, die Ben-Gurions Hartnäckigkeit darstellte.

---

[117] *Ibid.*
[118] *Ibid.*, S. 105.
[119] *Ibid.*, S. 118.
[120] George Ball und Douglas Ball. *The Passionate Attachment (Die leidenschaftliche Bindung).* [New York: W. W. Norton & Company, 1992), S. 51.

Kennedy schlug vor, israelische Hawk-Raketen zu Verteidigungszwecken zu verkaufen - wie Israel es verlangte -, aber Kennedy zögerte den Verkauf weiterhin hinaus. Der Präsident weigerte sich, sich von Israel unter Druck setzen zu lassen.

Kennedy gab schließlich nach und stimmte dem Verkauf zu, allerdings erst, nachdem Israel und seine Verbündeten im US-Kongress Druck ausgeübt hatten. Zu diesem Zeitpunkt war es jedoch wahrscheinlich schon zu spät. Die Lage war prekär.

DAS ERBARMUNGSLOSE ISRAEL

Selbst die Waffenverkäufe hatten Israel und seine Lobby nicht besänftigt. Laut Alfred Lilienthal: „Der Kongress hielt den Druck auf das Weiße Haus weiterhin aufrecht. Im Senat griff der Block „Israel zuerst" die Regierung an, weil sie es versäumt hatte, einen Verteidigungspakt zum Schutz Israels zu schließen, und weil sie ein Embargo für alle Waffenlieferungen in den Nahen Osten verhängt hatte.

„Die Gesetzgeber knüpften an Ben-Gurions Kontroverse an, dass Israel beim Wettrüsten ins Hintertreffen geraten war. Nasser, so argumentierten sie, sei auf einen Krieg auf Knopfdruck vorbereitet gewesen. Israel [war] leicht aufzuspüren und zu zerstören und [konnte] nicht gegen vier oder fünf arabische Staaten gleichzeitig zurückschlagen".[121]

Zu dieser Zeit - inoffiziell - hatte Kennedy die ständige Überwachung der Israelis und ihres Aktivismus für die Atombombe angeordnet. Dies hatte nach allen Schätzungen für Kennedy höchste Priorität. Um jedoch sicherzustellen, dass der Zugang Israels zu Informationen über die amerikanische Spionageoperation gegen Israel begrenzt war, wurde die Überwachung direkt vom Büro des damaligen CIA-Direktors John McCone aus durchgeführt.[122]

(Dies garantierte natürlich immer noch nicht, dass Israels Freunde innerhalb der CIA [die wir in Kapitel 8 untersuchen werden] die Israelis nicht vor den durchgeführten feindlichen Operationen gewarnt hatten).

Kennedy war jedoch weiterhin bereit, einen Versuch zu unternehmen, die Angelegenheit zu klären, und hatte Israel gebeten, amerikanischen Inspektoren den Besuch in Dimona zu gestatten, um zu überprüfen, ob das Programm, wie Israel behauptete, friedlicher Natur war. Dies war offenbar der letzte Versuch des Präsidenten, Israel zu befrieden und gleichzeitig genau zu wissen, was in Dimona vor sich ging. Doch Israel würde die Inspektion nicht zulassen.

Zu diesem Zeitpunkt war man sich auf den höchsten Ebenen der Kennedy-Regierung allgemein einig, dass es ein großes Problem gab, das gelöst werden musste. Die engsten Vertrauten des Präsidenten begannen zu erkennen, dass Israel Kennedys Weigerung, sich den Forderungen Israels zu beugen, als eine ernsthafte Bedrohung für das Überleben Israels betrachtete.

Der damalige Verteidigungsminister Robert McNamara sagte in einer nachträglichen Stellungnahme: „Ich kann verstehen, warum Israel eine Atombombe wollte. Darin liegt ein grundlegendes Problem. Die Existenz Israels war in der Geschichte immer ein Fragezeichen, und das ist die entscheidende Frage".[123]

Die Israelis, insbesondere Ben-Gurion, würden dem wahrscheinlich zustimmen. Ihrer Meinung nach erschien John F. Kennedy selbst als eine Bedrohung für die Existenz Israels:

---

[121] Lilienthal, S. 547.
[122] Hersh, S. 107.
[123] *Ibid.*, S. 109.

JFK würde ein nukleares Israel einfach nicht gutheißen und die israelische Führung glaubte, dass ein nukleares Israel das weitere Überleben des jüdischen Staates sichern würde.

DIE DROHUNGEN GEGEN JFK

Der US-Präsident forderte Israel weiterhin auf, amerikanische Inspektionen der israelischen Atomanlagen zuzulassen. Daraufhin setzte Israel seine US-Lobby ein, um Kennedy hinter den Kulissen unter Druck zu setzen.

Einer der Angesprochenen war Abe Feinberg, der New Yorker Geschäftsmann, der Kennedy während seiner Präsidentschaftskampagne geholfen hatte, entscheidende Gelder zu beschaffen. Allerdings scheiterte auch Feinberg.[124] Dennoch schickte Feinberg dem Präsidenten eine Nachricht, in der er festhielt, dass die anhaltenden Forderungen nach einer Inspektion der Fabrik „weniger Unterstützung [der Israel-Lobby] in der Präsidentschaftskampagne 1964 zur Folge haben könnte.‟[125]

Laut Hersh „waren Feinberg und Ben-Gurion letztendlich nicht in der Lage, den anhaltenden Druck des Präsidenten zur Inspektion von Dimona zu überwinden.‟ Ben-Gurions kategorische öffentliche Ablehnung jeglicher Rüstungsabsichten in Dimona hatte der israelischen Regierung nur wenige Optionen gelassen: Die Verweigerung des Zugangs würde die Glaubwürdigkeit der Regierung verringern und auch der neu entstehenden Anti-Atomkraft-Gemeinde innerhalb Israels Glauben schenken.[126]

DER WÜSTENSCHWINDEL

So willigte Ben-Gurion schließlich ein, den amerikanischen Atomexperten den Besuch in Dimona zu gestatten. Allerdings hatte Ben-Gurion einen raffinierten Trick in petto. Der israelische Premierminister ordnete überstürzt den Bau einer Anlage an, die einem falschen Atomkraftwerk gleichkam - und die nicht vom Bau einer Atombombe zeugte. Es waren falsche Kontrollräume eingerichtet und Scheinoperationen angezeigt worden.

Alles war sehr sorgfältig inszeniert. Selbst die israelischen Führer, die die Amerikaner durch die Anlage führten, wurden von Übersetzern begleitet, die den Amerikanern falsche Übersetzungen der Bemerkungen der israelischen Ingenieure der Anlage gegeben hatten.

Laut Hersh „war Ben-Gurion kein Risiko eingegangen: Die amerikanischen Inspektoren - die meisten von ihnen Experten für nukleare Wiederaufbereitung - würden eine Täuschung zur Verfügung haben, ohne es jemals zu wissen.‟[127]

Ben-Gurions Täuschung - wie erfolgreich sie auch immer gewesen sein mochte - hatte JFK immer noch nicht davon überzeugt, dass Israel sich tatsächlich voll und ganz der friedlichen nuklearen Entwicklung verschrieben hatte. Kennedy wusste natürlich mehr.

Eine Pattsituation zwischen Kennedy und Israel war bereits eingetreten und verhieß nichts Gutes für die Zukunft.

---

[124] *Ibid.*, S. 108.
[125] *Ibid.*
[126] *Ibid.*, S. 109.
[127] *Ibid.*, S. 111.

DER „LETZTE AMERIKANISCHE PRÄSIDENT"

John Hadden, der ehemalige Leiter des damaligen CIA-Büros in Tel Aviv, ist der Meinung, dass John F. Kennedy der letzte US-Präsident war, der wirklich versucht hat, das Aufkommen der israelischen Atombombe zu stoppen. „Kennedy wollte sie wirklich stoppen", sagt Hadden, „und er bot ihnen konventionelle Waffen [z. B. Hawk-Raketen] als Bestechung an.

„Aber die Israelis waren uns weit voraus. Sie sahen, dass, wenn wir ihnen Waffen anboten, um es mit der Bombe langsam angehen zu lassen, wir ihnen, sobald sie sie hatten, viel mehr Waffen schicken würden, aus Angst, sie würden sie einsetzen."[128]

„DAS TURBULENTE JAHR"

Im Schicksalsjahr 1963 standen John F. Kennedy und Israel entschieden auf zwei gegnerischen Seiten, und das nicht nur im Bereich der geheimen - und kritischen - Atomkontroverse.

In Wirklichkeit ging es viel tiefer. Die Gesamtpolitik der Kennedy-Regierung gegenüber dem Nahen Osten hatte Israel und seine amerikanische Lobby höchst unzufrieden zurückgelassen. In seinen Memoiren beschreibt I.L. Kenan vom pro-israelischen Komitee für amerikanisch-israelische öffentliche Angelegenheiten, einer registrierten Israel-Lobby, 1963 als das „turbulente Jahr" zwischen John F. Kennedy und Israel. In einem Kapitel dieser Memoiren mit dem Titel „Eine Vielzahl von Versprechungen" - wobei Kennedy wahrscheinlich der Versprecher ist - notierte Kenan Kennedys Nahostpolitik:

„Kennedys neutralitische Strategie, seine Hoffnung, es in jedem schwierigen Bereich beiden Seiten recht zu machen, stürzte ihn im turbulenten Jahr 1963 in eine Vielzahl von Sackgassen. Sein Bestreben, zu versuchen, ehemalige Feinde als Freunde zu behandeln, alarmierte unsere Verbündeten, deren Ängste er ständig durch solide, aber diskrete Verpflichtungen zu mindern suchte."[129]

Die „Feinde", auf die Kenan anspielte, waren die arabischen Führer - insbesondere Nasser von Ägypten -, denen JFK Frieden anbot. Diese „Verbündeten" - zumindest in Kenans Kontext - bedeuteten in Wirklichkeit nur ein einziges Land - Israel, Kenans Hauptmandatsträger.

Kennedys „solide, aber diskrete" Zusagen reichten jedoch offenbar nicht aus, denn die Beziehungen zwischen Israel und den arabischen Staaten waren angespannt. Zumindest in den Augen der israelischen Führung schien ein Krieg unmittelbar bevorzustehen.

Ende April 1963 hatte David Ben-Gurion das Gefühl, dass die Araber den jüdischen Staat angreifen würden, doch John F. Kennedy teilte diese pessimistische Sichtweise nicht.

Kennedy hoffte immer noch auf Frieden in der Region und setzte seine Bemühungen in diese Richtung fort.[130]

DAS ALGERISCHE PROBLEM

---

[128] Andrew Cockburn und Leslie Cockburn. *Dangerous Liaison: The Inside Story of the U.S.-Israeli Covert Relationship* (New York: Harper Collins Publishers, 1991), S. 91.
[129] I. L. Kenan. *Israel's Defense Line: Her Friends and Foes in Washington* (Buffalo: Prometheus Books, 1981), S. 166.
[130] *Ibid.*, S. 166-167.

Obwohl die Rede des damaligen Senators John F. Kennedy von 1957, in der er zur Unabhängigkeit Französisch-Algeriens aufrief, dazu beitrug, den Boden für dieses Endergebnis zu bereiten, war der Preis für die neu gewonnene algerische Freiheit sehr hoch. Israel versuchte aktiv, das neue Regime zu sabotieren.

Am 14. August 1963 beschuldigte die Regierung des algerischen Premierministers Ben Bella Israel, ein Komplott zum Sturz des neuen arabischen Regimes geschmiedet zu haben. Die algerischen Behörden nahmen 20 Algerier und 10 Ausländer gefangen, die an einer Verschwörung zum Sturz der Regierung beteiligt waren.

„Diese Ausländer sind fast alle Israeliten", erklärte der algerische Informationsminister. „Wir werden zu der Annahme verleitet, dass wir es mit einer Verschwörung mit tentakelartigen Verzweigungen zu tun haben und dass hinter all dem der Einfluss Israels steht, das versucht, sich dem Vormarsch unserer Revolution entgegenzustellen.

„Ben Bella machte die algerische Position zu der Enklave des Imperialismus, die Israel genannt wurde, aber in Wirklichkeit Palästina war, deutlich. Es ist nicht seltsam, dass sie versuchen, sich in unsere inneren Angelegenheiten einzumischen".[131]

Israel und seine Verbündeten von der Organisation der Geheimen Armee (OAS) - die bis heute offiziell aufgelöst wurde, aber immer noch aktiv ist - waren entschlossen, den Lauf der Geschichte umzukehren.

Es wird jedoch nicht das letzte Mal sein, dass wir auf diesen Seiten die eiserne Hand Israels und der OAS finden, die sich in das Leben und die Aktivitäten von John F. Kennedy einmischen.

DIE LETZTE PRESSEKONFERENZ

Kennedys Bemühungen, eine ausgewogene amerikanische Politik im Nahen Osten zu betreiben, wurden jedes Mal vereitelt. Die Verbitterung war offensichtlich - auf beiden Seiten. Nach der Manipulation des Kongresses durch Israel stimmten das Repräsentantenhaus und der Senat Ende 1963 dafür, die Hilfe für Ägypten einzustellen, ein Land, das im Zentrum von Kennedys Friedensdynamik gestanden hatte.

Dadurch wurden JFKs Friedensbemühungen in der Tat vorübergehend - zumindest - auf ein Minimum reduziert. Die ausgestreckte Hand an die arabische Welt und ihre Führer, insbesondere an Nasser von Ägypten, war abgeschnitten worden - an der Schulter.

Der (offizielle) Cheflobbyist Israels in Washington - I. L. Kenan - beschrieb die letzte Pressekonferenz von John F. Kennedy in Washington.

„Am 14. November 1963 inspizierte Kennedy auf einer Pressekonferenz die Trümmer seiner Nasser-Politik. Er war sehr kritisch. Der Senatszusatz zwang ihn, „eine äußerst komplizierte Schlussfolgerung zu ziehen", und er glaubte nicht, dass diese Sprache unsere Position oder Flexibilität in unseren Beziehungen mit der URA (Union der Arabischen Republiken) stärken würde.

„[Kennedy] fuhr fort: „In der Tat würde das einen gegenteiligen Effekt haben. Ich denke, es ist eine sehr gefährliche und unordentliche Welt, aber wir werden damit leben müssen; und ich denke, dass eine Möglichkeit, damit zu leben, darin besteht, uns zu erlauben, unsere Ämter auszuüben."

„Wenn die Regierung nicht funktionieren würde, würden die Wähler sie aus dem Amt drängen. Kennedy forderte den Kongress auf, ihn nicht durch „gesetzgeberische Zwänge und unangemessene Budgets" an der Ausübung seines Amtes zu hindern."

---

[131] *Washington Post*, 13. August 1963.

„Diese Worte", bemerkt Kenan, „wurden bei seiner letzten Pressekonferenz im Weißen Haus gesprochen."[132]

In vielerlei Hinsicht irritierte JFKs Nahostpolitik die Israelis nämlich, einschließlich - oder vielmehr vor allem - JFKs Entschlossenheit, das Problem der palästinensischen Flüchtlinge lösen zu wollen.

JFKS „GUTER GLAUBE" IN FRAGE GESTELLT

Am 20. November 1963 rief Kennedys Delegation bei den Vereinten Nationen zur weiteren Umsetzung der UN-Resolution von 1948 auf, die das Recht der vertriebenen palästinensischen Araber auf Rückkehr in ihre Heimat (nach Israel) und das Recht derjenigen, die sich gegen eine Rückkehr entschieden hatten, auf Entschädigung forderte.

Der *London Jewish Chronicle* berichtete über die israelische Reaktion: „Premierminister Levi Eshkol bestellte den US-Botschafter ein ... und teilte ihm mit, dass Israel über die pro-arabische Haltung der US-Delegation „schockiert" sei. Golda Meir", so der *Chronicle*, „drückte Israels Verwunderung und Wut über die Haltung der USA aus".[133]

Der *Chronicle* stellte seinerseits redaktionell fest: „Israel, das weder konsultiert noch über die amerikanische Absicht informiert wurde, stellt seltsamerweise den guten Glauben der Vereinigten Staaten nicht in Frage".[134]

Es ist unwahrscheinlich, dass JFK jemals die Gelegenheit hatte, die verleumderischen Kommentare über seine Nahostpolitik zu lesen, die vom *London Jewish Chronicle* veröffentlicht wurden. Sie wurden am 22. November 1963 gedruckt.

Und so kam es, dass John F. Kennedy, als er Washington auf seiner letzten Reise als Präsident verlassen wollte, mit dem Problem Israel und seinem mächtigen Einfluss in Washington konfrontiert wurde.

Schließlich wurde während Kennedys Reise nach Dallas in seinem Namen ein letztes Memorandum über die heikle Frage der weltweiten Entwicklung von Atomwaffen vorbereitet.

Obwohl JFK die französische Atomwaffenproduktion ebenso vehement ablehnte wie die israelische, hatte der US-Präsident dennoch begonnen, seine Haltung gegenüber den Franzosen zu überdenken.

Während John F. Kennedy also triumphierend durch die Innenstadt von Dallas schritt, wurde von JFKs Berater McGeorge Bundy ein „streng geheimes, sehr vertrauliches" Memorandum vorbereitet, in dem Kennedys neue Politik beschrieben wurde, die vielleicht nachsichtiger gegenüber Frankreich sein sollte, das, wie wir gesehen haben, eine wichtige Rolle bei der nuklearen Entwicklung Israels und unfreiwillig (ob es dem französischen Präsidenten De Gaulle gefällt oder nicht) bei der Verfolgung von Atomwaffen gespielt hatte. Das Memorandum über die neue Politik gegenüber Frankreich war ebenfalls auf den 22. November 1963 datiert.[135]

Zu diesem Zeitpunkt war jedoch das Schicksal von John F. Kennedy besiegelt. Er hatte Israel und seine Führer an den Rand des Abgrunds getrieben.

---

[132] *Ibid.*, S. 187.
[133] *London Jewish Chronicle*, 22. Nov. 1963.
[134] *Ibid.*
[135] Hersh, S. 125-126.

BEN-GOURION: „ZEICHEN VON PARANOIA"

Der Tropfen, der das Fass zum Überlaufen brachte, hatte sich tatsächlich etwa sechs Monate zuvor ereignet. Im Frühjahr 1963 lagen Kennedy und Ben-Gourion mehr denn je im Clinch. Darüber hinaus litt Ben-Gurion unter einer tiefen persönlichen Krise (die, wie wir jetzt sehen, zum Teil aus seiner unglücklichen Beziehung zu John F. Kennedy herrührte).

Der Biograf des israelischen Premierministers, Dan Kurzman, meint: „Einsam und deprimiert fühlte sich Ben-Gurion seltsam hilflos. Die Führung Israels glitt ihm aus seinen schäbigen Händen... Ben-Gurion begann, Anzeichen von Paranoia zu zeigen. Die Feinde kamen ihm von allen Seiten immer näher. Eine einfache Erklärung von Ägypten, Syrien und dem Irak im April 1963, dass sie sich zusammenschließen und die „zionistische Bedrohung" zerschlagen würden, versetzte ihn fast in Panik."[136]

GEHEIMER BRIEFWECHSEL „IMMER VERBITTERTER"

All dies trug natürlich enorm zu den Problemen zwischen Kennedy und Ben-Gurion bei. Seymour Hersh schreibt: „Die Beziehung zwischen Kennedy und Ben-Gurion blieb in Bezug auf Dimona in einer Sackgasse stecken, und der Briefwechsel zwischen den beiden wurde immer verbitterter. Keiner dieser Briefe wurde veröffentlicht".[137]

KENNEDY IST EIN „TYRANN"

(Wie viele der geheimen Regierungsakten über die Ermordung von JFK war auch Kennedys Austausch mit Ben-Gourion nicht freigegeben worden, nicht einmal an US-Beamte mit einer umfassenden Sicherheitsfreigabe, die versucht hatten, als geheim eingestufte Geschichten aus der Zeit zu schreiben).[138]

„Es war kein geselliger Austausch", so Ben-Gurions Schriftsteller Yuval Neeman. „Kennedy schrieb wie ein Tyrann. Er war hart."[139] Auch Ben-Gurions Antwort war nicht passiv.

All dies verschärfte die Spannungen - scharfe Spannungen - zwischen dem amerikanischen Präsidenten und dem israelischen Führer. Kennedys Ungeduld wuchs. Die Beziehungen zwischen den USA und Israel waren anders als zuvor. Laut Hersh „sorgte der Präsident dafür, dass der israelische Premierminister für seine Unverschämtheit bezahlen musste"[140]. Als Ben-Gurion erneut die Gelegenheit für einen offiziellen Staatsbesuch in Washington suchte, lehnte Kennedy ab.

DIE EXISTENZ ISRAELS „IN GEFAHR" IST

Es war zu diesem Zeitpunkt, dass Ben-Gurion sich klar äußerte. Er war überzeugt, dass das, was er als Kennedys Unnachgiebigkeit betrachtete, eine totale Bedrohung für das

---

[136] Dan Kurzman. *Ben-Gurion: Prophet of Fire*. (New York: Simon & Schuster, 1983), S. 440-441.
[137] Hersh, S. 120-121.
[138] *Ibid.*, S. 120.
[139] *Ibid.*, S. 121.
[140] *Ibid.*

weitere Überleben des jüdischen Staates darstellte. JFK wurde als Feind der Juden wahrgenommen.

In einer seiner letzten Mitteilungen an Kennedy schrieb Ben-Gourion: „Herr Präsident, mein Volk hat das Recht zu existieren ... und diese Existenz ist in Gefahr."[141] (Hervorhebung durch den Verfasser) Zu diesem Zeitpunkt verlangte Ben-Gourion, dass Kennedy einen Sicherheitsvertrag mit Israel unterzeichnete. Kennedy lehnte ab.

Am 16. Juni 1963 trat Ben-Gurion abrupt von seinem Amt als Premierminister und Verteidigungsminister zurück. Damit beendete der „bewaffnete Prophet" seine fünfzehnjährige Karriere als Grand Sir von Israel. Damals erklärte die israelische Presse - und sogar die Weltpresse - der Welt, dass Ben-Gurions plötzlicher Rücktritt das Ergebnis seiner Unzufriedenheit mit den innenpolitischen Skandalen und der Unruhe in Israel war.[142]

EINE IMPASSE MIT BITTEREM GESCHMACK

Der Hauptgrund für Ben-Gurions Abgang war jedoch die Unfähigkeit des israelischen Führers, Druck auf JFK auszuüben, damit dieser die israelischen Forderungen akzeptierte. Laut Hersh: „Es gab keine Möglichkeit für die israelische Öffentlichkeit ... zu vermuten, dass es noch einen weiteren Faktor bei Ben-Gurions Verschwinden gab: die immer bitterer werdende Pattsituation mit Kennedy über ein atomar bewaffnetes Israel".[143] Ben-Gurion hatte versagt. Die Schlacht war verloren, aber der Krieg zwischen den beiden Männern musste noch gewonnen werden.

EIN MODERNER HAMAN?

Was dachte Ben-Gurion, als er die Regierungsgeschäfte an seinen Nachfolger übergab? Was war David Ben-Gurions letzte Amtshandlung als Premierminister des jüdischen Staates? Im Lichte von Ben-Gurions explizitem Kommentar an John F. Kennedy, dass „mein Volk das Recht hat zu existieren ... und diese Existenz ist in Gefahr", können wir sicherlich eine gute Vermutung anstellen.

In Ben-Gurions Augen war John F. Kennedy eindeutig ein moderner Haman - ein Feind des jüdischen Volkes. In der jüdischen Folklore war Haman ein Nachkomme der Amalekiter, der als Premierminister des Königs Ahasveros von Persien diente. Es war Haman, der den König davon zu überzeugen versuchte, dass alle Juden in seinem Reich für immer ausgerottet werden sollten.

Der Legende nach soll jedoch eine schöne jüdische Verführerin namens Esther ihre weiblichen Tricks bei Ahasveros angewandt haben, und am Ende war es Haman, der stattdessen getötet wurde. Das wichtige jüdische Fest Purim feiert die Befreiung der Juden von dem von Haman geplanten Holocaust.

In der Bibel - Deut 25,19; Sam.1 15,8 - wurden die alten Hebräer aufgefordert, „das Gedächtnis der Amalekiter auszulöschen", von denen Haman abstammte.

In Israel - im Jahr 1963 - hatte David Ben-Gurion John F. Kennedy sicherlich als einen modernen Haman, einen Sohn der Amalekiter, betrachtet. Während er über den gewaltsamen Konflikt mit JFK meditierte, erinnerte sich Ben-Gurion wohl an die Meditation, die an Purim gelesen wurde:

---

[141] *Ibid.*
[142] *Ibid.*, S. 121-122.
[143] *Ibid.*, S. 124.

„Der böse Mensch, der hochmütige Spross aus der Saat Amaleks, hat sich gegen uns erhoben. Töricht in seinem Reichtum, hat er sich eine Grube gegraben, und seine eigene Größe hat ihm eine Falle gestellt. In seinem Geist dachte er, er würde eine Falle stellen, aber er wurde selbst gefangen; er suchte zu zerstören, aber er selbst wurde schnell zerstört ... er ließ den Galgen vorbereiten und wurde selbst daran aufgehängt."

DIE ENDGÜLTIGE REIHENFOLGE?

Der israelische Führer konnte nicht anders, als weiter darüber nachzudenken, wie er sein Volk von dem befreien könnte, was er als sichere Vernichtung empfand. Ben Gurion hatte sein Leben der Gründung eines jüdischen Staates und dessen Führung in der Weltarena gewidmet. Und in Ben Gurions Augen war John F. Kennedy ein Feind des jüdischen Volkes und seines geliebten Staates Israel.

Andrew und Leslie Cockburn haben es auf den Punkt gebracht: „Ben-Gurion ist der Vater Israels. Er hat den Staat wirklich in die Unabhängigkeit geführt, sein Volk in die Unabhängigkeit geleitet, die israelische Unabhängigkeitserklärung verfasst, war mit einer kurzen Unterbrechung bis 1963 Premierminister. Das Israel, das Sie heute sehen, ist wirklich die Schöpfung von David Ben-Gurion".[144]

Wir können also verstehen, warum Ben-Gurion tatsächlich frustriert war, weil es ihm nicht gelungen war, John F. Kennedy zu stürzen. Es war eine Zeit der Krise und des Handelns.

Die These dieses Buches ist, dass Ben-Gurion in seinen letzten Tagen als Premierminister dem Mossad befahl, sich an dem Mordkomplott gegen JFK zu beteiligen. Aufgrund der Beweise, die wir in *Endgericht* beschreiben werden, sind wir der Ansicht, dass der Mossad Ben-Gourions Befehl ausführte.

Am 22. November 1963 endete das Leben des US-Präsidenten, den Ben-Gurion als eine Bedrohung für das Überleben selbst Israels ansah, ruhmlos auf der Dealey Plaza in Dallas.

Dass Israel und seine Führung glaubten, dass drakonische Maßnahmen notwendig sein könnten, um den Lauf der Geschichte zu beeinflussen und Israels Überleben zu sichern, ist unbestreitbar.

Isser Harrel, der bis Mitte 1963 Chef des Mossad war, soll gesagt haben: „Die Regierung Israels muss handeln, um das Übel des Rassismus und das Monster des Antisemitismus zu verwurzeln", und wenn dies nicht diplomatisch geschehen könne, müsse es auf andere Weise geschehen, insbesondere, so Harel, „über den Geheimdienst, wie es zu meiner Zeit üblich war".[145] Kurz gesagt: notfalls durch Mord.

Der ehemalige Unterstaatssekretär George Ball fasst die Auswirkungen der Ermordung John F. Kennedys auf die amerikanisch-israelischen Beziehungen recht knapp, wenn auch etwas rätselhaft zusammen: „Wie auch immer Kennedy in seinen Beziehungen zu Israel erfolgreich war, es bleibt eine der vielen faszinierenden Fragen, für die seine Ermordung jede Antwort ausschließt".[146]

---

[144] Interview zu C-SPAN-Fußnoten, 1. September 1991.
[145] Zitat von Yossi Melman in der *Los Angeles Times*, 28. Nov. 1993.
[146] Ball, S. 51-52.

DIE SCHARFSCHÜTZEN DES MOSSAD

Wir wissen genau, wer angeblich die Beteiligung des Mossad an der Ermordung John F. Kennedys koordinierte und dabei mit Israels Verbündeten bei der CIA und im organisierten Verbrechen zusammenarbeitete (was wir auf diesen Seiten erörtern werden). Am 3. Juli 1992 berichtete *Ha'aretz*, die angesehene Zeitung in Israel, dass es sich um den ehemaligen jüdischen Untergrundterroristen und späteren Mossad-Agenten Yitzhak Shamir (ehemaliger israelischer Premierminister) handelte, der während seines Dienstes beim Mossad ein Kommando angeführt hatte.

Die israelische Zeitung berichtete, dass Shamir die Attentatseinheit von 1955 bis 1964, dem Jahr nach der Ermordung von JFK, leitete. „Die Einheit führte Anschläge gegen mutmaßliche Feinde und Nazi-Kriegsverbrecher durch[147]„, so ein Artikel in der Zeitung.

„Im Februar 1963 schickte Herr Shamir Einheiten zu zwei erfolglosen Versuchen, Hans Kleinwachter zu ermorden, einen deutschen Wissenschaftler, der verdächtigt wurde, Ägypten bei der Entwicklung von Raketen zu helfen. Ein weiterer deutscher Wissenschaftler, der für die Ägypter arbeitete, Heinz Krug, verschwand im September 1962 unter mysteriösen Umständen."[148] Es wurde vermutet, dass Shamirs Agenten dafür verantwortlich waren.

Der israelischen Zeitung zufolge hatte Shamir die Mitglieder seines Mossad-Kommandos aus ehemaligen Mitgliedern der Stern-Gang rekrutiert, der terroristischen Untergrundgruppe, die Shamir während des israelischen Unabhängigkeitskampfes angeführt hatte. Die Stern-Gang war für den Mord an Lord Moyne, dem britischen Residenzminister im Nahen Osten, im Jahr 1944 und für das Massaker am UNO-Vermittler Graf Folke Bernadotte im Jahr 1948 verantwortlich.[149]

Wir haben bereits gesehen, dass Kennedy - wie Moyne und Bernadotte - ein „mutmaßlicher Feind" Israels und seines verbitterten Premierministers David Ben-Gurion war. Und nun wissen wir auch von der Existenz des Mossad-Kommandos, das eine wichtige Rolle bei der Verschwörung spielte, die zum Tod von John F. Kennedy führte. In Kapitel 16 werden wir genau erfahren, wie diese vom Mossad inszenierte Verschwörung ablief.

DIE FEINDE VEREINIGEN SICH

Mit Israels engen Verbindungen nicht nur zur CIA, sondern auch zu Meyer Lanskys Syndikat des organisierten Verbrechens - auf das wir noch näher eingehen werden - bauten der israelische Premierminister und seine Mossad-Agenten ein Netzwerk von Verbündeten auf, mit denen sie problemlos zusammenarbeiten konnten, um die Ermordung von John F. Kennedy zu orchestrieren.

Jede dieser mächtigen Kräfte hatte gute Gründe, radikale Maßnahmen zu ergreifen, um der von JFK ausgehenden Bedrohung ein Ende zu setzen. Wir werden in diesem Buch beschreiben, dass sie sich zweifellos in einer gemeinsamen Verschwörung zusammengefunden haben.

---

[147] *Washington Times*, 4. Juli 1992.
[148] *Ibid.*
[149] *Ibid.*

DAS KOMMEN DES MESSIAS

Da John F. Kennedy in einem Grab auf dem Nationalfriedhof in Arlington ruhte, war Israel sicher - zumindest für den Moment. Der neuzeitliche Erbe von Hamans Erbe war zerstört worden. Die Tatsache, dass Lyndon Johnson - der Mann, der Israel und seiner amerikanischen Lobby immer treu ergeben war - bereit war, das Amt des amerikanischen Präsidenten zu übernehmen, blieb nicht unbemerkt. Der Messias Israels war gekommen.

KAPITEL VI

Das Kommen des Messias
Lyndon Johnson eilt Israel zu Hilfe ;
Die US-Politik im Nahen Osten wird auf den Kopf gestellt

In den Wochen nach der Ermordung von John F. Kennedy war Israel wohl der größte unmittelbare Nutznießer von Kennedys Tod - auch wenn es nicht das war, was die staatlich kontrollierten Medien dem amerikanischen Volk erzählt hatten.

Der unmittelbarste Nutznießer von JFKs Tod war natürlich Lyndon Johnson, der der politische Günstling Israels und seiner Verbündeten aus Meyer Lanskys Syndikat des organisierten Verbrechens war.

Es war Johnson, der Kennedys Nahost-Politik rasch umkehrte und - zu guter Letzt, so ein Historiker - Israel als 51ten Staat in Amerika etablierte.

Es besteht kein Zweifel daran, dass die Ermordung von John F. Kennedy mehrere ganz bestimmte Dinge in Bezug auf die amerikanisch-israelischen Beziehungen erreicht hat:
1)   Damit wurde ein Präsident des Weißen Hauses - John F. Kennedy - beseitigt, der wegen seiner festen Entschlossenheit, ein Atomwaffenarsenal zusammenzustellen, in eine bittere Sackgasse mit Israel geraten war;
2)   Dies brachte einen Präsidenten ins Oval Office - Lyndon Johnson -, der die lange etablierte US-Politik im Nahen Osten völlig umkehrte und die USA fest auf die Seite Israels stellte - mit aller Virulenz.
3)   Dies ermöglichte es Lyndon Johnson, JFKs Vietnam-Politik umzukehren und damit zu beginnen, das Engagement der USA in Südostasien zu intensivieren. Dies ermöglichte es Israel, seine eigene geopolitische Position im Nahen Osten voranzutreiben; und
4)   Dies ermöglichte es Israels Verbündeten in der CIA und Meyer Lanskys Syndikat des organisierten Verbrechens, den Drogenhandel in Südostasien abzuschotten, was ein unmittelbares Ergebnis der Beteiligung der USA in der Region war.

Israel war eindeutig und ohne jeden Zweifel der größte internationale Nutznießer der Präsidentschaft Lyndon Johnsons, die nur durch die Ermordung John F. Kennedys möglich geworden war.

DAS ÜBERLEBEN ISRAELS

Wenn der Schutz seiner nationalen Sicherheitsinteressen und seines eigenen Überlebens als Motiv angesehen werden kann - und das ist sicherlich der Fall -, dann hatte Israel vielleicht vor allem, ganz offensichtlich ein großes Interesse und eine große Motivation - bei der Orchestrierung der Ermordung von Präsident Kennedy zu helfen. Tatsächlich war das Überleben Israels selbst der Eckpfeiler seiner Außenpolitik, seit es als Nation begann.

Daher wäre die Beseitigung eines vermeintlichen Feindes für das Überleben Israels - also John F. Kennedy - nur eine logische Handlungsweise.

Dies natürlich vor allem im Lichte der Tatsache, dass Kennedys Nachfolger - Lyndon Johnson - in der Vergangenheit lange und oft eine persönliche Affinität zu Israel und seinen internationalen Interessen bewiesen hatte.

DIE VERBINDUNG ZWISCHEN JOHNSON UND LANSKY

Auch Johnson hatte eine lange und schäbige Akte der Beteiligung an kriminellen Aktivitäten - einschließlich Mord -, die schließlich wieder aufgetaucht war. Die Akte ist viel zu komplex, um sie hier zu untersuchen - außerdem ist die Dokumentation zu diesem Thema ziemlich umfassend.

Dennoch ist es sicherlich interessant, dass einer der Hauptverteidiger Johnsons Carlos Marcello, Lanskys Mann in Louisiana, war. Laut John W. Davis hatte Lanskys Mann Marcello mindestens 50.000 Dollar pro Jahr an Bestechungsgeldern an den texanischen Senator Lyndon Johnson gezahlt, der wiederum dazu beigetragen hatte, dass jedes Gesetz über den Drogenhandel, das Lanskys Syndikat des organisierten Verbrechens hätte schaden können, im Ausschuss gescheitert war.[150]

Es gibt jedoch Hinweise darauf, dass Johnsons Verbindungen zu Lansky und seinen Partnern noch weiter reichen. Als Lansky in Israel lebte, war einer seiner amerikanischen Landsleute, Benjamin Sigelbaum, zu Besuch gekommen.[151]

Es war Mr. Sigelbaum (nicht zu verwechseln mit Benjamin „Bugsy" Siegel, dessen Erschießung Lansky 1947 angeordnet hatte), der zusammen mit Bobby Baker, einem ehemaligen Vertrauten Johnsons, an zwei großen Transaktionen beteiligt war: dem Kauf einer Bank in Tulsa, Oklahoma, und Bakers umstrittener Geldautomatenfirma Serv-U.[152]

Edward Levinson, war ein weiterer Geschäftspartner von Baker, der das Fremont Casino in Las Vegas als Strohmann für Lanskys alten Freund und Geschäftspartner Joseph (Doc) Stacher (der schließlich im israelischen Exil starb) betrieb.[153]

Außerdem hatte der Autor Robert Morrow, ein ehemaliger CIA-Agent, enthüllt, dass einer von Bakers engsten Geschäftspartnern, mit dem er „unzertrennlich" war, ein Mafia-Kurier namens Mickey Weiner war, der „ein perfekter Nutzer von [Bakers] Büro und der gesamten [Bakers] Infrastruktur auf [Capitol] Hill war."[154] Unnötig zu sagen, dass Bakers Büro und Bakers „Infrastruktur" eins waren mit denen von Lyndon B. Johnson.

Es war derselbe Mickey Weiner, der, wie wir in Kapitel 7 sehen werden, einer von Meyer Lanskys Chefkurieren zwischen seinen Bankbetrieben in Miami und seinem europäischen Geldwäschezentrum in der Banque de Crédit International (BCI) in Genf in der Schweiz war.

(Die BCI wurde, wie in Kapitel 7, Kapitel 12 und Kapitel 15 ausführlich beschrieben, von einem israelischen Bankier geleitet, einem gewissen Tibor Rosenbaum, der früher Finanz- und Beschaffungsdirektor für den israelischen Mossad war).

Baker, der für seine kriminellen Aktivitäten während seiner Zeit als Johnsons Protegé (und als dessen berüchtigter Spendensammler) eine Strafe in einem Bundesgefängnis

---

[150] John Davis. *Mafia Kingfish: Carlos Marcello and the Assassination of John F. Kennedy* (New York: McGraw-Hill Publishing Company, 1989), S. 159.

[151] Robert Lacey. *Little Man: Meyer Lansky and the Gangster Life.* (Boston: Little, Brown & Company, 1991), S. 332-333.

[152] Ed Reid und Ovid Demaris. *The Green Felt Jungle.* (New York: Pocket Books edition, 1964), S. 217-219.

[153] *Ibid.*

[154] Robert Morrow. *The Senator Must Die* (Santa Monica, California: Roundtable Publishing, Inc., 1988), S. 126.

verbüßt hatte, war die einzige Person, die Lyndon Johnson ins Gefängnis hätte bringen können, wenn er alles verraten hätte.

Tatsächlich war es Johnsons Verwicklung in Bobby Baker, die John F. Kennedy dazu veranlasst hatte, die Weichen dafür zu stellen, Johnson aus den Wahlen 1964 zu werfen. Doch selbst nach Kennedys Tod bedrohte der üble Geruch von Korruption, der den mit Lansky verbandelten Baker umgab, Johnson noch immer.

JOHNSON STELLT SICH DEM GEFÄNGNIS?

Der Lobbyist Robert N. Winter-Berger aus Washington erinnert sich an einen Besuch des damaligen Präsidenten Johnson im Büro des Sprechers des Repräsentantenhauses John McCormack, während Winter-Berger anwesend war. Johnson explodierte unerwartet. Ohne sich der Anwesenheit Winter-Bergers bewusst zu sein, begann Johnson zu brüllen, zu schreien und seinen alten Freund und Schützling Bobby Baker zu verurteilen. „John, dieser Hurensohn wird mich ruinieren. Wenn dieser Schwanzlutscher etwas sagt, lande ich im Gefängnis", hatte Johnson geschrien. „Ich habe diesen Wichser praktisch großgezogen und jetzt wird er mich zum ersten Präsidenten der Vereinigten Staaten machen, der die letzten Tage seines Lebens hinter Gittern verbringen wird".[155]

Laut Winter-Berger wurde Johnson plötzlich bewusst, dass er anwesend war. McCormack versicherte dem Präsidenten, dass Winter-Berger „vertrauenswürdig" sei und dass Winter-Berger mit einem von Bakers anderen Geschäftspartnern, Nat Voloshen, eng befreundet sei.

Johnson bat Winter-Berger, diese Nachricht an Baker weiterzuleiten. „Sagen Sie Nat, er soll Bobby sagen, dass ich ihm eine Million Dollar gebe, wenn er den Hut trägt. Bobby darf nicht sprechen".[156] Baker sprach nicht. Baker ging ins Gefängnis. Johnson nicht.

Offensichtlich ist die Verbindung zwischen Johnson und Lansky weitaus komplexer, als wir in der Lage sein könnten, festzustellen, aber die Interaktion zwischen Johnson und seinen Verwandten und denen des Lansky-Syndikats ist, gelinde gesagt, unbestreitbar.

PLÖTZLICHE ÄNDERUNGEN DER POLITIK

Unnötig zu sagen, dass, als Lyndon Johnson Präsident wurde, Kennedys Krieg gegen das organisierte Verbrechen ein abruptes Ende fand. Es gab andere wichtige politische Umkehrungen, darunter natürlich auch die Änderung der Politik in Vietnam (auf die wir in diesem Kapitel und in Kapitel 9 noch näher eingehen werden).

Am bedeutsamsten an der Übernahme des Oval Office durch Lyndon Johnson war jedoch natürlich, dass die tiefgreifenden und unmittelbaren Veränderungen in der US-Politik gegenüber Israel und der arabischen Welt schnell nach LBJs plötzlicher Nachfolge im Präsidentenamt eintraten.

VON DEN „GUTEN NACHRICHTEN" AUS DALLAS

Die ersten Beweise, die wir feststellen können, dass Israel und seine amerikanische Lobby von Lyndons Aufstieg zum Präsidenten begeistert waren, sind in einer Notiz

---

[155] Robert N. Winter-Berger. *The Washington Pay-Off* (New York: Lyle Stuart, Inc., 1972), S. 65-66.
[156] *Ibid.*, S. 66.

enthalten, die I.L. Kenan, Direktor des Komitees für amerikanisch-israelische öffentliche Angelegenheiten (AIPAC), an hochrangige Persönlichkeiten bei AIPAC und andere Mitglieder der israelischen Lobby in Washington geschickt hatte.

Die Notiz lobte Johnsons „führende pro-israelische Haltung"[157] während seiner Karriere im Senat und war auf den 26. November 1963 datiert, nur einen Tag nachdem John F. Kennedy auf dem Nationalfriedhof in Arlington beerdigt worden war. Die Notiz spezifizierte im Übrigen formell „Nicht zur Veröffentlichung oder Verbreitung bestimmt".[158]

Offensichtlich wollten die Menschen im israelischen Lager nicht, dass ihre offensichtliche Freude - und Johnsons plötzliches Glück - an die Öffentlichkeit gelangten.

Interessant sind auch Kenans Memoiren über seine Dienstjahre als einer der Leiter der Israel-Lobby in Washington. Die Memoiren enthalten, wie wir gesehen haben, ein Kapitel über John F. Kennedy mit dem mysteriösen - und sogar strengen - Titel „Eine Vielzahl von Versprechungen" sowie die seltsame und genaue Erwähnung des Jahres 1963 als das „turbulente Jahr" (für die amerikanisch-israelischen Beziehungen).[159]

Das nächste Kapitel - über Lyndon Johnson - trägt den herzlichen Titel „Der texanische Freund Israels". Johnson - der in Kenans Worten der „Neue Mann im Weißen Haus" war - war ein sehr treuer Freund Israels.

Seymour Hersh betont, dass eine der ersten symbolischen Handlungen Johnsons als Präsident die Einweihung einer Synagoge in Austin, Texas, war, weniger als sechs Wochen nachdem er das Präsidentenamt übernommen hatte. Tatsächlich, so Hersh, war Johnson der erste amerikanische Präsident in der Geschichte, der eine Synagoge einweihte. Dies war, wie wir sehen werden, ein sehr symbolischer Akt.[160]

Frau Bird Johnson, die neue Frau des Präsidenten, versuchte später zu erklären, warum ihr Mann eine Leidenschaft für Israel und seine Freunde in der pro-israelischen amerikanischen Lobby hatte. Die „Juden waren ein integraler Bestandteil seines Lebens", sagte sie.[161]

ISRAELS INTERESSEN ZUERST

In Israel wurde Johnsons Präsidentschaft mit Freude begrüßt. Die israelische Zeitung *Yedio Ahoronot* erklärte, dass unter einer Präsidentschaft Johnsons die Frage der „amerikanischen Interessen" kein größeres Problem in den amerikanisch-israelischen Beziehungen darstellen würde, wie sie es unter Kennedy gewesen waren.[162] Mit anderen Worten: Johnson wäre - im Gegensatz zu Kennedy - bereit, die amerikanischen Interessen zugunsten Israels zurückzustellen. Die israelische Zeitung fügte hinzu: „Zweifellos werden wir mit dem Amtsantritt von Lyndon Johnson mehr Möglichkeiten haben, den Präsidenten

---

[157] Stephen Green. *Taking Sides: America's Secret Relations With a Militant Israel*. (New York: William Morrow & Company, 1984), S. 186.
[158] *Ibid.*
[159] I. L. Kenan. *Israel's Defense Line: Her Friends and Foes in Washington* (Buffalo: Prometheus Books, 1981), S. 173.
[160] Seymour Hersh. *The Samson Option: Israel's Nuclear Arsenal and American Foreign Policy* (New York: Random House, 1991), S. 127.
[161] *Ibid.*, S. 128.
[162] Green, S. 185.

direkt anzusprechen, wenn wir der Meinung sind, dass die US-Politik unseren vitalen Interessen zuwiderläuft"."[163]

TRAUER IN DER ISLAMISCHEN WELT

In der arabischen Welt fiel die Reaktion jedoch ganz anders aus. Laut dem ehemaligen Diplomaten Richard Curtiss, der viel Zeit in der Region verbracht hatte, „breitete sich die Trauer in der gesamten arabischen Welt aus, wo bis heute verblasste Fotografien an bescheidenen Wänden den jungen Helden abbilden".[164]

In Algerien, der neuen arabischen Republik, die mit Hilfe von John F. Kennedy ihre Unabhängigkeit erlangt hatte, rief Premierminister Ahmad Ben Bella den US-Botschafter an und sagte: „Glauben Sie mir, ich hätte es lieber gehabt, wenn mir das passiert wäre als ihm".[165] Kennedys freundliche Gesten für den Frieden waren in Erinnerung geblieben.

In Ägypten war sich Präsident Nasser bewusst, dass der Tod von John F. Kennedy tiefgreifende Auswirkungen auf die arabische Welt haben würde. Mit der Beseitigung Kennedys erklärte Nasser später, dass „[der französische Präsident Charles] De Gaulle das einzige westliche Staatsoberhaupt ist, dessen Freundschaft sich die Araber sichern können."[166]

Laut dem De-Gaulle-Biografen Jean Lacouture war De Gaulle jedoch „weder ein Freund der Araber noch Israels, sondern nur Frankreichs."[167] Man könnte sagen, dass die gleichen Worte auch auf John F. Kennedy zutreffen könnten: „ein Freund weder der Araber noch Israels, sondern nur Amerikas." Und Israel betrachtete JFK sicherlich nicht als Freund.

DEUIL À PARIS

In Paris war De Gaulle - der die algerische Unabhängigkeit gewährt hatte und als Vergeltung zahlreiche Mordversuche erlitten hatte - zutiefst fassungslos über den Mord an dem amerikanischen Präsidenten. Er unterbrach eine Regierungssitzung und verkündete: „John Fitzgerald Kennedy ist ermordet worden. Er war einer der wenigen Staatsführer, von denen man sagen kann, dass sie Staatsmänner sind. Er hatte Mut und liebte sein Land".[168] Laut De Gaulles Biographen „war dies eine beispiellose Huldigung, die es so noch nie gegeben hatte".[169]

Wie wir sehen werden, waren dieselben Personen, die sich gegen De Gaulles Leben verschworen hatten, auch für die Ermordung von John F. Kennedy verantwortlich. Und wenn De Gaulle es damals noch nicht wusste, würde er es irgendwann erfahren.

---

[163] *Ibid.*, S. 186.
[164] Richard Curtiss. *A Changing Image* (Washington, D.C.: American Educational Trust, 1986), S. 68.
[165] *Ibid.*
[166] Jean Lacouture. *De Gaulle: The Ruler.* (New York: W. W. Norton & Company, 1993), S. 446.
[167] *Ibid.*
[168] *Ibid*, S. 378.
[169] *Ibid.*

VERDÄCHTIGUNGEN

Nach der Ermordung Kennedys gab es noch weitere Auswirkungen in der arabischen Welt. Curtiss zufolge wurde Kennedys mutmaßlicher Mörder Lee Harvey Oswald schnell von Jack Ruby ermordet, „einem amerikanischen Juden mit Verbindungen zu Gangstern"[170] - in den Worten Curtiss' - Verdächtigungen, dass Israel an dem Verbrechen beteiligt war, waren damals an der Tagesordnung.

Curtiss meint: „Die Umstände gaben Anlass zu vielen Verschwörungstheorien, darunter auch die von praktisch allen Arabern geglaubte, dass das Attentat dazu diente, einen bevorstehenden politischen Wechsel der USA im Nahen Osten zu verhindern."[171]

Der folgende Kommentar von Curtiss erwies sich jedoch angesichts dessen, was wir auf den Seiten von *Endgericht* erforschen werden, als falsch: „Keine wie auch immer geartete Verbindung zum Nahen Osten wurde hingegen jemals entdeckt."[172]

Curtiss stellt fest: „Stattdessen machte ironischerweise die Ermordung des jüngeren Bruders von Präsident Kennedy, eines aufrichtigen Verteidigers Israels, durch einen Araber fünf Jahre später in Kalifornien Robert Kennedy zum ersten Amerikaner, der als Opfer des palästinensisch-israelischen Konflikts auf amerikanischem Boden ermordet wurde."[173] (Wie wir jedoch in Kapitel 18 sehen werden, darf man sich wie bei der Ermordung von John F. Kennedy nicht vom äußeren Anschein leiten lassen).

Dennoch schrieb Alfred Lilienthal, der ehemalige Kritiker der amerikanischen Nahostpolitik: „Es besteht kein Zweifel daran, dass Kennedy in seiner zweiten Amtszeit entscheidend handeln wollte. Die Ermordung von Präsident Kennedy unter Dallas am 22. November 1963 zerstörte die Möglichkeit, dass sich Washington in seiner zweiten Amtszeit von der schweren Last der amerikanischen Kollaboration im israelisch-arabischen Konflikt und dem unaufhörlichen politischen Hickhack um nationale Stimmen hätte befreien können."[174]

SICH SCHNELL BEWEGEN

Die Friedenshoffnungen der Araber waren zerschlagen worden und ein neuer US-Präsident in Washington war - währenddessen - damit beschäftigt, sich bei den israelischen Vertretern in der amerikanischen Hauptstadt beliebt zu machen.

„Sie haben einen sehr guten Freund verloren, aber Sie haben einen besseren gefunden", sagte der neue Präsident zu einem israelischen Beamten.[175] Obwohl Johnsons Zitat unzählige Male wiederholt wurde, ist man sich nicht ganz sicher, wer dieser Beamte war. Das Zitat könnte in der Tat apokryph gewesen sein - eine weitere Legende in Lyndon Johnsons Vermächtnis.

Die meisten Quellen glauben jedoch, dass Johnsons Kommentar wahrscheinlich gegenüber Ephraim Evron, der Nummer zwei der israelischen Botschaft in Washington, formuliert wurde. Es war Evron, der schließlich zu einem engen Freund Lyndon Johnsons wurde.

---

[170] Curtiss, *Ibid.*
[171] *Ibid.*
[172] *Ibid.*
[173] *Ibid.*
[174] Alfred Lilienthal. *The Zionist Connection II.* (New Brunswick, New Jersey: North American, 1982), S. 549.
[175] Kenan, S. 173.

Zum Zeitpunkt des Kennedy-Mordes war Evron interessanterweise in Washington für die Operationen des israelischen Geheimdienstes zuständig und arbeitete eng mit James Jesus Angleton, dem Mann Israels bei der CIA, zusammen. So scheint es wahrscheinlich, dass alles, was Angleton über die Ermordung von JFK wusste, wahrscheinlich auch Evron wusste - und umgekehrt. Und vielleicht, so könnten wir spekulieren, wusste es auch Johnson. (In Kapitel 8 und Kapitel 16 werden wir Angletons seltsame Rolle im JFK-Mordkomplott im Detail untersuchen).

Laut Johnsons Assistenten Harry McPherson: „Ich glaube, [Evron] fühlte, was ich immer gefühlt habe, dass in Lyndon Johnsons Blut viele jüdische Blutkörperchen waren".[176]

Besagter McPherson, der sich in einer Aufnahme für das Oral History Project der LBJ-Bibliothek äußerte, bezeichnete sich kurioserweise als Johnsons „antisemitischer Angestellter" im Weißen Haus.[177] McPherson erklärte, dass dies bedeute, dass er „eine ständige Beziehung zu B'nai B'rith, der Anti-Defamation League, in gewissem Maße der zionistischen Organisation und allen, die verschiedene Dinge wollen" aufrechterhalten müsse,[178] eine wahrscheinlich schwierige Aufgabe. Dementsprechend hatte McPherson ein besonders offenes Ohr für Johnsons Beziehungen zu Israel und seiner Lobby in Washington.

Tatsächlich hatte Johnson, wie aus der Aufnahme hervorgeht, eine lange und enge Beziehung zu Israel und seinen Anhängern. Israel wusste, dass es einen treuen Anhänger seiner Interessen im Weißen Haus hatte, nachdem John F. Kennedy nun aus dem Weg geräumt war.

EIN LANGJÄHRIGER FAVORIT ISRAELS

Israel beobachtete Lyndon Johnson natürlich seit langem sehr genau. Über Johnson sagte Evron, der Mann vom israelischen Geheimdienst, folgendes aus: „Johnsons Eindruck von Israel zeigte sich schon früh während der [Suez]-Krise 1957, als er Mehrheitsführer [im Senat] war. Als Präsident Eisenhower und Außenminister Dulles uns zum Rückzug aus dem Sinai zwingen wollten, drohten sie uns mit Wirtschaftssanktionen. Johnson überredete Senator William Knowland aus Kalifornien, der damals Oppositionsführer war, mit ihm ins Weiße Haus zu kommen und dem Präsidenten zu sagen, dass dies nicht geschehen würde".[179]

Auch die arabischen Staaten beobachteten Johnson genau, vor allem nachdem er Präsident geworden war. Besonders Gamal Abdel Nasser, der ägyptische Präsident, zu dem JFK hoffte, eine Brücke bauen zu können. Wie wir gesehen haben, beklagte sich JFK bei seiner letzten Pressekonferenz im Weißen Haus über die Bemühungen Israels und seiner Anhänger, seine Friedensinitiativen im Nahen Osten zu sabotieren, insbesondere in Bezug auf die Beziehungen zu Nasser.

---

[176] Curtiss, S. 75.
[177] Green, S. 246.
[178] *Ibid.*
[179] Curtiss, S. 75.

DER POLITIKWECHSEL BEGINNT

Laut dem Autor Stephen Green erklärte Nasser bereits am 5. März 1964 dem Assistenten des US-Außenministers Phillips Talbot: „Die Vereinigten Staaten hatten ihre Politik auf eine aktivere Unterstützung Israels umgestellt."[180]

Das war nur etwas mehr als drei Monate, nachdem John F. Kennedy ermordet worden war und Lyndon B. Johnson ins Präsidentenamt katapultiert worden war.

Nassers Bilanz war das Ziel. Laut dem Geheimdiensthistoriker Richard Deacon ging Johnsons neue Politik nicht nur in Richtung der Forderungen Israels, sondern auch in Richtung der Forderungen der Freunde Israels in der CIA:

„Präsident Johnson hatte sich bereits von der vorläufigen pro-arabischen Haltung der Kennedy-Regierung abgewandt, die bei der CIA immer schlecht angekommen war".[181]

Deacon berichtet, dass Walt Rostow, der nationale Sicherheitsberater des Präsidenten, glaubte, dass die Politik der USA gegenüber Israel als wirksame Kontrolle der sowjetischen Unterstützung für die arabischen Länder dienen würde. „So", so Deacon, „spiegelte Rostow fast vollständig die Ansichten der CIA-Hierarchie wider".[182]

Johnson selbst hatte in seinen Dienstjahren im Senat ebenfalls langjährige Verbindungen zu Israels Freunden in der CIA.

Als Mehrheitsführer im Senat arbeitete Johnson regelmäßig eng mit der CIA zusammen und galt im Kongress als „Freund der CIA".

Unbestritten ist jedoch, dass Lyndon Johnson in der Tat einen großen Wandel im Management der US-Politik im Nahen Osten in Übereinstimmung mit seiner gemeinsamen Hingabe nicht nur an die Interessen der CIA, sondern auch an die Israels eingeleitet hat.

Dies hatte natürlich einen großen Einfluss auf den Verlauf der amerikanischen Außenpolitik und war eine sofortige und vollständige Umkehrung der Politik, die der verstorbene Präsident Kennedy verfolgt hatte.

DIE ATOMBOMBE

Interessanterweise war der erste große Vorteil, den Israel aus dem Tod von JFK zog, tatsächlich die Entfernung eines Präsidenten aus dem Weißen Haus, der sich vehement gegen Israels Entwicklung von Atomwaffen ausgesprochen hatte.

Der Historiker Stephen Green schrieb: „Die vielleicht bedeutendste Entwicklung des Jahres 1963 im israelischen Atomwaffenprogramm fand jedoch am 22. November auf dem Flug von Dallas nach Washington D.C. statt, als Lyndon Baines Johnson nach der Ermordung von John F. Kennedy als sechsunddreißigster Präsident der Vereinigten Staaten vereidigt wurde.

„In den ersten Jahren der Regierung Johnson wurde das israelische Atomwaffenprogramm in Washington als „heikles Thema" bezeichnet. Das Weiße Haus unter Lyndon Johnson sah keine Dimona, hörte von keiner Dimona und sprach von keiner Dimona, als der Reaktor Anfang 1964 eine kritische Schwelle erreichte."[183]

Der kritische Punkt des Konflikts zwischen John F. Kennedy und der vom Mossad dominierten Regierung Israels war somit kein Thema mehr. Der neue US-Präsident - ein

---

[180] Green, S. 186.
[181] Richard Deacon. *The Israeli Secret Service (Der israelische Geheimdienst).* (New York: Taplinger Publishing Co., Inc., 1978), S. 179.
[182] *Ibid.*
[183] Green, S. 165-166.

langjähriger Unterstützer Israels - erlaubte, dass die nukleare Entwicklung fortgesetzt werden konnte. Das war nur der Anfang.

HUBERT HUMPHREY UND DAS LANSKY-SYNDIKAT

Johnson festigte auch seine langjährigen Verbindungen zu Meyer Lanskys Syndikat des organisierten Verbrechens. Im Jahr 1964 - für seine erste volle Amtszeit im Weißen Haus - wählte Johnson Senator Hubert H. Humphrey aus Minnesota zu seinem Vizepräsidenten.

Wie der *Washington Observer* bemerkte: „Humphrey wurde 1945 als Bürgermeister von Minneapolis durch die Machenschaften und schwarzen Wahlkampfkassen, die der berüchtigte Kid Cann, König der Unterwelt von Minneapolis, gesammelt hatte, zum ersten Mal in den öffentlichen Dienst katapultiert.

„Cann, dessen richtiger Name Isadore Blumenfeld war, sowie seine Brüder (bekannt unter ihren Decknamen Harry und Yiddy Bloom) waren zusammen mit Meyer Lansky am Besitz zahlreicher Luxushotels in Miami beteiligt, zusammen mit Humphreys Chefberater Max Kampelman, einer der prominentesten Persönlichkeiten der Israel-Lobby in Washington."

„Blumenfeld und Lansky waren Partner im Syndikat, das die Hotels Sand und Fremont, Glücksspieleinrichtungen in Las Vegas, besaß, bis sie ihre Anteile am Sand an Howard Hughes verkauften. Wenn Humphrey und seine wichtigsten Helfer in Miami sind", berichtete der Observer, „genießen [sie] kostenlose Unterkünfte in den Luxushotels des Syndikats".[184]

(Alan H. Ryskind wies in seiner kritischen Humphrey-Biografie nach, wie es Humphrey, dem damaligen Bürgermeister von Minneapolis, gelang, ein Auge zuzudrücken, als Blumenfeld in eine Reihe von Schwierigkeiten geriet, über die in den Medien ausführlich berichtet wurde[185] - eine der Gefälligkeiten von SAR (Her Royal Highness) für Meyer Lanskys Verbrechersyndikat.

So wurde Lansky und seinen Partnern in Israel bei den Präsidentschaftswahlen 1964 - die Johnson verlieren sollte - eine Traumwahl für den kommenden November zugesichert. Johnson und sein Vizepräsident waren dafür angeheuert und bezahlt worden. Lansky und Israel hatten dafür gesorgt, dass es keine Probleme mit unabhängigen irischen Multimillionären der zweiten Generation wie John F. Kennedy geben würde, der nicht nur der Sohn eines notorischen Antisemiten war, sondern obendrein ein hartnäckiger Verfechter der amerikanischen Interessen.

So war Lyndon Johnson, nachdem er sich zum Präsidenten hatte wählen lassen, in der Lage, Israel zahlreiche Gefälligkeiten zu erweisen.

STAATLICH GEFÖRDERTE AUSLANDSHILFE

Seine wohl drakonischsten Bemühungen im Dienste Israels beinhalteten massive Erhöhungen der ausländischen Hilfsgelder, die von den amerikanischen Steuerzahlern finanziert wurden. Obwohl John F. Kennedy selbst Israel gegenüber in dieser Hinsicht großzügig gewesen war, hatte Johnson Kennedy zum Geizhals gemacht.

---

[184] *Washington Observer*, 15. September 1968.
[185] Alan H. Ryskind. Hubert (*New York: Arlington House*, 1968), S. 79-84.

Der ehemalige Unterstaatssekretär George Ball kommentierte die ausländische Hilfe mit den Worten: „Die Israelis lagen richtig mit ihrer Annahme, dass Johnson sympathischer sein würde als Kennedy".[186]

Der Autor Stephen Green zitiert Daten der US-Behörde für internationale Entwicklung: „In den folgenden Jahren - den ersten drei Jahren der Johnson-Regierung - soll sich die [Höhe der] Unterstützung [der ausländischen Hilfe für Israel] qualitativ und quantitativ verändert haben. Die staatliche Unterstützung für Israel im Steuerjahr 1964, dem letzten Haushaltsjahr der Kennedy-Regierung, belief sich auf 40 Millionen US-Dollar. Dies war im Vergleich zu den Unterstützungsniveaus der vorherigen Jahre erheblich reduziert worden. Im Haushaltsjahr 1965 stieg diese Zahl auf 71 Millionen Dollar und im Haushaltsjahr 1966 auf 130$ Millionen".[187]

BEWAFFNUNG DER ISRAELISCHEN KRIEGSMASCHINERIE

Green merkt außerdem an, dass unter Lyndon Johnson auch die Militärhilfe der USA für Israel stark angestiegen war:

„Am bedeutsamsten war jedoch die Veränderung der Zusammensetzung dieser Hilfe. Im Steuerjahr 1964 [von JFK] war praktisch keine offizielle US-Hilfe für Israel Militärhilfe; sie war fast gleichmäßig zwischen Entwicklungsdarlehen und Nahrungsmittelhilfe im Rahmen des PL 480-Programms aufgeteilt. Im Steuerjahr 1965 [von LBJ] waren jedoch 20 Prozent der US-Hilfe militärischer Natur, und im Steuerjahr 1966 waren nicht weniger als 71 Prozent der offiziellen Hilfe für Israel in Form von Krediten für den Kauf von militärischer Ausrüstung.

„Darüber hinaus hatte sich die Art der von uns gelieferten Waffensysteme geändert. Im Laufe des Jahres 1963 stimmte die Kennedy-Regierung dem Verkauf von fünf Hawk-Raketenbatterien im Wert von 21,5 Millionen Dollar zu. Dabei handelte es sich jedoch um ein Luftverteidigungssystem. Die Johnson-Regierung lieferte Israel in den Jahren 1965 bis 1966 250 moderne Tanks (modifizierte M-48), 48 A-1 Skyhawk-Bodenangriffsflugzeuge, Kommunikation und elektronische Geräte, Artillerie und rückstoßfreie Gewehre.

Angesichts der Konfiguration der [israelischen Verteidigungsstreitkräfte] handelte es sich um alles andere als Verteidigungswaffen.

„Die 1966 geleistete Militärhilfe in Höhe von 92 Millionen Dollar war höher als die gesamte offizielle Militärhilfe, die Israel in allen Jahren seit der Gründung dieser Nation 1948 gewährt wurde."[188] Green fasst das massive Ausmaß von Johnsons Geschenken zusammen: „70% der offiziellen amerikanischen Hilfe für Israel war militärisch. Amerika hat Israel seit 1946 mehr als 17 Milliarden Dollar an Militärhilfe gewährt, von denen fast alle - mehr als 99% - seit 1965 geleistet wurden."[189]

ISRAELS INTERESSEN ZUERST

Es war eindeutig Lyndon B. Johnson, der den Präzedenzfall für die unbegrenzte Hilfe für Israel geschaffen hat. Alles in allem markierten der Tod von John F. Kennedy und der Einzug Lyndon Johnsons ins Oval Office jedoch einen großen Wandel in der allgemeinen Politik der Vereinigten Staaten.

---

[186] Ball, S. 52.
[187] Green, S. 186-187.
[188] *Ibid.*
[189] *Ibid.*, S. 251.

Wie Stephen Green sehr ausführlich *in in Taking Sides: America's Secret Relations With A Militant Israel* schreibt:
„Von 1948 bis 1963 wurde Amerika von allen Regierungen des Nahen Ostens als Großmacht wahrgenommen, die auf der Grundlage ihrer eigenen, klar definierten nationalen Interessen handelte. Außerdem war die amerikanische Nahostpolitik nur die Nahostpolitik; es war keine israelische Politik, in der die arabischen Länder untergeordnete Akteure waren.

„Von 1948 bis 1963 garantierten die Präsidenten Truman, Eisenhower und Kennedy fest die nationale Sicherheit und territoriale Integrität Israels, aber auch fest die von Jordanien, Libanon und anderen Ländern in der Region. Dies war das Ziel der Dreier-Erklärung von 1950.

„Für die aufeinanderfolgenden israelischen Regierungen in dieser Zeit wurde die Grenze zwischen den nationalen Sicherheitsinteressen der USA und Israels häufig und meist entscheidend festgelegt. Trumans Politik in Bezug auf Waffenexporte in den Nahen Osten, Eisenhowers Stände zur regionalen Wasserentwicklung und zur territorialen Integrität während der Suezkrise und Kennedys Offenheit mit Frau Meir - all das waren Markierungen auf dieser Trennlinie.

Nichtsdestotrotz überstieg die finanzielle Unterstützung der USA für Israel während dieser Zeit pro Kopf der Bevölkerung bei weitem diejenige, die jeder anderen Nation der Welt gewährt wurde. Und die diplomatische Unterstützung der USA für Israel bei den Vereinten Nationen und anderswo war nicht weniger großzügig.

„Aber die Grenzen der US-Unterstützung für Israel wurden von allen Ländern in der Region allgemein verstanden, und es waren genau diese Grenzen, die Amerikas Fähigkeit aufrechterhielten, die verschiedenen Fragen, aus denen sich der israelisch-arabische Streit zusammensetzte, zu berücksichtigen...

„Dann, in den ersten Jahren der Johnson-Regierung, 1964-1967, änderte sich die Politik der USA in Nahostfragen schlagartig. Vielleicht wäre es genauer zu sagen, dass sie sich aufgelöst hatte. Amerika hatte eine öffentliche Politik zur Nichtverbreitung von Atomwaffen, hatte aber plötzlich eine geheime Politik, die darauf abzielte, das israelische Atomwaffenprogramm zu fördern. Wir hatten eine öffentliche Politik zum Rüstungsgleichgewicht in der Region, vereinbarten aber insgeheim bis Ende 1967, Israels größter Waffenlieferant zu werden.

„Offiziell waren die USA „fest entschlossen, die politische Unabhängigkeit und territoriale Integrität aller Nationen [des Nahen Ostens] zu unterstützen", während sich Johnsons „Nahost-Team" bewusst und insgeheim darauf konzentrierte, Israel zu ermöglichen, praktisch alle seine Grenzen zu den benachbarten arabischen Staaten zu seinem Vorteil neu zu definieren.

„Es handelte sich natürlich um eine Politik ohne Prinzipien und ohne Integrität. Aber sie war auch ineffizient, insofern als Israel weiterhin in einer Weise handelte, die die nationalen Sicherheitsinteressen der Vereinigten Staaten ignorierte."[190]

ISRAEL PROFITIERT VON VIETNAM

Diese unglaublichen Fakten über den plötzlichen Umschwung in der traditionellen amerikanischen Politik wurden zu lange ignoriert, wenn es um die Frage ging, wer am meisten von der Ermordung John F. Kennedys profitiert hatte. Israel hatte eindeutig den größten Vorteil und profitierte davon.

---

[190] *Ibid.*, S. 243-244.

All dies ist umso ironischer, wenn man bedenkt, dass Israel sich wiederholt und absolut weigerte, Johnsons Vietnam-Politik zu unterstützen, sehr zum Missfallen des „texanischen Freundes Israels". „Verdammt", hatte sich Johnson bei Harry McPherson, seinem „antisemitischen Angestellten", beschwert, „sie wollen, dass ich Israel beschütze, aber sie wollen nicht, dass ich etwas in Vietnam tue"."[191]

Offensichtlich hatten Israels Verbündete innerhalb der CIA nun freie Hand, um ihren eigenen Privatkrieg in Vietnam zu führen: ein Vorteil für die CIA, der sich aus der Beseitigung Kennedys aus dem Präsidentenamt ergab. (In Kapitel 9 werden wir Kennedys Krieg mit der CIA im Detail untersuchen).

Johnsons Umsturz bezüglich JFKs Entscheidung, mit dem Abzug der US-Streitkräfte (und des CIA-Personals) aus Südostasien zu beginnen, war im wahrsten Sinne des Wortes ein Staatsstreich der CIA. Auch während des Vietnamkonflikts weitete die CIA ihre Macht aus.

Dasselbe galt für Johnsons zahlreiche Freunde in der Rüstungsindustrie, sowohl zu Hause in Texas als auch anderswo. Die Rüstungsunternehmer nahmen Milliarden von Milliarden Dollar ein, indem sie von Johnsons schmutzigem kleinen Krieg in Südostasien profitierten, einem Krieg, der wahrscheinlich das Ende von Johnsons populären Chancen auf eine zweite Amtszeit markierte.

VIETNAM - DAS SCHMUTZIGE KLEINE GEHEIMNIS ISRAELS

Was jedoch leider ignoriert wurde, war die Tatsache, dass Israel von der Beteiligung der USA in Vietnam viel zu gewinnen hatte.

Wie Stephen Green betont, war ein direktes und unmittelbares Ergebnis des militärischen Abenteurertums der USA in Südostasien die Fähigkeit Israels, seine militärische Stärke und seinen politischen Einfluss im Nahen Osten voranzutreiben.

Immerhin konnte Israel nun, da die USA in Südostasien festsaßen, argumentieren, dass Uncle Sam einen engen, zuverlässigen und demokratischen Verbündeten im Nahen Osten brauchte, um sich um die amerikanischen Interessen in der Region zu kümmern.

Green: „Zu einer Zeit, als das Weiße Haus unter Johnson zunehmend vom Vietnamkrieg besessen war, schlugen die israelischen Militärführer vor, den Völkern und Ländern des Nahen Ostens Stabilität aufzuzwingen - es ging um eine „Pax Hebraica".

„Es gab natürlich einen Preis für Amerika. Die Vereinigten Staaten müssten die ersten Schritte unternehmen, um das zu werden, was drei der vorherigen Präsidenten gesagt hatten, dass wir niemals sein würden: Israels wichtigster Waffenlieferant. Wir würden zumindest vorübergehend unsere Rolle als Hauptvermittler in dem facettenreichen arabisch-israelischen Konflikt verlieren.

„Das neue Arrangement würde es erfordern, unseren alten Vertrag über die Nichtverbreitung von Kernwaffen ungeachtet des Vertrags von 1968 zu vergessen.

„Und was vielleicht am wichtigsten ist, die nationalen Sicherheitsinteressen der Vereinigten Staaten in der Region würden mit Israel in einem Ausmaß verschmolzen, das in der Geschichte der amerikanischen Außenbeziehungen einzigartig wäre und bis heute ist"."[192]

Vor allem würde Israel erheblich von dem Engagement der USA in Vietnam profitieren, was bei einem Überleben von JFK nicht geschehen wäre.

Es gibt noch eine weitere Ironie in der Beziehung zwischen den USA und Israel in Bezug auf den Vietnamkonflikt, die sehr interessant zu bemerken ist.

---

[191] *Ibid.*, S. 249.
[192] *Ibid.*, S. 180.

Nach dem Ausbruch des Vietnamkriegs, der Lyndon Johnson immer tiefer in das Chaos der öffentlichen Unzufriedenheit zog, begann Israel mit seinen eigenen Schwierigkeiten zu kämpfen, während seine Kräfte im Nahen Osten schwanden.

Obwohl der Eintritt Amerikas in Südostasien Israel eine freie Hand in seinem eigenen geografischen Einflussbereich verschaffte, stellte der kleine jüdische Staat fest, dass er nun die Vereinigten Staaten brauchte, vielleicht mehr als je zuvor. Die israelische Aggression gegen seine arabischen Nachbarn hatte die arabische Welt gegen Israel versammelt.

Als sich die USA zu weit nach Südostasien vorwagten, bemerkten Israel und seine US-Lobby, dass sich die amerikanische Energie in die falsche Richtung konzentrierte. So kam es, dass viele der vielen Stimmen, die die USA aufforderten, sich aus der Vietnam-Arena zurückzuziehen, diejenigen waren, die am lautesten forderten, dass die USA sich wieder in das Pulverfass des Nahen Ostens einmischen sollten.

WO SOLL AMERIKA KÄMPFEN?

Es war am Vorabend des Krieges von 1967 - eines Krieges, der für Israel das Ende hätte bedeuten können -, dass der *Washington Star* (in seinem Hauptleitartikel vom 4. Juni) auf das seltsame Paradoxon hinwies.

„Viele derjenigen, die im In- und Ausland die amerikanische Präsenz in Vietnam am schärfsten verurteilen, sind die ersten, die sich für eine vollständige amerikanische Beteiligung im Nahen Osten aussprechen.

„Und nachdem sie den Sprung von der Isolation zur Intervention geschafft hatten, fuhren sie fort, indem sie behaupteten, dass unser Engagement im Nahen Osten eine weitere Rechtfertigung für den Rückzug aus Asien sei. Die Nation, so die Argumentation, könne es sich nicht leisten, sich in beiden Gebieten zu engagieren.

„Eine Wahl muss getroffen werden. Und der Nahe Osten ist der logische Ort für eine US-Intervention[193] ,,, so die Einschätzung des *Star* über die Haltung der pro-israelischen Befürworter des Rückzugs aus Vietnam, die eine US-Intervention im Nahen Osten forderten.

Damals begann Israel, das zunächst die Vorteile des US-Engagements in Südostasien geerntet hatte, schließlich für den Rückzug der USA zu trommeln - allerdings erst lange nachdem der Schaden des Vietnamkriegs bereits angerichtet worden war. Israel stellte seine eigenen Interessen - und nicht die Interessen Amerikas - an die erste Stelle.

LANSKY, DIE CIA & VIETNAM

Es sollte auch erwähnt werden, dass die Freunde Israels in Meyer Lanskys Syndikat des organisierten Verbrechens ebenfalls vom Vietnamkonflikt profitiert hatten. In Kapitel 12 werden wir die wenig bekannte Zusammenarbeit zwischen Lanskys Syndikat, seinen mit dem Mossad verbundenen Geldwäschern und der CIA im südostasiatischen Drogenhandel ausführlich untersuchen.

Lanskys kriminelles Imperium begann während des Vietnamkriegs, als sich das Drogenproblem in den USA und anderswo in großem Umfang zu verschärfen begann, den umfangreichen weltweiten Drogenhandel - größtenteils unter dem Deckmantel der CIA - in ganz Südostasien zu nutzen.

Heute, viele Jahre später, kommt die Rolle der CIA auf dem globalen Drogenmarkt erst langsam wieder an die Oberfläche. Der Iran-Contra-Skandal beispielsweise brachte einige

---

[193] *Washington Star*, 4. Juni 1967.

Klarheit in diesen wenig bekannten Aspekt der dunklen Seite des Weltgeschehens. So teilte die gemeinsame Kombination Israel-Lansky-CIA einen großen Vorteil der amerikanischen Beteiligung in Vietnam. Man musste Lyndon Johnson danken.

EINE LEIDENSCHAFTLICHE VERBUNDENHEIT

Israel und seine geheimen Verbündeten hatten in der Tat einen Messias in der Person von Lyndon Baines Johnson. In seinem Buch *The Passionate Attachment* fasste der ehemalige Unterstaatssekretär George Ball die Ergebnisse von Johnsons Nahostpolitik zusammen: „Erstens hat die Regierung Amerika in die Position gebracht, Israels wichtigster Waffenlieferant und seine bedingungslose und einzige Stütze zu sein.

„Zweitens: Indem Johnson den Israelis versicherte, dass die USA ihnen immer einen militärischen Vorteil gegenüber den Arabern verschaffen würden, garantierte er die Eskalation eines Wettrüstens... Drittens: Indem Johnson sich weigerte, dem Rat seiner Assistenten zu folgen, dass Amerika seine Lieferung von atomwaffenfähigen F-4 Phantoms von Israels Unterzeichnung des Atomwaffensperrvertrags abhängig machen würde, vermittelte er den Israelis den Eindruck, dass Amerika keine grundsätzlichen Einwände gegen Israels Atomprogramm gehabt habe.

„Viertens: Indem er eine Vertuschung des israelischen Angriffs auf die Liberty zuließ [siehe Kapitel 2], erklärte Präsident Johnson den Israelis in der Tat, dass nichts, was sie tun würden, amerikanische Politiker dazu bringen würde, ihr Angebot abzulehnen. Von diesem Zeitpunkt an begannen die Israelis so zu handeln, als hätten sie ein unveräußerliches Recht auf amerikanische Hilfe und Unterstützung".[194]

Wie Stephen Green in seiner Analyse über die unglaublichen Veränderungen in der Politik der USA gegenüber Israel, die während der Ära Johnson stattfanden, schlussfolgert:

„Im Juni 1967 hatten Lyndon Johnson und sein Team von außenpolitischen Beratern aus verschiedenen Gründen, zu denen offensichtlich auch „innenpolitische Erwägungen" gehörten, die amerikanisch-israelischen Beziehungen völlig neu gestaltet. Auf jeden Fall war Israel zum 51(igsten) Staat geworden".[195]

---

[194] Ball, S. 65-66.
[195] Green, S. 250.

KAPITEL VII

Der Pate Israels:
Der Mittelsmann Meyer Lansky,
die CIA, das FBI und der israelische Mossad

Wenn es nicht um den internationalen Verbrecherboss Meyer Lansky gegangen wäre, gäbe es heute vielleicht keinen Staat Israel. Israel würde es vorziehen, wenn wir diesen Punkt vergessen würden.

Israel wurde als Staat größtenteils dank der politischen, finanziellen und moralischen Unterstützung von Meyer Lansky und seinen Partnern und Schergen im organisierten Verbrechen gegründet. Die Interessen Lanskys und die Interessen Israels waren fast inzestuös. Tatsächlich war Lanskys wichtigste europäische Geldwäschebank ein Betrieb, der unter der Leitung eines langjährigen hochrangigen Offiziers des israelischen Mossad geführt wurde.

Lanskys enge Verbindungen nicht nur zu den amerikanischen Geheimdiensten (einschließlich CIA und FBI) machten den jüdischen Mafioso zum „unantastbaren" Führer des weltweiten Syndikats des organisierten Verbrechens.

Während der kurzen Präsidentschaft von John F. Kennedy war er nicht nur mit Israel und seiner mächtigen amerikanischen Lobby nicht einverstanden. Kennedy verriet, wie wir in Kapitel 4 gesehen haben, auch seine geheimen Verbündeten in der Mafia, die ihm geholfen hatten, die Präsidentschaft zu erreichen. Der Bruder des Präsidenten, Generalstaatsanwalt Robert F. Kennedy, führte einen unerbittlichen Krieg gegen das organisierte Verbrechen.

In den Jahren vor Kennedys Aufstieg zum Präsidenten hatte sich eine wenig bekannte, aber immens mächtige Persönlichkeit aus der Welt der Mafia namens Meyer Lansky bis an die Spitze des Verbrechersyndikats vorgearbeitet.

Dieses Syndikat war nicht nur national - es war international - und der ungekrönte König des Verbrechens war Meyer Lansky - der sogenannte „Vorstandsvorsitzende" dieses unglaublichen kriminellen Imperiums, das sich über den ganzen Globus erstreckte.

Es war Meyer Lansky, der sich zu Beginn seiner kriminellen Karriere als einer der größten Paten des Staates Israel herauskristallisiert hatte und dessen engste Vertraute zu den wichtigsten finanziellen Förderern der einflussreichen Israel-Lobby in Amerika gehörten.

Darüber hinaus hatte Lansky, wie wir sehen werden, auch enge Verbindungen zu den israelischen Verbündeten innerhalb der CIA geknüpft, einer Agentur, die an sich mit John F. Kennedy in einen erbitterten Krieg gezogen war.

Als JFK sich also nicht nur mit Israel und seinen Verbündeten aus Lanskys Imperium des organisierten Verbrechens, sondern auch mit der CIA einließ, schmiedete der US-Präsident unbeabsichtigt ein tödliches Bündnis unter seinen erbittertsten Feinden.

Es ist Meyer Lanskys Verbindung, die erklärt, wie der israelische Mossad unter anderem die kubanische Anti-Castro-Gemeinde - die selbst nicht nur mit der CIA, sondern auch mit Lanskys Syndikat des organisierten Verbrechens zusammenarbeitete - in dem Komplott zur Ermordung John F. Kennedys benutzen und manipulieren konnte.

Um unsere Ermittlungen in den dunklen Spalten der Unterwelt zu beginnen, wo sich der israelische Mossad, das organisierte Verbrechen und die CIA um den Kennedy-Mord versammelt haben, beginnen wir am besten mit Lansky.

Es ist Lansky (einzeln) und sein Verbrechersyndikat, die all diese verschiedenen Komponenten miteinander verknüpfen und auf die bis heute geheim gehaltene Rolle Israels bei der Ermordung von JFK hinweisen.

Wie ein Sprecher der Untersuchungskommission der Bahamas, die das organisierte Verbrechen auf den Inseln untersuchte, einmal sagte: „Irgendwann begannen wir uns zu fragen, ob der Name Meyer Lansky nicht eine große journalistische Fiktion war, eine fantastische, mythische Figur."[196] Aber es gab ihn tatsächlich.

Meyer Lansky ist in der Tat ein wichtiger Akteur in der internationalen Verschwörung, die zur Ermordung von John F. Kennedy führte, trotz aller Dokumentationen, die die Theorie „Die Mafia hat JFK getötet" propagieren.

WER WAR MEYER LANSKY?

Die prägnanteste Zusammenfassung der Ursprünge und des Aufstiegs von Meyer Lansky war in einem langen Porträt von Lansky enthalten, das 1969 auf der Titelseite des **Wall Street Journal** erschien. Ein relevanter Auszug lautete wie folgt:

„Lansky wurde als Maier Suchowjansky in Grodno, Russland, geboren und kam im Alter von neun Jahren in die Vereinigten Staaten. Seine Familie ließ sich in den Einwanderer-Slums von New York nieder. Im Alter von 27 Jahren hatte der junge Maier fünf Verhaftungen in seinem Strafregister, wobei die Anklagepunkte von schlechtem Benehmen bis hin zu Mordverdacht reichten, aber er wurde nie verurteilt. Er hatte seinen minutiösen Aufstieg in der Unterwelt begonnen.

„Es war in den 1920er Jahren, als Lansky zum Freund und Partner von Bugsy Siegel wurde. Die beiden Männer wurden zu einem gefürchteten Duo, zunächst als Handlanger von Legs Diamond und später als Anführer ihrer eigenen Bande, die „Bugs und Meyers Bande" genannt wurde.

EIN RATSMITGLIED

„Ihre Spezialität war es, den Alkohol auf dem Transitweg von den Luftpiraten zu den Banden an der Ostküste zu schützen. Darin waren sie gut, und als sich ein Bündnis namens Ost-Syndikat bildete, das den Alkoholschmuggel koordinierte, wurden Lansky und Siegel in den Vorstand berufen. Lansky war für die Verwaltung der Finanzen des Syndikats zuständig.

„In den frühen 1930er Jahren begann das Ostsyndikat, eine lose Allianz mit anderen Banden in der Region zu bilden. So entstand das National Syndicate. Jede Bande behielt ihre eigene Identität und verfolgte ihre eigenen Aktivitäten. Die Föderation traf sich gelegentlich, um Fragen von gemeinsamem Interesse zu besprechen.

Die endgültigen Entscheidungen lagen bei den Bandenführern, von denen einer der Präsident des Verbandes war. Der erste Präsident war Lucky Luciano, der Chef der Mafia im Osten.

---

[196] Marvin Miller. *The Breaking of a President: The Nixon Connection.* (Covina, California: Classic Publications, 1975), S. 336.

VERBINDUNGEN ZU DEN AMERIKANISCHEN GEHEIMDIENSTEN

„Während des Zweiten Weltkriegs spielte Lansky eine Rolle in einer unvorstellbaren Allianz zwischen der Unterwelt und der US-Marine. Offenbar beschloss die Marine, dass die Kais an der Ostküste nur mit Hilfe der Mafia vor Sabotage geschützt werden konnten.

„Lucky Luciano war [damals im Gefängnis], aber er besaß noch immer die Macht und die Loyalität der Mafia-Mitglieder. Lucianos Anwalt und Meyer Lansky wurden angeworben, um Luciano zu überreden, dem Deal seinen Segen zu geben. Nach monatelangen Besuchen im Gefängnis willigte Luciano ein. Nach dem Krieg wurde Lucky auf Bewährung entlassen und nach Italien zurückgeschickt, mit dem Versprechen, nicht mehr in die USA zurückzukehren.

DER VORSITZENDE DES VERWALTUNGSRATES

„Als Luciano weg war, übernahm das Trio Lansky, Joe Adonis und Frank Costello die Führung der Gewerkschaft. Ende der 1950er Jahre war Costello von seinen Kollegen aus dem Amt gedrängt worden und Adonis war rausgeflogen. Lansky saß allein an der Spitze".[197]

In der Zwischenzeit hatte Lansky seine Verbindungen zur herrschenden Klasse in Washington bereits zementiert. Um ehrlich zu sein, handelte es sich dabei um eine langjährige Komplizenschaft.

LANSKY UND CUBA

(In Kapitel 10 werden wir Lanskys wesentliche Rolle beim Sieg von Präsident Franklin Delano Roosevelt bei der Nominierung der Demokraten 1932 erörtern).

Roosevelt selbst schickte Lansky als persönlichen Gesandten nach Kuba, um sich mit dem starken Mann Kubas, Fulgencio Batista, zu treffen. FDR glaubte, dass Batistas autoritäres Regime Unzufriedenheit in der Bevölkerung hervorrief, die von einer wachsenden kommunistischen Bewegung in Kuba ausgenutzt werden konnte. Durch Lansky hoffte FDR, Batista so beeinflussen zu können, dass er Reformen zur Unterdrückung der kommunistischen Bedrohung einleitete. In dieser Zeit begann Lansky, sein lukratives Glücksspielimperium in dem tropischen Paradies aufzubauen sowie eine lange und profitable Geschäftsbeziehung mit Batista und anderen kubanischen Führern, die durch Lanskys Kasinogeschäfte Millionen an Bestechungsgeldern einnahmen.

(Zu denjenigen, die am Ende der Kette von Lanskys Gewinnen standen, gehörte Carlos Prio Soccaras, der, wie wir in Kapitel 14 sehen werden, schließlich Partner im Waffenhandel mit Jack Ruby, dem Nachtclubbetreiber von Dallas und Lanskys Syndikat, wurde).[198]

(In Kapitel 11 untersuchen wir Lanskys Glücksspielaktivitäten in Kuba und seine europäischen Geldwäscheoperationen, die mit dem israelischen Mossad in Verbindung stehen. In Kapitel 12 werden wir Lanskys internationalen Drogenhandel und seine Verbindungen zur CIA eingehend untersuchen).

---

[197] *The Wall Street Journal*, 19. November 1969, S. 1.
[198] Miller, S. 327.

Obwohl Batista in den folgenden zwei Jahrzehnten mehrmals ins Amt kam und es wieder verließ, blieb der starke Mann Kubas durch aufeinanderfolgende Marionettenregime bis zum Amtsantritt von Fidel Castro am Neujahrstag 1960 de facto der Herrscher der Insel.

Lansky hatte jedoch auch wichtige Kontakte, die weit über die amerikanische Küste hinausreichten. Lansky war - wie wir hier sehen werden - maßgeblich an der Gründung des Staates Israel beteiligt.

ALLIANZ UND RIVALITÄT

Um Lanskys herausragende Stellung als Anführer des organisierten Verbrechens zu verstehen, müssen wir uns hingegen zunächst die seltsame und komplexe Allianz - und Rivalität - zwischen italienischen und jüdischen Mitgliedern der Welt des organisierten Verbrechens ansehen.

Die Darstellung des *Wall Street Journal* über Lanskys Aufstieg zur Macht spielt auf diese Widersprüche an, untersucht sie aber nicht in der richtigen Weise. Zwei interessante Dinge, die in der Zusammenfassung des *Journals* über Lanskys Karriere nicht vorkommen, sollten erwähnt werden.

Jeder weiß, dass Lansky seine kriminelle Karriere in Zusammenarbeit mit der berühmten Mafia-Figur Charles „Lucky" Luciano begann. Ihre Allianz wird in dem *Zeitungsartikel* erwähnt, und ein kürzlich erschienenes Hollywood-Drama mit dem Titel *Mobsters* hat die Jugendtaten von Lansky, Luciano, Benjamin Siegel und Frank Costello beleuchtet.

LUCIANO OPFER EINES ABGEKARTETEN SPIELS

Es ist jedoch möglich, dass es Lansky war, der über seine politischen Kontakte die Verurteilung und spätere Inhaftierung Lucianos arrangierte. Es war Lucianos Inhaftierung - und seine endgültige Ausweisung -, die Lanskys Aufstieg in das organisierte Verbrechen erleichterte.

In seinen Memoiren liefert Luciano einen detaillierten Bericht darüber, wie er in Wirklichkeit auf die Anschuldigungen des Weißenhandels und der Prostitution hereingefallen war, die zu seiner Inhaftierung führten. Luciano beschuldigt Lansky in keiner Weise, obwohl er, wie wir sehen werden, einen Verdacht gehabt haben könnte.

Luciano verlangt vom Leser nicht, dass er (Luciano) glaubt, dass er (Luciano) nicht in großem Umfang kriminellen Aktivitäten nachgegangen ist. Er präsentiert überzeugende Argumente, nämlich dass er sich der Verbrechen, für die er verurteilt wurde, nicht schuldig gemacht hat. Tatsächlich wurde Luciano nie für eines der Verbrechen, in die er zusammen mit Lansky verwickelt war, vor Gericht gestellt.

Wie auch immer, es ist durchaus möglich, dass Lansky tatsächlich eine Rolle in der Falle spielte, die Luciano wegen der Prostitutionsvorwürfe gestellt wurde. Tom Deweys Krieg gegen Lucky Luciano, die Inhaftierung des Mafiabosses und seine anschließende Ausweisung erleichterten Lansky den Aufstieg an die Spitze.

Es war ab Lucianos Ausweisung, dass Luciano Lansky zu seinem offiziellen Sprecher ernannte. Luciano sagte: „Ich arrangierte alles mit Lansky, und da wurde Meyer zum eigentlichen Schatzmeister der Organisation. Ich beauftragte ihn, sich um mein Geld zu kümmern, und später begann er, sich um die Finanzen einiger Typen zu kümmern".[199]

---

[199] Martin Gosch & Richard Hammer. *The Last Testament of Lucky Luciano* (Boston: Little Brown & Company, 1974), S. 229.

Lansky war - trotz seiner jüdischen Herkunft - der *capo di tuti capi* („Boss aller Bosse"), wenn Luciano nicht anwesend war. Theoretisch konnte Lansky niemals ein „Mitglied" der Mafia sein, aber er rangierte sicherlich höher als jeder, der zu einem Mitglied gemacht und in die sogenannte „ehrenwerte Gesellschaft" inthronisiert worden war."

LANSKY, DEWEY UND DIE CIA

Dewey und Lansky haben natürlich beide von Lucianos Inhaftierung profitiert. Der Fall von Dewey und seine Verbindung zu Lansky ist einer der interessantesten.

Infolge der Verfolgung Lucianos erlangte Dewey breites politisches Ansehen und kandidierte 1938 erfolglos für das Amt des Gouverneurs von New York. Tatsächlich soll Lansky zu diesem Zeitpunkt insgesamt 250.000 $ (in Dollar des Jahres 1938) für Deweys Wahlkampf gespendet haben.

Dewey gewann dieses Rennen nicht, aber während seiner restlichen Dienstzeit als New Yorker Staatsanwalt, der „den Drogenhandel zerschlug", erreichte er die Verurteilung eines von Lanskys jüdischen Rivalen im organisierten Verbrechen, Louis „Lepke" Buchalter, der schließlich auf dem elektrischen Stuhl starb.

Als Dewey 1942 erneut - diesmal erfolgreich - das Amt des Gouverneurs anstrebte, sorgte Lansky für zusätzliche finanzielle Unterstützung und politische Stärke. Dewey wandelte als Gouverneur das Urteil gegen Luciano um. Im Austausch für seine Freiheit akzeptierte Luciano das Exil in seinem Heimatland Italien. So kam es, dass in Lucianos Abwesenheit Lanskys Einfluss im Ausland wuchs.

Dies sollte jedoch nicht das Ende der Beziehungen zwischen Dewey und Lansky sein. Später, in den späten 1950er Jahren, wurde Dewey ein wichtiger Aktionär der Mary Carter Paint Company.

Laut dem ehemaligen CIA-Agenten Robert Morrow war „Carter Paint ursprünglich eine aktive Firma, die von Thomas Dewey [und CIA-Direktor] Allen Dulles gegründet wurde, um der CIA als Tarnung zu dienen. 1958 hatten Dewey und einige Freunde mit zwei Millionen Dollar von der CIA und mit der Genehmigung von Allen Dulles eine Mehrheitsbeteiligung an der Crosby Miller Corporation erworben. Anschließend, im Jahr 1959, fusionierte die Crosby Miller Corporation mit der im Besitz der CIA befindlichen Malerfirma. Als Beispiel für eine ihrer ersten Aktivitäten lieferte sie gewaschenes CIA-Geld für die Schweinebucht-Armee. 1963, nach einem Grundstücksskandal in Florida, gründete Mary Carter Paint ihre Malersparte und wurde zu Resorts International."[200]

Resorts International, Inc. kontrollierte praktisch alle Hotels auf den Bahamas und in der gesamten Karibik, wo Lansky seine Glücksspielaktivitäten neu organisierte, nachdem er 1960 aus Kuba ausgewiesen worden war.

Resorts International richtete schließlich eine als International Intelligence, Inc. (Intertel) bekannte Tochtergesellschaft ein, die die Beteiligung des organisierten Verbrechens an der Kasinoindustrie verringern sollte. In Wirklichkeit handelte es sich dabei jedoch um einen Mythos.

Einige vermuten, dass Intertel - wie zuvor Resorts International und Mary Carter Paint - nicht einfach eine CIA-Operation war, sondern eine gemeinsame Operation von CIA und Lansky - einem Geheimdienstnetzwerk, das mit dem israelischen Mossad interagiert.[201]

Vielleicht ist es nicht überraschend, dass Deweys bewundernder Biograf Richard Norton Smith in *Thomas E. Dewey and His Times* weder Deweys Mary Carter Paint

---

[200] Robert D. Morrow. *The Senator Must Die: The Murder of Robert F. Kennedy* (Santa Monica, California: Roundtable Publishing, Inc., 1988), S. 238.
[201] *The Spotlight*, 25. September 1978.

Company noch Lanskys Unterstützung für Deweys politische Bemühungen je erwähnt. Eine weitere Verbindung zu Lansky, die verschwiegen wird. All dies verdeutlicht die Tiefe von Lanskys politischem Einfluss und sein breites Spektrum an Verbindungen.

FRANK COSTELLO „ZIEHT SICH ZURÜCK"

Es stellt sich auch die Frage, ob Lansky an dem gescheiterten Mordanschlag auf seinen anderen Jugendfreund, den oben erwähnten Frank Costello, der oft als „Premierminister der Mafia" bezeichnet wird, beteiligt gewesen sein könnte." Wie dem auch sei, das Attentat auf Costello zwang den „Premierminister" in den Vorruhestand und verschaffte Lansky einen größeren Einfluss im organisierten Verbrechen.

LUCIANO ERINNERT SICH....

„Lucky" Luciano, der Meyer Lansky zunächst den Weg an die Spitze ebnete, bedauerte später den Tag, an dem er sein Vertrauen in seinen ehemaligen Bandenpartner gesetzt hatte. Im Jahr 1961, lange nachdem sein Einfluss auf das internationale Verbrechersyndikat zu schwinden begann, dachte Luciano über seine Beziehung zu Lansky nach. „In Julius Cäsar [von Shakespeare], erinnern Sie sich an einen Typen namens Cassius? Er war eine Nervensäge. Es scheint, dass jeder einen Cassius in seinem Leben hat".
Luciano zufolge war sein Mafiapartner Vito Genovese sein eigener Cassius. Allerdings fügte er nach einigem Nachdenken hinzu: „Wenn ich darüber nachdenke, hatte ich sogar zwei Cassius in meinem Leben, der andere war ein Typ namens Meyer Lansky. Aber ich habe ihn schon eine ganze Weile nicht mehr kontaktiert".[202]
In seinen letzten Tagen prüfte Luciano Angebote von Hollywood-Produzenten, die seine Biografie verfilmen wollten. Luciano - im italienischen Exil - erhielt jedoch eine Nachricht aus der Heimat, in der ihm „befohlen" wurde, sich an keinem derartigen Unternehmen zu beteiligen . In diesem Moment sah Luciano das ganze Bild: die ganze Wahrheit darüber, was die „Mafia" wirklich geworden war.

„DER CHEF VON ALLEM"

„Als mir klar wurde, dass Meyer Lansky in all das verwickelt war, wusste ich, dass er uns alle an einem Seil hielt. Warum sollte es Lansky als Jude einen Scheißdreck interessieren, ob in einem verdammten Film italienische Namen vorkommen? Weil er die Fäden zog und jeder am anderen Ende ihm aufs Wort gehorchte, wie ein Haufen Marionetten.
„Lansky hielt auch die Fäden in der Hand; er war der Schatzmeister und er versuchte wirklich, der Boss von allem zu sein. Er war so machthungrig, dass er hinter den Kulissen jedem den Arsch geküsst hätte und alles getan hätte, damit er - Meyer Lansky, mein alter jüdischer Geschäftspartner - am Ende der wahre Boss aller Bosse aller Italiener und aller Juden war - und das ohne eine verdammte Stimme des Vorstands [des Syndikats des organisierten Verbrechens].

---

[202] Gosch & Hammer, S. 381.

„Ich habe nie wirklich gewusst, was das bedeutet, als wir Kinder waren und ich ihn Genie genannt habe. Aber mit vierundsechzig Jahren bin ich endlich schlau geworden".[203]

WOHLWOLLENDE HILFE

So wurde Meyer Lansky - obwohl er kein Italiener war - tatsächlich, wie man ihn nannte, „Vorstandsvorsitzender" des Syndikats des organisierten Verbrechens, das noch mächtiger als die „Mafia" selbst war.

Wenn, wie einige behaupten, „Die Mafia hat JFK getötet", wäre dies ohne das Vorwissen und die wohlwollende Hilfe von Meyer Lansky nicht möglich gewesen.

Und wie wir in diesem Kapitel - und später auf den Seiten dieses Werks - sehen werden, zeigen Lanskys Verbindungen zu Israel und seinem Mossad (sowie Israels Verbündete in der CIA), dass der israelische Loyalist Meyer Lansky ein grundlegender Akteur war, der die verschiedenen Beteiligten, die sich im JFK-Mordkomplott zusammenfanden, miteinander verband.

SICH HINTER „DER MAFIA" VERSTECKEN

In *Little Man*, seiner kürzlich erschienenen wohlwollenden Biografie über Meyer Lansky, widerlegte Robert Lacey die Gerüchte über Lanskys Rolle bei der Ermordung von JFK, wenn er schreibt: „Meyer wurde am häufigsten im wunderbarsten aller Jagdgründe für Verschwörungstheoretiker erwähnt, der Ermordung von Präsident John F. Kennedy."[204]

Dies ist der einzige Hinweis in Laceys Buch auf die schwächste Verbindung, die es zwischen Lansky und dem Mord an JFK gibt. Wie wir jedoch sehen werden, sind die Verbindungen in der Tat sehr tief. Doch im Gegensatz zu Laceys Behauptung taucht Lanskys Name in den meisten gängigen Erzählungen, die behaupten, das organisierte Verbrechen habe bei dem Mord eine Rolle gespielt, nur selten in nennenswerter Weise auf.

Tatsache ist, dass der Name Lansky dauerhaft und bequem hinter einer Vielzahl von Figuren des italienischen organisierten Verbrechens („die Mafia") begraben wurde. In den Kapiteln 10 und 11 werden Lanskys Verbindungen zu den berühmtesten, ja sogar berüchtigtsten Unterweltfiguren italienischer Abstammung, die mit dem Kennedy-Attentat in Verbindung gebracht werden, eingehend untersucht.

Wie wir sehen werden, waren die fraglichen Personen in der Tat praktisch alle Lanskys Untergebene. Lanskys Name wird jedoch kaum in den klassischen Erzählungen erwähnt, die nahelegen, dass das organisierte Verbrechen - insbesondere „die Mafia" - eine Rolle bei der Ermordung des Präsidenten gespielt hat.

„DIE WAHREN ANFÜHRER DES VERBRECHENS"

Hank Messick, Lanskys offizieller Biograf und Fachautor für organisierte Kriminalität, weist auf die Tendenz der Medien - und der Polizeikräfte - hin, die breite und durchdringende Reichweite von Meyer Lanskys Syndikat des organisierten Verbrechens zu ignorieren und stattdessen den Medienrummel um die „Mafia" - den italienischen Zweig der Unterwelt - zu betonen.

---

[203] *Ibid.*, S. 431.
[204] Robert Lacey. *Little Man: Meyer Lansky and the Gangster Life.* (Boston: Little, Brown & Company, 1991), S. 386.

Messick berichtet: „Die wahren Drahtzieher des Verbrechens blieben im Verborgenen, während die Polizei unbedeutende Schurken verfolgte. Und naiv ist, wer glaubt, dass es sich um einen Zufall handelt. Eine Studie zeigt, dass sich die nicht-mafiösen Verbrecherbosse seit Jahrzehnten hinter der von der Vendetta [der italienischen Mafia] geleiteten Organisation verstecken. Man hat versucht, mir die Schuld in die Schuhe zu schieben, und ich wurde von Gangstern, die die Religion als Vorwand benutzten, von einem Ende des Landes zum anderen als Antisemit beschimpft."[205]

In seinen Memoiren enthüllte Lanskys Freund Charles „Lucky" Luciano eine ziemlich interessante Tatsache. Luciano zufolge war es Lansky selbst, der vorschlug, dass sich das neu gegründete nationale Verbrechersyndikat „Sizilianische Union" nennen sollte - ein Spitzname, der der Unterwelt ein ausgesprochen „sizilianisches" Image verlieh.[206]

„KOSCHER NOSTRA"

Laut Peter Dale Scott, einem erfahrenen Forscher auf dem Gebiet des JFK-Attentats, „ist es relevant, dass Robert. F. Kennedy, [damals Anwalt des Verkehrsausschusses im Senat] in seinem Buch *The Enemy Within* von 1960 das Wort „Mafia" nicht verwendete, als er sein Modell des organisierten Verbrechens als ein endemisches, multiethnisches, teilweise institutionalisiertes Syndikat darstellte."[207]

Laut Scott: „Was Robert Kennedy mit 'das Syndikat' gemeint hatte, war etwas ganz anderes als das, was [Mafia-Experten unter dem Begriff] La Cosa Nostra verstanden".[208] Scott zufolge „tut jeder, der über das organisierte Verbrechen spricht ... dies unter Bedingungen großer politischer Zurückhaltung".[209]

Um es ganz offen zu sagen: Der Begriff „Mafia" lässt die wesentliche - und in der Tat vorherrschende - Rolle von Meyer Lansky und seinen jüdischen Partnern im nationalen Verbrechersyndikat außer Acht.

Aufgrund politischer Zwänge und der Angst, des Antisemitismus beschuldigt zu werden, scheuten sich viele, die wichtige Rolle jüdischer Krimineller in der Welt der Kriminalität hervorzuheben.

Mickey Cohen, ein jüdischer Gangster und Lanskys Handlanger an der Westküste, ging in seinen Memoiren auf den italienisch-jüdischen Konflikt im organisierten Verbrechen ein. Er erzählte offen: „Sehen Sie, ich will niemanden zum Narren halten, denn ich schreibe eine echte Autobiografie, okay? Und ich will kein Blatt vor den Mund nehmen, aber ich sehe die Mafia oder was auch immer nicht wirklich als die einzige Kraft [im organisierten Verbrechen] an".„.[210]

Cohen unterschied zwischen den italienischen Mitgliedern des organisierten Verbrechens, die allgemein als „die Mafia" und „die Cosa Nostra" bekannt sind, und den jüdischen Kräften, die manchmal satirisch als „die Kosher Costra" bezeichnet werden.

---

[205] Hank Messick. Lansky (New York: Berkley Medallion Books, 1971), S. 8-10.
[206] Gosch & Hammer, S. 146.
[207] Peter Dale Scott. *Deep Politics and the Death of JFK* (Berkeley, California: University of California Press, 1993), S. 192.
[208] Peter Dale Scott. *Deep Politics and the Death of JFK* (Berkeley, California: University of California Press, 1993), S. 187.
[209] *Ibid.*
[210] Mickey Cohen und John Peer Nugent. *Mickey Cohen: In My Own Words.* (Englewood Cliffs, New Jersey: Prentice-Hall, Inc., 1975), S. 35.

„ Es ist eine Organisation. Es ist eher das, was ich als Gewerkschaft bezeichnen würde. Es war also eine Organisation, aber es war nicht die Mafia. Da wir Juden waren, konnten Benny, ich und sogar Meyer nicht wirklich ein integraler Bestandteil der Mafia sein".[211]

(Der „Benny", auf den sich Cohen bezieht, war der oben erwähnte Benjamin „Bugsy" Siegel, Lanskys langjähriger Freund und Komplize. Es war Lansky, der schließlich den Mord an Siegel angeordnet hatte.

(Viel mehr über die Verbindung zwischen Lansky, Siegel und Cohen erfahren wir in Kapitel 13, wo wir Cohens zentrale Rolle in der Verschwörung zum Mord an JFK aufdecken werden).

Es war übrigens erst 1957, während des berühmten Appalachen-Mafia-Konklaves in New York, dass die Medien begannen, die Mafia als eine wichtige Kraft im organisierten Verbrechen darzustellen.

Die Amerikaner wussten schon lange von der Existenz legendärer Gangster wie Al Capone und Lucky Luciano, aber ein kollektives Bewusstsein für die nachweisliche Existenz eines nationalen Verbrechersyndikats war nicht üblich.

Nach einer Razzia beim Appalachian Meeting - an dem ausschließlich hochrangige Vertreter der italienischen Mafia aus allen Teilen des Landes teilnahmen - begann sich die Aufmerksamkeit der Öffentlichkeit - dank der Medien - auf „die Mafia" zu konzentrieren.

DIE MAFIA IM CHAOS / LANSKY AUF DEM GIPFEL

Die offizielle Geschichte war immer, dass ein örtlicher Polizist zufällig auf das Mafia-Konklave im Haus von Joseph Barbara, einer Mafia-Größe, gestoßen war. Er forderte Verstärkung an und es fand eine große „Razzia" statt. Laut Hank Messick war die Polizei jedoch von einem Geschäftspartner Lanskys darüber informiert worden, dass das Treffen kurz vor der Durchführung stand. Messick beschreibt die Folgen der Razzia in den Appalachen:

„ Die Teilnehmer wurden auseinandergetrieben, bevor ein Bündnis geschlossen werden konnte. Und die Werbung löste den größten Eifer seit den 1930er Jahren aus. Sie war nicht nur auf die Männer ausgerichtet, die an dem Treffen teilgenommen hatten, sondern auf die gesamte Mafia. Mehr noch, es ging über ein Jahr lang weiter, während Staats- und Bundesbeamte versuchten, Anklagepunkte gegen die Teilnehmer zu finden, die sie gefangen genommen oder identifiziert hatten.

„Die Mafia-Führer waren nicht nur durch die ständige Werbung unbeweglich, sondern auch demoralisiert. Fast instinktiv schlossen sie sich Lansky und anderen nicht mafiösen Gewerkschaftsführern an, um Rat und Hilfe zu erhalten".[212]

Es ist wohl kein Zufall, dass einer der jungen Anwälte, die eine Schlüsselrolle bei der Appalachian Razzia spielten, ein gewisser Justin Finger war. Finger war es auch, der später Leiter der „Bürgerrechtsabteilung" der Anti-Defamation League von B'nai B'rith wurde, dem wichtigsten Geheimdienst- und Propagandazweig des israelischen Mossad in den Vereinigten Staaten.[213] In den folgenden Kapiteln, insbesondere in Kapitel 17, werden wir die Rolle der ADL bei der Vertuschung des Mordes an JFK genauer untersuchen.

Offensichtlich war die Appalachen-Razzia ein entscheidendes Ereignis bei Lanskys Aufstieg zur Macht. Sie verstärkte Lanskys Einfluss auf das Verbrechersyndikat.

---

[211] *Ibid.*
[212] Messick, S. 215.
[213] *Executive Intelligence Review*. Dope, Inc. (New York: New Benjamin Franklin House, 1986), S. 587.

Michael Milan, ein niederer Charakter des jüdischen organisierten Verbrechens, der in Lanskys Einflussbereich aufgewachsen war, behauptet, dass er tatsächlich rituell in die Mafia eingeführt wurde - von Lansky selbst. Es war Lansky, dem Milan die Treue schwor. In seinen Memoiren erinnert sich Milan lebhaft an das Ereignis: „Omerta", murmelte Meyer Lansky, der nur halb an das Ritual selbst glaubte, aber nicht das geringste Zeichen mangelnden Respekts ... vor den Traditionen [der Mafia] zeigen wollte."[214]

Wie dem auch sei, wie wir gesehen haben, war die vorherrschende Rolle von Meyer Lansky in der Unterwelt bereits fest verankert.

DIE VERBINDUNG ZWISCHEN HOOVER UND LANSKY

Lanskys Rolle im Office of Strategic Services (OSS) - und Naval Intelligence Operations während des Zweiten Weltkriegs und seine Arbeit für Franklin Delano Roosevelt bei der Verwaltung Batistas können erklären, warum Lansky von den Bundesbehörden nur selten schikaniert wurde.

In *Secret File* kommentiert Hank Messick: „Wurde Lansky belohnt? Eine definitive Antwort ist nicht möglich, aber er war auf Bundesebene merkwürdigerweise vor Strafverfolgung geschützt. Zweimal empfahl die Geheimdienstabteilung des IRS eine Strafverfolgung, und zweimal lehnte das Justizministerium ab. Lansky blieb der einzige hochrangige Mann im nationalen Verbrechersyndikat, der ungeschoren davonkam. Aufgrund seiner Intelligenz und der Schwierigkeiten seiner Kollegen ist er der unangefochtene Vorsitzende des Vorstands".[215]

Lansky selbst räumt seine Rolle bei der sogenannten „Operation Underworld" ein. „Natürlich bin ich die Person, die den Marinegeheimdienst und Lucky zusammengebracht hat", erklärte er seinem israelischen Freund, dem Journalisten Uri Dan. Lanskys Motive waren interessant: „Der Grund, warum ich kooperierte, waren starke persönliche Gefühle. Ich wollte, dass die Nazis geschlagen werden. Ich war Jude und spürte das Leid der Juden in Europa. Sie waren meine Brüder".[216]

Lanskys ehemaliger Geschäftspartner (und verdeckter Ermittler des FBI) Michael Milan weist außerdem auf eine weitere Verbindung hin, die seine Immunität vor Belästigungen durch die Bundesbehörden erklärt haben könnte.

„Ich wusste auch, dass [J. Edgar Hoover] und Meyer Lansky manchmal gemeinsam das Brot gebrochen hatten. M.L. wurde nie gejagt, erhielt selten Bundesvorladungen (Vorladungen) und war in der Regel ruhig, um seine Geschäfte zu führen. Mr. L. andererseits schoss nicht auf alles, was sich bewegte, wie die Leute in einigen der anderen [Mafia-]Familien, und machte den Bullen und Feds das Leben nicht schwer.

„ Auf diese Weise kamen alle miteinander aus. Herr H. konnte sich um seine fünfte Kolonne [die Kommunisten] kümmern. Herr Costello konnte sich darum kümmern, den Frieden innerhalb der verschiedenen Familien zu wahren und sich auf den Ruhestand freuen, und Herr L. konnte sich um den Cashflow in seinen Kasinos in Las Vegas kümmern."[217]

J. Edgar Hoovers Verbindungen zu Lanskys Verbrechersyndikat und der pro-israelischen Lobby waren viele Jahre lang Gegenstand von Gerüchten und Kontroversen.

---

[214] Michael Milan. *The Squad: The U.S. Government's Secret Alliance With Organized Crime* (New York: Shapolsky Publishers, 1989), S. 194.
[215] Hank Messick. *Secret File (Geheimakte). (*New York: G. P. Putnam's Sons, 1969), S. 185.
[216] Interview mit Ma'ariv, 5. Juli 1971.
[217] Mailand, S. 206.

Es war die pro-israelische Anti-Defamation League (ADL) von B'nai B'rith, die weitgehend für die Gründung der J. Edgar Hoover Foundation im Jahr 1947 verantwortlich war (Lanskys wichtigste Mitarbeiter waren lange Zeit großzügige finanzielle Unterstützer der ADL). Der erste Vorsitzende der Hoover-Stiftung war Rabbi Paul Richman, Direktor der ADL in Washington.

Hoovers langjähriger Partner Louis B. Nichols, stellvertretender Direktor des FBI und zuständig für die Abteilung für Aufzeichnungen und Kommunikation des Büros, war der Hauptkontakt des FBI mit der ADL, als diese half, Massenprozesse wegen Volksverhetzung gegen führende Kritiker der Außenpolitik von Präsident Franklin D. Roosevelt zu inszenieren.

Nichols fungierte weiterhin als Vorsitzender der J. Edgar Hoover Foundation, allerdings erst, nachdem er das FBI verlassen hatte. Als er sich aus dem Büro zurückzog, unterschrieb er für den Posten des Executive Vice President bei Schenley Industries, einem großen Alkoholunternehmen, das von dem ehemaligen Drogenhändler und Lansky-Partner Lewis R. Rosenstiel geleitet wurde.[218] Rosenstiel war trotz oder vielleicht gerade wegen seiner Verbindungen zu Lansky ein sehr enger Freund des FBI-Direktors.

ADL UND DAS ORGANISIERTE VERBRECHEN

Die Alkoholindustrie, die weitgehend von jüdischen Familien wie der Bronfman-Familie und anderen kontrolliert wurde, war der größte Beitragszahler der ADL und finanzierte im Laufe der Jahre einen Großteil ihres Budgets.[219] Wie wir gesehen haben, standen dieselben Alkoholverkäufer mit Lansky seit seinen allerersten Jahren im Schmuggel und Handel mit Alkohol in Kontakt.

Die Ursprünge von Hoovers Sponsor, der ADL, sind sehr interessant. Es war nicht so sehr der Wunsch, Mitglieder des jüdischen Glaubens zu verteidigen, der der Organisation ihren anfänglichen Schwung verlieh, sondern vor allem die jüdischen Mafiosi.

Zu Beginn dieses Jahrhunderts hatte der New Yorker Polizeichef Thomas Bingham eine Untersuchung des organisierten Verbrechens in seiner Stadt eingeleitet. Im Jahr 1908 geriet er unter Beschuss und wurde als „Antisemit" angeklagt, weil er auf die Rolle einiger jüdischer Gangster im organisierten Verbrechen hingewiesen hatte.

Schließlich wurde Bingham gezwungen, sein Amt niederzulegen, und das organisierte Verbrechen ergriff die Macht in New York. Einer der unmittelbaren Nutznießer von Binghams Abgang war der Mafioso Arnold Rothstein, Lanskys Mentor und unangefochtener Führer der jüdischen Unterwelt, bevor der junge Lansky an die Macht kam.

Die Quelle der Angriffe auf Bingham war ein PR-Komitee, das von einem Wirtschaftsanwalt namens Sigmund Livingston gebildet wurde. Im Jahr 1913 hatte sich Livingstons Komitee formell als B'nai B'rith Anti-Defamation League konstituiert.[220]

Und so kam es, dass der „Verbrechensauflöser" J. Edgar Hoover selbst ein Nutznießer der großzügigen ADL war (von der, wie wir gesehen haben, ein großer Teil aus den Kassen von Lansky und seinem Verbrechersyndikat stammte).

---

[218] *Washington Observer*, 15. Mai 1969.
[219] *Twin Circle*, 29. September 1968.
[220] *Executive Intelligence Review*. (Dope, Inc.), S. 578-579.

DIE AUGEN SCHLIESSEN

Curt Gentry, der Biograf von J. Edgar Hoover, stellt fest, dass das FBI unter Hoover nie sehr besorgt über Lanskys Aktivitäten gewesen war. Gentry zufolge „gab es in den lokalen [FBI-]Büros in Dallas und Miami Grauzonen. Daher waren keine Abhörgeräte oder Wanzen für [Lanskys Schützling, den Mafiaboss von New Orleans Carlos] Marcello, [Lanskys Untergebenen aus Tampa Santo] Trafficante und, mit Ausnahme eines kurzen Zeitraums, Meyer Lansky vorgesehen.[221]

(In Kapitel 10, Kapitel 11 und Kapitel 12 werden wir Lanskys Beziehungen zu Marcello, Trafficante und anderen Persönlichkeiten der „Mafia" weiter erforschen).

Gentry fügt hinzu: „Es gab ein Gerücht, das in der Unterwelt oft zu hören war, dass Meyer Lansky seinen sehr hochrangigen Mann beim FBI hatte. William Sullivan hatte seinen eigenen Verdächtigen, einen engen Vertrauten des Direktors [Hoovers Intimfreund und stellvertretender Kommandant Clyde] und Tolsons, der den Ruf hatte, weit über seine Verhältnisse zu leben. Das FBI hat den Fall nie aufgeklärt".[222]

Derselbe Sullivan stellte sich als der dritte Mann des FBI hinter Hoover und Tolson heraus. Als Leiter der streng geheimen Abteilung Five des Büros war Sullivan für die nationale Spionageabwehr verantwortlich. Sullivan, der auch für die Beteiligung des FBI an den Ermittlungen der Warren-Kommission verantwortlich war, war nicht nur ein enger Freund von James Angleton, dem Leiter des Mossad-Büros der CIA, sondern - so unglaublich es auch klingen mag - ein Mittelsmann der CIA innerhalb des FBI selbst.[223] (Angletons Rolle bei der Ermordung von JFK wird in Kapitel 8 und Kapitel 16 ausführlicher behandelt).

Als Chef des nationalen Nachrichtendienstes des FBI war Sullivan für die berüchtigten COINTELPRO-Operationen gegen u. a. Dr. Martin Luther King Jr. und eine Fülle von linken (und rechten) Gruppen verantwortlich.[224] COINTELPRO stützte sich größtenteils auf die Anti-Diffamierungs-Liga der Israel-Lobby, um mindestens seit der Zeit vor dem Zweiten Weltkrieg kontinuierlich und dauerhaft Geheimdienstberichte zu erhalten.

EIN TOTER ZEUGEN

Sullivan, der Mann, der offensichtlich zu viel wusste, wurde am 9. November 1977 bei einem seltsamen Jagdunfall erschossen, kurz bevor er vor der Kommission zur Untersuchung von Mordfällen aussagen sollte.

Sullivan, der nach seinem Bruch mit Hoover aus dem FBI ausgeschieden war, hatte den Ermittlern gesagt, er sei enttäuscht gewesen, als Hoover ihm persönlich erklärte: „Ich mache mir vor allem Sorgen, dass ich etwas zu veröffentlichen habe, damit wir die Öffentlichkeit davon überzeugen können, dass Lee Harvey Oswald der tatsächliche Mörder ist."[225]

---

[221] Curt Gentry. *J. Edgar Hoover: The Man and the Secrets (J. Edgar Hoover: Der Mann und die Geheimnisse).* (New York: W. W. Norton & Company, 1991), S. 530.
[222] *Ibid.*, S. 531.
[223] Tom Mangold. *Cold Warrior.* (New York: Simon & Schuster, 1991), S. 235.
[224] Peter Dale Scott. *Deep Politics and the Death of JFK.* (Berkeley, California: University of California Press, 1993), S. 64.
[225] Morrow, S.98.

Alles, was Sullivan über Hoover - und vielleicht auch über Hoovers Beziehung zu Meyer Lansky - wusste, wird nie bekannt werden.

DAS HOOVER-ABKOMMEN

Laut Sam und Chuck Giancana in ihrer Biografie über den Chicagoer Mafiaboss Sam Giancana „stand Hoover selbst jahrelang unter dem Schutz [des organisierten Verbrechens]."[226]

Die Giancanas berichten, dass Hoover einen Deal mit Lanskys Jugendfreund und Geschäftspartner Frank Costello geregelt hatte. Der New Yorker Mafioso gab dem Kolumnisten Walter Winchell, einem engen Vertrauten Hoovers, Tipps zu Pferderennwetten. Winchell wiederum leitete die Informationen über manipulierte Pferderennen an Hoover weiter. Hoover arrangierte seine echten Wetten mithilfe seiner Geschäftspartner, während er bei Pferderennen minimale Wetten auf seinen eigenen Schein abschloss. Laut den Giancanas „gewann Hoover jedes Mal".[227]

Es besteht kein Zweifel daran, dass Hoover über Lanskys illegale Aktivitäten Bescheid wusste. Seine Informationsquellen waren legendär.

WAS HOOVER WUSSTE

Gentry bringt es auf den Punkt, indem er feststellt, dass Hoover trotz seiner Spielsucht alles wusste, was in Lanskys Casinos in Las Vegas vor sich ging, obwohl er, Hoover, Las Vegas mied wie die Pest::

„[Hoover] wusste, wer die Gewinne des Kasinos abzweigte und wie viel sie nahmen. Er wusste, wohin das Geld floss und wie es in die Taschen der großen Bosse gelangte.

„Er wusste auch, dass einige Leute, die Zugang zu dem Ort hatten, sehr unzufrieden mit den Kennedys, John und Robert, unzufrieden waren, so unzufrieden, dass sie davon sprachen, sie zu töten."

„Später fand das FBI heraus, dass der größte Teil der 'veruntreuten' Beute an Meyer Lansky in Miami ging. Im Jahr 1963 wurden in einem typischen Monat 123.500 Dollar aus einem Kasino abgezweigt, von denen Lansky 71.000 Dollar für sich behielt und den Rest an den Gangster Gerald Catena in New Jersey weiterleitete. Catena verteilte im Norden und Lansky in Florida. Jedem Empfänger wurde ein kleiner Prozentsatz seines Anteils abgezogen, der an die Angestellten der Kasinos ging, die über die Operation schwiegen. Es gab auch die Kuriere, 300.000 Dollar an eine Schweizer Bank, 100.000 Dollar auf die Bahamas".[228]

(Später in diesem Kapitel und in Kapitel 11, Kapitel 12 und Kapitel 15 werden wir Lanskys Verbindungen zu den Schweizer Banken diskutieren. Sie sind das Herzstück der Lansky-CIA-Mossad-Operation, die zur Ermordung von John F. Kennedy führte).

Selbst in den späten 1960er Jahren, so Gentry, „hatte Hoover immer noch eine Grauzone, was [Lansky] betraf".[229]

---

[226] Sam Giancana und Chuck Giancana. *Double Cross: The Explosive Inside Story of the Mobster Who Controlled America* (New York: Warner Books, 1992), S. 255.
[227] *Ibid.*, S. 256.
[228] Gentry, S. 495.
[229] *Ibid.*, S. 628.

DIE ANGLETONVERBINDUNG

Im Jahr 1993 lieferte Anthony Summers jedoch ein möglicherweise fehlendes Puzzleteil von größter Bedeutung. Summers sorgte für Aufsehen in den Medien, als er in seiner neuen Hoover-Biografie *Offical and Confidential* und in der PBS-Serie Frontline behauptete, Lansky habe Hoover mit angeblichen Fotos von Hoover, der in homosexuelle Handlungen verwickelt war, erpresst. Obwohl solche Gerüchte über Hoover seit Jahren an der Tagesordnung waren, hatte kein bekannter Autor die Anklage unterzeichnet.

Unter Berufung auf zahlreiche Quellen - einige verdächtig und praktisch alle fragwürdig - behauptete Summers, dass nicht nur Lansky, sondern auch mehrere andere Personen Zugang zu ähnlichen Fotos hatten (was Summers offenbar nicht darstellen kann). Summers berichtet, dass der ehemalige OSS-Mann und spätere Chef der CIA-Gegenspionage, James J. Angleton, ebenfalls Zugang zu Hoovers Fotos hatte, ebenso wie der ehemalige OSS-Chef William Donovan.

Die Frage ist jedoch, ob Angleton, Donovan und Co. die Fotos an Lansky weitergegeben hatten - oder umgekehrt -, wobei angesichts Lanskys langjähriger Verbindung zum US-Geheimdienst jede der beiden Optionen möglich ist.[230]

Dass Lansky und Angleton im Besitz solcher Beweise waren, ist angesichts ihres gemeinsamen Interesses am Wohlergehen des Staates Israel recht interessant - ein Thema, das wir in Kürze behandeln werden. Angleton war, wie wir in Kapitel 8 und Kapitel 12 sehen werden, über die Transaktionen der CIA mit Lanskys Verbündeten im Drogenhandel der korsischen und sizilianischen Mafia direkt in Lanskys Verbrechersyndikat involviert. Er war auch der oberste Boss der CIA in Israel.

DER PATEN

Offensichtlich war Meyer Lansky ein „Pate" des organisierten Verbrechens, der viel einflussreicher war als der mächtigste Mafiaboss in irgendeiner Stadt in Amerika. All das erklärt Lanskys herausragende Rolle in der Unterwelt. Das ist also der Grund, warum wir, wenn wir uns auf „Meyer Lanskys Syndikat des organisierten Verbrechens" beziehen, nicht nur von der „Mafia" sprechen, sondern auch von den mächtigen jüdischen Interessen, die mit ihr verwoben sind. Es war das Lansky-Syndikat, das eine zentrale Rolle bei der Gründung Israels spielte. Lansky, sehen Sie, war der neuzeitliche „Pate" Israels. Lansky war von Anfang an auf der Seite Israels.

WAFFENHANDEL FÜR ISRAEL

Hank Messick sagte: „Natürlich haben jüdische Gangster lange und offen die jüdische Sache und den Staat Israel unterstützt. In der Nacht, in der Lanskys Ex-Partner Bugsy Siegel hingerichtet wurde, wurde das Flamingo von Moe Sedway [einem Handlanger Lanskys] übernommen. Auf die Frage, wie er zufällig in Las Vegas sei, erklärte [Sedway], er sei dort, um eine Spendensammlung für den United Jewish Appeal zu organisieren."[231]

Robert Lacey betont in seiner Lansky-Biografie, dass Lansky im Sommer 1948, dem Jahr, in dem Israel ein Staat wurde, israelische Agenten vorgestellt worden waren. Lansky ermöglichte Joseph Baum, dem Gründer der Haganah (jüdischer terroristischer

---

[230] Antony Summers. *Official and Confidential: The Secret Life of J. Edgar Hoover*, (New York: G. P. Putnam's Sons, 1993), S. 244-245.
[231] Messick, S. 276.

Widerstand), in Lanskys Spielbank Colonial Inn einen Gewinn von 10.000 Dollar. Er selbst leistete eine Spende. Lansky beteuerte ihnen gegenüber: „Ich stehe Ihnen zu Diensten".[232] (Wie wir in Kapitel 4 festgestellt haben, war einer der Kleinaktionäre des Colonial Inn - zumindest zu einem bestimmten Zeitpunkt - ein Clubmanager aus Dallas namens Jack Ruby).

Lansky leistete auch weitere „technische Hilfe" für israelische Waffenschmuggeloperationen in den USA. In einem Fall wurde die Waffenlieferung eines Waffenhändlers aus Pittsburgh, die für Araber gedacht war, die in Palästina gegen Juden kämpften, über Bord geworfen, nachdem Lansky mit seinen Freunden in den New Yorker Docks gesprochen hatte. Bei anderen Gelegenheiten wurden die für Araber bestimmten Waffen stattdessen von Lanskys Handlangern umgeleitet und nach Israel verschifft.

Lansky zögerte auch nicht, Druck auf seine Verkehrsfreunde - jüdische und nichtjüdische - auszuüben, um Anleihen von Israel zu kaufen. „Hey, das ist eine tolle Investition", sagte er immer.[233] Tatsächlich war Lansky laut dem Journalisten Robert Friedman später ein Großspender des neuseeländischen radikalen Rabbiners Meir Kahane, der die Jewish Defense League gründete. Kahane, der schließlich ermordet wurde, stand zeitweise im israelischen Parlament in Diensten.[234] Und wie wir in Kapitel 8 sehen werden, hatte Kahane selbst ungewöhnliche Verbindungen zum US-Geheimdienst, die den Kreis zu seiner Verbindung mit Lansky schließen.

OPERATION UNDERWORLD

Es war Lanskys Verbindung zu der als „Operation Underworld" bekannten Affäre des Office of Strategic Services of Naval Intelligence (OSS-NI), die ihn in ein seltsames globales Netzwerk brachte, das schließlich den Weg für die Gründung des Staates Israel ebnete. Die Operation Underworld war dem Rockefeller Center in New York zugeordnet und wurde von einem britischen Geheimdienstler namens William Stephenson (der Ian Fleming als Inspiration für die fiktive Figur James Bond gedient haben soll) geleitet. Stephenson arbeitete eng mit der Anti-Defamation League (ADL) von B'nai B'rith und dem FBI zusammen, um die Anti-Nazi-Geheimdienstoperationen in den USA zu koordinieren.[235]

(In den letzten Jahren, nach der Gründung Israels, erschien die von Lanskys Syndikat des organisierten Verbrechens finanzierte ADL als ein nicht registrierter ausländischer Agent für Israel, der in Zusammenarbeit mit dem FBI und der CIA Geheimdienst- und Propagandaoperationen für den jüdischen Staat abwickelte. In Kapitel 17 werden wir die Rolle der ADL genauer untersuchen, insbesondere im Hinblick auf ihre Manipulation der Medien).

Wie wir in Kapitel 15 sehen werden, war es jedenfalls William Stephenson von der Operation Underworld, der maßgeblich an der Gründung des israelischen Mossad beteiligt war. Stephensons wichtigster Assistent war Louis Bloomfield, später Anwalt der Bronfman-Familie, die mit Lanskys Schmuggelgeschäften in Verbindung stand, und Schlüsselakteur in der Verschwörung zur Ermordung John F. Kennedys (wir werden uns in Kapitel 15 ausführlich mit Bloomfield befassen).

---

[232] Lacey, S. 163.
[233] *Ibid.*, S. 164.
[234] Robert I. Friedman. *The False Prophet: Rabbi Meir Kahane: From FBI Informant to Knesset Member* (New York: Lawrence Hill Books, 1990), S. 144.
[235] Intelligence Review. *Moscow's Secret Weapon: Ariel Sharon and the Israeli Mafia* (Washington, D.C.: Executive Intelligence Review, & 1 März 1986), S. 14.

Es besteht kein Zweifel daran, dass Stephenson und Bloomfield während dieser Zeit in engem Kontakt mit Lansky und seinen Handlangern standen. Lansky selbst gab, wie wir gesehen haben, seine eigene Rolle in der Operation Underworld zu.[236] Nach dem Zweiten Weltkrieg verlagerten sich die Aktivitäten der Operation Underworld und vieler ihrer Schlüsselfiguren an eine neue Front: die Gründung Israels.

Stephenson und Bloomfield waren integraler Bestandteil der Schmuggeloperationen im Namen des jüdischen terroristischen Widerstands, der später als Regierung des neuen jüdischen Staates im Jahr 1948 auftauchte.

1947 gründete Rudolph Sonneborn (Ehemann der New Yorker Verlegerin Dorothy Schiff) eine Tochtergesellschaft, die unter dem Namen Sonneborn Institute bekannt wurde. Es war dieses Institut, das die jüdische Haganah und später die Irgun in Palästina mit Waffen und Geld versorgte. Der Koordinator des Instituts für den Waffenschmuggel des jüdischen Widerstands war Louis Bloomfield. Samuel Bronfman, der Alkoholbaron, ein gewisser Hank Greenspun (den wir in Kapitel 17 noch viel später kennenlernen werden) und Lansky selbst arbeiteten mit Bloomfield zusammen.[237]

In der Zeit von 1947 bis 1948 war Teddy Kollek, der spätere Bürgermeister von Jerusalem, für das Haganah-Büro in Lanskys Operationsbasis in New York verantwortlich. Er war die mutmaßliche offizielle Verbindungsperson des amerikanischen organisierten Verbrechens.[238] Kollek arbeitete mit Lanskys Syndikat zusammen und nahm schließlich Kontakt zu einem weiteren Schlüsselakteur unserer Geschichte auf, einem gewissen James Jesus Angleton - in der Tat eine umstrittene Persönlichkeit.[239]

Es war der OSS-Mitarbeiter Angleton, der später zu einer hochrangigen Persönlichkeit der CIA und zum wichtigsten Kontaktmann Israels - manche würden sagen, er war ein kooptierter Agent und ein Loyalist - innerhalb der CIA wurde. Angleton arbeitete eng mit dem jüdischen Widerstand in London und Italien zusammen und spielte eine entscheidende Rolle bei der Zusammenarbeit des US-Geheimdienstes mit der korsischen und der sizilianischen Mafia bei verdeckten Operationen in denselben Jahren und auch danach.

(In Kapitel 8 und Kapitel 16 werden d'Angletons Aktivitäten innerhalb der CIA, die eng mit Israel zusammenarbeiteten, und seine zentrale Rolle bei der Ermordung von JFK und der Vertuschung des Komplotts im Detail untersucht).

Offensichtlich war Meyer Lansky während der Zeit der Gründung Israels direkt und eng mit allen Hauptakteuren verwickelt. Viele der gleichen Personen würden später zusammen mit Lansky in das verwickelt sein, was einige als „Verbrechen des Jahrhunderts" bezeichnen. Der in Russland geborene jüdische Immigrant hatte einen langen Weg von den Slums von Brooklyn bis zu einer einzigartigen und herausragenden Rolle in der politischen Weltmacht zurückgelegt. Tatsächlich trat Lansky als „Pate" einer neu geborenen Nation hervor: Israel.

---

[236] *Ibid.*
[237] *Ibid.*, S. 14-15.
[238] *Ibid.*
[239] Andrew Cockburn und Leslie Cockburn. *Dangerous Liaison: The Inside Story of the U.S.-Israeli Covert Relationship*. (New York: Harper Collins Publishers, 1991), S. 41-42.

ISRAEL: EINE AUSBEUTUNGSBASIS

Der wahre Schlüssel zu Lanskys Verbindung zu Israel war Geld. Der neu gegründete Staat Israel brauchte nicht nur Geld, um zu existieren, sondern die Organisation einer neuen Regierung war eine ideale Gelegenheit für Lansky und seine Eidgenossen, ihr eigenes weltweites finanzielles und kriminelles Netzwerk zu etablieren. In seinen ersten Jahren war Israel „unantastbar". Die emotionale Erinnerung an die Erfahrungen, die das jüdische Volk während des Zweiten Weltkriegs - eigentlich während der gesamten Geschichte - gemacht hatte, waren die Grundlage, auf der Israel geschaffen worden war. Kritik an Israel war tabu. Der neue jüdische Staat war eine ideale Tarnung, unter der Lansky und sein kriminelles Syndikat ungehindert operieren konnten.

GELDWÄSCHE

Der Status als wichtigster Finanzier des organisierten Verbrechens und großer Zauberer der Geldwäsche bringt Lansky in eine besonders zentrale Position. Der auf das organisierte Verbrechen spezialisierte Autor Edinder Reid beschreibt Lanskys Rolle genau: „Zusammen mit seinem Bruder Jake beherrscht [Lansky] das Spiel des Verbrechersyndikats und kann die direkte Verbindung zwischen den unbekannten wohlhabenden Mogulen, die die Dollars der Unterwelt in ausländischen Banken verstecken, und den Tresoren des US-Verbrecherkartells sein".[240]

Es ist seine Verbindung zu ausländischen Banken, die Lansky bis zum Äußersten in das Netz der internationalen Machenschaften Israels treibt.

RABBINER TIBOR ROSENBAUM

Lanskys Hauptverbindung zum israelischen Geheimdienst und zu israelischen Finanzoperationen wurde über die Bank de Credit International in Genf in der Schweiz hergestellt. Diese Bank erschien als Lanskys wichtigste europäische Geldwäscheoperation.[241] Diese Bank war eine Erfindung eines gewissen Tibor Rosenbaum...

Rosenbaum, ein orthodoxer Rabbiner, war einige Zeit lang internationaler Vizepräsident des Jüdischen Weltkongresses (dessen Präsident Edgar Bronfman, ein Mitglied der mit Lansky verbundenen Bronfman-Familie, war). Rosenbaum war auch Mitbegründer des Zionistischen Weltkongresses und Direktor der Jewish Agency in Genf in der Schweiz.[242]

Allerdings, und das ist noch wichtiger, war Rosenbaum Generaldirektor für Finanzen und Beschaffung des israelischen Geheimdienstes Mossad gewesen. Rosenbaum war ganz klar eine Schlüsselfigur in Israels internationaler Verschwörung und ein wesentlicher Akteur in der Welt von Meyer Lansky, dem Boss eines Syndikats des organisierten Verbrechens.

Rosenbauma saß unter anderem auch im Vorstand der schweizerisch-israelischen Trade Bank, die von Pinchas Sapir, dem israelischen Finanzminister und Mossad-Agenten,

---

[240] Ed Reid. *The Grim Reapers: The Anatomy of Organized Crime in America, City by City* (New York: Pocket Books edition, 1964), S. 293.
[241] Messick, S. 248-249.
[242] *Executive Intelligence Review* (Moskau), S. 17

gegründet worden war.[243] Während seiner Zeit bei der Trade Bank gründete Rosenbaum die Banque de Crédit International (BCI).

DIE INTERNATIONALE KREDITBANK

Die BCI - die europäische Bank, in der Lansky das Geld wusch - war eine Operation der israelischen Regierung und des Mossad, die für das Überleben des jüdischen Staates unerlässlich war.

Tatsächlich war eines der Mitglieder des BCI-Rates Zwi Recheter, Direktor der Hapoalim Bank, einer der größten Banken Israels und eine hundertprozentige Tochtergesellschaft der israelischen Histadrut, der Gewerkschaft der israelischen Arbeiter.[244]

Mehr noch: Die BCI hielt den Großteil der Gelder für den Jüdischen Weltkongress und die Jewish Agency, keine Möglichkeit für kleinere Einlagen.

Die BCI sollte Meyer Lanskys wichtigste Geldwäschebank im Ausland werden, wobei sie die Geldwäschedienstleistungen, die die Bank erbrachte, mit dem israelischen Mossad teilte. In der Tat gehörten während ihrer Blütezeit zwei alte Partner Lanskys, Edward Levinson und John Pullman, zum Vorstand der BCI.[245]

Wie in Kapitel 6 erwähnt, war Levinson einer der Manager des Fremont Casinos in Las Vegas, das auf den Namen von Lanskys engem Freund Joseph „Doc" Stacher lief. Stacher, regelmäßiger Geschäftspartner von Bobby Baker, der als Lyndon Johnsons „Geldbeschaffer" bekannt war. John Pullman, über den wir später in diesem Kapitel und in den Kapiteln 12 und 15 mehr erfahren werden, war Lanskys wichtigster internationaler Geldmanager.

Das Ausmaß von Lanskys israelischer Verbindung - über Rosenbaums BCI - wurde erstmals 1970 Teil der öffentlichen Archive, als der Prozess gegen Alvin Malnik, einen von Lanskys Leutnants, stattfand.

Eine Zeugenaussage während des Prozesses enthüllte, dass einer der Hauptwege, über den Lanskys Verbrechersyndikat in den USA schmutziges Geld aus Drogen, Ausschweifungen und Glücksspielen wusch, Tibor Rosenbaums BCI war. Rosenbaums Bank erhielt ihre Barmittel vom Verbrechersyndikat hauptsächlich über die von Lansky dominierte Bank of World Commerce in Nassau auf den Bahamas.

Der Mittelsmann war ein Schweizer Staatsbürger, Sylvain Ferdmann, ein Kurier von Lansky. Ferdmann war ein Beamter in Rosenbaums Bank, ein Teilhaber der Bank of World Commerce (die von Lanskys altem Kumpel John Pullman kontrolliert wurde) und ein Handlanger für die Firma Investors Overseas Services (IOS), eine Hochburg des Finanziers Bernard Cornfeld.

Cornfeld wurde in der Tat von Rosenbaum gesponsert und wurde zu einem der wichtigsten Geldwäscher von Lanskys weltweitem Drogenhandel. Millionen von Dollar in kleinen Scheinen wurden von Lanskys Kasinos transferiert, oft verschleiert als Verkauf israelischer Anleihen und als Beiträge zu jüdischen Philanthropien.[246] Dabei handelte es sich natürlich um einen skandalösen Verrat an den ehrlichen Anhängern der zionistischen Sache.

(In Kapitel 12 wird ausführlich darauf eingegangen, wie das Lansky-Syndikat aufgrund der aktiven Beteiligung der USA in der Region die Tarnung der geheimen CIA-Aktivitäten

---

[243] *Ibid*, S. 16.
[244] *Ibid.*, S. 18.
[245] *Life*, 16. September 1967.
[246] Messick, *Ibid.*

in Südostasien nutzte, um milliardenschwere Drogengeschäfte abzuwickeln). Der investigative Journalist Jim Hougan konzentrierte sich auf die Lansky-Rosenbaum-Verbindung und ihre zentrale Verbindung zu Israels internationalen Operationen, insbesondere denen des Mossad:

„Während des Zweiten Weltkriegs wurde [Rosenbaum] durch seine geheimen Aktivitäten für die Juden zu einem Helden des Widerstands.

„Nach dem Krieg wurde er Delegierter des Zionistischen Weltkongresses in Basel, wo er die Gründung Israels plante und in verschiedenen europäischen Hauptstädten für das Büro für die Befreiung Palästinas (Vorläufer der Jewish Agency) arbeitete. Das war auf dem Höhepunkt der zionistischen Terroranschläge in Palästina. Rosenbaum soll als hervorragender Untergrundoperateur dazu beigetragen haben, die Haganah und die Stern-Gang mit Waffen zu versorgen. Dies würde erklären, warum die Internationale Kreditbank [d.h. Banque de Credit International oder BCI], „Rosenbaums Baby", zum Vermittler Nummer eins für das Spiel des Zaren Meyer Lansky im Ausland wurde.

„ Allerdings war Rosenbaum mehr als nur ein Freund der Juden. Als seine Bank nach dem Zusammenbruch von Bernard Cornfelds IOS von einem Skandal erschüttert wurde, erklärte die Zeitung Ha'aretz feierlich: „Tibor Rosenbaum ist Israel". Und die Zeitung war nicht weit von der Wahrheit entfernt. Während Rosenbaums Bank die von der IOS geformten Kapitalfluchtprojekte erleichterte, diente sie auch als geheime Geldquelle für den israelischen Geheimdienst Mossad und war einer der größten Waffenhändler des Landes. Zeitweise liefen bis zu 90% des externen Budgets des israelischen Verteidigungsministeriums ... über Rosenbaums Bank in der Generalratsstraße.

„Auf wirtschaftlicher Ebene war er ebenso wichtig und gründete mit Hilfe von Baron Edmond de Rothschild, einem französischen Aristokraten, der sich für die zionistische Sache engagierte, die Israel-Gesellschaft. Der Zweck der Israel-Gesellschaft bestand darin, unter Juden auf der ganzen Welt Geld zu sammeln, Geld, das in eine Vielzahl staatlicher und halbstaatlicher israelischer Unternehmen investiert werden sollte.

Indem sie im Ausland Geld für Entwicklungsprojekte in „dem Land" beschafften, befreiten Rosenbaum und Rothschild die israelischen Steuergelder, die für die militärischen Grundbedürfnisse des Landes aufgewendet wurden. Infolgedessen wurde [Rosenbaum] zum „Mr. Repairtout" der israelischen Finanzwelt und zementierte Freundschaften mit den wichtigsten politischen und militärischen Führern des Landes.

„Die Mischung aus Unterweltgeldern, Mossad, IOS und Rothschild war berauschend, und der gemeinsame Nenner scheint die Liebe zu Israel gewesen zu sein. Zweifellos teilten Rosenbaum und Cornfeld diese Zuneigung mit Lansky und dem französischen Baron."[247]

DIE ISRAELISCHE GESELLSCHAFT

Eine weitere interessante Verbindung zwischen Lansky, der BCI und Israel besteht in der oben erwähnten Firma Israel Corporation. Es war Rosenbaums BCI, die die Mittel für das 200-Millionen-Dollar-Unternehmen Israel Corporation besaß. Zu den Gründern der Israel Corporation gehörte eine ganze Reihe von erfahrenen Persönlichkeiten, die sich in Lanskys Einflussbereich bewegten.

Unter ihnen spielte Sam Rothberg von den National Distilleries eine führende Rolle. Rothberg war sogar einer der ersten Investoren in Lanskys erstem Las-Vegas-Kasino, das von Benjamin Siegel gegründet worden war, dem Flamingo Hotel. Rothberg war eines der wichtigsten Aushängeschilder der jüdischen Gemeinde in den USA und Leiter des

---

[247] Jim Hougan. *Spooks: The Haunting of America - Der private Gebrauch von Geheimagenten.* (New York: William Morrow & Co., Inc., 1985), S. 172.

israelischen Anleihenverkaufs in den Vereinigten Staaten. Später kam Rothberg Lansky zu Hilfe und kämpfte gegen Lanskys erzwungene Rückkehr in die USA, um sich nach Lanskys Flucht nach Israel kriminellen Anschuldigungen zu stellen (mehr dazu später in diesem Kapitel).

Andere schlossen insbesondere zwei interessante Charaktere ein:
- Shaul Eisenberg, Israels reichster Industrieller und langjähriger Mossad-Agent, eine Schlüsselfigur in Israels Atombombenprojekt; und
- Philip M. Klutznick, eine führende Figur in der Anti-Defamation League (ADL) von B'nai B'rith.[248]

Die ADL-Verbindung hier ist interessant, weil sie mehr auf Lanskys Verbindung mit der BCI und Rosenbaum zurückgeht. Klutznick, der mit den Schmuggeloperationen des mit Lansky verbundenen Sonneborn Institute, die von Louis M. Bloomfield (wie bereits erwähnt) koordiniert wurden, in Verbindung gebracht worden war, war Vorstandsvorsitzender der American Bank & Trust Company geworden.

Die American Bank & Trust war eine Tochtergesellschaft der schweizerisch-israelischen Trade Bank, einer Finanzstruktur des Mossad, deren Direktoren Rosenbaum und sein langjähriger Partner Shaul Eisenberg waren. Zufällig, oder vielleicht auch nicht, übernahm die Trade Bank die Leitung der American Bank & Trust an einem sehr denkwürdigen Tag: dem 22. November 1963.[249]

Der New Yorker Geschäftsmann Abe Feinberg wurde als einer der neuen Direktoren des Unternehmens eingesetzt. Feinberg, den wir zum ersten Mal in Kapitel 4 kennengelernt haben, half dabei, die entscheidende amerikanisch-jüdische finanzielle Unterstützung für die Präsidentschaftskampagne des damaligen Senators John F. Kennedy im Jahr 1960 zu organisieren.

Die American Bank & Trust hatte ein unglückliches Ende. Das Unternehmen wurde 1975/76 von dem Finanzier David Gravier geplündert, der später angeblich bei einem Flugzeugabsturz in Mexiko ums Leben kam. Die BCI von Tibor Rosenbaum hatte übrigens ein ähnliches Ende. Die Bank brach 1974 zusammen, was zu einem Skandal führte, der Israel erschütterte. In seinem Buch *Jewish and Money: The Myths and the Reality* beschreibt der Autor Gerald Krefetz detailliert den Zusammenbruch der Bankstruktur von Lansky und dem Mossad.

DIE BANKEN DER ADL

Die Bank of Miami Beach und die City National Bank of Miami waren Lanskys wichtigste Geldwäschebanken in den USA, und in beiden waren mehrere Geschäftspartner von Lansky als Direktoren tätig, darunter ein gewisser Max Orovitz. 1963 begann Lansky in Orovitz' Büro mit den Planungen für die Einrichtung seiner Spielkasinos auf den Bahamas. Als Lansky sich schließlich in Israel niederließ, wohnte er zunächst im Dan Hotel in Tel Aviv, das Orovitz, seinem Bankerfreund aus Miami, gehörte.

Lanskys Banken in Miami waren das Herzstück seiner Glücksspielaktivitäten in der Karibik. Laut dem ehemaligen CIA-Agenten Robert Morrow wurde die Bank von Miami Beach „ursprünglich gegründet, um die vom organisierten Verbrechen geleiteten kubanischen Kasinos zu bedienen, und bot bis in die 1960er Jahre Geldwäschedienstleistungen an - und galt immer noch als mit der Unterwelt verbunden. Sie

---

[248] *Executive Intelligence Review* (Moskau), S. 13.
[249] *Ibid.*, S. 16.

wurde in den 1960er Jahren als Schwesterbank der National Bank of Miami angesehen, teilte viele der gleichen Direktoren und führte viele ähnliche Dienstleistungen aus."[250]

Diese Banken in Miami, haben auch enge Verbindungen zur Anti-Defamation League von B'nai B'rith, dem Geheimdienst- und Propagandaarm Israels in diesem Land. Nehmen wir als Beispiel Leonard Abess: Er war Präsident und Gründer der City National Bank in Miami. Seine Bank verwaltete die Gelder der ADL-Stiftung und Abess selbst fungierte als nationaler Vizepräsident der ADL.[251]

Vorstandsvorsitzender von City National war ab 1982 Donald Beazley, der ehemalige Direktor der mysteriösen australischen Nugan Hand Bank.[252] Die Nugan Hand Bank, die Gegenstand einer interessanten Studie von Jonathan Kwitny mit dem Titel *The Crimes of Patriots* war, wurde wiederholt mit dem internationalen Drogenhandel in Südostasien in Verbindung gebracht, der über die CIA-Operationen in der Region abgewickelt wurde.

(Und wie wir in Kapitel 12 sehen werden, nutzte Lansky die CIA-Aktivitäten in Südostasien als Tarnung für seine Drogengeschäfte, die in Wirklichkeit Hand in Hand mit der CIA durchgeführt wurden. In Kapitel 15 werden wir jedoch erneut die Verbindung zwischen Lansky und Rosenbaum genauer betrachten. Ihre Verbindung ist entscheidend, um die wichtige Rolle zu erkennen, die Israel bei der Verschwörung zur Ermordung von JFK gespielt hat.

DER SPONSOR GEHT NACH HAUSE

Im Jahr 1970 schließlich packte Meyer Lansky seine Zelte ab und ließ sich in Israel nieder. Nach dem einzigartigen „Rückkehrgesetz" Israels konnte jeder Jude von überall auf der Welt die israelische Staatsbürgerschaft beanspruchen. Das tat Lansky.

In seiner Heimat in den USA war Lansky Gegenstand einer strafrechtlichen Untersuchung. Das Exil in Israel schien der geeignetste Weg zu sein, um den Problemen zu entgehen. Israel war ein idealer Ort für Lansky, um seine Operationen auszulagern und sich darauf vorzubereiten, den jüdischen Staat als neues offizielles Hauptquartier seines weltweiten Verbrechersyndikats zu gründen. Wie Hank Messick es ausdrückte: „Als Vorstandsvorsitzender des Internationalen Syndikats könnte [Lansky] von Tel Aviv aus genauso leicht, vielleicht sogar leichter, operieren wie von Miami Beach aus."[253] Lanskys langjähriger Geschäftspartner Joseph (Doc) Stacher war bereits nach Israel gezogen. Ebenso wie eine ganze Reihe anderer amerikanisch-jüdischer Gangster, darunter Lanskys guter Freund Phil „The Stick" Kovolick.

Die vom Mossad dominierte Regierung Israels schien diese Kriminellen wie neue Landsleute willkommen zu heißen. Israel, so *Newsweek*, „schien von Eigeninteresse getrieben zu sein. Jedes Jahr zahlen Lansky und seine Unterweltpartner riesige Summen an israelische Anleihen und Philanthropien.

PEGRE GELD IN ISRAEL

---

[250] Morrow, S. 152.
[251] *Executive Intelligence Review. Project Democracy: The 'Parallel Government' Behind the Iran-Contra Affair.* (Washington, D.C.: *Executive Intelligence Review*, April 1987), S. 271-272.
[252] *Ibid.*, S. 272.
[253] Hank Messick und Burt Goldblatt. *The Mobs and the Mafia.* (New York: Ballantine Books, 1972), S. 204.

„Wie die Tageszeitung *Ha'aretz* sah, schien die Regierung zu befürchten, die Millionen Dollar an illegalem Geld zu verlieren, die zuerst in von der Unterwelt kontrollierten Einrichtungen „gewaschen" und dann in israelische Geschäfte und die Industrie investiert wurden."[254]

Lanskys anfänglicher Eintritt in Israel wurde diskret inszeniert. Es verbreitete sich das Gerücht, dass ein reicher „Philanthrop aus Miami" sich im jüdischen Staat niedergelassen hatte. Umstände, die sich Lanskys Kontrolle entzogen, erschwerten jedoch das Leben des großen Unterweltmagiers.

Während seines Aufenthalts in Israel klagten zwei große amerikanische Geschworenengerichte (im März 1971 und im Juni 1972) Lansky und mehrere seiner Partner an. Die erste Anklage lautete - natürlich zu Recht -, dass Lansky Millionen aus dem Flamingo Hotel und dem Casino in Las Vegas veruntreut habe. In der zweiten Anklageschrift wurde Lansky der Steuerhinterziehung beschuldigt.

Es gab noch eine Reihe ehrlicher und gesetzestreuer Israelis, die sich dagegen wehrten, dass der „Vorstandsvorsitzende" auf seine Zukunft in Israel setzte, und der politische Druck war so groß, dass Stimmen laut wurden, die seine Ausweisung forderten. Es machte die Sache nicht besser, dass im selben Zeitraum die Lansky-Biografie des unerschrockenen Kriminalreporters Hank Messick erschien und Teile davon in der israelischen Presse veröffentlicht wurden. Lansky selbst stellte jedoch klar, wem seine Loyalität galt. In einer Reihe von freundlichen Interviews mit *Ma'ariv*, einer israelischen Tageszeitung, erklärte Lansky: „Es ist mir egal, was sie in Amerika über mich geschrieben haben und schreiben. Es interessiert mich, was sie in Israel über mich denken".[255]

Zwischen den Protesten der öffentlichen Meinung in Israel und dem Druck der US-Behörden gab die israelische Regierung nach und stimmte der Ausweisung Lanskys zu. Der „Boss aller Bosse" legte jedoch beim obersten israelischen Gericht Berufung gegen seine Ausweisung ein. Die emotionale Frage eines Juden, der die „Alija" gemacht und sich unter dem Rückkehrgesetz in Israel niedergelassen hatte - und der dann ausgewiesen wurde, um dem möglichen Urteil eines Strafgerichts in einem anderen Land zu begegnen - spielte Lansky stark in die Hände. Doch trotz aller Bemühungen Lanskys - einschließlich eines Angebots von $10.000.000, wenn er bleiben durfte - wurde er gezwungen, in die USA zurückzukehren.

LANSKY AUF DEM ABSTEIGENDEN AST

Zu diesem Zeitpunkt befand sich Lansky in einem schlechten Gesundheitszustand und musste sich sogar einer Operation am offenen Herzen unterziehen. Doch wie das *Wall Street Journal* feststellte: „Jedes Mal, wenn es brenzlig wird - eine öffentlich gemachte Untersuchung, eine Untersuchung der Grand Jury, eine neue Sondereinheit von Bundeskriminalbeamten, die ihm auf der Spur sind -, tauchen plötzlich Geschichten auf, wonach Meyer Lansky an Krebs oder einer anderen unheilbaren Krankheit stirbt. In den Akten der New Yorker Staatspolizei gibt es einen Bericht, der in den 20er Jahren verfasst wurde und besagt, dass Meyer Lansky ein böser Junge ist, okay, aber es gibt keinen Grund zur Sorge, weil er ein schwächlicher und kranker Mann ist, der das Jahr nicht überleben wird".[256]

Aber Lanskys übliche magische Kräfte über das amerikanische Strafjustizsystem waren immer noch mit ihm. Zunächst sprach ihn eine Jury in seinem Haus in Miami von der

---

[254] *Newsweek*, 29. November 1971.
[255] Lacey, S. 333.
[256] *Wall Street Journal, Ibid.*

Anklage der Steuerhinterziehung frei. Zweitens wurden in dem von der Unterwelt kontrollierten Nevada die strafrechtlichen Anklagen gegen Lansky von einem Gericht für unzulässig erklärt, das sich darauf stützte, dass Lansky in schlechter gesundheitlicher Verfassung war. Und in Washington entschied der Generalstaatsanwalt der Vereinigten Staaten, Robert Bork, dass es nicht im Interesse der Nation sei, Lansky, den Anführer des internationalen organisierten Verbrechens, zu verfolgen. Bork entschied, dass das Justizministerium schlichtweg keine Handhabe gegen Lansky hatte. Der Fall wurde zu den Akten gelegt.[257] Lansky gewann wieder - wenig überraschend.

(Bork musste später eine schändliche Ablehnung durch den Senat hinnehmen, als er für den Obersten Gerichtshof nominiert wurde. Es war jedoch nicht die Tatsache, dass Bork sich Lansky auf niedrigem Niveau beugte, die gegen ihn sprach - obwohl dies wahrscheinlich hätte sein müssen).

Lanskys letzte Jahre waren ruhige Jahre, die er an der Seite seiner Frau, seines Hundes und einer Reihe von alternden Gaunern verbrachte. Er behielt immer noch eine gewisse Aufsicht über seine Geschäfte, aber die zunehmenden Gesundheitsprobleme setzten ihm weiter zu. Der Kopf hinter dem weltweiten Verbrechersyndikat starb schließlich am 15. Januar 1983.

In den letzten Jahren seines Lebens - und posthum - wurde Lansky (mit der freiwilligen Hilfe von Hollywood und dem Rest der Presse) gewissermaßen zum Volkshelden. Das Banditentum war in Mode, während die glorreichen Tage von John F. Kennedy und Camelot von denselben Medien in den Mülleimer geworfen wurden. Lanskys Leben mit Benjamin Siegel wurde in Filmen wie *The Gangster Chronicles*, *The Neon Empire* und *Mobsters* glamourös gemacht, in denen eine Vielzahl von Jugendidolen die Rollen von Lansky, Siegel, Costello und Luciano in ihren frühen Jahren spielten.

Der Autor Robert Lacey - der zuvor ein brillantes Porträt der britischen Königsfamilie geschrieben hatte - richtete seine Aufmerksamkeit auf die königliche Familie des internationalen Verbrechersyndikats und erstellte - mit Hilfe der Familie Lansky - eine Biografie über Lansky, *Little Man: Meyer Lansky und The Gangster Life*. Laceys Epos erzählt viel, ignoriert aber ebenso viel. Es lässt uns glauben, dass Lansky vor allem ein hingebungsvoller Familienmensch war und nicht der skrupellose Ganove, der er wirklich war. Noch während die Biografie von Lacey Lansky in den Buchhandlungen erhältlich war, brachte eine andere Hollywood-Produktion Lansky auf die Leinwand. Der Film *Bugsy* mit Warren Beatty als Benjamin Siegel brachte den hochtalentierten Schauspieler Ben Kingsley (der sogar Mahatma Gandhi gespielt hatte) in der Rolle des weisen und gelehrten Meyer Lansky auf den Markt.

Die Hollywood-Versionen von Meyer Lanskys Leben und Zeit waren jedoch weit von der Wahrheit entfernt, egal wie bunt die Geschichten waren, die sie über das von ihnen dargestellte Genie des Bösen erzählten.

So setzte sich Meyer Lansky selbst im Tod durch. Lanskys zentrale Rolle als wahrer Vermittler zwischen den großen Kräften, die sich bei der Ermordung von John F. Kennedy verschworen hatten, wurde geschickt und freiwillig begraben. Der „Pate Israels" wurde als missverstandener Staatsmann betrachtet, doch Meyer Lansky war es nicht.

Stattdessen war Lansky ein kaltblütiger, zynischer Killer, der den Tod seines engsten Freundes Benjamin Siegel befohlen hatte und sicherlich keine Skrupel hatte, bei der Planung der Ermordung eines amerikanischen Präsidenten zu helfen, der nicht nur sein eigenes Überleben, sondern auch das seines geliebten Staates Israel bedrohte.

---

[257] Lacey, S. 383-384.

KAPITEL VIII

Les Inséparables: Gefährliche Verbindungen James Jesus Angleton und Die profane Allianz zwischen Israel, der CIA und dem Syndikat der von Meyer Lansky

1963 befand sich John F. Kennedy nicht nur im Krieg mit Israel und Meyer Lanskys Syndikat des organisierten Verbrechens, sondern auch mit ihrem engen Verbündeten im internationalen Geheimdienstmilieu - der CIA. Es war eine tödliche Kombination.

Die CIA und Israel hatten im vergangenen Jahrzehnt eine enge strategische Allianz geschmiedet. Ihre gemeinsamen Unternehmungen auf der ganzen Welt verbanden die CIA und Israel untrennbar miteinander. Die Interessen Israels - und die Interessen der CIA - waren oft die gleichen, vielleicht zu oft. Ähnlich war es mit Meyer Lanskys Verbrechernetzwerk.

Mehr noch: Der wichtigste Kontaktmann Israels innerhalb der CIA in Washington, James Jones Angleton, spielte letztlich eine zentrale Rolle bei der Vertuschung des JFK-Mordkomplotts. Angleton hatte auch enge Verbindungen zu denselben Kräften innerhalb des Lansky-Syndikats.

Im Hauptquartier der Central Intelligence Agency in Langley, Virginia, gab es einen Mann, der vielleicht besser als jeder andere Amerikaner über die Absichten und Einstellungen Israels gegenüber Präsident John F. Kennedy Bescheid wusste. Es war der rätselhafte James Jesus Angleton. Angleton stand den Israelis während seiner Zeit bei der CIA so nahe, dass nach seinem Tod im Jahr 1987 von seiner Regierung in Israel ein Denkmal zu seinen Ehren eingeweiht wurde. Es ist eines der wenigen bekannten öffentlichen Denkmäler zu Ehren eines amerikanischen CIA-Beamten weltweit, dafür aber eines von vielen Angleton-Denkmälern in Israel.

Laut Andrew und Leslie Cockburn, Koautoren von Dangerous *Liaison: The Inside Story of the US-Israeli Covert Relationship*, war Angleton „ein Mann, der fast ein Vierteljahrhundert lang eine der mächtigsten und geheimnisvollsten Figuren der CIA war".[258]

Laut den Cockburns „war Angleton in viele seltsame und geheime Geschäfte mit der Welt der Geheimdienste verwickelt, aber die Israelis sprechen gerne davon, dass er ihnen besonders nahe gestanden habe, weshalb sie ihn mit einer öffentlichen Gedenkfeier geehrt haben."[259]

Angleton wurde während seiner Zeit an der Yale University vom Office of Strategic Services (OSS) angeworben und war ein aufsteigender Stern in der Welt der Untergrundaktivitäten. Nach der Abschaffung des OSS nach dem Zweiten Weltkrieg trat Angleton in den Dienst der CIA, nachdem die CIA 1947 gegründet worden war.

---

[258] AndrewCockburnandLeslieCockburn.*DangerousLiaison:TheInside Story of the U.S.-Israeli Covert Relationship*. (New York: Harper Collins Publishers, 1991), S. 16.
[259] Ibid.

1954 übernahm Angleton den hochsensiblen Posten des Leiters der Spionageabwehr der CIA.

Mehr noch: Angletons Einfluss innerhalb der CIA selbst war von größerem Ausmaß, als man hätte erwarten können. Angleton war ein sehr mächtiger und geheimnisvoller Mann.

MÄCHTIGE BOSSE

Laut Angletons Biograf Tom Mangold waren der CIA-Direktor Allen Dulles und sein Stellvertreter Richard Helms, der später unter Lyndon Johnson CIA-Direktor wurde, Angletons Mentoren. Allerdings, so Mangold, war Helms Angletons „großer Boss".[260] Dulles wurde natürlich später von JFK als CIA-Direktor entlassen und diente durch eine Fügung des Schicksals - oder durch die Absicht anderer - in der Warren-Kommission, die schließlich den Mord an JFK untersuchte. Und es war Helms, der später zusammen mit Angleton in eine seltsame Reihe von Ereignissen verwickelt wurde - die in Kapitel 16 ausführlich untersucht werden -, die schließlich und scheinbar unbewusst die Beteiligung der CIA an der Ermordung von JFK ans Licht bringen sollten.

EINE MACHT FÜR SICH ALLEIN

Laut dem Biografen des CIA-Geheimdienstchefs „sollten Angletons alte Freundschaftsbeziehungen zu Dulles und Helms der wichtigste Faktor werden, der ihm Bewegungsfreiheit innerhalb der CIA verschaffte. Angletons Vorgesetzte schenkten ihm so viel Vertrauen, dass die exekutive Kontrolle über seine Aktivitäten häufig erheblich versagt wurde. Dies führte dazu, dass seine späteren Handlungen ohne bürokratische Einmischung erfolgten. Tatsache ist, dass wenn Angleton etwas wollte, es auch getan wurde. Er hatte die Erfahrung, die Unterstützung und den Einfluss.

„Während der 60er Jahre hatte die Spionageabwehr zum Beispiel ihre eigene geheime schwarze Kasse, die Angleton streng kontrollierte. Diese Fonds verschafften ihm leichten Zugang zu einer großen Menge an Geld, das nie überprüft wurde (wie andere Fonds dieser Art). Angleton argumentierte, dass man ihm ohne Rechenschaftspflicht vertrauen müsse, da es schwierig gewesen wäre, einfachen Gerichtsschreibern zu erlauben, seine Konten zu prüfen, schon allein weil die Quellen offengelegt werden müssten. Die [Direktoren des Zentralen Nachrichtendienstes] (einschließlich Helms) stimmten dieser ungewöhnlichen Regelung zu, die Angleton eine einzigartige Autorität verlieh, um seine eigenen kleinen Operationen ohne große Überwachung durchzuführen."[261]

Kurz gesagt, laut Peter Dale Scott kontrollierte Angleton „eine 'zweite CIA' innerhalb der CIA[262]„ und arbeitete, wie wir sehen werden, ganz bequem und eng mit dem israelischen Mossad zusammen.

---

[260] Tom Mangold. *Cold Warrier-James Jesus Angleton: The CIA's Master Spy Hunter* (New York: Simon & Schuster, 1991), S. 307.
[261] *Ibid.*, S. 52.
[262] Peter Dale Scott. *Deep Politics and the Death of JFK*. (Berkeley, California: University of California Press, 1993), S. 54.

DER CHEF DES INTERNATIONALEN NACHRICHTENDIENSTES

Angletons Einfluss ging jedoch noch weiter. Angleton war nämlich der CIA-Kontaktmann für alle verbündeten ausländischen Geheimdienste"²⁶³ - vor allem für den Mossad. Über diese Verbindungen war Angleton in der Lage, Geheimdienstaktivitäten auf der ganzen Welt zu manövrieren. Ein Freund von Angleton erinnert sich: „Das war ein Job, der wirklich heikel war, und wir sprachen nicht darüber. Während er mit jedem in Kontakt stand, brachte er sie dazu, entweder der CIA einen Gefallen zu tun - für Dinge, die die CIA nicht direkt ausführen wollte; wie zum Beispiel die Tatsache, dass sie nie jemanden getötet hat, nicht wahr? - oder aber für ihre eigene Agenda.

„Selbst von einem banaleren Standpunkt aus betrachtet konnte er seine Kontakte zum israelischen Geheimdienst, die er für sich behielt, als Autorität für jede Linie verwenden, die er innerhalb der CIA durchzusetzen versuchte. Sie wissen schon: „Meine israelischen Quellen sagen mir dies und das", und niemand würde ihm widersprechen, da niemand sonst mit dem israelischen Geheimdienst sprechen durfte.

„Ich hatte immer den Eindruck, dass er die Israelis auf diese Weise benutzt hat, indem er sie sagen ließ, dass die Russen nicht wirklich mit den Chinesen gebrochen haben oder was auch immer. Sie wären vollkommen glücklich, ihm diesen Gefallen zu tun. Und zu allem Überfluss war er der Meinung, dass er von den israelischen Netzwerken und Verbindungen überall, nicht nur im kommunistischen Block, profitierte."²⁶⁴

Ein Freund Angletons (der die Schwärmerei des Chefs der Spionageabwehr für Israel nicht unbedingt teilte) kommentierte: „Sie müssen verstehen, dass Jims dominierende zentrale Obsession der Kommunismus war, für ihn war er die Essenz des absoluten und tiefgreifenden Bösen. Für ihn war nichts anderes wirklich wichtig, und er würde jeden und alles einsetzen, um ihn zu bekämpfen. Natürlich liebte er die Israelis ... aber er war kein „kooptierter israelischer Agent", wie ihn einige Leute in Washington zu nennen pflegten."²⁶⁵

BEN-GURIONS MANN IN WASHINGTON

Am wichtigsten für Angleton war jedoch seine Beziehung zum Mossad. In der Tat war er der selbsternannte und langjährige CIA-Mann im Büro der Behörde in Israel. Angletons Biograf Tom Mangold betont, dass „die Legenden, die um seine zwanzig Jahre als Leiter des israelischen Büros ranken, ein weiteres Buch füllen würden, genauso wie die Wahrheit in Wirklichkeit".²⁶⁶

Und obwohl Mangolds Darstellung von Angletons Karriere Angletons engen Verbindungen zu Israel und seinem Mossad kaum Beachtung schenkt, behauptet Mangold plakativ: „Ich möchte jedoch darauf hinweisen, dass Angletons engste berufliche Freunde im Ausland zu der Zeit und danach beim Mossad waren und dass er von seinen israelischen Kollegen und dem Staat Israel sehr hoch geschätzt wurde, die ihm nach seinem Tod eine sehr große Ehre erwiesen haben.".²⁶⁷

Tatsächlich hatte Angleton seit langem direkte Verbindungen zum israelischen Premierminister David Ben-Gurion und verhandelte mit dem israelischen Staatschef auf einer intimen Basis. Wenn es jemanden in der CIA gab, der von Ben-Gourions Abneigung

---

²⁶³ Cockburn, S. 42.
²⁶⁴ *Ibid.*, S. 42-43.
²⁶⁵ *Ibid.*, S. 43.
²⁶⁶ Mangold, S. 362.
²⁶⁷ *Ibid.*

gegen JFK wusste, dann war es Angleton. Als engagierter Freund Israels und wichtigster Verbindungsmann des Mossad - Angleton musste sich des Konflikts, der zwischen dem israelischen Premierminister und dem US-Präsidenten, der sich weigerte, sich den Ansprüchen Israels zu beugen, tobte, voll bewusst sein.

Und angesichts der Bemühungen Präsident Kennedys, Brücken zur Sowjetunion zu bauen, und seiner Bemühungen, den Kalten Krieg zu verlangsamen, wissen wir zweifellos, dass Angletons muskulöse Position - auch wenn er ein fanatischer Antikommunist war - darin bestand, Kennedys Eröffnungen mit Empörung und Abscheu zu betrachten. All dies, ohne Kennedys Konflikte mit der CIA zu erwähnen, die wir in Kapitel 9 untersuchen werden.

KENNEDY EINE DROHUNG

Offensichtlich war John F. Kennedy nicht nur eine Bedrohung für Israel, die CIA und ihre Verbündeten in Meyer Lanskys Syndikat des organisierten Verbrechens, sondern auch für James Jesus Angleton selbst. Kennedys Krieg mit der CIA konnte Angletons Karriere und das weltweite Geheimdienstimperium, das der seltsame und berechnende Chef der Spionageabwehr aufgebaut hatte, beenden. Die Verbindungen zwischen Angletons CIA und dem Mossad waren laut dem Historiker Steven Stewart so stark, dass sie „dazu führten, dass praktisch jeder CIA-Mann im Nahen Osten indirekt auch für die Israelis arbeitete ... während sich die Politik der CIA über Nacht änderte und eine außerordentliche Kehrtwende von weitgehend pro-arabisch zu fast vollständig pro-israelisch vollzog"[268] - es war in der Tat eine enge Beziehung.

DIE CIA UND ISRAEL: DIE ANFÄNGE

Wie wir gesehen haben, war Angleton der Hauptinitiator der engen Zusammenarbeit zwischen der CIA und dem Mossad - eigentlich von Anfang an - und der Hauptinitiator dieser Beziehung.

Der verstorbene Wilbur Crane Eveland, ehemaliger CIA-Berater und ehemaliger Mitarbeiter der Politikplanung des Weißen Hauses und des Pentagons, hat viel über die amerikanisch-israelischen Beziehungen geschrieben. In seinem Buch *Ropes of Sand lässt* Eveland die Anfänge dessen Revue passieren, was Andrew und Leslie Cockburn als die „gefährliche Verbindung" bezeichnen - die geheime Beziehung zwischen Amerika und Israel.

Diese geheime Beziehung wurde hauptsächlich unter der Ägide von Angletons israelischem Büro bei der CIA geführt. Eveland schreibt über die Hintergründe: „Die CIA-Operationen hatten begonnen, bevor Allen Dulles Direktor wurde, was zu langfristigen Auswirkungen führte, die die USA nur schwer wieder loswerden konnten. Als Ergebnis seiner OSS-Verbindung zu jüdischen Widerstandsgruppen, die während des Krieges in London ansässig waren, hatte James Angleton ein Abkommen über den Austausch operativer Informationen mit dem israelischen Mossad geschlossen, auf den sich die CIA für einen Großteil ihrer Informationen über die arabischen Staaten verließ."[269]

Allerdings basierte diese Beziehung anfangs nicht unbedingt auf gegenseitigem Vertrauen. Laut Wolf Blitzer, langjähriger Washingtoner Korrespondent der *Jerusalem*

---

[268] Steven Stewart. *The Spymasters of Israel.* (New York: Ballantine Books, 1980, S. 119).
[269] Wilbur Crane Eveland. *Ropes of Sand: America's Failure in the Middle East.* (New York: W. W. Norton & Company, 1980), S. 95.

Post, begann die Beziehung zwischen der CIA und dem Mossad auf der Basis gegenseitigen Misstrauens. Blitzer merkt an, dass nachdem iranische Aktivisten die US-Botschaft in Teheran beschlagnahmt hatten (und damit die Geiselkrise im Iran von 1979-1981 auslösten), die Aktivisten CIA-Dokumente beschlagnahmten, die sie später veröffentlichten.

„Die Dokumente", so Blitzer, „belegten, dass israelische Geheimdienste, hauptsächlich in den 1950er Jahren, Beamte der US-Regierung erpresst, abgehört und bestochen hatten, in dem Bemühen, vertrauliche Informationen und technische Informationen zu erhalten."[270]

Die USA schienen auch Israel auszuspionieren, obwohl dies nicht in dem Bericht erwähnt wurde. Als es jedoch darauf ankam, dass die CIA und der Mossad zu einer gemeinsamen Vereinbarung kamen, war es James Jones Angleton, der seinen Auftritt hatte und laut Blitzer „weitgehend für die Vereinbarung verantwortlich gewesen wäre."[271]

DIE MORDKOMPLOTTE

Die CIA und der Mossad hatten im Laufe der Jahre mehrere gemeinsame Unternehmungen, die alle unter Angletons wachsamen Augen durchgeführt wurden. Einige dieser Unternehmungen umfassten natürlich auch Mordkomplotte. In der Tat, nachdem Präsident Eisenhower darauf hingewiesen hatte, dass er hoffe, dass „das Nasser-Problem beseitigt werden kann"[272] - (bezogen auf das, was er für eine unnachgiebige Haltung des Ägypters hielt), starteten der CIA-Direktor Allen Dulles und Angleton einen Plan, um Nasser zu töten. Doch Außenminister John Foster Dulles (Bruder des CIA-Direktors) griff ein und beruhigte die Lage, indem er die CIA-Hunde zurückrief.

Die CIA unternahm auch verdeckte Aktionen gegen Israels Feinde in Syrien. 1958 scheiterte eines der CIA-Komplotte zum Sturz der nationalistischen Regierung Syriens - die antikommunistische Fanatiker wie Angleton für „links" hielten -, als sich die von der CIA bezahlten Schergen, syrische Staatsbürger (die natürlich Patrioten waren), stellten und das CIA-Komplott der syrischen Regierung verrieten. Damals kommentierte der CIA-Direktor Dulles: „Ich nehme an, dass der israelische Geheimdienst der einzige ist, auf den man sich verlassen kann, oder?"[273]

DAS ZR/RIFLE-TEAM VON ANGLETON

Das bis heute bekannteste Mordkomplott der CIA ist natürlich die Zusammenarbeit der Behörde mit dem organisierten Verbrechen in einem Komplott zur Ermordung des kubanischen Führers Fidel Castro (wir werden uns in Kapitel 11 ausführlich mit dem Mordkomplott gegen Castro befassen). Interessant ist jedoch, dass die CIA zu diesem Zeitpunkt im Rahmen des Komplotts gegen Castro ihr heute berüchtigtes Team ZR / Rifle zusammenstellte, das eine breite Palette von ausländischen Mördern und Söldnern integrierte - qualifizierte und gefährliche Männer, die im Morden ausgebildet wurden. Das ZR / Rifle-Team war in der Tat eines von Angletons bevorzugten internen CIA-Projekten,

---

[270] Wolf Blitzer. *Between Washington and Jerusalem* (New York: Oxford University Press, 1985), S. 96.
[271] *Ibid.*
[272] Cockburn, S. 69.
[273] *Ibid.*

das er zusammen mit seinem CIA-Kollegen William Harvey leitete.[274] Dies ermöglichte Angleton und seinen israelischen Verbündeten langfristig, wie wir in Kapitel 16 sehen werden, den Zugang zu dem „Talent", das für eine erfolgreiche Operation auf der Dealey Plaza in Dallas, Texas, am 22. November 1963 unerlässlich war.

EIN STARKES BÜNDNIS

Laut dem Geheimdiensthistoriker Richard Deacon waren Israels Beziehungen zur CIA (und insbesondere Angleton) eng gefestigt: „Auf amerikanischer Seite hatten die Israelis eine gewisse inoffizielle Unterstützung der CIA gewonnen, sogar während der Eisenhower-Ära. Die CIA war realistisch genug gewesen, um zu erkennen, dass Eisenhowers Appeasement-Politik gegenüber der arabischen Welt letztlich für jedes amerikanische Interesse, sei es militärisch oder wirtschaftlich, verheerend sein würde.

„Aus diesem Grund hatten sie die Politik beibehalten, dass alle Geheimdienstoperationen in Israel vollständig vom Mossad ausgeführt werden durften. Kurz gesagt bedeutete dies, dass die CIA keinen Büro- oder Postenleiter in Tel Aviv hatte, sondern dass einige Offiziere vor Ort in der US-Botschaft mit dem Mossad zusammenarbeiteten. In der Theorie bedeutete dies, dass beide Seiten Informationen austauschten, und in der Praxis funktionierte dies besser, als man normalerweise erwarten konnte.

„Die Schlüsselfiguren in diesem Arrangement waren ursprünglich [der Mossad-Chef] Isser Harel, Ephraim Evron, der später stellvertretender israelischer Botschafter in Washington wurde, und James Angleton, Chef der CIA-Gegenspionage."[275] (Evron wurde, wie wir in Kapitel 6 gesehen haben, auch besonders eng mit John F. Kennedys Nachfolger Lyndon Johnson, der unmittelbar nach seinem Amtsantritt die US-Politik zugunsten Israels und zugunsten der interventionistischen CIA-Politik in Südostasien umkehrte).

Laut dem Geheimdiensthistoriker Deacon nutzte Angleton die neue, innige Beziehung zwischen der CIA und dem Mossad auf internationaler Ebene aus: „Nachdem Angleton die Torheit der amerikanischen Außenpolitik bei der gescheiterten Suez-Operation gesehen hatte, beschloss er, der Voreingenommenheit des Außenministeriums gegenüber den Arabern durch eine enge Zusammenarbeit mit Israel entgegenzuwirken. Er war es auch, der als erster die Notwendigkeit einer neuen Nahostpolitik und von Schutzmaßnahmen gegen den wachsenden Einfluss Russlands sah.

EINE UMKEHRUNG DER POLITIK

„Er und Evron arbeiteten gut zusammen und deshalb half die CIA Israel mit technischer Unterstützung im nuklearen Bereich. Evron wollte diese Gelegenheit unbedingt nutzen, denn er war einer der Hauptinitiatoren der ehrgeizigen Herausforderung gegen die Politik der Freundschaft gegenüber Nasser [von John F. Kennedy] [und] ebnete den Weg für eine Umkehrung der pro-arabischen Politik, die für eine Weile das amerikanische Denken beherrschte, nicht nur unter Eisenhower, sondern auch unter der Kennedy-Regierung."[276]

---

[274] Peter Dale Scott. *Deep Politics and the Death of JFK*. (Berkeley: University of California Press, 1993), S. 173. Zitiert nach David Martin. *Wilderness of Mirrors*. (New York: Harper & Row, 1980), siehe insbesondere S. 120-124.
[275] Richard Deacon. *The Israeli Secret Service (Der israelische Geheimdienst)*. (New York: Taplinger Publishing Co., Inc., 1978), S. 170-171.
[276] *Ibid.*, S. 171.

Laut Deacon war Evron die mächtigste Persönlichkeit Israels in Washington, anerkannter als der israelische Botschafter und wurde von Angleton als Verbindungsmann des Mossad zur CIA begrüßt.[277]

ANGLETON UND DIE ISRAELISCHE ATOMBOMBE

Tatsächlich gibt es Beweise dafür, dass Angleton heimlich Israels Atombombenprogramm unterstützte, das natürlich die erste Quelle für den Konflikt zwischen JFK und dem israelischen Premierminister David Ben-Gurion war.

Tad Szulc, der bekannte Auslandskorrespondent, „zitierte Quellen aus Angletons Umfeld, die besagten, dass er Israel in den späten 1950er Jahren tatsächlich heimlich mit nukleartechnischen Informationen geholfen habe."[278] Außerdem wies Seymour Hersh darauf hin, dass Szulcs Bericht „mit dem übereinstimmt, was [Hersh] von einem hochrangigen CIA-Beamten erfahren hatte, nämlich dass Angleton Mitte der 1960er Jahre den Israelis ähnliche technische Informationen gegeben hatte."[279]

Wir wissen, dass einer von Angletons „engsten Kollegen" während seiner Tage beim OSS in Italien ein ehemaliger jüdischer Widerstandsführer war, Meir Deshalit, der ältere Bruder von Amos Deshalit, einem Physiker, der einer der Anführer von Israels Bemühungen um den Bau einer Atombombe war.[280]

Die Beweise legen auch nahe, dass Angleton eine Schlüsselrolle bei den Versuchen innerhalb der CIA spielte, die geheime Entwicklung von Israels Atomwaffen zu verschleiern.

John Hadden, der vor seiner Pensionierung 1960 Leiter des CIA-Büros in Tel Aviv war, war offensichtlich der CIA-Agent, der als erster (vielleicht fälschlicherweise) berichtete, dass eine Firma in Apollo, Pennsylvania, die Nuclear Materials & Equipment Corporation (NUMEC), illegal Uran für die Entwicklung von Atomwaffen nach Israel lieferte.

THEODORE SHACKLEY

Hadden sah sich jedoch innerhalb der CIA mit viel Widerstand konfrontiert. Vor allem eine Person, der Assistent des stellvertretenden Direktors für Geheimoperationen, griff Hadden ständig an und machte seine Aussagen schlecht. Es war der allgegenwärtige Theodore Shackley, auch bekannt als „das blonde Phantom".

Shackley war, wie wir in Kapitel 11 sehen werden, ein Schlüsselakteur bei den Verschwörungen der CIA und des Lansky-Syndikats gegen Fidel Castro. Und es war auch Shackley, wie wir in Kapitel 12 sehen werden, der ein Schlüsselakteur der CIA in Südostasien war, als die CIA und Lansky in der Region gemeinsame Drogenoperationen durchführten.

Später, nachdem er sich von der CIA zurückgezogen hatte, stieg Shackley in das lukrative internationale Geschäft des Waffenhandels mit Shaul Eisenberg ein, einem Schlüsselagenten des Mossad und einer wichtigen Figur in Israels nuklearem Entwicklungsprogramm. Später auf diesen Seiten werden wir noch viel mehr über die

---

[277] Ibid.
[278] Wolf Blitzer. *Between Washington and Jerusalem* (New York: Oxford University Press, 1985), S. 89.
[279] Ibid.
[280] Seymour Hersh. *The Samson Option: Israel's Nuclear Arsenal and American Foreign Policy* (New York: Random House, 1991), S. 144.

Verbindungen von Shackley und seinem späteren Partner Eisenberg erfahren. Hier beobachten wir jedoch, wie Shackley sich an der Vertuschung der israelischen Operationen im Bereich der nuklearen Entwicklung beteiligt - zusammen mit Angleton.

Laut Hadden hatte Angleton „kein Interesse daran,"[281] die NUMEC zu beenden, und hatte dies auch nicht getan. Hadden kommentiert: „Warum sollte jemand, dessen ganzes Leben dem Kampf gegen den Kommunismus gewidmet war, ein Interesse daran haben, eine heftig antikommunistische Nation daran zu hindern, die Mittel zur Selbstverteidigung zu erhalten?".[282] Wie wir in Anhang Nr. 26 sehen werden, ist die NUMEC-Geschichte jedoch komplexer, als es zunächst den Anschein hat.

DAS GEHEIME MEMORANDUM

Wie wir in Kapitel 5 festgestellt haben, hatte ein internes CIA-Memorandum, das während der Präsidentschaft von John F. Kennedy veröffentlicht wurde, ein negatives Licht auf das israelische Atomentwicklungsprogramm geworfen. Allerdings, so der Historiker Stephen Green, „ist es vielleicht bezeichnend, dass das Memorandum nicht als formelle National Intelligence Estimate (NIE) verfasst wurde, was eine Verteilung an mehrere andere Regierungsstellen bedeutet hätte. Bis 1968 wurde von der CIA keine NIE über das israelische Atomwaffenprogramm veröffentlicht".[283]

Es besteht natürlich angesichts Angletons enger Verbindungen zu Israel und seinem Mossad kein Zweifel daran, dass Angleton (und vielleicht auch der besagte Shackley) dazu beigetragen haben, das Memorandum zu begraben.

Die gemeinsamen Operationen der CIA und des Mossad in Bezug auf die israelische Nuklearentwicklung dauerten eine Generation lang an. Viele Jahre später organisierten die CIA und Israel gemeinsam die Entführung von Mordechai Vanunu, einem Nukleartechniker, der die Katze aus dem Sack ließ, was die Entwicklung von Atomwaffen in Israel betraf. Die Frau, die benutzt wurde, um Vanunu in das Entführungskomplott zu locken, war eine Geheimagentin der CIA, die gelegentlich auch für den Mossad gearbeitet hatte.

ANGLETONS MACHT WIRD GESTÄRKT

Mit dem Antritt der Regierung Lyndon Johnson und der erstaunlichen Umkehrung der US-Politik gegenüber Israel, die in Kapitel 6 ausführlich beschrieben wird, und mit der engen Verbindung zwischen Angletons Verbindung zum Mossad, Evron und Lyndon Johnson wurde Angletons Einfluss auf die Gestaltung der Nahostpolitik noch größer.

Andrew und Leslie Cockburn: „Ein langjähriger Beamter der ehemaligen Rivalin CIA, der nationalen Sicherheitsbehörde, die die Codes knackt, erklärt kategorisch: „Jim Angleton und die Israelis verbrachten ein Jahr damit, den Krieg von 1967 vorzubereiten. Es war eine CIA-Operation, die darauf ausgelegt war, Nasser [von Ägypten] zu bekommen. 'Ein solches Urteil, das von einer Quelle innerhalb einer Behörde stammt, die die Neigung und die Mittel hatte, sowohl die CIA als auch die Israelis zu überwachen, muss ein gewisses Gewicht haben'".[284]

---

[281] Cockburn, S. 80.
[282] *Ibid.*
[283] Stephen Green. *Taking Sides: America's Secret Relations With a Militant Israel.* (New York: William Morrow & Company, 1984), S. 164.
[284] Cockburn, S. 147.

Aus heutiger Sicht ist all das oben Gesagte besonders relevant, wenn man Angletons führende Rolle in der Allianz zwischen der CIA und dem Mossad betrachtet. Es sind jedoch viele neue und zusätzliche Informationen aufgetaucht, die Angleton noch weiter mit dem internationalen Verschwörungsnetzwerk verbinden, das zur Ermordung von John F. Kennedy führte.

ANGLETON, LANSKY UND DIE OSS

Angleton unterhielt in der Tat enge Verbindungen zu den mit Meyer Lansky verbundenen Aktivitäten des organisierten Verbrechens in Europa, die sich aus seinem Dienst beim OSS in England (in Zusammenarbeit mit dem britischen Geheimdienst) und in Italien ergaben. Und im selben Zeitraum war Meyer Lansky in gemeinsame Operationen mit dem OSS verwickelt, wie in Kapitel 7 beschrieben. Es ist auch sehr wahrscheinlich, dass Angleton während dieser Zeit mit einem jungen amerikanischen Offizier in Kontakt kam, der zum OSS abgestellt worden war - einem gewissen Clay Shaw. Wie wir in Kapitel 15 sehen werden, ist Shaw der Hauptkontaktpunkt in der JFK-Mordverschwörung zwischen nicht nur der CIA und den untergeordneten Mitgliedern der Geheimdienstgemeinschaft, zu denen auch Lee Harvey Oswald gehörte, sondern auch zwischen Lanskys Geldwäscheoperation, die bei der International Credit Bank von Tibor Rosenbaum vom Mossad angesiedelt war (erstmals in Kapitel 7 behandelt).

DER JÜDISCHE WIDERSTAND

Im Alter von 27 Jahren war Angleton, der damals in Rom stationiert war, der jüngste Leiter des Gegenspionagezweigs des gesamten OSS und der einzige Nicht-Brite in Italien, der die Geheimdienstgeheimnisse des Ultra-Geheimprogramms, das die Nazi-Codes knackte, teilen durfte. Italien wurde in der Tat zu einem zentralen Anlaufpunkt für Angleton und seine internationalen Geheimdienstverbindungen und insbesondere für seine Arbeit für den Staat Israel.

1951 war Angleton in „das jüdische Untergrundnetzwerk eingebunden, das von Osteuropa über Italien hinunter zu den Häfen führte, in denen Schiffsladungen von Immigranten für Palästina eingeschifft wurden"[285] Es war dieses Flüchtlingsnetzwerk, so Richard Deacon in *The Israeli Secret Service*, die Geschichte des Mossad, das „den Weg zu einem ultimativen Geheimdienstnetzwerk für den zukünftigen Staat Israel ebnete."[286]

Einer von Angletons israelischen Kontakten im jüdischen Widerstand in Europa war Teddy Kollek (der später Bürgermeister von Jerusalem wurde). Kollek wurde in der Tat „ein enger Freund".[287] Kollek war, wie wir in Kapitel 7 gesehen haben, im Zeitraum 1947-1948 Leiter des Haganah-Büros in New York und zusammen mit Meyer Lansky und Major Louis M. Bloomfield - den wir in Kapitel 15 sehen werden - in den Waffenhandel in Palästina verwickelt. Er war nicht nur mit dem zuvor erwähnten Clay Shaw, sondern auch mit Tibor Rosenbaums International Credit Bank verbunden.

---

[285] Cockburn, S. 42-43.
[286] Deacon, S. 35.
[287] Cockburn, S. 42.

WIEDER TIBOR ROSENBAUM

Aber es gibt einen noch entscheidenderen Kontakt zwischen Angleton, Major Bloomfield, Shaw und Lansky: denselben Tibor Rosenbaum. In Kapitel 7 haben wir Rabbi Tibor Rosenbaum von der International Credit Bank kennengelernt. Es war Rosenbaum, der Generaldirektor für Finanzen und Versorgung des Mossad war und eine der Haupttriebfedern des Flüchtlingsnetzwerks und des Nachrichtendienstes war, mit dem Angleton so eng zusammenarbeitete.

In dieser Zeit koordinierte der Terrorist Menachem Begin (der später Israels Premierminister wurde) auch die israelischen Operationen der Irgun in Europa. In Kapitel 13 erfahren wir, dass Begin auch in den USA zusammen mit einer Schlüsselfigur des Lansky-Verbrechenssyndikats an gemeinsamen Bemühungen für Israel - und gegen John F. Kennedy - beteiligt war.

DIE VERBINDUNG DER KORSISCHEN MAFIA

Angletons Verbindungen zu Lanskys Aktivitäten gehen jedoch noch weiter. Dank eines CIA-Geheimagenten, eines gewissen Jay Lovestone, manövrierte Angleton das, was sein Biograf als „eine seltsame kleine Aktivität, die Angleton seit 1955 diskret ganz allein leitete."[288]

Über einen Assistenten, Stephen Millet, der als Offizier der Spionageabwehr Angletons israelisches Büro leitete, unterhielt der Chef des CIA-Spionagenetzes enge Verbindungen zur Unterwelt in Italien und Frankreich.

Für weitere Details zu den Aktivitäten von Angleton und seinen Partnern, die mit Lanskys organisiertem Verbrechen in Verbindung standen, wenden wir uns der Arbeit von Robert I. zu. Friedman zurück. In seiner Biografie des in New York geborenen Aktivisten Rabbi Meyer Kahane (später Mitglied des israelischen Parlaments) erfahren wir, dass es besagter Lovestone war, der Kahane und seinen engsten Vertrauten und Rabbiner Dr. Joseph Churba mit Finanzmitteln und Unterstützung versorgte. (Lansky selbst trug, wie wir in Kapitel 7 gesehen haben, zu Kahanes späteren Aktivitäten für Israel bei). In den 1960er Jahren arbeiteten Churba und Kahane als CIA-Agenten, um die Unterstützung der Juden für den Vietnamkrieg zu gewinnen - ein Unterfangen, wie wir gesehen haben, das sich nicht nur für die CIA, sondern auch für ihre Verbündeten in Israel und ihre Verbündeten im Lansky-Syndikat als erfolgreich erwies.

DIE AUFTRAGSKILLER DER CIA

Laut Friedman „profitierten Churba und Kahane auch von der Unterstützung der legendären Kalten Krieger (Cold Warriors) Jay Lovestone und Irving Brown, die in den 1920er Jahren hohe Funktionäre der Kommunistischen Partei der USA gewesen waren, bevor sie eine Umschulung auf dem 'Weg nach Damaskus' durchliefen und später die mächtige Abteilung für internationale Angelegenheiten des AFL-CIO unter der Aufsicht der CIA leiteten. Es war unter der Leitung der CIA, dass Lovestone und Brown - mithilfe der korsischen und italienischen Mafia - nach dem Zweiten Weltkrieg rechte Todesschwadronen in Marseille und anderen europäischen Städten aufbauten, um die blühende linke Arbeiterbewegung zu zerschlagen. Dank Brown bekam 1953 Pierre Ferri-

---

[288] Mangold, S. 314-315.

Pisain, sein Schlüsselkontakt in der Unterwelt von Marseille, die Kontrolle über den Hafen der Stadt, wo er ein internationales Heroinhandelsimperium aufbaute.

„Es war nicht das erste Mal, dass der US-Geheimdienst die Dienste der Mafia kaufte. Vor der alliierten Invasion Siziliens im Zweiten Weltkrieg hatte das OSS über denselben Lucky Luciano, der es [dem jüdischen Widerstand] ermöglicht hatte, Waffen von Hoboken an die Irgun in Palästina zu schmuggeln, Kontakte zur sizilianischen Mafia hergestellt. Die sizilianische Mafia lieferte Informationen über die Deutschen und ermordete nach dem Krieg Hunderte von linken italienischen politischen Aktivisten."[289]

Laut dem Historiker Alfred McCoy „gewannen die Korsen in Marseille, nachdem die CIA ihre aktive Präsenz beendet hatte", den politischen Schutz des französischen Geheimdienstes SDECE, der dafür sorgte, dass ihre Heroinlabors fast 20 Jahre lang ungestört arbeiten konnten. In Partnerschaft mit den italienischen Mafia-Syndikaten schmuggelten die Korsen Rohopium aus der Türkei und veredelten es zu Heroin Nr. 4 für den Export. Ihr größter Kunde waren die Vereinigten Staaten.[290]

(In Kapitel 7 haben wir Lanskys zentrale Rolle bei der Organisation des Arrangements zwischen dem OSS und der sizilianischen Mafia in der berühmten „Operation Underworld" untersucht." In Kapitel 12 untersuchen wir Lanskys und der CIA Manipulation von Korsen und Sizilianern, die Mitglieder des organisierten Verbrechens im Drogenhandel waren. In Kapitel 12, Kapitel 15 und Kapitel 16 untersuchen wir auch die Rolle der französisch-korsischen Banditen und der französischen Geheimdienstagenten bei der Ermordung von JFK - wobei wir Angleton auch mit den Ereignissen in Dallas am 22. November 1963 in Verbindung bringen.

Hier und jetzt beobachten wir, dass es der israelische Mossad-Verbündete James J. Angleton war, der in Wirklichkeit der Hauptanstifter hinter den CIA-Operationen war, der korsische und sizilianische Mitglieder des organisierten Verbrechens in Angletons „antikommunistischen" Projekten einsetzte. Die Tatsache, dass all dies von Angletons israelischem Büro bei der CIA aus gesteuert wurde, ist zumindest interessant. Dies verbindet natürlich Angleton, die CIA und ihre Mossad-Kollaborateure noch stärker mit dem Lansky-Netzwerk - und dem komplexen Geflecht, das sich um die Verschwörung dreht, die zum Mord an John F. Kennedy führte.

ANGLETON, DIE CIA UND DIE FRANZÖSISCHE CONNECTION

Angletons französische Verschwörung ging jedoch über seine Verbindungen zum korsischen Verbrechersyndikat hinaus. Er und die CIA trieben auch in der französischen Innenpolitik ihr Unwesen und mischten sich in die politischen Ziele des französischen Staatsführers Charles De Gaulle und seines politischen Bündnisses ein. Die CIA unterstützte in der Tat die Sozialistische Partei.

Der Historiker Alfred McCoy merkt an: „Oberflächlich betrachtet erschien es der CIA vielleicht überraschend, die Linke als sozialistische Partei zu unterstützen. Aber es gab nur drei große politische Parteien in Frankreich: sozialistisch, kommunistisch und gaullistisch - und durch einen einfachen Ausschlussprozess verbündete sich die CIA schließlich mit den Sozialisten.

---

[289] Robert I. Friedman. *The False Prophet: Rabbi Meir Kahane-From FBI Informant to Knesset Member* (New York: Lawrence Hill Books, 1990), S. 34-35.
[290] Alfred W. McCoy. *The Politics of Heroin (Die Politik von Heroin).* (Brooklyn, New York: Lawrence Hill Books, 1991), S. 25.

"Während General De Gaulle für den Geschmack der Amerikaner zu unabhängig war, verloren die sozialistischen Führer schnell politischen Boden an die Kommunisten und waren daher bereit, mit der CIA zusammenzuarbeiten"."[291]

Die Tatsache, dass Angleton und die CIA aktiv gegen De Gaulle arbeiteten, ist faszinierend, vor allem im Lichte anderer Beweise, die wir in Kapitel 12, Kapitel 15 und Kapitel 16 untersuchen werden und die die CIA und ihre Verbündeten in Israel mit den gemeinsamen Operationen gegen De Gaulle in Verbindung bringen. Aus derselben Verschwörungssphäre heraus wurde, wie wir noch sehen werden, auch das Attentat auf JFK entwickelt.

DIE MANIPULATION DER WARREN-KOMMISSION

Nach dem Tod von John F. Kennedy war es Angleton, der zum „Aufseher" der CIA bei den Ermittlungen der Warren-Kommission zum Kennedy-Attentat wurde. Tatsächlich hatte sich Angleton, wie wir sehen werden, selbst in diese Position gebracht. Peter Dale Scott, der Forscher in Sachen JFK-Attentat, schrieb über das, was er als „Angletons wiederkehrende Präsenz im Hintergrund der Ermittlungen der Warren-Kommission" bezeichnete.[292]

1996 kamen neue Informationen über Angletons besondere Rolle ans Licht, als die Regierungskommission zur Überprüfung der JFK-Mordakten 192 Seiten Zeugenaussagen gegenüber der bis dahin als geheim eingestuften Kammerkommission zu den Morden von 1978 veröffentlichte, von einem Zeugen, der der „Leiter eines CIA-Zweigs war, der für Operationen in Mexiko und Mittelamerika zuständig war."[293]

Die wahre Identität des Zeugen wurde als so vertraulich eingestuft, dass die CIA darauf bestand, seinen echten Namen nicht zu veröffentlichen, also sagte er unter dem Decknamen „John Scelso" aus.

Laut Scelsos Geschichte war er, „Scelso", ursprünglich mit der Beendigung der CIA-Ermittlungen zu dem Attentat beauftragt worden, aber, so Scelso - Angleton, habe sofort Maßnahmen ergriffen, um alle Untersuchungen durchzuführen."[294] (Dies zeigt, dass Angleton Wert darauf legte, alle auftauchenden Beweise zu kontrollieren).

Scelsos Aussage förderte auch interessante Enthüllungen über Angletons Verbindungen zum organisierten Verbrechen zutage. An einem bestimmten Punkt seiner Zeugenaussage stellte Michael Goldsmith, ein Anwalt des Komitees, Scelso die relevante Frage: „Haben Sie Grund zu der Annahme, dass Angleton Verbindungen zum organisierten Verbrechen gehabt haben könnte?"[295], die Scelso bejahte.

Scelso fuhr fort zu erklären, dass das Justizministerium in der Vergangenheit die CIA gebeten hatte, die wahren Namen von Personen zu ermitteln, die nummerierte Bankkonten in Panama besaßen, weil die Unterwelt dort Geld versteckte, das aus Las Vegas „abgezweigt" worden war. Scelso kommentierte, dass „wir in einer ausgezeichneten Position waren, um das zu tun, und wir sagten es ihnen - woraufhin Angleton sein Veto einlegte und angab: „Das ist die Angelegenheit [des FBI]."[296]

---

[291] Alfred W. McCoy. *The Politics of Heroin (Die Politik von Heroin)*. (Brooklyn, New York: Lawrence Hill Books, 1991), S. 58.
[292] Peter Dale Scott. *Deep Politics and the Death of JFK*. (Berkeley, California: University of California Press, 1993), S. 196.
[293] *Newsday report* veröffentlicht in der *Baltimore Sun*, 6. Oktober 1996.
[294] *Ibid.*
[295] *Ibid.*
[296] *Ibid.*

Als Scelso dies mit einem anderen CIA-Agenten besprach, „lächelte der andere Agent verschmitzt und sagte: „Nun, das ist Angletons Ausrede. Der wahre Grund ist, dass Angleton Verbindungen zur Mafia unterhält und er sie nicht verraten möchte."[297]

Tatsächlich war Angleton, der Israel-Kontaktmann der CIA, in einer guten Position, um dabei zu helfen, die wahre Wahrheit über die Rolle Israels - sowie die der CIA und des Lansky-Syndikats - zu verschleiern, und schließlich tat er es auch.

DER FALL NOSENKO: DIE ANKLAGE

Es war Angleton, der im Zuge der Ermittlungen der Warren-Kommission als Hauptkritiker der CIA in Bezug auf den russisch-sowjetischen Deserteur Juri Nosenko auftrat. Nosenko, der 1964 in die USA ausgereist war, behauptete, er sei der KGB-Agent gewesen, der sich während seines Aufenthalts in Russland um Lee Harvey Oswald gekümmert habe (vermutlich als Deserteur).

Nosenkos provokanteste Behauptung war, dass der sowjetische KGB entgegen einigen Verdächtigungen und Behauptungen absolut nichts mit der Ermordung von John F. Kennedy zu tun hatte. Folglich hatten diejenigen, die wie Angleton, der Mann Israels bei der CIA, den KGB für den Mord am Präsidenten verantwortlich machen wollten, einen scheinbar gutgläubigen sowjetischen Deserteur am Hals, dessen Behauptungen der Propagandalinie widersprachen, die sie zu fördern versuchten. Angleton war derjenige, der Nosenko am stärksten und vehementesten beschuldigte und entschlossen war, zu beweisen, dass Nosenko ein Lügner war. Angleton unterzog Nosenko 1277 Tagen Folter, Verhör und Entbehrungen, doch Nosenko blieb seiner Version der Ereignisse treu. Angleton war eindeutig entschlossen, den einzigen Mann, der offensichtlich gut über den sowjetischen KGB informiert war, zu widerlegen, um die Behauptung, dass die Sowjets hinter der Ermordung von JFK steckten, zu bestreiten. Die Sowjets als Verdächtige auszuschließen, würde den Verdacht natürlich anderswohin lenken. Für diejenigen, die nicht nur die Mittel und die Gelegenheit, sondern auch das Motiv hatten, John F. Kennedy zu töten, hätte das Suchen anderswo die Aufmerksamkeit natürlich in Richtung von Angletons CIA und ihren Verbündeten im israelischen Mossad gelenkt. In Kapitel 16 werden wir sehen, wie Angleton tatsächlich eine Schlüsselrolle bei der Vertuschung der Ermordung von JFK spielte.

Die Enthüllung einer CIA-Rolle oder einer israelischen Rolle bei der Ermordung von JFK hätte unweigerlich nicht nur Amerikas Beziehungen zu Israel zerstört, sondern auch die internationale Zentrale der gemeinsamen Verschwörungen des Lansky-Verbrechenssyndikats, der CIA und des Mossad zu Fall gebracht. Und James Jesus Angleton, als enger Kontakt der CIA zu Israel, wäre gleichzeitig zerstört worden. Dasselbe gilt für seine CIA-Bosse Allen Dulles und Richard Helms.

(In Kapitel 16 gehen wir näher auf die Aktivitäten von Angleton und Richard Helms ein, insbesondere in Bezug auf die Vertuschung der Wahrheit über das JFK-Attentat. In Kapitel 18 werden wir sehen, wie Helms' enge Beziehung zur iranischen Geheimpolizei SAVAK - die gemeinsam von der CIA und dem Mossad gegründet wurde - Helms noch stärker mit dem Bereich der Verschwörung bei der fortgesetzten Vertuschung des JFK-Mordes in Verbindung bringt).

Richard Helms, Angletons „großer Boss", verließ die CIA 1973. Dies war der Anfang vom Ende seiner Tage bei der CIA. Angleton wurde am 20. Dezember 1974 von William Colby, dem neuen Direktor der CIA, gefeuert. Und wie wir in Anhang 6 sehen werden, war Angletons Entlassung nicht nur eindeutig mit seiner besonders engen Verbindung zu Israel

---

[297] *Ibid.*

verbunden, sondern könnte letztlich auch eine Rolle bei William Colbys seltsamem Tod - Jahre später - gespielt haben.

DIE FANTASIE IN BUCHFORM

In den letzten Jahren seines Lebens traf sich Angleton häufig mit Journalisten aus Washington, fütterte sie mit pikanten Details, streichelte sie mit Informationen und überzeugte sie alle davon, dass sie „die Hintergründe der Geschichte", insbesondere in Bezug auf die Ermordung von JFK, erhalten hätten.

Angletons letzte Parade der Desinformation über den Kennedy-Mord findet sich in Edward Jay Epsteins Buch *Legend: The Secret World of Lee Harvey Oswald* (veröffentlicht 1978). Epstein, ein „Kritiker" der Warren-Kommission, wurde zunächst als Autor von *Inquest* bekannt, einer langen Studie über die Kommission, die ursprünglich als seine Magisterarbeit an der Yale-Universität verfasst wurde, die lange Zeit ein Rekrutierungsfeld für die CIA war. Einige Jahre später brachte Epstein jedoch *Legend* heraus. Wie der Attentatsforscher Carl Oglesby jedoch betonte, war es Angleton, der „Epsteins Hauptquelle für die Geschichte, die sich abspielte"[298] in *Legend* war.

Epsteins Buch stellte die These auf, dass Oswald während seines Dienstes in der Marine vom sowjetischen KGB rekrutiert worden war. Später tötete der KGB-Agent Oswald JFK, aber nicht unbedingt auf Befehl des Kremls. Natürlich müssen wir davon ausgehen, dass Oswald die Kontrolle verloren hat. Oswalds Verbindung zum KGB, so Epstein, wurde später von einem sowjetischen Maulwurf in der CIA vertuscht, und dann half der legendäre Kommunistenjäger des FBI, J. Edgar Hoover, aus eigenen Gründen bei der Vertuschung - in der Tat eine sehr fantasievolle Geschichte. Wie dem auch sei, für Epstein war Angleton die wichtigste Quelle für „vertrauliche" Informationen beim Weben dieser speziellen „Legende". Und interessanterweise waren es gerade die staatlich kontrollierten Medien, die sich über JFKs Verschwörungsvorwürfe lustig gemacht hatten, die so positiv auf diese „neue" Verschwörungsgeschichte reagierten.

Wie Carl Oglesby zur Zeit der Veröffentlichung von *Legend* feststellte: „Die *Times* bezeichnete Epstein als „wissenschaftlichen und gründlichen Forscher" und erklärte seine Aussage, dass Oswald ein sowjetischer Spion gewesen sei, für „stichhaltig". Die *New York Times Review of Books* bezeichnete ihn als „faszinierend, alarmierend und vielleicht enorm bedeutsam" und lobte seine „explosiven Qualitäten". Wilfred Sheed, sonst ein züchtiger Mann, schluckte Angletons ganze Geschichte und setzte noch eins drauf: „Kuba scheint neben Oswald der wahrscheinlichste Verschwörer zu sein". Dieser", schloss er, „ist ein Wunder".[299]

(Und wie wir in Kapitel 17 sehen werden, machen die zahlreichen Verbindungen der staatlich kontrollierten Medien zu Israel und seine Lobbyarbeit in Amerika, insbesondere die vom Lansky-Syndikat [ADL] der B'nai B'rith finanzierte Anti-Defamation League, deutlich, dass die Medien versuchen, die Schuld für den Mord an JFK anderen in die Schuhe zu schieben, anstatt Angletons CIA und ihren Verbündeten in Israel).

---

[298] Carl Oglesby. *The JFK Assassination: The Facts and the Theories (Das JFK-Attentat: Fakten und Theorien).* (New York: Signet Books, 1992), S. 145.
[299] *Ibid.*, 149.

VON EINEM FALSCHEN BANNER GETÄUSCHT

Interessanterweise fielen viele amerikanische Konservative (die sicherlich keine Bewunderer der Kennedy-Regierung waren) auf Angletons Phantasie herein, dass der KGB hinter der Ermordung JFKs steckte.

Sie wollten, wahrscheinlich mehr als alles andere, glauben, dass ein Kommunist JFK getötet hatte. Das entsprach voll und ganz ihrer antikommunistischen Weltanschauung und war maßgeschneidert für diejenigen, die die berühmte „rote Fahne" schwenken wollten. (Diese rote Flagge war, wie wir auf diesen Seiten sehen werden, in Wirklichkeit ein weiteres gefälschtes israelisches Banner).

Angesichts des konservativen Aufschreis, dass „ein Kommunist JFK getötet hat", schreibt Peter Dale Scott über „die laute und unverantwortliche Kampagne des amerikanischen Sicherheitsrats, der größten PR-Lobby des militärisch-industriellen Komplexes, die die Behauptung der Geheimdienste und der Bundesbehörden unterstützt, ein KGB-Attentäter sei in einer Attentäterschule in der UdSSR ausgebildet worden, um später auf dem nordamerikanischen Kontinent eingesetzt zu werden."[300]

Seit der Veröffentlichung der zweiten Auflage von „Endgültiges Urteil" hat ein ehemaliger Publizist des US-Sicherheitsrats. William J. Gill, gestand dem Autor seine (damals) aufrichtige Überzeugung, dass es eine kommunistische Beteiligung an der Ermordung von JFK gegeben habe. Er gab zu, dass er aus politischen Gründen tatsächlich Teil der Bemühungen gewesen war, *den Sowjets* die Schuld an dem Attentat in die Schuhe zu schieben.

Nach der Lektüre von *Final Judgement* kam Gill jedoch zu dem Schluss, wie er es ausdrückte: „Ich denke, Sie haben ins Schwarze getroffen." Mit anderen Worten, dass er heute glaube, dass der israelische Mossad tatsächlich der Drahtzieher hinter der Ermordung von JFK sei. „Das ist ein Blickwinkel, den ich nie für möglich gehalten habe - bis heute", sagte er. Gill beschreibt das Jüngste *Gericht* als das „wichtigste Buch des 20. Jahrhunderts".

Es besteht kein Zweifel daran, dass die Konservativen nach dem Mord an JFK tatsächlich die „kommunistische" Perspektive bei der Ermordung des Präsidenten betonten - aus sehr offensichtlichen politischen Gründen.

Ein prominenter rechtsgerichteter Journalist der damaligen Zeit, Revilo P. Oliver, damals eine Schlüsselfigur der John Birch Society, wurde tatsächlich vor die Warren-Kommission geladen, um seine kontroverse und weithin veröffentlichte Theorie zu erläutern, dass die Sowjets JFK hingerichtet hätten, weil er [JFK] nicht genug getan habe, um den internationalen Kommunismus voranzutreiben. Kurz vor seinem Tod 1994 erklärte Oliver seinen Geschäftspartnern jedoch, dass er, wenn er nicht so krank gewesen wäre, die Gelegenheit genutzt hätte, eine positive Rezension von *Endgültiges Urteil* zu schreiben, das gerade erst Anfang des Jahres veröffentlicht worden war. Oliver selbst erkannte natürlich, dass auch er auf den von Angleton inspirierten Mythos hereingefallen war. Unnötig zu sagen, dass der Mythos von den Sowjets, die in das Attentat auf JFK verwickelt waren, eine ideale Tarnung darstellte und James J. Angleton der Hauptanstifter war.

„EIN HAUS HAT VIELE ZIMMER"

Die ganze Geschichte ist interessant und veranschaulicht, wie weit Angleton bereit war zu gehen, um eine Geschichte zu erfinden, die seine Feinde beschuldigt und seine Freunde entlastet. Angletons provokanteste und bekannteste Aussage, die oft als Hinweis auf die

---

[300] Peter Dale Scott. *Deep Politics and the Death of JFK.* (Berkeley, California: University of California Press, 1993), S. 55.

Ermordung von JFK gesehen wird, tauchte jedoch auf, als er in der *New York Times* zitiert wurde, zwei Tage nachdem er von CIA-Direktor William Colby aus dem Dienst entlassen worden war. Angletons rätselhafte Bemerkung lautete: „Ein Haus hat viele Räume. Ich weiß nicht, wer John geschlagen hat".[301] Angleton bestand jedoch darauf, dass der Hinweis nichts mit der Ermordung von JFK zu tun hatte.

Angleton starb am 11. Mai 1987 als gebrochener Mann - vertrieben von der CIA, der er sein Leben gewidmet hatte. Angleton hatte Recht: „Ein Haus hat viele Räume". Es gab noch ein weiteres geheimes Zimmer - sozusagen - eine dunkle Geheimdienstoperation, die eng mit dem organisierten Verbrechen und der CIA in einer Vielzahl von Unternehmen sowohl in den USA als auch weltweit zusammenarbeitete: James Jesus Angletons geliebte Verbündete im israelischen Mossad.

Seit der Erstveröffentlichung von *Final Judgement*, dem ersten Buch über das JFK-Attentat, das sich ernsthaft auf James Angleton konzentrierte (basierend auf den Spuren von Mark Lanes *Plausible Denial*), hat die JFK-Forscherin Lisa Pease (die ein Exemplar von *Final Judgement* vom Autor erhalten hatte) zwei ausgezeichnete Artikel geschrieben, in denen sie Angletons entscheidende Rolle im JFK-Fall untersucht. Sie erscheinen in dem Buch *The Assassinations (Los Angeles, Feral House Press, 2003)*, das von Miss Pease und James Di Eugenio herausgegeben wurde. Leider hat Miss Pease zwar in früheren Versionen ihrer Aufsätze (als diese erstmals im Internet veröffentlicht wurden) flüchtig auf *Endgültiges Urteil* Bezug genommen, diese Hinweise aber inzwischen wieder entfernt, vielleicht aus Angst, mit meiner Wenigkeit in Verbindung gebracht zu werden. Wie auch immer, Miss Pease eilt auch dazu, ihren Lesern zu versichern, dass sie keine Beweise für die Theorie gefunden hat, dass Angleton vom Mossad „kontrolliert" wurde, obwohl sie andeutete, dass andere anonyme Autoren dies ebenfalls behauptet hätten. Tatsächlich wird, wie die Leser von *Final Judgement* nur zu gut wissen, in diesem Buch keine derartige Behauptung aufgestellt. Im Gegenteil: Angleton war ein treuer Anhänger des Mossad. Eine „Überprüfung" war nicht erforderlich.

---

[301] *The New York Times*, 24. Dezember 1974.

KAPITEL IX

Eine kleine Unannehmlichkeit
JFKs Krieg mit den Verbündeten
Israels innerhalb der CIA

JFKs Kampf mit der CIA bezüglich des Debakels in der Schweinebucht war erst der Anfang. Im November 1963 bekämpfte JFK nicht nur die israelischen Verbündeten der CIA wegen der Atombombe, sondern stellte sich auch gegen die Bemühungen der CIA, die USA tiefer in Südostasien zu verwickeln. Tatsächlich plante JFK, die CIA vollständig aufzulösen: ein Schritt, der Israels Machtbasis in Washington gefährden würde.

Gleichzeitig bemühten sich die CIA und der Mossad auch darum, dem französischen Präsidenten Charles De Gaulle zu schaden. Schließlich stellte sich heraus, dass die Verschwörung gegen De Gaulle eine wenig bekannte, aber entscheidende Rolle bei der Verschwörung zur Ermordung von JFK spielte.

1972 veröffentlichte der Newsletter des *Washington Observer* die vielleicht ersten Andeutungen - in der Presse -, dass die Kennedy-Familie selbst die CIA verdächtigte, an der Ermordung von John F. Kennedy beteiligt gewesen zu sein.

Der *Observer* berichtete: „1963, kurz nach der Ermordung von Präsident Kennedy, führte Robert F. Kennedy als Generalstaatsanwalt seine eigene private Untersuchung durch, die parallel zu der offiziellen Untersuchung des Mordes durch die Warren-Kommission verlief. Kennedys Ermittlungen umfassten auch die Reisen von Inspektor Hamilton, einem ehemaligen Chefinspektor von Scotland Yard. Hamilton, ein alter Freund von Joseph P. Kennedy, war vom Generalstaatsanwalt festgehalten worden, um bei der Entwirrung der Wahrheit über den Mord an JFK zu helfen.

„Nach langen Gesprächen mit Mitgliedern der Kennedy-Familie und einigen unauffälligen Sondierungen mit seinen eigenen Kontakten konzentrierte sich Hamilton auf die Tatsache, dass die Ermordung John Kennedys sehr kurz nach den ersten Schritten seines Bruders Bobby zur direkten persönlichen Kontrolle der CIA stattgefunden hatte, dem er das Fiasko in der Schweinebucht zuschrieb.

„Hamilton folgte der Argumentation *cui Bono* („Wem nützt es?") und kam zu dem Schluss, dass Bobbys Entscheidung, die Kontrolle über die CIA zu übernehmen, etwas mit dem Mord an seinem älteren Bruder zu tun hatte."[302]

DIE SCHWEINEBUCHT

Die Tatsache, dass das Debakel in der Schweinebucht ein wichtiger Streitpunkt zwischen den Kennedy-Brüdern und der CIA war, ist heute Teil der Geschichte. Die Bitterkeit, die sich zwischen JFK und der CIA über den gescheiterten Versuch, in Castros Kuba einzumarschieren, entwickelte, war ein ernsthafter Konflikt zwischen dem Präsidenten und dem Geheimdienst. Die Schweinebucht und ihre Folgen waren eine Plage

---

[302] *Washington Observer*, 15. April 1972.

zwischen Kennedy und der CIA, aber nicht die letzte. Vielmehr löste sie Ereignisse aus, die zum finalen Showdown zwischen JFK und der CIA führten, der schließlich in der Ermordung des US-Präsidenten mündete.

Die Familienbiografen des Chicagoer Mafiabosses Sam Giancana, die an den finsteren Verschwörungen des organisierten Verbrechens und der CIA gegen Fidel Castro beteiligt waren (auf die wir in Kapitel 11 näher eingehen werden), berichten, dass Giancana sich sehr wohl bewusst war, dass die CIA mit den Kennedys nicht zufrieden war. „Innerhalb der CIA schlug die Bestürzung darüber, vom Präsidenten und dem Generalstaatsanwalt betrogen worden zu sein, zusammen mit dem offenen Versprechen des Präsidenten, die Macht des Geheimdienstes zu demontieren, schnell in Hass um und erzeugte einen Abpralleffekt, der die Stimmung der Männer, mit denen [Giancana] bei seinen verdeckten Operationen zu tun hatte, schwärzte. Diese Männer brachten ihre Empörung über die Operation in der Schweinebucht und ihre Befürchtung zum Ausdruck, dass Kennedy nun eine sehr reale Bedrohung für die Aufrechterhaltung der Autonomie der CIA, vielleicht sogar für ihre Existenz, darstellte"."[303]

KENNEDYS MASSNAHMEN GEGEN DIE CIA

In seinem Bestseller *Plausible Denial*, in dem er die Rolle der CIA bei der Verschwörung zum Mord an JFK identifiziert, kommentierte Mark Lane, der ehemalige Ermittler in Sachen JFK-Attentat, die Maßnahme der CIA gegen den Präsidenten:
„Wenn CIA-Agenten, Offiziere und ehemalige Offiziere glauben, dass die Verteidigung ihrer Agentur und ihrer Nation die Beseitigung von Präsident Kennedy erfordere, weil er im Begriff war, ihre Organisation zu zerschlagen, dann konnte man verstehen, auch wenn man ihren Standpunkt weder akzeptierte noch billigte, dass das Konzept der Selbstverteidigung sie dazu zwang, tödliche Gewalt anzuwenden. Am relevantesten ist daher nicht, was Kennedy gegenüber der CIA im Begriff war zu tun oder nicht zu tun, sondern was die Führung der Agentur glaubte, dass er tun könnte.
„John F. Kennedy stellte klar, dass er die Absicht hatte, die CIA zu zerstören. Die *New York Times* berichtete am 25. April 1966 in der Unterrubrik „Kennedys Bitterkeit", dass „als die Ungeheuerlichkeit der Schweinebucht-Katastrophe zu ihm durchgedrungen war, [Kennedy] einem der höchsten Beamten seiner Regierung erklärte, er wolle „die CIA in tausend Stücke zerschlagen und in alle Winde verstreuen".
„Natürlich schlug er nicht einen bescheidenen Gesetzesvorschlag oder eine Exekutivanordnung vor, um die Organisation zu ändern oder zu reformieren. Die vollständige Zerstörung der Agentur war sein offensichtliches Ziel."[304]

DIE KONTROLLE DER CIA

Lane betont, dass Kennedys vorläufige Maßnahmen gegen die CIA bereits in Gang gesetzt worden waren und dass der Präsident ganz klar auf eine ultimative Ausweidung der Behörde zusteuerte.
„[Kennedy] kümmerte sich um die CIA durch die Umsetzung eines Drei-Punkte-Notfallprogramms, das darauf ausgelegt war, die Agentur zu kontrollieren. Er entließ ihre schuldigsten und mächtigsten Führungskräfte, ernannte ein hochrangiges Komitee, die

---

[303] Sam Giancana und Chuck Giancana. *Double Cross: The Explosive Inside Story of the Mobster Who Controlled America* (New York: Warner Books, 1992), S. 301.
[304] Mark Lane. *Plausible Denial*. (New York: Thunder's Mouth Press, 1992), S. 93.

Cuban Study Group, um die Missetaten der Organisation zu untersuchen, damit es feststellen konnte, welche weiteren kurzfristigen Einschränkungen notwendig waren, und in der Zwischenzeit schränkte er die Befugnisse und die Zuständigkeit der Agentur erheblich ein und setzte mit den National Security Action memoranda (Memoranden zur nationalen Sicherheitsaktion) strenge Grenzen für ihre künftigen Handlungen."

„Kennedy versuchte daraufhin, die Agentur zu kontrollieren, indem er ihre Handlungsfähigkeit in der Zukunft durch die National Security Action Memoranda NSAM 55, 56 und 57 erheblich einschränkte. Diese Dokumente unterdrückten in der Theorie die Fähigkeit der CIA, Kriege zu erklären. Der CIA wäre es nicht erlaubt, irgendeine Operation zu starten, die eine größere Feuerkraft als die von Handfeuerwaffen erzeugte erfordert".[305]

Es besteht kein Zweifel daran, dass all diese Aktionen die CIA und ihre Verbündeten verunsicherten. Einer der damals anwesenden Männer war Oberst L. Fletcher Prouty, der im entsprechenden Zeitraum als Kontaktperson zwischen dem Verteidigungsministerium und der CIA fungiert hatte.

Prouty sagte: „Nichts, was ich in meiner gesamten Karriere getan habe, hat einen solchen Schock ausgelöst. NSAM 55 beraubte die CIA ihrer wertvollen Rolle bei verdeckten Operationen, abgesehen von kleinen Aktionen. Es war ein brisantes Dokument. Der militärisch-industrielle Komplex war nicht glücklich".[306]

DIE CIA UND VIETNAM

Kennedys Konflikt mit der CIA ging jedoch weit über die Kuba-Frage hinaus. Das wachsende Problem der Beteiligung der USA in Südostasien positionierte den Präsidenten noch stärker in Konflikt mit der CIA.

Gegen Ende des Jahres 1963 nahm JFKs Konflikt mit der CIA seinen vollen Umfang an, und obwohl er nicht Gegenstand einer lebhaften öffentlichen Debatte war, wusste jeder über die offiziellen und inoffiziellen Kanäle, dass etwas auf höchster Ebene im Gange war. Am 3. Oktober 1963 schrieb der dienstälteste amerikanische Kolumnist, Arthur Krock, in der *New York Times* unverblümt über Kennedys Krieg gegen die CIA - einen Krieg, der wegen der Vietnamfrage eskalierte. Krocks Titelgeschichte trug übrigens die Überschrift „Intra-administrativer Krieg in Vietnam".

KENNEDYS VERTRAUENSWÜRDIGER VERMITTLER

Was aber an dem Artikel so erstaunlich ist, ist, dass Krock eine hochrangige Quelle aus der Regierung zitierte, die andeutete, dass, sollte es jemals zu einem Staatsstreich in den USA kommen, zu erwarten sei, dass die CIA dafür verantwortlich sein würde - und das nur wenige Wochen, bevor JFK ermordet wurde.

Die Bedeutung dieses erstaunlichen Artikels liegt darin, dass es Arthur Krock war, der diese brisante Aussage unterzeichnete: Krock war ein langjähriger enger Freund und Vertrauter der Kennedy-Familie und hatte sogar mehrere Arbeiten verfasst, die im Auftrag des Vaters des Präsidenten, Botschafter Joseph P. Kennedy, veröffentlicht wurden.

Der Kolumnist war ein wichtiges Bindeglied Kennedys zur Presse und wäre Präsident Kennedys erste Wahl gewesen, wenn JFK die Presse hätte nutzen wollen, um seinen Konflikt mit der CIA in der Öffentlichkeit zu thematisieren. Wie Mark Lane treffend beschrieben hat:

---

[305] *Ibid.*, S. 99-100.
[306] *Ibid.*, S. 100.

„Es war John F. Kennedy, der über seinen vertrauenswürdigen Mittelsmann Arthur Krock eine Botschaft an das amerikanische Volk schickte."[307]

Dieser Artikel geriet nach der Ermordung des Präsidenten in Vergessenheit, doch 1992 holte Lane die prophetische Warnung wieder hervor und begann, sie der amerikanischen Öffentlichkeit, die nun ein neues Interesse an der Ermordung Kennedys hat, zur Kenntnis zu bringen.

AUSSER KONTROLLE

Lane beschrieb den Artikel: „Krock betonte, dass John F. Kennedy gegen die CIA in den Krieg gezogen sei. Er kam zu dem Schluss, dass Kennedy die CIA nicht mehr kontrollieren konnte.

Der Kolumnist erklärte, Präsident Kennedy habe Henry Cabot Lodge, seinen Botschafter in Vietnam, zweimal mit Befehlen für die CIA geschickt, und in beiden Fällen habe die CIA die Befehle ignoriert, weil sie sich von dem unterschieden, was die Agentur glaubte, tun zu müssen. Mit anderen Worten, die CIA hatte entschieden, dass nicht der Präsident entscheiden sollte, wie die amerikanische Außenpolitik zu gestalten sei.[308]

Lane wies darauf hin, dass eine Quelle für Krocks Kolumne ein Bericht war, den der Auslandskorrespondent Richard Starnes für die Zeitungen *Scripps* und *Howard* produziert hatte und in dem er eine Reihe von hochrangigen Regierungsbeamten und anderen Personen interviewt hatte, die ihre Besorgnis über die Unnachgiebigkeit der CIA zum Ausdruck gebracht hatten.

EIN VON DER CIA GESPONSERTER STAATSSTREICH?

In Krocks Artikel heißt es: „Zu den Standpunkten, die den anwesenden Vertretern der US-Regierung zugeschrieben wurden, von denen einer als „sehr hoher US-Beamter" bezeichnet wurde ... der einen Großteil seines Lebens im Dienste der Demokratie verbracht hat ... gehören die folgenden:

Das Wachstum der CIA wurde „mit einem Krebsgeschwür verglichen", das der „sehr hohe Beamte nicht sicher war, ob selbst das Weiße Haus es kontrollieren könnte ... länger".

„Sollten die Vereinigten Staaten jemals [einen Putschversuch zum Sturz der Regierung] erleben, wird dies von der CIA und nicht vom Pentagon ausgehen". Die Agentur „steht für eine enorme Macht und völlige Verantwortungslosigkeit gegenüber irgendjemandem".

„Was auch immer diese Passagen offenbaren, sie stellen mit großer Sicherheit fest, dass die Mitglieder anderer Exekutivorgane ihren Krieg gegen die CIA von den inländischen Regierungsräten über die Presse auf das amerikanische Volk ausgeweitet haben.

Und gleichzeitig veröffentlicht können die Details über die Operationen der Agentur in Vietnam nur aus denselben wichtigsten offiziellen Quellen stammen. Das ist eine chaotische Regierung. Und je mehr der Präsident dies toleriert - der Zeitraum ist bereits beträchtlich -, desto größer ist der tatsächliche Krieg gegen den Vietcong und der Eindruck einer sehr unentschlossenen Regierung in Washington.

---

[307] *The Spotlight*, 17. Februar 1992.
[308] *Ibid.*

„ Die CIA kann schuldig sein. Da sie ihren Vietnam-Fall nicht offen verteidigen kann oder jedenfalls nicht offen verteidigen wird und ihn auch nicht mit denselben vertraulichen Presse-"Briefings" wie ihre Kritiker verteidigen wird, ist die Öffentlichkeit nicht in der Lage, ein Urteil zu fällen. Auch nicht dieses Ministerium, das es nicht einmal geschafft hat, die Grundzüge des Falls der Agentur zur Widerlegung zu erhalten.

„Aber Mr. Kennedy wird darüber urteilen müssen, ob das Kriegsspektakel innerhalb der Exekutive unterbrochen und die effektive Arbeitsweise der CIA bewahrt werden soll. Und wenn er dieses Urteil fällt, wird er es hoffentlich auch veröffentlichen, ebenso wie die Untersuchung des Fehlverhaltens, auf der es beruht.

„Verteidigungsminister McNamara und General Taylor, die von ihrer Untersuchungsexpedition in den offiziellen Dschungel von Saigon zurückgekehrt sind, haben heute zweifelsfrei Empfehlungen abgegeben, wie sein Urteil ausfallen sollte."[309]

Es ist in der Tat ironisch, dass Krocks Artikel mit dem Hinweis auf die Reise von McNamara und Taylor nach Südostasien endet.

Denn wie Oberst Fletcher Prouty berichtet, berichteten sie nach ihrer Rückkehr „dem Präsidenten, dass sie nach ihrem Besuch in Saigon den Eindruck hätten, dass die Dinge unter Kontrolle gebracht werden könnten und dass wir bis Ende 1965 in der Lage sein würden, alle Truppen [aus Vietnam] abzuziehen".

„Heute können wir sehen, warum sie dieses Datum gewählt hatten", kommentiert Prouty. „Es war das Datum, das der Präsident in seinen eigenen Gesprächen mit seinen engsten Beratern genannt hatte. Sie alle wussten, dass er nach seiner Wiederwahl einen Rückzug ankündigen wollte".[310]

Kurz darauf trat John F. Kennedy jedoch tatsächlich von der Bühne ab, und die Pläne des Präsidenten, die er so sorgfältig für den Rückzug aus Vietnam entworfen hatte, wurden daraufhin vom neuen Präsidenten umgestoßen.

DIE CIA SIEGT

In seinem Buch *Plausible Denial* fasst Mark Lane die Ereignisse zusammen, die sich ereigneten: „Nur vier Tage nach dem Tod von Präsident Kennedy unterzeichnete Lyndon Johnson NSAM 273, das die Umkehrung der Rückzugspolitik aus Vietnam einleitete und den Beginn der Eskalation des Konflikts bedeutete. Die CIA hatte den Sieg davongetragen. Die in Südostasien durchgeführte Aktion sollte zu einem massiven Landkrieg werden".

„Im März 1964 unterzeichnete Johnson NSAM 288, mit dem Kennedys Plan, die militärische Beteiligung der USA am Krieg in diesem Jahr zu beenden, verworfen wurde. In den folgenden Monaten erhöhte Johnson die militärische Beteiligung von minus 20.000 Truppen auf etwa eine Viertelmillion."[311]

„Jahre später ... nach dem Tod von mehr als 50.000 Amerikanern und über einer Million Vietnamesen, Laoten und Kambodschanern endete der Krieg schließlich mit der militärischen Niederlage der USA".[312]

Wie wir in Kapitel 6 gesehen haben, war der Vietnamkrieg für die CIA-Verbündeten in Israel jedoch ein Glücksfall, der es dem Staat im Nahen Osten ermöglichte, seine Kräfte in der Region einzusetzen.

---

[309] *Ibid.*
[310] L. Fletcher Prouty. *The Secret Team: The CIA and its Allies in Control of the United States and the World* (Costa Mesa, Calif.: Institute for Historical Review, 1990), S. 416.
[311] Lane, S. 107-108.
[312] *Ibid.*

Und in Kapitel 12 werden wir sehen, dass sich das gemeinsame Projekt der CIA und Meyer Lanskys Verbrechersyndikat über den internationalen Drogenhandel aus Südostasien als sehr profitabel erwies, das unter militärischer Tarnung inmitten der US-Beteiligung in Vietnam durchgeführt wurde.

DIE CIA UND DIE ERMORDUNG VON JFK

Erst nach der Veröffentlichung von *Plausible Denial* wurde das Ausmaß der Beteiligung der CIA an der Ermordung von JFK vollständig enthüllt. Der Verdacht, dass die CIA mitschuldig war, war seit Jahren üblich, doch Lanes Buch beweist dies ein für alle Mal. Und bezeichnenderweise war sein Buch eine Zusammenfassung eines Verleumdungsprozesses, der einige Jahre zuvor in Miami stattgefunden hatte und in dem die Geschworenen zu dem Schluss gekommen waren, dass die CIA tatsächlich an der Verschwörung und Vertuschung des JFK-Mordes beteiligt gewesen war.

Die Umstände, unter denen der Prozess stattfand, sind interessant. 1978 veröffentlichte die in Washington ansässige Wochenzeitung *The Spolight* einen Artikel des ehemaligen hochrangigen CIA-Beamten Victor Marchetti, in dem er erklärte, dass die CIA plane, dem ehemaligen CIA-Agenten E. Howard Hunt eine Verwicklung in die Ermordung Kennedys anzuhängen.

Hunt war offensichtlich der wichtigste politische Kontaktmann der CIA zur kubanischen Anti-Castro-Gemeinde in der Zeit vor der Ermordung von JFK und wurde später als Verdächtiger in der Mordverschwörung genannt.

(Hunt hatte im Auftrag der CIA mehrere antikatastrophale kubanische Gruppen koordiniert, darunter die Revolutionäre Demokratische Front (RDF). Antonio de Varona, Hunts faktischer Kontaktmann in der RDF, erhielt persönlich von Meyer Lansky Geld für die RDF).[313]

Marchettis Artikel legte nahe, dass es damals einen so erhöhten Verdacht gab, dass die CIA in die Ermordung von JFK verwickelt war, dass die CIA beschloss, dass sie Hunt opfern und darauf hinweisen würde, dass Hunt ein Verräter war, der in die Ermordung des Präsidenten verwickelt war.

HUNT EIN UNABHÄNGIGER AGENT?

Marchetti zufolge hatte die CIA jedoch die Absicht zu sagen, dass Hunt und seine Mitverschwörer autonom operiert hätten - dass die CIA als Institution nicht Teil der Verschwörung gewesen sei.

Obwohl die *Spotlight-Redakteure* der Meinung waren, dass Marchettis Artikel in gewisser Weise als Vorwarnung für Hunt diente, was seine früheren Arbeitgeber im Sinn hatten, beschloss das ehemalige CIA-Mitglied, sie zu verklagen, obwohl er schließlich unter Eid zugab, dass er glaubte, die *Spotlight-Geschichte* erscheine plausibel. Als der Fall schließlich vor einem Bundesgericht in Miami verhandelt wurde, erlitt die Zeitung einen verheerenden Verlust. Die Geschworenen entschieden zu Hunts Gunsten und wiesen *Spotlight* an, 650.000 Dollar Schadensersatz zu zahlen.

Glücklicherweise - für *Spotlight* - bot ein Fehler in den Anweisungen des Prozessrichters an die Jury dem populistischen Wochenmagazin die Gründe für eine

---

[313] Anthony Summers. *Conspiracy.* (New York: McGraw-Hill Book Company, 1980), S. 193.

Berufung. Als der Fall erfolgreich in die Berufung ging und ein neues Verfahren angeordnet wurde, trat Mark Lane - der Anwalt - für die Verteidigung ein.

Zu den großen Namen, die im Zuge der Hunt-Affäre abgesetzt wurden, gehörten: der ehemalige CIA-Direktor Richard Helms; der ehemalige CIA-Direktor Stansfield Turner; der ehemalige CIA-Chef für die westliche Hemisphäre David Phillips; und der ehemalige CIA- und FBI-Mitarbeiter (und Watergate-Berühmtheit) G. Gordon Liddy.

Die belastendsten Beweise gegen Hunt kamen jedoch ans Licht, als Anwalt Lane die Aussage der ehemaligen CIA-Agentin Marita Lorenz vorlegte.

HUNT, STURGIS UND RUBY IN DALLAS

Miss Lorenz bezeugte, dass sie einen Tag vor dem Attentat auf den Präsidenten in einem Konvoi von zwei Autos in Dallas angekommen war (aus einem CIA-"Versteck" in Miami). Mehrere CIA-Agenten, angeführt von Frank Sturgis, Miss Lorenz' CIA-"Vorgesetztem", die mit Scharfschützengewehren bewaffnet waren, begleiteten Miss Lorenz bei dem, was sie als geheime Mission beschreibt. Laut Miss Lorenz war sie nicht über den Zweck der Mission informiert worden.

Bei ihrer Ankunft in Dallas trafen sie laut Miss Lorenz nicht nur E. Howard Hunt, der als Schatzmeister für CIA-Agenten arbeitete, sondern auch den Nachtclubbetreiber Jack Ruby, der später den mutmaßlichen Präsidentenmörder Lee Harvey Oswald hinrichtete.

Als Hunt im Zeugenstand aussagte, wies Anwalt Lane, während er ihn verhörte, auf zahlreiche Ungereimtheiten in seiner Aussage hin. Hunt hatte im Laufe der Jahre mehrere Geschichten über den Ort erzählt, an dem er sich am Tag der Ermordung des Präsidenten befunden hatte.

Es war jedoch Miss Lorenz' Aussage, die die Jury davon überzeugte, dass die CIA in das Attentat auf Kennedy verwickelt war. Die Jury entschied zugunsten von *Spotlight* und wies Hunts Klage ab.

Leslie Armstrong, eine in Miami ansässige Frau, die in dem Fall Vorsitzende der Jury war, veröffentlichte zeitgleich zu Lanes Artikel über den Prozess eine Erklärung:

„Mr. Lane bat uns [die Jury], etwas sehr Schwieriges zu tun. Er verlangte von uns zu glauben, dass John Kennedy von unserer eigenen Regierung getötet worden war. Als wir jedoch die Beweise gründlich untersuchten, mussten wir zu dem Schluss kommen, dass die CIA Präsident Kennedy tatsächlich getötet hatte."[314]

In seinem Bestseller *Plausible Denial* berichtete Lane über diesen spannenden Prozess und präsentierte weitere Beweise, die er entdeckt hatte und die belegen, dass die CIA tatsächlich an der Ermordung des Präsidenten beteiligt war. In Kapitel 16 von *Endgültiges Urteil* werden wir jedoch sowohl die Aktivitäten von E. Howard Hunt als auch von Frank Sturgis genauer betrachten und gleichzeitig die bemerkenswerten Beweise untersuchen, die die Beteiligung des Mossad - neben der CIA - am JFK-Mordkomplott unterstreichen.

DIE NOVO-BRÜDER

Es gibt aber noch weitere interessante Verbindungen, die inzwischen erforscht werden sollten. Lane beschreibt, wie Miss Lorenz in ihrer Aussage noch einen Schritt weiter ging und andere CIA-Agenten nannte, die Teil des von Frank Sturgis organisierten Konvois aus zwei Autos waren, in dem Lorenz von Miami nach Dallas reiste. Laut Lane „fragte ich Miss

---

[314] *The Spotlight,* 28. Oktober 1991.

Lorenz, bevor sie aussagte: Können Sie mir die Namen der Personen nennen, die mit Ihnen in diesem Konvoi aus zwei Autos gefahren sind?".

„Sie hat gesagt, dass sie keine Namen nennen wird. Das könnte dazu führen, dass ich getötet werde", sagte sie. „Stellen Sie mir diese Frage nicht. Ich möchte, dass Sie mir versprechen, dass Sie mir diese Frage nicht stellen werden. Lane berichtet jedoch: „Mr. Hunts Anwalt stellte ihr diese Frage und sie beantwortete sie zu meiner Überraschung. Sie behauptete, dass es sich um die Novo-Brüder handelte".

Lane meint: „Die Novo-Brüder - Guillermo und Ignacio - sind sehr interessante Charaktere. Ich habe über sie recherchiert. Ich kann Ihnen versichern", sagte Lane, „dass ich ihre Namen zum ersten Mal im Zusammenhang mit dem Kennedy-Attentat gehört habe, als Miss Lorenz Hunts Anwalt ihre Namen nannte. Davor hatte sie mir nichts gesagt.

„Nach ihrer Aussage vor Hunts Anwalt fragte ich Miss Lorenz:" Warum haben Sie es ihnen erzählt? „Sie sagte - in Bezug auf Hunt, die CIA und seine Anwälte - wenn sie so dumm sind, mir diese Frage zu stellen, dann ist es nicht meine Schuld, dass ich ihnen die Antwort gebe. Sie sind es, die die Verantwortung tragen", sagte Miss Lorenz. Wenn sie mich gefragt hätten, wäre es eine ganz andere Geschichte gewesen. Wenn jedoch die CIA - durch Hunt und seine Anwälte - diese Frage gestellt hat, ist es offiziell und es ist ihre Schuld, nicht meine."

DIE HUNT - BUCKLEY - VERBINDUNG

„Die von Miss Lorenz benannten Novo-Brüder waren in eine Reihe von Verbrechen verwickelt, die mit dem Geheimdienst zu tun hatten. Sie waren an der Ermordung des ehemaligen chilenischen Regierungschefs Orlando Letelier und Ronnie Moffit, einer Frau, die bei ihm war, in Washington 1976 beteiligt. Ein Mann namens Michael Townley, der mit der chilenischen Geheimpolizei in Verbindung stand, war zusammen mit den Novo-Brüdern an der Planung des Mordes an Letelier beteiligt. Als Townley angeklagt wurde, sagte er gegen die Novos aus.

„Townley wurde vom FBI verhört und aufgefordert, ihnen zu zeigen, wo in New York City er sein erstes Treffen mit den Novos gehabt hatte. Townley nannte ein Gebäude in der 5ème Avenue 500 und zeigte dem FBI das Büro im 41. Stock, in dem das erste Treffen stattgefunden hatte."[315]

Laut Lane ergab die Recherche, dass das Treffen im Büro des damaligen Senators James Buckley (C-N.Y.) stattgefunden hatte. Buckley, heute Bundesrichter am US-Bezirksberufungsgericht für den Distrikt Columbia, ist der Bruder von Guillaume F. Buckley Jr, einem ehemaligen CIA-Agenten und Gründer der konservativen Zweimonatszeitschrift *National Review*.

(E. Howard Hunt war William F. Buckleys unmittelbarer Vorgesetzter bei der CIA, wo sie von 1951 bis 1952 neun Monate lang gemeinsam in Mexiko dienten).

Laut Lane „bezog sich Townleys Aussage auf einen gewissen William Sampol, der im Büro von James Buckley arbeitete. Sampol war ein Cousin der Novo-Brüder".[316]

Lane weist darauf hin, dass der Mord an Letelier in die Zeit fiel, in der George Bush CIA-Direktor war: „Es gibt Beweise dafür, dass Bush Informationen erhalten hat, die darauf hindeuten, dass die chilenische Regierung für den Mord an Letelier verantwortlich war.

Bush versorgt jedoch ausgewählte Freunde in den Medien mit der Information, dass Letelier von seinen eigenen Anhängern getötet worden sei, die ihn [Letelier] zum Märtyrer machen wollten.

---

[315] *The Spotlight*, 17. Februar 1992.
[316] *Ibid*.

Laut Lane war es „William F. Buckley Jr., der diese Geschichte von Bush aufgriff und ausschlachtete. Die Medien folgten Buckleys Beispiel, doch die Geschichte stellte sich als falsch heraus. (In Kapitel 20 ist es, wie wir sehen werden, George Bush, der in vielerlei Hinsicht enge Verbindungen zu einer Reihe von Schlüsselfiguren in der seltsamen anderen Welt des internationalen Geheimdienstes im Zusammenhang mit dem JFK-Mord hatte).

Wie Lane berichtet: „Die Novos wurden beide des Mordes an Letelier für schuldig befunden und zu einer Gefängnisstrafe verurteilt. Sie sind die Brüder, die Marita Lorenz als Teil des Konvois aus zwei Killerautos bezeichnete, die von Miami nach Dallas reisten, um Präsident Kennedy zu ermorden."[317]

DIE VIELFÄLTIGEN VERBINDUNGEN DES MOSSAD

Die vom ehemaligen Mossad-Agenten Victor Ostrovsky beschafften und heute verfügbaren Beweise legen nahe, dass der israelische Mossad tatsächlich indirekt mit dem Mord an Letelier in Verbindung stand, für den die Novo-Brüder (die am Mord an JFK beteiligt waren) später verurteilt wurden.

(Es war Ostrovsky, den wir in Kapitel 2 entdeckten, der - ein bemerkenswerter Zufall - eine Verschwörung des Mossad zur Ermordung des ehemaligen CIA-Direktors George Bush aufdeckte, nachdem Bush als US-Präsident mit Israel aneinandergeraten war).

Laut Ostrovsky, der den Mord an Letelier kommentierte: „Niemand hat mit dem Finger auf den Mossad gezeigt. Und obwohl der Mossad keine direkte Beteiligung an dem von Manuel Contreras Sepulveda, dem Chef der DINA [Geheimpolizei], befohlenen Angriff hatte, spielte er eine bedeutende indirekte Rolle bei der Ausführung dieses Verbrechens, indem er mit Contreras ein geheimes Abkommen über den Kauf einer Exocet-Surface-Rakete aus französischer Produktion aus Chile abschloss.

„Die Todesschwadron setzte kein Mossad-Personal ein, um Letelier zu töten, aber sie nutzten sicherlich das Know-how des Mossad, das ihnen im Zusammenhang mit dem Geschäft, das Contreras zur Lieferung der Rakete abgeschlossen hatte, vermittelt worden war."[318] Es waren jedoch die Novo-Brüder, die den Preis dafür zahlten und eine Gefängnisstrafe verbüßten. Kein Mossad-Agent wurde hingegen wegen des Verbrechens angeklagt.

Es sollte jedoch angemerkt werden, dass Michael Townley selbst andere sehr interessante Beziehungen zu Israel unterhielt. Seine Frau Ines war zwar chilenische Christin, hatte aber mit ihrem ersten Ehemann einige Zeit in einem israelischen Kibbuz verbracht und pflegte seit langem eine „Verbundenheit mit der Sache Israels".[319]

Ein Teil der Vereinbarung zwischen Townley und den Bundesanwälten im Fall der Novo-Brüder betraf eine Advokaturverhandlung, nach der seine Frau Immunität vor Strafverfolgung genoss, obwohl sie an der Seite ihres Mannes in verschiedene terroristische Unternehmungen verwickelt war.[320]

Townleys andere Verbindung zu Israel ist jedoch weitaus bedeutsamer, insbesondere im Zusammenhang mit unserer Debatte über seine Verbindungen zu den Kubano-Amerikanern, die in die Ermordung von JFK verwickelt waren. Im Laufe seiner langen Karriere als internationaler Abenteurer arbeitete Townley - offenbar in der Zeit von 1961

---

[317] *Ibid.*
[318] Victor Ostrovsky und Claire Hoy. *By Way of Deception: The Making and Unmaking of a Mossad Officer* (New York: St. Martin's press, 1990), S. 217-218.
[319] John Dinges und Saul Landau. *Assassination on Embassy Row.* (New York: Pantheon Books, 1980), S. 98-99.
[320] *Ibid.*, S. 396.

bis 1966 - als Verkäufer von Investmentfonds für den Investors Overseas Service (IOS) des Finanziers Bernard Cornfeld.[321]

In Kapitel 7 waren wir zum ersten Mal auf IOS gestoßen, als wir die Beziehung von Meyer Lanskys Syndikat des organisierten Verbrechens zur Bank De Credit International (BCI), die mit dem israelischen Mossad verbunden ist, untersuchten.

DER SCHÜTZLING VON TIBOR ROSENBAUM

1970 war während des Strafprozesses gegen Alvin Malnik, einen von Lanskys Leutnants in Florida, öffentlich bekannt geworden, dass einer der Hauptkanäle für die Geldwäsche der illegalen Einnahmen aus Lanskys Drogenhandel, Ausschweifungen und Glücksspiel die BCI war, eine Schöpfung von Tibor Rosenbaum, dem ehemaligen Generaldirektor für Finanzen und Versorgung des israelischen Mossad.

Rosenbaums BCI erhielt ihr Bargeld von Lanskys Verbrechersyndikat hauptsächlich über die von Lansky kontrollierte Welthandelsbank in Nassau auf den Bahamas. Der Mittelsmann war ein junger Schweizer namens Sylvain Ferdmann, ein Kurier von Lansky.

Ferdmann war nicht nur ein Beamter in Rosenbaums Bank und ein Teilhaber der Bank of World (die von Lanskys langjährigem Rivalen John Pullman kontrolliert wurde), sondern wie Michael Townley selbst auch der Mann hinter Investors Overseas Services (IOS).

Cornfeld, Townleys Arbeitgeber, wurde tatsächlich ursprünglich von Rosenbaum gesponsert, der als wichtiger Geldwäscher in Lanskys weltweitem Drogenhandel in Erscheinung getreten war. Millionen kleiner Rechnungen wurden von Lanskys Kasinos überwiesen, die oft als Verkäufe israelischer Anleihen und Beiträge an jüdische Philanthropien über die BCI und IOS verschleiert wurden.

Es ist daher zumindest interessant, dass Michael Townley mit seinen Beziehungen zum israelischen Mossad nicht nur während der Zeit der Ermordung von JFK, sondern auch während seiner Beteiligung am Mord an Letelier mit den Novo-Brüdern in Verbindung gebracht wird, die selbst in beide Verbrechen verwickelt waren.

Dass das ehemalige Büro von Senator James Buckley in New York - vielleicht zufällig - als Treffpunkt für die Planung des Mordes an Letelier dienen sollte, ist ebenfalls interessant. Wie bereits erwähnt, waren E. Howard Hunt (der selbst in die Ermordung von JFK verwickelt war) und Buckleys Bruder, der Verleger William F. Buckley Jr. (und ehemalige Mitarbeiter von Hunt), langjährige Freunde aus ihrer Zeit bei der CIA.

Natürlich wurde ausführlich über Hunts langjährige Verbindung zur kubanisch-amerikanischen Gemeinschaft bei Anti-Castro-Aktivitäten berichtet, die er als CIA-Verbindungschef zu den Kubanern hatte.

DIE VERBINDUNG ZWISCHEN BUCKLEY UND ISRAEL

Was jedoch kaum bekannt ist, ist, dass die Buckley-Familie - einschließlich der Brüder James und William - über ihre verschiedenen familieneigenen Ölunternehmen grundlegende Verbindungen zu Israel hatte. 1971 brachte der Newsletter des *Washington Observer* interessante Einblicke in die Ölkonzessionen der Buckley-Familie in Israel, die vom Vater der Buckleys eingerichtet worden waren.

Buckley Sr. gründete die Pan-Israel Oil Co (mit Sitz in Jerusalem) mit Buckley Sr. als Vorsitzendem. Zu den Führungskräften des Unternehmens gehörten auch mehrere Israelis. Gleichzeitig wurde die Israel-Mediterranean Petroleum, Inc. nach den Gesetzen von

---

[321] *Ibid.*, S. 96-97.

Panama gegründet. Die Hauptniederlassung des Unternehmens befand sich in Jerusalem an derselben Adresse wie die Pan-Israel Oil Co. James L. Buckley war einer der Vizepräsidenten. Alle stimmberechtigten Aktien beider Unternehmen befanden sich im Stimmrechts-Trust. Allerdings stimmte kein Mitglied der Familie Buckley, ab. Die stimmberechtigten Direktoren hatten jüdische Namen.

Die Pan-Israel und die Israel-Mediterranean besaßen gemeinsam acht Öllizenzen, die sich alle in Israel befanden. Die beiden Unternehmen besaßen außerdem Mana Oil Distributors und Tri-Continent Drilling Co, eine Tochtergesellschaft der Pantepec Oil Company (später in Pantepec International Petroleum, Ltd. aufgegangen).

Der Präsident von PIP, Ltd. war John W. Buckley, der zusammen mit seinem Bruder James L. Buckley im Vorstand saß. Gemeinsam betrieben die Unternehmen weltweite Aktivitäten mit Ölgrundstücken in Australien, Südamerika, Kanada, Libyen, der spanischen Sahara, den Philippinen und Israel.[322]

Besonders interessant ist die Tatsache, dass die mit Hunt und der CIA verbundene Buckley-Familie auch eng mit den Novo-Brüdern verbunden ist, die in die Morde an JFK und Orlando Letelier verwickelt sind.

Wahrscheinlich umso mehr, als der Partner der Novo-Brüder bei der Ermordung Leteliers eng mit Meyer Lanskys Syndikat des organisierten Verbrechens und einer vom Mossad gesponserten Geldwäscheoperation verbunden war.

So unglaublich es auch klingen mag, es gibt jedoch auch eine bizarre Verbindung zwischen der Familie Buckley und einem Schlüsselakteur in der bizarren Welt des mutmaßlichen JFK-Attentäters Lee Harvey Oswald und der JFK-Attentatsverschwörung.

LA CONNEXION BUCKLEY - De Mohrenschildt

Diese Verbindung bot sich in der Person von George De Mohrenschildt, einem originalen russischen Adligen, an, der sich mit Oswald anfreundete, als der junge Amerikaner aus dem Exil (manche würden eher sagen: aus seinem „Dienst bei der CIA") in die Sowjetunion zurückkehrte. De Mohrenschildt, der angeblich für verschiedene internationale Geheimdienste gearbeitet hatte, unterhielt langjährige Beziehungen zur CIA, die bis in die Zeit des CIA-Vorgängers, des Office of Strategic Services (OSS), zurückreichten, wo übrigens E. Howard Hunt selbst gedient hatte.[323]

Der edle Europäer bereiste die Welt jedoch hauptsächlich in seiner Eigenschaft als Ölingenieur. Unter diesem Deckmantel kam er in Kontakt mit der Familie Buckley. Ab 1945 arbeitete De Mohrenschildt direkt unter Warren Smith, dem damaligen Vorsitzenden von Pantepec Oil Co, der 1914 gegründeten mexikanischen Ölgesellschaft der Buckley-Familie. De Mohrenschildt und Smith bildeten schließlich die Cuban-Venezuelan Oil Trust Co. Die Pantepec der Buckley-Familie hatte zu diesem Zeitpunkt interessanterweise bereits ihre Aufmerksamkeit wieder auf Venezuela gerichtet.[324]

---

[322] *Washington Observer*, 1. November 1971.
[323] Jim Marrs. *Crossfire: The Plot That Killed Kennedy*. (New York: Carroll & Graf Publishers, Inc., 1989), S. 200.
[324] Michael Canfield und Alan J. Weberman. *Coup d'État in America: The CIA and the Assassination of John F. Kennedy* (New York: The Third Press, 1975), S. 29.

Trotz der Schwäche aller Verbindungen zu Buckley gibt es jedoch starke Beweise für eine Verbindung zwischen den Buckleys und De Mohrenschildt. Es stellte sich heraus, dass in De Mohrenschildts Adressbuch ein gewisser „Buckley, W.F." aufgeführt war.[325]

VON MOHRENSCHILDT UND HUNT

De Mohrenschildts Karriere scheint sich regelmäßig mit der von E. Howard Hunt gekreuzt zu haben, einem Freund von William F. Buckley Jr. und Mentor der CIA. Hunt und De Mohrenschildt hatten beide für die Agency for International Development (AID) gearbeitet; Hunt für die Economic Cooperation Administration (ECA), eine Tochtergesellschaft der AID, und De Mohrenschildt Ende der 1950er Jahre für die International Cooperation Administration (ICA), die Tochtergesellschaft der AID, die die Nachfolge der ECA antrat.

Hunt und De Mohrenschildt tauchten 1956 auch in Kuba auf, während der turbulenten Zeit, bevor Fidel Castro Meyer Lanskys Syndikat des organisierten Verbrechens von der Insel zurückdrängte. Während De Mohrenschildt später behauptete, er sei wegen Ölgeschäften dort gewesen, nahm Hunt an einem Treffen der CIA-Chefs der karibischen und mittelamerikanischen Regionen teil.

1960 tauchten Hunt und De Mohrenschildt auch in Guatemala auf, als Truppen für das spätere Schweinebucht-Debakel trainiert wurden, das ursprünglich dazu dienen sollte, Castro zu stürzen. De Mohrenschildt erklärte, dass er und seine Frau Mittelamerika besuchten. Hunt war jedenfalls der CIA-Kontaktmann zu den kubanischen Anti-Castro-Gruppen.[326]

1963 zog De Mohrenschildt nach Dallas und freundete sich mit Lee Harvey Oswald an, der sich zu dieser Zeit leicht unter die Anti-Castro-Kubaner mischte, die direkt dem CIA-Verbindungschef zu diesen Kräften, E. Hunt, unterstellt waren. Howard Hunt.

Welche Rolle De Mohrenschildt bei der Verschwörung zur Ermordung von JFK gespielt hat, werden wir wohl nie erfahren. Schließlich starb der Adlige, der sich auf der ganzen Welt herumtrieb, (offenbar durch seine eigene Hand) am Morgen des 29. März 1977, kurz vor seinem Treffen mit einem Ermittler des Sonderausschusses für Attentate. De Mohrenschildts Frau glaubte, dass der Selbstmord ihres Mannes provoziert worden war.

Wie dem auch sei, es gibt noch einen weiteren bizarren Zufall: De Mohrenschildt hatte sich gerade - vor seinem Tod - mit dem Autor Edward Jay Epstein getroffen. In Kapitel 8 haben wir gesehen, dass Epstein der wichtigste Schriftsteller war, der die Theorie vertrat, dass Lee Harvey Oswald unter sowjetischem Einfluss stand, als er John F. Kennedy ermordete. Die Hauptquelle für Epsteins Theorie war James Jesus Angleton, Israels Verbündeter in der CIA.

DIE CIA UND DIE OAS

Zur gleichen Zeit wie JFKs Krieg mit der CIA beteiligte sich die CIA aktiv an den Bemühungen, den französischen Präsidenten Charles De Gaulle zu stürzen, indem sie der von Israel unterstützten französischen Geheimarmee (OAS), die gegen De Gaulles Entscheidung, Algerien die Unabhängigkeit zu gewähren, kämpfte, Hilfe und Unterstützung leistete.

---

[325] John Loftus und Mark Aarons. *The Secret War Against the Jews* (New York: St. Martin's Press, 1994), S. 599.
[326] *Ibid.*, S. 29-30.

Obwohl die Anhörungen des kirchlichen Senatsausschusses zu den geheimen Aktivitäten der CIA später zu dem Schluss kamen, dass es keine Verwicklung der CIA mit der OAS gegeben habe, gibt es[327] sehr starke Beweise für das Gegenteil.

General Maurice Challe, der ehemalige Oberbefehlshaber der französischen Streitkräfte in Algerien und Anführer der Militärrevolte gegen De Gaulle im April 1961, wurde zu einer der Schlüsselfiguren der OAS. Obwohl Challe darauf bestand, dass er „keine persönlichen Kontakte zu fremden Ländern hatte" und in Wirklichkeit alle diese Kontakte bewusst vermieden hatte, um sich nicht dem geringsten Vorwurf auszusetzen, von fremden Bajonetten dorthin gebracht worden zu sein.

„Nichtsdestotrotz", so der Historiker Alistair Horne, „scheinen einige [von Calles Untergebenen] informelle und stark angenäherte Umfragen nach Vertretern verschiedener Länder durchgeführt zu haben, die als wohlwollend betrachtet werden konnten, darunter Portugal, Spanien, Israel und Südafrika."[328]

„Die Gerüchte über eine heimliche Beteiligung der USA waren in Frankreich extrem stark. Unbestreitbar freundete sich der populäre Challe während seines Aufenthalts im NATO-Hauptquartier mit vielen amerikanischen Generälen an, die aus ihrer Abneigung gegen De Gaulle in der NATO keinen Hehl machten und sogar unter einer Fülle von Scotch einen gewissen Enthusiasmus für jeden zum Ausdruck brachten, der Frankreich von seinem turbulenten Präsidenten befreien oder ihn zumindest zum Umdenken zwingen könnte."[329]

„Es gab auch Gerüchte, dass die CIA Challe die Anerkennung der Vereinigten Staaten versprochen hatte, wenn es ihnen gelänge, die Kommunisten aus Nordafrika herauszuhalten. Jegliche Hoffnung, die dies jedoch innerhalb des Komplotts geweckt haben könnte, wurden schnell zerstört, als [John F. Kennedys] Botschafter in Paris, General James M. Gavin, De Gaulle fest zusicherte, dass sie sofort das Feuer eröffnen würden, wenn Rebellen versuchen würden, auf französischen Stützpunkten zu landen, auf denen sich US-Truppen befanden."[330]

Es gibt weitere Beweise dafür, dass die CIA in Verschwörungen mit der OAS verwickelt war. Laut dem Historiker Alexander Harrison „bat Anfang Dezember 1961 ein gewisser 'Colonel Brown' vom CIA-Büro in Frankreich um ein Treffen mit Salan, [General Raoul Chef der OAS], und bot Salan genügend Waffen an, um eine Armee von 50.000 Mann auszurüsten."[331]

Obwohl einige spekulierten, dass die angeblichen CIA-Agenten in Wirklichkeit nicht mit der CIA zusammenarbeiteten, behauptete General Salan selbst: „Ich war mir sicher, dass sie es ernst meinten, weil sie alle richtigen Leute kannten und ihre Referenzen perfekt waren. Letztendlich wurden sogar einige Waffen geliefert.[332] Es besteht also wirklich kein Zweifel daran, dass die CIA die OAS heimlich in ihrem Krieg gegen De Gaulle unterstützte.

Wir wissen, dass die CIA im selben Zeitraum mindestens einen Kontakt zur OAS hatte. Es war E. Howard Hunt, der politische Verantwortliche der Agentur für die kubanischen Exilanten, die gegen Castro waren.

---

[327] Alistair Horne. *A Savage War of Peace*. (Middlesex, England: Penguin Books, 1977), S. 498.
[328] *Ibid.*, S. 445.
[329] *Ibid.*, S. 445-446.
[330] *Ibid.*, S. 447.
[331] Alexander Harrison. *Challenging De Gaulle: The OAS and the Counterrevolution in Algeria* (New York: Praeger Publishers, 1989), S. 70.
[332] Alistair Horne. *A Savage War of Peace*. (Middlesex, England: Penguin Books, 1977), S. 498.

In den Kapiteln 15 und 16 werden wir Hunts Verbindungen zur OAS genauer untersuchen, insbesondere in Bezug auf die Hauptakteure, die in das Attentat auf JFK verwickelt waren.

DIE OAS UND „DIE FREUNDE ISRAELS IN FRANKREICH"'.

Einer der wenigen amerikanischen Konservativen, der die seltsame Dynamik zwischen De Gaulle und der CIA erkannte, war Dan Smoot, der bereits 1958 scharfsinnig feststellte: „In der gegenwärtigen liberalen globalistischen Verleumdung De Gaulles hämmern die Linken darauf ein, dass De Gaulle antiamerikanisch ist; aber sie sagen nie, warum."[333] Er betonte, dass De Gaulle wütend über die Unterstützung der CIA für die Anti-De-Gaulle-Linke in Frankreich gewesen sei, und wies darauf hin, dass De Gaulle eher „Anti-CIA war, was eine andere Geschichte ist".[334] Er fügte hinzu: „Die *New York Times* war fast hysterisch, als De Gaulle an die Macht kam. Sie können verstehen, warum".[335]

Laut dem israelischen Historiker Benjamin Beit-Hallahmin ist es in der Tat zur Zeit des CIA-Komplotts gegen De Gaulle wichtig zu beachten, dass die oben erwähnten OAS-Führer - Salan und Challe - unter vielen anderen „als Freunde Israels in Frankreich bekannt waren".[336]

Schließlich belohnte Israel Challe für seine Bemühungen. Nachdem er 1967 aus dem Gefängnis entlassen worden war, nachdem er wegen seiner Beteiligung an dem Versuch, De Gaulle zu stürzen, verurteilt worden war, wurde Challe von Zim, der israelischen Reederei[337], eingestellt, die Teil des internationalen Imperiums eines der wertvollsten Trümpfe des Mossad, des Milliardärs Shaul Eisenberg, war, dessen Unternehmen einen integralen Bestandteil der Wirtschaft des Staates Israel selbst bildeten.

Wir sind Eisenberg zum ersten Mal in Kapitel 7 begegnet, wo wir von seiner Partnerschaft mit dem Mossad-Offizier Tibor Rosenbaum bei der Swiss-Israel Trade Bank erfahren haben. Wir werden jedoch später auf diesen Seiten noch viel mehr über Eisenberg und seine Geschäfte im Namen von Israels Wunsch, ein Atomwaffenarsenal aufzubauen, erfahren. Noch wichtiger ist, dass wir sehen werden, wie Eisenbergs Geschäfte direkt mit der Ermordung von JFK in Verbindung stehen - eine Geschichte, die noch nie zuvor erzählt wurde.

Es ist durchaus bezeichnend, dass Israel und seine CIA-Verbündeten sich im selben Zeitraum gegen Charles De Gaulle verschworen, während sie sich auch gegen John F. Kennedy verschworen, wie wir noch sehen werden.

DREI MÄCHTIGE KRÄFTE

All diese Verbindungen veranschaulichen den Teufelskreis, der die Hauptakteure der internationalen Verschwörung, die nicht nur die CIA und den israelischen Mossad, sondern auch Meyer Lanskys Verbrechersyndikat umfasst, ständig miteinander verbindet - drei

---

[333] Dan Smoot. „*De Gaulle und die CIA*". The American Mercury. Oktober 1958.
[334] *Ibid.*
[335] *Ibid.*
[336] Benjamin Beit-Hallahmi. *The Israeli Connection-Who Israel Arms and Why* (New York: Pantheon Books, 1987), S. 220.
[337] *Ibid.*

mächtige Kräfte, die alle die Beseitigung von John F. Kennedy aus dem Weißen Haus anstrebten.

KAPITEL X

Der Handlanger des Handlangers
Meyer Lansky und Carlos Marcello -.
hat die Mafia JFK getötet?

Carlos Marcello, der bürgerliche Name von Meyer Lansky in Louisiana, wurde zu einem beliebten Ziel von JFK-Mordforschern, die gerne behaupten: „Die Mafia hat JFK getötet".
Tatsache ist, dass Marcellos gefürchtetster Hauptankläger, G. Robert Blakey, Personalleiter der Untersuchungskommission der Mordkammer, im Sold einer Schlüsselfigur von Meyer Lanskys Syndikat des organisierten Verbrechens stand.
Marcello war nur ein Rädchen im Getriebe des Lansky-Syndikats. Seine Schlüsselrolle in der Szene von New Orleans - Schauplatz eines Großteils der Planungen vor dem Attentat - machte ihn zum perfekten Sündenbock. Marcello hatte auch Verbindungen zu Israels Verbündeten bei der CIA. Marcellos Geschichte endet hier nicht.

Es war Lee Harvard Oswalds pathetischer Ausruf „Ich bin nur eine Taube", der unsterblich wurde. Ironischerweise konnte jedoch einer der größten mutmaßlichen Drahtzieher des JFK-Mordes - der viel beachtete „Verbrecherboss" aus New Orleans - das Gleiche behaupten. Die Rede ist natürlich von dem schillernden Carlos Marcello, der den Spitznamen „der kleine Mann" trug - einen Spitznamen, den er mit Meyer Lansky teilte.

MARCELLO ANKLAGEN

Das Buch von John W. Davis, *Mafia Kingfish: Carlos Marcello and the Assassination of John F. Kennedy*, nennt Marcello als wahrscheinlichen Drahtzieher des JFK-Mordes. Allein, ohne andere Beweise als die, die wir auf den Seiten des *Final Judgement*, in diesem Kapitel und an anderer Stelle zitiert haben, scheint Davis' Argument vernünftig zu sein. Doch wie bereits erwähnt, beruhen seine Schlussfolgerungen nicht auf der Gesamtheit aller Beweise, die denjenigen zur Verfügung stehen, die sich für die Situation als Ganzes interessieren.

DIE VERZERRUNG DER WAHRHEIT

In *Contract on America: The Mafia Murder of President John F. Kennedy* beschuldigt David Scheim ebenfalls „die Mafia" für die Ermordung von JFK und weist insbesondere auf Carlos Marcello hin. Aus irgendeinem Grund versucht Scheim jedoch, die kritische Rolle von Meyer Lansky in der Unterwelt herunterzuspielen (oder sogar zu ignorieren).
In Scheims Augen war Lansky nichts anderes als ein minimaler Akteur, was in direktem Widerspruch zur eigentlichen Geschichte des organisierten Verbrechens steht, die aufgrund der Realität gezwungen sind, Lanskys besonderen Einfluss anzuerkennen.
Scheim gibt sich in der Tat viel Mühe, um zu suggerieren, dass Lansky für den gesamten Ablauf der Ereignisse nur eine sehr geringe Bedeutung hatte. Er schreibt: „Meyer Lansky,

der verstorbene Finanzier des Syndikats, konnte keine Maßnahme ohne die Zustimmung der Mafia-Oberen ergreifen."[338] Das stimmt einfach nicht in jedem Sinne des Wortes. Dass Scheim eine solche Andeutung machen konnte, deutet darauf hin, dass er entschlossen ist, das Gesamtbild zu ignorieren.

Scheim stellt fälschlicherweise fest, dass Lanskys angebliche „Mafia-Oberen" ihn über einen gewissen Jimmy „Blue Eyes" Alo (Jimmy „die blauen Augen"), den Scheim als „Caporegime" aus der Familie der New Yorker Genueser Mafia beschreibt, ständig unter Beobachtung hielten.[339] Alo war in der Tat eng mit Lansky verbunden, aber er war nicht nur ein enger Freund, sondern auch ein Geschäftspartner. Er war nicht, wie es Scheims seltsamem Gebräu entsprach, ein Mafia-Boss von Meyer Lansky.

CLAY SHAW UND DIE CIA

Interessant ist auch Scheims Entschlossenheit, die Rolle der Geheimdienstgemeinschaft bei der Verschwörung zur Ermordung von JFK - insbesondere die der CIA - zu ignorieren. In seinem Buch setzt Scheim alles daran, den Staatsanwalt von New Orleans, Jim Garrison, als Werkzeug der Mafia und als Partner von Carlos Marcello darzustellen. Er greift auch Garrisons Ermittlungen gegen den internationalen Geschäftsmann Clay Shaw an.

Laut Scheim „war Garrisons Anklage gegen Clay Shaw, der sein Hauptschuldiger wurde, ebenso merkwürdig. Als pensionierter Direktor des New Orleans International Trade Mart war Shaw ein Liberaler mit sanfter Stimme, der den größten Teil seiner Zeit damit verbrachte, Häuser im ehemaligen French Quarter zu restaurieren."[340]

Was Scheim übersieht - und was ihm nicht entgehen konnte, da er sich selbst zum langjährigen Forscher in Sachen JFK-Attentat ernannt hatte. - ist, dass Shaw in Wirklichkeit mit der CIA verwickelt war.

DIE FAKTEN IGNORIEREN

Dies war den mit dem JFK-Attentat befassten Forschern zum Zeitpunkt der Drucklegung von Scheims Buch eine wohlbekannte Tatsache. Es gibt schlichtweg keine rationale Entschuldigung für Scheims absichtliche Unterdrückung dieser wesentlichen Tatsache.

Wie dem auch sei, in Kapitel 15 werden wir Shaws zentrale Rolle in dem Komplott untersuchen, in das nicht nur die CIA, die Mafia und Meyer Lanskys Syndikat des organisierten Verbrechens, sondern auch der israelische Mossad verwickelt waren.

Um den Mythos „Die Mafia tötete JFK" aufrechtzuerhalten, ist Scheim offensichtlich gezwungen, Fakten zu vermeiden, die seiner These schaden. Und genau das hat er getan.

Scheims Buch (und das oben erwähnte Buch von John W. Davis) basieren beide stark auf einem bereits veröffentlichten Werk, *The Plot to Kill the President: Organized Crime Assassinated JFK* von G. Robert Blakey und Richard N.. Billings.

(Scheims Buch ist in der Tat kaum mehr als eine Umschreibung eines Großteils der gleichen Daten und kaum mehr als eine Mafia-Geschichte, die in vielen klassischen Quellen zu finden ist. Insgesamt scheitert Scheims Buch kläglich bei dem Versuch, die Schuld auf andere zu schieben.

---

[338] David E. Scheim. *Contract on America: The Mafia Murder of President John F. Kennedy* (New York: Shapolsky Publishers, Inc., 1988), S. 120.
[339] *Ibid.*
[340] *Ibid.*, S.48.

(Und angesichts der Fakten, die wir auf den Seiten von „*Endgültiges Urteil*" entdecken, ist es wahrscheinlich hilfreich zu erwähnen, dass Scheims Verleger, Shapolsky Publishers, mit einer israelischen Firma verbunden ist - eine Tatsache, die vielleicht etwas mit der Entscheidung zu tun haben könnte, ein Buch zu fördern, das den Mord an JFK auf „die Mafia" festnagelt.

Es ist bedauerlich, dass Scheim und Davis sich auf die Arbeit von Blakey und Billings verlassen haben, zumal dieses Buch aus einer Quelle stammt, die man nur als verdächtig bezeichnen kann.

Blakey war natürlich Leiter der Untersuchungskommission der Mordkammer, die zu dem Schluss kam, dass hinter der Ermordung des Präsidenten wahrscheinlich eine Verschwörung steckte und dass höchstwahrscheinlich Mitglieder der „Mafia" beteiligt gewesen sein könnten.

GARRISON SABOTAGE

Richard Billings, der an Blakeys Seite bei den Ermittlungen des House Committee diente, war nicht unbeteiligt an der Verschwörung zum Mord an JFK. Tatsächlich war Billings der Chefredakteur des *Life-Magazins* gewesen, der ein Team seines Magazins nach New Orleans geleitet hatte, um mit dem damaligen Bezirksstaatsanwalt Jim Harrison bei dessen Ermittlungen zum Mord an JFK zusammenzuarbeiten.

Garrison merkt jedoch an, dass *Life* genau das Gegenteil tat. *Life* veröffentlichte mehrere wichtige Artikel, die Garrison mit dem organisierten Verbrechen - der Mafia - und speziell mit Carlos Marcello in Verbindung brachten und Garrison so in den Augen derjenigen, die an Lügenmärchen glaubten, diskreditierten.[341]

Als Blakey und Billings sich zusammenschlossen, um das Buch zu schreiben, das auf ihren Erfahrungen mit dem Untersuchungsausschuss des House of Murder basiert, übten sie harte Kritik an Garrison und behaupteten, er habe fälschlicherweise mit dem Finger auf die Geheimdienstgemeinschaft gezeigt und Marcellos Beteiligung an dem Verbrechen verschleiert.

Es stellte sich auch heraus, dass Billings der Schwager von C.D. Jackson war, dem Herausgeber des *Life-Magazins*, den der Enthüllungsjournalist Carl Bernstein als „persönlichen Abgesandten von Henry Luce [dem Besitzer von *Life*] bei der CIA" bezeichnete."[342] Billings - wahrscheinlich - spielte auch eine wiederkehrende Rolle bei der Berichterstattung des *Life* über die von der CIA unterstützten Übergriffe kubanischer Exilanten unter Castros Kuba.

DER „EXPERTE" FÜR DAS ORGANISIERTE VERBRECHEN

Die Arbeit von Blakey und Billings verlieh Marcello also eine große Bedeutung als eine der treibenden Kräfte der Verschwörung. Dennoch kann man Blakeys Behauptungen über die Rolle „der Mafia" gelinde gesagt nicht anders als verdächtig bezeichnen. *Wie wir sehen werden, ist das eine lange Geschichte.*

---

[341] Jim Garrison. *On the Trail of the Assassins* (New York: Sheridan Square Press, 1988), S. 163-164.
[342] Peter Dale Scott. *Deep Politics and the Death of JFK.* (Berkeley, California: University of California Press, 1993), S. 55.

Als Professor für Rechtswissenschaften und Direktor des Notre Dame University Institute on Organised Crime wird Blakey von den Medien oft als eine der wichtigsten Autoritäten des Landes in Sachen „Mafia" proklamiert."

Blakey war früher Sonderstaatsanwalt im Justizministerium unter dem damaligen Generalstaatsanwalt Robert Kennedy und ist der Autor des berühmten RICO-Gesetzes (Racketeer Influenced and Corrupt Organizations), das zu einem wichtigen Instrument in der bundesweiten Strafverfolgung des organisierten Verbrechens wurde.

So fanden Blakeys Erkenntnisse über die Rolle der „Mafia" (und insbesondere über die Rolle von Carlos Marcello) bei der Verschwörung zur Ermordung von JFK breite Anerkennung und erlangten große Glaubwürdigkeit. Allerdings hatte Blakey nur zwei Jahre vor seiner Ernennung zum Direktor der Untersuchungskommission der Mordkammer eine andere Beziehung zum organisierten Verbrechen: *Er war bei einer der führenden Figuren des Lansky-Syndikats angestellt gewesen.*

DIE BLAKEY - LANSKY - VERBINDUNG

Nachdem die Zeitschrift *Penthouse* einen Artikel veröffentlicht hatte, in dem behauptet wurde, der La Costa Country Club in Carlsbad, Kalifornien, habe Verbindungen zur Unterwelt, reichten mehrere Gründer von La Costa eine Klage gegen *Penthouse* ein. Einer der Kläger im Fall La Costa war Morris „Moe" Dalitz, ein ehemaliger Drogenhändler aus Detroit und Cleveland, der zum Chef des Casinos in Las Vegas wurde und seit langem enge und geschäftliche Beziehungen zu Meyer Lansky unterhielt.

Robert Blakey gehörte zu Dalitz' Anwaltsteam. Dies war sicherlich eine besondere Position für einen selbsternannten „Verbrechensbekämpfer" wie Blakey. Der große Verbrechensbekämpfer stellte in der Tat ein Affidavit im Namen von Dalitz gegen *Penthouse* zur Verfügung.[343]

Dalitz, Blakeys Arbeitgeber, war tatsächlich ein Teil von Lanskys Syndikat. In Kapitel 4 erfuhren wir, dass die berüchtigte „Purple Gang" aus Detroit ein Kopfgeld auf den Botschafter Joseph P. Kennedy, den Vater des späteren Präsidenten, wegen Einmischung in ihr „Territorium" während der Prohibition ausgesetzt hatte. Kennedy, wie wir gesehen haben, nahm Kontakt mit dem Chicagoer Mafiaboss Sam Giancana auf, der sich in Kennedys Namen einschaltete und die Purple Gang davon überzeugte, „den geplanten Mord" abzusagen. Zu dieser Zeit war einer der wichtigsten Anführer der Purple Gang kein anderer als Moe Dalitz, eine vielversprechende Persönlichkeit der Unterwelt.

DALITZ, SIEGEL UND LANSKY

Laut William Roemer, Spezialist für organisierte Kriminalität beim FBI, „begann Moe Dalitz seine kriminelle Karriere in der Zeit der Prohibition. Er war einer der Admiräle der „Little Jewish Navy" in Detroit, als er als Rumschmuggler mit einer Fähre über den Detroit River nach Kanada übersetzte, um den Durst der vielen Bürger von Motor City zu stillen, die den vom „Edlen Experiment" verbotenen Whisky, Wein und Bier probieren wollten.[344] Dies war der Beginn einer langen und engen Arbeitsbeziehung zwischen Lansky, dem „Vorsitzenden des Rates für organisiertes Verbrechen", und Morris Dalitz.

---

[343] Mark Lane. *Plausible Denial.* (New York: Thunder's Mouth Press, 1991), S. 34.

[344] William Roemer. *War of the Godfathers.* (New York: Donald I. Fine, Inc., 1990), S. 53.

Tatsächlich war es laut Roemer Dalitz, der die Gewerkschaftsaktion gegen Benjamin „Bugsy" Siegel, Lanskys Jugendfreund und Kollegen, der 1947 erschossen wurde, maßgeblich vorantrieb.

Laut Roemer war es Lansky, der Dalitz nach Las Vegas schickte, um die Aktivitäten von Ben Siegel zu untersuchen. Dalitz, so berichtet Roemer, „war der Hauptverursacher der wachsenden Meinung, dass nichts in Ordnung sei. Sein Bericht war der Hauptgrund, warum Lansky, [Frank] Costello und all die anderen im Dezember 1946 vor der Versammlung [des organisierten Verbrechens] in Havanna und später im Juni, als schließlich beschlossen wurde, Bugsy zu erschießen, Bericht erstatteten."[345]

In Kapitel 13 gehen wir näher auf die Verbindung Lansky - Siegel ein und untersuchen die bizarre Rolle, die der unnachahmliche Mickey Cohen, Siegels Nachfolger als Lanskys Handlanger an der Westküste, bei den Machenschaften Israels gegen JFK und bei der Verschwörung zum Mord an JFK spielte.

Als direkte Folge des Mordes an Seigel trat Dalitz als offizieller Kontaktmann von Lansky in Las Vegas auf und wurde so zum „Paten von Las Vegas". Dennoch sollte es bis 30 Jahre später dauern, bis Robert Blakey, der Hauptbefürworter der Theorie „Die Mafia hat JFK getötet", schließlich in Morris Dalitz' Team landete, Dalitz für unschuldig an jeglicher Verbindung zur Unterwelt erklärte und die Aufmerksamkeit von Lanskys direkter Verbindung zur Verschwörung zum Mord an JFK ablenkte.

Zum Leidwesen von Blakey, Dalitz und La Costa gewann *Penthouse*, wies ihre Verleumdungsklage ab und schob tatsächlich Blakeys Leumundszeugnis im Namen von Dalitz und seinen Partnern ab.

So hatte sich der Hauptbefürworter der Theorie, dass „die Mafia JFK getötet hat", in eine Reihe gestellt, um einen der engsten Mitarbeiter von Meyer Lansky zu verteidigen - Moe Dalitz, eine legendäre Figur der Unterwelt.

Etwa sieben Monate nachdem Blakey und der Untersuchungsausschuss des Repräsentantenhauses zu den Attentaten ihren Bericht veröffentlicht hatten, demzufolge „Die Mafia tötete JFK" - ein Bericht, der Lanskys Einfluss auf „die Mafia" sorgfältig und gründlich ignorierte -, berichtete das *Wall Street Journal* im September 1979, dass Dalitz von den Bundesbehörden schon lange als ständiger Hauptberater des organisierten Verbrechens identifiziert worden war[346]. Diesmal reichte Dalitz keine Verleumdungsklage ein.

ISRAEL HONORE DALITZ

Das öffentliche Image von Dalitz litt jedoch weder unter dem Sieg von *Penthouse* in der Verleumdungsklage noch unter dem Bericht des *Wall Street Journals*. Stattdessen wurde der alte Unterweltler und „Philanthrop" aus Las Vegas 1983 von der Anti-Diffamierungs-Liga (ADL) der B'nai B'rith mit dem renommierten „Torch of Liberty Award" geehrt.

Natürlich hatte die ADL kein Problem damit, ihre höchste Auszeichnung an einen der größten Führer des organisierten Verbrechens zu verleihen. Dalitz' Dienst für die Sache Israels wurde offenbar als wichtiger erachtet als seine Aktivitäten in der Unterwelt. Und Dalitz war in der Tat ein leidenschaftlicher Verfechter der Sache Israels.

In Wirklichkeit war Dalitz der Schlüsselkontakt im mittleren Westen für das Sonneborn-Institut - das israelische Waffenschmuggelunternehmen -, das wir in Kapitel 7

---

[345] *Ibid.*, S. 55.
[346] Wm. Pepper. *Orders to Kill (Befehle zum Töten).* (New York: Carroll & Graf, 1995), S. 63.

kennengelernt haben, wo wir die langjährigen Verbindungen des Lansky-Syndikats zu Israel untersucht haben. Wir können also sicherlich verstehen, warum die ADL so erpicht darauf war, Dalitz für seine Dienste zu belohnen.

In Kapitel 17 werden wir den immensen Einfluss der ADL auf die amerikanischen Medien untersuchen. Wir werden auch ein Beispiel sehen, das demonstriert, wie ein alter ADL-Mitarbeiter eine „neue" Theorie über die Ermordung von JFK in die Welt setzte - eine Inszenierung, die offenbar von Israels Freunden in der CIA inszeniert wurde.

Dalitz' Verteidiger Robert Blakey seinerseits zieht es eindeutig vor, in Richtung der italienischen Mitglieder der Unterwelt zu blicken, aber nicht weiter. Wie wir in Kapitel 7 gesehen haben (und was wir in diesem Kapitel und an anderer Stelle noch diskutieren werden), sind die Unterschiede zwischen „der Mafia" und dem organisierten Verbrechen insgesamt viel tiefer, als Blakey uns glauben lassen würde.

BLAKEY UND DIE CIA

Blakey weigerte sich auch, die Rolle des US-Geheimdienstes, insbesondere der CIA, bei der Ermordung von JFK anzuerkennen. Es ist daher nicht verwunderlich, dass führende Wissenschaftler, die sich mit der Ermordung von JFK befassen, wie Mark Lane, der in *Plausible Denial* schreibt, und Jim Marrs in *Crossfire* Blakeys enge Beziehungen zur CIA kritisiert haben. In seinem Buch *Conspiracy* weist Anthony Summers - im Detail - die Subversion der CIA in der Untersuchung des Repräsentantenhauses nach, die anscheinend von Blakey selbst unterstützt und gefördert wurde.

Blakey beruhigte den Argwohn seiner Kritiker nicht, indem er sein Buch von der CIA überprüfen ließ. Der letzte Absatz in Blakeys Buch - der laut einer ätzenden Bemerkung von Carl Oglesby, einem anderen JFK-Attentatsforscher, auf den ersten Seiten hätte erscheinen sollen, anstatt am Ende des Buches vergraben zu werden - lautete wie folgt:

„Gemäß der Vereinbarung mit dem Untersuchungsausschuss des Repräsentantenhauses für Attentate haben die Central Intelligence Agency (CIA) und das Federal Bureau of Investigation (FBI) dieses Buch in handschriftlicher Form geprüft, um festzustellen, ob die darin enthaltenen geheimen Informationen ordnungsgemäß veröffentlicht wurden und keine Informanten identifiziert wurden. Weder die CIA noch das FBI garantieren die sachliche Dokumentation oder billigen die geäußerten Meinungen".[347]

Während Blakey also damit beschäftigt war, mit dem Finger auf Carlos Marcello zu zeigen und ihn von der CIA und ihren Mossad-Verbündeten zu entfernen, widersprechen die Fakten über Lanskys Beziehung zu Marcello Blakeys Behauptung, dass „die Mafia" die treibende Kraft hinter der Verschwörung zum Mord an JFK gewesen sei.

LOUISIANA'S LEIHGEBER

Es bleibt dabei: Egal, welche Rolle Carlos Marcello oder einer seiner Untergebenen bei der Ermordung von JFK oder der Vertuschung gespielt haben mag, Marcello war nur ein Namensgeber für den „Boss aller Bosse" - Israels langjährigen Boss Meyer Lansky selbst. Marcello war in der Tat der kleine Mann des kleinen Mannes. Tatsächlich war Lansky in Bezug auf Macht und Einfluss viel bedeutender, als Carlos Marcello es je sein könnte, trotz seines Ruhms und seiner Reputation.

---

[347] G. Robert Blakey & Richard N. Billings. *The Plot to Kill the President: Organized Crime Assassinated JFK-The Definitive Story.* (New York: Times Books, 1981), S. 401.

Um die großen Lücken in den Theorien von Davis, Scheim, Blakey und Billings zu verstehen - und die These vom *Jüngsten Gericht zu* unterstreichen - ist es unerlässlich, sich diese Tatsache von größter Bedeutung vor Augen zu führen.

Interessanterweise weist Davis darauf hin, dass Marcello in Wirklichkeit ein Schützling von Lansky war. Allerdings betont der Autor nicht die Überlegenheit Lanskys gegenüber Marcello, die bei der Darstellung jeder Theorie, die besagt: „Die Mafia hat JFK getötet.", gemacht werden muss.

Für die vollständige Geschichte der Beziehung von Lansky und Marcello sind wir Hank Messick zu Dank verpflichtet, dem mutigen investigativen Journalisten, der sich auf die Berichterstattung über das organisierte Verbrechen spezialisiert hat. In seiner Biografie über Meyer Lansky beschreibt er, wie Lansky sich dafür entschied, Marcello aus der Anonymität zu holen und den vermeintlichen „Mafiaboss" von Louisiana in die Geschäfte einzuführen. Messick berichtet, wie Lansky (über seinen alten Partner und Geschäftspartner Frank Costello) zum ersten Mal nach Louisiana zog.

Unter dem Druck der New Yorker Reform, Bürgermeister Fiorello La Guardia, hatten Lansky und Costello beschlossen, dass New Orleans ein idealer Ort sei, um ihre Spielautomatenbetriebe zu verlagern. Costello traf sich mit Huey Long, dem Gouverneur von Louisiana in New York, der sich bereit erklärte, seinen Staat für das organisierte Verbrechen zu öffnen.

„Dandy Phil" Kastel der Partner von Lansky und Costello wurde dorthin geschickt, um die Dinge in die Hand zu nehmen. Es war jedoch Lansky selbst, der nach New Orleans reiste, um den Deal mit Long abzuschließen. Die beiden trafen sich im Roosevelt Hotel, das einem gemeinsamen Freund, Seymour Weiss, gehörte.[348]

(Es war allerdings nicht das erste Treffen zwischen Lansky und Long. Die beiden waren sich zum ersten Mal auf dem Parteitag der Demokraten 1932 in Chicago begegnet, auf dem Franklin Delano Roosevelt, damals Gouverneur von New York, zum Präsidenten ernannt worden war. Es war während dieses Parteitags, dass Lanskys Bestechung mit Longs Unterstützung dazu führte, dass FDR die Nominierung seiner Partei gewann. Lanskys alter Geschäftspartner und wichtigste Verbindung zur italienischen Unterwelt, Charles „Lucky" Luciano, beschreibt dieses denkwürdige Treffen in seinen posthum veröffentlichten Memoiren).[349]

DER MARKT ZWISCHEN LONG und LANSKY

Bei ihrem zweiten entscheidenden Treffen schlossen Long und Lansky einen Deal ab, der ihre Schicksale unwiderruflich besiegelte und schließlich zu Longs unerwarteter Ermordung führte. Der Deal sah folgendermaßen aus: Im Gegenzug dafür, dass Lanskys Syndikat in Louisiana operieren durfte, akzeptierte Long ein monatliches Bestechungsgeld von 20.000 Dollar. Die Lansky-Spielautomaten wurden von einer „gemeinnützigen" Firma aufgestellt. Von den ersten 800.000 Dollar, die Lansky und seine Kumpane in New Orleans erwirtschaftet hatten, erhielten Witwen und Waisen jedoch genau 600 Dollar.[350]

Dieses komfortable Arrangement zwischen Lanskys Syndikat des organisierten Verbrechens und der mächtigen politischen Maschinerie von Huey Long aus Louisiana ermöglichte den Aufstieg von Carlos Marcello. Lanskys Biograf Messick beschreibt die Ursprünge und die Art der Beziehung zwischen Lansky und Marcello wie folgt: „Lansky

---

[348] Hank Messick, Lansky (New York: Berkley Medallion Books, 1971), S. 82-83.
[349] Martin A. Gosch & Richard Hammer. *The Last Testament of Lucky Luciano.* (Boston: Little Brown & Company, 1974), S. 156-157.
[350] Messick, *Ibid.*

war jedoch klug genug, um zu erkennen, dass selbst die Innovation von Spielautomaten, die viel Geld einbrachten, niemals ausreichen würde. Jake [Lanskys Bruder] war als Leiter der Louisiana Mint Compagny gelistet, dem neuen Team, das die Spielautomaten kontrollierte, aber es fehlte etwas.

„Er fand Carlos Marcello, als er den Mississippi im Alger-Viertel von New Orleans überquerte. Der in Tunis geborene Marcello war 1910 nach New Orleans gekommen und verdiente seinen Lebensunterhalt auf verschiedene Weise, jedoch ohne Erfolg. Er hatte sich auch nicht die Mühe gemacht, die amerikanische Staatsbürgerschaft anzunehmen.

„Lansky gab Marcello ein Franchise für den Bereich Algier, wodurch er zwei Drittel des Gewinns aus den Spielautomaten behalten durfte. Im Jahr 1940 hatte er 250 Automaten in Betrieb und erwies sich als erfolgreicher Geschäftsmann. Später erhielt er ein Stück des prächtigen Beverly Club, der größten Teppichvereinigung (ein gutbürgerliches Kasino) in der Region, die zu dieser Zeit den Beverly Hills Club außerhalb von Newport, Kentucky, unterstützte."[351]

MARCELLO TRÄGT DEN HUT

Messicks Schlussbemerkungen zur Beziehung zwischen Lansky und Marcello sind wohl die bedeutsamsten: „Als Namensgeber machte sich Marcello sehr gut. In den folgenden Jahren wurde er als Mafiaboss in Louisiana angesehen - obwohl er in Tunis geboren wurde - und widerstand allen Bemühungen, ihn abzuschieben oder einzusperren.

„Mit all dem Scheinwerferlicht auf Marcello geriet Lanskys Rolle fast in Vergessenheit - genau das wollte Meyer. Schließlich konnte Lansky Kastel nach Las Vegas verlegen und Marcello und Weiss die Leitung von New Orleans überlassen."[352]

„Eines Tages erklärte Meyer Lansky, warum er Marcello und anderen die Leitung von New Orleans überlassen hatte. „Es gab verdammt viel Zeug, das man woanders machen konnte", hatte er gesagt."[353]

Messick ging sogar noch weiter, und sei es nur, um es auf den Punkt zu bringen: Selbst Marcellos berühmter Beverly Club war in Wirklichkeit nicht Marcellos persönliches Lehen. Laut Messick „waren Costello und Kastel Partner, Marcello hatte einen kleinen Anteil, aber Lansky war der eigentliche Boss".[354]

Aaron Cohn, der Direktor der New Orleans Crimes Commission war, bestätigte Messicks Analyse dieser Beziehung. Laut Cohn „misstraute die Kommission seit langem Marcellos monumentalem Kapital, das viel zu groß war, um von einem einzigen Don kontrolliert zu werden, selbst wenn er so mächtig wie Marcello war."[355] Marcello fungierte, kurz gesagt, als Namensgeber für Meyer Lansky.

All dies wirft natürlich zusammengenommen ein genaueres Licht auf die Wahrheit über die Verbindung Lansky - Carlos Marcello.

---

[351] *Ibid.*, S. 86-87.
[352] *Ibid.*, S. 87.
[353] *Ibid.*
[354] *Ibid.*, S. 129.
[355] Robert D. Morrow. *The Senator Must Die: The Murder of Robert F. Kennedy* (Santa Monica: CA: Roundtable Publishing, Inc., 1988), S. 16.

LANSKY, MARCELLO UND DIE CIA

Es gibt auch Beweise dafür, dass Marcello in mindestens einem anderen Einflussbereich direkt mit der CIA zusammenarbeitete, der auch Lansky verbindet, dessen Verbindungen zum US-Geheimdienst wir in Kapitel 7 untersucht haben und die wir in Kapitel 11, Kapitel 12 und Kapitel 14 weiter untersuchen werden.

Laut Sam und Chuck Giancana in ihrer Biografie über Sam Giancana, den Chicagoer Mafiaboss, „war Marcello ein Mitverschwörer der CIA im Waffenhandel und ein eifriger Unterstützer der exilierten Castro-Gegner. Es war ein Arrangement, erklärte [Giancana] mehr als einmal, das darauf abzielte, Kuba zu seinem prä-castroistischen Ruhm zu verhelfen, d.h. zu seinen lukrativen Kasinos und der Prostitution."[356]

Aber es gab noch einen weiteren Bereich, in dem Lansky, die CIA und Marcello enge Arbeitsbeziehungen unterhielten: den illegalen Drogenhandel. Der Bericht des Senatsausschusses für Regierungsgeschäfte an den 88. Kongress über „Organisiertes Verbrechen und illegalen Drogenhandel" hatte darauf hingewiesen, dass New Orleans damals der Hauptverteilungspunkt für Drogen war, die in die USA gelangten.

Die meisten Beobachter gehen davon aus, dass eines von Marcellos „legitimen" Unternehmen, eine Garnelenfischerei, in Wirklichkeit Teil des Drogen- und Waffenhandelsnetzes war.

(In Kapitel 12 werden wir in der Tat sehen, dass Lansky der Hauptanstifter dieses mit der CIA zusammenarbeitenden Drogenrings war).

Unnötig zu sagen, dass es aufgrund Marcellos zentraler Position in New Orleans unvermeidlich war, dass der Mafiaboss einen guten Einblick in die Entwicklung - zumindest in New Orleans - der Verschwörung zum Mord an JFK hatte.

MARCELLO, FERRIE, BANISTER & LA CIA

Immerhin war Marcellos persönlicher Pilot der CIA-Agent David Ferrie, (inzwischen weithin bekannt durch sein Porträt in Oliver Stones Hollywood-Show *JFK*). Ferries noch unbestimmte Rolle im JFK-Attentat und seine offensichtliche Verbindung mit dem mutmaßlichen Attentäter Lee Harvey Oswald ist nur ein weiteres Puzzleteil.

Es war Guy Banister, Ferries Geschäftspartner, dessen Privatdetektivagentur in New Orleans (ein Vermittler von CIA-Waffen an kubanische Anti-Castro-Exilanten) mehrere andere Freunde Marcellos beschäftigte. Banister, der beim Naval Intelligence Bureau gearbeitet hatte und später als Special Agent für das FBI-Büro in Chicago zuständig war, war nach New Orleans gezogen.[357]

Laut den Giancanas hatte Banister lange Zeit der Chicagoer Mafia nahegestanden und es waren deren gute Dienste, die Banister in Marcellos Einflussbereich gebracht hatten, als der ehemalige FBI-Mann nach New Orleans ging und zunächst für die dortige Polizeibehörde arbeitete.[358]

(Im Sommer 1963 hatte auch der Kubanische Revolutionsrat, eine Kreation von E. Howard Hunt, dem Hauptkontaktmann der CIA zu kubanischen Anti-Castro-Gruppen, seine Büros im selben Gebäude wie Banister.[359] Wir trafen Hunt zuerst in Kapitel 9, wo wir

---

[356] Sam Giancana und Chuck Giancana. *Double Cross: The Explosive Inside Story of the Mobster Who Controlled America* (New York: Warner Books, 1992), S. 298.
[357] Morrow S. 30.
[358] Giancana, S. 255.
[359] Anthony Summers. *Conspiracy*. (New York: McGraw-Hill Book Company, 1980), S. 316.

von einer Verleumdungsklage erfuhren, in der Hunt und die CIA direkt in die Ermordung von JFK verwickelt waren).

Banister, war eindeutig der Vermittler zwischen der CIA und der Operation von Lansky und Marcello in New Orleans. Und über sein Büro wurde Lee Harvey Oswald, als Sündenbock in die Falle gelockt. (In Kapitel 11, Kapitel 14, Kapitel 15 und Kapitel 16 werden wir diesen Aspekt des JFK-Mordkomplotts näher beleuchten).

New Orleans und Marcellos Hochburg waren ohne jeden Zweifel ein integraler Bestandteil von Lanskys Syndikat des organisierten Verbrechens. Doch zu suggerieren, Marcello sei die treibende Kraft hinter dem Mordkomplott gegen JFK gewesen, bedeutet, das Gesamtbild zu ignorieren.

LANSKY UND DIE ERMORDUNG VON LONG

Als vorübergehende historische Note ist es wahrscheinlich angebracht, auf das Verschwinden von Huey Long und die Rolle zu verweisen, die Lansky und seine Partner bei diesem wichtigen politischen Ereignis gespielt haben.

Im Jahr 1935 war Long in den Senat gewählt worden und hatte damit nationale Bedeutung erlangt. Insgesamt wurde Long sogar als eine große Bedrohung für die Chancen Franklin Delano Roosevelts auf eine Wiederwahl im Jahr 1936 angesehen. Long hatte deutlich gemacht, dass er, falls er 1936 nicht als Kandidat der Demokraten - oder einer dritten Partei - antreten würde, sicherlich vorhatte, bei dieser Wahl eine wichtige Rolle zu spielen, und zwar nicht auf Seiten des FDR.

Natürlich war dies für FDR ein großes Anliegen. Daher wurde eine Untersuchung des Justizministeriums über Long und seine Finanzen eingeleitet. Eine solche Untersuchung brachte das Geflecht von Longs finanziellen Absprachen an die Oberfläche und drohte, die hochprofitable Maschinerie, die Long aufgebaut hatte, zunichte zu machen. Es gab mehr als einen Politiker in Louisiana und mehr als einen Geschäftspartner von Long, die Angst vor ihrem bevorstehenden Ende an Longs Seite hatten und vor dem, was die Bundesstaatsanwälte für sie bereithielten.

Wie Messick bemerkt - und das ist ironisch gemeint -, trafen die Bundesbehörden die Entscheidung, Long anzuklagen, in einem Hotelzimmer in Dallas, Texas. Der schillernde Senator von Louisiana wurde noch am selben Tag von einem „einsamen Attentäter" erschossen, der seinerseits von Longs Leibwächtern rasch niedergeschossen wurde.

Bis heute gibt es unzählige Verschwörungstheorien über den Mord an Long. Einige sagen, der mutmaßliche Mörder habe nie einen Schuss abgegeben - stattdessen habe er Long einen Faustschlag versetzt und die „Mordwaffe" sei von den Leibwächtern am Tatort platziert worden, die die Tatsache vertuschen wollten, dass es einer von ihnen war, der Long versehentlich erschossen hatte, als er auf den Angreifer schoss. Es gibt aber auch jene, die behaupten, Long sei absichtlich von einem seiner Leibwächter erschossen worden.

In ihrer Biografie über den Chicagoer Mafiaboss behauptet die Familie Giancana, dass Sam Giancana später behauptete, dass „einige unserer Freunde in New York ihn umlegen ließen - sie hatten es mit einem Boss der [Mafia] New Orleans ausgearbeitet. Sie haben es sich so ausgedacht, dass es wie die Tat eines Verrückten aussieht".[360]

Wahrscheinlich werden wir die Wahrheit nie erfahren. Auf jeden Fall starb Long wenige Stunden nach der Schießerei im Krankenhaus. Was wir wissen, ist, dass mit Longs Tod eine große Bedrohung von der Bildfläche verschwand, nicht nur für die Roosevelt-Regierung, sondern auch für Longs Maschinerie, die sich in erheblichem Maße auf Lanskys Syndikat des organisierten Verbrechens stützte. Da Long von der Bildfläche verschwand,

---

[360] Giancana, S. 63.

verzichteten die Bundesbehörden darauf, sich für Louisiana und seine dunkle politische Unterwelt zu interessieren.

Die Beweise deuten heute darauf hin, dass Longs Tod hätte verhindert werden können. Hank Messick erzählt die Geschichte: Bei einem Treffen in Hot Springs, Arkansas, im Arlington Hotel, kurz nach Longs Tod, informierte Frank Costello Lansky über die Wahrheit über Longs Abreise. „Wir hätten ihn retten können", sagte Costello zu Lansky, „aber ich sah keinen Sinn darin. Die Ärzte hatten die Anweisung, ihn sterben zu lassen".[361]

Es war offenbar Meyer Lanskys erste größere Verwicklung in die Ermordung eines amerikanischen Politikers, mit dem das organisierte Verbrechen zusammengearbeitet hatte. Es sollte jedoch nicht das letzte Mal sein.

Es ist unbestritten, dass Carlos Marcello, Lanskys Leutnant, seine eigenen Gründe hatte, John F. Kennedy aus dem Weg räumen zu wollen. Das von Robert F. Kennedy geführte Justizministerium hatte Marcello mehrfach ins Visier genommen.

Die interessante Marcello-Biografie von John Davis bietet eine detaillierte Analyse von Kennedys Kampagne gegen Marcello. Kein Wunder, dass Marcello seinen berühmten Ausruf ausspräch: „Livarsi na petra di la scarpa" („Entfernt den Stein aus meinem Schuh"). Ein solcher emotionaler Ausbruch macht ihn jedoch noch nicht zu einem Mordbefehl.

Tatsächlich gibt es nirgendwo einen Beweis dafür, dass Marcello andere bejahende Maßnahmen - wenn man das in der Tat einen Befehl nennen kann - ergriffen hat, um seinen Befehl durchzusetzen.

LANSKY ÜBER MARCELLO AUFSPÜREN

In diesem Zusammenhang ist anzumerken, dass die systematische Verfolgung und Schikanierung Marcellos durch Robert Kennedy nur ein erster logischer Schritt in der Strafverfolgung des Justizministeriums gegen Meyer Lansky war.

Dies ist natürlich ein klassisches Vorgehen bei allen ähnlichen Verfolgungen des organisierten Verbrechens: Zuerst werden die Untergebenen ins Visier genommen, dann der Boss. In diesem Fall war es natürlich der sogenannte „Vorstandsvorsitzende", Meyer Lansky.

Seth Kantor, ein Bekannter von Jack Ruby und ebenfalls Biograf, bringt es auf den Punkt: „Als Generalstaatsanwalt hatte [Robert F. Kennedy] mehr Anklagen gegen Mitglieder der kriminellen Industrie der Vereinigten Staaten als jeder vorherige Staatsanwalt und verfolgte sie unerbittlich.

„Meyer Lansky zum Beispiel war hinter den verschlossenen Türen der Executive Suite dieser Industrie nicht mehr sicher. Der Generalstaatsanwalt zog zusammen, was vom Justizministerium als Abteilung für organisiertes Verbrechen (OCD) anerkannt wurde, und verfolgte Lanskys geheime Operationen auf den Bahamas und in Las Vegas."[362]

Die Ermordung von John F. Kennedy und das Scheitern von Robert Kennedys Kampagne gegen das organisierte Verbrechen als direkte Folge verhinderten dies. Das Ende von Kennedys Krieg gegen das organisierte Verbrechen war die wichtigste Folge - ein wichtiger Sieg - für Meyer Lanskys Hochburg des organisierten Verbrechens.

Natürlich war der Mord an JFK, wie bereits erwähnt, eine reine „Mafia"-Operation - ohne Tentakel, die in andere Bereiche führten -, doch Lansky hatte ihn von Anfang an in Auftrag gegeben.

Meyer Lansky war der unmittelbare Vorgesetzte von Carlos Marcello in der Welt des organisierten Verbrechens und nicht umgekehrt. Es gibt keine Möglichkeit, Lanskys

---

[361] Messick, S. 84.
[362] Seth Kantor. *Who Was Jack Ruby?* (New York: Everest House, 1978), S. 28.

entscheidende Position im Zentrum der riesigen Verschwörung zu umgehen. Was wir hier zeigen, ist, dass die Verschwörung weit über die „Mafia" hinausgeht. Und genau das ist der Kern unserer These.

DIE „KOSCHER NOSTRA" VON LANSKY

Seltsamerweise unterschied Rubys Biograf Seth Kantor zwischen dem, was er Lanskys „Casher Nostra" nannte, und dem, was er separat als „heißblütige sizilianische Cosa Nostra" bezeichnete.[363] Zwar seufzte Carlos Marcello zufrieden auf, als John F. Kennedy in Dallas starb. Meyer Lansky war jedoch unbestreitbar der ultimative Nutznießer.

Jede größere Operation wie die Ermordung eines Präsidenten - selbst wenn sie nur von Marcello vorgeschlagen wurde - musste zuerst vom Boss, Meyer Lansky, genehmigt werden. So war es sicherlich Lansky selbst, der grünes Licht geben musste, auch wenn das Kennedy-Mordkomplott allein von Marcello ausging.

Die Beweise legen natürlich nahe, dass Marcello und seine Partner in New Orleans lediglich Schachfiguren in einer tieferen Verschwörung waren, die von woanders her stammte. Ihre Nähe zu Oswald und New Orleans machte sie jedoch zu einem leichten Ziel für diejenigen, die eine „mafiöse" Verschwörung hinter dem Mord finden wollen.

WORTE IN DER LUFT

Wie bereits angemerkt, entscheiden sich dieselben Quellen, die auf Marcello als Drahtzieher des JFK-Mordes hinweisen, dafür, Marcellos untergeordnete Rolle im Vergleich zu Meyer Lansky in der Hierarchie des Syndikats zu ignorieren. Die Untersuchungskommission des Repräsentantenhauses zu den Morden an Robert Blakey, die mit Lansky in Verbindung stand, umging die Frage jedoch vorsichtig. In ihrem Abschlussbericht kam die Kommission zu dem Schluss:

„Angesichts der möglichen schwerwiegenden Folgen eines Mordkomplotts durch die Kommission [d.h. die Nationale Kommission für Organisiertes Verbrechen] kam die Kommission zu dem Schluss, dass eine solche Verschwörung Gegenstand einer ernsthaften Diskussion durch die Mitglieder der Kommission gewesen wäre und dass, selbst wenn solche Diskussionen hätten geschützt werden können, einige ihrer Spuren aus der Überwachungsdecke [der Bundesbehörden] aufgetaucht wären.

„Es war daher möglich, zu dem Schluss zu kommen, dass es unwahrscheinlich ist, dass das Nationale Verbrechersyndikat, das unter der Leitung der Kommission agierte, an der Ermordung von Präsident Kennedy beteiligt war.

„Obwohl die Kommission es für unwahrscheinlich hielt, dass das Verbrechersyndikat an dem Mord beteiligt war, erkannte sie an, dass ein einseitig handelnder Anführer des organisierten Verbrechens oder eine kleine Kombination von Anführern ein Mordkomplott ohne die Zustimmung der Kommission hätte formulieren können."[364]

Das sind natürlich nur leere Worte. Allerdings könnte man aus der Vermutung der Kommission auch schließen, dass, wenn das organisierte Verbrechen tatsächlich eine wichtige Rolle bei dem Mordkomplott gespielt hat, es sich nicht um eine Verschwörung handelt, die z. B. von „der Mafia" ausging. Vielleicht kam die Verschwörung also von ganz

---

[363] *Ibid.*
[364] Der Ausschuss des Repräsentantenhauses. *Der abschließende Attentatsbericht* (New York: Bantam Books, 1979), S. 204.

woanders her. Dies ist natürlich die Schlussfolgerung, die in „*Endgültiges Urteil*" dargestellt wird.

So hat uns der Untersuchungsausschuss des Hauses unbeabsichtigt eine noch solidere Grundlage für die hier gezogenen Schlussfolgerungen geliefert.

LANSKY WIRD NICHT ERWÄHNT

Der Bericht des Untersuchungsausschusses des Repräsentantenhauses hatte nichts über die Verbindung von Lansky und Marcello zu sagen. Nichts, was nicht auch in den klassischen Berichten über den Mord an JFK vorkommt, die die Theorie unterstützen, dass „die Mafia JFK getötet hat". Besonders interessant ist, dass *Little Man*, die Biografie von Robert Lacey, niemals erwähnt, dass Lansky Marcello gesponsert hat. Die Verbindung zu New Orleans wird kaum und nur zeitweise erwähnt. War Marcello - der nach Aussagen des FBI „die erste Familie" der Mafia leitete - unwichtig?

Könnte es sein, dass Lacey - ein sehr sympathischer Biograf, der eng mit Lanskys Familie zusammenarbeitete - den überstrapazierten Namen Marcello erwähnte, weil Marcellos Name wiederholt mit der Ermordung von JFK in Verbindung gebracht wurde?

Ist es möglich, dass Marcello und seine Partner wie David Ferrie absichtlich in die Peripherie des Mordkomplotts gelockt wurden, um dort absichtlich die Möglichkeit einzupflanzen, dass Marcello und die Mafia für den Mord verantwortlich gemacht werden, für den Fall, dass das Image von Lee Harvey Oswald als „Pro-Castro-Agitator" nicht funktioniert hat?

Dies ist in der Tat eine Möglichkeit und würde fest in die alte Politik des israelischen Mossad passen, bei seinen kriminellen Vorhaben „falsche Banner" zu verwenden.

Offensichtlich sind wir noch weit davon entfernt, die tatsächliche Beziehung zwischen Meyer Lansky und den Schlüssel-"Verdächtigen" des JFK-Mordes zu kennen. All dies unterstreicht noch einmal Lanskys zentrale Rolle in der internationalen Verschwörung, die wir dokumentieren.

KAPITEL XI

Kubanische Serenade
Meyer Lansky, die Mafia, die CIA,
Der Mossad und die Verschwörungen zur Ermordung Castros

Drei große „Mafia"-Figuren - Sam Giancana, Johnny Rosselli aus Chicago und Santo Trafficante Jr. aus Tampa - waren Schlüsselfiguren in den Verschwörungen der CIA und der Unterwelt gegen Fidel Castro und wurden oft mit der Ermordung von JFK in Verbindung gebracht.

Obwohl die drei italo-amerikanischen Gangster wichtige Akteure der Mafia waren, zeigen die Beweise, dass sie - wie Carlos Marcello - auch Untergebene von Meyer Lansky waren.

Erstaunliche neue Beweise belegen, dass Giancana und Rosselli aktiv mit dem Mossad zusammenarbeiteten, sie waren im Wesentlichen nur „Namensgeber" für den weitgehend unbekannten Hyman Larner, Meyer Lanskys Komplizen in Chicago, mit dem Mossad verbunden und der eigentliche „Boss" der Unterwelt in der Stadt der Winde.

Carlos Marcello ist nicht die einzige große Persönlichkeit der „Mafia", deren Verbindungen zu Meyer Lansky, dem Chef des Syndikats des organisierten Verbrechens, von Robert Lacey, Lanskys freundlichem Biografen, ignoriert wurden. Auch der legendäre Johnny Rosselli wird nie erwähnt. Waren Marcello und Rosselli nicht eine Erwähnung wert?

Waren sie wirklich so unbedeutend? Nicht nach den traditionellen Erzählungen der Geschichte des organisierten Verbrechens. Sowohl Marcello als auch Rosselli haben in den Annalen der kriminellen Folklore einen besonderen Stellenwert, insbesondere im Hinblick auf das Kennedy-Attentat.

Es ist durchaus bezeichnend, dass Lacey Rosselli aus ihrer Erzählung über Lanskys Leben streichen wollte:

- Rosselli war eine wichtige Figur im organisierten Verbrechen in Los Angeles, wo Ben Siegel, Ben Lanskys alter Partner, und Mickey Cohen, Siegels Nachfolger als Westküstenagent für Lansky, Lanskys Interessen vertraten.
- Rosselli war eine wichtige Figur im organisierten Verbrechen in Las Vegas, wo Lansky große Glücksspielbetriebe unterhielt. Er war der wichtigste Vertreter vor Ort von Sam Giancana, dem Boss der Chicagoer Mafia;
- Rosselli war eine wichtige Figur des organisierten Verbrechens in Havanna und vertrat die Interessen der Chicagoer Mafia, bei der Lansky auch die Glücksspielbetriebe beherrschte.

Nach allen traditionellen Erzählungen war Rosselli vielmehr eine Schlüsselfigur der modernen „Mafia", wie wir sie kennen.

Kurz gesagt: Während Marcellos Aktivitäten fast ausschließlich in seiner Hochburg an der Golfküste angesiedelt waren (und sich bis nach Texas erstreckten), operierte Rosselli als reisender Botschafter des italienischen Zweigs des organisierten Verbrechens (im Volksmund „die Mafia" genannt), hauptsächlich für den Zweig in Chicago.

Dennoch wurden Rossellis Verbindungen zu Lansky von Robert Lacey, Lanskys Biograf, ignoriert. Warum ist das so? Laceys Biografie (die ansonsten sehr detailliert ist) würde - indem sie sowohl Marcello als auch Rosselli ignoriert - suggerieren, dass Lansky keine Verbindung zu ihnen hatte oder dass seine Verbindungen so unbedeutend waren, dass sie nicht einmal der Erwähnung wert waren.

Rossellis Name wurde wie der von Marcello ebenfalls prominent mit dem Mord an Kennedy in Verbindung gebracht.

Man kommt nicht umhin, sich zu fragen, warum Lanskys Biograf es nicht geschafft hat, diese wichtigen Verbindungen aufzuzeigen. Sogar Tiger (im Index als „Lanskys Hund" beschrieben) wird erwähnt - nicht nur einmal, sondern zweimal (Carlos Marcello wird überhaupt nicht erwähnt).

Rosselli stand auch Santo Trafficante Jr. besonders nahe, Lanskys Leutnant in Florida und Havanna, der in Laceys Bericht über Lanskys Geschäfte ebenfalls praktisch eine „Nicht-Person" ist. Und wie wir sehen werden, ist es durchaus möglich, dass es Trafficante war, der den endgültigen Mord an Rosselli im Namen der CIA arrangiert hat.

Wie Rosselli war auch Trafficante eine wichtige Figur in den Annalen des Verbrechens und noch viel mehr als Rosselli war er ein enger Mitarbeiter von Lansky. Tatsächlich war Trafficante, wie wir in Kapitel 12 noch viel ausführlicher sehen werden, zwar ein „mafiöser" Anführer, aber Lanskys unmittelbarer Untergebener im Spiel- und Drogenhandel.

Auch in Laceys Biografie über Lansky wird Trafficante ohne große Rücksichtnahme beiseitegeschoben. Tatsächlich wird er außer in kleineren Passagen kaum erwähnt - nur acht Mal. Tatsächlich gibt es weniger Verweise auf Trafficante als auf Bruzzer, einen anderen Hund Lanskys, der 13 Verweise aufweist, einschließlich einer detaillierten Untersuchung der traurigen letzten Tage des Hundes.

In der Folklore des Kennedy-Attentats ist dies ebenfalls besonders relevant, da uns immer wieder gesagt wurde, dass Trafficante einmal zu José Aleman Jr., einem reichen Exilkubaner, gesagt hat, dass JFK erschossen werden sollte. Interessanterweise wird der Rest der Geschichte jedoch nicht erzählt. Laut J. Edgar Hoovers Biografen Curt Gentry war Alemans Eindruck, dass Trafficante zwar von einem Mordkomplott gegen Kennedy wusste, Trafficante selbst aber „nicht der Hauptarchitekt war".[365] Wer war es dann?

DAS BÜNDNIS ZWISCHEN LANSKY UND DER CIA

Alles über Rosselli und Trafficante ist interessant, insbesondere vor dem Hintergrund ihrer zentralen Verwicklung in die Mordkomplotte der CIA und des organisierten Verbrechens gegen Fidel Castro, der die Kontrolle über Lanskys Glücksspielbetriebe in Havanna übernommen hatte.

Rossellis und Trafficantes Verbindung zu Meyer Lansky muss weiter erforscht werden, denn diese Verbindung deutet auf einen weiteren Bereich hin: Lanskys langjährige und enge Verbindungen zu Israels Verbündeten innerhalb der CIA. Wie wir in Kapitel 12 sehen werden, reicht Lanskys Verbindung zur CIA nämlich weit über Kuba und die Karibik hinaus. Sie erstreckte sich sogar bis nach Südostasien.

Wie wir in Kapitel 7 gesehen haben (und was von Hunderten von Schriftstellern unermüdlich dokumentiert wurde), hatte das organisierte Verbrechen - insbesondere Meyer Lansky - viel zu verlieren, als der kommunistische Revolutionär Fidel Castro in Kuba an die Macht kam.

---

[365] Curt Gentry. *J. Edgar Hoover: The Man and the Secrets (J. Edgar Hoover: Der Mann und die Geheimnisse).* (New York: W. W. Norton & Company, 1991), S. 496.

Vor Castros Machtübernahme war Kuba die wichtigste Basis für lukrative Glücksspieloperationen des Verbrechersyndikats von Meyer Lansky und seinen Mafia-Lieutenants. Anthony Summers fasst die Situation treffend zusammen:
„Castros Vorgänger, Diktator Batista, war lange Zeit eine Marionette der US-Geheimdienste und der Unterwelt gewesen." 1944, als die USA Ärger mit der kubanischen Linken befürchteten, soll Lansky Batista dazu überredet haben, sich eine Weile zurückzuziehen. Er kehrte 1952 zurück, nachdem der derzeitige Präsident Carlos Prio Socarras zum Rücktritt überredet worden war - ein Abgang, der offenbar durch eine Bestechungssumme von einer Viertelmillion Dollar und einen großen Anteil an der Kasinobranche erleichtert wurde.

„Zu diesem Zeitpunkt verwandelten sich die bereits eingeführten illegalen Glücksspiele in Kuba in eine Goldgrube für die Mafia... Als das Batista-Regime angesichts der Unzufriedenheit des Volkes inmitten der Revolution zu kollabieren begann, deckte die Unterwelt ihre politischen Wetten, indem sie Fidel Castro hofierte.

„Die meisten Waffen, die ihm 1959 bei der Machtübernahme halfen, waren von Waffenhändlern der Mafia kostenlos zur Verfügung gestellt worden, eine Politik, die sich nicht auszahlte. Lansky sah die Warnzeichen und flog an dem Tag, an dem Castro in Havanna landete, aus dem Land."[366]

Der investigative Journalist Jim Hougan beschrieb die Beziehung zwischen Meyer Lanskys Syndikat des organisierten Verbrechens und den Kubanern - sowohl Castro als auch seinen Feinden. „Die Beziehung der Unterwelt zu Castros arrivista-Regime war stürmisch: Einerseits hatten einige ihrer Mitglieder aktiv an der Revolution teilgenommen und Waffen für Castros Guerillakämpfer transportiert. Andererseits schien der neue kubanische Premierminister entschlossen, die sozialen Wunden auszumerzen, die die Unterwelt für sehr profitabel hielt: Drogen, Prostitution und Glücksspiel. Castro hatte übrigens Trafficante und Meyer Lanskys Bruder Jake am Tag nach seinem Triumphzug auf Havanna inhaftiert."[367]

Die anfängliche Unterstützung der Unterwelt für Castro verschlechterte sich jedoch, als Castro sich als Gefahr für die lukrativen Geschäfte des Lansky-Syndikats in Kuba herausstellte. Das war der Zeitpunkt, an dem die Unterwelt eine Kehrtwende vollzog und gegen Castro zu arbeiten begann.

Obwohl viele Mitglieder des Syndikats immer noch hofften, ihre Aktivitäten in Kuba nach der Absetzung Castros wieder aufnehmen zu können, war Lansky realistischer und praktischer. Er begann, die Bahamas als seine nächste Basis für illegale Glücksspielaktivitäten in der Karibik in Betracht zu ziehen.

Trotz allem behielt Lansky seine Verbindungen zu den Castro-kritischen Kubanern bei. In dieser Zeit bereitete sich die CIA darauf vor, gegen Castro vorzugehen. Lansky sollte dabei eine entscheidende Rolle spielen.

Aus einem noch obskureren Grund, der oft übersehen und wahrscheinlich verschwiegen wurde, hatte Lansky einen weiteren Grund, von Fidel Castro enttäuscht zu werden und die Anti-Castro-Kubaner zu unterstützen. Tatsache ist, dass viele der Anti-Castro-Kubaner, die sich nach Castros Machtübernahme in Miami und anderswo niedergelassen hatten, kubanische Juden waren.

---

[366] Anthony Summers. *Conspiracy.* (New York: McGraw-Hill Book Company, 1980), S. 266-267.
[367] Jim Hougan. *Spooks: The Haunting of America-The Private use of Secret Agents.* (New York: William Morrow & Company, Inc., 1988), S. 335-226.

KUBANISCHE „JÜDISCHE VERBINDUNG"

Paul D. Bethel, ein von der CIA finanzierter Anti-Castro-Propagandist, liefert in der Ausgabe des *Latin America Report* vom 15. Dezember 1965 (mit dem Untertitel „Free Cuba News") einige interessante Fakten über den Status der Juden in Kuba vor und nach Castros Machtübernahme. Bethel stellte fest, dass von den insgesamt 11.000 Juden in Kuba zum Zeitpunkt der Machtübernahme Castros nur noch 1.900 übrig waren. Der Rest hatte sich bereits den kubanischen Anti-Castro-Kolonien angeschlossen, die weitgehend in die Regionen um Miami und New Orleans abgewandert waren. Von den Zurückgebliebenen verließen zum Zeitpunkt des Bethel-Berichts weitere 1300 das Land. [368]

Die wohlhabende kubanische jüdische Gemeinschaft war in der Tat eine wichtige Fraktion innerhalb der kubanischen Anti-Castro-Gemeinschaft. Dies, zusammen mit Lanskys finanziellen Verlusten in Kuba, machte ihn umso mehr bereit, in Zusammenarbeit mit der CIA gegen Castro zurückzuschlagen.

LANSKY UND DIE MORDKOMPLOTTE

Obwohl das bereits erwähnte Buch von Anthony Summers über die JFK-Verschwörung mit dem treffenden Titel *Conspiracy* der zentralen Rolle von Meyer Lansky im organisierten Verbrechen nur wenig Aufmerksamkeit schenkt, verweist es auf eine von Lansky finanzierte Anti-Castro-Operation der CIA.

Der CIA-Agent E. Howard Hunt baute die Revolutionäre Demokratische Front auf, eine Koalition von Anti-Castro-Kubanern, die von Manuel Antonio de Varona, dem ehemaligen Präsidenten des kubanischen Senats, angeführt wurde. Tatsächlich traf sich de Varona, wie uns Summers erzählt, mit Lansky, um finanzielle Unterstützung zu erhalten, und bekam auch Geld von der Firma Edward K. Moss and Associates aus Washington DC, die die Interessen von Dino und Eddie Cellini vertrat,[369] Lanskys Agenten. (Wir haben zuerst den besagten E. Howard Hunt, einen CIA-Agenten, getroffen und in einem wenig beachteten Verleumdungsprozess erfahren, wie er in die JFK-Verschwörung verwickelt war. In Kapitel 16 erfahren wir viel mehr über die Umstände, die zu diesem Prozess geführt haben).

Obwohl heute immer wieder über die berühmten Mordkomplotte der CIA und der Mafia gegen Castro berichtet wird, sind die wichtigsten Akteure des organisierten Verbrechens in der Geschichte immer noch die folgenden: Santo Trafficante Jr., Johnny Rosselli und Sam Giancana aus Chicago.

Rossellis Biografen merken an, dass es der CIA-Agent Robert Maheu, ein langjähriger Bekannter Rossellis, war, der die Beziehungen der CIA zum organisierten Verbrechen in den Anti-Castro-Verschwörungen einführte.[370]

(Es war derselbe Maheu, ein ehemaliger FBI-Agent, der direkt unter Guy Banister,[371] ehemaliger Spezialagent des FBI-Büros in Chicago, gearbeitet hatte. Es war Banister, wie wir in Kapitel 10 gesehen haben, der die direkte Verbindung zwischen dem Waffenhandel von Lansky, Marcello und der CIA im Namen des kubanischen Anti-Castro-Netzwerks war).

---

[368] Free Cuba News, 15. Dezember 1965.
[369] Summers, S. 193.
[370] Charles Rappleye und Ed Becker. *All American Mafioso: The Johnny Rosselli Story* (New York: Doubleday, 1991), S. 189.
[371] Robert Morrow. *The Senator Must Die: The Murder of Robert F. Kennedy* (Santa Monica, CA: Roundtable Publishing, Inc., 1988), S. 59.

Maheu, der sich auf Geschäftsreisen in Las Vegas mit Rosselli angefreundet hatte, war von der CIA angesprochen worden, um mit der Mafia Verhandlungen über diese spezielle, für beide Seiten vorteilhafte Operation aufzunehmen. So wurde der ursprüngliche Plan in die Tat umgesetzt. Es kam jedoch zu Entwicklungen:
„Nachdem die Grundlagen geschaffen waren, beschloss Rosselli, zwei neue Akteure ins Spiel zu bringen: Einer war Rossellis Boss Sam Giancana, der andere Santo Trafficante, Meyer Lanskys Kollege in den Casinos von Havanna. Trafficantes Verbindungen konnten sich als nützlich erweisen, um die Verschwörungen voranzutreiben, außerdem verlangte die Mafiatradition, dass der örtliche Don über alle Aktivitäten in seinem Bereich informiert wurde."[372]

Es besteht kein Zweifel daran, dass Trafficante, Rosselli und Giancana tatsächlich dabei geholfen haben, die Mordkomplotte gegen Castro mit Vertretern der CIA zu koordinieren (wie bereits erwähnt, ist dies mehrfach solide dokumentiert worden. Dies hier zu diskutieren, würde zu einer Vertiefung des Themas führen).

Wie ein Autor jedoch kurz zusammenfasste: „Lansky war der Hauptanführer der CIA- und Mafia-Verschwörung gegen Castro, aber der einzige Journalist, der genug Mut hatte, dies zu berichten, war [der Kolumnist] Victor Riesel."[373] Der Forscher Peter Dale Scott räumt ein, dass Lansky tatsächlich an den CIA-Verschwörungen gegen Castro beteiligt war,[374] aber, Lanskys Rolle wurde verschleiert, ignoriert oder notfalls nicht erwähnt.

Tatsächlich war Trafficante, wie wir in Kapitel 12 sehen werden, wenn wir die Beziehung von Lansky und Trafficante genauer untersuchen, Lanskys Untergebener. Alle Anti-Castro-Operationen, die Trafficante in einer Liga mit der CIA durchführte, wurden mit Lanskys Zustimmung und unter Lanskys Aufsicht durchgeführt.

Die letzte Phase der Anti-Castro-Operationen der CIA war unter dem Namen Operation Mongoose bekannt. Das Hauptquartier der Operation - bekannt als JM / Wave - befand sich in der Stadt Miami und war auf dem Campus der Universität von Miami angesiedelt. Ein Teil der Kampagne der CIA gegen Castro umfasste ihr ZR / Rifle Team Project. Qualifizierte Attentäter, die aus der ganzen Welt (und häufig unter professionellen Söldnern und innerhalb des organisierten Verbrechens) rekrutiert wurden, sollten je nach Fall im „Killerteam" der CIA oder in der Terroristenarmee eingesetzt werden. Einer der wichtigsten internen Überwacher des ZR / Rifle Team-Projekts war der Chef der CIA-Gegenspionage und treue Verbündete Israels, James J. Angleton.

ROSSELLI UND DIE ERMORDUNG VON JFK

Es scheint sicher, dass Rosselli zum Beispiel in einen Aspekt des JFK-Mordkomplotts verwickelt war. Die Beweise legen nahe, dass Rosselli im Sommer und Herbst 1963 definitiv in Aktivitäten verwickelt war, die ihn direkt mit mehreren der Schlüsselfiguren des Mordkomplotts in Verbindung brachten.

Rossellis Biografen selbst haben angedeutet, dass Rosselli tatsächlich in das Attentat verwickelt war. Rappleye und Becker schreiben: „Der stärkste Hinweis darauf, dass John Rosselli zur Vorplanung des Attentats beigetragen hat, ist der Bericht über einen direkten Kontakt zwischen Rosselli und Jack Ruby Anfang Oktober 1963. Zwei Treffen fanden in kleinen Motels in der Nähe von Miami statt und wurden vom FBI beobachtet. Dreizehn Jahre später entdeckte einer der Bundesermittler, die den Mord an Rosselli untersuchten,

---

[372] Rappleye und Becker, *Ibid.*
[373] Yipster Times (kein Datum verfügbar)
[374] Peter Dale Scott. *Deep Politics and the Death of JFK.* (Berkeley, California: University of California Press, 1993), S. 180.

einen FBI-Bericht über die Treffen und gab den Inhalt vertraulich an den Journalisten William Scott Malone aus Washington D.C. weiter.

„Als erfolgreicher Ermittler stellte Malone in einem Interview klar, dass er von der Integrität seiner Quelle überzeugt sei, und erklärte, dass das FBI den tatsächlichen Ort der Miami Dating ermittelt habe."[375]

Laut Rappleye und Becker besuchte Rosselli das Büro von Guy Banister in der 544 Camp Street in New Orleans. In demselben umstrittenen Gebäude hatte auch der Kubanische Revolutionsrat (CRC) ein Büro. Der CRC war, wie wir in Kapitel 9 gesehen haben, das Ergebnis der Überlegungen des CIA-Verbindungschefs zu den kubanischen Anti-Castro-Exilanten, E. Howard Hunt, der selbst in die Ermordung von JFK verwickelt war).

Rossellis Biografen gehen noch einen Schritt weiter und stellen die Frage: „War Rosselli wirklich in Dallas? Die FBI-Überwachung verliert seine Spur an der Westküste zwischen dem 19. November und dem 27. November".[376]

Den Giancanas zufolge wurde der Präsident absichtlich nach Dallas gelockt, wo die Operation nach den Vorgaben des Plans durchgeführt werden konnte. „Die Politiker und die CIA haben es sehr einfach gemacht", erklärte Sam Giancana. „Jeder von uns stellte die Männer für die Aktion. Ich überwachte die mafiöse Seite der Dinge, nahm Jack Ruby und einige zusätzliche Verstärkungen mit ins Boot und die CIA setzte ihre eigenen Leute ein, die sich um den Rest kümmerten."[377]

So wurden Johnny Rosselli und Sam Giancana - an der Seite von Santo Trafficante, Jr. - in die Verschwörung zur Ermordung von JFK hineingezogen.

Die vollständige Geschichte von Sam Giancanas Rolle in vielen dieser Fälle - insbesondere bei der Ermordung von JFK - wurde nie bekannt, bis sein eigener Neffe und sein Bruder 1992 mit ihrem Buch *Double Cross* berühmt wurden.

Heute wissen wir jedoch, dass es in der Tat einen bedeutenden Einfluss des Mossad gab, der in Sam Giancanas Geschäften tätig war.

DIE VERBINDUNG DES MOSSAD ZU SAM GIANCANA

Double Deal, ein neues erbauliches Buch, enthüllt neue Fakten über die geheime Geschichte der berüchtigten Chicagoer „Mafia" und zeigt einige bedeutende, noch nie zuvor gesehene Details, die die Wahrscheinlichkeit einer Beteiligung des Mossad an der Ermordung von JFK bestätigen.

Der Autor des neuen Buches, Michael Corbitt, ehemaliger Polizeichef eines Vororts von Chicago, hat sich mit dem Schriftsteller Sam Giancana, dem Neffen der legendären Figur der Chicagoer Mafia, zusammengetan, um eine erstaunliche Darstellung zu produzieren, die zum ersten Mal die überraschende Identität des wenig bekannten „mysteriösen Mannes" enthüllt, der die wahre „graue Eminenz" des organisierten Verbrechens in Chicago war und dessen Einfluss sich bis nach Israel, Panama, Iran, Las Vegas und Washington DC erstreckte.

Trotz seines berühmten „Mafia"-Namens war Corbitts Co-Autor Giancana nie in das Familienunternehmen involviert und schrieb früher die Erzählung über das Leben und die Verbrechen seines Onkels, der 1975 ermordet wurde. Heute erzählt Giancana „den Rest der Geschichte"."

---

[375] Rappleye und Becker, S. 245.
[376] *Ibid.*, S. 256.
[377] Giancana, S. 334.

Giancana und Corbitt wagen es, etwas zu berichten, das noch nie zuvor irgendwo veröffentlicht wurde: Ein jüdischer Gangster mit Verbindungen zum Mossad namens Hyman „Hal" Larner war die wahre Macht hinter den Kulissen und lenkte über dreißig Jahre lang die Unterwelt Chicagos.

Trotz des medialen „Walzers" von italo-amerikanischen Mafiabossen wie Giancana und anderen, die abwechselnd inhaftiert oder „umgelegt" wurden, hatte Larner immer noch das Sagen. Darüber hinaus zeigen die Autoren, dass ein Großteil von Larners kriminellen Aktivitäten nicht nur in Zusammenarbeit mit der CIA, sondern insbesondere auch mit dem Mossad durchgeführt wurden.

Larner war nicht nur eine wichtige Figur in der Chicagoer Kriminalitätsszene, sondern auch auf internationaler Ebene. Er war auch ein alter Partner von Meyer Lansky, dem jüdischen Verbrecherboss, und, wahrhaftig, Lanskys Nachfolger, als Lansky 1983 starb.

Laut Corbitt erfuhr er in seinen Jahren als Mafioso schon früh von Larners Existenz, obwohl die sehr hohe Präsenz Larners in der Unterwelt weder die Ermittler der Regierung noch die Medien (die von der Unterwelt fasziniert waren) beschäftigte. Corbitt schreibt:

„Alle anderen Jungs aus der Bande waren jeden Tag in den Zeitungen, ihre Fotos überall auf der ersten Seite plakatiert. Aber wenn Hy Larners Name in den Zeitungen erwähnt wurde, wurde er nur als „Partner" oder „Schützling" oder einfacher Bandit beschrieben und nicht mehr. Niemand wusste, wie weitreichend seine Kontakte waren oder wie hochrangig sie waren. Die Journalisten nannten ihn das „Rätsel" und den „geheimnisvollen Mann".[378]

Als Corbitt sich unter der Schirmherrschaft von Larners Mann Giancana in den Kreisen des organisierten Verbrechens bewegte, begann Corbitt schließlich, das Geheimnis zu lüften, wie und warum die Chicagoer Unterwelt so ungehindert operieren konnte. Es war die Partnerschaft mit dem Mossad, der illegal Waffen nach Israel importierte, die der Chicagoer Unterwelt ihre „Du kommst aus dem Gefängnis frei"-Karte für hochrangige israelische Sympathisanten anbot. Corbitt schreibt:

„Auf Drängen von Meyer Lansky begannen [Giancana] und seine Freunde mit dem israelischen Mossad zusammenzuarbeiten, indem sie Waffen in den Nahen Osten schmuggelten. Alles ging in Panama rein und raus, was bedeutete, dass alles von Hy Larner verwaltet wurde. Larner war zweifellos Sam Giancanas zuverlässigster Finanzberater. Jeder in Panama, von Bankern bis zu Generälen, fraß ihm aus der Hand. Sobald sie anfingen, Waffen nach Israel zu importieren, hatte Larner auch die US-Armee und ihre Landebahnen zu seiner Verfügung".[379]

Und entgegen der populären Legende bestätigen sie, was *Final Judgement* bereits in früheren Ausgaben berichtet hatte - es waren weder Giancana noch Johnny Roselli, ein weiterer berühmter Gangster aus Chicago, die die heute berüchtigten Verschwörungen der CIA und der Mafia zur Ermordung Castros konsolidiert hatten, sondern Meyer Lansky und Larner.

Darüber hinaus enthüllen Corbitt und Giancana, dass Larner auch mit zwei von Lanskys wichtigsten Leutnants, Carlos Marcello in New Orleans und Santo Trafficante in Tampa, eng verbunden war. Die beiden Bosse der Südstaatenmafia waren mit Larner an lukrativen Waffen- und Drogengeschäften in der Karibik beteiligt, ganz zu schweigen vom Glücksspiel.

Larner und Lansky standen sich besonders nahe. Corbitt und Giancana sagen, dass die beiden Schwerverbrecher „Zionisten - leidenschaftliche Verfechter des göttlichen Rechts der Juden, das heilige Land Jerusalem zu besetzen ... waren. Aber Hy Larner und Meyer Lansky waren nicht nur Zionisten, sondern auch Mafiosi, die der Meinung waren, dass der

---

[378] Michael Corbitt & Sam Giancana. *Double Deal.* (New York: William Morrow), S. 31.
[379] *Ibid.*, S. 108-109.

Zweck die Mittel heiligt. Stellen Sie ihnen das organisierte Verbrechen und die US-Regierung zur Verfügung und Sie haben eine sehr mächtige Kraft ..."[380]

Lamer und Giancana waren auch in Glücksspielgeschäfte mit Kasinos mit Sitz im Iran involviert, der damaligen Hochburg des Schahs von Iran, dessen berüchtigte Geheimpolizei SAVAK eine gemeinsame Kreation der CIA und des Mossad war - ein großer Streitpunkt, als islamische Fundamentalisten den Schah stürzten und ihn ins Exil zwangen.

Corbitt enthüllt auch die erstaunliche Geschichte, wie es Giancana (mit Larners Hilfe) schließlich gelang, das US-Justizministerium loszuwerden. Es stellte sich heraus, dass Präsident Lyndon Johnson und seine zionistischen Berater zwar im Namen Israels Krieg gegen Ägypten und andere arabische Staaten führen wollten, doch die Verstrickung der USA in Vietnam machte Johnsons Vorgehen unmöglich. Giancana sammelte jedoch nicht nur eine beträchtliche Summe, um Israel für seinen Krieg gegen die arabischen Staaten im Jahr 1967 zu bewaffnen, sondern Larner und Giancana arrangierten auch von einem ihrer Außenposten in Panama aus Lieferungen gestohlener Waffen an Israel, eine Operation, die in Zusammenarbeit mit Michael Harari, dem panamaischen Agenten des Mossad, durchgeführt wurde. Als Gegenleistung für diesen Dienst im Namen Israels wies Präsident Johnson das Justizministerium an, seinen Kampf gegen Giancana aufzugeben.

Schließlich endete die Vereinbarung zwischen Giancana und Larner. Es scheint, dass Larner höchstwahrscheinlich hinter dem Mord an Giancana im Jahr 1975 stand. Wie dem auch sei, Larner florierte weiter, während eine Sammlung von Giancanas Nachfolgern mit einer Reihe von Bundesklagen konfrontiert wurde, die von den Medien weithin als „das Ende der Unterwelt in Chicago" gefeiert wurden."

GIANCANA UND ROSSELLI HINGERICHTET

Giancana wurde am 19. Juni 1975 in seinem eigenen Haus in Chicago ermordet. Die Medien der herrschenden Klasse übertrieben die Tat als ein weiteres „Massaker der Mafia". Die Familie Giancana glaubt nicht, dass dies tatsächlich passiert ist. Sie sagen, es sei ein Verrat der CIA gewesen. (Und es ist offensichtlich, dass der Mossad beteiligt war.) Zufällig wurde Giancana am selben Tag getötet, an dem Ermittler des Kongresses nach Chicago reisten, um den Mafiaführer zu den CIA-Verschwörungen des organisierten Verbrechens gegen Castro zu interviewen.

Sam und Chuck Giancana behaupten in ihrem Buch ganz offen, dass es Johnny Rosselli gewesen sein könnte, der geholfen hat, den Mord an Giancana zu organisieren. Laut den Giancanas hätte die CIA den Mord an Giancana untervergeben und über Trafficante abgewickelt.

Die Giancanas glauben, dass Trafficante seinerseits dafür sorgte, dass Rosselli Sam Giancana in Chicago erschoss. Sie würden die Dinge wie folgt zusammenfassen: „Die Freunde der Bande [Giancanas] wussten, dass er niemals schädliche Informationen preisgeben würde, die CIA, die von Spionen, Gegenspionen und Verrat aller Art durchsetzt war, war sich seiner Loyalität vielleicht nicht so sicher.""[381]

Johnny Rosselli jedenfalls lebte nicht mehr lange genug, um die wahre Geschichte der Operationen des Verbrechersyndikats der CIA und Meyer Lanskys in der Karibik - und in Dallas - zu erzählen. Am 28. Juli 1976 verschwand Rosselli in Miami. Am 7. August tauchte die verstümmelte Leiche des flamboyanten Gangsters in einem Fass aus den Tiefen des Ozeans wieder auf.

---

[380] *Ibid.*, S. 109.
[381] Giancana, *Double Cross*, S. 354.

Charles Rappleye und Ed Becker stellen fest, dass es Zweifel daran gab, dass es tatsächlich Trafficante war, der Rosselli wieder einmal erschießen ließ. Sie weisen jedoch darauf hin, dass viele in der Mafia nicht glaubten, dass dies unbedingt der Fall gewesen sein musste.

Laut Rossellis Biografen: „Die CIA hatte sicherlich die Kontakte in Miami zu den Kubanern, um die Hinrichtung Rossellis durchzuführen, und wie sie durch seine Anwerbung in erster Linie bewiesen hatte, war dies ihr Wille gewesen. Selbst die Beweise, die Trafficante belasteten, hatten die Mitarbeit der Spionageagentur nicht ausgeschlossen."[382]

Wie die Autoren betonen, hatte Trafficante in der Tat sehr enge Verbindungen zur CIA - Verbindungen, die über seine Beziehungen zu der Spionageagentur bei Anti-Castro-Operationen hinausgingen. In Kapitel 12 werden wir sehen, dass Trafficante als Lanskys Oberleutnant im Drogenhandel in Südostasien nach der Ermordung von JFK noch engere und innigere Beziehungen zur CIA aufbaute.

Nur Meyer Lanskys Untergebener Santo Trafficante Jr. blieb am Leben und führte, wie die Familie Giancana anmerkt, „seine Geschäfte ohne die geringsten rechtlichen Probleme."[383]

Die Giancanas präzisieren: „Man muss nur die Zeitungen lesen, um zu sehen, dass das Ziel der Unterweltjäger nicht die Stadt Tampa in Florida war, sondern ihre sehr sichtbaren Cousinen New York und Chicago im Norden."[384]

Und zu dieser Zeit, Mitte der 70er Jahre, war Lansky krank und fast verkrüppelt. Trafficante hingegen starb 1987 an Nierenversagen, nur vier Jahre nach Lansky.

DIE MAFIA UND DER MOSSAD

Kurz gesagt: Jeder, der versucht, die Ermordung von JFK als „Mafia-Coup" zu sehen, macht einen großen Fehler und lässt die Rolle von Meyer Lansky, seinem Chicagoer Partner Hyman Larner und ihren Verbündeten im israelischen Mossad außer Acht, ganz zu schweigen von der CIA selbst.

Also ist die Verbindung zum Mossad wieder einmal sehr präsent, auch wenn nur wenige Experten für den JFK-Mord dies zugeben würden. Aber das ist noch nicht alles.

---

[382] Rappleye und Becker, S. 327.
[383] Giancana, *Double Cross*, S. 355.
[384] *Ibid.*, S. 354-355.

KAPITEL XII

Opium für das Volk
Der Drogenhandel in Südostasien
von Lansky und der CIA und die Verbindung zum Mossad

Santo Trafficante Jr., der Mafiaboss aus Tampa, Florida, wurde häufig als möglicher Drahtzieher hinter der Ermordung von John F. Kennedy genannt. Die Medien stellten Trafficante auch als den Hauptmotor hinter dem internationalen Heroinhandel aus Südostasien dar. In Wahrheit war es jedoch Meyer Lansky, der der Hauptarchitekt des weltweiten Drogenhandels war. Trafficante war sein direkter Untergebener.

Lanskys Heroinhandel wurde von der französischen korsischen Mafia, die von der CIA in Marseille unterstützt wurde, betrieben und nutzte die geheimen Aktivitäten der CIA in Südostasien während des Vietnamkriegs als Tarnung für ihre Operationen. Tatsächlich deuten alle Beweise darauf hin, dass der Drogenhandel ein gemeinsames Unternehmen des Verbrechersyndikats und der CIA war. Mehr noch: Lanskys Hauptbank für Drogengeldwäsche in der Schweiz war ein Unternehmen des Mossad. Somit sind die Verbindungen von Lanskys Verbrechersyndikat und der Mafia mit den Verbündeten Israels innerhalb der CIA noch tiefer und enger, als wir bisher annehmen mussten.

Peter Dale Scott, ein erfahrener Forscher, der sich mit der Ermordung von JFK befasst, hat vorgeschlagen, dass „[die] Drogenschwemme in diesem Land seit dem Zweiten Weltkrieg eines der wichtigsten 'unausgesprochenen' Geheimnisse war, die zur ständigen Vertuschung des Kennedy-Mordes führten".[385] Scott hat Recht, denn jede sorgfältige und gründliche Untersuchung des weltweiten Drogenhandels zeigt schlüssig, dass Israels Verbündete im Verbrechersyndikat von Lansky und der CIA ein integraler Bestandteil des internationalen Drogenhandels sind.

Studenten des weltweiten Drogenhandels sind Professor Alfred McCoy von der renommierten Universität von Wisconsin in Madison für seine bahnbrechende Darstellung der wahren Ursprünge der Drogensucht der Neuzeit zu Dank verpflichtet. McCoys klassisches Werk *The Politics of Heroin in Southeast Asia* wurde 1972 trotz der energischsten Bemühungen der CIA, seine Veröffentlichung zu blockieren, erstmals veröffentlicht und hat den Test der Zeit bestanden.

1992 legte McCoy das Werk unter dem Titel *The Politics of Heroin: CIA Complicity in the Global Drug Trade* neu auf. Die Neuauflage ist ein ebenso bemerkenswertes Werk, das nicht nur zusätzliche Erkenntnisse aus den 20 Jahren, die folgten, enthält, sondern auch ein wertvolles Vorwort, in dem McCoy die Operationen der CIA gegen seine Recherchen und die Veröffentlichung des Buches beschreibt.

---

[385] Scott, S. 71.

DER DROGENBOSS

Obwohl die Medien der herrschenden Klasse wiederholt Santo Trafficante Jr., den Boss der Tampa-Mafia, als Drahtzieher hinter dem Drogenhandel in Südostasien identifiziert haben, macht McCoy deutlich, dass Trafficante lediglich als Lanskys Untergebener intervenierte. McCoy beschreibt die Ursprünge der Beziehung von Lansky und Trafficante:
„In den 1930er Jahren „entdeckte" Meyer Lansky für die Bosse des Nordost-Syndikats die Karibik und investierte ihre illegalen Gewinne in eine Auswahl lukrativer Glücksspielunternehmen. 1933 zog Lansky in die Gegend von Miami Beach und übernahm den Großteil der illegalen Wetten sowie eine Auswahl an Hotels und Kasinos. Er soll auch für die Entscheidung des organisierten Verbrechens verantwortlich gewesen sein, Miami zur „freien Stadt" zu erklären (d. h. nicht den üblichen Regeln des Gebietsmonopols unterworfen).
Nach seinem Erfolg in Miami ließ sich Lansky drei Jahre lang in Havanna nieder und war zu Beginn des Zweiten Weltkriegs Besitzer des Kasinos im Hotel Nacional und pachtete die städtische Pferderennbahn von einer angesehenen Bank in New York.
„Erschlagen von der immensen Größe seines Besitzes, musste Lansky einen Großteil seiner täglichen Verwaltung an lokale Gangster delegieren. Einer von Lanskys ersten Geschäftspartnern in Florida war Santo Trafficante Sr., ein Gangster aus Tampa mit sizilianischen Wurzeln. Trafficante hatte sich seinen Ruf als effizienter Organisator im Glücksspielhandel in Tampa verdient und war bereits eine Figur von einigem Format, als Lansky nach Florida kam. Als Lansky 1940 nach New York zurückkehrte, übernahm Trafficante die Verantwortung für Lanskys Interessen in Havanna und Miami.

TRAFFICANTE DER STROHMANN

„In den frühen 1950er Jahren war Trafficante zu einer so wichtigen Persönlichkeit geworden, dass er seine Konzessionen in Havanna an Santo Trafficante Jr. delegierte, den begabtesten seiner sechs Söhne. Die offizielle Position des jungen Santo in Havanna war die des Direktors des Casino Sans Souci, doch er war viel wichtiger, als sein Titel vermuten lässt.
„Als finanzieller Vertreter seines Vaters und letztlich von Meyer Lansky kontrollierte Santo Jr. einen großen Teil der Tourismusindustrie in Havanna und wurde sehr eng mit dem Pre-Castro-Diktator Fulgencio Batista befreundet. Außerdem soll er dafür verantwortlich gewesen sein, massive Heroinlieferungen aus Europa entgegenzunehmen und sie über Florida nach New York und andere große Ballungszentren zu bringen, wo der Vertrieb von den lokalen Mafiabossen unterstützt wurde."[386]

LANSKY RÜCKT AN DIE SPITZE VOR

Lanskys Biograf Hank Messick macht deutlich, dass es Trafficante Jr. war, der eine Schlüsselrolle bei Lanskys Dominanz über die Syndikatsspiele in Kuba spielte. Es war Trafficante, der 1957 bei der Orchestrierung der Ermordung von Lanskys Rivalen, der New Yorker Mafiafigur Albert Anastasia, half, dem schärfsten Kritiker der italienischen Mafia an Lanskys wachsendem Einfluss auf den Glücksspielhandel in Kuba. Anastasias Entfernung von der Bühne war für Lanskys absolute Dominanz lebenswichtig.

---

[386] Alfred McCoy. *The Politics of Heroin: CIA Complicity in the Global Drug Trade.* (Chicago: Lawrence Hill Books, 1991), S. 40-41.

Messick stellt fest, dass Trafficante zwischen Albert Anastasia und Lansky bezüglich des Glücksspiels in Havanna eingeklemmt war. Trafficante entschied sich nicht nur dafür, seinen Freund, eine Figur der italienischen Mafia, im Stich zu lassen, sondern Trafficante leistete der Mafia auch einen Bluteid und sicherte Lansky seine Unterstützung zu.

„Solange Blut in meinem Körper fließt", intonierte er feierlich, „schwöre ich, Santo Trafficante, dem Willen von Meyer Lansky und der Organisation, die er vertritt, Treue: Wenn ich diesen Eid nicht einhalte, werde ich für immer in der Hölle schmoren."[387]

Er unterschrieb mit seinem eigenen Blut. Kurz darauf, am 25. Oktober 1957, wurde Anastasia nach einem, wie er glaubte, freundschaftlichen Treffen mit Trafficante in New York erschossen. Anastasia hätte wissen müssen, was passieren würde. Schließlich hatte er laut Messick kurz zuvor seinen Mafiakollegen erzählt, was er von ihnen hielt: „Ihr Schweine habt euch an die Juden verkauft".[388]

(Interessanterweise erwähnt Lanskys sympathischer biografischer Anführer Robert Lacey nie die Konfrontation zwischen Lansky und Anastasia, die zum Mord an Lanskys Rivalen führte).

Dan Moldea, eine Autorität des organisierten Verbrechens, fasste die Beziehung zwischen Lansky und Trafficante knapper zusammen: „Trafficante war Lansky zutiefst ergeben."[389]

DIE MAFIA UNTER DRUCK

Kurz nach dem Mord an Albert Anastasia begann sich die öffentliche Aufmerksamkeit aufgrund der Medienberichterstattung auf das organisierte Verbrechen zu konzentrieren. Erst als 1957 das berühmte Appalachen-Mafia-Konklave in New York stattfand, begannen die Medien, „die Mafia" zu einer wichtigen Kraft im organisierten Verbrechen zu machen.

Die Amerikaner kannten legendäre Mafiosi wie Al Capone und Lucky Luciano schon lange, aber das allgemeine Bewusstsein, dass es tatsächlich ein Verbrechersyndikat gibt, war nicht weit verbreitet.

Nach einer Razzia auf der Appalachian Conference - an der ausschließlich Mafiapersönlichkeiten aus dem ganzen Land, darunter auch Trafficante, teilnahmen - begann sich die öffentliche Aufmerksamkeit - dank der Medien - auf „die Mafia" zu konzentrieren.

Die offizielle Geschichte war immer, dass ein örtlicher Polizist zufällig auf das Konklave im Haus des Mafioso Joseph Barbara gestoßen war. Der Beamte forderte Verstärkung an und es kam zu einer großen „Razzia", gefolgt von einer wilden Verfolgung der Mafiafiguren durch die Heide und die Dornenbüsche der ländlichen Gegend.

Laut Hank Messick war die Polizei jedoch von einem Geschäftspartner Lanskys über das bevorstehende Treffen informiert worden. Messick beschreibt die Folgen der Razzia in den Appalachen:

„Die Teilnehmer wurden auseinandergetrieben, bevor ein Bündnis geschlossen werden konnte. Und die Werbung verursachte den größten Eifer seit den 1930er Jahren.

Sie bezog sich nicht nur auf die Männer, die an der Sitzung teilgenommen hatten, sondern auf die gesamte Mafia. Außerdem dauerte sie über ein Jahr, da die Vertreter des Staates und der Bundesregierung versuchten, Anklagen zu finden, die sie gegen die Teilnehmer, die sie gefangen genommen oder identifiziert hatten, aufrechterhalten konnten.

---

[387] Hank Messick. *Lansky*. (New York: Berkley Medallion Books, 1971), S. 210-211.
[388] *Ibid.*
[389] Dan Moldea. *The Hoffa Wars: Teamsters, Rebels, Politicians and the Mob*, (New York: Paddington Press Ltd., 1978), S. 123.

Die Mafia-Führer waren nicht nur durch die ständige Öffentlichkeitsarbeit bewegungsunfähig, sondern auch demoralisiert. Fast instinktiv schlossen sie sich Lansky und anderen nicht mafiösen Gewerkschaftsführern an, um sich Rat und Hilfe zu holen."[390] (Vermutlich war einer der Anwälte, die eine Schlüsselrolle bei den Ermittlungen in den Appalachen spielten, ein gewisser Justin Finger. Es war Finger, der später Leiter der „Bürgerrechtsabteilung" der Anti-Defamation League der B'nai B'rith wurde, die von Lansky finanziert wurde, dem wichtigsten Nachrichten- und Propagandadienst des israelischen Mossad in den USA).

Trotz alledem, so stellt Messick fest, nutzte Trafficante die Situation aus. Laut Messick: „Trafficante war ein wenig genervt von der Publicity, die er erhielt - nachdem er mit dem Rest aufgesammelt worden war -, aber er beruhigte sich schnell, als er herausfand, dass er nun von der Presse als Boss von Florida gefeiert wurde. Der Ruhm war im Geiste der Mafia genauso wichtig wie die Beute".[391]

Offensichtlich hatte sich eine enge Zusammenarbeit zwischen Lansky und Trafficante gefestigt. Sie dauerte viele Jahre, bis einschließlich und über das kritische Jahr 1963 hinaus. 1970 jedoch übertrug Lansky, der sich darauf vorbereitete, in Israel Zuflucht zu suchen, die meisten seiner Aufgaben an seinen Untergebenen Santo Trafficante Jr. Zu dieser Zeit wurde Lansky älter und war gesundheitlich angeschlagen. Er war bereit, in den Ruhestand zu gehen.

Im Jahr 1968, nur zwei Jahre zuvor, war Trafficante nach Saigon, Hongkong und Singapur gereist. Dort, im exotischen Osten, hatte er die langjährige Beziehung zwischen Lansky und der CIA im internationalen Drogenhandel gefestigt.

WER IST DER CHEF?

Wir wenden uns erneut an Professor Alfred McCoy, um Lanskys Verbindungen zur CIA beim Drogenhandel in Südostasien und ihre geheime Rolle bei der Verwicklung der CIA in den Vietnamkonflikt aufzuklären. McCoy schreibt:

„Nachdem Mafia-Baron „Lucky" Charles Luciano 1946 aus den USA ausgewiesen worden war, beauftragte er seinen alten Partner Meyer Lansky mit der Verwaltung seines Finanzimperiums. Lansky spielte auch eine Schlüsselrolle bei der Organisation von Lucianos Heroinsyndikat: Er überwachte die Schmuggeloperationen, verhandelte mit den korsischen Heroinherstellern und verwaltete die Eintreibung und Verschleierung der enormen Gewinne.

„Lanskys Kontrolle über die Karibik und seine Beziehung zu der in Florida ansässigen Trafficante-Familie waren von besonderer Bedeutung, da die meisten Heroinlieferungen auf dem Weg zu den städtischen Märkten der USA durch Kuba oder Florida gingen. Fast zwanzig Jahre lang blieb die Partnerschaft von Luciano, Lansky und Trafficante ein wichtiges Merkmal des internationalen Heroinhandels."[392]

McCoy fügte hinzu: „Es gibt Grund zu der Annahme, dass Meyer Lanskys Europatour von 1949 bis 1950 zur Förderung der Heroinindustrie von Marseille beigetragen hat.

Nachdem er in einem Luxusdampfer den Atlantik überquert hatte, besuchte Lansky [Lucky] Luciano in Rom, wo sie über den Drogenhandel sprachen. Anschließend reiste er nach Zürich und nahm über John Pullman, einen alten Freund aus dem Rumschmuggel, Kontakt zu prominenten Schweizer Bankiers auf.

---

[390] Messick, S. 215.
[391] *Ibid.*
[392] McCoy, S. 40.

„Diese Verhandlungen haben das Finanzlabyrinth etabliert, das das organisierte Verbrechen jahrzehntelang genutzt hat, um seine riesigen Gewinne aus Glücksspiel und Heroin außer Landes auf nummerierte Schweizer Bankkonten zu bringen, ohne die Aufmerksamkeit der US-Steuerbehörde zu erregen.

„Pullman war für den europäischen Teil von Lanskys Finanzoperation verantwortlich: die Einzahlung, Überweisung und Investition des Geldes bei seiner Ankunft in der Schweiz."[393]

DIE VERBINDUNG ZWISCHEN DROGEN UND DEM MOSSAD

Wie wir in Kapitel 7 festgestellt haben, hat Lanskys Biograf Hank Messick selbst darauf hingewiesen, dass Pullmans Schweizer Hauptdepotstelle für Lanskys Drogengeld letztlich die 1959 gegründete Internationale Kreditbank (IKB) war. Diese Bank war, wie wir gesehen haben, eine Schöpfung des israelischen Mossad-Offiziers Tibor Rosenbaum. In Kapitel 15 werden wir ausführlich auf die Verbindung zwischen Lansky, Rosenbaum und der BCI mit der Ermordung von JFK eingehen.

Laut Messick „konnte es, sobald es sicher auf nummerierten Konten bei der BCI und anderen Banken deponiert war], an der Börse investiert oder in Form von Krediten an Einzelpersonen und Unternehmen, die vom Verbrechersyndikat kontrolliert wurden, zurückgezahlt werden."[394] (Pullman, der von Lanskys Stützpunkt in Miami Beach nach Montreal umgezogen war, war Lanskys Leutnant, der für diese Phase in den internationalen Drogenhandelsaktivitäten zuständig war).

DIE KORSIKANISCHE MAFIA

McCoy beschreibt Lanskys Europaaufenthalt weiter: „Nachdem er mit Pullman in der Schweiz finanzielle Vereinbarungen getroffen hatte, reiste Lansky nach Frankreich, wo er an der Côte d'Azur und in Paris mit hochrangigen korsischen Gewerkschaftsführern traf. Nach langen Gesprächen sollen Lansky und die Korsen eine Vereinbarung über den internationalen Heroinhandel getroffen haben.

„Kurz nachdem Lansky in die USA zurückgekehrt war, tauchten in Marseille Heroinlabors auf. In den folgenden Jahren schätzten US-Drogenexperten, dass der Großteil des amerikanischen Heroins in Marseille hergestellt wurde."[395]

McCoy bemerkt, dass die europäische Phase von Lanskys Drogenhandelsaktivitäten allmählich von den Händen von Lanskys Partnern in der sizilianischen Mafia auf die von der korsischen Mafia beherrschte Region um Marseille in Frankreich überging.[396]

All dies geschah zur gleichen Zeit, als James Angleton, der Freund Israels beim amerikanischen OSS (und später bei der CIA), sich der Unterstützung der Auswanderung europäischer Juden nach Palästina widmete.

(In Kapitel 8 haben wir uns eingehender mit Angletons Rolle in diesen Fällen befasst, einschließlich seiner Verbindungen zur korsischen Mafia und zu Tibor Rosenbaum, dem Gründer der BCI).

---

[393] *Ibid.*, S. 44-45.
[394] Messick, S. 199.
[395] McCoy, *Ibid.*
[396] *Ibid.*, S. 64-65.

LANSKY, DIE CIA UND DIE KORSISCHE MAFIA

McCoy erklärt, wie die CIA Verbindungen zu Lanskys Partnern in der korsischen Mafia aufbaute: „Die CIA ... hatte Agenten und ein Team für psychologische Kriegsführung nach Marseille geschickt, wo sie über die Guerini-Brüder [Antoine und Barthelemy, Chefs der korsischen Mafia] direkt mit den korsischen Gewerkschaftsführern verhandelten."[397]

CIA-Agenten versorgten korsische Banden mit Waffen und Geld für Überfälle auf kommunistische Streikposten und die Belästigung wichtiger Gewerkschaftsfunktionäre. Die Kommunisten hatten in der Region viel politisches Gewicht erlangt und die CIA setzte die korsische Mafia ein, um die Stärke der Kommunisten zu brechen.

„Die Guerinis hatten genug Macht und Status gewonnen, um den Streik von 1947 zu brechen. Zwar trug die CIA dazu bei, den politischen Einfluss der korsischen Unterwelt wiederherzustellen, doch erst 1950 hatten die Guerinis genug Macht erlangt, um die Kontrolle über die Strandpromenade von Marseille zu übernehmen.

„Die Kombination aus politischem Einfluss und der Kontrolle über die Docks schuf das ideale Umfeld für das Wachstum der Heroinlabors in Marseille - zufällig zur gleichen Zeit, als Mafiaboss Lucky Luciano nach einer alternativen Quelle für Heroin suchte."[398]

DIE VERBINDUNG ZWISCHEN VIETNAM UND DROGEN

Wie McCoy später feststellt, hatte die CIA auch begonnen, ihren Einfluss in Südostasien auszuweiten, wo der Drogenhandel seinen Ursprung hatte. McCoy beschreibt die Beziehung der CIA zu den einheimischen Drogenhändlern:

„[In Laos] baute die CIA von 1960 bis 1975 eine Geheimarmee von 30.000 Hmong auf, um die laotischen Kommunisten in der Nähe der Grenze zu Nordvietnam zu bekämpfen. Da die wichtigste Handelskultur der Hmong Opium war, nahm die CIA eine komplizenhafte Haltung gegenüber dem Schmuggel ein und erlaubte es General Vang Po, dem Kommandanten der Hmong, die Air America der CIA zu nutzen, um Opium aus seinen verstreuten Dörfern im Hochland zu sammeln.

„Ende 1969 eröffneten die verschiedenen Auftraggeber der CIA-Geheimaktion ein Netzwerk von Heroinlaboren im Goldenen Dreieck. In den ersten Jahren ihres Betriebs exportierten diese Labore hochwertiges Heroin Nr. 4 an die in Vietnam kämpfenden US-Truppen. Nach ihrem Rückzug exportierten die Labore des Goldenen Dreiecks direkt in die USA und eroberten ein Drittel des amerikanischen Heroinmarktes".[399]

So entwickelte Meyer Lanskys Syndikat des organisierten Verbrechens eine enge Zusammenarbeit mit der CIA.

Die Biografen von Sam Giancanas Familie erklärten kategorisch, Giancana habe gefordert, dass „die CIA als Gegenleistung für die Dienste des Syndikats des organisierten Verbrechens ein Auge zudrücken sollte - und es so ermöglichte, dass illegale Drogen im Wert von über 100 Millionen Dollar pro Jahr von Havanna in die Vereinigten Staaten fließen konnten".

„Es war ein ähnliches Arrangement wie alles andere, was sie gemacht hatten", sagte er. Die CIA erhielt 10 % aus dem Verkauf von Rauschgift, die sie für ihre geheime schwarze

---

[397] *Ibid.*, S. 60-61.
[398] *Ibid.*
[399] *Ibid.* S. 19.

Kasse verwendeten. Diese illegal verdienten Gelder wurden von der CIA auf Konten in der Schweiz, in Italien, auf den Bahamas und in Panama versteckt."[400]

Außerdem teilte Sam Giancana laut den Giancanas bei seinen Geschäften regelmäßig seine Gewinne mit anderen Bossen des organisierten Verbrechens, je nachdem, um welche Region oder Aktivität es sich handelte. „Giancanas internationale Absprachen beinhalteten auch Lansky und alle, die sie damals brauchten".[401]

Kurioserweise waren die beiden wichtigsten CIA-Mitarbeiter in Südostasien zur Zeit der Zusammenarbeit von Lansky und der CIA beim Drogenhandel Theodore Shackley und Thomas Clines. Shackley war der Leiter des CIA-Büros in Laos. Clines war Shackleys direkter Stellvertreter.[402]

Wie wir in Kapitel 11 gesehen haben, waren es Shackley und Clines, die die CIA-Operation Mongoose beaufsichtigt hatten, was der Codename für die Mordkomplotte des Verbrechersyndikats und der CIA gegen Castro war, die in einem Hauptquartier auf dem Campus der Universität von Miami stattfanden. Es war diese Operation, die unter dem Namen JM / Wave bekannt wurde.

Es stellte sich heraus, dass die Operation Mongoose unter der Leitung von General Edward Lansdale stand, der, wie der Forscher Bernard Fensterwald später bemerkte, „während seines umstrittenen Dienstes in Vietnam eine enge Beziehung zur korsischen Mafia unterhalten haben soll".[403]

Interessanterweise „zogen" sich Shackley und Clines von der CIA zurück, um eine Waffentransportagentur zu gründen, die Egyptian Transport Service Company.[404] „Dieses Unternehmen arbeitete eng mit der Luftfahrt-Handels- und Dienstleistungsfirma von Shaul Eisenberg, einer Figur aus dem Mossad, zusammen."[405] Eisenberg war in der Tat ein wichtiger Akteur im israelischen Programm zur Entwicklung von Atomwaffen - genau die Operation, die die Krise zwischen John F. Kennedy und Israel auslöste. Der Kreis schließt sich eindeutig.

Lanskys Rolle bei all diesen Aktivitäten wurde jedoch sorgfältig ignoriert, selbst von den Schriftstellern - mit der bemerkenswerten Ausnahme von Alfred McCoy -, die die Rolle der CIA im weltweiten Drogenhandel darstellten.

DIE LANSKY-VERBINDUNG TARNEN

In *Endless Enemies: The Making of an Unfriendly World* widmet der Journalist Jonathan Kwitny mehrere Seiten der Beschreibung der von der CIA unterstützten Drogenhändlernetzwerke, die von Südostasien aus operieren und die mit der CIA verbündeten korsischen Verbrecherfamilien als zentrale Vertriebsquelle nutzen.

Kwitny betont die Rolle von Charles „Lucky" Luciano beim Aufbau der ersten Netzwerke, die auch die sizilianischen Verbrecherfamilien im Mittelmeer nutzten. Kwitny

---

[400] Sam Giancana und Chuck Giancana. *Double Cross: The Explosive Inside Story of the Mobster Who Controlled America* (New York: Warner Books, 1992), S. 259.
[401] *Ibid.*, S. 258.
[402] McCoy, S. 462.
[403] Bernard Fensterwald und die Kommission zur Untersuchung der Morde *Coincidence or Conspiracy?* (New York: Zebra Books, 1977), S. 187.
[404] McCoy, S. 477.
[405] Executive Intelligence Review. *Project Democracy: The 'Parallel Government' Behind the Iran-Contra Affair* (Washington, D.C.: EIR News Service, 1987), S. 287.

erkennt sogar das Werk von Alfred McCoy als „die beste Information, die zu diesem Thema veröffentlicht wurde" an.[406]

Allerdings erwähnt Kwitny nicht ein einziges Mal Meyer Lanskys zentrale Rolle bei der offiziellen Einrichtung des von Luciano initiierten weltweiten Drogenrings, obwohl er McCoy als „die beste Information" in der Geschichte des Drogenrings zitiert. Ebenso wenig erwähnte er Santo Trafficante Jr. als Oberleutnant und Lanskys Haupterbe im weltweiten Drogenhandel.

All dies ist besonders interessant, wenn man bedenkt, dass Kwitny selbst im Zuge des jüngsten Skandals um das JFK-Mordkomplott (der aus der Veröffentlichung des Films *JFK* von Oliver Stone resultierte) einer der Hauptverfechter der Theorie „Die Mafia hat JFK getötet" ist. Kwitny zufolge war der Hauptarchitekt des Verbrechens seiner Meinung nach höchstwahrscheinlich Carlos Marcello, der Mafiaboss von New Orleans, der, wie wir gesehen haben, einer von Lanskys Strohmännern war.[407] Offensichtlich will Kwitny - wie diejenigen, die behaupten, „Die Mafia tötete JFK" - nicht anerkennen, dass es Meyer Lansky gegeben hat.

Es sollte auch erwähnt werden, dass Lanskys befreundeter Biograf Robert Lacey in seiner Lansky-Biografie aus dem Jahr 1991 große Anstrengungen unternimmt, um zu suggerieren, dass Lansky keine Rolle im internationalen Drogenhandel gespielt habe. Wie wir gesehen haben, was liegt näher, wenn es um Laceys Haltung gegenüber Lansky geht.

Rachel Ehrenfeld, eine der weltweit führenden Expertinnen für Drogen und ihre Verbindungen zum globalen Terrorismus, schreibt jedoch in ihrem Buch *Evil Money*, dass „es zuverlässige Beweise für das Gegenteil gibt".[408]

Sie zitiert aus einem Interview, das sie mit einem ehemaligen Sonderermittler des Kongresses für organisiertes Verbrechen geführt hat. Sie berichtet, dass sie „beruhigt war, dass es reichlich Beweise für Lanskys illegale Transaktionen gab und dass Lacey Opfer seiner engen Beziehungen zu Lanskys ehemaligen Geschäftspartnern und seiner Familie geworden sein musste".[409]

FRANZÖSISCHE ATTENTÄTER?

In Anbetracht des Bündnisses der CIA mit Lanskys Verbündeten in der korsischen Mafia ist es an dieser Stelle interessant zu erwähnen, dass es einige gibt, die glauben, dass die korsische Mafia oder andere französische Mitglieder eine Rolle bei der Ermordung von John F. Kennedy gespielt haben könnten. Es gibt tatsächlich Beweise dafür, dass mindestens ein französischer Söldner an dem Tag, an dem JFK getötet wurde, in Dallas auftauchte.

In *Reasonable Doubt* untersucht Henry Hurt einen Aspekt der sogenannten „French Connection" im Detail. Er beschreibt die mögliche Rolle eines französischen OAS-Terroristen bei dem Attentat.

Wie wir in Kapitel 6 und Kapitel 9 gesehen haben, bestand die OAS aus von der CIA unterstützten französischen Kräften, die sich gegen die Gewährung der algerischen Unabhängigkeit stellten. Dies führte sie zu einer direkten Konfrontation mit dem französischen Präsidenten Charles De Gaulle, der die algerische Unabhängigkeit gewährte.

---

[406] Jonathan Kwitny. *Endless Enemies: The Making of an Unfriendly World.* (New York: Penguin Books, 1986), S. 331.
[407] *The Wall Street Journal,* 19. Dezember 1991.
[408] Rachel Ehrenfeld. *Evil Money: Encounters Along the Money Trail.* (New York: Harper Collins Publishers, 1992), S. 259.
[409] *Ibid.*

Als Mitglied des Senats hatte John F. Kennedy, wie wir in Kapitel 4 gesehen haben, in Opposition zur OAS die Unabhängigkeit Algeriens gefordert. Israel hatte insofern ein Interesse an der Fortsetzung der französischen Herrschaft in Algerien, als die französische Besetzung Algeriens ein direktes Hindernis auf dem Weg des arabischen Nationalismus darstellte (in Kapitel 15 werden wir Israels geheime Verbindungen zur OAS untersuchen).

Hurt erwähnt ein CIA-Dokument, das 1977 von der Dallas-Forscherin Mary Ferrell entdeckt wurde: „Dieses Dokument vom 1er April 1964 wies darauf hin, dass der französische Geheimdienst Hilfe bei der Lokalisierung eines gewissen Jean Souetre benötigte, eines französischen Terroristen, der als Sicherheitsrisiko für den französischen Präsidenten Charles De Gaulle galt.

In dem Dokument wurde behauptet, dass sich Jean Souetre am 22. November 1963 in Fort Worth, Texas, aufhielt. An diesem Morgen befand sich auch Präsident Kennedy in Fort Worth. Einige Stunden später befand sich John F. Kennedy in Dallas, wo er um 12.30 Uhr ermordet wurde. Jean Souetre befand sich an diesem Nachmittag ebenfalls in Dallas.

„Innerhalb von 48 Stunden nach Kennedys Tod wurde Jean Souetre, wie von den Franzosen gefordert, von den US-Behörden in Texas festgenommen und sofort aus den USA abgeschoben. Der französische Geheimdienst wollte wissen, ob er nach Kanada oder Mexiko abgeschoben worden war.

„Die Franzosen wollten auch wissen, warum die US-Behörden Souetre ausgewiesen hatten, wobei der einfache Zweck darin bestand, die Sicherheit von Präsident De Gaulle während seiner Reise nach Mexiko zu gewährleisten".[410]

Hurt weist darauf hin, dass das Originaldokument auch darauf hinwies, dass Souetre die Namen Michel Roux und Michel Mertz benutzte. Roux befand sich am 22. November in Fort Worth, nachdem er am 19. November eingereist und am 6. Dezember nach Laredo, Texas, weitergereist war. Er wurde nicht abgeschoben. Souetre, der später verhört wurde, erklärte, dass Mertz ein alter Feind sei, der oft seinen Namen benutze und möglicherweise versuche, ihn in Untaten zu verwickeln.

DIE HUNT-VERBINDUNG

Interessanterweise war es E. CIA-Mitarbeiter Howard Hunt (dem wir in Kapitel 9 zum ersten Mal begegnet sind), der einer der Vertrauensmänner der CIA bei den Beziehungen zu Souetre und den OAS-Geheimdiensten war.[411] Die Tatsache, dass die beiden während der Ermordung von JFK in Dallas gewesen sein könnten - vielleicht sogar gemeinsam - ist zumindest faszinierend. Es ist ein weiteres der Details, die zusammengenommen die Kontinuität der engen Verbindungen zwischen den Personen und Institutionen belegen, die (anderswo) wiederholt mit der Verschwörung zur Ermordung von JFK in Verbindung gebracht wurden.

In den Kapiteln 15 und 6 werden wir sehen, dass Personen, die mit dem Mossad und Lansky in New Orleans und anderswo verbunden sind, der OAS Geld für einen Mordversuch an Charles De Gaulle im Jahr 1962 gezahlt haben und dass dieselben Personen direkt mit dem Mord an JFK in Verbindung gebracht werden.

---

[410] Henry Hurt. *Reasonable Doubt: An Investigation into the Assassination of John F. Kennedy*. (New York: Holt, Rinehart & Winston, 1985), S. 417-419.

[411] Dick Russell. *The Man Who Knew Too Much*. (New York: Carroll & Graf Publishers, Inc., 1992), S. 563

DIE ZWEI SEITEN DERSELBEN MEDAILLE

Professor Alfred McCoy fasst die geheimen Verbindungen zwischen der CIA und dem organisierten Verbrechen auf der ganzen Welt zusammen:
„Seit dem Verbot von Betäubungsmitteln in den 1920er Jahren haben Allianzen zwischen Medikamentenhändlern und Geheimdiensten den weltweiten Drogenhandel geschützt.
Angesichts der Häufigkeit solcher Bündnisse scheint es eine natürliche Anziehung zwischen Geheimdiensten und kriminellen Syndikaten zu geben... Beide sind Profis in dem, was ein pensionierter CIA-Agent als die „Künste der Spionage" bezeichnete - die Fähigkeit, außerhalb der normalen Wege der Zivilgesellschaft zu operieren. Von allen Institutionen der modernen Gesellschaft unterhalten allein die Geheimdienste und die kriminellen Syndikate riesige Organisationen, die in der Lage sind, verdeckte Operationen durchzuführen, ohne Angst haben zu müssen, entdeckt zu werden."[412]
Die Biografen der Familie des Chicagoer Mafiabosses Sam Giancana haben Giancanas detaillierte Beschreibung dieser Beziehung zu Papier gebracht. Sie berichten, wie Giancana seinem Bruder eine alte römische Münze zeigte und erklärte: „Schau, das ist einer der römischen Götter, dieser hat zwei Gesichter ... zwei Seiten, das sind wir, der Clan und die CIA - die zwei Seiten derselben Münze".[413]

ISRAEL, DIE CIA UND DAS DROGENKARTELL

Alle Beweise, die wir hier behandelt haben, legen nahe, dass die CIA und Meyer Lanskys Syndikat des organisierten Verbrechens tatsächlich Partner in vielen Bereichen von gemeinsamem Interesse waren, nicht nur in Kuba und beim Drogenhandel in Südostasien, sondern auch bei der Ermordung von John F. Kennedy.

Und wie wir in Kapitel 6 gesehen haben, profitierten Lanskys Verbündete in Israel sehr von der amerikanischen Beteiligung in Südostasien.

Während Israel Amerikas Engagement und Besorgnis über den Vietnamkonflikt als Mittel zur Aufstellung seiner Streitkräfte im Nahen Osten nutzte, nutzte Lanskys Drogenring seine Partnerschaft mit der CIA während des Vietnamkriegs, um seinen Drogenhandel zu decken.

Und wie wir in Kapitel 8 gesehen haben, hatten die CIA und Israel selbst lange und enge Beziehungen, die genauso inzestuös waren wie die des Syndikats des organisierten Verbrechens von Lansky und Israel. Wir haben bereits beobachtet, dass Israel seine eigenen Probleme mit John F. Kennedy hatte. Dasselbe gilt für die Mafia und das Lansky-Syndikat. In Kapitel 9 haben wir die Probleme der CIA mit John F. Kennedy untersucht. Es ist klar, dass diese Allianz der Kräfte gegen JFK so groß war, dass John F. Kennedy seine erste Amtszeit im Weißen Haus niemals hätte beenden können.

---

[412] McCoy, S. 14
[413] Giancana, S. 215.

KAPITEL XIII

Kaliforniens Verbindungen zu Israel Mickey Cohen und die Verschwörung zur Ermordung von JFK

Die Rolle von Mickey Cohen, einem langjährigen israelischen Loyalisten und Meyer Lanskys Handlanger an der Westküste, bei dem Mordkomplott gegen JFK ist eine der unbekannten Geschichten der Geschichte. Cohen - der eines der Idole von Jack Ruby war - trug offenbar direkt zu den ersten Schritten der israelischen Machenschaften gegen John F. Kennedy bei. Die Beweise legen auch nahe, dass der Tod der Filmschauspielerin Marilyn Monroe tatsächlich mit der israelischen Verbindung zum Mordkomplott gegen JFK in Verbindung stand.

Wenn der Name Mickey Cohen in den zahlreichen Büchern und Monografien über den Mord an JFK auftauchte, geschah dies nur am Rande. Offenbar hätte Cohen allein schon wegen seiner Verwicklung in das organisierte Verbrechen, das in den JFK-Verschwörungstheorien einen prominenten Platz einnimmt, eine Erwähnung verdient.

Cohens persönliche Verstrickung mit Israel und dessen internationalem Mikado sowie seine Hingabe, die Interessen Israels zu fördern - selbst auf Kosten seiner eigenen lukrativen kriminellen Aktivitäten - müssen jedoch weiter untersucht werden.

Die Beweise, die wir hier untersuchen werden, legen nahe, dass sogar der Tod der Filmschauspielerin Marilyn Monroe tatsächlich auf unvorstellbare Weise mit der Ermordung John F. Kennedys verbunden ist.

Wie wir sehen werden, benutzte Cohen Miss Monroe, eine von John F. Kennedys unrechtmäßigen Affären, als Mittel, um Kennedys Absichten gegenüber Israel zu erfahren. Die Affäre zwischen Marilyn Monroe und JFK geht weit über das hinaus, was die Boulevardpresse berichtet.

COHENS MEMOIREN

Die wichtigste Quelle über Mickey Cohen sind die farbenfrohen Memoiren des Gangsters aus der Unterwelt von Los Angeles. Cohens Biografie - *Mickey Cohen: In My Own Words* - ist einer der faszinierendsten Berichte über das Leben in der organisierten Kriminalität. Die Erzählung in seinen Memoiren ist aus drei spezifischen Gründen besonders interessant:
(a) es sich um eine der wenigen autobiografischen Erzählungen über das Leben in der organisierten Kriminalität handelt, die von einem Nicht-Italiener verfasst wurde. Praktisch alle populären Erzählungen über das Leben in der Unterwelt stammen von ehemaligen Mitgliedern oder Partnern der „Mafia". Cohen - mit Ausnahme von Michael Milan, den wir zum ersten Mal in Kapitel 7 getroffen haben - ist vielleicht der einzige andere Nicht-Italiener, der als Chef des nicht-mafiösen organisierten Verbrechens seine Erfahrungen niedergeschrieben hat.
(b) Cohen war als Chef der Hollywood-Schmuggler ein zentraler Akteur in dieser einzigartigen Unterwelt, die die Unterhaltungsindustrie mit dem organisierten Verbrechen verbindet. Als Freund und Geschäftspartner wichtiger, reicher und

mächtiger Leute wusste Cohen in mehrfacher Hinsicht, wo die Leichen von Hollywood begraben wurden.
(c) John Peer Nugent - der Mann, der Cohens teilweise unschöne Ausschweifungen sammelte und veröffentlichte - war Cohens „Ghostwriter".

DIE VERBINDUNG ZU CIA

Der ehemalige *Newsweek-Korrespondent* Nugent wurde während seines Aufenthalts in Afrika einmal unter dem Verdacht, ein CIA-Agent zu sein, festgenommen. Dank der persönlichen Intervention des damaligen Außenministers Dean Rusk wurde er freigelassen. Laut der Behörde für organisiertes Verbrechen Art Kunkin hatte Nugent jedoch Verbindungen zur CIA.[414]

Interessanterweise hatte Nugent zuvor an einer Debatte mit A. J. Weberman, dem Co-Autor von *Coup d'Etat in America*, teilgenommen, in der er - Nugent - versuchte, die Mitschuld der CIA an der Ermordung von JFK zu widerlegen.

In diesem Zusammenhang kann man nicht umhin, sich zu fragen, ob Cohens Memoiren nicht eine gebleichte Version nach CIA-Art waren.

Was in Cohens Memoiren auftaucht - und was nicht - ist ebenfalls faszinierend. Cohens Memoiren sind eine Goldgrube an oft faszinierenden Informationen, insbesondere was die frühen Verbindungen der Hollywood-Mafia zu Israel und ihren Kampf um das Auftauchen betrifft.

SIEGELS NACHFOLGER

Cohen war der Nachfolger von Meyer Lanskys glücklosem Jugendfreund Benjamin Siegel, der bis zu seiner blutigen Ermordung am 20. Juni 1947 der große Boss des organisierten Verbrechens an der Westküste war. Besser bekannt als „der Mann, der Las Vegas erfand", wurde der gutaussehende Siegel in Beverly Hills im Haus seiner zweiten Frau, der jungen, charmanten, wohlhabenden und unersättlichen Virginia Hill, einer Mafia-Stripperin, erschossen.

Lansky und Siegel waren seit langem befreundet und waren schon früh Partner in Brooklyn gewesen, als sie ihren ersten Aufstieg in die oberen Ränge des organisierten Verbrechens begannen. Die oft erzählten Geschichten über die „Bug- und Meyer-Bande" aus New York sind in den Annalen des organisierten Verbrechens legendär. „Bug und Meyer" waren in jenen Jahren gefährliche Killer. Es gibt keinen Grund zu der Annahme, dass Lansky im Alter milder geworden ist.

Siegel wurde von der Organisationskommission des organisierten Verbrechens als Plünderer von Geldern für das Kasinonetzwerk betrachtet, das er im Auftrag des Syndikats in Las Vegas aufbaute, und wurde als Vergeltung für seinen Verrat getötet. Für seinen Freund Lansky bedeutete dies einen immensen persönlichen Verlust.

LANSKY BEFIEHLT MORD

Dennoch akzeptierte Lansky offenbar die Entscheidung, dass Siegel hingerichtet werden sollte. Er erklärte sich sogar bereit, sich gegebenenfalls um die Modalitäten zu kümmern.

---

[414] Schriften von A. J. Weberman in *The Yipster Times* (kein Datum verfügbar)

Offensichtlich tat er das auch. „Ich hatte keine andere Wahl", erklärte Lansky später, als er über den Verrat seines Freundes und dessen Folgen nachdachte.[415]

(Die besten Berichte über Siegels Rolle beim Aufbau der Las-Vegas-Fassade für Lanskys Verbrechersyndikat finden sich in *The Green Felt Jungle* von Ed Reid und Ovid Demaris und *We Only Kill Each Other*, einer Biografie über Siegel von Dean Jennings).

HOOVER SPRICHT SEIN BEILEID AUS

In Kapitel 7 haben wir die offensichtliche Unfähigkeit des FBI-Direktors J. Edgar Hoover untersucht, die Existenz des Lansky-Syndikats für organisierte Kriminalität zuzugeben, sowie Hoovers Verbindungen zur B'nai B'rith Anti-Defamation League (ADL), der israelischen Propaganda- und Geheimdienstagentur mit Sitz in den USA, die vom Lansky-Syndikat finanziert wird. (Wir werden die ADL in Kapitel 17 ausführlicher diskutieren).

Michael Milan (den wir in Kapitel 7 erstmals als gemeinsamen Partner von Hoover und Lansky kennengelernt haben) erklärt, dass, als die Erschießung von Ben Siegel angeordnet wurde, „sogar [J. Edgar Hoover] zustimmen musste und allen sagte, sie sollten sich fernhalten. Er richtete jedoch sein persönliches Beileid an Meyer Lansky, weil er Benny gemocht hatte und Benny ihm jedes Mal, wenn er an die Küste kam, eine gute Zeit beschert hatte."[416]

Auf jeden Fall war es Mickey Cohen, der nach Siegels Ermordung Siegels Position als Lanskys Vertreter an der Westküste übernahm.

LANSKYS „AUGEN UND OHREN"

Laut Lanskys Biografen Hank Messick war es Cohen, der wirklich Lanskys „Augen und Ohren" in Südkalifornien war - und nicht sein guter Freund Siegel. Eine von Cohens Hauptaufgaben bestand darin, im Auftrag Lanskys ein Auge auf den unabhängigen und waghalsigen Siegel zu haben.

Als Siegel von der Bühne entfernt wurde, war es Cohen, der einsprang und Lanskys Geschäfte an der Westküste übernahm - eher zufällige Umstände für den Ganoven mit dem affenartigen Körperbau, der niemals mit Siegel in einem Schönheitswettbewerb hätte konkurrieren können. Kein Wunder also, dass Cohen sich in seinen Memoiren daran erinnerte: „Ich habe große Liebe und Respekt für Meyer Lansky."[417]

COHEN UND ISRAEL

Abgesehen von seinen direkten Verbindungen zu Lansky und seinen Intra-Untergrund-Machenschaften war Mickey Cohen jedoch von Anfang an auf der Seite des Staates Israel - sogar noch früher. Wie er selbst zugab, war Cohen in den Waffenschmuggel und die Geldbeschaffung für Israel verwickelt, noch bevor Israel ein Staat wurde.

---

[415] Hank Messick. *Lansky.* (New York: Berkley Medallion Books, 1971), S. 153.
[416] Michael Milan. *The Squad: The U.S. Government's Secret Alliance With Organized Crime* (New York: Shapolsky Publishers, Inc., 1989), S. 195.
[417] Mickey Cohen und John Peer Nugent. *Mickey Cohen: In My Own Words.* (Englewood Cliffs, New Jersey: Prentice-Hall, Inc., 1975), S. 82.

In seinen Memoiren erinnert sich Cohen an seine erste Begegnung mit einem Agenten von Israels internationalen Geldbeschaffungs- und Waffenschmuggeloperationen und wie es dazu kam, dass er sich mit der Sache Israels identifizierte.

Über seinen Freund Mike Howard berichtet Cohen von dem Tag, an dem Howard ihn einem israelischen Agenten vorstellte. (In seinen Memoiren nennt Cohen den fraglichen Israeli nicht.) Howard, so Cohen, „wusste, dass ich alles für eine Sache tun würde, die gerecht war, und insbesondere für jüdische Anliegen".""[418]

Anfangs", so Cohen, „zögerte er, sich zu beteiligen. Er änderte jedoch seine Meinung. „Also kommen sie zurück", erinnert sich Cohen, „und wir setzen uns hin und reden. Und der Typ erzählt mir diese Geschichte über die Haganah, die von Davids Ben-Gurion-Typ koordiniert wurde, und er erzählt mir vor allem von der Irgun und der Art von Krieg, den sie gegen die Briten führen, und was für Typen sie sind und so.

„Aber Sie wissen, wenn Sie bösartig sind [d. h., Sie haben kriminelle Neigungen] funktioniert Ihr Geist auf bösartige Weise. Ich dachte immer, es müsse etwas mit Drogenhandel zu tun haben. Also sagte ich zu dem Typen, der Tookit hieß, ich weiß nichts über diese Dinge. Ich wusste nicht einmal, dass es in Israel einen Krieg gibt, lass mich darüber nachdenken".[419]

Letztendlich traf Cohen keine Entscheidung, aber nachdem der Hollywood-Drehbuchautor, Journalist und Dramatiker Ben Hecht, ein glühender Verfechter der zionistischen Sache, ihn besucht hatte, begann Cohen aufzuwachen. Hecht erschien in Cohens Hauptquartier in Begleitung eines Vertreters der Irgun-Terroristenbande. Die Person, die Cohen wieder einmal nicht nannte. „Ich konnte sehen, dass ich es mit einem echten Mann zu tun hatte, nicht mit einem Betrüger", erinnerte sich Cohen. [420]

MENACHEM BEGIN LANDET IN DER STADT

In seinen Memoiren Jimmy („Das Wiesel") Fratianno, einer der besten Regierungsinformanten der Westküstenmafia, gibt uns einen Hinweis auf die Identität von Cohens Freund von der Irgun. Fratianno beschreibt eine Wohltätigkeitsveranstaltung für Israel in einem eleganten Haus in Bel Air:

„Nach [Cohens] kurzer Rede beginnen wir, uns im Raum zu bewegen, und Mickeys Rabbi stellt uns einen Typen namens Menachem Begin vor, der der Chef der Irgun ist, einer Untergrundgruppe in Palästina. Der Typ trägt eine schwarze Armbinde und erzählt uns, dass er dort gesucht wird, weil er ein Hotel bombardiert hat, bei dem fast hundert Menschen ums Leben gekommen sind. Er ist ein verdammter Flüchtling auf der Flucht.

„Wie auch immer, er hält eine Rede, und nach ihm hat praktisch jeder eine Rede gehalten. Und das ging immer weiter und weiter ... Dann fangen die anderen Jungs von der Haganah, einer anderen Untergrundgruppe, an, mit Begin darüber zu diskutieren, wer das Geld verwalten soll. Also mischt sich Mickey ein und sie einigen sich darauf, dass sein Rabbi das Geld verwaltet und dass Mickey Waffen und Munition kauft und sie dorthin verschickt.""[421]

[Wie wir hingegen sehen werden, wäre es nicht das letzte Mal gewesen, dass Menachem Begin in Begleitung von Mickey Cohen gesichtet wurde].

---

[418] *Ibid.*, S. 90.
[419] *Ibid.*
[420] *Ibid.*, S. 91.
[421] Ovid Demaris. *The Last Mafioso*. (New York: Bantam Books, 1981), S. 32.

Fratianno zweifelte offen an Cohens Aufrichtigkeit und vermutete, dass er „die Sache" unterstützte, um Geld zu verdienen. In seinen Memoiren betonte Cohen jedoch seine Hingabe an Israel und legte ausführlich Rechenschaft über seine Loyalität ab.

„Ich wurde von dieser verdammten Sache gefesselt, sehen Sie. Durch meine Beziehungen habe ich dafür gesorgt, dass alle im ganzen Land - Italiener, Juden, Iren - Stellen schaffen, die für die israelische Sache nützlich sein würden."[422]

ISRAEL ERGEBEN

Cohens Hingabe war von unschätzbarem Wert. Er war Israel so sehr verpflichtet, dass er seine kriminellen Aktivitäten zurückstellte. Cohen erzählt:

„Jetzt habe ich mich so sehr mit Israel beschäftigt, dass ich einen großen Teil meiner Aktivitäten beiseite geschoben habe und nichts anderes getan habe, als das, was in diesem Irgun-Krieg auf dem Spiel stand. Das liegt in meiner Natur, sehen Sie. Entweder ich bin voll dabei oder gar nicht. Ich war drei Jahre lang in diesen verdammten Krieg Israels verwickelt. Ich begann, Beziehungen zu den Mitgliedern der Irgun in Israel aufzubauen. Sie lernten, mich besser zu verstehen, und ich lernte, sie besser zu verstehen.

„Nun, ich hatte im ganzen Land eine Menge Geld gesammelt, nicht ich besonders, sondern mein Mittelsmann. Es wurden Dinnerpartys in Boston, Philadelphia und Miami veranstaltet. Und es wurden viele Waffen und Ausrüstungsgegenstände zusammengetragen, die Sie sich nicht vorstellen können.

„Es war nur durch Gottes Willen, dass Harry Truman Präsident war. Er konnte nicht offen zulassen, dass bekannt wurde, dass er damit einverstanden war, dass Dinge dorthin verschifft wurden oder dass sie von Schiffen gestohlen wurden, die aus dem Zweiten Weltkrieg zurückkehrten.

„Aber nur, wenn Truman die Augen schloss, oder mit seiner Gunst, wurde dies erreicht. Für mich war Harry Truman der größte Mann der Welt, wegen dem, was er für Israel tat, und weil er uns erlaubte, dies zu tun.

„Wir konnten auf Schiffe steigen, die eingemottet waren. Ich hatte Zugang zu all dem Zeug auf den Docks. Einige Sachen und Ausrüstungsgegenstände wie die Maschinengewehre, die wir nach Israel brachten, hatten nie die Chance gehabt, im Zweiten Weltkrieg eingesetzt zu werden. Sie waren noch nicht einmal zusammengebaut. Sie waren noch in den Kisten, im Stroh, im Öl und so weiter. Wir haben sie sofort verschickt".[423]

JACK RUBY LANDET IN DER STADT

In dieser Zeit lernte Cohen auch einen anderen Ganoven kennen, Jack Rubinstein, der seinen Nachnamen in Ruby änderte.

Gary Wean, dessen Aufgabe es war, Cohens Aktivitäten im Auge zu behalten, berichtete später in einer informellen Abhandlung mit dem Titel *There's a Fish in the Courthouse* über seine faszinierenden Erlebnisse.

Weans Beiträge zur Erforschung des Kennedy-Attentats haben jedoch nicht die allgemeine Anerkennung erhalten, die sie verdienen.

Wean, der Detective Sergeant bei der Polizei von Los Angeles war, kannte Mickey Cohen gut. Außerdem war Wean als Criminal Intelligence Investigator für die Ermittlungsbehörde des Staatsanwalts von Los Angeles mit vielen „geheimen"

---

[422] Cohen, *Ibid.*
[423] *Ibid.*, S. 91-92.

Informationen über Cohen und seine Aktivitäten in Hollywood vertraut. Später war Wean bis 1970 leitender Ermittler für das Büro der öffentlichen Verteidiger von Ventura County. Inzwischen ist er im Ruhestand.

In seinen Memoiren berichtet Wean, dass er Ruby 1946 und 1947 zweimal in Hollywood gesehen hatte. Das erste Mal war Ruby mit Cohen in Cohens großer schwarzer Limousine unterwegs, obwohl sie bei dieser Gelegenheit nicht vorgestellt wurden.[424] Das zweite Mal, dass er Ruby traf, war ein Jahr später. Laut Wean gingen er und sein Partner in einen Club namens Harry's Place. Ruby war dort, Wean stellte sich vor und teilte Ruby mit, dass er Polizist sei.

Auch Ruby stellte sich vor. „Mein Name ist Jack Ruby. Ich bin gerade aus Chicago gekommen, um an Harrys Seite zu sein. Da der Krieg an der Westküste vorbei ist und Chicago auch, ziehen wir 'alles' nach New Orleans und Miami um. Dort werden von nun an alle Aktionen zwischen den USA und Kuba stattfinden", sagte er.[425]

(Ein leitender stellvertretender Generalstaatsanwalt von New Orleans hat Rubys Behauptung, die Stadt Crescent City sei zu einem Drehkreuz für die Finanzierung und die Aktivitäten der Gewerkschaften geworden, praktisch bestätigt. Laut dem Staatsanwalt „gibt es hier zu viel Geld. Wir glauben, dass es von anderen Organisationen der Cosa Nostra [Mafia] in anderen Teilen des Landes kommt, um von den lokalen Banden investiert zu werden. Dies könnte ihr Finanzzentrum sein, mit vielen guten und sicheren Orten, wo Wahlkampfspenden und schlichte Korruption sie ziemlich gut vor dem Gesetz geschützt haben").[426]

Wie auch immer, wie wir sehen werden, war dies nur der Anfang von Jack Rubys Beziehung zu Mickey Cohen und Cohens Geschäftspartnern an der Westküste. Es sollte jedoch bis 1963 dauern, bis die Beziehung endete, wie wir in Kapitel 14 sehen werden.

COHEN, MARILYN MONROE UND JFK

1960 war Cohen eine etablierte Macht in den Gewerkschaftsaktivitäten von Meyer Lansky an der Westküste. Er war auch eine Schlüsselfigur in Hollywood und pflegte seine Beziehungen zur Filmkolonie Hollywood für seine persönlichen und perfiden Zwecke. Wie der Schriftsteller John Davis feststellt: „Einer von Cohens Geschäften war es, Hollywood-Stars sexuell zu kompromittieren, um sie zu erpressen. Es war Cohen, der die heiße Affäre zwischen seinem Komplizen Johnny Stompanato und Lana Turner ausarbeitete, in der Hoffnung, sie zusammen im Bett fotografieren zu können."[427] [Miss Turners Tochter tötete Stompanato während eines Ereignisses, das zu einem großen Skandal in Hollywood wurde. Cohens Aktivitäten gingen jedoch noch viel weiter. Cohen manipulierte auch Marilyn Monroe, einen schönen Filmstar, zu einem anderen Zweck, einem Zweck, der internationale Auswirkungen hatte. Der Legende nach war es heute offenbar die Verbindung zu Frank Sinatra, die dazu führte, dass Marilyn Monroe John F. Kennedy vorgestellt wurde.

Laut Gary Wean war es jedoch in Wirklichkeit die Verbindung zu Mickey Cohen, die den gutaussehenden Senator aus Massachusetts und das Hollywood-Sexsymbol zusammenbrachte.

---

[424] Gary L. Wean. *There's a Fish in the Courthouse* (Oak View, California: Casitas Books, 1987), S. 681.
[425] *Ibid.*
[426] Robert Morrow. *The Senator Must Die: The Murder of Robert F. Kennedy* (Santa Monica, California: Roundtable Publishing, Inc., 1988), S. 16.
[427] John Davis. *Mafia Kingfish: Carlos Marcello and the Assassination of John F. Kennedy* (New York: McGraw-Hill Publishing Co., 1989), S. 239.

Wean enthüllt, dass Cohens enger Freund, der Künstler Joey Bishop - der auch ein Mitglied von Sinatras berühmter Clique, bekannt als „The Rat Pack", war - derjenige war, der die Umstände in die Wege leitete, die zu der anfänglichen Affäre zwischen JFK und Miss Monroe während des Präsidentschaftswahlkampfs 1960 führten.

„Es war Joey Bishop, der die „Idee einer verrückten Party" zu Ehren Kennedys vorschlug. Er zog [Peter] Lawford [JFKs Schwager] ins Vertrauen."[428] Wean zufolge gab es dafür einen Grund - über die Befriedigung von JFKs notorischem Appetit auf schöne Frauen hinaus: „Bishop wusste, dass Kennedy von Monroes Sexappeal eingenommen werden würde. Bishop war jüdisch und stand Cohen sehr nahe.

„Zu dieser Zeit drängten die Rabbiner sie, alles zu tun, um das Geld aus Hollywood für Israel zu erpressen. [Menachem] Begin verbrachte mehr Zeit damit, mit Cohen in Hollywood abzuhängen als in Israel. Begin wollte verzweifelt wissen, was Kennedys Plan für Israel war, wenn er Präsident würde.

„Cohen dachte, wenn sie Marilyn in Kennedys Haus bringen könnten, würde [Cohens Zuhälter Georgie] Piscitelli sie manipulieren und ihnen alles erzählen, was Kennedy ihm offenbart hätte. Sie würden auch JFK erpressen, wenn sich daraus eine Liebesgeschichte entwickeln würde. Cohen hatte auch ein Problem mit Jack Ruby. Seine Freundin, eine Stripperin namens Candy Barr, unternahm viele Reisen zwischen Ruby in Dallas und Cohen in Hollywood."[429]

Laut Wean schlief Cohens Zuhälter auch mit Miss Monroe. Wean erfuhr das von einer jungen Frau namens Mary Mercandante, die eifersüchtig auf Piscitellis Beziehung zu Miss Monroe war. Miss Mercandante war eine Prostituierte und Piscitelli war ihr Zuhälter.

JFK'S POSITIONEN GEGENÜBER ISRAEL?

Von Miss Mercandante erfuhr Wean etwas, das er als „die wirklich seltsame Sache" beschreibt.[430]

Miss Mercandante erklärte Wean, dass Piscitellis Aufgabe darin bestand, aus Miss Monroe Informationen über JFKs Haltung gegenüber Israel herauszubekommen (Wie wir in den Kapiteln 4 und 5 gesehen haben, waren Israel und seine amerikanische Lobby zumindest besorgt über Kennedy. Wean zufolge erzählte Piscitelli Miss Mercandante jedoch, dass Marilyn verärgert war, als er anfing, Druck auf sie auszuüben, und sagte, sie habe keine Ahnung von Politik. Wean berichtet, dass Miss Mercandante hinzufügte: „Cohen wurde wütend und sagte Georgie, sie solle bei Marilyn bleiben, ihr Getränke einschenken oder sie Pillen nehmen lassen, koste es, was es wolle, und herausfinden, was John Kennedy bezüglich der Finanzierung Israels vorhatte".[431]

Weans Quelle: „Cohen und Begin waren verärgert über Kennedys Pläne, dem Friedenskorps, den Ländern Südamerikas und Afrikas Milliarden von Dollar zu spenden".[432]

Miss Mercandante begann damit zu drohen, alles zu verraten, was sie über Cohens Manipulationen bezüglich der Filmschauspielerin und der Affäre mit Kennedy wusste. Wean hatte seine Erkenntnisse jedoch bereits seinen Vorgesetzten berichtet.

---

[428] Wean, S. 678-679.
[429] *Ibid.*, S. 679.
[430] *Ibid.*, S. 677.
[431] *Ibid.*
[432] *Ibid.*

ZWEI MORDE?

Miss Mercandante wurde später ermordet. Sie scheint ein weiteres der vielen Opfer dessen zu sein, was sich schließlich als Verschwörung und Vertuschung des JFK-Attentats herausstellte.

Obwohl Marilyn Monroe schon lange verdächtigt wird, ebenfalls ermordet worden zu sein, möchten uns die Boulevardblätter glauben machen, dass Marilyn Monroe von der Kennedy-Familie ermordet wurde, um über ihre Affäre mit dem Präsidenten und seinem Bruder, dem Generalstaatsanwalt Robert Kennedy, zu schweigen.

Die Beweise, die wir hier gesehen haben, lassen jedoch vermuten, dass Miss Monroe zwar ermordet wurde, um zu schweigen, aber aus einem ganz anderen Grund.

Hätte Miss Monroe enthüllt, dass Mickey Cohen sie benutzt hatte, um Kennedys Haltung gegenüber Israel aufzudecken, hätte dies die Büchse der Pandora geöffnet, die Israels schwierige Beziehung zu JFK hätte aufdecken können - Israel und seine US-Lobby konnten sich das nicht leisten.

Interessant ist, dass Cohen in seinen Memoiren - die voller unaufhörlicher Namensnennung seitens Cohens sind - und den Erzählungen über seine Freundschaften mit einer Vielzahl von Hollywoodfiguren - Marilyn Monroe nie erwähnt. Auch Jack Ruby erwähnt er nicht.

Es gab natürlich einige Dinge, die Cohen und sein Koautor nicht für nötig hielten, zu erwähnen. Es ist mehr als interessant, zumindest am Rande zu erwähnen, dass Meyer Lansky selbst „Tipps" zu den außerehelichen Affären des Generalstaatsanwalts Robert Kennedy hatte.

Laut J. Edgar Hoovers Biographen Curt Gentry wurde Lansky am 1er August 1962 bei einer bundesweiten Telefonabhörung belauscht, als ^{er} seiner Frau Teddy erzählte, dass Robert Kennedy eine Affäre mit einer Frau in El Paso, Texas, habe.[433]

WAS FÜHRTEN SIE IM SCHILDE?

Wie dem auch sei, die seltsamen Aktivitäten von Mickey Cohen waren für Gary Wean weiterhin von besonderem Interesse. In seinen Memoiren beschreibt er, wie die enge Zusammenarbeit zwischen Cohen und Menachem Begin aufdeckte, dem israelischen Terroristen, der zum Diplomaten (und später zum Premierminister) wurde und dessen Hollywood-Aktivitäten wir weiter oben in diesem Kapitel untersucht haben:

„[Mein Partner] und ich hatten Mickey Cohen aus der Ferne beobachtet. Wir wussten, dass er etwas Ungewöhnliches vorhatte. Er verbrachte viel Zeit mit einem seltsamen kleinen Kerl am Tresen des Restaurants und in der Apotheke des Hotels Beverly Wilshire.

„Was unsere Neugier weckte, war, dass Mickey anscheinend Befehle aus dem Ausland erhielt. Wir haben Fotos, die wir mit unserem Teleskopobjektiv von Cohen und seinem Freund gemacht haben. Das Büro überprüfte sie. Wir erfuhren seinen Namen: Es ist Menachem Begin".[434]

Um mehr über die Aktivitäten von Cohen und Begin zu erfahren, beschäftigte Wean einen jiddisch sprechenden Spion, der Cohen und Begin abhörte. Wean konstatierte: „Er berichtete, dass die beiden eine sehr aufgeregte tiefe Diskussion führten. Es wurde viel über Kuba, Militäroperationen und die Kennedys gesprochen".[435] Weans Agent sagte: „Da ist

---

[433] Curt Gentry, J. *Edgar Hoover: The Man and the Secrets*. (New York: W. W. Norton & Company, 1991), S. 493.
[434] Wean, S.687-688.
[435] *Ibid.*, S. 688.

wirklich etwas im Gange. Mickey sah aus wie ein Politiker. Sie sprachen über Krieg und Milliarden-Dollar-Zuweisungen und verfluchten JFK wegen seines lächerlichen Friedenskorps und der Geldverschwendung."[436]

MELVIN BELLI

Laut Wean reisten Cohen und Begin nach diesem Treffen ab. Wean und sein Partner folgten Cohen in ein elegantes Haus in Los Angeles. Wean berichtet, dass Cohen und Begin dort Melvin Belli trafen, den sündhaft teuren Anwalt, der schon lange mit Cohen befreundet und sein Anwalt war.[437]

Wie wir in Kapitel 14 sehen werden, spielte Belli schließlich eine wichtige Rolle in dem Geflecht der Verschwörungen rund um das Kennedy-Attentat. Belli war der Anwalt von Jack Ruby.

Interessanterweise hatten Cohen, Ruby und Menachem Begin laut Wean noch eine weitere Gemeinsamkeit: Cohen teilte seine Freundin, die Stripperin Candy Barr, nicht nur mit Ruby (die damals in Dallas aktiv war), sondern auch mit Begin, Israels Mann in Hollywood.[438]

Mickey Cohen hatte jedoch viel mehr im Sinn als seine kriminellen und sexuellen Aktivitäten. Cohen interessierte sich für das Überleben Israels, der Nation, die er mit aufgebaut hatte.

COHENS MISSION

Cohens besonderes Interesse an JFKs Nahostpolitik, gepaart mit seiner beklagenswerten Manipulation von Marilyn Monroe sowie seiner langjährigen Hingabe an die zionistische Sache, rückt ihn regelrecht in den Mittelpunkt der zentralen Rolle von Lanskys Syndikat des organisierten Verbrechens im JFK-Attentatskomplott.

Der Schläger aus Los Angeles mit dem affenähnlichen Aussehen war mit den Umständen, was bei der Ermordung von JFK wirklich geschah, bestens vertraut. Was Cohen vielleicht wusste, ging jedoch für immer verloren, als Lanskys Handlanger plötzlich an einem Herzinfarkt starb. Er hatte keine bekannte Vorgeschichte von Herzproblemen. In Kapitel 14 werden wir Cohens Verbindung zu Jack Ruby genauer untersuchen.

Jahre nach seiner Begegnung mit Cohen und Begin erhielt Gary Wean einen Anruf, den er als „seltsamen Anruf" beschrieb. Es war ein Schriftsteller namens Ed Tivnan, der sagte, dass er Begins angebliche Verbindung zu amerikanischen Gangstern untersuche.

ISRAELS RÜCKENDECKUNG

„Mein Buch soll die Anschuldigungen krimineller Vereinigungen gegen sie leugnen, zerstreuen und zum Schweigen bringen", erklärte Tivnan[439]. Tivnan war nicht an Weans Erzählung über Begins sehr reale Verbindung mit Lanskys Syndikat des organisierten Verbrechens interessiert. Das war etwas, das Israel nicht öffentlich machen wollte.

---

[436] *Ibid.*, S. 689.
[437] *Ibid.*
[438] *Ibid.*
[439] *Ibid.*, S. 739.

Es gibt noch einen weiteren interessanten Aspekt bei der ganzen Sache. Als der Autor Anthony Summers sein Buch *Goddess* über das Leben von Marilyn Monroe vorbereitete, kontaktierte er Wean, um Informationen zu erhalten, und Wean versorgte Summers mit all den Details, die wir auf diesen Seiten untersucht haben.

Als Summers' Biografie über Marilyn Monroe schließlich in die Buchläden kam, hatte der Autor jedoch nichts über Cohen und seine Verbindung zu Israel erwähnt. Stattdessen suggerierte das Buch, dass der Tod von Miss Monroe eine unmittelbare Folge ihrer Affäre mit den Kennedy-Brüdern war.

Tatsächlich verleitete das Buch den Leser zu der Annahme, dass es die Kennedys waren, die auf die eine oder andere Weise direkt oder indirekt für den tragischen Tod der jungen Frau verantwortlich waren. Mickey Cohens Verbindung zu Israel wurde nicht erwähnt.

Es gibt noch etwas anderes Interessantes. Derselbe Anthony Summers ist derselbe Anthony Summers, der eine umfassende Studie über das JFK-Attentat mit dem Titel *Conspiracy* geschrieben hat. (Das war, bevor er **Wean** kennenlernte.) *Als **Summers** 1992 eine aktualisierte Ausgabe seines Buches veröffentlichte, berichtete er jedoch nie über die Informationen, die Wean ihm über die israelische Verbindung gegeben hatte.* Um Summers gerecht zu werden, ist es wahrscheinlich, dass er die Bedeutung dessen, was er erfahren hatte, wahrscheinlich nicht verstanden hat. Dennoch ist es unter Berücksichtigung all dessen, was wir auf diesen Seiten bereits untersucht haben - und was wir noch untersuchen werden - sehr klar, dass Weans Entdeckung ein Schlüssel zum Verständnis dessen war, was am 22. November 1963 tatsächlich geschah.

DIE COHEN-VERBINDUNG

Heute gibt es, wie wir gesehen haben, diejenigen, die Jack Rubys Verbindungen zum organisierten Verbrechen immer wieder als Beweis dafür anführen, dass „Die Mafia hat JFK getötet". Einige haben sogar darauf hingewiesen, dass einer von Rubys ersten Telefonanrufen unmittelbar nach der Ermordung von JFK (direkt nach der Verhaftung von Lee Harvey Oswald) an Al Gruber, einen Geschäftspartner von Mickey Cohen in Hollywood, ging.

Es stellt sich auch heraus - das ist nicht überraschend -, dass Gruber mit „Happy" Meltzer, dem Kontaktmann des Syndikats im Drogenhandel in Mexiko-Stadt, in Verbindung stand, mit dem, wie wir in Kapitel 14 sehen werden, auch Ruby in Verbindung stand.[440]

Tatsächlich hatte Gruber Ruby im November 1963, kurz vor dem Attentat, in Dallas besucht, obwohl sie sich seit etwa zehn Jahren nicht mehr gesehen hatten.

Ansonsten wird Cohens Verbindung zu Ruby kaum genutzt - vielleicht gerade deshalb, weil sie nicht in Richtung Mafia, sondern direkt nach Israel und Meyer Lanskys Syndikat des organisierten Verbrechens weist.

Nach Lage der Dinge war Mickey Cohen paradoxerweise zum Zeitpunkt des JFK-Attentats bereits in einem Bundesgefängnis inhaftiert. Lanskys Leutnant an der Westküste war einer von vielen „großen Namen", die in Kennedys Krieg gegen das Lansky-Verbrechersyndikat gefangen waren. Zwischen Mickey Cohen und den Kennedy-Brüdern bestand offensichtlich keine Chemie.

Es scheint wahrscheinlich - und Gary Wean glaubt das, wie er diesem Autor sagte -, dass Cohens Handlanger Gruber der Mittelsmann des Lansky-Syndikats war, als es um die

---

[440] Peter Dale Scott. *Deep Politics and the Death of JFK*. (Berkeley, California: University of California Press, 1993), S. 143.

heikle Frage ging, wie man Oswald zum Schweigen bringen konnte, den Sündenbock, der irgendwie dem Tod entronnen war und sich damals in der Obhut der Polizei von Dallas befand.

Mickey Cohen und Menachem Begin waren ganz offensichtlich an den ersten Schritten dessen beteiligt, was sich schließlich zu einer Mordverschwörung gegen JFK entwickelte, gerade weil Kennedys erbitterter außenpolitischer Kampf mit Israel die Verschwörung gegen den US-Präsidenten auslöste.

Das würde vielleicht erklären, warum Jack Ruby - in seinen letzten Tagen - vielleicht befürchtete, dass, wenn die Wahrheit über die Ermordung von John F. Kennedy ans Licht käme, wie Ruby sagte, „die Juden" des Verbrechens beschuldigt würden.[441]

Im nächsten Kapitel gehen wir näher auf die Rolle von Jack Ruby ein und untersuchen seine Verbindungen zu Lanskys Syndikat - und zu Israel.

---

[441] *Ramparts* (kein Datum verfügbar).

KAPITEL XIV

Der Kurier: Jack Ruby war mehr „Mossad" als „Mafia"

Die Verbindungen von Jack Ruby zur Unterwelt sind gut belegt. Was jedoch fast immer ignoriert wird, ist Rubys kontinuierliche Verbindung zu Meyer Lanskys Verbrechersyndikat, nicht „der Mafia". Und obwohl es gelegentlich Hinweise auf Rubys Verbindungen zur CIA gibt, werden seine ebenso engen Verbindungen zum israelischen Geheimdienst strikt ignoriert.

Eine vollständige Untersuchung des echten Jack Ruby, nicht des Ruby aus der Legende, ermöglicht es, mehr über die Wahrscheinlichkeit zu erfahren, dass der Mossad in die Ermordung von Präsident Kennedy verwickelt war.

Der Historiker des organisierten Verbrechens Stephen Fox bezeichnete Jack Ruby, den Nachtclubbetreiber aus Dallas, als „unwiderlegbaren Beweis, Kern, Nase in der Mitte des Gesichts" im JFK-Mordkomplott. [442]

Ironischerweise hat Ruby nicht nur Oswald zum Schweigen gebracht und dazu beigetragen, die Verschwörung und Vertuschung des JFK-Mordes fortzusetzen, sondern dadurch auch das Feuer der Spekulation weiter angefacht. Wäre Lee Harvey Oswald im Gefängnis von Dallas an einem Herzinfarkt gestorben und nicht durch die Hände eines mit der Mafia verbundenen Schlägers namens Jack Ruby, hätte sich der Verdacht auf eine Verschwörung vielleicht nicht so schnell entwickelt. Doch als Jack Ruby ins Rampenlicht trat und Oswald eliminierte, konzentrierte sich die Aufmerksamkeit auf die seltsame Vergangenheit der Chicagoer Unterweltfigur, die den mutmaßlichen Mörder getötet hatte.

Der Ruby-Bruch ist legendär. Aber Jack Ruby gehörte, wie gesagt, nicht zur Mafia. Und er war mehr als nur ein „Mafiapartner".

Ruby war in der Tat Teil von Meyer Lanskys Verbrechersyndikat und arbeitete darüber hinaus trotz der Erkenntnisse der Warren-Kommission auch für Lanskys langjährige Mitarbeiter bei der CIA und mit dem israelischen Mossad (ausführlich dokumentiert in Kapitel 8).

Der verstorbene Bernard Fensterwald, einer der wichtigsten Ermittler im Fall des JFK-Mordes, hielt Rubys Verbindung zu Lansky in seinem enzyklopädischen Werk *Coincidence or Conspiracy* fest:

„Am 7. Juni 1964 erzählte Ruby der Warren-Kommission, dass er [Lewis] McWillie 1959 in Havanna besucht hatte, und er sagte auch, dass er die McWillie-Bosse kannte. Interessanterweise waren die damaligen Chefs von McWillie Meyer und Jake Lansky. Ruby erzählte auf mysteriöse Weise von einem Treffen zweier Brüder, denen das Tropicana Casino gehörte, das McWillie leitete. Ruby erklärte, er sei sich über ihren Nachnamen nicht sicher, vermutete aber, dass es sich um Fox handelte. Es ist seit langem bekannt, dass Meyer und Jake Lansky in Wirklichkeit die beiden Haupteigentümer des Tropicana waren. Das Tropicana war ein Eckpfeiler ihres kubanischen Besitzes gewesen.

„Ruby beschrieb auch 'die Fox-Brüder' als 'die wichtigsten Vertriebenen aus Kuba' und gab an, dass sie zu der Zeit in Miami lebten. Meyer und Jake Lansky waren der Castro-

---

[442] Stephen Fox, *Blood and Power* (New York: William Morrow & Company, 1989), S. 307.

Regierung als die prominentesten Vertriebenen der Gewerkschaft bekannt und lebten zu dieser Zeit in Miami. Ruby gab an, dass er dachte, einer der Vornamen der „Fox-Brüder" könnte Martin gewesen sein.

Ruby bezeugte später, dass einer der „Fox-Brüder" sie in Dallas besucht hatte, in Begleitung von Lewis McWillie. Ruby behauptete, dass sie gemeinsam am Flughafen von Dallas zu Abend gegessen hatten. Er bezeugte außerdem, dass Fox und McWillie auch in seinem Nachtclub vorbeigeschaut hatten, wo sie für Fotos mit ihm posiert hatten. Ruby hatte die Fotos dann mitgebracht, als er McWillie in Kuba besuchte:

„'Offenbar waren die Foxes damals im Exil, denn als ich McWillie besuchen wollte...'. Sie schauten in mein Gepäck und sahen ein Foto von Mr. Fox und seiner Frau.

„''Sie haben mich nicht verhört, aber alles durchsucht und mich stundenlang festgehalten...''. Natürlich war mir in meiner Unwissenheit nicht klar, dass ich ein Foto [von jemandem] mitbrachte, den sie als Erzfeind kannten".[443]

Es ist jedoch fraglich, ob die „Fox-Brüder" in Wirklichkeit die Lansky-Brüder waren. Rubys Biograph Seth Kantor merkt an, dass es Brüder namens Martin und Pedro Fox gab, die kubanische Staatsbürger waren und in das Tropicana verwickelt waren (Wie auch immer, das Tropicana gehörte den Lansky-Brüdern).

Kantor schreibt: „Die Bedeutung der ganzen Aufregung um die Fox-Brüder liegt darin, dass Ruby zum Zeitpunkt des Interviews der Warren-Kommission am 7. Juni 1964 ein rationaler Mensch war. Er hatte ihnen die Wahrheit gesagt und darum gebettet, aus Texas weggebracht zu werden, damit er ihnen mehr erzählen konnte. Aber niemand hatte zugehört, einer der schmerzhaftesten Tage in der Geschichte der Warren-Kommission.[444]

Interessanterweise arbeitete Rubys guter Freund McWillie zum Zeitpunkt der Ermordung von JFK im Hotel Thunderbird in Las Vegas, das zum Teil Meyer Lansky und seinem Bruder Jake gehörte. Peter Dale Scott fasst es kurz zusammen: „Mit anderen Worten: McWillie arbeitete für die Lanskys, als Ruby ihn 1963 sieben Mal anrief.[445] Diese Anrufe gehörten zu den Telefonaten mit Persönlichkeiten des organisierten Verbrechens, die die Autoren David Scheim, John W. Davis und G. Robert Blakey benutzten, um die Theorie „Die Mafia tötete JFK" zu verbreiten.

Tatsächlich rief Ruby in der Zeit vor der Ermordung von JFK sieben oder acht Personen an, die mit der Unterwelt in Verbindung standen, doch laut Peter Dale Scott war „nur einer von ihnen Italiener".[446] „Dennoch zog es die Kommission zur Untersuchung der Blakey-Morde, wie Scott betont, vor, Ruby zu einer Figur der „Mafia" zu machen und seine Rolle in Lanskys Sphäre zu ignorieren. „Eine solche Logik kann nur von Beamten kommen", stellt Scott ironisch fest.[447] Allgemein beschreibt Scott dies als eine Form von „bewusster Voreingenommenheit, oder was man als künstliche Voreingenommenheit bezeichnen könnte, deren Zweck es ist, andere zu täuschen".[448]

Doch unabhängig von der direkten Verbindung zwischen Lansky und Ruby erklärt der JFK-Mordforscher Jim Marrs kategorisch, dass Ruby in den frühen 1950er Jahren unter

---

[443] Bernard Fensterwald und die Kommission zur Untersuchung von Attentaten. *Coincidence or Conspiracy?* (New York: Zebra Books, 1977) S. 371-372.
[444] Seth Kantor. *Who Was Jack Ruby?* (New York: Everest House, 1978) S. 13-14.
[445] Peter Dale Scott. *Deep Politics and the Death of JFK.* (Berkeley, California: University of California Press, 1993), S. 180.
[446] *Ibid.*, 184.
[447] *Ibid.*, S. 183.
[448] *Ibid.*, S. 182.

anderem mit Meyer und Jake Lansky an einem Spielhaus in Hallandale, Florida, beteiligt war.[449]

Es besteht kein Zweifel daran, dass sich Rubys und Lanskys Welt der Machenschaften in vielen Bereichen überschnitten haben, wie wir sehen werden - unabhängig davon, ob sie sich persönlich kannten oder nicht.

RUBY UND LANSKYS DROGENHANDEL

Peter Dale Scott stellte fest, dass die Untersuchungskommission zu den Morden von G. Robert Blakey kläglich versagt hat, Rubys Verbindungen zu Lansky, die in der Tat sehr stark sind, zu erforschen und darzulegen. Scott, der Jack Rubys kriminelle Vorgeschichte untersucht hatte, betonte Rubys entscheidende Rolle in Lanskys Syndikat.

Scott meint: „Es besteht kein Zweifel, dass gegen Ruby [Mitte der 1940er Jahre] wegen seiner Rolle in einem internationalen Drogensyndikat ermittelt wurde, das die Bestechung von Regierungsbeamten in Mexiko-Stadt beinhaltete".[450] Der höchste Gewerkschaftsvertreter in Mexiko-Stadt war ein gewisser Harold „Happy" Meltzer, aber in Wirklichkeit war es Meyer Lansky, der „die Schlüsselfigur in Meltzers Syndikat war."[451]

Scott meint: „Nach dem Zweiten Weltkrieg war dies wahrscheinlich der größte Drogenring in den Vereinigten Staaten."[452]

Nach Scotts Meinung hat es die Kommission zur Untersuchung der Morde versäumt, festzuhalten, dass „Ruby in gewisser Weise eine wichtige Figur"[453] in der Verbindung zwischen dem organisierten Verbrechen und dem politischen Milieu in Dallas und auch „auf Bundesebene" war. „[454] Kurz gesagt: Ruby war nicht einfach ein Sündenbock der Mafia, wie einige zu suggerieren versuchten, und er war auch nicht Teil der Mafia, wie G. Robert Blakey und andere andeuteten.

RUBY GEHÖRTE NICHT ZUR „MAFIA".

Laut Scott entschied sich die Kommission bei ihren Ermittlungen gegen Ruby und ihre Unterweltpartner dafür, den Schwerpunkt auf das zu legen, was Scott als „ethnisches Modell des organisierten Verbrechens beschreibt: Die Cosa Nostra"[455] - also auf das, was Scott als „Mafia" bezeichnet, ein Spitzname, den die populären Medien den italienischen Mitgliedern des organisierten Verbrechens gegeben haben, und nicht auf die vorherrschenden Juden, die von Meyer Lansky und denen in seinem Einflussbereich verkörpert wurden.

Laut Scott sind diese Beschreibungen des organisierten Verbrechens „bürokratisch bis zur Unwahrheit verfälscht ... „[und] diese Verzerrung beinhaltete eine systematische Verdrehung der Tatsachen, nicht nur in Bezug auf Ruby, sondern auch in Bezug auf andere Aspekte des Kennedy-Mordes."[456] In Bezug auf Jack Ruby, so Scott, habe die

---

[449] Jim Marrs, *Crossfire: The Plot That Killed Kennedy* (New York: Carroll & Graf Publishers, Inc., 1989), S. 392.
[450] Scott, S. 141.
[451] *Ibid.*, S. 144.
[452] *Ibid.*, S. 141.
[453] *Ibid.*, S. 71.
[454] *Ibid.*, S. 71.
[455] *Ibid.*, S. 70.
[456] *Ibid.*, S. 151.

Untersuchung des Ausschusses des Repräsentantenhauses zu den Attentaten keinen Hinweis auf das gegeben, was er feinfühlig als „die permanente, drogengespeiste Verbindung von Unterwelt und Geheimdienst"[457] beschreibt - was wir auf den Seiten von *Endgültiges Urteil* treffender und genauer als Lanskys Syndikat des organisierten Verbrechens bezeichnen.

Wie Scott (zu Recht) schlussfolgerte: „Die sogenannte Cosa Nostra wurde von den Ermittlern und Staatsanwälten, die mit der Durchsetzung des Gesetzes betraut waren, systematisch verzerrt dargestellt. Und diese scharfe Verzerrung entstellte die beiden offiziellen Ermittlungen zum Kennedy-Mord, und zwar nicht nur am Rande, sondern auf eine Weise, die zentrale Wahrheiten über den Mord verbarg, Wahrheiten, die für diejenigen, die die Ermittlungen leiteten, peinlich waren.

„Letztendlich wird anerkannt, dass die Geschichte des organisierten Verbrechens und die Geschichte der Ermittlungen und der Strafverfolgung des organisierten Verbrechens eng miteinander verflochtene Prozesse sind, die sich gegenseitig beeinflussen. Es sind Prozesse, so muss man hinzufügen, die wechselseitig der Wahrheit schaden und die Sitze der politischen Macht in diesem Land verschleiern."[458]

„Kurz gesagt: Die offiziellen Ermittlungen zu Kennedys Ermordung sind gescheitert, nicht weil der Fall an sich unlösbar ist, sondern weil der Fall und die Ermittlungen von tieferen politischen Prozessen bestimmt wurden, die noch nicht erkannt wurden."[459]

Kurz gesagt, Jack Ruby war kein Söldner der „Mafia", sondern vielmehr ein wichtiger Kontaktmann von Meyer Lanskys Verbrechersyndikat in Dallas und letztlich, wie Stephen Fox es ausdrückte, „der unwiderlegbare Beweis, der Stein von Rosette, die Nase in der Mitte des Gesichts" in der Verschwörung zum Mord an JFK. Die tieferen politischen Prozesse, die Peter Dale Scott als „noch nicht erkannt" bezeichnete, werden nun zum ersten Mal auf den Seiten von *„Endgültiges Urteil"* offengelegt.

RUBYS ISRAELISCHE VERBINDUNGEN

Obwohl Jack Ruby lange Zeit als stolz auf sein jüdisches Erbe galt, ist heute kaum bekannt, dass Ruby einer Person nahestand, die enge Verbindungen zu den Geheimdiensten und der pro-israelischen Lobby in den USA hatte. Es war Luis Kutner aus Chicago, Rubys „langjähriger Partner und ehemaliger Anwalt",[460], der Ruby vertrat, als Ruby 1950 vor die Mitarbeiter von Kefauvers Senatsausschuss gegen Schutzgelderpressung geladen wurde, um die Aktivitäten der Unterwelt in seinem ehemaligen Stützpunkt in Chicago zu erörtern. Kutner zufolge war Rubys Angebot kontingent an die Bedingung geknüpft, dass der Kefauver-Ausschuss davon absehen würde, das organisierte Verbrechen in Dallas zu untersuchen, wo Ruby damals gut untergebracht war. Peter Dale Scott stellt fest: „Das Ergebnis des Kefauver-Komitees scheint Kutners Behauptung zu untermauern, denn das Komitee hat Dallas tatsächlich eine positive Bilanz beschert."[461]

Obwohl er ein „Mafia-Anwalt" war, scheint Kutner noch andere interessante Verbindungen gehabt zu haben. Scott zufolge „kannte Kutner Ruby nach seiner eigenen Erzählung seit 1936, als er Ruby während seiner unglücklichen Kampagne für den Kongress 1936 als „Einkaufshilfe" benutzt hatte. Später war Kutner in etwas verwickelt, das man nur als internationale Geheimdienstoperationen beschreiben kann, die von

---

[457] *Ibid.*, S. 193.
[458] *Ibid.*, S. 19.
[459] *Ibid.*, S. 21.
[460] *Ibid.*, S. 181.
[461] *Ibid.*, S. 151.

lateinamerikanischen Staatsstreichen bis zur Verteidigung des gestürzten kongolesischen Führers Moise Tshombe reichten."[462]

Kutner beteiligte sich aber auch aktiv an den Bemühungen, Israels Interessen zu fördern. Er gehörte zu der Vielzahl von Personen, die das Center for Global Security Inc. gegründet hatten, dessen „ehrenamtlicher Rechtsberater" er war. General Julius Klein war „Ehrenvorsitzender" dieser pro-israelischen Lobbygruppe, ein US-Militär, der nicht nur eine große Rolle bei der Lieferung von Waffen an die israelische Haganah vor der Gründung Israels spielte, sondern auch bei der Gründung und Ausbildung des israelischen Mossad half. Offensichtlich war Kutner, der Freund und Anwalt von Jack Ruby, ein Mann mit wichtigen Verbindungen zu Israel und seinen globalen Machtnetzwerken. Daher ist es nicht übertrieben, was Peter Dale Scott über Rubys Verbindung zu Kutner sagt: „[Kutners] Engagement für Ruby bestätigt, dass Ruby nicht nur als Mann mit 'lokalem Einfluss auf die Polizei von Dallas', sondern als Akteur in der tiefgreifenden internationalen Politik betrachtet werden sollte."[463]

Doch als G. Robert Blakey und der Mordausschuss des Repräsentantenhauses sich mit Rubys Verbindungen befassten und Blakey später seine Schlussfolgerungen niederschrieb, erwähnte er Kutner nie - eine wichtige Verbindung zu Ruby, vor allem im Lichte dessen, was wir bereits beschrieben haben - und die wir auf den Seiten von *Endgericht* noch genauer untersuchen werden.[464]

RUBY UND DER ISRAELISCHE WAFFENHANDEL

Der Forscher A. J. Weberman enthüllte die wenig bekannte Tatsache, dass Ruby 1955 nach Israel gereist war und dass Ruby, während er sich in jenem Jahr in San Francisco aufhielt, einem Freund erzählte: „Nach meiner Abreise fahre ich nach Florida, um eine Schmuggelladung zu kaufen, die nach Israel verschifft werden soll." Rubys Notizbuch enthielt auch die New Yorker Telefonnummer einer gewissen Miss Snyman, die dem FBI erzählt hatte, dass sie diplomatische Immunität genieße und vom südafrikanischen Botschafter bei den Vereinten Nationen kontaktiert werden solle. Weberman warf die Frage auf, ob Ruby in ein Waffengeschäft zwischen Israel und Südafrika verwickelt gewesen sein könnte, merkte aber an, dass das FBI damals entschieden hatte, dass die Nummer JE-8-7475 und nicht TE-8-7475 lautete. Es wurde nie geklärt, wem die Nummer gehörte.[465]

Unter Berufung auf FBI-Dokumente merkt Weberman außerdem an, dass Lawrence Meyers, ein langjähriger Freund Rubys, den er in der Nacht vor der Ermordung JFKs im Cabana Motel getroffen hatte, Verkäufer bei Ero Manufacturing war. Das FBI stellte fest, dass von Ero aus Anrufe an eine Firma getätigt worden waren, gegen die wegen illegaler Waffenlieferungen an Israel ermittelt worden war.[466]

Es gibt tatsächlich Beweise für weitere Verbindungen Rubys zu Israel zum Zeitpunkt der Ermordung von JFK. Es ist allgemein bekannt, dass Ruby, während er sich nach dem Attentat bei der Polizei in Dallas befand, vorgab, für israelische „Journalisten" zu übersetzen, die sich am Tatort befanden.

Das ist natürlich insofern interessant, als es unwahrscheinlich erscheint, dass israelische Korrespondenten in den USA so geringe Englischkenntnisse hatten, dass sie die Dienste des Geschäftsführers eines Stripclubs in Dallas benötigten.

---

[462] *Ibid.*, S. 201.
[463] *Ibid.*, S. 201.
[464] *Ibid.*, S. 349.
[465] A. J. Weberman Website: www.weberman.com(Nodule27).
[466] A. J. Weberman Website: www.weberman.com(Nodule27).

Obwohl Rubys Verbindung zu diesen israelischen Journalisten völlig harmlos gewesen sein könnte, ist es interessant, dass weder die Warren-Kommission noch irgendein Forscher, der am Fall JFK arbeitete (viele von ihnen betrachteten *Final Judgement* mit Argwohn), diese Journalisten jemals aufgespürt haben. *Warum?*

Auf einer Konferenz von JFK-Attentatsforschern sorgte ein Teilnehmer für Aufsehen, als er fragte, ob jemals jemand genau ermittelt habe, für welche israelischen Zeitungen Jack Ruby übersetzte, und ob jemals jemand diese Journalisten interviewt habe, um herauszufinden, was Ruby ihnen in den entscheidenden Stunden, in denen Ruby Oswald verfolgte, gesagt hatte.

Die Antwort, die der Forscher Walt Brown, der Zeremonienmeister, gab, war auf ihre Weise aufschlussreich. Brown sprach dazu einige Worte: „Dies ist wohl die wichtigste Frage, die auf dieser Konferenz gestellt wurde".[467]

Was letztlich am aufschlussreichsten über Rubys Verbindungen zum Mossad sein könnte, zeigte sich 2003, als William F. Pepper, der langjährige Anwalt des mutmaßlichen Mörders von Martin Luther King, James Earl Ray, sein Buch *An Act of State* veröffentlichte.

In diesem Buch behauptete Pepper, dass Ruby 1963 in eine internationale Waffenschmuggeloperation verwickelt war, die teilweise in Texas angesiedelt war - an der „ein leitender Mossad-Agent beteiligt war, der in Südamerika arbeitete und als Kontaktperson für das US-Militär und die CIA diente."[468]

Es ist vielleicht nicht überraschend, dass Pepper keine Details über die Verbindung zum Mossad nannte. Pepers umsichtiger Hinweis war jedoch ein Erinnerungsblitz für jeden, der „*Endgültiges Urteil"* bereits gelesen hatte.

Peppers Behauptung über die Verbindung des Mossad mit dem Waffenhandel, in den Ruby verwickelt war, basiert auf Aussagen, die der ehemalige Oberst John Downie von der 902. Military Intelligence Group, einer im Verteidigungsministerium angesiedelten Einheit, gegenüber einem von Peppers Ermittlern gemacht hat.

Laut Downie war „Raul", die mysteriöse Person - der James Earl Ray, Kings mutmaßlicher Mörder, geholfen hatte, King eine Mordanklage anzuhängen - Teil einer internationalen, in den USA ansässigen Waffenschmuggeloperation, die Pepper - über andere Quellen - bereits unter Beteiligung von Jack Ruby ermittelt hatte. Die Verbindung zwischen „Raul" und Ruby war alles andere als dünn: „Raul" und Ruby waren laut Peppers Quellen vor der Ermordung von JFK mehrmals zusammengekommen, fünf Jahre vor dem Mord an King.[469]

Bei der Schmuggeloperation wurden Waffen verwendet, die aus den Stützpunkten und Waffenkammern der US-Armee gestohlen und an die in New Orleans ansässige kriminelle Organisation von Carlos Marcello geliefert wurden, der die Waffen wiederum nach Mittel- und Südamerika und anderswohin lieferte. Die Erlöse aus den Waffenverkäufen wurden angeblich zu gleichen Teilen mit der 902(sten) Military Intelligence Group geteilt, die ihren Anteil zur Finanzierung von geheimen und außerbudgetären Operationen verwendet haben soll.

Es scheint, dass die frühere Veröffentlichung von *Endgültiges Urteil* mit ziemlicher Sicherheit die Identität der Person, die von Peppers Quelle beschrieben wurde, bereits identifiziert hatte. Im Fototeil von *Endgültiges Urteil* wird darauf hingewiesen, dass der berühmte „Mann mit dem Regenschirm", der am 22. November 1963 auf der Dealey Plaza in Dallas fotografiert wurde, eine bemerkenswerte Ähnlichkeit mit Michael Harari hatte, einer inzwischen berühmten ehemaligen Mossad-Figur (die damals jedoch geheimnisvoll geblieben war).

---

[467] Interview mit Steve Frogue, der die Frage nach Walt Brown stellt.
[468] William Pepper. *An Act of State*. (New York: Verso Books, 2003), S. 77.
[469] *Ibid.*, S. 100-102.

1963 war Harari als Mossad-Spezialist für Attentate im Einsatz und wäre sicherlich auch in Dallas dabei gewesen, wenn der Mossad einer der Hauptakteure der JFK-Verschwörung gewesen wäre.

Darüber hinaus belegen die veröffentlichten Dokumente, dass Harari im Laufe seiner Karriere stark in israelische Geheimdienstoperationen in Mexiko, Südamerika und der Karibik involviert war, was später in seine weithin beachtete Rolle als Hauptberater des Diktators Manuel Noriega mündete, der schließlich der Anführer einer US-Invasion war. War Harari dann „der in Südamerika tätige leitende Mossad-Agent", der von Peppers US-Militärquelle genannt wurde? Wenn nicht, dann war es sicherlich jemand, mit dem Harari zusammenarbeitete.

Die Tatsache, dass Jack Ruby, der Teil der mit dem Mossad verbundenen und von Pepper aufgedeckten Schmuggeloperation war, vielfältige Verbindungen zum Mossad und zu Israel hatte, ist für diejenigen, die bereits „Endgültiges Urteil" gelesen hatten, nicht überraschend (später im Frage-und-Antwort-Teil von „Endgültiges Urteil" werden wir weitere seltsame israelische Verbindungen zum Fall Martin Luther King erkunden - Details, die übrigens absichtlich unterdrückt worden waren).

RUBY UND DIE FAMILIE BRONFMAN

Die geheimen Aktivitäten von Jack Ruby waren eindeutig gut dokumentiert. Doch der unabhängige Forscher Brian Downing Quig fand eine Verbindung zu Ruby, die noch nie zuvor aufgedeckt worden war. Als Quig die korrupte Welt von Kemper Marley, dem politischen Führer und Geldeintreiber der Unterwelt in Arizona, der mit dem berüchtigten Mord an dem Enthüllungsjournalisten Don Bolles im Jahr 1976 in Verbindung gebracht wurde, erforschte, erfuhr er über Marleys langjährigen Publizisten Al Lizanetz, dass nicht nur die mit Lansky verbundene Bronfman-Familie Marley gesponsert hatte, sondern auch Jack Ruby zu den Angestellten der Bronfman-Familie gehörte.[470]

Wenn man also die engen Beziehungen der Bronfman-Familie zu Permindex betrachtet (was, wie wir in Kapitel 15 sehen werden, eindeutig eine zentrale Rolle bei der JFK-Verschwörung gespielt hat), ist die Verbindung zwischen Ruby und der Bronfman-Familie in der Tat interessant und tendiert zu einer israelischen Verbindung.

RUBY UND DIE CIA

Alle Beweise für Rubys Waffenhandel, sowohl an Castro selbst als auch letztlich an gegen Castro gerichtete Exilkubaner, wurden von den mit der Ermordung von JFK befassten Forschern unermüdlich und detailliert untersucht. Seine Verbindung zu Lansky wurde jedoch wiederholt ignoriert. Der ehemalige CIA-Agent Robert Morrow berichtet, dass Rubys Pro-Castro-Waffenhandel in Zusammenarbeit mit dem ehemaligen kubanischen Präsidenten Carlos Prio Socarras abgewickelt wurde (auch Prio hatte eine lange Geschichte enger Zusammenarbeit mit Meyer Lansky, wie wir in den Kapiteln 7 und 11 gesehen haben, da er von Lansky Bestechungsgelder erhalten hatte).

Laut Morrow: „Mit dem Segen der Gewerkschaft und unter der Leitung der CIA schloss Prio einen Deal mit Castro ab, der dafür sorgte, dass die Mafia (die auch Batista unterstützte) die Waffen und Finanzen für den Erfolg von Castros Revolution bereitstellte, unter der Bedingung, dass Fidel ihn nach dem Sturz Batistas wieder als Präsidenten

---

[470] „The Death in Arizona of the Kemper Marley Machine" von Brian Downing Quig, im Internet aufgeführt.

einsetzte. Castro stimmte zu, und Prio wurde zu einem erstklassigen Waffenhändler. Einer seiner Partner in Dallas, Texas, war Jack Ruby, der damals unter dem Namen Jack Rubinstein bekannt war. Dies wird von einem FBI-Informanten aus Miami namens Blaney Mack Johnson bestätigt, der behauptete, dass Ruby Castro über Prio mit Waffen versorgt habe, dass er Ruby in der Nähe eines Privatflughafens gesehen habe und dass er wisse, dass Ruby Waffen per Schiff einschmuggeln würde. Andere bestätigten, dass Ruby in den späten 1950er Jahren in Florida im Waffenhandel tätig war. Einer von ihnen war Eladio del Valle, ein ehemaliger kubanischer Kongressabgeordneter und ein guter Freund von Mario Kohly".[471]

Besagter Kohly war einer der wichtigsten Anführer der Exilkubaner, die sich gegen Castro gewandt hatten, nachdem der kubanische Diktator den Spieß gegen seine ehemaligen Verbündeten in Lanskys Verbrechersyndikat umgedreht hatte, was Castro zur Machtübernahme verholfen hatte (siehe Kapitel 7). Kohly selbst wandte sich später an Meyer Lansky, um ihm seine Unterstützung anzubieten, und bot an, ihm seine Casinorechte zurückzugeben, wenn er, Kohly, nach Castros Abgang die Macht in Kuba übernehmen könnte.[472] So kam es, dass Jack Ruby ein wichtiger Kurier in den seltsamen Pro-Castro- und Anti-Castro-Beziehungen der CIA und Meyer Lanskys Syndikat für organisiertes Verbrechen war. Dennoch gibt es in der Geschichte von Jack Ruby eindeutig mehr zu erforschen.

RUBY, OSWALD UND DIE CIA

Der verstorbene John Henshaw, ein führender investigativer Journalist, der außerhalb von Washington D.C. tätig war, stellte eigene Nachforschungen über Rubys Hintergrund an. Henshaw, der als Ermittler für den gewerkschaftlich organisierten Kolumnisten Drew Pearson (auf den wir in Kapitel 17 näher eingehen werden) gearbeitet hatte, entdeckte eine Verbindung zwischen Ruby und Lee Harvey Oswald, die sie mit der CIA in Verbindung brachte. Laut Henshaw ermittelten die Verantwortlichen der Polizei in Dallas tatsächlich gegen Ruby und Oswald wegen des versuchten Mordes an dem pensionierten General Edwin Walker, der mehrere Monate vor dem Mord an JFK stattgefunden hatte.

Eine Kugel war durch Walkers Fenster abgefeuert worden, doch der General, ein engagierter Antikommunist und Kritiker Castros, blieb unverletzt. Allerdings gibt es unter den mit dem JFK-Mord befassten Forschern eine gewisse Debatte darüber, welche Rolle Oswald - wenn überhaupt - bei der Schießerei in Walkers Anwesen gespielt hat. Dies ist eine weitere der vielen unbeantworteten Fragen, die das Geheimnis um JFK umgeben.

Nach Henshaws Darstellung brachte jedenfalls eine geheime polizeiliche Untersuchung der Schießerei Oswald und Ruby mit dem Vorfall in Verbindung. Anschließend, so Henshaw, habe ein hoher Beamter des Justizministeriums einen hohen Beamten des FBI gebeten, sich einzuschalten und die bevorstehende Verhaftung der beiden Agenten aus Dallas zu stoppen. Henshaw stellte klar, dass es die CIA selbst war, die das FBI zum Eingreifen aufgefordert hatte. Laut Henshaw benutzte die CIA Ruby, um Männer aus Dallas für die Anti-Castro-Bewegung zu rekrutieren. Der FBI-Beamte lehnte ein Eingreifen jedoch mit der Begründung ab, dass dies die Justiz behindern würde.

Der FBI-Beamte erklärte jedoch, dass er diesen Antrag nur stellen würde, wenn er eine offizielle Anweisung dazu durch eine schriftliche, vom Vertreter des Justizministeriums unterzeichnete Mitteilung erhalten würde. Kurz darauf, so berichtete Henshaw, erhielt der

---

[471] Robert Morrow. *The Senator Must Die: The Murder of Robert F. Kennedy (*Santa Monica: CA: Roundtable Publishing, Inc., 1988), S. 19.
[472] *Ibid.*, S. 49.

FBI-Beamte eine unterschriebene Anweisung. Er setzte sich mit der Polizei in Dallas in Verbindung und bat sie, Oswald und Ruby nicht zu verhaften.
Die Polizei von Dallas wollte jedoch auch einen formellen, unterzeichneten Befehl. Daraufhin schickte das Justizministerium die Benachrichtigung an Polizeichef Curry von der Polizei in Dallas mit der Bitte, Oswald und Ruby völlig in Ruhe zu lassen.
Das Justizministerium erklärte, dass es nicht wolle, dass Oswald und Ruby aus „Staatsgründen" verhaftet werden, und dass es dies im Namen der CIA beantrage.[473] Henshaws Erzählung ist ein weiterer wichtiger Bericht, aus dem hervorgeht, dass Ruby und Oswald gemeinsam unter der Leitung der CIA geheime, nicht offengelegte Aktivitäten durchführten.
Henshaw schrieb auch, dass der texanische Generalstaatsanwalt Waggoner Carr vom FBI überwacht wurde, weil er über nicht offengelegte Beweise verfügte: „Zu den Beweisen gehört eine Kopie des fehlenden Films, der wenige Augenblicke bevor Jack Ruby Lee Harvey Oswald erschoss, aufgenommen wurde. Der Film zeichnet Rubys Fortschritt anhand der Bildschirme des FBI und der Polizei nach, die den Eingang des Polizeihauptquartiers in Dallas überwachten. Zwei Kameramänner waren von einem Fernsehsender in Dallas beauftragt worden, den Eingang zu dokumentieren, aber sie waren von den Bundesbeamten angewiesen worden, die auf den beiden Sicherheitsbildschirmen aufgenommenen Bilder zu löschen, die einen hohen Beamten des Justizministeriums zeigten, der [Ruby] begleitete".[474] Laut Henshaw beendete großer Druck seitens der Bundesbehörden Carrs Ermittlungen, nachdem bekannt geworden war, dass er eine ungeschnittene Reproduktion des Films besaß. Er hätte eine Kopie für sich selbst behalten.
Es gibt Beweise für weitere mögliche Kontakte zwischen Ruby und Oswald- sogar in New Orleans. Dieser Beweis wurde nach dem Wissen des Autors nie veröffentlicht.
Der Autor hatte Zugang zu einem privaten Brief, der am 20. Februar 1967 während der Kontroverse um die Ermittlungen des Staatsanwalts Jim Garrison im Mordfall geschrieben wurde. Der Verfasser des Briefes beschreibt die Ängste seiner Tante, einer Frau aus New Orleans, die während des Aufenthalts von Lee Harvey Oswald in Crescent City seine Nachbarin war. „Sie ist so verängstigt, dass sie nicht kooperieren will", sagte er. Ihre Angst gründe sich auf die Möglichkeit, dass „Garrison sie wegen des Versteckens von Beweisen erwischen könnte" und die Möglichkeit, dass „jemand ihr in den Rücken schießen könnte".
„Sie machte mir folgende Bemerkungen: (1) Sie beobachtete, dass Oswald dreimal Besucher empfangen hatte (a) zwei Männer „mit kubanischem Aussehen" besuchten ihn zweimal und (b) ein Mann und eine Frau holten Oswald an einem Wochenende ab. Der Mann hatte das gleiche Profil wie auf Rubys Fotos, sagte sie. Jedes Mal, wenn ich ein Foto von Ruby sehe, kommt mir dieser Besucher von Oswald in den Sinn, aber ich habe Angst, darüber zu sprechen. Ich konnte nicht schwören, dass es Ruby war, aber ich konnte auch nicht schwören, dass es nicht Ruby war".[475] Ruby reiste offenbar zu der Zeit, als Oswald dort war, nach New Orleans und versuchte offenbar, eine Stripperin für ihren Club zu finden. Könnte es sein, dass die Frau, die mit demjenigen gesehen wurde, der wie Ruby aussah, eine solche Stripperin war?
Es besteht heute kein Zweifel mehr daran, dass Jack Ruby tatsächlich Verbindungen zum Lansky-Syndikat und zur CIA hatte, die Kuba involvierten. Während des Zeitraums der Ermittlungen der Warren-Kommission zog es die offizielle „Untersuchung" der Regierung jedoch vor, die Augen zu verschließen. Laut Rubys Biographen Seth Kantor:
„Nach dem Ende von Rubys Prozess versuchten Leon Hubert und Burt Griffin, die beiden Ruby-Experten der Warren-Kommission, die Mitglieder der Kommission in

---

[473] John Henshaw, *The National Enquirer*, 17. Mai 1964.
[474] *Ibid.*
[475] Private Korrespondenz aus den Akten des Autors.

Memoranden vom 19. März und 1.(er) April 1964 davon zu überzeugen, dass es „substanzielle Beweise" dafür gebe, dass Jack Ruby unerklärliche kubanische Verbindungen aufrechterhalten habe.

Huberts und Griffins Bemühungen wurden jedoch von der CIA blockiert und von anderen Mitarbeitern der Kommission entmutigt."[476]

Kantor schlägt vor, dass „Ruby und Oswald sich wahrscheinlich nicht kannten, aber beide hätten als separate Teile einer Verschwörung benutzt werden können, um am Wochenende vom 22. bis 24. November 1963 in Dallas einen Mord zu begehen. Oswald am Freitag. Ruby am Sonntag. Zwei Männer, die getrennt voneinander von der gleichen Macht manipuliert wurden. Nachdem sie festgenommen und inhaftiert worden waren, gaben beide Männer an, manipuliert worden zu sein. „Ich bin ein Sündenbock", sagte Oswald. „Ich wurde für einen bestimmten Zweck benutzt", erklärte Ruby.[477]

Trotz Kantors gegenteiliger Beobachtungen haben wir die Beweise (z. B. in Kapitel 11) notiert, dass Ruby mit ziemlicher Sicherheit Lee Harvey Oswald kannte und dass Ruby tatsächlich an den Geschäften im Zusammenhang mit dem Attentat beteiligt war. Dass Ruby -und Oswald- von der Planung des Kennedy-Attentats gewusst haben, ist eine andere Geschichte.

EINE VERSCHWÖRUNG GEGEN CONNALLY?

Michael Milan, der über seine Rolle als Teil eines geheimen Teams der US-Regierung, das mit dem Lansky-Syndikat zusammenarbeitete, schrieb, sagt, dass es mindestens mehrere in Dallas operierende Personen gab, die glaubten, sie seien nicht an einer Verschwörung zur Ermordung von John F. Kennedy beteiligt, sondern stattdessen an einer Verschwörung zur Ermordung des texanischen Gouverneurs John B. Connally. Laut Milan spielte er (Milan) eine Rolle bei der Vertuschung des Mordes an JFK. Milan behauptet, dass er nach dem Attentat von J. Edgar Hoover persönlich nach Dallas geschickt wurde. Milan hatte den Auftrag, einen Taxifahrer namens Brinkman zu töten. Milan traf sich mit Brinkman und begann, ihn zu verhören.

Als Milan fragte, wer den Mord organisiert habe, antwortete Brinkman: „Ich hatte den Kerl nie gesehen, bevor uns diese Tussi aus [Jack Rubys] Carousel Club vorgestellt hat. Und ich habe niemanden erschossen. Da waren ich und zwei andere Typen. Wir waren nicht einmal hinter dem Präsidenten her. Wir sollten auf den Gouverneur schießen, aber es ging alles viel zu schnell. Sie waren schon weg, bevor irgendjemand etwas unternommen hatte. Ich glaube, es gab noch zwei andere Jungs, die das taten, was ich tun sollte. Aber ich weiß nicht, wer sie waren oder wo sie sich zu Beginn der Schießerei befanden. Wir sollten auf den Gouverneur schießen, wenn sie vorbeikamen, und uns dann aus dem Staub machen. Das ist alles. Aber es ist nichts passiert. Ich meine, es ist alles passiert und ich bin da schnell rausgekommen".[478]

Milan beendete seine Mission und tötete Brinkman. Als er nach Washington zurückkehrte, wurde er, wie er sagte, am Flughafen von Hoover begrüßt, der sagte: „Sie wissen schon zu viel. Also sage ich einfach: Johnson. Selbstverständlich. Wir halten uns auf Distanz. Verstehen Sie?"[479]

---

[476] Kantor, S. 127.
[477] *Ibid.*, S. 209.
[478] Mike Milan. *The Squad: The U.S. Government's Secret Alliance With Organized Crime* (New York: Shapolsky Publishers, 1989), S. 232-234.
[479] *Ibid.*

Ist es eventuell denkbar, dass Jack Ruby nicht bewusst in eine Verschwörung verwickelt war, die auf John F. Kennedy abzielte, sondern seiner Meinung nach eher auf John B. Connally? Kann man das Gleiche für Oswald sagen? Ist es möglich, dass beide Männer im Rahmen einer noch größeren Verschwörung, von der sie nichts wussten, manipuliert wurden? Dies ist reine Spekulation, aber man sollte sie in Betracht ziehen.

Lanskys Verbindung zu Rubys Rolle bei der Verschwörung und Vertuschung des JFK-Attentats geht viel weiter als das, was wir bisher erforscht haben.

LANSKYS KURIER IN DALLAS

Einen Tag vor der Ermordung von JFK war Jim Braden, einer der langjährigen persönlichen Kuriere von Meyer Lansky, zu Besuch in Dallas. Er war auch auf der Bühne am Dealey Plaza, als JFK ermordet wurde, er wurde von der Polizei in Dallas festgenommen und später wieder freigelassen. In den klassischen Erzählungen über die Rolle des organisierten Verbrechens bei der Verschwörung zur Ermordung von JFK wurden Bradens seltsame Machenschaften in Dallas oft hervorgehoben. Was jedoch ignoriert wurde, war seine enge Beziehung zu Meyer Lansky.

David Scheim liefert seinen Lesern in *Contract on America* eine lange Auseinandersetzung mit Braden, erwähnt aber nie seine Verbindung zu Lansky. Scheim zieht es vor, beim Leser den Eindruck zu hinterlassen, dass Braden ein Kurier der „Mafia" und nicht ein Kurier von Lansky war.[480]

Sogar G. Robert Blakey und Richard Billings (Scheims Hauptquelle) geben in ihrem Buch zu, dass Braden anscheinend ein „persönlicher Kurier" von Lansky war. Blakey und Billings werden sagen: „Letztendlich konnten wir nicht mit Sicherheit feststellen, ob Braden mit der Mafia verbunden war oder ob seine Aktivitäten in Dallas mit dem Attentat in Verbindung standen."[481]

Was Blakey jedoch nicht erwähnt, ist, dass Braden eine Schlüsselfigur in Lanskys Syndikat des organisierten Verbrechens war, dass er ein Gründungsmitglied des von Lansky finanzierten Country Clubs von La Costa war. In Kapitel 10 gehörte Blakey, wie wir gesehen haben, zu den Mitarbeitern von Morris Dalitzone, einem der Gründer von La Costa und Partner von Lansky, nachdem Dalitz und seine Partner *das Penthouse Magazine* verklagt hatten, weil es die Verbindungen zum Mafia-Hotel Carlsbad in Kalifornien verbreitet hatte. Blakey diente in der Tat als moralische Referenz für Lanskys Syndikat, das das Hotel gegen die Anschuldigungen verteidigte - Blakey würde aus offensichtlichen Gründen nicht damit prahlen, wenn er sich selbst als Verfechter des Verbrechens bezeichnete.

BRADEN, RUBY & FERRIE

Der verstorbene Bernard Fensterwald liefert uns einige interessante Details über die Aktivitäten des Lansky-Kuriers: „Braden hatte auch andere erstaunliche Verbindungen, die ebenfalls nie von der Warren-Kommission aufgedeckt worden waren. Jim Braden hatte das gleiche Büro in Dallas der H. L. Hunt Oil Company, wo Jack Ruby am 21. November 1963 - am Nachmittag vor dem Attentat - und etwa zur gleichen Zeit gewesen war.

---

[480] David Scheim. *Contract on America*. (New York: Shapolsky Publishers, Inc., 1988), S. 45-47.
[481] G. Robert Blakey und Richard N. Billings. *The Plot to Kill the President* (New York: Times Books, 1981), S. 396.

„Braden übernachtete auch im Cabana Motel in Dallas - einer „Unterwelthöhle", die von Jack Ruby und seinen verschiedenen Geschäftspartnern frequentiert wurde. Ruby besuchte das Cabana Motel am Vorabend des Attentats, dem 21. November 1963, gegen Mitternacht, während Jim Braden dort zu Gast war. Braden hat auch eine mögliche Verbindung zum verstorbenen David Ferrie. Laut den von Peter Noyes aufgezeichneten Informationen arbeitete Braden von einer bürokratischen Suite aus - Zimmer 1701 - im Pater Marquette Building in der

New Orleans im Herbst 1963, in den Wochen unmittelbar vor dem Attentat. Im selben Zeitraum, Ende 1963, arbeitete David Ferrie für den Mafiaboss Carlos Marcello auf derselben Etage ... im selben Gebäude ... direkt am Ende von Bradens Flur, in Zimmer 1707.[482]

[Fensterwald fügt hinzu, dass Noyes zusätzliche Beweise dafür fand, dass Braden in der Vergangenheit Zimmer 1706 als seine Adresse angegeben hatte - direkt neben Ferrie! In Kapitel 11 haben wir uns ausführlich mit der Rolle des CIA-Agenten David Ferrie und seiner Verbindung zum JFK-Mordkomplott befasst. Die von Fensterwald angeführten Beweise ziehen die Maschen des Netzes nur noch enger)

Die Tatsache, dass sich einer von Meyer Lanskys wichtigsten Kurieren in Dallas aufhält und sich in Rubys Aktionsradius bewegt, ist ein Beweis dafür, dass Meyer Lanskys Griff in Dallas in Gang war, und höchstwahrscheinlich die direkte Verbindung zwischen Lansky und Ruby.

Laut Mickey Cohen, Lanskys Handlanger an der Westküste (Rubys Vorbild), waren Kuriere wie Braden innerhalb des Lansky-Syndikats sehr wichtig: „Wichtige Nachrichten kamen nie per Telefon. Alles, was mit einem Coup zu tun hatte, mit einem Spielbetrieb, mit der Tatsache, dass man irgendwohin gehen oder jemanden besuchen wollte, wurde per Kurier erledigt. Vor dreißig Jahren machte man sich noch Sorgen wegen der Abhörung. Selbst Geld wurde nur von Person zu Person verhandelt. Wenn jemand Geld hatte, das hin und her ging, setzte man einen Mann in ein Flugzeug." [483]

Michael Milan, ein weiterer Partner Lanskys, schrieb ebenfalls über die Bedeutung der Mafiakuriere und die Notwendigkeit der Geheimhaltung. „Jedes Mal, wenn Herr Lansky zu einem Treffen kam, hatte er seinen Anteil immer im Voraus berechnet. Er behielt auch alles im Kopf". [484]

Es gibt jedoch Beweise dafür, dass Ruby und Braden tatsächlich eine sehr enge Verbindung hatten. Lanskys Kurier Jim Braden war auch ein „Freund"[485] von Lanskys Vertreter in Mexiko-Stadt, „Happy Meltzer", den wir früher in diesem Kapitel als Leiter einer Drogenoperation kennengelernt haben, in die Ruby offensichtlich verwickelt war.

Anscheinend ist es möglich, dass Jim Braden tatsächlich eine Nachricht von Lansky an Ruby weitergeleitet hat. Doch was auch immer seine Rolle in Dallas war, es besteht kein Zweifel daran, dass er aus einem bestimmten Grund dort war. Es war kein Zufall, sondern eine Verschwörung. All dies sind Punkte, die zusammengenommen, wie bereits erwähnt, darauf hindeuten, dass die Verbindung zwischen Lansky und Ruby viel enger ist, als man denken könnte, und viel enger, als uns einige „Verbrechensaufklärer" weismachen wollen. Was darüber hinaus besonders interessant ist, ist eine weitere Verbindung zwischen Lansky

---

[482] Fensterwald, S. 288.
[483] Mickey Cohen und John Peer Nugent. *Mickey Cohen: In My Own Words.* (Englewood Cliffs, N.J.: Prentice-Hall, Inc., 1975), S. 129.
[484] Mailand, S. 10.
[485] Peter Dale Scott. *Deep Politics and the Death of JFK.* (Berkeley, California: University of California Press, 1993), S. 143.

und Ruby, die nach der Ermordung von JFK und nach dem Mord an Lee Harvey Oswald auftauchte.

MELVIN BELLI KOMMT IN DIE STADT

In Kapitel 13 behandelten wir die seltsame und wenig bekannte Rolle von Mickey Cohen, Meyer Lanskys Handlanger an der Westküste, bei der Verschwörung zum Mord an JFK. Cohen - selbst ein langjähriger Geschäftspartner von Ruby und Vorbild des Dallas-Gangsters - war offensichtlich eine Schlüsselfigur in dem Verschwörungsnetzwerk. Es war Melvin Belli, Cohens alter Freund und Anwalt, der sich als Jack Rubys Verteidiger vorstellte.

Belli und Cohen kannten sich seit Jahren. Tatsächlich war Belli ein Stammgast des Nachtclubs Le Rondelli in Los Angeles, dessen heimlicher Besitzer Cohen war. Und, wie bereits angemerkt, war er auch Cohens Anwalt.

Die beiden standen sich so nahe, dass Belli Cohen sogar einmal als „Harvard-Professor O'Brien, der einen Vortrag über Steuergesetze halten würde"[486], bei einem Treffen der American Bar Association in Miami vorgestellt hatte.

Wie Cohen in seinen Memoiren berichtet, betrat der Mafioso aus Los Angeles das Podium und begann dann eine Weile zu plappern, hauptsächlich um nichts zu sagen. Dann schloss er: „Ich rate Ihnen allen, Ihre Steuern genau zu bezahlen".[487]

Blakey und Billings haben sich in *The Plot to Kill the President* mit den Umständen befasst, unter denen der Anwalt von Lanskys Handlanger dazu kam, Jack Ruby zu vertreten:

„Wie Melvin Belli, ein landesweit bekannter Anwalt aus erster Instanz, dazu gebracht wurde, Rubys Verteidigung zu übernehmen, war umstritten. Wir hörten, dass Seymour Ellison, ein Partneranwalt von Belli, einen Anruf von einem „Anwalt aus Las Vegas" erhalten hatte, der erklärte: „Sy, einer unserer Jungs hat gerade den Hurensohn umgelegt, der den Präsidenten erschossen hat. Wir können den Fall nicht übernehmen, aber es gibt eine Million Dollar für Mel, wenn er sich bereit erklärt, den Fall zu übernehmen".

„Ellison bestätigte uns, dass er den Telefonanruf erhalten hatte, sagte aber, dass er sich nicht an den Namen des Anwalts aus Las Vegas erinnern könne und der Anruf habe nichts ergeben. Belli erzählte uns eine andere Geschichte. Er sagte, Earl Ruby sei drei Tage nach der Verhaftung seines Bruders nach Kalifornien gekommen; er habe beobachtet, wie Belli in einem Gerichtssaal in Los Angeles eine Mordverteidigung abgeschlossen habe, und habe ihn gebeten, den Fall zu übernehmen.

Belli erklärte, dass er zunächst abgelehnt hatte. Er hatte erfahren, dass sein Honorar durch den Verkauf von Rubys Geschichte an Zeitungen bezahlt werden würde, und er wollte nicht an dieser Art von Missbrauch beteiligt sein. Dennoch überzeugte ihn Earl Ruby, so Belli, und er übernahm den Fall mit fünf Zielen vor Augen: Jack Ruby zu retten, das Gesetz zu stärken, zu zeigen, dass die derzeitigen rechtlichen Kriterien für Wahnsinn unangemessen sind, das moderne Recht mit der modernen Wissenschaft zu verbinden und Dallas dabei zu helfen, „sein Problem zu lösen".[488]

Interessanterweise berichten Blakey und Billings, dass Rubys Bruder Earl eine andere Version der „offiziellen" Geschichte erzählt hatte. Sie nehmen auch einen flüchtigen Bezug auf die Beziehung zwischen Ruby und Cohen.

Sie stellten fest, dass „Ruby seinen Freunden gerne erzählte, dass er Mickey Cohen kenne", und schlussfolgerten: „Wir konnten nicht mit Sicherheit wissen, wie gut Ruby

---

[486] Cohen, S. 200.
[487] *Ibid.*
[488] Blakey & Billings, S.325

Cohen kannte, der auch in Chicago aufgewachsen war, aber er bewunderte ihn und versuchte, ihn nachzuahmen".[489] In Bezug auf Bellis Entscheidung, Ruby zu verteidigen, erklärten Blakey und Billings: „Wir fanden es schwer zu glauben, dass Belli nicht eine beträchtliche Summe für Rubys Verteidigung erhalten hatte."[490] Die beiden stellten auch fest: „Wir haben die Möglichkeit in Betracht gezogen, dass Belli nach Mexiko gegangen ist, um eine Summe für Rubys Verteidigung zu holen, aber wir haben keine Beweise dafür gefunden, dass er das getan hat." [491]

Auf jeden Fall scheiterte Rubys Verteidigung durch Belli. Ruby wurde für schuldig befunden und zum Tode verurteilt. Rubys Familie entließ Belli offiziell. Rubys Tod wurde jedoch kurz bevor er erneut wegen des Mordes an dem mutmaßlichen Mörder vor Gericht gestellt werden sollte, bekannt gegeben. Infolgedessen wurde jede endgültige Abgrenzung von Rubys Rolle im Szenario des JFK-Mordes zu einem weiteren Rätsel in einer Reihe endloser Rätsel. Jack Ruby konnte nie sagen, was er wusste.

Dies war jedoch nicht das Ende von Melvin Bellis Rolle in der JFK-Kontroverse. Wie der Ermittler Mark Lane in seinem zweiten Buch über das Attentat, *A Citizen's Dissent*, feststellte, erschien Belli als einer der Hauptverteidiger der offiziellen Version des Attentats der Warren-Kommission.

Laut Lane wollte die ABC-TV-Sendung Les Crane eine Debatte zwischen Lane und Belli inszenieren. „Ich war weniger optimistisch, denn obwohl ich auf meine Kenntnis der Fakten vertraute, waren Bellis fast legendäre rednerische Heldentaten ihm an der Ostküste vorausgegangen."[492]

Lane berichtet, dass er später einen Anruf vom Produzenten erhielt, in dem ihm mitgeteilt wurde, dass die Debatte abgesagt worden sei. Der Produzent sagte: „Es ist die Kohle von ABC. Sie haben gerade nein gesagt. Punkt. Sie sagen, dass man die Fakten und die eidesstattlichen Erklärungen hat und dass es die Zuschauer nur verwirren würde".[493] Aber die Sendung selbst wurde eigentlich nicht abgesagt - nur die Debatte zwischen Lane, dem Warner, und Belli.

„Es ist nur so, dass wir Sie nicht behalten können", wurde Lane gesagt. Es wird sowieso eine Debatte geben. Wir werden Oswalds Mutter suchen".[494] Lane fasste die Situation wie folgt zusammen: „Und so kam es, dass die erste Sendung, die beide Seiten der Kontroverse präsentierte, den prächtigen Melvin Belli zeigte, der tausend Jurys gewann und von einer wenig gebildeten Witwe gekontert wurde. Frau Oswalds heftige Reaktionen waren verdienstvoll, aber ihr Mangel an Faktenkenntnis und Bellis Einschüchterungstaktik reduzierten die Sendung auf das niedrige Unterhaltungsniveau, das der Sender offensichtlich anstrebte."[495]

Nach einigen Verhandlungen stimmte Belli schließlich zu, auf der Bühne zu debattieren, unter einer einzigen Bedingung - dass beide Smokings tragen. Es würde drei Debatten geben. Während der ersten Debatte in San Francisco betrat Belli die Bühne, trug einen Umhang über seinem Smoking und fällte in seinen Schlussbemerkungen sein endgültiges Urteil über die Verschwörung zur Ermordung von JFK. Er erklärte: „Wenn wir dem FBI, der CIA und Earl Warren nicht trauen können, dann möge Gott Erbarmen mit uns haben."[496]

---

[489] *Ibid.*, S. 327
[490] *Ibid.*
[491] *Ibid.*
[492] Mark Lane. *A Citizens Dissent* (New York: Holt, Rinehart & Winston, 1968), S. 30-31.
[493] *Ibid.*
[494] *Ibid.*
[495] *Ibid.*
[496] *Ibid.*, S. 34.

Die Medien der herrschenden Klasse hielten es jedoch nicht für nötig, die Umstände dieser Debatte öffentlich zu machen, obwohl Belli selbst, wie Lane betont, in gewisser Weise eine Berühmtheit ist. Lane stellte fest: „Wenn in San Francisco in Bellis Büro eingebrochen wird oder er sich bereit erklärt, eine barbusige Tänzerin abzubilden, kommt er in die Schlagzeilen und ist wiederholt auf den Fernsehbildschirmen zu sehen. Die an diesem Abend Versammelten waren wahrscheinlich das größte Publikum, das seit vielen Jahren in San Francisco einer Debatte beiwohnte. Dennoch erschien am nächsten Tag in keiner der drei Tageszeitungen ein Wort über die Debatte".[497]

DIE VERSCHLEIERUNG DURCH DIE MEDIEN

Die anschließende Debatte zwischen Lane und Belli in New York war mit Pressevertretern überfüllt. Allerdings, so Lane, „erwähnte nicht eine einzige Tageszeitung in New York und vielleicht sogar im ganzen Land die Tatsache, dass die Veranstaltung stattgefunden hatte."[498] Dies, obwohl es in New York zu dieser Zeit ein halbes Dutzend Zeitungen gab.

Lane kommentierte: „*Die New York Times* definiert sich selbst als Referenzzeitung. Was nicht auf ihren zahlreichen Seiten zu finden ist, hat demonstrativ nicht stattgefunden. Aus diesem Grund ist das Belli-Treffen in New York bei einigen als die Debatte bekannt, die nie stattgefunden hat".[499]

Dass ein prominenter Anwalt, der Mickey Cohen, eine Schlüsselfigur in Meyer Lanskys internationalen kriminellen Geschäften (und ebenfalls ein wichtiges Rädchen in Israels globalen Machenschaften), vertreten hatte, später dazu überging, Jack Ruby zu vertreten, ist eindeutig bezeichnend.

EIN GUT PLATZIERTER KURIER

Obwohl Jack Rubys wahre Rolle bei der Planung der Verschwörung zur Ermordung von JFK wahrscheinlich nie vollständig bekannt werden wird, besteht am Ende kein Zweifel daran, dass Ruby zu einem wesentlichen Faktor bei der Vertuschung geworden ist. Der Mord an Lee Harvey Oswald brachte den einzigen Mann zum Schweigen, der wahrscheinlich zumindest einige der fehlenden Puzzleteile hätte füllen können. Jack Ruby war ein gut situierter Kurier, nicht nur für Meyer Lansky und sein weltweites Verbrechersyndikat, sondern offenbar auch für den geheimen Zweig der CIA. Ruby machte seinen Job und er machte ihn gut.

Obwohl Ruby versuchte, sich frei zu äußern, weigerte sich die Warren-Kommission, ihr zu erlauben, nach Washington zu kommen, um ihre Geschichte zu erzählen. Die Geschichte des Vorsitzenden Richters Earl Warren, der Ruby die Möglichkeit verweigerte, Dallas zu verlassen und ihre Geschichte zu erzählen, ist ein berühmter Teil der Folklore zum JFK-Mord. Folglich hatte Ruby nie die Chance, ihre Version dessen zu erzählen, was wirklich geschah.

Jack Ruby war in der Tat „der unwiderlegbare Beweis, der Stein von Rosette, die Nase in der Mitte des Gesichts". Vielleicht war er sogar, wie Lee Harvey Oswald selbst proklamierte, ein „Sündenbock". Als einfacher, wenn auch letztlich bedeutender Schauspieler spielte Ruby eine Hauptrolle in einem Drama, das weit über seinen schäbigen

---

[497] *Ibid.*
[498] *Ibid.*, S. 36.
[499] *Ibid.*

Club Karussell in Dallas hinaus orchestriert wurde. Ruby war Kurier in einer Operation, bei der es um viel ging - die Ermordung eines amerikanischen Präsidenten - und die von der gemeinsamen Allianz von Meyer Lanskys Verbrechersyndikat, der CIA und dem israelischen Mossad durchgeführt wurde.

EINE SELTSAME GESCHICHTE

Als das Buch kurz vor der Fertigstellung stand, wurde der Autor auf eine sehr merkwürdige Geschichte über Jack Ruby aufmerksam gemacht, die schon deshalb wiederholt werden sollte, weil sie in die Archive gehört, vor allem angesichts unserer Behauptung, dass Israel tatsächlich an der Ermordung von John F. Kennedy beteiligt war.

Bevor wir die Geschichte selbst erzählen, sollten wir ein paar Worte zur Glaubwürdigkeit der Quelle sagen.

Die Originalquelle war eine inzwischen verstorbene Frau aus Idaho namens Grace Pratt, die die Geschichte einem Freund (der inzwischen in Oregon lebt) erzählte, dessen Name anonym bleiben soll. Der Autor sprach mit dem Mann aus Oregon, einem alten Rentner, und kam zu dem Schluss, dass er fest an die Zuverlässigkeit von Frau Pratt glaubte. Er stellte dem Verfasser eine schriftliche Zusammenfassung dessen zur Verfügung, was Frau Pratt ihm über ihre Verbindung zu Jack Ruby erzählt hatte. Die Notiz - in ihrem relevanten Teil - lautet wie folgt:

„In Idaho lernte ich in den 1960er Jahren George und Grace Pratt kennen, die nach ihrer Pensionierung von Kalifornien nach Nampa gezogen waren. Die Pratts wurden sehr gute Freunde. George hatte im Marinearsenal gearbeitet und Grace hatte viele Jahre lang in mehreren Spitzenrestaurants in San Francisco gekocht.

„Sie hatte lange für Tiny's gearbeitet." Tiny's hatte ein Restaurant und eine Bar nebeneinander mit einer Tür dazwischen, die in den Vorraum zwischen dem Speisesaal und der Küche führte. Die Bar wurde von Jack Ruby geleitet. Er kümmerte sich auch um die Damen im Keller. Die Bar war ein Treffpunkt für die „Unterwelt". Nach dem Ansturm beim Abendessen richtete Grace sich einen Teller und einen Teller für Jack Ruby her, und sie aßen im Vorzimmer.

„Eines Tages hörte sie einen Aufruhr und blickte gerade noch rechtzeitig auf, um das Zischen einer schallgedämpften Pistole zu hören. Ein Mann war zur Tür geeilt und fiel tot zu Boden. Ein großer, kräftiger Mann kam zurück, packte sie am Arm, bis sie dachte, er würde sie zerquetschen, und sagte: „Du hast nichts gesehen, oder? Du hast nichts gehört, oder? Sie antwortete: „Nein, ich war in der Küche. Ich habe nichts gesehen. Ich habe nichts gehört." Von da an hatte sie ihr Vertrauen. Jack teilte ihr viel von dem mit, was in der Bar passiert war. Jeder, der Jack Ruby so gut kannte, konnte immer erkennen, dass er kam und ging.

VERBINDET MIT ISRAEL?

„Sechs Tage, nachdem Jack Rubys Beerdigung in der Presse angekündigt worden war, rief mich Grace ganz aufgeregt an und sagte: „Ich habe mir die Nachrichten angesehen. Sie haben die Fernsehkamera über einen Laufsteg zu einem Flugzeug gebracht, das von New York nach Israel fliegen sollte, und wer, glauben Sie, ist auf den Laufsteg gegangen? Ich schrie George im anderen Zimmer an, rief ihn und sagte: „Komm schnell! Jack Ruby steigt in das Flugzeug!"

„Oben auf der Gangway blieb er stehen, drehte sich um und blickte direkt in die Kamera, lüftete seinen Hut und stieg in das Flugzeug. Sie sagte, sie habe gedacht, dass er jemandem die Nachricht überbrachte, dass er es geschafft hatte und nun auf dem Weg war.

Die Pratts waren schockiert. Sie sagte, dass es bereits eine Reihe von Zeugen in Bezug auf das Attentat auf JFK gegeben hatte, die auf mysteriöse Weise ums Leben gekommen waren. Zwei Jahre nachdem sie gesehen hatte, wie er an Bord nach Israel ging, hörte sie, dass Ruby nach Brasilien geflogen war.

„ Ich musste ihr versprechen, bis nach ihrem Tod niemandem zu erzählen, was sie mir gesagt hatte. Grace ist nun schon seit etwa zehn Jahren tot. Da ich Grace und ihre Glaubwürdigkeit kenne, glaube ich jedes Wort.

Wenn jemand die Macht hätte, das Grab zu überprüfen, um die „Leiche" exhumieren zu lassen, könnte das sehr aufschlussreich sein".[500]

So endet die seltsame Notiz, die der Autor erhalten hat. Die Worte sprechen für sich selbst.

Die Quelle, die dem Autor diese ungewöhnliche Notiz zur Verfügung gestellt hat, glaubt fest daran, dass Frau Pratt Jack Ruby gut kannte und dass Frau Pratt selbst davon überzeugt war, dass sie gesehen hatte, wie Ruby in das Flugzeug nach Israel gestiegen war.

Eine andere Person, die Frau Pratt kannte, sagte dem Autor, dass sie eine sehr glaubwürdige Person sei, die keine Geschichten erzähle, und dass sie tatsächlich ihre Beziehung zu Ruby erwähnt habe (obwohl sie ihm nicht die Geschichte erzählt habe, wie sie nach Israel gegangen sei).

Ist diese Geschichte der Fantasie einer Frau entsprungen? Hat Frau Pratt gesehen, was sie glaubte, gesehen zu haben? Ist es möglich, dass Frau Pratt uns einen weiteren Schlüssel geliefert hat, der Israel mit den tiefsten Ebenen der Verschwörung zur Ermordung von JFK verbindet?

Man darf nicht vergessen, dass selbst während diese Worte geschrieben werden, viele führende Politiker in Israel und die Leiter der Israel-Lobby in den USA unermüdlich daran arbeiten, den israelischen Spion amerikanischer Abstammung Jonathan Jay Pollard zu begnadigen, der zu lebenslanger Haft verurteilt wurde, weil er amerikanische Verteidigungsgeheimnisse an Israel weitergegeben hatte. Ist es vielleicht möglich, dass eine ähnliche geheime Abmachung im Namen von Jack Ruby getroffen wurde? Ist es möglich, dass Ruby aus „humanitären" Gründen diskret aus dem Gefängnis entlassen wurde und nach Israel ausreisen durfte? (Immerhin könnte man argumentieren, dass es Ruby war, der zum Helden geworden war, als er „den Mann, der Präsident Kennedy getötet hat", tötete). Ist es möglich, dass die Entscheidung getroffen wurde, Ruby unauffällig außer Landes zu bringen, damit es nicht zu einem weithin beachteten Prozess kommt, in dem Rubys Verbindungen aufgedeckt werden?

JEMAND RUBY GEHOLFEN HAT

Interessanterweise veröffentlichte die *Washington Daily News* am 6. Oktober 1966, zu der Zeit, als Ruby ein neues Verfahren zugesprochen wurde, einen Artikel, in dem verkündete, dass „Es ist möglich, dass Ruby nach einem zweiten Verfahren freigelassen wird". In dem Artikel wurde ihr Anwalt zitiert, der sagte, dass der Fall so einfach sei, dass „jemand, der gerade von der juristischen Fakultät kommt, sich darum kümmern könnte."[501]

Außerdem ist ein wenig beachteter Artikel der Kriminalreporterin Dorothy Kilgallen interessant, die sich intensiv mit dem JFK-Fall beschäftigte.

In ihrem Artikel mit der Angabe DALLAS, 21. Februar, in dem sie über Rubys Prozess berichtet, berichtet Miss Kilgallen, dass „eines der bestgehüteten Geheimnisse des

---

[500] Memorandum, das dem Autor zur Verfügung gestellt wird, und Gespräch mit dem Autor über das Memo.
[501] *Washington Daily News*, 6. Okt. 1966.

Prozesses gegen Jack Ruby das Ausmaß ist, in dem die Bundesregierung mit der Verteidigung kooperiert. Die beispiellose Allianz zwischen Rubys Anwälten und dem Justizministerium in Washington könnte dem Fall das einzige dramatische Element verleihen, das ihm fehlt: DAS MYSTERIUM."[502]

Miss Kilgallen enthüllte, dass eine Vereinbarung zwischen Rubys Anwälten und dem FBI, „Rubys Partei mit Tonnen von nützlichen Informationen versorgt, die sie ohne die FBI-Männer (G-Men) niemals hätten bekommen können - unter der Bedingung, dass sie überhaupt nicht nach Rubys mutmaßlichem Opfer Lee Harvey Oswald fragen würden.

Es scheint, dass Washington etwas über Oswald weiß oder vermutet, von dem es nicht will, dass Dallas und der Rest der Welt es wissen oder vermuten. Warum wird Oswald im Dunkeln gehalten, als obskure Figur, wie sie es gut können, während die Verteidigung versucht, ihren Mörder mithilfe von FBI-Informationen zu retten? Wer war Oswald?"[503]

Miss Kilgallen könnte die Antwort auf die Fragen gefunden haben. Sie soll kurz vor ihrem „zufälligen" Tod infolge einer kombinierten Überdosis Drogen und Alkohol mehreren Freunden erzählt haben, dass sie kurz davor stand, den Kennedy-Fall zu lösen. Die Tatsache, dass Rubys Weg in eine mögliche Freiheit vom FBI (während ihres ersten Prozesses) begünstigt wurde, wirft Fragen auf. Dann in Verbindung mit ihrem berichteten „Tod" vor einem zweiten Prozess - vor allem, wenn man die Geschichte betrachtet, die die verstorbene Grace Prat erzählt hat - vertieft sich das Rätsel.

Ist Jack Ruby wirklich im Gefängnis gestorben oder ist er heimlich in die jüdische Heimat Israel ausgewandert? *Die Antwort auf diese Frage steht nicht in direktem Zusammenhang mit der These vom Jüngsten Gericht, aber sie könnte ein Rätsel sein, das eine nähere Untersuchung verdient.* Vielleicht könnte ein unternehmungslustiger Forscher die Frage beantworten: „Was geschah mit Jack Rubys Leiche?".

HINWEIS ZUR ERINNERUNG: Nach der Veröffentlichung der ersten Auflage von *Endgültiges Urteil* stieß der Autor auf einen obskuren Band mit dem Titel *The Ruby-Oswald Affair*, der 1988 erschienen war. Der Autor war der verstorbene Alan Adelson, der als Anwalt der Familie von Jack Ruby bei der Bestätigung von Rubys Testament fungiert hatte. Adelson starb kurz vor der Veröffentlichung seines Buches. Am Anfang des Buches beschreibt er, wie er zusammen mit Rubys Bruder Earl an Rubys Beerdigung teilnahm:

„Die Beerdigung war ein Fall für den geschlossenen Sarg gewesen. Mir war sofort klar, dass der geschlossene Sarg Fragen aufwerfen würde. Wer konnte wissen, ob Jack wirklich im Sarg lag? Ich hatte Gerüchte gehört, dass Kennedy nicht wirklich tot war, sondern sich in Südamerika versteckt hatte. „Earl", sagte ich, lass sie es sehen. Ich weiß, es klingt schrecklich, aber lassen Sie uns dem Ganzen ein Ende setzen". Der Sargdeckel wurde geöffnet, und zum ersten Mal sah ich Jack, den Mann, den ich fast so gut kennenlernte, wie ich mich selbst kannte".[504] Soweit ich weiß, ist dies die einzige bekannte Referenz von jemandem, der Jack Ruby tatsächlich im Sarg gesehen hat. In diesem Fall stammte die Referenz von einer Person, die Jack Ruby nicht wirklich persönlich gekannt hatte. Obwohl die Fotografien von Lee Harvey Oswald (sowohl während seiner Autopsie als auch im Sarg) sowie die Fotografien von John F. Kennedy (während seiner Autopsie) weit verbreitet waren, gibt es keine solchen Fotografien von Ruby.

Ehrlich gesagt finde ich nicht, dass Adelsons posthum veröffentlichte Behauptung, „Jack" (einen Mann, den er nie lebend gesehen hat) gesehen zu haben, eine Widerlegung

---

[502] *Philadelphia News*, 22. Februar 1964.
[503] *Ibid.*
[504] Alan Adelson. *The Ruby-Oswald Affair*. (Seattle, Washington: Romar Books, Ltd., 1988), S. 6.

der Geschichte von Grace Pratt darstellt. Zur Erinnerung scheint es jedoch angebracht, die Adelson zugeschriebenen Kommentare zu protokollieren.

DAS LETZTE GEHEIMNIS - RUBY UND DIE ADL

Am 27. Juni 1964 sagte Stanley Kaufman, Rubys Anwalt und langjähriger Freund, vor der Warren-Kommission aus und gab Folgendes an:
„Was die Anti-Defamation League betrifft, so habe ich zwar gesagt, dass ich mit FBI-Agenten darüber gesprochen habe, aber nicht im Rahmen eines Gesprächs mit Jack." Kaufman fuhr mäandernd fort und schloss dann: „Ich möchte, dass der Bericht korrekt ist, denn ich glaube nicht, dass Jack Ruby und ich jemals über die Anti-Defamation League gesprochen haben...".

Offensichtlich wollte Kaufman verhindern, dass die ADL, ein Zweig des israelischen Mossad, mit Jack Ruby in Verbindung gebracht wird. Welche Verbindung hatte Ruby also zur ADL? War er vielleicht ein Informant der ADL? War er ein Mittelsmann der ADL für die Polizei von Dallas? Welchen Einfluss hatte die ADL ggf. auf Ruby? Die Antworten auf diese Fragen wären aufschlussreich.

NEUE ENTHÜLLUNGEN....

Wie sich die Leser auf den ersten Seiten von „Das *jüngste Gericht*" vielleicht erinnern, erhielt der Autor Anfang 2005 ein seltsames Manuskript aus Dallas. Dieses Dokument enthielt eine Vielzahl von Details über die Intrigen rund um die pro-israelische jüdische Elite in Dallas (und Texas im Allgemeinen) und machte Schluss mit dem Mythos, den viele naive „Forscher", die am Fall JFK arbeiteten, vorgebracht hatten, nämlich dass Dallas von John Birchers, einem rechtsgerichteten Anti-Juden, regiert wurde. Die Enthüllungen des Dokuments dürften zusammen mit dem, was in diesem Kapitel über Jack Ruby bereits beschrieben wurde, eifrigen Forschern noch mehr Anhaltspunkte liefern, denen sie nachgehen können.

Ironischerweise habe ich, obwohl ich seit Jahren wusste, dass Sam Bloom, der jüdische Führer von Dallas, mit der Planung von JFKs Reise nach Dallas beauftragt war, diesen Punkt nicht berücksichtigt, da ich entgegen den Behauptungen meiner Kritiker NICHT „unter jedem Stein nach Juden" gesucht habe. Jetzt, dank des Dallas-Manuskripts, muss ich zugeben, dass meine Bemühungen, „gemäßigt" zu sein und mich nicht auf jemanden zu konzentrieren, der zufällig Jude war, dazu geführt haben, dass ich bemerkenswerte israelische Verbindungen in Dallas mit der JFK-Verschwörung übersehen oder ignoriert habe.

Trotz all dessen haben sich die böswilligen Kritiker, die mein Buch und meine Beweggründe als „antisemitisch bis ins Mark" beschuldigten, als falsch, sehr falsch, erwiesen, und was mich betrifft, wäscht mich das von allen Vorwürfen rein. Weil ich nicht aus einer „antisemitischen" Perspektive geschrieben habe, wie die Lügner mir vorwarfen, habe ich sehr ernste Punkte übersehen, die nun glücklicherweise in diesem Buch angesprochen wurden.

UND EIN LETZTER PUNKT: Obwohl Grace Pratts Geschichte über den vorgetäuschten „Tod" von Jack Ruby umstritten ist, habe ich kürzlich einen Artikel aus der Ausgabe von *The Village Voice* vom 6. Februar 1978 erhalten, der von Alexander Cockburn und James Ridgeway verfasst wurde. Der Artikel schenkt der Geschichte von Frau Pratt Glauben. In einem Artikel über die neuen Enthüllungen rund um Lee Oswalds Verbindungen zur CIA schrieben Cockburn und Ridgeway:

„Die Behauptung, Jack Ruby sei noch am Leben und habe von der CIA eine neue Identität erhalten, wurde nicht von erfahrenen Verschwörungsfans erdacht, sondern von einem ehemaligen Mitarbeiter der Agentur selbst aufgestellt.

„Rubys Geschichte - nämlich dass die CIA in Zusammenarbeit mit dem KGB die Ermordung Oswalds durch Ruby sponserte, bevor dieser belastende Details über die Verbindungen zwischen den sowjetischen und amerikanischen Geheimdiensten preisgeben konnte - wurde in den letzten Wochen privat von Frank Snepp, einem ehemaligen CIA-Mitarbeiter, vorgetragen. Snepp veröffentlichte kürzlich *Decent Interval*, eine scharfe Anklage gegen das Verhalten der CIA in den letzten Tagen des Vietnamkriegs".

DIE GESCHIRRTÜCHER VERMISCHEN SICH MIT DEN HANDTÜCHERN

Das ist es, worum es geht. Wir haben die Akteure angesprochen. Wir haben uns mit ihren Motiven befasst. Wir haben die Interaktion zwischen der relativ kleinen Gruppe von Personen angesprochen, die wir mit dem Mordkomplott gegen JFK in Verbindung gebracht haben. Lassen Sie uns einen Schritt weitergehen und einen wesentlichen Berührungspunkt bestimmen, der die verschiedenen - wenn auch eng miteinander verbundenen - Elemente hinter der Verschwörung, die John F. Kennedy das Leben kostete, miteinander verbindet. Dies ist entscheidend, um die zentrale Rolle des israelischen Mossad bei dem Verbrechen des Jahrhunderts zu erkennen und zu verstehen.

KAPITEL XV

Das Geheimnis des Permindex
Israel, die CIA, Lanskys Verbrechersyndikat und das Komplott zum Mord an John F. Kennedy

Um die gemeinsame Verbindung zwischen Lanskys Syndikat des organisierten Verbrechens, der CIA und dem Mossad bei der Verschwörung zum Mord an John F. Kennedy zu verstehen, muss man unbedingt die Bedeutung eines wenig erforschten, in Rom ansässigen Unternehmens erkennen, das unter dem Namen Permindex bekannt ist. Clay Shaw, der Geschäftsmann aus New Orleans, der von Jim Garrison wegen Verschwörung zur Ermordung von JFK angeklagt wurde, saß im Vorstand der Permindex.

Viele Forscher vertraten die Ansicht, dass es sich bei Permindex um ein geheimes Geldwäscheunternehmen der CIA handelte. Shaw hatte natürlich Verbindungen zur CIA. Andere stellten die Theorie auf, dass die Permindex eine Tarnung für ein verlassenes Nazi-Überbleibsel aus dem Zweiten Weltkrieg war. Diese Theorie, so spannend sie auch klingen mag, geht weit über das Ziel hinaus.

Alle stichhaltigen Beweise deuten darauf hin, dass Permindex ein israelisches Unternehmen war - mit engen Verbindungen zur CIA - und untrennbar mit Meyer Lanskys Syndikat des organisierten Verbrechens verbunden war.

Die Enthüllung des Geheimnisses des Permindex bringt das Intrigengeflecht ans Licht, das alle Schlüsselfiguren der Verschwörung miteinander verbindet. Die Permindex-Verbindung ist auch die berühmte „französische Verbindung", die mit der Ermordung von JFK in Verbindung gebracht wird. Und wie wir sehen werden, ist die französische Verbindung in Wirklichkeit die israelische Verbindung.

In Oliver Stones Film *JFK* konfrontiert der Schauspieler Kevin Costner (als Jim Garrison) den Schauspieler Tommy Lee Jones (als Clay Shaw) und präsentiert italienische Zeitungsartikel, in denen die Aktivitäten einer in Rom ansässigen Firma, die als Permindex bekannt ist, dargelegt werden. Shaw, eine Führungskraft im internationalen Handel, saß im Vorstand von Permindex. Das Publikum hat den Eindruck, dass es sich bei der Permindex um eine geheime CIA-Operation handelte, deren Zweck zumindest im Film nie definiert wird.

Wie die Beweise mittlerweile belegen, war die Permindex jedoch ein auf Waffenhandel und Geldwäsche spezialisiertes Mossad-Unternehmen, das gemeinsam mit Lanskys Syndikat des organisierten Verbrechens betrieben wurde. Und Clay Shaw, ein langjähriger CIA-Kontaktmann, der dem Vorstand der Permindex angehörte, war in der Phase des New-Orleans-Komplotts zum Mord an JFK maßgeblich beteiligt.

Hier liegt schlicht und einfach der Schlüssel zu dem Geheimnis hinter der Ermordung von JFK. Hier liegt auch die Erklärung dafür, warum Jim Garrisons Ermittlungen gegen Clay Shaw, den Leiter der Permindex, sabotiert werden mussten. Nicht nur Garrison hatte eine unwiderrufliche Verbindung zur CIA gefunden, sondern er hatte auch (versehentlich) die Verbindung zu Israel entdeckt. Zu diesem Zeitpunkt ahnte Garrison selbst jedoch nicht einmal, wie tief die Verbindung zur Permindex war.

Garrison hatte nur die Spitze des Eisbergs gefunden.

DAS GEHEIMNIS DES PERMINDEX

Der israelische Mossad war die wichtigste Kraft in der Permindex. Tatsächlich war einer der Hauptaktionäre der Permindex-Holding die Banque De Credit International in Genf,[505] , die von Tibor Rosenbaum, dem langjährigen Finanz- und Beschaffungsdirektor des israelischen Mossad, gegründet wurde. Es war die BCI, wie wir in den Kapiteln 7 und 12 gesehen haben, die Meyer Lanskys Hauptbank für Geldwäsche in Europa war. Israelische Biografen, die mit Meyer Lansky sympathisieren, berichten: „Nachdem Israel ein Staat geworden war, wurden fast 90 Prozent seiner Waffenkäufe im Ausland über Rosenbaums Bank abgewickelt. Die Finanzierung vieler von Israels kühnsten verdeckten Operationen wurde durch Gelder der [BCI] ermöglicht."[506] Die BCI fungierte auch als Depotbank für die Permindex.

Die Tatsache, dass Tibor Rosenbaums BCI eine entscheidende Kraft hinter der rätselhaften Firma Permindex war, rückt Israel und seinen Mossad ins Zentrum genau der Verschwörung hinter der Ermordung John F. Kennedys.

Clay Shaws Position in New Orleans, dem Standort einer operativen Ebene der Verschwörung, führte dazu, dass Shaw in die von Jim Garrison geleiteten Ermittlungen verwickelt wurde. Doch die Verschwörung ging noch viel weiter.

Letztendlich musste Garrison, wie wir heute wissen, zugeben, dass der israelische Mossad eng in die Ereignisse in Dallas am 22. November 1963 verwickelt war. Allerdings hatte Garrison dies anfangs sicherlich nicht vermutet und hatte auch keinen Grund dazu. JFKs geheimer Krieg mit Israel war ein unbekannter Faktor in den geopolitischen Ereignissen der damaligen Zeit. Die Aufmerksamkeit konzentrierte sich vielmehr auf die amerikanische Beteiligung in Südostasien.

„LÄNDERÜBERGREIFENDE VERBINDUNGEN"

Bei der Untersuchung des JFK-Mordkomplotts, so der Forscher Peter Dale Scott, „besteht ein erster Schritt darin, anzudeuten, dass eine der Zutaten der komplexen, multizentrischen Intrigen, die zur Ermordung Kennedys führten, die Beteiligung verschiedener unerklärlicher transnationaler Verbindungen war, die jeweils die Grenzen der politischen Gesellschaft Amerikas überschritten und jeweils eigene Motive für die Ermordung des Präsidenten hatten ...".

„Heute eine transnationale Dimension der Affäre anzuerkennen, bedeutet ... anzuerkennen, dass das politische System der USA notwendigerweise ein offenes System ist, und damit zunehmend anfällig für den wachsenden Einfluss von Geld- und Geheimdienstpenetration aus dem Ausland [Hervorhebung durch den Verfasser]...

„Transnationale Beziehungen sind gängige Interaktionsmuster zwischen Geheimdiensten, oft in Verschwörungen, von denen sich die Regierungschefs bestenfalls vage bewusst sind. Manchmal können sie zu offeneren und strukturierteren Vorkehrungen oder Instanzen führen, wie der Anti-Kommunistischen Weltliga, einer Instanz, die im Laufe der Jahre von Ländern wie dem nationalistischen China und Saudi-Arabien finanziert wurde, die immer wieder Verbindungen zum internationalen Drogenhandel unterhalten."[507]

---

[505] Paris Flammonde. *The Kennedy Conspiracy.* (New York: Meredith Press, 1969), S. 219.
[506] Dennis Eisenberg, Uri Dan und Eli Landau. *Meyer Lansky: Mogul des Mobs* (New York: Paddington Press, 1979), S. 276.
[507] Peter Dale Scott. *Deep Politics and the Death of JFK.* (Berkeley, California: University of California Press, 1993), S. 300-301.

Scott merkt außerdem an: „Es ist allgemein bekannt, dass in den 50er und 60er Jahren sowohl die Israel-Lobby als auch die Taiwan-Lobby in Washington mächtig waren und manchmal an gemeinsamen Projekten arbeiteten... Es gab auch eine Nicaragua-Lobby, oder vielleicht genauer gesagt eine Somoza-Lobby, die sich auch mit der israelischen, chinesischen und kubanischen Lobby überschnitt."[508]

(Scott weist beispielsweise darauf hin, dass ein Washingtoner Lobbyist, der Carlos Marcello, dem Mafiaboss von New Orleans, nahesteht, auch als registrierter Lobbyist für Nicaragua und die israelische Flugzeugindustrie tätig war.

Aus den Beweisen, die wir auf diesen Seiten untersuchen werden, geht klar hervor, dass die Permindex, die eine wirklich zentrale Rolle im JFK-Mordkomplott spielte, tatsächlich eine dieser offenen und strukturierten transnationalen „Vorrichtungen oder Instanzen" war, von denen Scott spricht.

WAS IST PERMINDEX?

Was genau war die Permindex? Wie wurde die Permindex zum Zentrum der internationalen Verschwörung, die zur Ermordung von John F. Kennedy führte? Der Bericht des Autors Paris Flammonde über Garrisons Untersuchung aus dem Jahr 1969, *The Kennedy Conspiracy*, enthält wertvolle Informationen über die Permindex, obwohl Flammonde leider nicht weiter in die Tiefe ging, wie er es hätte tun können. Hätte er dies getan, hätte er die Verbindung zwischen dem Syndikat des organisierten Verbrechens und Israel aufgedeckt.

Herr Flammonde zitiert mehrere Artikel in der ausländischen Presse, insbesondere in der italienischen *Paesa Sera* (4. März 1967) und die kanadische Veröffentlichung erschien in *Le Devoir* (16. März 1967) als Quelle für einen Großteil der Informationen, die er seinen Lesern über Permindex zur Verfügung stellt.

Diese Artikel erschienen kurz nachdem der Name Clay Shaw durch Garrisons Ermittlungen in den Fokus der Öffentlichkeit gerückt war und wurden in Oliver Stones Film *JFK* hervorgehoben. Diese Artikel liefern die atypische Geschichte des Permindex und machen seine tatsächlichen Ursprünge deutlich.

„Eine Organisation mit dem Namen Centro Mondiale Commerciale wurde gegründet", berichtete *Paesa Sera*. [Centro Mondiale Commerciale ist der italienische Name für „World Trade Center".] „Seine Ursprünge, seine Funktionen, sein wechselnder Vorsitz, seine geografischen Verschiebungen, seine Unterteilungen, seine aufeinanderfolgenden und alternativen Bezeichnungen waren so komplex und labyrinthisch, dass es unmöglich war, eine vollständige und verständliche Beschreibung in einem Buch von zeitgenössischem Format zu geben."[509]

Das CMC wurde 1961 von einem gewissen Giorgio Mantello gegründet.[510] Der italienische Name war jedoch eine Kokettierie. Mantello war ein osteuropäischer Jude namens Georges Mandel. Bei der Gründung des CMC wurde behauptet, dass das CMC als internationale Handelsorganisation fungieren würde, die dabei helfen würde, ein dauerhaftes globales Netzwerk von Handelsausstellungen aufzubauen, und die bei der Lösung von Problemen im Zusammenhang mit dem Handel im Allgemeinen helfen würde.

Die Permindex war eine Tochtergesellschaft des CMC. Der Name Permindex ist ein Akronym und steht für PERmanent INDustrial EXpositions.[511] Clay Shaw war natürlich

---

[508] *Ibid.*, S. 106.
[509] *Ibid.*, S. 214 (Paraphrase aus Paesa Sera vom 4. März 1967).
[510] *Ibid.*, S. 215.
[511] *Ibid.*

der Gründer und Leiter des International Trade Mart in der wichtigen Hafenstadt New Orleans. Shaws Verbindung zu einem internationalen Handelsunternehmen erscheint also logisch.

Doch die Dinge gehen noch viel weiter, wie die ausländische Presse enthüllte: „Tatsächlich wurde bald klar, dass die scheinbar große und mächtige Struktur kein Fels der Solidarität war, sondern eine Schale der Oberflächlichkeit; sie war nicht auf einem massiven kooperativen Versprechen aufgebaut, sondern bestand aus Kreisläufen, durch die Geld herein- und herauskam, ohne dass jemand die Quelle oder das Ziel dieser Liquidität kannte". berichtet Paris Flammonde.[512]

DIE UNBEKANNTEN SPONSOREN VON CLAY SHAW

Was ist mit Clay Shaw? Wie wurde dieser mondäne Mann aus New Orleans in die seltsame Welt des internationalen Unternehmens, das unter dem Namen Permindex bekannt ist, hineingezogen? Wer waren die Auftraggeber von Clay Shaw?

Was keinem der mit dem JFK-Fall befassten Forscher aufgefallen zu sein scheint, selbst jenen nicht, die Clay Shaws mittlerweile wohlbekannte Verbindungen zur CIA zitieren, ist eine weitere Verbindung Shaws, die ihn noch stärker in das Netzwerk der CIA einbindet - die Verbindung von Lanskys Verbrechersyndikat und dem Mossad.

Wir beziehen uns auf Shaws Verbindung zu Seymour Weiss, der neben Carlos Marcello für Lanskys Syndikat in New Orleans das Sagen hatte und Lanskys Kontaktmann zu Louisianas berüchtigtem „Kingfish" Huey P. Long war.[513]

In Kapitel 10 war es, wie wir gesehen haben, Lansky, der Carlos Marcello als Mafiaboss in New Orleans eingesetzt hatte. Es war jedoch Weiss, der als Geldeintreiber und politischer Kader für Lanskys Syndikat in Zusammenarbeit mit Marcello auftauchte.

Tatsächlich sollte Weiss das Hauptziel der - in Kapitel 10 erwähnten - IRS-Ermittlungen gegen Long sein, die am Tag vor Longs Ermordung eingeleitet wurden, und laut Peter Dale Scott „behaupten einige, dass der Mord an Long im Jahr 1935 arrangiert wurde, um Männer wie Weiss davon abzuhalten, ins Gefängnis zu gehen".[514]

Scott stellte auch fest, dass G. Robert Blakey, der Direktor des House Committee on Murdering, in seinem Bericht über Carlos Marcellos Aufstieg zur Macht in New Orleans „jeden Hinweis auf Seymour Weiss' Rolle"[515] ausgelassen hat. Dies würde natürlich, wie wir in Kapitel 10 festgestellt haben, auf Meyer Lansky hindeuten.

SEYMOUR WEISS UND DIE CIA

Obwohl Weiss schließlich wegen anderer Korruptionsvorwürfe eine Gefängnisstrafe verbüßte, hielt ihn das nicht davon ab, im Vorstand der Firma Standard Fruit and Steamship[516] zu sitzen, die im Zusammenhang mit ihren Aktivitäten in Lateinamerika enge Verbindungen zur CIA unterhielt.[517] In diesem Zusammenhang ist es interessant zu erwähnen, dass vorgeschlagen wurde, dass Weiss ein Schlüsselkontakt der CIA in New

---

[512] *Ibid.*, S. 216.
[513] *Ibid.*, S. 95.
[514] *Ibid.*, S. 97.
[515] *Ibid.*, S. 333.
[516] *Ibid.*, S. 97.
[517] *Ibid.*, S. 102-106.

Orleans war, und dass seine Akte darauf hindeutet, dass er durchaus in der Lage gewesen wäre, ein solcher zu sein.

Tatsächlich hatte Jim Garrison gegen einen in New Orleans ansässigen CIA-Agenten - den allgegenwärtigen und skurrilen Gordon Novel - ermittelt, von dem bekannt war, dass er einen Brief an einen gewissen „Mr. Weiss" geschrieben hatte, in dem Novel die Gefahren der Garrison-Ermittlungen ansprach. Der Brief erschien zu einem Zeitpunkt, als Garrisons Ermittlungen in vollem Gange waren und Novel versuchte, eine Zeugenaussage zu vermeiden.

Viele äußerten die Meinung, dass der fragliche Mr. Weiss wahrscheinlich Novels Vorgesetzter bei der CIA gewesen sei, obwohl andere andeuteten, dass der „Mr. Weiss" ein anderer Weiss - und nicht Seymour - hätte sein können. Wie dem auch sei, es besteht kein Zweifel daran, dass Seymour Weiss - eine führende Figur in Lanskys Syndikat - eng mit der Geheimdienstgemeinschaft verbunden war und im Rahmen seiner Rolle bei Standard Fruit zweifellos in ihrem Namen gearbeitet hat.

Wie aus zahlreichen Büchern hervorgeht, hatten die großen Obstunternehmen enge Beziehungen zur CIA, da ihre direkten Interessen in den sogenannten Bananenrepubliken Lateinamerikas direkt von den Regierungen dieser Länder beeinflusst wurden. Es versteht sich von selbst, dass die CIA seit ihrer Gründung eine wichtige Rolle in den Angelegenheiten Lateinamerikas spielte.

Wo findet man also eine Verbindung zwischen dem Gelehrten Clay Shaw, einem angesehenen Geschäftsmann, und Seymour Weiss, dem Handlanger von Lanskys Syndikat und CIA-Kontaktmann? - In Wirklichkeit ist es eine sehr enge Verbindung.

DIE MÄNNER HINTER SHAW

Es war zu der Zeit, als Weiss Direktor von Standard Fruit war, einem Unternehmen mit Verbindungen zur CIA, dass das mächtige Unternehmen von einem gewissen Rudolph Hecht geleitet wurde, einer wichtigen Figur in der kleinen, aber sehr geeinten und einflussreichen jüdischen Gemeinde von New Orleans.

Zum Zeitpunkt seines Todes im Jahr 1956 war Hecht tatsächlich Vorsitzender des Exekutivkomitees des International Trade Mart[518] geworden, dessen Geschäftsführer Clay Shaw war. Hecht und seine Partner Ted Brent und Herbert O. Schwartz, waren die Kommanditisten von Shaw.

Kurz gesagt: Hecht war Shaws Vorgesetzter. Shaw hielt mit dem Trade Mart eine starke öffentliche Präsenz aufrecht, die ihm seinen Platz in der Gesellschaft von New Orleans eingebracht hatte, während Hecht und seine Partner die wahren Machthaber hinter den Kulissen waren.

Und zu denjenigen, die auch im Vorstand des International Trade Mart saßen, gehörte Edgar Stern Jr. eine weitere einflussreiche Persönlichkeit der jüdischen Gemeinschaft, deren Vater Edgar und Mutter Edith zu den prominentesten Finanzengeln der Israel-Lobby in Amerika gehörten. Wie wir in Kapitel 17 und Anhang 3 sehen werden, waren die Sterns - zweifellos Shaws engste Freunde - die Kräfte hinter dem Medienimperium der WDSU, das eine Schlüsselrolle dabei spielte, Lee Harvey Oswalds Image als „Pro-Castro-Agitator" vor der Ermordung von JFK zu verbreiten und ihn als Sündenbock zu benutzen.

Clay Shaw ist also viel mehr als das, was uns bisher erzählt wurde. Aber es ist Shaws Verbindung zum Permindex, die ihn in das Geflecht von Verschwörungen einbettet, die den israelischen Mossad und die Politik der Weltmacht betreffen, von denen die Kritiker von *Final Judgement* sicherlich lieber hätten, dass wir sie ignorieren.

---

[518] *Ibid.*, S. 333.

Lassen Sie uns den Zusammenhang mit Permindex genauer erforschen. Auf diese Weise wird die Realität dessen, was Permindex war - und wie eng es mit der Ermordung von JFK verbunden war - deutlicher werden.

LOUIS BLOOMFIELD - DIE BRONFMAN CONNECTION

Es war vor allem Major Bloomfield aus Montreal in Kanada, ein glühender und einflussreicher Verfechter der israelischen Sache und Vorstandsvorsitzender der Permindex, der die Verbindung der Permindex mit Israel und seinem weltweiten Geheimdienstnetzwerk am besten verkörperte. Es war Bloomfield, der die Hälfte der Aktien der Permindex und ihrer Muttergesellschaft „für einen unbekannten Teil oder unbekannte Teile" besaß.[519] Tatsächlich hatte die Permindex bis 1961 ihren Hauptsitz in Bloomfields operativer Basis in Montreal, als sie nach Rom verlegt wurde.[520]

Es besteht kein Zweifel daran, dass Bloomfield, wie wir sehen werden, ein wichtiger Akteur in Israels internationalem Netzwerk war. Wir lernten Bloomfield zum ersten Mal in Kapitel 7 kennen. Dort erfuhren wir, wie Bloomfield eine entscheidende Rolle bei der Gründung des Staates Israel und seines Mossad gespielt hatte.

In den folgenden Jahren stieg Bloomfield in die Hierarchie der kanadischen Geschäftswelt auf, die dafür bekannt ist, die Bank Le Credit Suisse du Canada, Heineken's Breweries, Canscot Realty, Grimaldi Siosa [Speditionsgesellschaft] Lines, Ltd - und kurioserweise auch die Israel Continental Company[521] zu kontrollieren. Der eigentliche Schlüssel zum Verständnis von Bloomfields Rolle ist jedoch seine Rolle als Gründungspartner in der Kanzlei Phillips, Vineberg, Bloomfield and Goodman, die die Interessen der in Kanada ansässigen Bronfman-Familie vertritt.[522] Dieses eher faszinierende Detail lässt darauf schließen, dass Bloomfields finanzielle Interessen in Wirklichkeit die der Bronfman-Familie waren. Bloomfield war also im Wesentlichen ein Namensgeber für das Bronfman-Imperium.

Die Bronfman-Familie, die ihr Vermögen durch die Zusammenarbeit mit Lanskys Syndikat des organisierten Verbrechens im illegalen Alkoholhandel aufgebaut hat, war eine der wichtigsten Unterstützer Israels und der Führer der zionistischen Sache. Edgar Bronfman bekleidete kürzlich das Amt des Präsidenten des Jüdischen Weltkongresses.

Es gibt jedoch noch eine weitere faszinierende Verbindung zwischen der Bronfman-Familie und dem JFK-Mordkomplott. Als für Lee Harvey Oswalds russische Ehefrau Marina ein russischer Übersetzer benötigt wurde, sorgte Jack Crichton, ein ehemaliger Agent des texanischen Militärgeheimdienstes, für die nötigen Vorkehrungen. Laut dem Forscher Peter Dale Scott war Crichton bis 1962 „auch Vizepräsident der Empire Trust Company, einer Firma, deren Hauptaktionäre, die verwandten Familien von Loeb, Lehman und Bronfman, laut Stephen Birmingham „eine Art private CIA ... überall auf der Welt", um ihre anderen Investitionen in Kuba, Guatemala und bei General Dynamics zu schützen.[523]

Ein weiteres Mitglied der Bronfman-Familie hatte in den Tagen nach der Ermordung von JFK eine Schlüsselposition inne. Und in Anhang 4 taucht die Verbindung zwischen

---

[519] *Ibid.*, S. 218.
[520] Jim Garrison. *On the Trail of the Assassins*. (New York: Sheridan Square Press, 1988), S. 87.
[521] Flammonde, S. 218.
[522] *Executive Intelligence Review*, S. 429.
[523] Dick Russell, *The Man Who Knew Too Much* New York: Carroll & Graf Publishers, 1992), S. 792.

den Bronfmans und dem Empire Trust erneut auf, diesmal im Zusammenhang mit einer zentralen Figur der Warren-Kommission, die das JFK-Attentat „untersuchte". Die Spuren der Bronfmans im Zusammenhang mit dem JFK-Attentat sind überall zu finden.

Bloomfield pflegte auch enge Verbindungen zu Israel in seinen geschäftlichen und sozialen Angelegenheiten in Kanada. Als Direktor der israelisch-kanadischen Marineliga war Bloomfield, auch Vorsitzender der Histadrut-Kampagne in Kanada.[524] Die Histadrut, der nationale Arbeitsverband Israels, besaß zu einem bestimmten Zeitpunkt mehr als ein Drittel des israelischen Bruttosozialprodukts und kontrollierte die zweitgrößte Bank Israels, die Bank Hapoalim. Diese Bank war, wie wir noch sehen werden, in die Permindex-Verschwörung in Europa verwickelt, was uns wieder zu New Orleans und der Verbindung zu Clay Shaw bringt.

Darüber hinaus stellte sich heraus, dass Bloomfield im kritischen Jahr 1963 7, 5 Millionen Dollar in die Tresore der BCI transferierte. Laut dem Bericht der *New York Times* vom 9. April 1975 organisierte Bloomfield die Einzahlung bei der IZB aus einer Wohltätigkeitsstiftung, die er im Auftrag eines Kunden gegründet hatte. Dies geschah offenbar mit dem Ziel, die vom Mossad kontrollierte Bank zu retten, nachdem ein großer Kredit der BCI von der liberianischen Regierung nicht zurückgezahlt worden war, was die Bank wahrscheinlich in Gefahr gebracht hätte.[525] Der Chef von Permindex und Rabbi Rosenbaums IZB hatten also tatsächlich eine ernsthafte Beziehung - unabhängig vom tatsächlichen Zweck der Einzahlung von 7,5 Millionen Dollar auf das Konto der IZB.

Angesichts der entscheidenden Rolle, die der Permindex-Chef in den Geschäften der IZB spielte, ist es bemerkenswert, dass im selben Artikel der *New York Times* genau erklärt wurde, wie überaus wichtig die IZB für die Interessen Israels war. Laut der *Times*: „[Die BCI] hat viele Geschäfte mit Israel gemacht. Sie half dabei, das Geld reicher Investoren aus aller Welt nach Israel zu lenken und erbrachte eine Vielzahl von Dienstleistungen für das Land. Als Verteidigungsminister Shimon Peres und der Generaldirektor des Verteidigungsministeriums Rosenbaum angerufen und ihm erklärt hatten, dass Israel innerhalb von 24 Stunden 7 Millionen Dollar für seine nationale Sicherheit benötige, hatte Rosenbaum das Geld über Nacht aufgetrieben. Er hatte nichts verlangt, aber er erhielt eine Provision von 500.000 Dollar für seine Dienste...

„Das Verteidigungsministerium unterhielt ein Konto bei der Bank, um Waffen in Westeuropa zu kaufen. Weitere Konten wurden von der Histadrut, der Föderation der israelischen Arbeiter, von Solel Bonhen (einem Versorgungs- und Bauunternehmen, das der Histadrut gehört), der Zim Navigation Co. und der Israel Corporation, einer Investmentgesellschaft, gehalten."[526] Besonders interessant ist, dass die *Times* auch hinzufügte: „Aber [die BCI] war keine israelische Bank. Sie war eine jüdische Bank, die eine gute Bilanz vorweisen konnte ...".[527] Offensichtlich waren Permindex und BCI integraler Bestandteil der gleichen Interessen, insbesondere im Jahr 1963.

BLOOMFIELD UND DER AMERIKANISCHE GEHEIMDIENST

Und wie wir bereits gesehen haben, waren die Verbindungen von Bloomfield, dem Chef von Permindex, zum Geheimdienst über jeden Verdacht erhaben. Obwohl er kanadischer Abstammung war, wurde Bloomfield von J. Edgar Hoover als Rekrutierungsagent für die Abteilung 5, die Spionageabwehr des FBI, eingestellt. Durch diese Position wurde

---

[524] *Ibid.*, S. 430.
[525] *New York Times*, 9. April 1975.
[526] *Ibid.*
[527] *Ibid.*

Bloomfield zum Partner von William Sullivan, dem Leiter der Abteilung 5, einem engen Freund von James J. Angleton, dem Mossad-Verbündeten innerhalb der CIA. Sullivan war Angletons Mann innerhalb des FBI.

Bloomfield erhielt während des Zweiten Weltkriegs auch einen Offiziersrang in der US-Armee und wurde dem Office of Strategic Services (OSS) zugeteilt - ebenso wie Clay Shaw, der Amerikaner, der schließlich sein Kollege und Leiter der Permindex wurde.

(Ein von Jim Garrison entdeckter Zeuge behauptete, er sei bei einem Treffen am Flughafen von Winnipeg zwischen Clay Shaw und dem CIA-Agenten David Ferrie mit einer weiteren Person, die Bloomfield hätte sein können, anwesend gewesen.[528] Es ist bekannt, dass Shaw und Ferrie 1961 oder 1962 in einem Flugzeug von Ferrie zu Bloomfields Stützpunkt in Montreal geflogen sind.[529]

Offenbar war Louis Bloomfield eine zentrale Figur im Permindex-Netzwerk - eine lebenswichtige Verbindung zwischen Clay Shaws Operation in New Orleans und anderen Kräften, die über den Permindex operierten, insbesondere in Israel.

SHAW UND ANGLETON

Es ist denkbar, dass nicht nur Bloomfield während seines Dienstes beim OSS im selben Zeitraum zum ersten Mal mit Shaw zusammentraf, sondern auch ein anderer OSS-Mann, James Jesus Angleton, der später bei der CIA zu Israels Verbündetem wurde. Angleton hatte zu dieser Zeit zweifellos Kontakt mit Shaw, obwohl es dafür keine stichhaltigen Beweise gibt. Es gibt jedoch ein interessantes Element, das auf eine mögliche Verbindung zwischen Shaw und Angleton in dieser Zeit hinweist.

Als Jim Garrison begann, über Clay Shaw zu recherchieren, kannte er Shaw nur unter dem Pseudonym „Clay Bertrand". Wir können eine mögliche Inspiration für Shaws Pseudonym vorschlagen. Während seiner Tätigkeit für den amerikanischen Geheimdienst während des Zweiten Weltkriegs war Shaw eine Zeit lang in Frankreich stationiert, wo er sicherlich Kontakt zum französischen Geheimdienst hatte.

Zu dieser Zeit war einer der ranghöchsten französischen Geheimdienstoffiziere Gustave Bertrand, der tatsächlich ein enger Freund (und Vorbild) für James J. Angleton war. In den folgenden Jahren „bezeichnete Angleton [Bertrand] als eine der Personen, von denen er am meisten konkret gelernt hatte"[530], der „Angletons Freund bis zu seinem Tod blieb"[531] und Angletons „großer Chef-Buddha" war.[532]

Als Shaw später das Pseudonym „Bertrand" annahm, war es durchaus denkbar, dass er mit diesem Namen einen höheren Geheimdienstmitarbeiter ehrte, mit dem er in Europa einen ersten Kontakt hergestellt hatte und mit dem er wahrscheinlich auch in den folgenden Jahren noch Kontakt pflegte.

Natürlich handelt es sich hierbei um Spekulationen, aber es besteht kein Zweifel, wie die Beweise jetzt zeigen, dass Angleton und Shaw sich während des Zweiten Weltkriegs und auch noch viel später mit Sicherheit in denselben Kreisen bewegten. Und wie wir in diesem Kapitel und in Kapitel 16 sehen werden, sind die Verbindungen des französischen Geheimdienstes zu Permindex und der Verschwörung zur Ermordung von JFK in der Tat sehr stark.

---

[528] Flammonde, S. 31.
[529] Garrison, S. 118.
[530] Robin W. *Winks. Cloak and Gown.* (New Haven, Connecticut: Yale University Press, 1996 (second edition)), S. 376-377.
[531] *Ibid.*
[532] *Ibid.*

Und da Shaw später zweifellos ein wertvoller internationaler Kontaktmann der CIA war, der der Behörde über ihre Aktivitäten im Ausland berichtete, ist es sicher, dass Shaws Berichte schließlich auf dem Schreibtisch von James J. Angleton gelandet wären. Shaw war in der Tat (indirekt) einer von Angletons Agenten.

Es ist jedoch wahrscheinlich, dass ihre anfängliche Beziehung während ihres gemeinsamen Dienstes beim OSS während des Zweiten Weltkriegs geschmiedet wurde.

Es gab jedoch eine unwiderlegbare und sehr interessante Verbindung zwischen Angleton und Shaw, die protokolliert wurde. Als Shaw später von Jim Garrison verhaftet wurde, stellte sich heraus, dass sein Adressbuch die private Telefonnummer der Principessa Marcelle Borghese enthielt.[533] Die Fürstin war eine Verwandte von Prinz Valerio Borghese, der von Angleton während des Zweiten Weltkriegs gerettet wurde und dessen Heldentaten beim OSS in Italien als Bahnhofsvorsteher in Rom ihm eine Auszeichnung des Vatikans einbrachten.[534]

Wir werden uns natürlich daran erinnern, dass eine Facette der vom OSS inszenierten Kampagne gegen die Nazis und die italienischen Faschisten als Operation Underworld bekannt wurde. Wie wir in Kapitel 7 gesehen haben, war Meyer Lansky der Vermittler zwischen dem OSS und dem organisierten Verbrechen und half dabei, die Unterstützung der sizilianischen Mafia für die Invasion der alliierten Truppen in Italien zu organisieren. Angleton war natürlich der Mann, der für das Projekt Europa zuständig war.

(Angesichts Angletons früherer Verbindungen zu der Stadt ist es vielleicht kein Zufall, dass die Permindex ihren Sitz in Rom hatte, sein Vater war sogar der Franchise-Inhaber der italienischen Nationalkasse.[535]

Wie dem auch sei, es besteht kein Zweifel daran, dass sich Clay Shaw und James Angleton - zusammen mit Major Bloomfield von der Permindex - lange Zeit in denselben eng verbundenen Kreisen an mehreren Fronten bewegt hatten.

NOCH SELTSAMERE VERBINDUNGEN

Clay Shaws Kontakte innerhalb der Permindex hatten eine große Anzahl gemeinsamer internationaler Interessen in der Welt der Verschwörung, wie andere involvierte Persönlichkeiten belegen. Unter denen, die entweder Investoren der Permindex waren oder sich einen Sitz im Vorstand der Permindex teilten, gab es mehrere interessante Persönlichkeiten mit ebenso faszinierenden Verbindungen. Zu ihnen gehörten:

- Ferenc Nagy. Der ehemalige ungarische Premierminister war ein erbitterter Kommunist, der nicht nur enge Verbindungen zu Israels Verbündeten in der US-amerikanischen CIA unterhielt, sondern auch zur kubanischen Anti-Castro-Kolonie in Miami, die quasi eine gemeinsame operative Tochtergesellschaft der CIA und Lanskys Syndikat des organisierten Verbrechens war (Nagy zog später nach Dallas, Texas, wo er zum Zeitpunkt des Kennedy-Mordes wohnte).[536]
- Hans Seligman. Ein Mitglied der Familie, die die Seligman Bank in Basel kontrollierte und deren Großfamilie in Amerika Teil der berühmten „Our Crowd" (deutsch-jüdische Elite) in New York während der letzten Periode des 19. Jahrhunderts war.

---

[533] Flammonde, S. 224.
[534] E. Mullins, *The World Order* (Ezra Pound Institute, 1992), S. 157.
[535] Tom Mangold. *Cold Warrior-James Jesus Angleton: The CIA's Master Spy Hunter* (New York: Simon & Schuster, 1991), S. 43.
[536] *Executive Intelligence Review*, Dope, Inc., S. 433.

Seligman war eng mit der israelisch orientierten zionistischen Agentur verbunden, die als Jüdische Siedlungsvereinigung bekannt ist.[537]
- Morris Dalitz. Der ehemalige Alkoholschmuggler aus Cleveland wurde zum Zaren der Casinos in Las Vegas. Dalitz war ein langjähriger Intimus von Lansky und wurde Benjamin Siegels Nachfolger als Lanskys Kontaktmann in Las Vegas.[538]

Wie wir in Kapitel 10 gesehen haben, beschäftigte Dalitz später G. Robert Blakey als Berater und Zeugen in einer Verleumdungsklage in , in der Dalitz Vorwürfe bestritt, dass sein Country Club de la Costa in Carlsbad, Kalifornien, mit dem organisierten Verbrechen in Verbindung stehe. Kurz darauf wurde Blakey mit der Untersuchung des JFK-Mordausschusses des Repräsentantenhauses betraut.

Wie in Kapitel 10 angemerkt, war Dalitz lange Zeit als Spendensammler für die Israel-Lobby in den USA tätig und wurde von der Anti-Defamation League (ADL) für seine Dienste geschätzt.
- Carlos Prio Socarras. Prio Socarras war von 1948 bis 1952 Präsident von Kuba und diente als Tarnung für Meyer Lanskys Komplizen Fulgencio Batista, den starken Mann Kubas. In Wirklichkeit war es Lansky gewesen, der Batista mithilfe einer hohen Bestechungssumme dazu gebracht hatte, zugunsten von Prio Socarras „abzutreten".[539] Und wie wir in Kapitel 14 gesehen haben, war Prio in den Waffenhandel mit einem Partner verwickelt, dessen Name inzwischen mehr als eine Fußnote in der Geschichte ist: der Nachtclubbetreiber Jack Ruby aus Dallas.

Es ist daher nicht verwunderlich, dass die italienische Zeitschrift *Paesa Sera* klarstellen wollte: „Es ist eine Tatsache, dass das CMC dennoch Ansprechpartner für eine Reihe von Personen ist, die in mancher Hinsicht etwas zweideutige Verbindungen haben, deren gemeinsamer Nenner ein Antikommunismus ist, der so groß ist, dass er jeden in der Welt verschlingen würde, der für anständige Beziehungen zwischen dem Osten und dem Westen gekämpft hat, einschließlich Kennedy".[540]

Die CMC und die Permindex - so kann man noch spezifischer hinzufügen - sind dennoch Ansprechpartner für eine Reihe von Personen, die in mancher Hinsicht etwas zweideutige Verbindungen haben, deren gemeinsamer Nenner die Hingabe an die Sache Israels ist.

DIE ROLLE ISRAELS IST GESCHLOSSEN

Wie wir jedoch festgestellt haben, ist es die Verbindung von Tibor Rosenbaum und der BCI mit der Permindex, die sehr deutlich in Richtung des Interesses des israelischen Mossad an der Permindex weist. Wie wir gesehen haben, war die BCI eine Einrichtung Israels und seines Mossad. Zu den Direktoren von Rosenbaums BCI gehörte Ernest Israel Japhet, der auch Vorstandsvorsitzender und Präsident der Bank Leumi, der größten Bank in Israel, war. Die BCI und die Bank Leumi waren in den Diamantenhandel verwickelt und standen mit dem Drogenhandel im Fernen Osten in Verbindung.[541]

(In den Kapiteln 6 und 12 wurde bereits auf Lanskys zentrale Rolle im weltweiten Drogenhandel in Südostasien eingegangen, eine Rolle, die auch durch die amerikanische Beteiligung am Vietnamkonflikt unter dem Deckmantel der CIA ermöglicht wurde.

---

[537] *Ibid.*, S. 435.
[538] *Executive Intelligence Review*. Dope, Inc. (1978 edition), S. 354.
[539] *Ibid.*
[540] Flammonde, S. 221.
[541] *Executive Intelligence Review*, S. 438.

Zwei weitere Direktoren der BCI waren - wie in Kapitel 7 erwähnt - Ed Levinson, der Namensgeber für das Fremont Casino in Las Vegas von Joseph „Doc" Stacher, einem Freund Lanskys, der im israelischen Exil verstorben war, und John Pullman, Lanskys internationaler Finanzkurier.

Rosenbaums andere Transaktion, die Swiss-Israel Trade Bank, hielt ein Drittel der Anteile an der Paz Group, die einst ein Familienunternehmen der Rothschilds gewesen war, das die Kontrolle über die israelische Öl- und Petrochemieindustrie aufrechterhielt.[542]

EISENBERG UND FEINBERG - NOCH

Wie wir in Kapitel 7 festgestellt haben, waren Rosenbaums Geschäftspartner bei der Swiss-Israel Trade Bank Shaul Eisenberg, eine Schlüsselfigur bei der Entwicklung der israelischen Atombombe - zentraler Punkt des Konflikts zwischen JFK und Israel -, und der New Yorker Geschäftsmann Abe Feinberg. In Kapitel 8 haben wir erfahren, dass Eisenberg später ein Geschäftspartner von Theodore Shackley, einer Figur der CIA, wurde. Shackley war, wie wir in Kapitel 11 erfuhren, während der Verschwörungen der CIA und des Verbrechersyndikats von Lansky gegen Fidel Castro der CIA-Verantwortliche in Miami. Und in Kapitel 12 erfuhren wir, dass Shackley während der Zeit der engen Zusammenarbeit zwischen der CIA und dem Lansky-Syndikat beim weltweiten Drogenhandel der CIA-Verantwortliche in Laos war.

Wie wir in Kapitel 4 gesehen haben, war Feinberg der Kontaktmann für das Fundraising der American Jewish für die Kennedy-for-President-Kampagne von 1960. Feinbergs hartes Taktieren brachte Kennedy so sehr zur Verzweiflung, dass er einem engen Freund privat erzählte, dass er als Präsident beabsichtige, Änderungen an den Vorschriften für das Wahlkampf-Fundraising durchzusetzen, die mächtige Gruppen wie die amerikanische pro-israelische Lobby daran hindern würden, Druck auszuüben.

Außerdem stand Feinberg dem israelischen Premierminister David Ben-Gurion nahe und hatte geholfen, das bittere Treffen zwischen Kennedy und Ben-Gurion zu organisieren, das in Kapitel 5 geschildert wird.

Der Direktor von Rosenbaums und Feinbergs Swiss-Israel Trade Bank war General Julius Klein, ein Offizier der US-Armee, der sich an der illegalen Umleitung von Schiffen mit Lieferungen und Material für das Nachkriegsdeutschland an die Haganah, die militärischen Streitkräfte der Juden in Palästina, beteiligt hatte. Klein leitete dieses Unternehmen, während er gegen Ende des Zweiten Weltkriegs Chef der Spionageabwehr der US-Armee in Europa war.

(Später werden wir in Anhang 4 Kleins Schützling kennenlernen, der eine außergewöhnlich enge Beziehung zu einem Schlüsselmitglied der Warren-Kommission unterhielt, die den Mord an JFK vertuscht hatte. Kleins Dienste, die er im Namen des Staates Israel leistete, waren jedoch noch weitaus umfangreicher. Es war Klein, der am Aufbau des israelischen Mossad und der Ausbildung seiner Offiziere beteiligt war. Klein arbeitete an der Seite von Sir William Stephenson an diesem Unternehmen.[543]

In Kapitel 7 erfuhren wir von Sir Williams geheimer Allianz mit Meyer Lansky und seinem Verbrechersyndikat im Rahmen der Operation Underworld, einer Maßnahme, die sich während des Zweiten Weltkriegs gegen den Geheimdienst der Achsenmächte richtete.

Stephenson war natürlich in den kritischen Jahren vor und während des Zweiten Weltkriegs der Leiter der britischen Geheimdienstoperationen in den USA gewesen und war der operative Vorgesetzte des oben erwähnten Majors Louis M. Bloomfield.

---

[542] *Ibid.*, S. 439.
[543] *Ibid.*, S. 440-441.

Stephenson festigte seine Verbindungen zum jüdischen Anti-Nazi-Untergrund, als er beim OSS und beim Marinegeheimdienst arbeitete - und zu Lanskys Verbrechersyndikat.

Laut dem Geheimdiensthistoriker Richard Deacon: „Stephenson erhielt viele Informationen von jüdischen Wissenschaftlern. Diese besondere Operation, obwohl scheinbar weit entfernt von der Geschichte Palästinas, half dem israelischen Geheimdienst in den frühen Tagen des Staates Israel sehr. Einige der Wissenschaftler, die sich mit Stephenson angefreundet hatten, wurden ermutigt, ihre Talente in der Sache des alliierten Geheimdienstes zu entwickeln, und sie arbeiteten nicht nur während des Zweiten Weltkriegs für Großbritannien, sondern halfen später auch dem israelischen Geheimdienst.[544]

Darüber hinaus ist zu erwähnen, dass Stephenson ein enger persönlicher Berater des britischen Premierministers Winston Churchill war. Stephenson hatte zu dieser Zeit zweifellos Kontakt zu Clay Shaw, einem jungen Amerikaner, der ein Freund Churchills wurde und den der Offizier der US-Armee in das Büro für strategische Dienste abstellte.

DAS PERMINDEX-KOMPLOTT

Natürlich schließen die (engen) Verbindungen zwischen der Banque de Crédit International, dem israelischen Bankunternehmen von Tibor Rosenbaums Mossad, und dem großen Netzwerk von Persönlichkeiten, die eng mit Lanskys Syndikat des organisierten Verbrechens und sogar mit Clay Shaw, einem Mitglied des Permindex-Vorstands, verbunden sind, den Kreis der Verschwörung. Die Tatsache, dass die BCI einer der Hauptaktionäre der Permindex-Gesellschaft war, weist eindeutig auf die Rolle des Mossad bei der Permindex-Verschwörung hin, die John F. Kennedys Leben beendete. Wie wir jedoch sehen werden, gibt es noch viel mehr.

LANSKYS KURIER IN MIAMI UND GENF

Die Recherchen des ehemaligen CIA-Agenten Robert Morrow haben nicht nur die Verbindungen zwischen Lanskys Banken in Miami und Tibor Rosenbaums BCI aufgedeckt, sondern uns auch Beweise für Meyer Lanskys Rolle bei der Ermordung von John F. Kennedy geliefert.

Kurz nach der Veröffentlichung von *Betrayal*, seinem ersten Buch, in dem Morrow seine Verbindungen zu einer Reihe von Personen beschreibt, die über die CIA in das Attentat auf JFK verwickelt waren, wurde Morrow von einem jungen Mann kontaktiert, der eine unglaubliche Geschichte zu erzählen hatte.

Morrow sagte: „In unserem anfänglichen Gespräch behauptete der junge Mann, dass sein Vater, ein ehemaliger Oberst der Luftwaffe, und andere, die für die CIA arbeiteten, bereits davon gewusst hätten, dass Präsident Kennedy am 22. November 1963 in Dallas ermordet werden sollte...

„Der Sohn des Geheimdienstmitarbeiters erhob daraufhin eine unbegründete Anklage. Er behauptete, sein Vater sei in das organisierte Verbrechen verwickelt gewesen und habe als Umschlagsammler für mindestens eine der Bestechungen im Zusammenhang mit dem

---

[544] Richard Deacon. *The Israeli Secret Service (Der israelische Geheimdienst)*. (New York: Taplinger Publishing Co., Inc., 1978), S. 22.

Präsidentenmord fungiert, indem er im Sommer 1963 eine große Geldsumme als Belohnung nach Haiti transportiert habe."[545]

Der junge Mann erzählte Morrow, dass sein Vater mit einem Kurier der Mafia in Verbindung stand. Bei dem Kurier handelte es sich um Mickey Weiner. Weiners Geschichte weiterführend, erfuhr Morrow von einer anderen Quelle, dass Tonaufnahmen gefunden worden waren und Weiner an Gesprächen über die Umstände der Ermordung Kennedys teilgenommen hatte.

Laut Albert Moakler, Morrows Quelle, „deuteten die Kassetten darauf hin, dass das Gespräch mehr als nur ein müßiges Geplauder war. Es ging definitiv um Jersey und Miami - die Regionen, die Menschen in diesen Regionen. Etwas, das mit dem Attentat zu tun hatte".[546]

(Miami war natürlich die Basis für die Operationen von Meyer Lansky. Wie wir in Kapitel 7 gesehen haben, war New Jersey die Basis von Lanskys Mafia-Partner, dem Gangster Jerry Catena, der für die Verteilung des „abgezweigten" Geldes aus Lanskys Glücksspielgeschäften in Las Vegas an Lanskys Partner im organisierten Verbrechen in den Nordstaaten verantwortlich war).

Morrow identifizierte auch, dass Weiner regelmäßig Botengänge zwischen der Schweiz und Miami unternahm, wo er die Bank of Miami Beach aufsuchte.[547] Weiner war offensichtlich einer von Lanskys Kurieren, der zwischen seinen Bankgeschäften in Miami und denen von Tibor Rosenbaum vom israelischen Mossad und der Bank of International Credit in der Schweiz operierte.

Folglich ist es klar, dass Lanskys Kurier mit Sicherheit „geheime" Informationen über das Attentat auf JFK hatte. Wir können sogar so weit gehen, anzunehmen, dass es Lanskys Kurier war, der die Verschwörer des Attentats mit Permindex-Geldern versorgte.

EINE ANDERE VERBINDUNG VON ISRAEL

Laut *Paesa Sera* war Dr. David Biegun, Nationalsekretär des in New York ansässigen Nationalen Komitees der Arbeiter Israels, „ein wichtiger finanzieller Unterstützer" der Permindex. Dieses Komitee war die amerikanische Filiale der Histadrut, für die Louis M. Bloomfield, der Vorstandsvorsitzende der Permindex, als Chef-Spendenwerber fungierte.[548] Trotz seiner hervorragenden Recherchen ist es Herrn Flammonde nicht gelungen, dieses Thema zu vertiefen. Und beachten Sie auch, dass Philip Agee, das ehemalige CIA-Mitglied gesagt hatte, dass das Israelische Arbeiterkomitee oft als Tarnung für die CIA benutzt wurde.[549] Bieguns Rolle innerhalb der Permindex war ausdrücklich wichtig - wenn nicht sogar zentral. Tatsächlich war es Biegun, der die Liquidation des CMC und der Permindex nach deren Ausweisung aus der Schweiz und Italien im Jahr 1962 beaufsichtigte und das Unternehmen später nach Johannesburg in Südafrika verlegte.[550] (Südafrika ist, wie man anmerken kann, seit langem in enge internationale Machenschaften mit Israel verwickelt).

---

[545] Robert Morrow. *The Senator Must Die: The Murder of Robert F. Kennedy* (Santa Monica, CA: Roundtable Publishing, Inc., 1988), S. 123.
[546] *Ibid.*, S. 133.
[547] *Ibid.*, S. 148.
[548] *Ibid.*, S.219.
[549] Michael Canfield und Alan J. Weberman. *Coup d'État in America: The CIA and the Assassination of John F. Kennedy* (New York: The Third Press, 1975), S. 40.
[550] Flammonde, *Ibid.*

Le *Paesa Sera* spekulierte, dass [das CMC und die Permindex] „eine Schöpfung der CIA war ... geschaffen, um den Transfer von CIA-Geldern ... nach Italien für illegale politische Spionageaktivitäten zu vertuschen."[551] Die italienische Zeitung scheint jedoch die vielfältigen israelischen Verbindungen, die auf diesen Seiten erforscht wurden, übersehen zu haben.

DIE VERSCHWÖRUNGEN ZUR ERMORDUNG VON CHARLES DE GAULLE

Die öffentliche Kontroverse um die Permindex, die zu ihrer Ausweisung aus der Schweiz und aus Italien führte, drehte sich um ihre Rolle bei den Mordplänen gegen den französischen Präsidenten Charles De Gaulle. Und wie wir sehen werden, finden wir hier noch faszinierendere Verbindungen zwischen der Permindex und dem Attentat auf JFK.

Wir haben bereits gesehen, dass die Organisation Rebelle de l'Armée secrète - bekannt unter dem Akronym OAS - sich vehement gegen De Gaulles Entscheidung stellte, Algerien die Unabhängigkeit zu gewähren. (Es war John F. Kennedy, der als junger Senator, wie wir in Kapitel 4 feststellten, die Israel-Lobby verärgert hatte, als er 1957 die algerische Unabhängigkeit forderte).

Die OAS hatte zahlreiche Attentatsversuche auf De Gaulle unternommen, die erfolglos blieben, aber später den berühmten Roman *The Day of the Jackal* von Frederick Forsythe inspirierten (der später zu einem berühmten Film wurde).

1962 beschuldigte der französische Geheimdienst (SDECE) nach einer Untersuchung eines der Attentate die Permindex, Geld gewaschen zu haben, indem sie den Mordversuch an De Gaulle über die Kassen der OAS finanzierte.[552]

Laut Jean Lacouture, dem Biografen De Gaulles, „hielt es [die Führung der OAS] aus moralischen und politischen Gründen für notwendig, den Staatschef physisch oder politisch zu opfern, damit Algerien französisch bleibt".[553]

SOUSTELLE, DIE OAS UND DER IRGOUN

Jacques Soustelle war einer der schärfsten französischen Kritiker der algerischen Unabhängigkeit, ehemaliger Generalgouverneur von Algerien, gebürtiger Jude, der zum Christentum konvertiert war. Vom israelischen Historiker Benjamin Beit-Hallahmi als einer der „Freunde Israels in Frankreich"[554] beschrieben, hatte Soustelle, der von 1958 bis 1959 französischer Atomminister war, eng mit Yuval Ne'eman, dem Vater des israelischen Atombombenprojekts, zusammengearbeitet, um Israel dabei zu helfen, die Grundlagen für ein Atomwaffenarsenal zu schaffen.[555] Da Soustelle De Gaulles Umsturz in Bezug auf Algerien bitter verurteilte, ging er ins Exil.[556] Obwohl Soustelle selbst jeden Kontakt mit

---

[551] *Ibid.*, S. 28.
[552] *Executive Intelligence Review*. Dope, Inc. (New York: New Benjamin Franklin House, 1986), S. 434.
[553] Jean Lacouture. *De Gaulle: The Ruler*. (New York: W. W. Norton & Company, 1993), S. 278.
[554] Benjamin Beit-Hallahmi. *The Israeli Connection-Who Israel Arms and Why* (New York: Pantheon Books, 1987), S. 220.
[555] *Executive Intelligence Review*. *Moscow's Secret Weapon*. (Washington, DC: Executive Intelligence Review, 1986), S. 42.
[556] *Ibid.*, S. 296.

der OAS leugnete,[557] er einer ihrer wichtigsten Unterstützer und gewann das Lob der OAS-Anhänger, die den gemeinsamen Propagandamythos von Israel und der OAS verkündeten, dass die algerische Unabhängigkeit eine sowjetische Präsenz in Nordafrika begründen würde. Tatsächlich war der israelische Geheimdienst Soustelle zu Hilfe gekommen, als er ins Exil ging. 1962 ließ sich Soustelle „in Rom nieder, versteckt im Haus eines Möbelhändlers, dessen Bruder ein Vertreter der [israelischen] Irgun war".[558] Interessanterweise war laut *Paesa Sera*, der italienischen Zeitung, die die Rolle der Permindex bei den Verschwörungen gegen De Gaulle öffentlich gemacht hatte, Ferenc Nagy, der ehemalige ungarische Premierminister und Mitglied des Verwaltungsrats der Permindex, ein „großzügiger Steuerzahler"[559] von Jacques Soustelle und der OAS.

(Mehr noch, wir wissen jetzt, dass eine der wichtigsten Grundlagen für die finanzielle Unterstützung der BCI von Rabbi Tibor Rosenbaum - der Hauptkraft hinter der Permindex und den Verschwörungen gegen De Gaulle - „die nicht deklarierten geheimen Geldeinlagen französischer Juden" waren[560], ganz zu schweigen natürlich von den kriminellen Geldern von Lanskys Verbrechersyndikat).

General Antoine Argoud, einer der französischen Militärführer, der zum Chef der OAS geworden war, hatte erklärt: „Die physische Beseitigung des Staatschefs stellt für uns alle kein moralisches Problem dar.... Wir sind alle überzeugt ..., dass De Gaulle die höchste Strafe hundertfach verdient hat."[561]

Andere Mitglieder innerhalb der OAS erwiesen sich jedoch als Unterstützer der französischen Rebellen. Laut dem Historiker Alexander Harrison:

„Zu den Faktoren, die den Erfolg der OAS-Bemühungen, Französisch-Algerien zu erhalten, zu begünstigen schienen, gehörten:

• Die Komplizenschaft der „guten alten" Netzwerke innerhalb der verschiedenen Geheimdienste, insbesondere des französischen Geheimdienstes [SDECE] und der Direction de la Surveillance du Territoire [zuständig für die interne Spionageabwehr], die manchmal einem ehemaligen Waffenkameraden gegenüber Loyalität zeigten ... statt gegenüber der Regierung; und

• Mögliche logistische Hilfe von Ländern [wie] den USA, die De Gaulle seit den ersten Tagen der Résistance im Zweiten Weltkrieg feindlich gesinnt waren und seine pro-sowjetische Haltung als Bedrohung für die westliche Hegemonie im Mittelmeerraum betrachteten."[562]

(Wir hatten zuvor erfahren, dass die CIA die OAS heimlich unterstützt hatte, obwohl JFK, der ein glühender Verfechter der algerischen Unabhängigkeit gewesen war, sich gegen die OAS ausgesprochen hatte - sehr zum Missfallen der Israel-Lobby in Amerika).

---

[557] Alistair Home. *A Savage War of Peace*. (Middlesex, England: Penguin Books, 1977), S. 499.
[558] Pierre Demaret und Christian Plume. *Target De Gaulle*. (New York: Dial Press, 1975), S. 220.
[559] Paris Flammonde. *The Kennedy Conspiracy* (*Die Kennedy-Verschwörung*) (New York: Meredith Press, 1969), S. 223.
[560] Gerald Krefetz. *Jews and Money* (NY: Ticknor & Fields, 1982), S. 104.
[561] Lacouture, S. 324.
[562] Alexander Harrison. *Challenging De Gaulle: The OAS and the Counterrevolution in Algeria* (New York: Praeger, 1989), S. 67.

ISRAEL UND DIE OAS

Es ist nicht überraschend, so der Historiker Harrison, dessen Sympathien für die OAS offensichtlich sind, dass „einige der eifrigsten Verfechter der OAS in Algerien Juden waren".[563] Darüber hinaus, so stellt Harrison fest, „wurde ein jüdischer Zweig der OAS gegründet".[564]

Paul Henissart, ein anderer Historiker, stellte ebenfalls eine Verbindung zwischen Israel und der OAS fest. Henissart zufolge „[zog die OAS] Hitzköpfe an, darunter auch Juden, die der Irgun Tzvai Leoumi, der militärischen israelischen Untergrundorganisation, angehörten. Sie wurden von der OAS als Spezialisten für den Untergrundkampf rekrutiert".[565]

Er stellt außerdem fest, dass es zwar in Algerien etablierte jüdische Selbstverteidigungsgruppen gab, „die offiziellen israelischen Delegationen in Algerien, die die Auswanderung von Juden aus den Küstenstädten organisierten, waren nicht abgeneigt, diesen Selbstverteidigungsgruppen zu helfen. Die israelische Regierung hat jedoch nie irgendeine Verbindung zu ihnen bestätigt".[566]

Dennoch gibt es, wie der israelische Historiker Benjamin Beit-Hallahmi feststellte, Beweise für die offizielle israelische Unterstützung der OAS: „In den Jahren 1961 und 1962 wurde in zahlreichen Berichten die israelische Unterstützung der französischen OAS-Bewegung in Algerien erwähnt."[567]

Er betont, dass die Israelis den Franzosen während des algerischen Unabhängigkeitskrieges zwischen 1954 und 1962 beigestanden hatten. Als Algerien dann schließlich unabhängig wurde und die Aufnahme in die Vereinten Nationen beantragte, stimmte nur Israel dagegen. Beit Hallahmi zitiert einen anderen Historiker, Stewart Steven, mit den Worten: „Bei der Gründung der OAS im Jahr 1961 war es ganz natürlich, dass Israel, das ebenso sehr [an der Beibehaltung Algeriens als französische Kolonie] interessiert war wie die OAS selbst, sich in der [OAS] eingeschlossen hat."[568]

So bildeten der israelische Geheimdienst - und seine Verbündeten in der amerikanischen CIA - ein enges Bündnis mit den Kräften, die versuchten, den französischen Präsidenten Charles De Gaulle zu vernichten. Gleichzeitig nutzten dieselben Elemente ihre Verbindung zur Permindex in einem anderen Komplott, dieses zielte darauf ab, John F. Kennedy das Leben zu nehmen.

DIE OAS, DER PERMINDEX UND NEW ORLEANS

Es gibt eine interessante Verbindung zu New Orleans. Laut einem später von De Gaulles Geheimdienst SDECE veröffentlichten Bericht versorgte die israelische Bank Hapoalim die OAS über das Büro des ehemaligen FBI-Agenten und CIA-Agenten Guy Banister in New Orleans mit Geld.[569] Banisters Agent Maurice Brooks Gatlin wiederum

---

[563] *Ibid.*, S. 87.
[564] *Ibid.*, S. 87.
[565] Paul Henissart. *Wolves in the City: The Death of French Algeria* (New York: Simon & Schuster, 1970), S. 346.
[566] *Ibid.*, S. 347.
[567] Benjamin Beit-Hallahmi. *The Israeli Connection-Who Israel Arms and Why* (New York: Pantheon Books, 1987), S. 44-45.
[568] *Ibid.*
[569] *Executive Intelligence Review*, Dope, Inc., S. 442-443.

transportierte das Geld zur OAS nach Paris.[570] (Viele Jahre später starb Gatlin in Panama, als er vom Balkon eines Hotels stürzte - oder gestoßen wurde).

Gatlin hatte offensichtlich viele interessante internationale Geschäfte. Auf einer lateinamerikanischen Regionalkonferenz eines antikommunistischen Weltbundes, die von E. Howard Hunt, einem CIA-Agenten und Banister-Kontaktmann, organisiert wurde, war Antonio Valladares der Vorsitzende der Konferenz. Derselbe Valladares, der in Guatemala ansässig war, war auch Anwalt des Mafiabosses von New Orleans, Carlos Marcello, der, wie wir gesehen haben, bei der Finanzierung von Banisters antikommunistischen Aktivitäten half. Maurice Brooks Gatlin,[571] nahm an der Konferenz teil, die schließlich mit der Antikommunistischen Weltliga fusionierte, was darauf hindeutet, dass die Verbindung von New Orleans mit der CIA und anderen weltweiten Intrigen sehr stark war.

Die zuvor erwähnte Hapoalim-Bank war die von der Histadrut, der israelischen Arbeitergruppe, gegründete Bank, für die Louis Bloomfield, der Vorsitzende der Permindex, der wichtigste Geldeintreiber in Kanada war. Die Aktivitäten von Guy Banister wurden bereits früher in den Kapiteln 10, 11 und 14 erforscht.

Laut Gilbert LeCavelier, einem Partner des verstorbenen Bernard Fensterwald (einem prominenten Forscher, der an der Aufklärung des JFK-Mordes arbeitete), diente Banisters Büro auch als Hauptquartier in New Orleans für Söldner mit Verbindungen zur OAS.

Jean Souetre war einer dieser OAS-Söldner, der, wie wir in Kapitel 12 feststellten, am 22. November 1963 in Dallas verhaftet und aus den USA ausgewiesen worden wäre.[572] In Kapitel 16 werden wir Souetres Aktivitäten genauer untersuchen.

Banister, der ehemalige Agent des FBI und des Marine-Nachrichtendienstes, beaufsichtigte die von der CIA unterstützten Anti-Castro-Waffengeschäfte von einem Büro in der 544 Camp Street in New Orleans aus.

Eng mit der kubanischen Anti-Castro-Bewegung verbunden, funktionierte Banisters Operation mit Unterstützung der CIA. Der ehemalige CIA-Agent Robert Morrow behauptet in seinem Buch *Betrayal*, dass Clay Shaw, ein Vorstandsmitglied von Permindex, in Wirklichkeit Banisters unmittelbarer Vorgesetzter bei der Koordinierung der CIA-Operationen außerhalb von New Orleans war.

Wir haben also den CIA-Agenten Clay Shaw, der im Vorstand von Permindex sitzt, der wiederum mit Banisters Büro bei den Verschwörungen gegen Charles De Gaulle zusammenarbeitet. Und zur gleichen Zeit Banister (und Shaw) an der Manipulation der Aktivitäten von Lee Harvey Oswald in New Orleans kurz vor der Ermordung von John F. Kennedy beteiligt.

Unter anderem stand Banister mit David Ferrie in Verbindung, einem ehemaligen CIA-Piloten und Anti-Castro-Abenteurer, der eine der Schlüsselfiguren in Jim Garrisons Fall gegen Clay Shaw war. Ferrie war, wie wir gesehen haben, seit langem mit Lee Harvey Oswald verbunden und traf sich im Sommer 1963 nach allgemeiner Auffassung regelmäßig mit ihm in New Orleans. Und wir wissen heute mit Sicherheit, dass Ferrie und Shaw eng miteinander verbunden waren. Die Verbindungen zwischen Ferrie, Shaw, Banister und Oswald schließen den Kreis vollständig.

Morrow, der ehemalige CIA-Mitarbeiter, berichtet außerdem, dass er und Ferrie während seiner Tätigkeit für die CIA zusammen mit David Ferrie ein Lagerhaus in Europa besichtigt hatten, in dem große Mengen an Waffen für den kubanischen Anti-Castro-

---

[570] Dick Russell. *The Man Who Knew Too Much*. (New York: Carroll & Graf Publishers, 1993), S. 396.
[571] Peter Dale Scott. *Deep Politics and the Death of JFK*. (Berkeley, California: University of California Press, 1993), S. 109.
[572] *Ibid.*, S. 562.

Untergrund bestimmt waren. Bei dem Lagerhaus handelte es sich um ein Unternehmen der Permindex.[573]

Banisters Sekretärin Delphine Roberts soll gesagt haben, Oswald sei ein regelmäßiger Besucher der Camp Street 544 gewesen, der eine Art „Geheimdienstarbeit" geleistet habe.[574] In der Tat scheint Oswald, wie jedermann einräumt, als „pro-Castro"-Sündenbock hereingelegt worden zu sein.

DIE ISRAELISCHE BANISTER-CONNECTION

Interessanterweise gibt es jedoch eine weitere israelische Verbindung zu dem Szenario in New Orleans, das Lee Harvey Oswald als Sündenbock für das JFK-Mordkomplott in die Falle lockte. Es stellte sich heraus, dass einer der alten Freunde von Banister und seinen antikommunistischen Mitstreitern ein gewisser A. I. Botnick war.[575] Botnick war eine Schlüsselfigur im Regionalbüro der Anti-Defamation League (ADL) der B'nai B'rith in New Orleans, die inzwischen für ihre engen Verbindungen zum israelischen Mossad bekannt ist.

Botnick, der sich selbst als „Super-Kommunistenjäger" bezeichnete, war vom Kommunismus besessen und glaubte wie Banister, dass der Kommunismus eine wichtige Kraft in der Bürgerrechtsbewegung war.[576]

(1993 wurde berichtet, dass die ADL den verstorbenen Dr. Martin Luther King ausgiebig bespitzelt und ihre Erkenntnisse anschließend J. Edgar Hoover, Banisters ehemaligem Vorgesetzten beim FBI, übergeben hatte.[577] In den Kapiteln 7 und 10 haben wir die engen Verbindungen zwischen der ADL und Lanskys Verbrechersyndikat festgestellt, das seinerseits wiederum mit der CIA und dem israelischen Geheimdienst verbunden ist, insbesondere durch die Verbindung zu Permindex, die in diesem Kapitel behandelt wird).

Auf nationaler Ebene und unter Botnick in New Orleans war es üblich, dass die ADL Agenten in linken Gruppen einsetzte, um deren Aktivitäten auszuspionieren. Dies passt natürlich genau in das Profil der „linken" und „pro-Castro"-Aktivitäten von Lee Harvey Oswald in New Orleans im Sommer 1963, als er von Banisters Geheimdienstoperation in der 544 Camp Street aus ein „Fair Play Committee for Cuba" leitete. Faszinierend ist auch, dass laut Arnold Forster, dem ehemaligen Generalstaatsanwalt und Geheimdienstchef der ADL, ein Großteil der „Ermittlungen" (d. h. der Spionage) der ADL auf Agenten zurückgriff, die „von einer externen Ermittlungsbehörde angestellt waren, die als unabhängiger Auftragnehmer handelte".[578] In Anbetracht der engen Verbindung zwischen Botnick und Banister scheint es also sehr wahrscheinlich, dass Botnick die Arbeit der ADL an seinen antikommunistischen Kollegen weitervergeben hat.

Außerdem waren laut ADL-Forster viele der ADL-Ermittler „pensionierte Ermittler der lokalen oder Bundesregierung"[579] - darunter zum Beispiel ein möglicher ehemaliger US-

---

[573] Robert Morrow. *Betrayal: A Reconstruction of Certain Clandestine Events from the Bay of Pigs to the Assassination of John F. Kennedy* (New York: Warner Books, 1976), S. 84.
[574] Anthony Summers. *Conspiracy*. (New York: McGraw-Hill Book Company, 1980), S. 324-325.
[575] 575 *Executive Intelligence Review. The Ugly Truth About the ADL* [Washington, D.C.: Executive Intelligence Review, 1992], S. 73.
[576] Jack Nelson. *Terror in the Night*. [New York: Simon & Schuster, 1993], S.214.
[577] *San Francisco Weekly*, 28. April 1993.
[578] A. Forster. *Square One* [New York: Donald Fine, Inc., 1988], S. 56.
[579] *Ibid.*

Geheimdienstmitarbeiter namens Oswald, der bereits in der Sowjetunion Untergrundarbeit geleistet hatte.

Es ist fraglich, ob Lee Harvey Oswalds linke Aktivitäten in Wirklichkeit von der ADL finanziert wurden. War Oswald tatsächlich dazu da, für Banister linke Gruppen zu infiltrieren, scheinbar im Rahmen einer Ermittlungsmission der ADL, die aber in Wirklichkeit eine Geheimdienstoperation war, die einen ganz anderen Zweck verfolgte?

Es ist also nicht so außergewöhnlich, wenn man vorschlägt, dass Oswald wahrscheinlich „eine alternative Identität" als „Pro-Castro"-Agitator hatte, die von der ADL hergestellt wurde (unter dem Deckmantel der „Untersuchung" der ADL) und als Vermittler für den Mossad und seine Verbündeten bei der CIA diente. Ganz praktisch, in der Tat.

EINE „DRITTE KRAFT"?

Obwohl er die ADL nicht als Kraft hinter Banisters Aktivitäten betrachtete, bestärkte der angesehene Peter Dale Scott die Möglichkeit, dass Banisters Operationen viel zahlreicher waren, als es den Anschein hatte. Laut Scott: „Es herrscht Uneinigkeit ... „darüber, wer für Banisters antikommunistische Aktivitäten zahlte: der Geheimdienst der Regierung, die Mafia von New Orleans oder **eine dritte Kraft,** die mit beiden gleichzeitig verbündet war." [Hervorhebung durch den Verfasser] Scott merkt an, dass diejenigen, die die Geheimdienstperspektive betonen, auf Banisters FBI und CIA und die Verbindungen des Naval Intelligence Bureau hinweisen, während diejenigen, die die „Mafia" betonen, auf Banisters Verbindungen über David Ferrie und andere zu Carlos Marcello, dem Boss der New Orleans Mafia, hinweisen.

Wie Scott jedoch anmerkt, „ist eine dritte, wahrscheinlichere Möglichkeit, dass sowohl Oswald als auch Banister für etwas arbeiteten, was tatsächlich eine dritte Kraft war: eine dunkle Allianz aus Mafia und Geheimdienst, die in der tiefen politischen Ökonomie von New Orleans verwurzelt war."[580] Und wie wir in diesem Kapitel und an anderer Stelle gesehen haben, hatte die ADL in der Tat starke Wurzeln in der tiefen politischen Ökonomie von New Orleans sowie in der Verbindung zu Clay Shaw.

„Was die Geschichte angeht, dass Oswald ein FBI-Informant war", schreibt Scott, „bezweifle ich, dass Oswald direkt vom FBI angestellt wurde. Eine wahrscheinlichere Möglichkeit ist, dass er für eine **private Sicherheitsagentur** gearbeitet hat, die wiederum dem FBI Bericht erstattete, so wie Guy Banister, der ehemalige FBI-Agent und ehemalige Marinegeheimdienstmitarbeiter laut einem CIA-Dokument, dem FBI in New Orleans Bericht erstattete."[581] [Hervorhebung durch den Autor]

Es ist allgemein bekannt, dass die ADL tatsächlich an das FBI berichtete, eine langjährige Beziehung, die von J. Edgar Hoover selbst zementiert wurde und auf die wir in Kapitel 17 näher eingehen werden.

Die FBI-Akten über Dick Gregory, einen weiteren prominenten Verfechter der Bürgerrechte der Schwarzen in den 1960er Jahren, belegen schlüssig, dass die ADL seine öffentlichen Vorträge überwachte und die Informationen anschließend im Rahmen ihrer COINTELPRO-Operationen an das FBI weiterleitete.

Und wie wir in Kapitel 7 gesehen haben, war es COINTELPRO, das von der Abteilung 5 des FBI geleitet wurde und unter der direkten Kontrolle von William Sullivan stand, der in Wirklichkeit ein CIA-"Maulwurf" innerhalb des FBI für James J. Angleton war, seinen

---

[580] *Ibid.*
[581] Peter Dale Scott. *Deep Politics and the Death of JFK.* (Berkeley, California: University of California Press, 1993), S. 243.

engen Freund und Mossad-Verbündeten innerhalb der CIA. (In Kapitel 17 werden wir die Aktivitäten der ADL genauer untersuchen und dabei besonders auf die offensichtliche Manipulation der Berichterstattung über die Kontroverse um die Ermordung von JFK durch die ADL und durch Quellen, die mit der ADL in New Orleans in Verbindung stehen, eingehen. Darüber hinaus werden wir in Anhang 2 eine wenig erforschte Verbindung zwischen Lee Harvey Oswald und mindestens einem geheimen Regierungsinformanten untersuchen, der mit ziemlicher Sicherheit Verbindungen zur ADL hatte. Und in Anhang 3 erfahren wir viel mehr über Guy Banisters seltsame Verbindungen zur „Rechten", die tatsächlich in Richtung der ADL deuten).

Auf jeden Fall ist es sehr klar, dass der Mossad und die CIA direkt in die seltsamen Aktivitäten von Clay Shaw, Guy Banister, David Ferrie und Lee Harvey Oswald in New Orleans im Sommer 1963 involviert waren.

Der Mossad und die CIA waren eng mit den Permindex-Verschwörungen gegen den französischen Präsidenten Charles De Gaulle und gegen John F. Kennedy verbunden. Kennedy und De Gaulle hatten sich beide im blutigen Konflikt um die algerische Unabhängigkeit auf derselben Seite wiedergefunden, - und in Opposition zum Mossad und seinen Verbündeten von der CIA.

EIN BESUCH DES PERMINDEX

Dass Jim Garrison, der Staatsanwalt von New Orleans, tatsächlich auf dem richtigen Weg war, wird durch einen seltsamen Besuch deutlich, den Garrison zu Beginn seiner Ermittlungen erhielt. Ein Ölmann aus Denver, der später von den Ermittlern als John King identifiziert wurde, war in Garrisons Büro aufgetaucht und hatte angeboten, die Ernennung des Staatsanwalts zum Bundesrichter zu organisieren, wenn Garrison seine Ermittlungen einstelle.

King hatte ganz offensichtlich Insiderinformationen über die Art von Garrisons Ermittlungen und war offensichtlich daran interessiert, ihn zu stoppen, bevor sie weitergehen konnten. Garrison wollte sich jedoch nicht bestechen lassen und hatte dem Mann schnell die Tür gezeigt.

Es stellte sich heraus, dass der Ölkonzern aus Denver genau zur Zeit von Kings mysteriösem Besuch in New Orleans lukrative internationale Handelsgeschäfte mit Bernie Cornfeld, dem Leiter des in Genf ansässigen Overseas Investors Service (IOS), tätigte. Zu Kings weiteren Interessen gehörten Ölbohrungen vor der Sinai-Halbinsel, einem arabischen Gebiet, das 1967 von den Israelis beschlagnahmt worden war.[582]

Cornfeld, Kings Partner, wie wir in Kapitel 7 und Kapitel 9 gesehen haben, war in Wirklichkeit der Schützling und Namensgeber von Rabbi Tibor Rosenbaum, dem Gründer der Bank De Crédit International (BCI) und der zentralen Finanzfigur hinter Permindex.

Kings Besuch war ganz klar ein freundliches Angebot der Permindex. Sie hofften, Garrison zum Schweigen zu bringen, bevor seine Ermittlungen weitergehen konnten - bevor er die Verbindung zu Clay Shaw herstellen konnte, bevor er die wahren Ursprünge der Permindex-Verschwörung aufdecken konnte, die zum Mord an John F. Kennedy führte. Die Permindex und ihre Hintermänner waren fest entschlossen, die Ermittlungen zu beenden. John Kings Besuch in New Orleans war ein klarer Beweis dafür, dass die Rolle von Clay Shaw und der Permindex der Schlüssel zum Geheimnis des Mordes an JFK war.

Eine interessante Fußnote: Ein Schlüsselakteur in Tibor Rosenbaums und John Kings Permindex-Netzwerk war 1967 Myer Feldman: der Superanwalt, der die Interessen der IOS

---

[582] *Washington Observer*, 15. Juni 1970.

in Washington vertrat.[583] Feldman, den wir in Kapitel 5 erstmals als JFKs Kontaktmann zur jüdischen Gemeinde in den USA kennengelernt haben, hatte sich nach seinem Ausscheiden aus dem Weißen Haus als gut bezahlter Handlanger für eben jene engagiert, die hinter der Ermordung JFKs und ihrer Vertuschung standen. Und heute stellt sich heraus, dass Feldman der Anwalt der Kennedy-Familie ist und sich um die privatesten Rechtsangelegenheiten der Familie des ermordeten US-Präsidenten kümmert. Die Welt ist klein, nicht wahr?

DIE SELTSAME WELT DES CLAY SHAW

Diejenigen, die Jim Garrison wegen seiner Anklage gegen Clay Shaw am schärfsten attackierten, gehören zu denjenigen, die den Mythos „Die Mafia hat JFK getötet" verbreiten. Sie suggerieren, Clay Shaw sei eine unschuldige Figur gewesen, die lediglich die Hangars im French Quarter saniert habe.

Doch trotz der Verbindung zwischen Permindex und der Geldwäsche der Bank De Credit International des Lansky-Syndikats sagen diejenigen, die behaupten, „Die Mafia tötete JFK", absolut nichts über Shaws sehr starke Verbindungen - über Permindex - zu dieser kriminellen Bankeinheit, die über Lansky sehr eng mit der „Mafia" verbunden ist.

Die Verbindung zwischen Israel und dem Permindex nicht zu berücksichtigen, bedeutet, der Wahrheit völlig auszuweichen. Das ist der Grund, warum diejenigen, die z. B. versuchen, die Mafia zu beschuldigen, so entschlossen sind, Clay Shaw zu verteidigen. In Shaws Richtung zu schauen bedeutet, in Israels Richtung zu schauen- und deshalb war es so wichtig, dass Garrisons Ermittlungen um jeden Preis sabotiert wurden.

Offensichtlich ist die Kontroverse um die Permindex weitaus größer, als viele Menschen zugeben möchten. Und wegen der Verbindung der Permindex zu Israel und seinem Mossad haben sich einige Forscher, die mit dem Fall JFK befasst sind, dafür entschieden, die Wahrheit, die sich ihnen bot, zu ignorieren.

WAS IST MIT DER „NAZI"-VERBINDUNG?

Es gab diejenigen, die verkündeten, dass der Permindex eine Art „Nazi"-Überbleibsel sei, das den Zweiten Weltkrieg überlebt habe. Die Hauptinitiatorin dieser Theorie war Mae Brussell, eine exzentrische Forscherin, die zu einer Ikone für viele JFK-Mordbesessene wurde, unter ihnen ein gewisser Dave Emory, der bis heute darauf besteht, dass „die Nazis JFK getötet haben."

Dennoch gibt es etwas Wichtiges über Miss Brussells Vergangenheit angesichts der israelischen Rolle bei der Ermordung von JFK, wie sie hier seziert wurde. Brussell war die Tochter von Rabbi Edgar Magnin, dem geistigen Führer der jüdischen Gemeinde von Hollywood - nach der jüdischen Gemeinde von New York die wichtigste Kraft der pro-israelischen Lobby in Amerika. Allein aus diesem Grund wäre Frau Brussell nicht bereit, den israelischen Hintergrund von Permindex zu verfolgen.

Brussell und ihr Mitstreiter Dave Emory behaupteten, dass hochrangige ehemalige Nazis wie General Reinhard Gehlen, die während des Zweiten Weltkriegs in den US-Geheimdienst eingetreten waren, über den Permindex letztlich für die Ermordung Kennedys verantwortlich waren.

Tatsache ist jedoch, dass der israelische Geheimdienst in der Nachkriegszeit eng mit der Gehlen-Organisation zusammenarbeitete. John Loftus und Mark Aarons hatten darüber geschrieben, wie israelische Agenten - obwohl sie die neue Beziehung abscheulich fanden

---

[583] Hutchison, Robert, Vesco. (New York: Praeger Publishers, 1974), S. 97.

- bei der Gehlen-Operation tatsächlich mit bekannten ehemaligen Nazi-Kriegsverbrechern zusammenarbeiteten.
Darüber hinaus hatten die Israelis die Gehlen-Organisation vollständig infiltriert. Laut Loftus und Aarons: „Sie wussten genau, was General Gehlen tat ... Nach der Entstehung Israels kamen Abteilungen des Mossad in Gehlens Basis, um eine spezielle Ausbildung zu erhalten... Selbst er hatte keine Ahnung, wie viele seiner Mitarbeiter auch Tel Aviv unterstanden... Was Gehlen gesehen hatte, hatten auch die Israelis gesehen".[584]

Wenn es also tatsächlich (wie einige behaupten) eine „Nazi"-Verschwörung war, die JFK tötete, scheint es höchst unwahrscheinlich, dass die Verschwörung von den unerschrockenen Israelis ausgegangen sein könnte. Doch wie wir inzwischen wissen, war es kein Nazi-Komplott, trotz der Fantasien von Dave Emory und Mae Brussell. Die Permindex war eine israelische Fassade und keine Nazi-Fassade.

Es ist wahrscheinlich interessant, zur Erinnerung festzuhalten, dass die erste landesweite Werbung, die Frau Brussells Theorie, dass „die Nazis JFK getötet haben", erhielt, auf den Seiten des kurzlebigen Magazins *The Rebel* erschien, das von dem umstrittenen Pornografen Larry Flynt herausgegeben wurde.[585]

Obwohl Flynt tatsächlich einige Zeit zuvor legitime unabhängige Recherchen über die Ermordung von JFK finanziert hatte (was nach Meinung einiger zu dem späteren Attentat auf Flynt geführt haben könnte), war Brussells Artikel nicht Teil der Bemühungen, die das Flynt-Verlagsimperium in der Vergangenheit unternommen hatte.

Es ist schwierig, genau zu sagen, was Flynt, der in der Tat ein komplexes Individuum war, antrieb, aber eines wissen wir: Laut dem von John F. Kennedy, Jr. herausgegebenen *George* Magazine war Flynt zumindest in letzter Zeit als substanzieller Mitwirkender der Anti-Defamation League (ADL) der B'nai B'rith aufgetreten.[586] Angesichts dessen, was wir über die ADL und ihre vielfältigen Verbindungen zu den Personen, die eng in das JFK-Mordkomplott verwickelt waren, wissen, ist das also interessant.

Trotz aller Gerüchte über Mae Brussell gibt es ironischerweise eine echte und bizarre „Nazi"-Verbindung zur Permindex, die entweder missverstanden oder absichtlich verschwiegen wurde, die aber weiter in unser Verständnis der Permindex als transnationale Anlaufstelle für den Mossad und seine Verbündeten bei der CIA und dem organisierten Verbrechen reicht.

„FASCHISTISCHE JUDEN"

Tatsache ist, dass nicht nur die Mossad-Figur Tibor Rosenbaum, sondern auch die Permindex-Figuren Georges und Ernst Mandel Teil einer zionistischen Operation waren, die in einem vielschichtigen Geheimdienstunternehmen entstanden war, das die Grundlage nicht nur für die Gründung des Staates Israel, sondern auch für die Flucht der ehemaligen Naziführer aus Europa und der Organisation Gehlen (und anderswo) nach dem Ende des Zweiten Weltkriegs gelegt hatte. Laut den zuvor zitierten Loftus und Aarons in *The Secret War Against the Jews*:

„Während des Zweiten Weltkriegs nutzte der sowjetische Geheimdienst ein Netzwerk von sogenannten „faschistischen Juden" mit dem Codenamen Max, um in die inneren Kreise des Dritten Reichs einzudringen und die deutsche Armee an der Ostfront zu

---

[584] John Loftus und Mark Aarons. *The Secret War Against the Jews* (New York: St. Martin's Press, 1994), S. 291-292.
[585] Mae Brussell. *„The Nazi Connection to the John F. Kennedy Assassination" (Die Nazi-Verbindung zum John F. Kennedy-Attentat). The Rebel Magazine*, 22. November 1983.
[586] *George Magazine*, Frühjahr 1997.

zerstören. Die Nazis glaubten, dass das Max-Netzwerk ihre geheime Quelle für Informationen innerhalb des Kremls war, und es gab den Deutschen tatsächlich „gute" Informationen, wurde aber streng von den Kommunisten kontrolliert.

„Die Juden des Max-Netzwerks waren größtenteils kommunistische Doppelagenten, aber sie waren auch Juden, die sich gegen Ende des Krieges von der zionistischen Sache abgewandt hatten und die geheimen [Finanz- und Spionage-]Beziehungen [aus der Vorkriegs- und Kriegszeit] von Allen Dulles [dem späteren CIA-Direktor] zu den Nazis enthüllt hatten.

Laut Loftus und Aarons „erpressten die Zionisten James Angleton, den Protegé von Dulles [innerhalb der CIA], damit er ein paralleles Schmuggelsystem für flüchtende Juden und Nazis aufbaute."[587] Erst in Kapitel 8 erfuhren wir von Angletons Rolle in dem Netzwerk für jüdische Flüchtlinge, das schließlich zum heutigen Mossad wurde.

Die Tatsache, dass die Israelis Angleton erpresst haben, erklärt laut Loftus und Aarons, die zweifellos pro-israelische Anhänger sind, zum großen Teil Angletons Verhalten während seiner gesamten Karriere bei der CIA und bei den Ereignissen, die ihn in die Umstände des JFK-Mordes verwickelten, auf die wir in Kapitel 16 eingehen werden.

EINE LÄNDERÜBERGREIFENDE BESTIMMUNG

Nachdem dies geschehen ist, verstehen wir nun, warum zionistische Agenten mit sogenannten „Nazi-Kräften" in der seltsamen transnationalen Gesellschaft, die unter dem Namen Permindex bekannt ist, zusammenarbeiteten. Wie Peter Dale Scott sagte, gab es gemeinsame Interaktionsmuster zwischen verschiedenen Interessen, die an komplexen, multizentrischen Verschwörungen beteiligt waren, bei denen diese verschiedenen Elemente, jedes mit eigenen Motiven, an gemeinsamen Projekten arbeiteten, die jeweils ihre eigenen Ziele verfolgten.

Es gibt in der Tat viel mehr über die Permindex zu sagen, als die mit dem JFK-Attentat befassten Forscher uns erzählt haben, aber letztlich ist die Wahrheit, dass die Permindex eher ein transnationales Dispositiv mit Israels Verschwörungen als treibende Kraft war.

Israels weltweite Verbindungen - insbesondere zu den Anti-Kennedy-Kräften innerhalb der CIA und des mit der CIA verbundenen Lansky-Verbrecherimperiums sowie zu den französischen OAS-Rebellen und den Feinden von Charles De Gaulle innerhalb seines eigenen Geheimdienstes - ermöglichten das Netzwerk, durch das der Plan, JFK zu töten, ausgeführt wurde. Die Permindex stand dabei im Mittelpunkt.

Mithilfe der sogenannten „False-Banner"-Technik, in der der Mossad so geschickt ist (wie wir in Kapitel 3 gesehen haben), wurden Figuren der „Mafia", Anti-Castro-Kubaner, CIA-Untergebene und andere seltsame Gestalten in das Permindex-Netzwerk hineingezogen, das hinter der Verschwörung zum Mord an JFK steckte.

Letztendlich war es jedoch Clay Shaw, ein Vorstandsmitglied der Permindex, der als einzige Person (abgesehen von dem unglücklichen Lee Harvey Oswald) beschuldigt wurde, an der Verschwörung beteiligt gewesen zu sein. Ob Shaw von dem bevorstehenden Attentat wusste, wird wahrscheinlich nie geklärt werden. Die Tatsache, dass Shaw mit Leuten wie David Ferrie und Guy Banister - den ersten, die Oswald manipuliert haben sollen - gehandelt hat, ist mittlerweile fest belegt. Wusste Shaw, dass Oswald der Sündenbock sein würde? Dennoch weist Clay Shaws Verbindung zu dem Attentat - und zu Permindex - direkt in Richtung der Rolle des Mossad in der Verschwörung.

---

[587] John Loftus und Mark Aarons. *The Secret War Against the Jews (New York: St. Martin's Press, 1994), S. 134.*

Der Permindex ist der Schlüssel zum Verständnis der Natur des Komplotts zur Ermordung von JFK. Wer die Verbindung zur Permindex ignoriert, ignoriert die Realität über die Ursprünge des Komplotts, das zur Ermordung von John F. Kennedy führte. Die Tentakel der Permindex reichten überall hin und waren untrennbar mit dem Mossad, der CIA und Lanskys Verbrechersyndikat verflochten.

Obwohl kürzlich der enthusiastische Max Holland von der Warren-Kommission in der Frühjahrsausgabe 2001 von *The Wilson Quarterly* einen Aufsatz schrieb, in dem er vorgibt zu „beweisen", dass der sowjetische KGB für das effektive Sponsoring von „Desinformation" verantwortlich sei - nämlich die Artikel in *Paese Sera*, die Clay Shaw mit der Permindex in Verbindung brachten -, beweist Hollands Opus nur, dass die Permindex von Anfang an das umstrittene Thema war. Genauer gesagt beantwortet Hollands Aufsatz jedoch nicht die eigentliche Frage: Wenn die Permindex KEINE CIA-Fassade war, war sie dann stattdessen eine israelische Operation? *Final Judgement* beantwortet die Frage ohne den Schatten eines Zweifels, aber es ist unwahrscheinlich, dass Holland sie beantworten wird.

In unserem nächsten Kapitel gehen wir schließlich die neuesten, überraschenden und endgültigen Beweise dafür durch, dass es James Jesus Angleton, Israels Verbündeter im CIA-Hauptquartier, war, der eine zentrale Rolle bei der Verschwörung und der Vertuschung des Attentats spielte. Darüber hinaus werden wir wichtige neue Informationen untersuchen, die darauf hindeuten, dass am 22. November 1963 in Dallas, Texas, viel mehr passierte, als es den Anschein hat. Wir werden auch herausfinden, dass die sogenannte „französische Verbindung" zum JFK-Attentat in Wirklichkeit die israelische Verbindung ist.

KAPITEL XVI

**Verrat in Dallas
Was geschah wirklich auf der Dealey Plaza? James Jesus Angleton, E. Howard Hunt und das Attentat auf JFK. Die Wahrheit über „die französische Verbindung".**

In einem kleinen Verleumdungsprozess, der 1985 in Miami öffentlich gemacht wurde, bewies Mark Lane, der erfahrene Ermittler im Kennedy-Attentat, zur Zufriedenheit einer Jury, dass die CIA eine Rolle bei der Ermordung von John F. Kennedy gespielt hatte. *Plausible Denial*, Lanes erster Bestseller aus dem Jahr 1991, erzählt die ganze unglaubliche Geschichte.

Die Beweise aus diesem Prozess deuten auch darauf hin, dass Israel über die Büros von James Jesus Angleton, Israels Verbündetem bei der CIA, mit dem Mord in Verbindung stand. Es war Angleton, der dabei half, die zentrale Rolle seines bevorzugten ausländischen Staates an der Seite der CIA bei der Ermordung von JFK zu verschleiern.

Es gibt auch seltsame neue Beweise, die zeigen, dass am Dealey Plaza in Dallas viel mehr passiert ist, als viele der Personen, die in die Ereignisse rund um die Ermordung von JFK involviert waren, wirklich wussten.

Plausible Denial von Mark Lane beweist schlüssig, dass die CIA an der Ermordung von Präsident John F. Kennedy beteiligt war.

Wie wir in Kapitel 9 gesehen haben, erzählt Lanes Buch, wie der Verleumdungsprozess der Washingtoner Zeitung *The Spotlight* gegen den ehemaligen CIA-Mitarbeiter E. Howard Hunt die ersten handfesten Beweise in einen Gerichtssaal in Florida brachte, die eine Verbindung zwischen der CIA und der Ermordung Kennedys herstellten.

Wie bereits erwähnt, hatte Lane sich bereit erklärt, als Verteidiger für The *Spotlight* zu fungieren, nachdem Hunt ein Urteil über 650.000 Dollar wegen Verleumdung gegen das populistische Wochenmagazin gewonnen hatte. Es war Lane, der *The Spotlight* erfolgreich verteidigt hatte, nachdem der Fall nach der Aufhebung des ursprünglichen Urteils erneut verhandelt worden war.

Die Verleumdungsklage geht auf einen Artikel zurück, der 1978 auf den Seiten von *The Spotlight* veröffentlicht wurde.

Der Artikel wurde von Victor Marchetti verfasst, einem ehemaligen leitenden Angestellten der a CIA, der international bekannt wurde, nachdem er seine erfolgreiche Kritik *The CIA and the Cult of Intelligence* veröffentlicht hatte, das erste Buch, das jemals vor seiner Veröffentlichung durch die CIA zensiert wurde.

Nachdem er die CIA verlassen hatte, wurde Marchetti Journalist und spezialisierte sich auf Themen, die die CIA und die Geheimdienstgemeinschaft im Allgemeinen betreffen. In dieser Funktion war er eine anerkannte Autorität auf seinem Gebiet und hatte neben vielen anderen Publikationen in den USA und im Ausland eine Anzahl von Artikeln über Geheimdienstthemen für *The Spotlight* verfasst.

Als Marchetti daher mit einem ziemlich faszinierenden Artikel an *The Spotlight* herantrat, der eine interessante neue Perspektive auf die Ermordung von JFK bot (mitten in der Untersuchung des Ausschusses des Repräsentantenhauses für Attentate), waren die Redakteure der Wochenzeitung interessiert.

HAT DIE CIA HUNT EINE FALLE GESTELLT?

Marchettis Artikel legte nahe, dass hochrangige CIA-Führungskräfte beschlossen hatten, E. Howard Hunt für seine Beteiligung an der Ermordung Kennedys verantwortlich zu machen. Nicht, weil Hunt in das Verbrechen verwickelt gewesen wäre, sondern ganz einfach, weil die CIA beschlossen hatte, ihm die Tat anzuhängen. Diese Unterscheidung ist wichtig.

Im Laufe der Jahre hatten mehrere Mordbegeisterte behauptet, dass die berühmten Fotos, die am Dealey Plaza von drei sogenannten „Pennern" gemacht worden waren, die von Polizisten vom Tatort weggeführt wurden, Hunt als einen dieser Penner entlarvt hätten. Diese Geschichte wurde von den Boulevardzeitungen aufgegriffen und weit verbreitet.

EIN KONKURS DER CIA UND DES MOSSAD?

Es gibt jedoch einige, die glauben, dass die Geschichte von „Hunt, dem Penner" in Wirklichkeit absichtlich als Teil des CIA-Plans erfunden wurde, Hunt der Beteiligung an dem Attentat zu beschuldigen. Es ist der Plan der CIA, Hunt zu verwickeln, den Victor Marchetti in „*The Spotlight*" dargelegt hat.

Der Hauptverfechter der Theorie, dass Hunt einer der „Penner" von Dallas war, ist A. J. Weberman, der sehr enge Verbindungen zur Jewish Defense League unterhält.

Weberman war auch eng mit Mordechai Levi verbunden, einem bekannten Agent Provocateur der Anti-Defamation League von B'nai B'rith, dem Propaganda- und Geheimdienstzweig des israelischen Mossad, den wir in Kapitel 17 näher betrachten.

(Levi war auch in der Jewish Defense League (JDL) aktiv, die von dem militanten Rabbiner Meir Kahane gegründet wurde. In Kapitel 8 haben wir gesehen, dass Kahane ein Agent und Protegé von Jay Lovestone war, der für die Verbindung der CIA mit der französischen Korsika-Mafia und der sizilianischen Mafia, die mit Meyer Lansky verbunden waren, zuständig war. Lovestones Operation wurde vom israelischen Büro von James J. Angleton bei der CIA aus geleitet.

Es ist durchaus möglich, dass die von Weberman angepriesene Geschichte von „Hunt, dem Penner" in Wirklichkeit ein Konstrukt der CIA und des Mossad war, um die Karten noch mehr zu vernebeln.

Interessant ist, dass 1975 - genau zu der Zeit, als Weberman ein Buch veröffentlichte und dafür warb, in dem Hunt als einer der Tramps genannt wurde - ein seltsamer Brief anonym im Briefkasten von Penn Jones Jr. auftauchte, einem anderen, zuverlässigeren Forscher.

Der Brief war in Spanisch verfasst und der Umschlag trug den Poststempel von Mexiko-Stadt. Dem Brief lag ein weiterer Brief bei, der wie folgt lautete:

„Sehr geehrter Herr Hunt,
Ich möchte Informationen über meine Position erhalten. Ich bitte nur um Informationen. Ich schlage vor, dass wir die Angelegenheit ausführlich diskutieren, bevor Maßnahmen von mir oder jemand anderem ergriffen werden.
Ich danke Ihnen,

Lee Harvy [sic] Oswald".[588]
Nachfolgende Analysen legten nahe, dass der Brief von Oswald geschrieben worden sein könnte oder auch nicht (obwohl er dafür bekannt war, seinen zweiten Vornamen falsch zu schreiben, wie er es in dem Brief getan hatte). Als die Nachricht von der Existenz des Briefes die Runde machte, löste der Hinweis auf einen „Mr. Hunt" sofort Spekulationen darüber aus, dass es sich bei dem besagten Hunt entweder um den Öltanker H. L. Hunt aus Texas oder, sehr wahrscheinlich, um E. Howard Hunt handelte.

Angesichts der damals kursierenden Gerüchte über Hunts angebliche Rolle im JFK-Fall und seiner bekannten Verbindungen zur CIA und insbesondere zu Mexiko-Stadt, wo er während seiner CIA-Karriere aktiv gewesen war, war der Verdacht gegen E. Howard Hunt ganz natürlich.

Interessant ist jedoch, dass der Brief aus Mexiko-Stadt, Hunts früherer Operationsbasis, geschickt wurde. Unabhängig davon, ob der Brief echt ist oder nicht, ist es offensichtlich, dass jemand noch mehr Verdacht auf E. Howard Hunt werfen wollte - und das ist ihm auch gelungen.

Dass Webermans Geschichte „Hunt der Landstreicher" und der Brief „Lieber Herr Hunt" zur gleichen Zeit auftauchten, ist angesichts eines anderen Falls, den wir gleich untersuchen werden, besonders interessant.

Die Geschichte von „Hunt, dem Penner" und der Brief „Sehr geehrter Herr Hunt" scheinen beide Teil einer düsteren CIA-Propagandaoperation zu sein, die von James J. Angleton, dem Mossad-Mann der CIA, geleitet wurde.

HUNT WAR IN DALLAS

Ironischerweise deuten, wie wir sehen werden, die Beweise darauf hin, dass E. Howard Hunt tatsächlich in Dallas war - zumindest am 21. November 1963 - und tief in seltsame Aktivitäten verwickelt war, die mit Schlüsselfiguren des JFK-Attentatsszenarios in Verbindung standen.

Marchetti zufolge zwang die Tatsache, dass die Öffentlichkeit weitgehend die Beteiligung der CIA an der Ermordung des Präsidenten vermutete, die CIA dazu, ihre Karten auf den Tisch zu legen und „zuzugeben", dass tatsächlich einer ihrer berüchtigtsten alten Agenten, Hunt, an dem Tag, als Kennedy getötet wurde, tatsächlich in Dallas war.

Natürlich hätte Hunt - und seine bekannten Verbindungen zu den Anti-Castro-Kubanern, die oft als Hauptverdächtige für die Ermordung von JFK gelten - nur schwer erklären können, warum er an diesem schicksalhaften Tag in Dallas gewesen war - wenn er es denn gewesen wäre.

Interessanterweise stand in Marchettis Artikel nie, dass Hunt in Wirklichkeit an der Mordverschwörung beteiligt gewesen war. In Marchettis Artikel stand lediglich, dass hochrangige CIA-Beamte beschlossen hatten, Hunt die Schuld an dem Verbrechen in die Schuhe zu schieben. Nach Marchettis Quellen galt Hunt als entbehrlich.

Marchettis Artikel berichtete, dass ein seltsamer interner CIA-Dienstvermerk - der angeblich einige Jahre zuvor verfasst worden war - irgendwie in den Händen von Ermittlern des House Committee gelandet war und dass Hunt infolgedessen schließlich gezwungen worden sei, seine Anwesenheit in Dallas (wie in dem Dienstvermerk beschrieben) am 22. November 1963 zu erklären.

---

[588] Dick Russell. *The Man Who Knew Too Much.* [New York: Carroll & Graf, 1993), S. 588.

Die *Spotlight-Redakteure* waren der Ansicht, dass Marchettis Artikel, wenn überhaupt, als Vorwarnung an Hunt diente, was seine früheren Arbeitgeber vorhatten. Die *Spotlight-Redakteure* fanden nicht, dass der Artikel Hunt in den Mord am Präsidenten verwickelte.

Unerklärlicherweise entschied sich das ehemalige CIA-Mitglied jedoch für eine Klage, obwohl er schließlich unter Eid zugab, dass Marchettis Argumente, als er die *Spotlight-Geschichte* zum ersten Mal gelesen hatte, tatsächlich plausibel erschienen. Zusammengefasst hieß es in dem Artikel, dass Hunt glaubte, seine ehemaligen Kollegen würden ihn den Wölfen zum Fraß vorwerfen - für unlautere Zwecke.

Hunts Klage gegen *The Spotlight* wurde vor Gericht verhandelt. Die Leitung von The *Spotlight* nahm die Klage jedoch nicht ernst. Sie glaubten auch nicht, dass der Artikel Hunts Ruf schadete oder dass Hunts Anwälte beweisen konnten, dass die Zeitung den Artikel in böswilliger Absicht veröffentlicht hatte.

(Tatsächlich hatte *Spotlight* Hunt zu einem Interview in die Redaktion der Zeitung eingeladen, um die Behauptungen in Marchettis Artikel zu widerlegen oder sogar einen Artikel zu verfassen, der Marchettis Artikel widerlegt).

Während des Prozesses legte der Anwalt von *Spotlight* unerwartet fest, dass die Zeitung nicht glaubte, dass Hunt am 22. November 1963 nach Dallas gereist war. Der Prozess führte jedoch zu einer enormen Geldstrafe von 650.000 Dollar für die Zeitung wegen Verleumdung. *Spotlight* legte gegen das Urteil Berufung ein, und das Berufungsgericht bewilligte ein neues Verfahren mit der Begründung, dass die Anweisungen des Richters an die Jury fehlerhaft gewesen seien.

LANE GREIFT DEN FALL AUF

Zu diesem Zeitpunkt übernahm der berühmte Ermittler Mark Lane, der Anwalt, den Fall - fast zufällig -, nachdem er dem Herausgeber von *Spotlight* von einem gemeinsamen Bekannten vorgestellt worden war, kurz bevor der Fall in der Berufung verhandelt werden sollte.

Aufgrund seiner jahrzehntelangen intensiven Recherchen war Lane schon lange davon überzeugt, dass die CIA eine entscheidende Rolle bei der Organisation der Ermordung von JFK gespielt hatte, aber er hatte nie eine rechtliche Plattform für eine solche Untersuchung gehabt.

Der neue Prozess - der 1985 (etwa sieben Jahre nach der Veröffentlichung des umstrittenen Artikels) stattfand - gab ihm diese Chance. Lane startete die Verteidigung von *Spotlight* mit einem ganz anderen Ansatz.

Er behauptete, Hunt sei tatsächlich kurz vor dem Mord am Präsidenten nach Dallas gereist und könne dies auch beweisen. Hunts Anwälte waren gelinde gesagt überrascht, aber trotz ihrer Bemühungen, Lanes neuen Ansatz zu entgleisen, scheiterten sie.

Die zentrale Zeugin im zweiten Verleumdungsprozess (der in Miami geführt wurde) war Marita Lorenz, eine ehemalige CIA-Agentin, die 1978 vor dem House Committee of ausgesagt hatte und über ihre Informationen über die Ermordung des Präsidenten berichtete.

Doch trotz der aufhetzenden Natur dessen, was Miss Lorenz dem Ausschuss gesagt hatte, wurde ihre Aussage vom Direktor des Hausausschusses, G. Robert Blakey (von dem wir in Kapitel 10 erfahren haben, dass er Verbindungen zur CIA und zu Meyer Lanskys Syndikat des organisierten Verbrechens hatte), abgetan.

Miss Lorenz, eine wunderschöne Deutsche, war eigentlich die einzige Geliebte des kubanischen Diktators Fidel Castro gewesen, hatte sich aber schließlich gegen den kubanischen Machthaber gewandt und sich unter der Aufsicht der CIA in Anti-Castro-Aktivitäten verwickelt. Zu ihren wichtigsten Kontakten innerhalb der CIA in dieser Zeit gehörten E. Howard Hunt, der Verbindungsmann der CIA zu den kubanischen Anti-Castro-

Agenten, sowie Frank Sturgis, der CIA-Veteran, der im Wesentlichen ihr Vorgesetzter war. Mark Lane bat Miss Lorenz, für die Verteidigung von *Spotlight* in Hunts Prozess auszusagen, wobei sie unter Eid wiederholte, was sie dem Ausschuss des Repräsentantenhauses zu den Morden gesagt hatte und was sie Jahre zuvor Lane selbst erzählt hatte.

HUNT UND RUBY IN DALLAS

Während Hunts Verleumdungsprozess sagte Lorenz aus, dass sie sich nur einen Tag vor Kennedys Ermordung in Dallas mit Sturgis und mehreren exilkubanischen Castro-Gegnern getroffen hatte, darunter E. Oswald und Howard Oswald. Howard Hunt, aber auch Jack Ruby, der später Lee Harvey Oswald, den mutmaßlichen Attentäter des Präsidenten, ermordete.

Laut Miss Lorenz war Hunt der Schatzmeister der CIA für eine streng geheime Operation, deren Zweck sie nicht kannte. Miss Lorenz sagt, Sturgis habe ihr gesagt, sie solle als „Lockvogel" dienen.

Da sie sich jedoch unwohl fühlte, hatte Miss Lorenz Dallas am 22. November verlassen und war nie an der Operation beteiligt gewesen. Später hatte sie erfahren, dass Präsident Kennedy ermordet worden war und dass Jack Ruby natürlich Lee Harvey Oswald, den mutmaßlichen Mörder des Präsidenten, getötet hatte.[589]

Was Hunt betrifft, so waren seine widersprüchlichen Erzählungen über den Ort, an dem er sich am Tag vor Kennedys Ermordung und am Tag des Attentats befand, verdächtig. Lane nutzte Hunts eidesstattliche Erklärungen (in der Zeugenaussage und während der beiden Prozesse sowie von mehreren anderen Tribunen), um diese Widersprüche aufzuzeigen. Diese Widersprüche allein hätten das Ende von Hunts Prozess bedeuten können.

Darüber hinaus deuteten die Zeugen, die von den Anwälten des ehemaligen CIA-Mitglieds in Hunts Verteidigung genannt wurden, schließlich an, dass Hunt mehr zu verbergen hatte, als er zugeben wollte. Viele dieser Zeugen waren in der Tat eine Auswahl von Hunts ehemaligen CIA-Kollegen, von denen viele bei ihrer Aussage von Anwälten vertreten wurden, die von der CIA geschickt worden waren.

Es war jedoch Marita Lorenz' Aussage, die die Geschworenen ein für alle Mal davon überzeugt hatte, dass *Spotlight* (und Lane selbst) eine viel plausiblere Geschichte als Hunt hatte. Damit trug sie zu dem fulminanten Sieg von *Spotlight* im Gerichtssaal bei, der über Hunts Verleumdungsklage triumphierte.

Leslie Armstrong, eine in Miami lebende Frau, die in dem Fall als Vorsitzende der Jury fungierte, veröffentlichte zeitgleich mit der Veröffentlichung von Lanes schriftlicher Aufzeichnung des Prozesses eine Erklärung:

„Mr. Lane verlangte von uns [den Geschworenen] etwas sehr Schwieriges. Er verlangte von uns zu glauben, dass John Kennedy von unserer eigenen Regierung getötet wurde.

Als wir die Beweise jedoch genauer untersuchten, mussten wir zu dem Schluss kommen, dass die CIA Präsident Kennedy tatsächlich getötet hatte".[590]

Trotz dieses verblüffenden Ergebnisses schwiegen die Medien. Nur sehr wenig über Hunts Niederlage kam in die Medien, insbesondere das Ganze und die Hintergründe von Miss Lorenz' erstaunlichen Behauptungen. Natürlich war dies in jeder Hinsicht eine echte Neuigkeit, aber die Medien hatten sich dafür entschieden, zu ignorieren, was in diesem Gerichtssaal in Miami geschehen war.

---

[589] Siehe Mark Lane. *Plausible Denial*. (New York: Thunder's Mouth Press, 1991).
[590] *The Spotlight*, 11. November 1991.

Interessanterweise gab es jedoch, wie wir noch sehen werden, einen anderen Artikel (ähnlich dem umstrittenen Artikel von Victor Marchetti), der ähnlich wie Marchetti andeutete, dass viel mehr in der Geschichte steckte, als es den Anschein hatte.

DIE VERBINDUNG MIT ANGLETON

Tatsächlich war das interne CIA-Papier, das Hunt mit dem Mord an JFK in Verbindung brachte, von James Jesus Angleton verfasst worden, dem Verbündeten Israels innerhalb der CIA, dessen Geschichte wir in Kapitel 8 untersucht haben und dem wir im Laufe der Seiten immer wieder begegnet sind.

Das bedeutet jedoch nicht, dass Hunt am 21. oder 22. November 1963 nicht in Dallas war.

Im Gegenteil, die Beweise, über die wir berichten werden, legen nahe, dass Hunts Anwesenheit in Dallas - zu welchem Zweck auch immer - tatsächlich in irgendeiner Weise mit den Umständen rund um die Verschwörung zur Ermordung von JFK verbunden war.

Diese Beweise legen nahe, wie wir noch sehen werden, dass es Angleton war - der auch dafür verantwortlich war, dass das von ihm verfasste Memo, das Hunt mit der Ermordung von JFK in Verbindung brachte, durchgesickert war.

Bevor wir Angletons Taten und Untaten, insbesondere in Bezug auf Hunt, weiter erforschen, ist es wichtig, Victor Marchettis Artikel (veröffentlicht im *Spotlight* vom 14. August 1978) zu überprüfen, der wie folgt veröffentlicht wurde:

> Vor einigen Monaten, im März, fand im CIA-Hauptquartier in Langley, Virginia, dem prunkvollen Haus der amerikanischen Superspione mit Blick auf den Potomac-Fluss, ein Treffen statt. An ihr hatten mehrere Top-Geheimagenten und ehemalige hochrangige Beamte der CIA teilgenommen.
>
> Das Thema der Diskussion lautete: Was soll mit den jüngsten Enthüllungen geschehen, die den mutmaßlichen Mörder von Präsident Kennedy, Lee Harvey Oswald, mit dem Spionagespiel zwischen den USA und der UdSSR in Verbindung bringen? Es wurde eine Entscheidung getroffen und ein Aktionsplan erstellt. Beides war bewusst kalkuliert, um die Öffentlichkeit zu faszinieren und zu verwirren, indem eine intelligente „begrenzte Situation" an dem Tag inszeniert wurde, an dem der Sonderausschuss der Kammer für Attentate (HSCA) Ende des Monats seine öffentlichen Anhörungen abhielt.
>
> Im Spionagejargon ist eine „begrenzte Situation" ein häufig verwendeter Trick von Untergrundprofis.
>
> Wenn ihr Schleier der Geheimhaltung zerfetzt wird und sie sich nicht mehr auf eine falsche Tarnung verlassen können, um die Öffentlichkeit zu desinformieren, greifen sie auf das - manchmal sogar absichtliche - Eingeständnis einiger Wahrheiten zurück, während es ihnen gelingt, die wesentlichen und schädlichen Fakten des Falls zu verbergen. Die Öffentlichkeit ist in der Regel so fasziniert von den neuen Informationen, dass sie nie daran denkt, weiter zu schauen.
>
> Wir werden wahrscheinlich nie erfahren, wer die Ermordung von JFK inszeniert hat und warum. Es gibt zu viele mächtige Einzelinteressen, die mit der Verschwörung verbunden sind, als dass die Wahrheit auch heute noch, 15 Jahre nach dem Mord, ans Licht kommen könnte.
>
> Doch in den nächsten zwei Monaten werden wir laut sensiblen Quellen bei der CIA und der HSCA noch viel mehr über das Verbrechen erfahren. Die neuen Enthüllungen werden sensationell sein, aber nur oberflächlich. Einige der

kleineren Banditen, die an der Verschwörung und ihrer Vertuschung beteiligt waren, werden zum ersten Mal identifiziert und live auf den Fernsehkanälen sich selbst überlassen werden. Die meisten derjenigen, auf die man noch mit dem Finger zeigen muss, sind bereits tot.

Aber auch hier werden die guten Menschen im durchschnittlichen Amerika von der Regierung und ihren Verbündeten in den Nachrichtenmedien der herrschenden Klasse getäuscht. Tatsächlich erleben wir gerade eine weitere, ziemlich raffinierte Vertuschung, die von der CIA mit Hilfe des FBI und dem Segen der Carter-Regierung erdacht wurde.

Ein klassisches Beispiel für eine begrenzte Situation ist die Art und Weise, wie die CIA die Untersuchung des Church-Ausschusses [der CIA] vor zwei Jahren geleitet und manipuliert hat. Der Ausschuss erfuhr nicht mehr über die Ermordung ausländischer Staatsführer, Programme zur Bekämpfung illegaler Drogen oder die Durchdringung der Nachrichtenmedien als das, was die CIA ihn herausfinden ließ. Und genau das ist es, was die CIA mithilfe des HSCA in Bezug auf den Mord an JFK erreichen will.

Der berühmte E. Howard Hunt aus Watergate wird der erste sein, der durch die neue Untersuchung bloßgestellt wird. Sein Glück hat sich gewendet und die CIA hat beschlossen, ihn zu opfern, um ihren Geheimdienst zu schützen. Die Agentur ist wütend auf Hunt, weil er sie öffentlich in Nixons Chaos hineingezogen und ihn nach seiner Verhaftung erpresst hat. Außerdem ist Hunt verwundbar, ein leichtes Ziel, wie es in Spionagefällen heißt. Sein Ruf und seine Integrität sind zerstört. Der Tod seiner Frau Dorothy bei einem mysteriösen Flugzeugabsturz in Chicago verstört immer noch viele Menschen, zumal es Gerüchte aus informierten Kreisen gab, dass sie im Begriff war, ihn zu verlassen und sich vielleicht sogar gegen ihn zu wenden.

Außerdem ist bekannt, dass Hunt JFK hasste und ihm die Schuld an der Katastrophe in der Schweinebucht gab. Nun wurde in den letzten Monaten sein Alibi enthüllt, wo er sich am Tag der Schießerei aufgehalten hatte.

Bei den öffentlichen Anhörungen wird die CIA „zugeben", dass Hunt an der Verschwörung zum Mord an Kennedy beteiligt war. Die CIA kann sogar so weit gehen, „zuzugeben", dass es drei Schützen gab, die auf Kennedy schossen. Das FBI stimmte zwar öffentlich der Schlussfolgerung der Warren-Kommission von „einem Mann" zu, wusste aber privat immer, dass es drei bewaffnete Männer gab. An der Verschwörung waren viel mehr Personen beteiligt als die, die auf Kennedy schossen, das können beide Behörden jetzt zugeben.

Die CIA wollte mit dem Finger auf ihn zeigen und ihn mit der Ermordung von JFK in Verbindung bringen. Vor einigen Wochen erhielt die HSCA unerwartet eine interne Dienstmitteilung der CIA, wonach die Behörde gerade zufällig auf ihre alten Akten gestoßen war. Diese waren auf das Jahr 1966 datiert und lauteten im Wesentlichen wie folgt: Eines Tages werden wir Hunts Anwesenheit in Dallas am 22. November 1963, dem Tag, an dem Präsident Kennedy erschossen wurde, erklären müssen. Hunt wird es schwer haben, diese Aktennotiz und andere Dinge vor den Fernsehkameras bei den HSCA-Anhörungen zu erklären.

Hunts Ruf als fanatischer Antikommunist wird sich gegen ihn auswirken. Dasselbe wird für seine lange und enge Beziehung zu den Anti-Castro-Kubanern gelten, ebenso wie für seine Vorliebe für geheime Machenschaften und seine verschiedenen Coups während seiner Zeit als einer von Nixons Klempnern. E. Howard Hunt wird in die Verschwörung verwickelt und er wagt es nicht, sich zu äußern, da die CIA dies übernehmen wird.

[Marchetti merkte an dieser Stelle an, dass Fidel Castros ehemalige Geliebte Marita Lorenz behauptet hatte, Hunt gehöre zu einem CIA-Team, das es auf Präsident Kennedy abgesehen habe].
Es bleibt abzuwarten, wer sonst noch als an der Verschwörung und/oder der Vertuschung beteiligt identifiziert wird. Doch ein beunruhigendes Muster beginnt sich bereits abzuzeichnen. Alle Banditen sind auf die eine oder andere Weise entehrt worden. Sie haben alle einen „rechten" Ruf. Oder sie werden ihn nach den Anhörungen haben.

Die Tatsache, dass einige von ihnen möglicherweise Verbindungen zum organisierten Verbrechen hatten, wird sich auf lange Sicht nur als nebensächlich erweisen. Diejenigen, die nachweislich Verbindungen zur CIA oder zum FBI haben, werden als Abtrünnige dargestellt, die auf eigene Faust ohne Zustimmung oder Wissen ihrer Vorgesetzten gehandelt haben.

Die Vertuschung der Tat wird den ehemaligen Präsidenten angelastet, die entweder tot oder entehrt sind. So wird Carter als Wahrheitssucher hervorgehen, und die CIA und das FBI haben ihre institutionellen Hintergründe sorgfältig abgedeckt.[591]

Marchettis Artikel ist in vielerlei Hinsicht sehr interessant. Zunächst einmal gab Hunt selbst, wie bereits erwähnt, zunächst zu, dass er glaubte, die Geschichte beruhe auf der Wahrheit - dass sie plausibel sei, dass seine ehemaligen Kollegen von der CIA tatsächlich erwogen hätten, ihn wegen seiner Beteiligung an der Ermordung von JFK anzuklagen.

Der Ursprung des Memorandums, das Hunt mit der Ermordung von JFK in Verbindung bringt, ist interessant, da es von Marchetti vorgelegt wurde. Er beschrieb es als eine Notiz, in der es hieß, dass „die Agentur zufällig auf ihre alten Akten gestoßen ist". Mit anderen Worten könnte man aufgrund von Marchettis beiläufigem Hinweis annehmen, dass die CIA das Memo möglicherweise ausgeheckt hatte. Dass die Agentur „zufällig" auf die Notiz stieß, als der öffentliche Verdacht, die CIA sei in den Mord an JFK verwickelt gewesen, in vollem Gange war, ist natürlich, gelinde gesagt, interessant. Wenn Hunt tatsächlich an dem Tag, an dem JFK getötet wurde, oder sogar am Tag davor in Dallas gewesen wäre, hätte dies verdächtig gewirkt. Die Tatsache, dass Hunt seit langem unter der Ägide der CIA in den Kampf mit den Castro-Gegnern verwickelt war - würde Hunt zu einem wahrscheinlichen Verdächtigen machen, wenn sich herausstellen würde, dass er sich zum kritischen Zeitpunkt in Dallas befand.

Wie Marchetti betont, wäre es eine Vertuschung, Hunt mit der Ermordung von JFK in Verbindung zu bringen, die von der Öffentlichkeit leicht akzeptiert würde. Die CIA als Institution würde sich von jeglicher Verantwortung befreien, da sie Hunt als unabhängigen Agenten außerhalb der Kontrolle der CIA den Wölfen zum Fraß vorgeworfen hätte. In der Tat könnte die CIA dann behaupten, sie habe das Attentat auf JFK endlich „aufgeklärt". Hunts angebliche Beteiligung würde auch eine Reihe anderer Falschmünzer auf den Plan rufen - nicht nur Anti-Castro-Kubaner, sondern auch „rechte Anhänger" im Allgemeinen.

Außerdem war Nixon selbst angesichts Hunts Verwicklung in Watergate (und der Tatsache, dass Richard Nixon beschämt aus dem Amt geschieden war) möglicherweise von einem großen Teil der Öffentlichkeit unter Druck gesetzt worden, der das Schlimmste vermutete - nämlich, dass Nixon vielleicht dabei geholfen haben könnte, den Mord an JFK zu organisieren.

Nixon war nicht nur von Anfang an zusammen mit Hunt und der CIA in den hochrangigen Anti-Castro-Plan verwickelt gewesen, sondern war auch im Präsidentschaftswahlkampf 1960 von Kennedy besiegt worden. Die Tatsache, dass einer

---

[591] *The Spotlight*, 14. August 1978.

von Nixons Watergate-Ganoven in die Ermordung von JFK verwickelt war, würde Nixons ohnehin schon angeschlagenem Image keinen Gefallen tun.

Marchetti betonte außerdem, dass „die Tatsache, dass einige [von Hunts mutmaßlichen Mitverschwörern] möglicherweise Verbindungen zum organisierten Verbrechen hatten, sich auf lange Sicht nur als nebensächlich erweisen wird.

Diese „begrenzte Situation" der CIA hätte folglich die Rolle des israelischen Syndikats des organisierten Verbrechens, das mit Meyer Lansky verbunden ist, verschleiert. Wenn man zu tief in die tatsächlichen Ursprünge und Verbindungen des kriminellen Netzwerks eingedrungen wäre, hätte dies die israelische Verbindung ans Tageslicht gebracht - wenn man seine logische Schlussfolgerung weiterverfolgt hätte.

Das in Marchettis Artikel dargestellte Szenario - die Falle, die Hunt von der CIA gestellt wurde - hat natürlich nie stattgefunden. Die Tatsache, dass es einen Wahrheitsgehalt hatte - dass Hunt als „Sündenbock" angesehen wurde - scheint jedoch offensichtlich zu sein.

Dies wird durch die Tatsache bekräftigt, dass ein ähnlicher Artikel, der auf derselben Sachlage beruhte, im selben Zeitraum in einer anderen Zeitung erschienen war.

Obwohl sich die Aussagen im zweiten Artikel etwas von denen in Marchettis Artikel unterscheiden, ist klar, dass die Ähnlichkeiten im Allgemeinen das Bedeutsamste sind.

Der Artikel erschien am 20. August 1978 im *Sunday News Journal* in Wilmington, Delaware. Die Autoren waren Joe Trento und Jacquie Powers. Der Artikel liest sich [in seinem relevantesten Teil] wie folgt:

WASHINGTON - Eine geheime Notiz der CIA besagt, dass E. Howard Hunt an dem Tag, an dem Präsident John F. Kennedy ermordet wurde, in Dallas war und dass hohe Beamte der Behörde ein Komplott schmiedeten, um Hunts Anwesenheit vor Ort zu verschleiern.

Einige Quellen in der CIA gehen davon aus, dass Hunt glaubte, er sei von Vorgesetzten angewiesen worden, den Mord an Lee Harvey Oswald zu arrangieren.

Quellen zufolge war Hunt, der 1974 in der Watergate-Verschwörung verurteilt wurde, in den Wochen vor der Ermordung Kennedys kommissarischer Leiter des CIA-Büros in Mexiko-Stadt. Oswald war in Mexiko-Stadt und traf sich laut dem offiziellen Bericht der Warren-Kommission mit zwei sowjetischen KGB-Agenten in der russischen Botschaft, kurz bevor er nach Dallas aufbrach.

Das geheime Memo aus dem Jahr 1966, das sich nun in den Händen des Mordausschusses des Repräsentantenhauses befindet, versetzt Hunt am 22. November 1963 nach Dallas.

Richard M. Helms, ehemaliger CIA-Direktor, und James J. Angleton, ehemaliger Chef der Spionageabwehr, paraphierten das Memo laut den Ermittlern, die die Informationen dem *Sunday News Journal* zur Verfügung gestellt haben.

Laut Quellen aus dem Umfeld des Sonderausschusses für Mordfälle enthüllt das Dokument:

· Drei Jahre nach der Ermordung Kennedys und kurz nachdem Helms und Angleton zu ihren höchsten Posten innerhalb der CIA befördert worden waren, besprachen sie, dass Hunt am Tag des Attentats in Dallas war und seine Anwesenheit geheim gehalten werden sollte.

· Helms und Angleton waren der Meinung, dass die Nachricht von Hunts Anwesenheit in Dallas der Agentur schaden würde, wenn sie an die Öffentlichkeit gelangte.

· Helms und Angleton waren der Meinung, dass eine Vertuschung, die Hunt ein Alibi dafür gab, am Tag des Mordes nicht anwesend zu sein, „in Betracht gezogen werden sollte"...
... Helms wollte sich nicht zu diesem Thema äußern. Eine Sekretärin erklärte, er befinde sich außerhalb der Stadt und sei nicht erreichbar. Als Angleton von Mitarbeitern des Komitees befragt wurde, war er „ausweichend", so eine Quelle, die anwesend war. Angleton wollte sich nicht zu diesem Thema äußern...

Eine hochrangige CIA-Quelle, die um eine Erklärung gebeten wurde, warum ein potenziell schädliches Vertuschungsmanöver zu Papier gebracht werden sollte, sagte: „Das Memo ist sehr merkwürdig. Es war fast so, als würde Angleton Mr. Helms, der gerade erst Direktor geworden war, darüber informieren, dass es eine Leiche im Familienschrank gibt, um die man sich kümmern muss, und das war seine Antwort."

Laut einer Quelle des Komitees zeigt das Memo „, dass die Verwicklung der CIA in den Kennedy-Fall bis in die Hierarchie der CIA reichen könnte. Wir wollen nicht zu viel vorwegnehmen, aber es ist umwerfend"....

... Hunts Auftauchen in Dallas und Mexiko-Stadt zum Zeitpunkt des Mordes bestärkt eine Theorie, die von einigen internen Ermittlern der CIA geteilt wird. Sie glauben, dass Oswald für den US-Geheimdienst arbeitete, dass er angewiesen wurde, den KGB zu infiltrieren, und dass dies sein Leben in Russland erklärt. Sie glauben auch, dass Oswald sich als so instabil erwies, dass er vom KGB „manipuliert" wurde, um ein Dreifachagent zu werden, und dem Posten in Dallas zugewiesen wurde.

Dieselben Ermittler gehen davon aus, dass Hunt an diesem Tag auf Anweisung eines hochrangigen CIA-Beamten, der in Wirklichkeit ein Maulwurf des KGB war, in Dallas war. Hunt soll geglaubt haben, dass dieser bereit war, Oswald ermorden zu lassen, weil er zum Verräter geworden war. Tatsächlich spekulierten CIA-Quellen, dass er Oswald töten sollte, um ihn daran zu hindern, auszusagen und zu enthüllen, dass die Russen ihm befohlen hatten, Kennedy zu töten.

Die Ermittler der CIA befürchten, dass es sich bei dem Maulwurf um Helms oder Angleton handelt.

Hunt ging zuerst in einem Interview mit der *New York Times* detailliert auf die Existenz eines kleinen Killerkommandos der CIA ein, während er im Dezember 1975 wegen seiner Rolle in der Watergate-Affäre im Gefängnis saß. Das Killerkommando, das angeblich von Oberst Boris Pash angeführt wurde, erhielt den Auftrag, Agenten, die als Doppelagenten verdächtigt wurden, sowie rangniedrigere Beamte zu eliminieren.

Pashs Attentatseinheit wurde Angleton zugewiesen, wie andere CIA-Quellen berichteten... Quellen der CIA und des Komitees erfuhren außerdem, dass es während der Untersuchung des Kennedy-Mordes durch die Warren-Kommission regelmäßig zu Gesprächen mit einem Mitglied der Kommission - dem verstorbenen Allen Dulles, dem damaligen CIA-Chef und Chef von Angleton - kam.

Dulles informierte Mr. Angleton jede Woche über die Richtung der Ermittlungen. Einigen Quellen zufolge informierte Angleton seinerseits Raymond Rocca, seinen engsten Stellvertreter und Verbindungsmann der CIA zur Kommission.[592]

---

[592] *Wilmington, Delaware Sunday News Journal*, 20. August 1978.

Dieser Artikel ist in vielerlei Hinsicht interessant. Zunächst einmal gab Joseph Trento, einer der Mitautoren, in der Verleumdungsklage von E. Howard Hunt gegen *Spotlight* unter Eid zu, dass er die fragliche umstrittene Notiz tatsächlich gesehen hatte. Trento merkte außerdem an, dass er James Jesus Angleton von der CIA kannte und ihn manchmal als Quelle benutzt hatte.

Tatsächlich wissen wir aus dem Fall Hunt gegen *Spotlight*, dass William R. Corson, ein Geheimdienstjournalist - Angletons alter Trumpf in den Medien - die unmittelbare Quelle der Marchetti- und der Trento-Geschichte war. Corson arbeitete offensichtlich als Angletons „Leitungsschneider", indem er die Informationen, die in beiden Geschichten auftauchten, weiterleitete.

(Und es ist wahrscheinlich kein Zufall, dass einer von Corsons Geschäftspartnern in den letzten Jahren vor Corsons Tod seit langer Zeit verdeckt und entschlossen versuchte, die Verbreitung von *Doomsday* zu untergraben und den Autor persönlich zu vernichten, aber auch Mark Lane zu schaden, dessen Sieg im Prozess gegen Hunt [und tatsächlich gegen Angleton und Corson] die Geheimdienstgemeinde erschüttert hatte. Aber das ist eine andere Geschichte für später, aber dennoch nicht zu vernachlässigen.

Die Tatsache, dass Angleton der Verfasser des Memorandums an seinen CIA-Vorgesetzten (und langjährigen Förderer) Richard Helms ist, ist angesichts Angletons enger Zusammenarbeit mit dem israelischen Mossad (dokumentiert in Kapitel 8) ebenfalls interessant.

Obwohl Trentos Geschichte besagt, dass die CIA-Notiz vorgeblich 1966 verfasst worden war, ist das tatsächliche Datum ihrer ersten Veröffentlichung natürlich ebenso fraglich wie die tatsächliche Absicht der Notiz selbst. Im Artikel selbst heißt es, dass eine „hochrangige CIA-Quelle" die Notiz als „sehr seltsam" bezeichnete, da sie die angebliche Anwesenheit des alten CIA-Agenten Hunt in Dallas zum Zeitpunkt des Mordes an JFK schriftlich festhielt.

Die Beweise legen nahe, dass der Grund, warum Angletons Memo zu Papier gebracht - und später veröffentlicht - wurde, darin bestand, dass Angleton wollte, dass die Geschichte in die Presse gelangte - als Teil einer fortgesetzten Vertuschung der wahren Hintergründe des JFK-Mordes. Hunt - der CIA-Agent auf niedriger Ebene (der bereits durch Watergate befleckt war) - wurde im Regen stehen gelassen und die wahren Verschwörer an der Spitze wuschen ihre Hände in Unschuld.

WURDE DIE NOTIZ ABSICHTLICH OFFENGELEGT?

Waren Angleton und Helms wirklich besorgt, wie der Artikel nahelegt, dass die Agentur von den Enthüllungen betroffen sein könnte, oder sorgten sie vielmehr dafür, dass das Memo an die Öffentlichkeit gelangte, damit es, wie Victor Marchettis Artikel nahelegte, eine „begrenzte Situation" gab, die die CIA als Institution von jeder Verwicklung in das Verbrechen freisprechen würde?

Joe Trento enthüllte später, dass Angleton das Memo tatsächlich an den Ausschuss des Repräsentantenhauses zu den Attentaten weitergegeben hatte. Allerdings, so Trento, „wurde alles so gehandhabt, dass Angleton nicht die Quelle war".[593]

Wichtig ist auch die Tatsache, dass Trentos Artikel nahelegt, dass Hunt tatsächlich in Dallas war und sich dort wegen eines Auftrags aufhielt, in den Lee Harvey Oswald verwickelt war.

---

[593] Dick Russell, *The Man Who Knew Too Much* [New York: Carroll & Graf Publishers, Inc., 1992), S. 475.

WURDE HUNT BEFOHLEN, NACH DALLAS ZU GEHEN?

Könnte es sein, dass Hunt manipuliert wurde, um sich an dem Mordkomplott gegen JFK zu beteiligen, ohne zu wissen, dass es in der seltsamen Welt des Lee Harvey Oswald noch viel schlimmere und heimtückischere Dinge gab?

War Hunt unter dem Vorwand der CIA nach Dallas geschickt worden, inszeniert von einem seiner Vorgesetzten, James Jesus Angleton, um im Nachhinein herauszufinden, dass die Ermordung von John F. Kennedy geplant war?

Laut Trento hatte Angleton ihm erzählt, dass Hunt von einem hochrangigen sowjetischen Maulwurf des KGB, der bei der CIA arbeitete, nach Dallas geschickt worden war. Allerdings, so Trento, „kam ich später zu dem Schluss, dass die Idee mit dem Maulwurf, um seine Formulierung zu verwenden, Desinformation war; dass Angleton versuchte, seine eigenen Verbindungen zu Hunt in Dallas zu schützen ... Ich glaube, dass es Angleton selbst war, der Hunt nach Dallas schickte, weil er niemanden aus seiner Heimat einsetzen wollte".[594]

All dies ist zumindest interessant und unterstreicht Angletons Schlüsselrolle bei den Ereignissen, die die CIA und Hunt mit Dallas in Verbindung bringen. Doch wie wir sehen werden, ist die Geschichte der Rolle, die James J. Angleton, der Verbündete des Mossad innerhalb der CIA, bei der Ermordung und Vertuschung von JFK gespielt hat, damit noch nicht zu Ende.

Tatsächlich spielte Angleton eine Rolle in dem eigentlichen Teil des Mordkomplotts, der die Verhaftung von Lee Harvey Oswald als „Pro-Castro-Agitator" beinhaltete, der sich der Verbindung mit dem sowjetischen KGB schuldig gemacht hatte.

DIE CIA UND DAS MEXICO SCENARIO

Trentos Artikel basiert auf der Geschichte, dass Lee Harvey Oswald nach Mexiko-Stadt gereist war, um sich mit den Sowjets und den Castro-Kubanern zu treffen.

Wie Mark Lane in *Plausible Denial* jedoch nachgewiesen hat, war die Geschichte, Oswald sei zu einem Treffen mit den Kommunisten nach Mexiko-Stadt gereist, ein reiner Schwindel - ein Gebräu der CIA selbst.

Lane hatte die Situation wie folgt zusammengefasst: „Zunächst einmal muss man verstehen, dass fast alle Informationen über Oswalds angeblichen Besuch in Mexiko und seine Kontakte zu den Sowjets und Kubanern von der CIA fabriziert waren. In ihrem Bericht nannte die [Warren]-Kommission die CIA als Hauptquelle für das Mexiko City-Szenario und weigerte sich, eine unabhängige Bestätigung für die Version der Ereignisse durch die CIA anzustreben.

„Nichtsdestotrotz ist das Szenario von Mexiko City die vorherrschende Denkweise, die von der CIA übernommen und von der Warren-Kommission akzeptiert wurde. Es bleibt ein Glaubensartikel für diejenigen, die den Warren-Bericht später unterstützten, darunter Journalisten und offizielle Untersuchungsausschüsse.

Eine der wichtigsten Grundlagen für die Theorie des einsamen Attentäters ist die Anwesenheit von Lee Harvey Oswald in Mexiko-Stadt.

„Kurz nach der Einsetzung der Kommission informierte die CIA Earl Warren, dass Oswald vom 26. September bis zum 3. Oktober 1963 nach Mexiko gereist war und die meiste Zeit in Mexiko-Stadt verbracht hatte.

„Laut der CIA hatte Oswald am 27. September die kubanische Botschaft in Mexiko-Stadt und am 1. Oktober die sowjetische Botschaft besucht. Die CIA hatte berichtet, dass

---

[594] *Ibid.*

der Beweis, dass Oswald in der kubanischen Botschaft gewesen war, von Senora Silvia Duran, einer Mexikanerin, die in der kubanischen Botschaft angestellt war, gekommen war. Der Beweis, dass Oswald in der sowjetischen Botschaft gewesen war, kam laut CIA durch die Beobachtungen ihrer eigenen Agenten zustande."[595]

OSWALD UND KGB?

Die CIA hatte vor der Warren-Kommission erklärt, Oswald habe sich mit einem sowjetischen KGB-Offizier namens Valeriy Kostikov getroffen, einem Spezialisten für Mord und Sabotage; Kostikov sei für die von den Sowjets inszenierten Morde in den USA verantwortlich gewesen. Offensichtlich war die Schlussfolgerung der CIA, dass Oswald sich mit dem KGB-Offizier getroffen hatte, um den Mord an JFK zu planen.

Doch selbst die Warren-Kommission war misstrauisch und verlangte Beweise für Oswalds Aktivitäten in Mexiko-Stadt. Es waren etwa vier Monate vergangen, bevor die CIA etwas anderes als die Aussage der besagten Miss Duran vorlegen konnte.

Doch wie die Beweise zeigen, identifizierte Miss Duran Oswald erst als Besucher der kubanischen Botschaft, nachdem sie auf (ihr unbekannte) Anweisungen der CIA hin von der mexikanischen Polizei festgenommen worden war. Sie wurde gezwungen, die von der CIA gewünschte Aussage zu machen: dass Oswald die kubanische Botschaft besucht habe.

Nach ihrer Freilassung hatte sie über ihre Erfahrungen gesprochen und die CIA ließ die mexikanische Polizei bitten, die junge Frau erneut zu verhaften, warnte die Polizei jedoch, dafür zu sorgen, dass Miss Duran nichts von der Verwicklung der CIA in ihre Verstrickung wusste.

Schließlich gelang es der CIA unter dem Druck, eine weitere Bestätigung für Oswalds Aktivitäten zu liefern, Aufzeichnungen eines Telefongesprächs zwischen jemandem, der Lee Harvey Oswald gewesen sein soll, und einer Person in der sowjetischen Botschaft zu produzieren.

Doch selbst das FBI war nach Prüfung der Aufnahme zu dem Schluss gekommen, dass seine Beamten der Meinung waren, dass es sich „NICHT um Lee Harvey Oswald handelte".[596]

Trotz dieser provokanten Schlussfolgerung gelangte der FBI-Bericht nie an die Warren-Kommission. Warren und Co. mussten sich nur auf die Berichte der CIA verlassen (Der FBI-Bericht wurde erst einige Jahre später veröffentlicht, als Mark Lane ihn unter dem Freedom of Access to Information Act erhielt).

1977 gab David Atlee Phillips, ehemaliger Leiter der westlichen Hemisphäre für die CIA, öffentlich zu, dass Oswald nicht in die sowjetische Botschaft in Mexiko-Stadt gegangen war.

Phillips hätte dies mehr als jeder andere wissen müssen, da er zum Zeitpunkt des angeblichen Besuchs von Oswald Leiter des CIA-Büros in Mexiko-Stadt gewesen war.

(Es gab übrigens auch Behauptungen, dass Oswald in Dallas möglicherweise mit einem als „Maurice Bishop" bekannten CIA-Agenten gesichtet worden sei, von dem viele glauben, dass es sich tatsächlich um Phillips handelte.

In einer ziemlich erbitterten Debatte mit Mark Lane an der University of Southern California gestand ein etwas betrübter Phillips: „Ich bin heute nicht in der Lage, Ihnen etwas über die internen Abläufe im CIA-Büro in Mexiko-Stadt zu erzählen ... aber ich sage Ihnen

---

[595] Lane, S. 45-46.
[596] *Ibid.*, S. 64.

eines: Wenn das Protokoll herauskommt, werden wir feststellen, dass es ... keinen einzigen Beweis dafür gibt, dass Lee Harvey Oswald die sowjetische Botschaft besucht hat".[597]

WARREN „ALS GEISEL FESTGEHALTEN"

Mark Lane: „Das Ausmaß dieses Fehlverhaltens der CIA kann nur dann vollständig verstanden werden, wenn man den Ursprung ihrer Verschwörung zur Vertuschung der Tatsachen verfolgt. Denn die Maskerade der CIA, zu der natürlich auch die Beschäftigung eines Betrügers wie Oswald gehörte, hatte nicht später als am 1. Oktober 1963 begonnen.

„Einen Monat und 22 Tage vor der Ermordung von Präsident Kennedy hatte die CIA eine Reihe von Ereignissen in Gang gesetzt, die offenbar dazu dienen sollten, jede amerikanische Institution davon abzuhalten, es zu wagen, die Wahrheit über das Attentat zu erfahren, ein Attentat, das noch nicht stattgefunden hatte.

„Mehr als sieben Wochen vor der Ermordung von Präsident Kennedy stellte die CIA auf dramatische und falsche Weise eine Verbindung zwischen Lee Harvey Oswald und einem sowjetischen Diplomaten her, den die CIA später als die KGB-Behörde für Morde in den USA bezeichnen sollte.[598]

Infolgedessen hatte die Warren-Kommission, die mit der CIA über eine scheinbar mögliche sowjetische Beteiligung an der Ermordung Kennedys ringt, beschlossen, das zu unterdrücken, was sie fälschlicherweise für „die Wahrheit" hielt.

Das Schicksal der Welt lag in den Händen von Earl Warren, dem Obersten Richter, und seinen Kollegen, die Mitglieder des Ausschusses waren. Wenn die Öffentlichkeit erfuhr, dass Oswald eine Marionette der Sowjets war, konnte ein Atomkrieg ausbrechen. Wie Mark Lane kommentiert hatte, wurde Warren durch die provokative Lüge der CIA „in Geiselhaft gehalten"[599].

In seiner Debatte mit David Atlee Phillips hatte Mark Lane all dies vor der Öffentlichkeit dargelegt. Als er mit Oswald konfrontiert worden war und nachdem er gestanden hatte, dass er nicht in die sowjetische Botschaft gegangen war, hatte Phillips angedeutet, dass er nicht wollte, dass die CIA oder er selbst für „einen CIA-Typen, den ich noch nie gesehen hatte [der] etwas tat, von dem ich noch nie gehört hatte." verantwortlich gemacht werden.[600]

Während Phillips zumindest unehrlich war, war es eine Tatsache, dass jemand, den er kannte, hinter dem Drehbuch von Mexiko City stand. Es war niemand anderes als sein Kollege bei der CIA, James J. Angleton.

ANGLETON UND MEXIKO

Der Forscher Bernard Fensterwald berichtete 1977, dass „Angleton sich um mehrere umstrittene CIA-Fälle im Zusammenhang mit dem Attentat gekümmert hatte, wie die mysteriöse Serie von CIA-Fotos, die im September und Oktober 1963 in Mexiko-Stadt aufgenommen wurden und auf denen ein Mann, der von der CIA als Lee Harvey Oswald identifiziert worden war, sich als gar nicht Oswald herausstellte.[601]

---

[597] *Ibid.*, S. 82.
[598] *Ibid.*, S. 64.
[599] *Ibid.*, S. 78.
[600] *Ibid.*, S. 83.
[601] Bernard Fensterwald und die Kommission zur Untersuchung von Attentaten. *Coincidence or Conspiracy?* (New York: Zebra Books, 1977), S. 184.

Darüber hinaus wurde, wie Peter Dale Scott bemerkte, in einem Bericht des House Committee on Murdering „festgestellt, dass nach dem Tod von Win Scott, dem pensionierten Leiter des Büros in Mexiko-Stadt, der die Kostikow-Depesche verschickt hatte, Angleton, der Chef der CIA-Spionageabwehr, sofort nach Mexiko-Stadt flog und ein Foto von „Oswald" aus dem Safe holte und es vernichtete...".[602]

Scott fügt später hinzu, was angesichts all dessen, was wir über Angletons Verbindungen zum Mossad gesehen haben, besonders interessant ist: „Es ist möglich, dass Angleton diese Mission im Namen des Geheimdienstes unternommen hat. Eine andere Möglichkeit ist, dass er sie im Namen einer Kabale innerhalb der Regierung unternahm, die sich verschworen hatte, die Oswald - Kostikov Geschichte zu kreieren."[603]

Das Szenario von Mexiko-Stadt gehörte eindeutig zu den Grundlagen der letzten Falle, die Lee Harvey Oswald gestellt wurde, um ihn zu einem kommunistischen Sympathisanten - vielleicht sogar zu einem KGB-Agenten - zu machen, der den amerikanischen Präsidenten getötet hatte.

Und angesichts des mysteriösen Auftauchens des (offenbar von Lee Harvey Oswald geschriebenen) „Dear Mr. Hunt"-Briefs, der mit der Post aus Mexiko-Stadt verschickt wurde, können wir nur darüber spekulieren, ob Angleton selbst der Drahtzieher hinter dem Durchsickern dieses bislang unbekannten Dokuments gewesen sein könnte. War der Brief „Sehr geehrter Mr. Hunt" ebenfalls Teil von Angletons Lügengewebe?

Es war Angleton, der so entschlossen war, alle Beweise zu begraben, die bewiesen, dass Oswald in Wirklichkeit kein KGB-Agent war (wie wir bereits in Kapitel 8 gesehen haben).

Angleton war es, der den sowjetischen Deserteur Juri Nosenko am vehementesten beschuldigte, ein Maulwurf des KGB zu sein. Nosenko war nach der Ermordung von JFK in die USA gekommen und hatte hartnäckig behauptet, Oswald habe nicht für den sowjetischen KGB gearbeitet, der KGB habe sein Veto gegen jeden Versuch eingelegt, Oswald anzuwerben, nachdem der junge Amerikaner in die UdSSR „ausgewandert" war (unabhängig davon, ob Oswalds „Desertion" echt war oder nicht).

Die von Nosenko erzählte Geschichte widerlegt Angletons These vollständig, was vielleicht erklärt, warum Angleton Nosenko so hart behandelt hatte. Es ist interessant zu wissen, dass die Geschichte von Trento, der Angletons Memo über Hunt weitergegeben hatte - einen Großteil von Angletons Inszenierung des JFK-Falls beinhalten würde.

WAS MOTIVIERTE ANGLETON?

Die interessante Andeutung in Trentos Geschichte, dass Quellen innerhalb der CIA andeuteten, dass Angleton von einigen verdächtigt wurde, ein Maulwurf des KGB zu sein, ist, dass sie die interne Krise innerhalb der CIA unterstreicht, die tatsächlich zu Angletons Entlassung geführt hatte.

Dies ist natürlich Teil der großen Ironie von Angletons komplexem Leben, denn er war der Hauptinitiator der langwierigen internen Untersuchungen der CIA über mögliche Infiltrationen der Behörde auf höchster Ebene.

Die schärfsten Kritiker Angletons ließen jedoch, wie wir gesehen haben, durchblicken, dass Angleton tatsächlich ein Maulwurf war, allerdings nicht für die Sowjets, sondern vielmehr ein vollwertiger kooptierter Agent Israels.

---

[602] Peter Dale Scott. *Deep Politics and the Death of JFK.* (Berkeley, California: University of California Press, 1993), S. 44.
[603] *Ibid.*

Vor dem Hintergrund von Angletons Rolle innerhalb der CIA, die für Israel und seinen Mossad arbeitete, scheint dies die eigentliche treibende Kraft hinter Angletons Operationen in Bezug auf die Ermordung von JFK zu sein.

Die Tatsache, dass die Geschichte von Trento Angletons Interesse an den Ermittlungen der Warren-Kommission belegt, zeigt jedoch nur einen Teil des Bildes. Bernard Fensterwald, der für den Mord an JFK zuständige Ermittler, hatte erklärt, wie sehr Angleton an der Ermordung von JFK interessiert war.

„Das Ausmaß von Angletons Beteiligung am Ende der CIA-Morduntersuchung wurde zum ersten Mal 1974 bestätigt, als Senator Howard Baker (R-Tenn.) Informationen preisgab, die er ursprünglich durch seine Mitgliedschaft im Watergate-Ausschuss des Senats erhalten hatte.

Senator Baker hatte enthüllt, dass er auf mindestens zwei „Akten" der CIA gestoßen war, die darauf hindeuteten, dass die Agentur möglicherweise in innere Angelegenheiten verwickelt war. Er hatte enthüllt, dass eine dieser CIA-Akten, die Bernard Fensterwald Jr., den Sprecher der Warren-Kommission, betraf, Kopien mehrerer hochrangiger interner CIA-Notizen enthielt, aus denen eindeutig hervorging, dass James Angleton der Hauptverantwortliche der CIA für die Behandlung von Fragen im Zusammenhang mit der Ermordung Kennedys war.

„In einer auf den 13. Januar 1969 datierten Dienstnotiz an FBI-Direktor J. Edgar Hoover notierte Angleton, dass Fensterwald ein in Washington ansässiges Komitee zur Untersuchung von Attentaten aufbaute. In dieser vertraulichen Notiz hatte Angleton ... Hoover dann gebeten, eine Art vage definierte Identifikationsprüfung von Fensterwald und drei weiteren Kritikern der Warren-Kommission, die mit ihm in Verbindung gebracht wurden, durchzuführen. Im Juni 1976 gab es neue Informationen über Angletons zentrale Rolle im Rahmen der Ermittlungen der Warren-Kommission.

„Der Geheimdienstausschuss des Senats berichtete, dass Angleton bei einem Treffen Ende Dezember 1963 darum gebeten hatte, dass er die Erlaubnis erhalten sollte, die Verantwortung für die CIA in Bezug auf die Ermittlungen der Warren-Kommission zu übernehmen."[604] Der Abschlussbericht des Senatsausschusses betonte: „Angleton hatte vorgeschlagen, dass seine eigene Abteilung für Spionageabwehr die Ermittlungen übernehmen sollte, und [Richard] Helms hatte dies bewilligt. In der Folgezeit wurden Angletons Mitarbeiter für alle Beziehungen der CIA mit der Kommission verantwortlich."

So wurde der Hauptverteidiger Israels bei der CIA zum Hauptmanager der CIA für die Untersuchung der Ermordung von JFK - manche würden es „Vertuschung" nennen - während der umstrittenen Untersuchung der Warren-Kommission über die Ermordung des Präsidenten.

Mehr noch: Angletons enger Freund (und FBI-Quelle) William Sullivan, die Nummer drei beim FBI, war als FBI-Verbindungsmann zur Warren-Kommission eingesetzt worden.

(In Kapitel 17 erfahren wir mehr darüber, wie ein anderer großer Freund Israels dazu beitrug, die Ansichten des Obersten Richters Earl Warren über die Ermordung von JFK zu prägen - indem er wie Angleton auf die Sache mit den Kommunisten zeigte.")

DIE ERMORDETE GELIEBTE

Angleton hatte offensichtlich ein breites Interesse an den Geschäften von John F. Kennedy. So berichtete die *Washington Post* am 23. Februar 1976, dass Angleton nach der Erschießung der Society-Lady Mary Pinchot Meyer am 12. Oktober 1964 (bei der es sich

---

[604] *Ibid.*

um einen Raubmord gehandelt haben soll) an Meyers Tagebuch gelangt war und es im CIA-Hauptquartier vernichtet hatte.

Frau Meyer war lange Zeit Präsident Kennedys Geliebte gewesen - offenbar eine von vielen - und ihr Tagebuch enthielt viele Informationen über ihre Beziehung zu dem Präsidenten. Angleton hatte das Tagebuch von Frau Meyer von ihrer Schwester Toni Bradlee, der Ehefrau von Ben Bradlee, dem Chefredakteur der *Post*, erhalten.[605]

Was das Tagebuch enthielt, ist unbekannt, aber es deutet darauf hin, dass Angleton zu Verschwörungen beigetragen hatte, in die der verstorbene Präsident verwickelt war. Einige haben vermutet, dass das Tagebuch vielleicht Geheimnisse über die CIA-Verschwörungen zur Ermordung Castros enthielt, über die JFK mit Frau Meyer gesprochen haben könnte. Allerdings ist es natürlich ebenso leicht anzunehmen, dass das Tagebuch vielleicht auch Mrs. Meyers schriftliche Erinnerungen an Präsident Kennedys Überlegungen zu seiner unangenehmsten Beziehung zum Staat Israel enthielt.

Angletons Beziehung zu Hunt ist, gelinde gesagt, rätselhaft. Während Angleton 1966 tatsächlich ein Memo unterzeichnete, in dem stand, dass Hunt in Dallas sei, schien der Chef der CIA-Gegenspionage dies 1972, als der Watergate-Einbruch stattfand, vergessen zu haben.

WAS WUSSTE ER UND WANN WUSSTE ER ES?

Laut dem Enthüllungsjournalisten Jim Hougan bestritt Angleton am 19. Juni 1972, Hunt gesehen zu haben, nachdem bekannt geworden war, dass Hunt in den Watergate-Einbruch verwickelt war. Hougan zitiert Angleton mit den Worten: „Ich habe [Hunt] noch nie in meinem Leben gesehen".[606]

Dies legt nahe, dass Angleton die Unwissenheit über Hunts Existenz verkündete, obwohl dies natürlich höchst unwahrscheinlich ist, zumal wir jetzt von der Existenz von Angletons Memo wissen, das offensichtlich 1966 - sechs Jahre vor der Watergate-Affäre - verfasst wurde.

Oder, logischerweise, könnten wir auch andeuten, dass das Memorandum selbst nicht 1966 verfasst wurde, wie uns gesagt wurde. Vielmehr hätte es viel später verfasst und dann zu einem früheren Zeitpunkt notiert werden können.

Außerdem steckte Angleton natürlich bis zum Hals in der Planung der Schweinebucht-Invasion und es war unvorstellbar, dass er nichts von Hunt, dem wichtigsten politischen Kontakt zu den an der Operation beteiligten exilkubanischen Castro-Gegnern, gewusst haben sollte.

Auf jeden Fall deutet dies stark darauf hin, dass die Beziehung zwischen Angleton und Hunt viel komplexer war, als man annehmen könnte.

ANGLETON, HUNT UND DIE ERMORDUNG VON JFK

Aus allem, was wir bislang betrachtet haben, können wir Folgendes ableiten:
> James Jesus Angleton, Israels Verbündeter bei der CIA, war - von Anfang an - besonders daran interessiert, jede Untersuchung der Verbindungen der CIA zur Ermordung von JFK zu beaufsichtigen.

---

[605] *Ibid.*, S. 184-185.
[606] Jim Hougan. *Secret Agenda: Watergate, Deep Throat and the CIA* (New York: Random House, 1984), S. 220.

➤ Angletons Interesse an dem durch die Ermordung von JFK ausgelösten Skandal reicht weit zurück und setzt sich weit über die Ermittlungen der Warren-Kommission hinaus fort.

➤ Hunt war in gewisser Weise mit den Ereignissen im Zusammenhang mit dem Attentat verbunden und war in Dallas - wenn nicht am Tag des Mordes, dann zumindest einen Tag vorher.

➤ Als sich die öffentliche Aufmerksamkeit auf die angebliche Komplizenschaft der CIA bei der Ermordung des Präsidenten zu konzentrieren begann (während der Ermittlungen des Sonderausschusses des Repräsentantenhauses für Attentate), wurde eine (von Angleton verfasste und Hunt mit dem Mord an JFK in Verbindung bringende) Aktennotiz von Angleton an den Ausschuss für Attentate des Repräsentantenhauses weitergeleitet.

➤ Angletons Beziehung zu Hunt war, gelinde gesagt, unklar und anfällig für Verdächtigungen.

➤ Der umstrittene Artikel von Victor Marchetti (Gegenstand der von E. Howard Hunt angestrengten Verleumdungsklage) wurde von Hunt selbst als scheinbar plausibel anerkannt.

➤ Obwohl er zugab, dass Marchettis Artikel einen wahren Kern haben könnte, entschied sich Hunt nicht dafür, seine ehemaligen CIA-Kollegen anzufechten, die vielleicht beabsichtigt hatten, ihn in das Mordkomplott zu verwickeln.

➤ Der ähnliche Artikel von Joe Trento beleuchtete auf ungewöhnliche Weise die interne CIA-Verschwörung, in die Lee Harvey Oswald, E. Howard Hunt und die Umstände der Ermordung von JFK verwickelt waren.

➤ Hunt bestand darauf, dass er sich nicht der Mittäterschaft am Mord des Präsidenten schuldig gemacht hatte und sich für eine Verleumdungsklage gegen das *Spotlight* entschieden hatte, um seine Unschuld zu beweisen, egal wie aussichtslos diese auch sein mochte.

➤ Als Hunt seine Akte gegen *Spotlight* vorbereitete, wandte er sich hilfesuchend an die CIA, die ihm großzügigerweise Newton Miler, Angletons langjährigen Stellvertreter, der allgemein als „Angletons Getreuer" bezeichnet wird,[607] als Hauptzeugen, der in Hunts Verteidigung genannt wurde, zur Verfügung stellte.[608]

Dieser letzte Punkt ist interessant, vor allem angesichts Hunts anfänglichem Verdacht, dass die CIA ihn in eine Falle locken wollte, wie er in seiner Zeugenaussage zugab.

Könnte es sein, dass Hunt und seine CIA-Kollegen nach der Veröffentlichung von Victor Marchettis Spotlight-Artikel eine private Vereinbarung getroffen haben, deren Veröffentlichung tatsächlich die interne geheime CIA-Verschwörung gegen Hunt durchkreuzt hat?

Könnte es sein, dass Hunt und die CIA festgestellt haben, dass es besser ist, alles, was in Dallas wirklich passiert ist, in das Hunt, Oswald und andere mit der CIA verbundene Figuren verwickelt waren, zu vergraben?

Über die Beweggründe von Hunt und der CIA in dieser Hinsicht können wir nur spekulieren. Was wir jedoch wissen, ist, dass es Israels Freund bei der CIA, der rätselhafte James Jesus Angleton, war, der die Notiz in Auftrag gab, mit der Hunt angeblich der Beteiligung an dem Attentat beschuldigt wurde.

Wollte Angleton lediglich die Interessen der CIA schützen? Oder war er auch auf seine eigenen Interessen bedacht? Und wenn ja, welche Interessen waren das? Was wusste Angleton über die Ermordung von JFK?

---

[607] David Wise. *Molehunt.* (New York: Avon Books, 1992), S. 298.
[608] Lane, S. 304-306.

Angleton schickte E. Howard Hunt kurz vor dem Attentat nach Dallas. Welche Absicht verfolgte Angleton mit seinem Vorgehen?

Und warum war Angleton in das dornige, streng geheime Komplott der CIA in Mexiko-Stadt verwickelt, das mehr als einen Monat vor der Ermordung von JFK stattgefunden hatte und Lee Harvey Oswald mit den Sowjets und Castros Kuba in Verbindung brachte?

Angletons Verbindung zu Israel und seinem Mossad ist der Schlüssel zum Verständnis von Angletons seltsamem Verhalten, das wir beschrieben haben.

James J. Angleton, ein treuer Anhänger des Mossad, spielte eine zentrale Rolle in den Machenschaften zwischen der CIA und dem Mossad bei der Ermordung von JFK.

Bisher unveröffentlichte Informationen, auf die wir später in diesem Kapitel eingehen werden, bestätigen unsere Behauptung, dass Angleton tatsächlich der wichtigste hochrangige CIA-Mitarbeiter bei der Verschwörung zum Mord an JFK war.

Angleton war die CIA-Persönlichkeit, die mit dem Mossad verwickelt war - wenn nicht in die Planung der Ermordung von JFK selbst, dann sicherlich in die Schlüsselaspekte der anschließenden Vertuschung. E. Howard Hunt, muss von Anfang an Angletons Sündenbock gewesen sein.

HUNTS SCHWEIGEN

Welche Rolle spielte E. Howard Hunt spielte in der Angleton-Mikado eine Rolle? Hunt selbst schwieg zu diesem Thema. Stattdessen entschied er sich - aus verschiedenen Gründen - dafür, jegliche Verantwortung oder Beteiligung zu leugnen, und bestreitet bitter jede Andeutung über seine Verbindung zu den Ereignissen in Dallas.

Er tat dies wahrscheinlich aus mehreren Gründen. Einer der Gründe könnte sein, dass Hunt - wie viele seiner CIA-Kollegen - die Ermordung von JFK nicht unbedingt bedauert hatte. Hunt war verbittert über Kennedys Vorgehen gegen die CIA und hatte wahrscheinlich damals (wie vielleicht auch heute) das Gefühl, dass Kennedy eine Lektion erteilt werden musste.

Mehr noch - und das ist vielleicht das Wichtigste in Hunts wörtlichem Sinne - dem ehemaligen CIA-Mitglied war nicht entgangen, dass viele der wichtigsten Zeugen des JFK-Mordes im Laufe der Jahre einen frühen und gewaltsamen Tod erlitten hatten. Und wie alle anderen wollte auch Hunt leben.

Wie auch immer, wir werden es wahrscheinlich nie erfahren - und Hunt hatte die Absicht, es dabei zu belassen.

In der Ausgabe vom 1. Februar 1992 seines Newsletters *New American View*, einer monatlichen Kritik an der Israel-Lobby und ihrer Macht in Amerika, hatte Marchetti kürzlich den neuen Skandal kommentiert, der durch die Ermordung von JFK ausgelöst wurde. Marchettis Worte sprechen für sich selbst:

„Was meine persönliche Ansicht über die Beteiligung der CIA an der Ermordung von JFK betrifft, so glaube ich nicht (wiederhole), dass die CIA etwas mit der Ermordung des jungen Präsidenten zu tun hatte.

„Aber sie war und ist an der Vertuschung der Verschwörung durch die Regierung beteiligt....

„Schließlich hatte E. Howard Hunt nichts mit dem Attentat auf JFK zu tun. Hunt war an diesem Tag zufällig in Dallas. Er arbeitete an einem anderen Fall. Seine Anwesenheit war jedoch für die CIA peinlich und bedrohte die Regierung in ihrer Vertuschung der Verschwörung."[609]

---

[609] *New American View*, 1. Februar 1992.

Marchettis umstrittener *Spotlight-Artikel* deutete, wie bereits angemerkt, nie an, dass Hunt tatsächlich nach Dallas gereist war oder eine Rolle bei dem Attentat gespielt hatte.
Und wie wir gesehen haben, war es James J. Angleton, der Israel-Kontaktmann der CIA, der hinter der bevorstehenden Operation gegen Hunt steckte. Marchettis letzter Kommentar zu Hunts möglichem Auftritt in Dallas ist jedoch interessant, vor allem im Lichte dessen, was wir gleich untersuchen werden.

WAR HUNT EIN SÜNDENBOCK?

Es gab Hinweise darauf, dass Hunt in Wirklichkeit möglicherweise versehentlich in ein Komplott geraten war, das die Verschwörung zum Mord an JFK beinhaltete - ein Komplott, das außerhalb seiner Kontrolle lag. Es gab Andeutungen, dass Hunt vielleicht gar nicht aktiv in ein echtes Mordkomplott gegen Kennedy verwickelt war - wie es übrigens der oben erwähnte Trento-Artikel nahelegt - und dass er sich aus einem anderen Grund in Dallas aufhielt.

Gary Wean, ein ehemaliges Mitglied der Abteilung für kriminalistische Aufklärung der Polizei von Los Angeles, ist unsere unbekannte Informationsquelle. In Kapitel 13 lernten wir Wean kennen, der uns ausführlich über seine eigenen Berichte und die Überwachung von Mickey Cohen, Meyer Lanskys Sheriff in Hollywood, aufklärte.

(Es sei daran erinnert, dass Wean erfahren hatte, dass Cohen, ebenso wie sein israelischer Kontaktmann Menachem Begin, der spätere Premierminister Israels, besonders besorgt über JFKs Nahostpolitik war und dass Cohen tatsächlich JFKs Geliebte, die Schauspielerin Marilyn Monroe, benutzte, um zu versuchen, die Absichten des Präsidenten gegenüber Israel in Erfahrung zu bringen).

DER POLIZIST, DER FILMSTAR UND DER SHERIFF

Es war kurz nach dem Attentat auf JFK, dass Wean auf Informationen über die Ermordung des Präsidenten stieß - Informationen, die ein neues und interessantes Licht auf die Art und Weise werfen, in der E. Howard Hunt in das Verbrechen des Jahrhunderts verwickelt gewesen sein könnte.

Wean zufolge machte er sich erst Wochen nach der Ermordung des Präsidenten über ihren gemeinsamen Freund, den zum Filmstar gewordenen Ex-Kriegshelden Audie Murphy, mit dem Sheriff von Dallas, Bill Decker, vertraut.

Decker war zu Besuch in Los Angeles und die drei Männer trafen sich mit einem anderen Freund von Wean und kamen auf das Attentat auf JFK zu sprechen.

(Decker, das sei angemerkt, scheint ein Beamter der Dallas Police Force zu sein, der eindeutig in das Attentat verwickelt ist. Tatsächlich war es Decker, der seine Männer angewiesen hatte, die Bahngleise hinter dem Zaun aus Streikposten auf „dem Hügel" zu untersuchen, von dem die Schüsse auf die motorisierte Wagenkolonne des Präsidenten gekommen zu sein schienen.[610] Wenn Decker ein Verschwörer gewesen wäre, hätte er sicherlich nicht bei der Ergreifung der Mörder des Präsidenten geholfen).

Decker sagte Wean, er sei sich sicher, dass Lee Harvey Oswald unschuldig am Mord des Präsidenten sei. Die drei Herren, die sich alle mit Schusswaffen auskannten, glaubten nicht, dass Oswald das Verbrechen mit der Waffe, die er benutzt hätte, hätte begehen können.

---

[610] James Hepburn. *Farewell America*. [Liechtenstein: Frontiers Company, 1968], S. 349.

„EIN SCHRECKLICHER VERRAT IRGENDWO"

Wean berichtet jedoch, dass Sheriff Decker fortfuhr und sagte: „Ich habe einen anderen, viel stärkeren Grund zu wissen, dass Oswald niemals auf JFK geschossen hat. In Dallas gibt es einen Mann, den ich seit langem kenne. Er kennt die ganze Wahrheit über Oswalds Beteiligung.

„Er starb aus Angst, zur Polizei von Dallas oder zum FBI zu gehen. Irgendwo ist ein schrecklicher Verrat geschehen und jeder hat vor jedem Angst. „Sie würden nicht glauben, welche irrsinnigen Verdächtigungen und Anschuldigungen die Idioten in Washington den Strafverfolgungsbehörden im Süden an den Kopf geworfen haben und welches Chaos sie damit angerichtet haben."

„Es gab keine Verschwörung in meiner Abteilung, die mit dem Attentat zu tun hatte, und auch keine Verschwörung in der Polizei von Dallas. Ich kenne all diese Leute schon zu lange. Ich hätte es gewusst. Glauben Sie mir, so etwas Verrücktes würde ich in meinen Knochen spüren".[611]

Wean erinnerte sich an dieses Gespräch und später, als er zusammen mit Audie Murphy nach Ruidoso, New Mexico, reiste, wurde ihm Deckers Quelle aus Dallas vorgestellt, die laut Wean „John" hieß.

Laut Weans Quelle war E. Howard Hunt tatsächlich mit Lee Harvey Oswald verwickelt, jedoch nicht in die Planung des Attentats auf den Präsidenten. Wean berichtet, dass John ihm gesagt habe, Hunt habe etwas anderes im Sinn gehabt.

Im Wesentlichen, so Weans Quelle, war Hunt - wie andere Anführer der Anti-Castro-Bewegung - verärgert über die Schritte der Kennedy-Regierung, zumindest einen informellen Waffenstillstand mit Castro zu erreichen. Hunt hatte natürlich viel Energie in den Kampf gegen Castro gesteckt und nun war seine gesamte Arbeit zerstört.

Wean zitiert seine Quelle, die beschreibt, was geschah: „Hunts virulente Frustration entwickelte das, was zum bizarrsten politischen Mordkomplott aller Zeiten wurde. Sein Plan war es, das amerikanische Volk gegen Castro aufzuputschen und den Patriotismus auf einen seit Pearl Harbor nicht mehr erlebten Siedepunkt zu bringen. Die wutentbrannten Amerikaner würden fordern, dass unser Militär in Kuba einmarschiert, indem es den doppelzüngigen Diktator wegen seines barbarischen Versuchs, Präsident Kennedy zu „ermorden", vernichtet."[612]

DIE FUSSSPUREN AN CASTROS TÜR

Es musste einen Mordversuch auf Präsident Kennedy geben, der so „realistisch" war, dass sein Scheitern als bloßes Wunder angesehen würde. Die Fußspuren führten direkt zu Castros Tür, ein Pfad, den auch der größte Amateur nicht verfehlen konnte. Zu Oswalds Pech passte er perfekt zu Hunts Operation".[613]

„Zunächst sagte Hunt Oswald nicht, was genau sein Auftrag war, außer dass er von höchster Priorität für die nationale Sicherheit war... Es waren nur noch zwei Monate bis zum „vorgetäuschten Attentat", als Hunt Oswald das Gewehr gab und ihm seine Rolle in dem Plan erklärte. Oswald sollte drei Schüsse aus dem Gewehr „in die Luft" abgeben. Er sollte es zurücklassen und die Patronen am Tatort entleeren und das Gebäude schnell verlassen, um sich mit Agenten zu treffen, die ihn zu einem geheimen Ziel bringen würden".

---

[611] Gary Wean. *There's a Fish in the Courthouse*. (Oak View, California: Casitas Books, 1987), S. 695.
[612] *Ibid.*, S. 697.
[613] *Ibid.*

Er würde bis zur Invasion Kubas durch die USA versteckt bleiben. Eine falsche Spur, die nach Mexiko-Stadt führte und an der kubanischen Botschaft endete, würde die Ermittler zu der Annahme führen, dass er nach Kuba geflohen war. Der Glaube, dass „Castro das [gescheiterte] Attentat" auf Präsident Kennedy geplant hatte und [dass] der [mutmaßliche] „Attentäter" unter dem Schutz [Castros] in Kuba untergebracht war, hätte die Amerikaner erschüttert...".[614]

Laut Weans Quelle erzählte Hunt Oswald, dass Präsident Kennedy selbst nichts von dem Plan wusste, dass aber hohe Beamte des Kabinetts in die Sache verwickelt waren. Oswald stünde es frei, als freier Mann wieder zu leben, nachdem sie sich um Castro gekümmert hätten. [615]

Wean erfuhr auch, dass der berüchtigte „Mordversuch" an General Edwin Walker, dem Anti-Castro-Führer von Dallas, ebenfalls Teil des Plans war, eine Reihe von Gewalttaten eines angeblichen „Pro-Castro-Aktivisten" herbeizuführen.[616]

Weans Berichten zufolge wies John ihn jedoch darauf hin, dass bei der Planung des fingierten Attentats etwas schief gelaufen sei - es habe eine Einmischung von außen gegeben - von einer Macht jenseits des unmittelbaren Einflusses von E. Howard Hunt.

John präzisierte: „Natürlich bergen alle verdeckten Operationen inhärente Gefahren und sind anfällig für Pannen. Aber Gott, es war keine Panne, keine Nachlässigkeit und auch kein Pech. Was passiert ist, ist unbegreiflich".[617]

Jedenfalls war Hunts Plan laut der Quelle aus Dallas gescheitert. Auf die Wagenkolonne von JFK waren Schüsse gefallen und der Präsident war getötet worden. John glaubte jedoch nicht, dass die Schuld bei der Mafia oder den Castro-kritischen Kubanern lag. Er glaubte, dass eine andere Macht eingegriffen hatte.

„Es kann nicht die Mafia oder die Exilkubaner gewesen sein", stellte John fest. „Sie hatten kein Motiv, da man ihnen bereits drinnen Tipps gegeben hatte, war eine Operation im Gange, um sie nach Kuba zu bringen. Es wäre völlig dumm von ihnen gewesen, sich einzumischen....

Laut John: „Nur einige wenige von Hunts vertrauenswürdigen Männern kannten alle seine Pläne bis ins kleinste Detail. Es ist unmöglich zu glauben, dass einer von ihnen ein Verräter war. Es ist klar, wer auch immer Kennedy erschoss, musste all diese kleinen Details kennen, um es so zu tun, wie sie es taten. Etwas Beängstigendes und schrecklich Unheimliches hatte Hunts Auftrag vereitelt".[618]

Wean und Audie Murphy hörten sich verblüfft an, was man ihnen erzählt hatte, und John übergab Murphy damals ein Paket mit dem, was er als Beweismaterial beschrieben hatte, das seine Geschichte stützte. Allerdings forderte John sie erst einige Tage später auf, zu vergessen, was man ihnen gesagt hatte.

Wean zufolge hatte Murphy ihm mitgeteilt, dass er von Dallas darüber informiert worden war, dass „Hunt und seine Agenten aus ihrer schrecklichen Panik herausgekommen waren und wieder aktiv geworden waren. Hunts Machenschaften und seine Verbindung zu Oswald mussten um jeden Preis vertuscht werden". Laut Murphy waren die militärischen Geheimdienste, das FBI und die CIA alle in Panik.

„Wenn ihre Geheimnisse enthüllt würden, wären sie Teil einer verheerenden Eruption nationalen Zorns. In ihren Albträumen sehen sie nichts anderes als ein Erschießungskommando. In Wirklichkeit haben sie feierlich festgestellt, dass die nationale

---

[614] *Ibid.*, S. 698.
[615] *Ibid.*, S. 699.
[616] *Ibid.*, S. 698.
[617] *Ibid.* S. 699.
[618] *Ibid.*, S. 699-700.

Sicherheit auf dem Spiel steht. Das war ihre Lösung, um eine Vertuschung zu rechtfertigen".[619]

Um Jeans Befürchtungen in Dallas zu zerstreuen, hatte er ihm versichert, dass die Dokumente, die er von ihm erhalten hatte, vernichtet worden waren.

Murphy selbst könnte auf der langen Liste der zusätzlichen Opfer des Mordkomplotts gegen JFK stehen. Der Schauspieler starb 1971 bei einem Flugzeugabsturz. Gary Wean überlebte jedoch und erzählte die Geschichte, die man ihm erzählt hatte.

Sehr genau beschreibt Wean ihm, wie Hunt und Oswald hätten reagieren müssen, wenn die Geschichte, die John Wean und Murphy erzählt hatte, tatsächlich wahr gewesen wäre.

„EIN VERRAT MIT UNGLAUBLICHEN PROPORTIONEN"?

Laut Weans Analyse dessen, was danach passiert sein könnte, „hatten Hunt und Oswald, als sie sich von dem lähmenden Schock des Kennedy-Attentats erholten, sicherlich identische Gedanken: Ich wurde reingelegt".

„Ein doppelter Verrat mit unglaublichen Aspekten. Die Folgen waren zu verheerend und erschreckend, um sie zu erfassen. Es war das Ende für sie. „Unabhängig von Hunts Überzeugung, dass seine engsten Männer über jeden Verdacht erhaben waren, war einer von ihnen ein Spion, ein versteckter Maulwurf."[620]

Es ist an E. Howard Hunt, uns die fehlenden Teile des Puzzles zu liefern. Es scheint unwahrscheinlich, dass er dies tun wird.

JOHNS IDENTITÄT?

Es gibt zusätzliche Dokumente über die Aktivitäten einer Person namens „John", die im Raum Dallas und in Miami (Hunts Operationsbasis mit kubanischen Anti-Castro-Exilanten) kurz vor und nach der Ermordung von JFK aktiv war.

In seinem Buch *Conspiracy* beschreibt Anthony Summers einen John Martino, von dem bekannt war, dass er sowohl Verbindungen zu Meyer Lanskys Mafia-Leutnant Santo Trafficante Jr. als auch zur CIA hatte. Tatsächlich gab Martino 1975 zu, dass er ein CIA-Agent gewesen war und intime Kenntnisse über die Umstände der Ermordung von JFK besaß.

Summers zitiert Martino: „Die Anti-Castro-Leute setzten Oswald ein. Oswald wusste nicht, für wen er arbeitete, er wusste nicht, wer ihn wirklich einsetzte".[621]

Summers führt aus, dass nach Martinos Tod im Jahr 1978 seine Witwe behauptet hatte, dass „die Firma" (d. h. die CIA) seinen Körper entnommen hatte, um die Todesursache zu ermitteln, und seinen Tod einem Herzinfarkt zugeschrieben hatte.[622]

Martino und der Filmstar Audie Murphy hatten zweifellos zumindest eine Verbindung gehabt, indirekt, wenn man so will, die sich beweisen lässt.

Murphy war Mitte der 1960er Jahre eine Zeit lang bei dem Geschäftsmann D'Alton Smith aus New Orleans angestellt gewesen.[623] Smith war ein enger persönlicher Geschäftspartner von Carlos Marcello, Meyer Lanskys Geschäftsmann in Louisiana.

---

[619] *Ibid.*, S. 701.
[620] *Ibid.*, S. 702-703.
[621] Anthony Summers. *Conspiracy.* (New York: McGraw-Hill Book Co., 1980), S. 451.
[622] *Ibid.*
[623] Dan Moldea. *The Hoffa Wars: Teamsters, Rebels, Politicians and the Mob* (New York: Paddington Press Ltd., 1978), S. 279.

Die Geschichte, die John Martino erzählt, klingt auf jeden Fall ähnlich wie die, die der „John", den Gary Wean in Dallas getroffen hatte, erzählt hat. Kurz vor der Drucklegung von „*Judgement* Day" verriet Wean dem Autor jedoch die Identität des Herrn namens John, der ihm erzählte, was tatsächlich in Dallas passiert war.

Wean zufolge gab er bei der Abfassung seines Buches, in dem er seine Begegnung mit John beschrieb, absichtlich nicht Johns Nachnamen preis, obwohl er genau wusste, wer John war. Außerdem hatte er laut Wean Johns physische Beschreibung leicht verändert, um seine Identität zu schützen.

Zu dem Zeitpunkt, als Weans Buch geschrieben wurde, lebte John noch. Am 5. April 1991 starb John jedoch wie Audie Murphy bei einer seltsamen Flugzeugexplosion, die landesweit für Schlagzeilen gesorgt hatte. Es war John Tower, der 1961 als erster Republikaner dieses Jahrhunderts einen Sitz im texanischen Senat errungen hatte.

Als unerschütterlicher Verbündeter der CIA während seiner gesamten Karriere hatte Tower viele der Geheimnisse des Iran-Contra-Skandals mit ins Grab genommen, nachdem er die Kommission geleitet hatte, von der Kritiker behaupten, sie sei ein Waschweib der CIA gewesen, insbesondere jene, die die Rolle Israels in dieser Affäre betrafen.

EINE „DRITTE KRAFT"?

Dick Russell, ein erfahrener Forscher in Bezug auf die Ermordung von JFK, hat selbst über die Möglichkeit nachgedacht, dass die Beziehung der CIA zu Lee Harvey Oswald - wie auch immer diese Beziehung beschaffen war - „von einer anderen Gruppe usurpiert wurde".[624]

Wie Russell feststellt, „hatten viele CIA-Leute Gründe, ihre eigene Beziehung zu Oswald zu verheimlichen, auch wenn diese nichts mit einem Mordkomplott zu tun hatte. Wenn man diese Fülle von Möglichkeiten in Betracht zieht ... was man nicht ignorieren kann, ist, dass eine „dritte Kraft" sich des Netzwerks der Gegenspionage [um Oswald] bewusst war und es zu ihrem eigenen Vorteil nutzte."[625]

Russell wies auch darauf hin, dass die gegen Castro eingestellten Exilkubaner nun glaubten, dass hinter den Kulissen viel mehr passiert sei, als sie damals erkannt hätten.

Russell zufolge behauptet [der legendäre CIA-Agent] Gerry Patrick Hemming, der seine Ohren im Little Havana in Miami spitzen ließ, dass einige der Exilanten, die 1963 glaubten, die Regeln zu kennen, heute davon überzeugt seien, dass man sie benutzt habe.

„Sie wurden zu einem Anti-Kennedy-Eifer angestachelt, indem man sie im Vertrauen darauf ließ, dass Kennedy ernsthaft die Möglichkeiten eines Kompromisses mit Castro prüfte. Man erklärte ihnen, dass ihr Traum, ihr Heimatland zurückzuerobern, gestorben sei, wenn nicht etwas radikal anderes getan würde. Sie bissen an.

„Wenn es sich im Konzept der Organisatoren hinter den Kulissen als notwendig erwies, waren auch die Exilanten austauschbar. Ein paar kubanische Flüchtlinge in das Attentat zu verwickeln, war nicht wünschenswert, aber es würde nicht viel kosten, vor allem wenn ... sie sorgfältig daran gearbeitet hatten, sich eine Tarnung als Castro-Agenten aufzubauen.

„ Als bloße Rote in der Maschine konnten sie genauso gut verschwinden. Die kubanischen Exilanten waren also nur die Basis der Pyramide. Sie hatten nicht die Macht,

---

[624] Dick Russell. *The Man Who Knew Too Much* (New York: Carroll & Graf Publishers, 1992), S. 693.
[625] *Ibid.*, S. 477.

die anschließende Vertuschung in Gang zu setzen. Und das organisierte Verbrechen auch nicht".[626]

WER HATTE DIE MACHT?

Hemming hatte von mindestens einer Fraktion von Anti-Castro-Exilkubanern gesprochen, die außerhalb der konventionellen Schleife zu stehen schienen. Hemming sagte: „Es ist schwer, genau zu sagen, für wen diese kleine Gruppe von Exilkubanern wirklich arbeitete. Eine Zeit lang berichteten sie an Bill Harveys CIA-Jungs. Einige von ihnen berichteten an [J. Edgar] Hoover oder an die neue [Defense Intelligence Agency DIA].

„Es gab eine dritte Kraft - fast außerhalb der CIA-Netzwerke, außerhalb unserer eigenen privaten Operation in der Bucht [von Florida] -, die einen ganzen Haufen Mist machte und die das ganze Jahr 1963 über präsent gewesen war [Hervorhebung durch den Autor].

„Dann, nach dem Attentat, nahmen viele von uns an, dass sich der KGB irgendwann mit Fidel organisiert hatte, um die Arbeit von Dallas zu erledigen. Erst später wurde uns klar, dass die meisten der Exilanten, an die wir herantraten, selbst als Sündenböcke in die Falle gegangen waren.

„Und nicht von Castro oder den Russen. Das war national. Von jemandem wie J. Edgar Hoover. Wer hatte sonst die Macht?"[627]

Dürfen wir eine Antwort auf Hemmings Frage vorschlagen: „Wer hatte sonst noch die Macht?"? Die Antwort lautet offensichtlich wie folgt: Israel, sein Mossad und die mächtige amerikanische nationale Israel-Lobby und ihre Kontakte auf allen Ebenen.

Tatsächlich gab es mehrere weithin gelesene Bücher über die Ermordung von JFK, die in der Tat nahelegten, dass zumindest Oswald in einer Art „Scheinmord"-Operation gefangen war, von der er annahm, sie sei von der gleichen Art wie Gary Weans Quelle in Dallas.

Executive Action, das Buch, das lose auf dem gleichnamigen Film basiert, stellt Oswald als auf diese Weise manipuliert dar. Ähnlich *verhält* es sich mit *Betrayal*, dem Werk des ehemaligen CIA-Agenten Robert Morrow, in dem Morrow auf seine eigenen „Tipps" aus seiner Verbindung mit an der Verschwörung beteiligten Personen zurückgreift.

In jüngerer Zeit steht Oswald in Don De Lillos Roman *Balance* im Mittelpunkt eines von anderen manipulierten „fiktiven Mordversuchs", der schiefgeht (Eine CIA-Figur in dem Roman hat große Ähnlichkeit mit E. Howard Hunt).

Es gibt jedoch noch ein ziemlich außergewöhnliches Puzzleteil, das tatsächlich einen alten, bekannten Mossad-Agenten betrifft, der direkt an den Ereignissen auf der Dealey Plaza beteiligt war. Es handelt sich dabei um die offensichtliche Rolle, die Frank Sturgis, ein alter CIA-Agent, bei dem eigentlichen Attentat spielte.

EIN MOSSAD-AGENT IN DEALEY PLAZA

Während ihrer Zeugenaussage im Fall der Verleumdungsklage von E. Howard Hunt gegen das Spotlight sagte die CIA-Agentin Marita Lorenz aus, dass Sturgis ihr später gesagt habe: „Wir haben den Präsidenten an diesem Tag getötet.... Alles wurde im Voraus

---

[626] *Ibid.*, S. 703-704.
[627] *Ibid.* S. 539.

vertuscht. Keine Verhaftung, keine Untersuchung in den Zeitungen. Alles wurde vertuscht, es war sehr professionell'".[628]

Obwohl einige Wissenschaftler Zweifel an der Geschichte von Miss Lorenz äußern, setzt sich der Chef der kubanischen Spionageabwehr, General Fabian Escalante, auf der Grundlage seiner eigenen gründlichen Untersuchung des JFK-Mordes für sie ein. Escalante erklärte der Journalistin Claudia Furiati, dass der kubanische Geheimdienst festgestellt habe, dass „Sturgis in Wirklichkeit für die Kommunikation zuständig war - Empfang und Weiterleitung von Informationen über die Entwicklung auf der Dealey Plaza und den Zug der Schützen sowie anderer Personen."[629]

Während alles darauf hindeutet, dass Sturgis an der eigentlichen Mechanik des Attentats beteiligt war, legen die historischen Beweise nahe, dass Sturgis als Komplize des Mossad bei der Verschwörung funktioniert haben könnte oder zumindest indirekt für den Mossad gearbeitet haben könnte. Auch wenn diese Behauptung selbst den erfahrensten Leser, der sich mit der Dokumentation des JFK-Attentats auskennt, überraschen wird, muss folgender Faktor berücksichtigt werden:

Was nur wenige wissen, ist, dass Sturgis 15 Jahre vor der Ermordung von JFK Verbindungen zum israelischen Mossad hatte. In der Juli-Ausgabe 1975 der Zeitschrift *Argosy* berichtet F. Peter Model, dass Sturgis ein „Hagannah-Söldner während des ersten arabisch-israelischen Krieges (1948)'"[630] war und dass Sturgis in den 1950er Jahren auch eine Freundin in Europa hatte, die für den israelischen Geheimdienst arbeitete und mit der er zusammenarbeitete.

Sturgis selbst wird von dem Forscher A. J. Weberman mit der Aussage, er habe seiner Freundin als Kurier in Europa bei einer Reihe von Projekten im Auftrag des Mossad geholfen.[631]

Darüber hinaus berichtete der ehemalige *Time-Life-Korrespondent* Andrew St. George - der Sturgis gut kannte und während der kubanischen Revolution einige Zeit mit ihm an der Seite Castros in den Hügeln Kubas verbracht hatte -, dass es unter den exilierten Anti-Castro-Kubanern bekannt sei, dass Sturgis auch für den Mossad gearbeitet habe und dies auch lange Zeit getan habe.[632]

George enthüllte außerdem auf dem Höhepunkt der Anti-Castro-Operationen der CIA in Miami, an denen Sturgis und E. Howard Hunt so eng verbunden waren, dass zwischen 12 und 16 Mossad-Agenten in Miami unter dem Kommando des stellvertretenden Mossad-Direktors Yehuda S. arbeiteten. Sipper, arbeiteten und ihr Einfluss sich auf ganz Lateinamerika und die Karibik erstreckte.

Professor John Newman, der untersucht hatte, ob die CIA von Lee Harvey Oswalds Aktivitäten wusste, behauptet unter Berufung auf eine CIA-Notiz aus dem Jahr 1976, dass Sturgis die Internationale Antikommunistische Brigade gegründet hatte und dass „die Unterstützer von Sturgis' Gruppe nie vollständig ermittelt wurden'".[633]

Die auf den JFK-Fall spezialisierten Schriftsteller Warren Hinckle und William Turner erklärten, dass „der größte Teil der Gelder [von Sturgis] von enteigneten Kasinobesitzern stammte und von Norman Roughouse' Rothman[634] weitergeleitet wurde, der laut dem

---

[628] Mark Lane. *Plausible Denial.* (New York: Thunder's Mouth 1991), S. 303.

[629] Claudia Furiati. *ZR Rifle: The Plot to Kill Kennedy and Castro.* Melbourne, Australia: Ocean Press, 1994), S. 163-164.

[630] *Argosy.* Juli 1975. Artikel von F. Peter Model.

[631] Siehe Weberman-Website www.weberman.com

[632] *The Spotlight*, 22. März 1982.

[633] John Newman. *Oswald and the CIA.*(New York: Carroll & Graf, 1995), S. 228.

[634] Warren Hinckle und William Turner. *Deadly Secrets (Tödliche Geheimnisse).* (New York: Thunder's Mouth Press, 1992), S. 54.

Autor Gus Russo nicht nur „Meyer Lanskys Partner"[635], sondern auch der erste „Mafia-Vermittler"[636] zwischen der CIA und Lanskys Syndikat in den Mordplänen gegen Castro war. Russo sagt jedoch, dass Rothmans Unterstützung für Sturgis „aus unbekannten Quellen" kam, nennt aber Hinckle und Turner als seine Quelle. Die Frage bleibt also: Wer finanzierte Sturgis wirklich?

Hätte die Sturgis-Brigade Teil der Mossad-Operationen in Miami sein können, die mit der von der CIA gesponserten Sturgis-Verschwörung vermischt waren und im selben Einflussbereich im selben Zeitraum stattfanden?

STURGIS, BANISTER, FERRIE UND OSWALD

Wie wir sehen werden, ist diese Spekulation vielleicht gar nicht so weit von der Realität entfernt. Newman fügt hinzu, dass eine „Untereinheit"[637] der Sturgis-Brigade als die Intercontinental Penetration Force des CIA-Agenten Gerry Patrick Hemming (genannt 'Interpen') gemeldet wurde. Unter Berufung auf ein Memo des CIA-Sicherheitsbüros vom 1. Februar 1977 behauptete Newman, dass die kubanischen Anti-Castro-Trainingsgelände rund um den Lake Ponchartrain außerhalb von New Orleans von Hemming als Teil von Interpen betrieben wurden und dass Sturgis mit den Operationen von Interpen in Verbindung stand.[638]

Es ist bekannt, dass an diesen Aktivitäten rund um den Ponchartrain-See zwei der Hauptbeteiligten um Lee Harvey Oswald vor der Ermordung von JFK beteiligt waren: die CIA-Agenten Guy Banister und David Ferrie.

Tatsächlich gibt es eine israelische Verbindung zu Interpen. Laut Hemming war der „wichtigste Kontakt von Interpen in den USA"[639] der New Yorker Finanzier Theodore Racoosin, den Hemming als „einen der wichtigsten Gründer des Staates Israel" bezeichnete.[640]

Nachdem Hemming *das Endurteil* gelesen hatte, sagte er dem Autor freimütig, dass er zwar persönlich keine Beweise gesehen habe, die ihn davon überzeugt hätten, dass der Mossad direkt an der Ermordung von JFK beteiligt gewesen sei, aber er erklärte: „Ich wusste seit den späten 1960er Jahren, dass der Mossad von der Ermordung von JFK wusste, bevor sie überhaupt stattfand, und sie haben später eine umfassende Untersuchung in dieser Angelegenheit durchgeführt und seitdem alle diese Akten aufbewahrt".[641] [Hervorhebung durch den Autor]

DIE TENTAKEL DES MOSSAD UMGEBEN OSWALD

Auf jeden Fall finden wir *nicht nur* den CIA-Agenten Clay Shaw aus New Orleans, der über seine Verbindung zur Permindex mit dem Mossad verbunden ist (wie es auch Banister und Ferrie waren), sondern wir finden *auch* zwei weitere mit der CIA verbundene Akteure bei Anti-Castro-Operationen außerhalb von New Orleans (Sturgis und Hemming), die im

---

[635] Gus Russo. *Live By the Sword.* (Baltimore: Bancroft Press, 1998), S. 50.
[636] *Ibid.*
[637] Newman, *Ibid.*
[638] *Ibid.*, S. 319.
[639] E-Mail von Hemming an Forscher, die Interpen studieren.
[640] *Ibid.*
[641] E-Mail von Hemming an Piper 12. August 1999.

Einflussbereich des Mossad standen. *Und Lee Harvey Oswald ist mit allen beteiligten Schlüsselakteuren verbunden.*

Davon abgesehen würden wir es nicht wagen, uns in die Welt der Fantasie zu begeben, um anzudeuten, dass die Operation, an der Sturgis, Marita Lorenz und die Anti-Castro-Kubaner beteiligt waren, die am 21. November 1963 nach Dallas reisten, um sich mit E. Howard Hunt (und später mit Jack Ruby) zu treffen, in Wirklichkeit eine „False Flag"-Operation des Mossad war, an der absichtlich eine Clique von Anti-Castro-Kubanern beteiligt war.

Da Sturgis laut Miss Lorenz später zugegeben hatte, dass sein Team in Dallas tatsächlich an dem Attentat beteiligt war, ist es denkbar, dass Sturgis und seine Gruppe Hunt in Dallas trafen, Hunt selbst aber nicht wusste, dass Sturgis' Team in einen echten Mordversuch verwickelt werden sollte, oder dass er dachte, sie seien nur in einen „fiktiven" Mordversuch verwickelt - falls er das überhaupt wusste.

Wie bereits erwähnt, bleibt es ein Rätsel, wovon Hunt wusste - oder nicht - und seine tatsächliche Schuld an jeglicher Mordverschwörung an sich kann nicht festgestellt werden. Die Umstände legen jedoch nahe, dass Hunt viel mehr über die Geschehnisse in Dallas wusste, als er zugab.

Wie dem auch sei, es besteht kein Zweifel daran, dass wir aufgrund der Fakten über Sturgis nun wissen, dass mindestens eine Person, die zugegeben hätte, tatsächlich in die Ermordung von JFK verwickelt zu sein - Frank Sturgis - viele Jahre lang vor (und nach) der Ermordung von JFK vielfältige Verbindungen zum Mossad gehabt hätte.

Dies ist an sich schon eine große Enthüllung und für die in *Endgericht* aufgestellte These durchaus relevant.

Eine Figur namens Chauncey Holt, die behauptet, in Dallas gewesen und in die Umstände rund um das Attentat verwickelt zu sein, fasst die Dinge ziemlich gut zusammen. Laut Holt

„An diesem Tag wurde Dallas von Menschen überschwemmt, die aus dem einen oder anderen Grund dort gelandet waren. Ich habe immer gedacht, dass diejenigen, die die Architekten dieser Geschichte waren - und niemand wird je erfahren, wer dahinter steckte - all diese Menschen manipuliert haben. Ich denke, sie überschwemmten dieses Gebiet mit vielen Personen mit schlechtem Ruf, weil sie dachten: „Nun, wenn all diese Leute erwischt werden, verwischt das die Spuren so sehr, dass sie nie ankommen werden".[642]

Die Tatsache, dass es am Tag der Ermordung von JFK Menschen in Dallas gab, die vielleicht nicht den wahren Grund für ihre Anwesenheit kannten, wird auch von anderen Quellen gestützt. Michael Milan, dessen Buch *The Squad* seine Rolle als Teil eines geheimen Teams der US-Regierung beschreibt, das mit Lanskys Syndikat zusammenarbeitete, behauptet, dass es zumindest mehrere in Dallas operierende Personen gab, die glaubten, dass sie nicht in eine Verschwörung zum Mord an John F. Kennedy verwickelt waren, sondern in eine Verschwörung zum Mord an dem texanischen Gouverneur John B. Connally (Milans Behauptungen haben wir erstmals in Kapitel 14 behandelt).[643]

Könnten einige der am JFK-Attentat beteiligten Personen so manipuliert worden sein, dass sie glaubten, an einer Verschwörung gegen Connally beteiligt zu sein (obwohl das eigentliche Ziel Kennedy war)?

In einem solchen Szenario wäre es möglich, dass einer der Attentäter auf der Dealey Plaza, ohne sich mit den Mechanismen des JFK-Attentats auseinanderzusetzen, die von denjenigen, die von dem Thema fasziniert waren, immer wieder in Betracht gezogen wurden, absichtlich auf Connally zielte, weil er vielleicht nicht wusste, dass zur gleichen

---

[642] *Newsweek*, 23 December 1991.
[643] *Ibid.*

Zeit andere Attentäter, von denen er nichts wusste, von einem anderen Ort aus auf JFK zielten. Der Schütze in Connally war in Wirklichkeit ein Lockvogel.

In seiner Biografie über Connally legt James Reston Jr. nahe, dass Oswald von Jack Ruby als Teil eines Plans des organisierten Verbrechens angeworben worden war, der darauf abzielte, Connally und nicht Kennedy zu töten. Reston schlägt vor, dass Kennedy rein zufällig das Opfer war.

DIE TARNUNG DES MOSSAD

Die seltsame Behauptung, Connally sei das Ziel und Kennedy ein unfreiwilliges Opfer gewesen, ist sehr interessant.

Der ehemalige Mossad-Agent Victor Ostrovsky schreibt in seinem Buch *By Way of Deception*, dass ein Teil seiner Ausbildung beim Mossad eine gründliche Untersuchung des JFK-Attentats beinhaltete, die Teil des Lehrplans war, der für alle neuen Mossad-Rekruten vorgeschrieben war.

Laut Ostrovsky: „Ein besonders faszinierender Aspekt des Kurses war ein Film mit dem Titel „*A President on the Crosshairs*" (Ein Präsident am Kreuz), eine detaillierte Studie der Ermordung von John F. Kennedy am 22. November 1963.

„Die Theorie des Mossad war, dass die Auftragskiller - Mafiosi und nicht Lee Harvey Oswald - in Wirklichkeit John Connally, den damaligen Gouverneur von Texas, ermorden wollten, der mit JFK im Auto saß, aber nur verletzt wurde.

„Oswald galt als Sündenbock in der Geschichte und Connally als Zielscheibe der Mafiosi, die versuchten, sich einen Weg in die Ölindustrie zu bahnen.

„Der Mossad glaubte, dass die offizielle Version des Attentats schlicht und einfach Unsinn war. Um ihre Theorie zu testen, führten sie eine Simulationsübung der Präsidentenparade durch, um zu sehen, ob erfahrene Scharfschützen mit einer viel besseren Ausrüstung als Oswald ein bewegliches Ziel aus der registrierten Entfernung von 80 Metern treffen könnten. Es gelang ihnen nicht. Das wäre die perfekte Tarnung gewesen. Wenn Connally getötet worden wäre, hätten alle gedacht, dass es ein Versuch auf JFK gewesen wäre. Wenn sie Kennedy hätten erwischen wollen, hätten sie ihn überall erwischen können".

Er schreibt: „Nach dem, was wir gefunden haben, war das Gewehr wahrscheinlich auf Connallys Hinterkopf gerichtet, und JFK machte eine Geste oder bewegte sich genau im falschen Moment - oder vielleicht zögerte der Attentäter.[644]

Nun ist das, was Ostrovsky weiter unten anmerkt, von besonderem Interesse, vor allem im Lichte der in *Endgültiges Urteil* dargestellten Theorie. Laut Ostrovsky besitzt der Mossad alle Filme über das Attentat in Dallas, Fotos der Gegend, der Topografie, Luftaufnahmen - alles.

Ist es möglich, dass der Grund, warum der Mossad so viele Informationen über Dealey Plaza hatte, darin liegt, dass der Mossad die Gegend nicht NACH dem Attentat auf Kennedy, sondern VOR dem Attentat untersucht hatte?

Die Tatsache, dass der Mossad so weit ging, eine groß angelegte Vertuschung zu berechnen (die seinen eigenen Rekruten präsentiert wurde), ist an sich schon interessant und kann ein weiterer Beweis dafür sein, dass der Mossad ein sehr spezielles Interesse an der Ermordung von JFK hatte.

Offensichtlich waren auf der Dealey Plaza viele Kräfte am Werk, die sich vielleicht dem Verständnis eines einzelnen Verschwörers entzogen - einschließlich Oswald, Ruby

---

[644] Victor Ostrovsky und Claire Hoy. *By Way of Deception: The Making and Unmaking of a Mossad Officer* (New York: St. Martin's Press, 1990), S. 141-143.

oder sogar Hunt oder Sturgis oder einer der anderen Beteiligten. Einige der Verschwörer wurden vielleicht zu der Annahme verleitet, dass es sich um einen Mafia-Coup auf Connally handelte, der sich in Wirklichkeit als ein Auftrag auf Kennedy herausstellte.

Die Geschichte des Mossad, dass es sich um eine verpfuschte Operation gegen Connally gehandelt habe, die zum Unfalltod Kennedys geführt habe, klingt - um Ostrovsky zu zitieren - nach nichts anderem als „blankem Unsinn", der vom Mossad selbst stammt.

Und dann ist da noch die Frage, wie Lee Harvey Oswald durch das (von der CIA inszenierte) Mexiko-City-Szenario und seine Manipulation in New Orleans durch das Team Clay Shaw und Guy Banister, das wiederum direkt in die Aktivitäten der CIA und des Mossad-Agenten Frank Sturgis in den Fällen am Lake Ponchartrain involviert war, so inszeniert wurde, als sei er ein pro-Castro- und pro-sowjetischer Agitator gewesen. Glaubte Oswald, dass er in Wirklichkeit im Auftrag der CIA handelte, sogar im Namen von John F. Kennedy selbst, als er einen „fingierten" Mordversuch inszenierte, der Castro angelastet werden konnte, und damit die internationale Wut des kubanischen Führers auslöste? Die Wahrheit werden wir wahrscheinlich nie erfahren.

Letztendlich ist in allen kritischen Momenten, in denen Oswald der Sündenbock war - und auch nach dem Attentat - die Einflussnahme des israelischen Mossad und seiner Verbündeten in der CIA offensichtlich.

FALSCHE BANNER IN DEALEY PLAZA?

Ist es möglich, dass einige der anderen Verschwörer auf den untersten Ebenen zu der Annahme verleitet wurden, dass die gesamte Operation darauf ausgelegt war, die beiden berühmten Vögel mit einem Stein zu töten: d. h.
(1) Connally ausschalten, der angeblich als Barriere für die Arbeitsweise der Unterwelt wahrgenommen wurde, und daraufhin
(2) Kennedy zwingen - oder ihm vielmehr eine Ausrede liefern -, endlich gegen Fidel Castro vorzugehen, der Operationen des organisierten Verbrechens in Kuba gestoppt hatte?

Könnte es zum Beispiel sein, dass einigen der Verschwörer gesagt wurde, dass der Plan war, Connally zu töten und es so aussehen zu lassen, als ob es sich um eine von Castro in Auftrag gegebene Kugel für den Präsidenten gehandelt hätte, die ihn verfehlt hätte und Kennedy somit gezwungen hätte, gegen Castro zurückzuschlagen?

Man kann sich z. B. nur vorstellen, wie überrascht der versteckte Schütze, der auf John Connally schoss, war, als er bemerkte, dass ein anderer Schütze auf John F. Kennedy schoss.

Oder, wagen wir es, die erschreckendste aller Möglichkeiten vorzuschlagen: Haben John F. Kennedy und sein Bruder Robert eine Anti-Castro-Provokation - oder sogar einen „Scheinmord" - ausgeheckt, die schließlich von feindlichen Kräften innerhalb der CIA und ihren Verbündeten im Mossad infiltriert und manipuliert wurde?

Man könnte Stunden damit verbringen, eine Vielzahl von Szenarien auszuhecken. Alle Beweise, die wir gesehen haben, legen jedoch nahe, dass das Komplott zur Ermordung von JFK auf mehreren Ebenen stattfand und sich in verschiedene Richtungen erstreckte.

Waren all diese „Personen mit schlechtem Ruf" einfach nur „falsche Banner", die von dem, was Chauncey Holt als „die Architekten dieser Geschichte" bezeichnete, benutzt wurden? Wurden diese „Verdächtigen" von einer Kraft dorthin gebracht, die „die Spuren verwischen" wollte? Wenn ja, können wir uns nur an die berühmte Verwendung falscher Banner durch den Mossad bei seinen kriminellen Aktivitäten erinnern. Gab es einen Versuch eines „Scheinmordes", und wenn ja, wer - oder was - war die Kraft, die eingegriffen hatte?

Der Ermittler Scott Thompson, der an die Theorie des „Scheinmordes" glaubt, ging sogar so weit, die Provokation gegen Castro als wissentlich von Generalstaatsanwalt Robert F. Kennedy durchgeführte Aktion zu beschuldigen. Thompson behauptete, dass E. Howard Hunt in Wirklichkeit mit der Koordinierung des fingierten Mordanschlags beauftragt war. Thompson stellt jedoch fest, dass „es bis heute nicht klar ist, wer in die fiktive Mordanordnung eingriff und sie in die Realität umsetzte".[645]

Der ehemalige CIA-Agent Robert Morrow schenkte dem Szenario eines „fiktiven Attentatsversuchs" Glauben. Morrow berichtete, ihm sei gesagt worden, dass CIA-Agenten, die mit Exilkubanern zusammenarbeiteten, „eine Art Test, einen Mordversuch an Kennedy durchgeführt hatten".[646]

In *Farewell America*, unter dem Pseudonym „James Hepburn", schlägt der ehemalige französische Geheimdienstler Hervé Lamarr vor: „Oswald hat wahrscheinlich erfahren, dass er ausgewählt wurde, um mit [David] Ferrie und mehreren anderen Agenten an einer neuen antikommunistischen Operation teilzunehmen.

„Der Plan bestand darin, die öffentliche Meinung zu beeinflussen, indem ein Anschlag auf Präsident Kennedy vorgetäuscht wurde, dessen Politik der Koexistenz mit den Kommunisten eine Rüge verdiente. Ein weiterer Attentatsversuch, der ebenfalls darauf ausgelegt war, die öffentliche Meinung zu wecken, war am 10. April gegen General [Edwin A.] Walker vorgetäuscht worden."[647]

DURCH DIE CIA UND DEN MOSSAD UNTERSUCHT?

Obwohl *Farewell America* ein „unabhängiger" Klassiker war, der oft unter den mit dem JFK-Attentat befassten Forschern zitiert wurde, sind seine Ursprünge zumindest unklar. Obwohl das Buch viele faszinierende Informationen enthält, besteht die starke Möglichkeit, dass es sich lediglich um eine klassische Desinformationsoperation der CIA und des Mossad handelt.

Hinckle und William Turner zufolge wurde *Farewell America* unter der Leitung und mit Billigung des französischen Präsidenten Charles De Gaulle vorbereitet, der, wie in Kapitel 15 angemerkt, Opfer von Mordanschlägen wurde, die von der Permindex finanziert wurden, die eine zentrale Rolle beim Mordkomplott gegen JFK spielte.[648] Laut dem Schriftsteller Gus Russo sind die Ursprünge des Buches jedoch etwas komplizierter als das.

Russo behauptet, dass kurz nach der Ermordung von JFK - als Robert Kennedy eine private Untersuchung des Mordes an seinem Bruder einleitete und dabei einen britischen Geheimdienstmitarbeiter einsetzte, der ein langjähriger Freund der Kennedy-Familie war (eine Untersuchung, die wir am Anfang von Kapitel 9 besprochen haben) - der britische Ermittler zwei ehemalige französische Geheimdienstmitarbeiter anheuerte, um die Ermittlungen zu leiten. Russo sagt, dass einer André Ducret, ehemaliger Chef des französischen Geheimdienstes, war und der andere nur unter dem Namen „Philippe" bekannt war, aber es wird angenommen, dass es sich dabei um Philippe de Vosjoli, den ehemaligen Chef des französischen Geheimdienstes in Washington, handelte.

---

[645] *Executive Intelligence Review. The Buckley Family: Wall Street Fabians in the Conservative Movement (Die Buckley-Familie: Wall Street Fabians in der konservativen Bewegung).* (New York: Campaigner Publications), S. 11.
[646] Russell, S. 506.
[647] Hepburn, S. 337-338
[648] Warren Hinckle undWilliam Turner. *Deadly Secrets*. [New York: Thunder's Mouth Press, 1992), S. 434.

Die französischen Ermittler verbrachten daraufhin mehrere Jahre mit der Untersuchung und lieferten RFK schließlich einen Bericht, in dem allgemein behauptet wurde, dass die texanischen Ölbarone in einer Liga mit Lyndon Johnson hinter dem Attentat steckten. Obwohl RFK kurz nach Erhalt des Berichts getötet wurde, fragte der britische Agent, der die Untersuchung gesponsert hatte, den überlebenden Bruder, Senator Edward M. Kennedy, was mit dem Bericht zu tun sei. Kennedy sagte laut Russo, dass seine Familie nicht interessiert sei, und zu diesem Zeitpunkt wurde der Bericht an Hervé Lamarr übergeben, der später aus dem Bericht das Buch *Farewell America* machte. Obwohl es nie in den USA veröffentlicht wurde, wurde das Buch hier dennoch „heimlich" verteilt.[649]

Doch obwohl das Buch (und der Bericht, auf dem es basierte) Körnchen Wahrheit enthalten haben mag, gibt es gute Gründe für die Annahme, dass es sich größtenteils um eine Desinformation der CIA und des Mossad handelte. Hier sind die Gründe dafür:

Wenn Philippe de Vosjoli tatsächlich zu denjenigen gehörte, die die „Untersuchung" für Kennedys Freund im britischen Geheimdienst leiteten, ist es eine Tatsache, dass Vosjoli eine „lange Freundschaft [und] eine besondere Beziehung" zu James J. Angleton[650] dem Mossad-Getreuen der CIA hatte, was so weit ging, dass de Vosjoli nicht nur die französischen Befehle, für die USA zu spionieren, ablehnte, sondern Angleton anscheinend auch dabei half, die Spionage gegen Frankreich zu leiten.[651]

In Anbetracht dessen können wir verstehen, warum *Farewell America* so vage und unschlüssig war und die Anklage gegen die CIA und den Mossad richtete und außerdem die wenig bekannte „französische Verbindung" zum JFK-Mord unterdrückte, die seit langem diskutiert wird, die aber, wenn sie seziert wird, wie wir es hier tun werden, nicht nur direkt in Richtung Angleton bei der CIA weist, sondern auch in Richtung der Manipulationen illoyaler Mitglieder des französischen Geheimdienstes durch Angleton und seine Verbündeten beim Mossad. Dies ist eine erstaunliche Geschichte, die noch nie zuvor erzählt wurde, die wir hier aber zum ersten Mal präsentieren werden.

DIE FRANZÖSISCHE VERBINDUNG....

In einer privaten Mitteilung an den Autor, nachdem er den ersten Entwurf des Buches „*Endgericht*" gelesen hatte - der ihm von niemand Geringerem als dem ehemaligen US-Kongressabgeordneten Paul Findley (R-Ill.) zugesandt worden war - erklärte der ehemalige französische Geheimdienstmitarbeiter Pierre Neuville (basierend auf seinem eigenen Insiderwissen), dass ein französischer Berufskiller unter den Schützen am Dealey Plaza gewesen sei, der das Verbrechen im Auftrag des israelischen Mossad begangen habe. (Im Postskriptum dieses Bandes lassen wir die bemerkenswerte Geschichte dieses Franzosen und seine erstaunlichen Erfahrungen mit dem Mossad Revue passieren).

Aus Neuvilles Urteil: „Niemals würde der Premierminister Israels den Mossad, amerikanische Juden oder CIA-Mitarbeiter in den ausführenden Teil der Verschwörung einbeziehen. Selbst die CIA nimmt die Dienste anderer Mitglieder der Geheimdienstgemeinschaft (sie lieben den französischen Stil) in Anspruch, um die schmutzige Wäsche zu waschen . Die rechte Hand weiß nicht, was die linke getan hat. Das Tarnteam weiß nicht, wer hinrichtet. Und die Henker interessieren sich nicht für die Folgen ihrer Mission. Es ist ihnen völlig egal".[652]

---

[649] Russo, S. 574-575.
[650] Tom Mangold. *Cold Warrior* (New York: Simon & Schuster, 1991), S. 121.
[651] Mangold, S. 127-129.
[652] Private Mitteilung des Autors, datiert vom 15. August 1993.

Neuvilles Quellen zufolge organisierte der damalige Mossad-Chefmörder Yitzhak Shamir (später israelischer Premierminister) die Anstellung mindestens eines der Attentäter über den stellvertretenden Chef des französischen Geheimdienstes (SDECE), Oberst Georges De Lannurien.

„Es war kein Zufall", schrieb Neuville, „dass am selben Tag, an dem das französische Team den Präsidenten hinrichtete, [De Lannurien] in Langley ein Treffen mit James Jesus Angleton, dem Maulwurf des Mossad, hatte.

Neuville zufolge „gibt es bei verdächtigen Fällen keine Zufälle, sondern nur Vertuschungen. Der Fall der kommunistischen Infiltration des französischen Geheimdienstes war eine geeignete Tarnung, um die Anwesenheit von Oberst De Lannurien in Langley, Virginia, zu rechtfertigen."[653]

Es scheint offensichtlich, dass Angleton und De Lannurien zu einem ganz bestimmten Zweck zusammengekommen waren: zur Schadenskontrolle, d. h. um sicherzustellen, dass die Vertuschung des Mordes nach der Tat auch wirklich angebracht wurde.

Angleton selbst hatte vor dem Mordausschuss des Repräsentantenhauses erklärt, dass De Lannurien aus einem bestimmten Grund in sein Büro gekommen war: um Hilfe bei der Jagd nach kommunistischen Maulwürfen in der SDECE zu suchen.[654]

Diese Kontroverse - die angebliche Infiltration des KGB in den französischen Geheimdienst - war eine direkte Folge von Angletons Machenschaften. Es war Angleton (oft von seinen Mossad-Verbündeten angetrieben), der die angeblichen sowjetischen Infiltratoren in den Geheimdiensten anderer Länder zu verunglimpfen pflegte, was in deren Reihen zu massiver Verwirrung, Verbitterung und Ressentiments führte.

Nach dem Zweiten Weltkrieg hatte Angleton als Verbindungsmann des US-Geheimdienstes SDECE gedient und im Laufe seiner Karriere enge Freundschaften mit einer Reihe von französischen Geheimdienstbeamten gepflegt. Und dabei handelte es sich zweifellos um Franzosen, die Angletons Verbundenheit mit Israel teilten.

Leonard Houneau, ein besonders verbitterter hochrangiger SDECE-Offizier, der in Angletons Netz geraten war und schließlich von der Verleumdung, er sei ein sowjetischer Maulwurf, freigesprochen wurde, behauptete später: „Die ganze Geschichte ist erfunden. Angleton war verrückt und alkoholabhängig. Er hat versucht, uns gegeneinander auszuspielen".[655]

DER SÖLDNER DER OAS

Interessanterweise war es der OAS-Söldner Jean Souetre, der sich im Juni 1963 mit Informationen über mutmaßliche Kommunisten in der Regierung De Gaulle und im französischen Geheimdienst an die CIA wandte - eines von Angletons weitgehend dokumentierten Anliegen.[656] Angleton soll über Souetres Aktivitäten sehr „informiert" gewesen sein (und, hat vielleicht tatsächlich aktiv mit Souetre zusammengearbeitet).

In Kapitel 12 haben wir festgestellt, dass es Souetre war, der am 22. November 1963 in Dallas verhaftet und aus den USA ausgewiesen worden war und der auch der Verbindungsmann von E. Howard Hunt von der CIA bei der OAS war.

Souetre war es auch, der einen informellen Vorposten der OAS in Guy Banisters Büro in der 544 Camp Street in New Orleans unterhielt. Darüber hinaus unterhielt Souetre Verbindungen zu Meyer Lanskys Verbündeten in der korsischen Mafia. All dies deutet

---

[653] *Ibid.*
[654] Russell, S. 785.
[655] Mangold, S. 133.
[656] *Ibid.* S. 558.

sicherlich auf ein sehr klares Muster hin, das mehr als nur an einen Zufall erinnert. Doch die Intrige verdichtet sich. Wie wir in Kapitel 12 gesehen haben, stellt sich die Frage, ob die in Dallas verhaftete Person in Wirklichkeit Souetre war oder jemand, der seinen Namen benutzte.

Souetre deutete an, dass Michael Mertz, ein weiterer Franzose, derjenige gewesen sein könnte, der sich tatsächlich in Dallas aufhielt und Souetres Namen benutzte. Was diese Behauptung besonders provokant macht, ist, dass Mertz ein ehemaliger französischer SDECE-Offizier war, der die gegen De Gaulle gerichtete OAS infiltriert und ein Komplott gegen De Gaulles Leben vereitelt hatte.[657]

(Es gibt stichhaltige Beweise dafür, dass der israelische Premierminister David Ben-Gourion in mindestens einem Fall ein „Komplott" der OAS gegen De Gaulle „vereitelt" und damit De Gaulles Aufmerksamkeit auf das Komplott gelenkt hatte. Infolgedessen, so Ben-Gourions Biograph, „hatte Ben-Gourion nun die Anerkennung von De Gaulle".[658]

(In diesem speziellen Fall wurde der angebliche Verschwörer jedoch freigelassen, weil es nicht genügend Beweise gab, um ihn in Haft zu behalten.[659] War diese „Verschwörung" in Wirklichkeit eine israelische Operation, die darauf ausgelegt war, Israel wieder in die Gunst De Gaulles zu bringen? Wir können nur spekulieren. Ebenso können wir nur vermuten, dass vielleicht auch die Rettung De Gaulles durch Mertz vor einem anderen „Komplott" eine ähnliche, von Israel orchestrierte Operation gewesen sein könnte).

Auf jeden Fall reichten Mertz' Beziehungen viel weiter. Mertz war auch in den illegalen Drogenhandel verwickelt und galt als Pariser Kontaktperson für das Netzwerk von Lansky, Trafficante und der korsischen Mafia, das wir in Kapitel 12 untersucht haben.[660]

Kurz nach der Ermordung von JFK wurde Dr. Lawrence Alderson, ein Zahnarzt aus Houston, vom FBI verhört. Alderson, der sich mit dem echten Jean Souetre angefreundet hatte, als beide bei den Streitkräften ihrer jeweiligen Länder waren, hatte erklärt, man habe ihm gesagt: „Das FBI war der Ansicht, dass Souetre JFK getötet hatte oder wusste, wer es getan hatte."[661] Und das hätte den besagten Mertz einschließen können.

Der ehemalige CIA-Insider Robert Morrow, der in einen Großteil der Intrigen um die Aktivitäten der Operation Clay Shaw und Guy Banister in New Orleans verwickelt war, behauptet, dass Mertz zu einem der Killerteams gehörte, die John F. Kennedy in Dallas erschossen hatten.[662] Laut Morrow gehörte Mertz zu dem von Angleton geleiteten ausländischen Söldnerteam der CIA ZR/Rifle, zu dem auch der mysteriöse Attentäter mit dem Codenamen QJ/WIN gehörte. Abgesehen von Mertz gehörten Robert Blemant, ein Drogenhändler und Vermittler zwischen der korsischen Mafia und der CIA, und Joe Attia, ein Heroinfinanzierer und SDECE-Attentäter, zu den Personen, die als mögliche französische Attentäter im Zusammenhang mit den Ereignissen auf dem Dealy Plaza ins Spiel gebracht wurden.[663]

Der Forscher Steve Revele meint: „Aus kürzlich veröffentlichten streng geheimen CIA-Dokumenten geht hervor, dass der CIA-Attentäter QJ/WIN ein luxemburgischer Schleuser

---

[657] *Ibid.*, S. 559-560
[658] Dan Kurzman. *Ben-Gurion: Prophet of Fire.* (New York: Simon & Schuster, 1985), S. 417.
[659] Dan Raviv und Yossi Melman. *Every Spy a Prince.* (Boston: Houghton, Mifflin & Company, 1990), S. 73.
[660] *Ibid.*, S. 563.
[661] Henry Hurt. *Reasonable Doubt.* (New York: Holt, Rinehart & Winston, 1985), S. 418.
[662] Robert Morrow. *First Hand Knowledge.* [New York: Shapolski Publications, 1992), S.191.
[663] Dick Russell. *The Man Who Knew Too Much* (New York: Carroll & Graf Publishers, 1992), S. 785.

namens Jose Mankel war und der andere, WI/ROGUE, ein Bankräuber sowjetischer Herkunft namens David Dzitzichvili (auch buchstabiert Tzitzichvili; alias David Dato).[664]
Letztendlich haben alle Genannten genau die Art von Verbindungen, die sie nicht nur mit der CIA, sondern auch mit den französischen Machenschaften und dann mit Israel und seinem Mossad verbinden.

FRANZÖSISCHE VERBINDUNGEN AUS ISRAEL

Obwohl SDECE De Gaulles eigener Dienst war, stand die Agentur nicht unter der direkten Kontrolle De Gaulles, genauso wenig wie die CIA unter der Kontrolle JFKs stand. Wie De Gaulles Biograf über den Kampf zwischen De Gaulle und der OAS sagte, fand der Konflikt „innerhalb des Staates selbst" statt.[665] Tatsächlich war einer der Mordversuche gegen De Gaulle seitens der Permindex und der von Israel unterstützten OAS das direkte Ergebnis von Informationen „aus dem Inneren".[666] Darüber hinaus wurde Louis Betholini, ein hoher SDECE-Beamter, später als „[Geheimagent] Schläfer der OAS" entlarvt.[667]

Und laut dem Historiker Paul Henissart gab es - innerhalb der SDECE - einen hohen Prozentsatz von Anti-De-Gaulle-Offizieren, die in Wirklichkeit OAS-Sympathisanten waren. Wie ihr egozentrisches amerikanisches Gegenstück, die CIA, „bestand die Hauptsorge der SDECE laut gut informierten Quellen darin, ihr eigenes Personal und ihre eigenen Interessen während der schwierigen Zeit [des Konflikts zwischen De Gaulle und der OAS] zu schützen."[668]

Der Geheimdiensthistoriker Richard Deacon stellte seinerseits fest, dass es in Frankreich während dieser schwierigen Zeit „viel inoffizielle Unterstützung für Israel gab, insbesondere innerhalb der [SDECE][669] ", was die Rolle der SDECE-Offiziere bei der Organisation des Mordes an John F. Kennedy im Namen ihrer Verbündeten im israelischen Mossad stärker verdeutlicht.

Laut Stewart Steven, einem Experten für die Geschichte des Mossad, „war der SDECE in vielerlei Hinsicht brillant, hatte aber den internationalen Ruf, der korrupte Elefant im weltweiten Geheimdienstzirkus zu sein. Die CIA betrachtete sie als „ein echtes Sieb", und das wahrscheinlich mit einer gewissen Berechtigung, denn kaum ein anderer Dienst hatte so viele Abteilungsleiter, die ständig miteinander in Konflikt standen und alle verschiedenen Herren dienten, entweder in Frankreich selbst oder im Ausland.

„Allerdings hatten sich die Israelis immer sehr gut mit dem französischen Dienst verstanden. Als Verbündeter in der schwierigen Welt, in der der Mossad operieren musste, hatte sich die SDECE als äußerst nützlich erwiesen, vor allem, weil ihre Offiziere sich nicht unbedingt verpflichtet fühlten, politische Autorität für ihre Operationen zu erhalten. Dies verlieh dem Dienst eine Hackerqualität, die der der Israelis selbst sehr ähnlich war, jedoch ohne israelische Disziplin oder Ordnung.

---

[664] Stephen J. Rivele, *„The CIA, Assassination, and Nixon, " published in Nixon: An Oliver Stone Film*, herausgegeben von Eric Hamburg. (New York: Hyperion Books, 1995), S. 28.
[665] Jean Lacouture. *De Gaulle: The Ruler*. (New York: W. W. Norton & Company, 1993), S. 297.
[666] *Ibid.*, S. 325.
[667] Alexander Harrison. *Challenging De Gaulle*. (New York: Praeger Publishers, 1989), S. 123.
[668] Paul Henissart. *Wolves in the City: The Death of French Algeria* (New York: Simon & Schuster, 1970), S. 174.
[669] Richard Deacon. *The Israeli Secret Service (Der israelische Geheimdienst)*. (New York: Taplinger Publishing Co., Inc., 1977), S. 177.

„Die Mossad-Kontakte innerhalb des Dienstes", so Steven, „tendierten zu den Mitgliedern der ehemaligen OAS, denjenigen, die sich gegen De Gaulle stellten, gegen das, was sie für seine Rache an den französischen Interessen im algerischen Unabhängigkeitskrieg hielten."[670]

SCHAKAL ODER JACL?

Erschwerend kam hinzu, dass De Gaulle selbst Anfang 1963 einen Waffenstillstand mit der OAS geschlossen und ihren Mitgliedern geholfen hatte, sich anderswo niederzulassen.[671] Einer oder mehrere von De Gaulles „ehemaligen" Feinden, die nun unter der Schirmherrschaft seines eigenen Geheimdienstes oder zumindest in dessen Einflussbereich operierten, könnten in das Mordkomplott gegen JFK verwickelt gewesen sein. Die Wahrscheinlichkeit, dass eine israelische Fraktion in De Gaulles Geheimdienst SDECE einen Attentäter - insbesondere einen Korsen - für den Anschlag auf JFK rekrutiert hat, ist sehr groß.

Die SDECE war in fünf „Diensten" unterteilt. Dienst 5 war unter dem Namen „Action" bekannt und wurde von den Korsen kontrolliert. Laut Frederick Forsyths Darstellung des Konflikts zwischen De Gaulle und der OAS (Thema seines Romans *The Day of the Jackal*) waren diese Korsen, „vor ihrer Einberufung professionelle Schläger in der Unterwelt gewesen, sie hatten ihre alten Kontakte behalten und bei mehr als einer Gelegenheit ihre alten Freunde aus der Unterwelt um Hilfe gebeten, um die sehr schmutzige Arbeit für die Regierung zu erledigen.

Es waren diese Aktivitäten, die zum Einsatz einer (inoffiziellen) „parallelen" Polizei in Frankreich führten, die angeblich unter dem Befehl einer rechten Hand von Präsident De Gaulle, Herrn Jacques Foccart, stand. In Wirklichkeit gab es keine „parallele" Polizei; die ihnen zugeschriebenen Aktivitäten wurden vom Aktionsdienst der Streitkräfte oder von vorübergehend angeworbenen Bandenchefs des „Milieus" ausgeübt. „."[672]

Im Lichte von Forsyths berühmtem *„Jackal"* (Schakal) kann man feststellen, dass zur Zeit der gemeinsamen Verschwörungen gegen JFK und Charles De Gaulle eine in Europa aktive jüdische Terrorgruppe unter dem Namen Ligue Juive Anti-Communiste - oder JACL - bekannt war. Die JACL kollaborierte mit der OAS. Es scheint also, dass Frederick Forsyth wusste, wovon er sprach, als er einen fiktiven *„Jackal"* (Schakal) beschrieb, der von der OAS unterstützt wurde und De Gaulle vernichten wollte.

DER KREIS DER VERSCHWÖRUNG IST GESCHLOSSEN

Es gibt jedoch noch mehr Beweise, die darauf hindeuten, dass die sogenannte „französische Verbindung" zum JFK-Attentat in Wirklichkeit stattdessen die israelische Verbindung ist, die bis nach Dallas reicht.

Im Jahr 1965 ereignete sich ein bizarres Verbrechen, das die engen Verbindungen zwischen einigen Mitgliedern von De Gaulles Geheimdienst, dem israelischen Mossad und der französischen Mafia aufzeigt. Und unglaublicherweise waren an demselben Verbrechen Personen beteiligt, deren Namen aufgrund späterer Enthüllungen mit der Ermordung von JFK in Verbindung gebracht wurden. Bei dem Verbrechen handelte es sich um die Ermordung eines marokkanischen Politikers, eines gewissen Mehdi Ben-Barka, der das in

---

[670] Stewart Steven. *The Spymasters of Israel.* (New York: Ballantine Books, 1980), S. 242.
[671] *Ibid.*, S. 561.
[672] Frederick Forsyth. *The Day of the Jackal.* (New York: Bantam Books, 1972), S. 17.

seinem Heimatland herrschende Regime kritisierte (obwohl es sich um ein arabisches Regime handelte, pflegte die marokkanische Regierung eine geheime Zusammenarbeit mit dem Mossad).

Der israelische Historiker Benjamin Beit-Hallahmi untersuchte die Parameter für den Tod Ben-Barkas wie folgt: „Der Mossad war an der Entführung Ben-Barkas in Paris beteiligt. Anschließend wurde er kaltblütig ermordet. Sobald die Affäre auf französischem Boden stattfand und eine Zusammenarbeit mit Mitgliedern der Rechten [d.h. pro-OAS] innerhalb des [SDECE] beinhaltete, führte sie zu einer großen politischen Krise, zu einer Säuberung des Dienstes von De Gaulle."[673]

Die Ironie für De Gaulle war immens. Laut dem Historiker Stewart Steven: „Wie immer ... wusste ein Zweig der SDECE nicht, was der andere tat. Während eine Abteilung [der SDECE] die Ermordung Ben Barkas vorbereitete, hatte ein anderer Zweig des französischen Geheimdienstes damit begonnen, [Ben Barka] über ein französisches wissenschaftliches Forschungszentrum monatlich ein Gehalt zu zahlen - eine der Deckungen für die groß angelegte SDECE-Operation in Afrika."[674]

Die israelischen Historiker Dan Raviv und Yossi Melman kommentierten die Krise wie folgt: „De Gaulle, der vermutete, dass sein Geheimdienst gegen ihn intrigierte, war absolut wütend. Er ordnete sofort an, die Dinge innerhalb des Geheimdienstes in Ordnung zu bringen. Er richtete seinen Zorn auch gegen Israel".[675] Der französische Präsident „ordnete an, dass das europäische Mossad-Kommando in Paris abgesetzt werden sollte, und er ordnete auch die Einstellung jeglicher nachrichtendienstlicher Zusammenarbeit zwischen den beiden Nationen an".[676]

Der Historiker Stewart Steven sagte: „Für Präsident De Gaulle bedeutete dies, dass Israel mit der OAS in Frankreich verhandelte, die immer noch aktiv und auf Rache aus war und die über ihre SDECE-Anhänger zweifellos in die Ermordung Ben Barkas verwickelt war. Das bedeutete, dass Israel in illegale Aktivitäten auf französischem Boden verwickelt war, ein Affront gegen den französischen Nationalismus, und es bedeutete, dass er selbst, dessen Unterstützung für Israel nie in Frage gestellt worden war, betrogen worden war.[677] Steven zufolge war die Ausweisung des Mossad aus Paris „ein schwerer Schlag, vielleicht der schwerste, den der israelische Geheimdienst je erlitten hat...". De Gaulle hat Israel nie verziehen".[678]

CHRISTIAN DAVID

Es stellte sich heraus, dass einer der Hauptverdächtigen für den Mord an Ben-Barka ein gewisser Christian David war, ein französischer Gangster, der ein bekannter Komplize des zuvor erwähnten Michael Mertz war, der angeblich am Mord an JFK beteiligt war.

Der ehemalige Armeegeheimdienstoffizier William Spector hatte dem JFK-Attentatsforscher Jim Marrs gesagt, David sei Teil des ZR/Rifle-Teams der CIA gewesen,

---

[673] Benjamin Beit-Hallahmi. *The Israeli Connection-Who Israel Arms and Why* (New York: Pantheon Books, 1987), S. 46.
[674] Stewart Steven. *The Spymasters of Israel.* (New York: Ballantine Books, 1980), S. 242.
[675] Dan Raviv und Yossi Melman. *Every Spy a Prince* (*Jeder Spion ein Prinz*) (Boston: Houghton Mifflin Co., 1990), S. 158.
[676] Dan Raviv und Yossi Melman. *Every Spy a Prince* (*Jeder Spion ein Prinz)* (Boston: Houghton Mifflin Co., 1990), S. 158-159.
[677] Steven, S. 252.
[678] *Ibid.*

das unter Angletons Aufsicht stand und zu dem auch der oben erwähnte Attentäter QJ/WIN gehörte.

Umso erstaunlicher ist es, dass David behauptete, ein französisches Team von Killern zu kennen, die in den Mord an JFK verwickelt waren.[679] David behauptete, von den mit Lansky verbundenen Guerini-Brüdern, den Führern der von der CIA unterstützten französischen Mafia in Marseille, einen Auftrag zur Ermordung von JFK erhalten zu haben.[680]

Unglaublicherweise hat sich der Kreis der französischen Verbindungen vollständig geschlossen. Es war der QJ/WIN der CIA, der seinen Einfluss geltend gemacht hatte, um die Freilassung eines gewissen Thomas Eli Davis III aus einem marokkanischen Gefängnis zu erwirken, nachdem Davis in Nordafrika wegen Waffenlieferungen an die OAS verhaftet worden war. Und es war Jack Ruby (der Lee Harvey Oswald erschoss), der gegenüber seinen Anwälten seine Verbindung zu Davis erwähnt hatte. Ruby hatte gesagt, dass er und Davis Gewehre und Jeeps nach Kuba transportiert hätten.[681]

DIE SCHLEIFEN SCHNEIDEN SICH IN DALLAS

Es ist offensichtlich, dass Charles De Gaulle ein Interesse daran gehabt hätte, die Ermordung von JFK aufzuklären, da es zahlreiche französische Verbindungen zu Schlüsselfiguren der Verschwörung gab.

De Gaulle hatte eindeutig herausgefunden, dass Mitglieder des französischen Geheimdienstes und/oder Agenten seiner Erzfeinde von der OAS in die Verschwörung des Mossad zur Ermordung von JFK verwickelt waren.

Es scheint offensichtlich, dass einer oder mehrere der französischen Attentäter, die bei den Ereignissen in Dallas eine Rolle spielten, vom Mossad über seine Verbündeten in De Gaulles Geheimdienst rekrutiert wurden.

Darüber hinaus waren diejenigen aus der Fraktion, die der CIA angehörten und bei dem Mordkomplott mit New Orleans in Verbindung gebracht wurden - diejenigen, die Lee Harvey Oswald zu einem Pro-Castro-Agitator machten - direkt mit dem OAS-Netzwerk und Permindex verbunden, der Mossad-Firma, die sich gegen De Gaulle verschworen hatte.

Und im CIA-Hauptquartier in Langley, Virginia, hatte James J. Angleton, ein engagierter Freund und langjähriger Mossad-Partner und SDECE-Mitglied, an einem Komplott mitgewirkt, das deutlich zeigt, dass er selbst in die anschließende Verschwörung und Vertuschung verwickelt war.

Sogar E. Howard Hunt von der CIA war als CIA-Verbindungsmann zur OAS direkt mit der französischen Verbindung verbunden. Schließlich hatte Hunts offensichtlicher Besuch in Dallas kurz vor dem Attentat - offensichtlich auf Angletons Befehl -, wo er sich mit Frank Sturgis, einem langjährigen Mossad-Agenten, getroffen hatte, Hunt in die Mitte der Verschwörung gebracht. Der spätere Versuch, Hunt öffentlich mit dem Attentat in Verbindung zu bringen, geht direkt auf Angleton zurück.

Diese Details erklären zusammen mit allem, was wir auf den Seiten des Final Judgement besprochen haben, die sogenannte „französische Verbindung" zum Mord an

---

[679] Dick Russell. *The Man Who Knew Too Much* (New York: Carroll & Graf Publishers, 1992), S. 785.
[680] Jim Marrs. *Crossfire: The Plot That Killed Kennedy.* (New York: Carroll & Graf Publishers, Inc., 1989) S. 202-209.
[681] *Ibid.* S. 401-405.

JFK, obwohl, wie wir gesehen haben, der Ursprung der Verschwörung zur Ermordung des amerikanischen Präsidenten in Wirklichkeit nicht französisch war.

Es gab offensichtlich zahlreiche Personen, die in die Peripherie des Mordkomplotts involviert waren, unabhängig davon, ob es sich um aktive Verschwörer handelte oder nicht. Der französische Präsident De Gaulle hatte ein direktes Interesse daran zu erfahren, wie sein eigener Geheimdienst und/oder mit ihm verbundene Einzelpersonen vom Mossad manipuliert worden waren, und hatte ein direktes Interesse daran, dies zu vertuschen.

DE GAULLES GEGENANGRIFF

De Gaulles Nachforschungen über die Aktivitäten des SDECE im Jahr nach der Ermordung von JFK hatten eine interessante Folge. Die Machenschaften des Mossad-CIA-Mannes James J. Angleton - seine angebliche Entdeckung von KGB-Maulwürfen in den Reihen der SDECE - hatte im französischen Geheimdienst Chaos gestiftet und den französischen Präsidenten zum Handeln gezwungen.

Angletons Biograf Tom Mangold meint: „Im Laufe des Jahres verlor De Gaulle schließlich die Geduld mit der CIA. Der französische Präsident erließ diskret, ohne Öffentlichkeit, eine Verordnung, die alle gemeinsamen Operationen zwischen SDECE und CIA beendete. In den folgenden drei Jahren blieben die beiden Dienste getrennt, ein beispielloser Bruch zwischen den beiden befreundeten Ländern".[682]

Dies erinnert natürlich an De Gaulles Entscheidung, den Mossad im selben Zeitraum aus Frankreich auszuweisen, wie wir bereits erwähnt haben. Angesichts all dessen, was wir hier betrachtet haben, ist es wahrscheinlich, dass ein Großteil von De Gaulles Vorgehen gegen Angletons CIA und Angletons Mossad-Verbündete direkt auf seine Entdeckung zurückzuführen ist, dass sein eigener Geheimdienst durch die Verwicklung von Georges De Lannurien, dem SDECE-Offizier, der geholfen hatte, die Ermordung von JFK zu ermöglichen, direkt kompromittiert worden war.

DER PERMINDEX UND DIE FRANZÖSISCHE VERBINDUNG

Wie wir in Kapitel 15 gesehen haben, stellte die Verbindung zur Permindex (über Clay Shaw in New Orleans) in der Tat nicht nur eine Verbindung zwischen der CIA, dem Lansky-Syndikat und dem Mossad her, sondern auch zwischen Frankreich und der Mordverschwörung. Leider wusste der Staatsanwalt von New Orleans, Jim Garrison, zwar von der Existenz der Permindex, war aber - zumindest zum Zeitpunkt des Shaw-Prozesses - laut Paris Flammonde der Ansicht, dass die Permindex[683] nicht direkt von der Verschwörung „betroffen" gewesen sei.

Offensichtlich nahm Garrison den Permindex lediglich als einen Hinweis auf Shaws Verbindungen zum Geheimdienst wahr und nicht mehr. Doch wie der Attentatsforscher James Di Eugenio in einem seiner scharfsinnigsten Kommentare feststellte: „Es ist fraglich, aber trotz allem hätten Shaws europäische Verbindungen einen gewissen Effekt auf das Bild gehabt, das er sich sorgfältig aufgebaut hatte"[684] von einer Art „Wilsonian-Rooseveltian-Kennedian-Liberaler".[685]

---

[682] Tom Mangold. *Cold Warrior* (New York: Simon & Schuster, 1991), S. 134.
[683] James Di Eugenio. *Destiny Betrayed* (New York: Sheridan Square Press, 1992), S. 373.
[684] *Ibid.*
[685] *Ibid.* S. 208.

Garrisons eigene Worte legen nahe, dass er möglicherweise Anweisungen vom französischen Geheimdienst erhalten hatte. Irgendwann sagte Garrison, er habe erfahren, dass die Verschwörer, die sich zum Mord an JFK verschworen hatten, von einem ausländischen Geheimdienst penetriert worden waren, aber dies sei „aus Gründen geschehen, die mit einer Untersuchung des Mordes am Präsidenten völlig nichts zu tun hatten".[686]

Tatsächlich hätte dieser „unzusammenhängende" Fall (und das ist natürlich Spekulation) eine Untersuchung sein können, die De Gaulle gegen Shaw und die Verschwörer in New Orleans wegen ihrer Zusammenarbeit mit der OAS in Bezug auf die Machenschaften gegen De Gaulle durchführte. Leider scheint zumindest anfangs die „französische Verbindung" (die eigentlich die israelische Verbindung ist) über Garrison vorangetrieben worden zu sein, was möglicherweise teilweise zu seiner Unfähigkeit führte, Shaw in der JFK-Verschwörung zu verurteilen. Wir wissen, dass in den späten 1970er Jahren die Untersuchung des Attentatsausschusses des Repräsentantenhauses die „französische Verbindung" untersuchte.

Laut Dick Russell hatte jedoch ein Ermittler des Komitees, Mike Ewing, erklärt, dass das Komitee „an der Spur der 'französischen Verbindung' arbeitete, als es 1978 den Laden dichtmachte".[687] Folglich ging die offizielle „Untersuchung" also nie so weit, wie sie hätte gehen können, und die israelische Verbindung - über die sogenannte „französische Verbindung" - blieb geheim (wie es die Verschwörer sicherlich beabsichtigt hatten).

NOCH ISRAEL

Tatsächlich gibt es eine Verbindung zwischen Israel und den Beweisen, die Mitglieder der OAS mit einem Komplott gegen Präsident Kennedy in Verbindung bringen. In *The Man Who Know Too Much* beschreibt Dick Russell die seltsame Geschichte des Private Second Class Eugene Dinkin, eines militärischen Entschlüsslers in Europa, der kurz vor der Ermordung von JFK den von der französischen OAS ausgehenden Telegrafenverkehr überwachte und entschlüsselte.

Russell erklärte, Dinkin habe herausgefunden (eine Tatsache, die der CIA und der Warren-Kommission 1964 bekannt war), dass die OAS von einem angeblich in Texas stattfindenden Mordkomplott gegen Präsident Kennedy gewusst hatte. Unglücklicherweise für Dinkin, so Russell, „würde ihm niemand sagen, zu welcher Tageszeit, außer dem israelischen Botschafter in Luxemburg, der ... ihn darüber beraten hatte, wie er seinen Fall am besten der amerikanischen Botschaft vortragen sollte."[688]

Der arme Dinkin hatte natürlich keine Ahnung, dass die Israelis (die er als amerikanische Verbündete wahrnahm) in Wirklichkeit hinter den Kulissen mit den Komplizen der JFK-Mordverschwörung zusammenarbeiteten, die mit der OAS in Verbindung standen. Indem er seine Geschichte an die Israelis weitergab, warnte Dinkin also tatsächlich die OAS (und die Verschwörer) davor, dass er ihre Verbindungen zur bevorstehenden Ermordung des Präsidenten gefunden hatte. Dies ist nur ein weiteres dieser faszinierenden Details - die die Forscher irgendwie vergessen haben -, die die Verbindung zu Israel bestätigen.

---

[686] Paris Flammonde. *The Kennedy Conspiracy* (New York: Meredith Press, 1969), S. 281.
[687] Russell, S. 559.
[688] Russell, S. 554.

DIE TREIBENDE KRAFT

In dem, was gemeinhin als „französische" Verbindung zum Attentat auf Präsident Kennedy bezeichnet wird, steckt offensichtlich viel mehr, als es den Anschein hat. In *Final Judgement* haben wir jedoch die Parameter der französischen Verbindung in einer Weise dargelegt, wie es bisher noch nie geschehen ist.

Es wird nie möglich sein, die Wahrheit darüber zu ermitteln, was genau auf der Dealey Plaza geschah, aber wir glauben, dass wir auf den Seiten von *„Endgültiges Urteil"* der Wahrheit näher gekommen sind als je zuvor.

Die Informationen des ehemaligen französischen Geheimdienstmitarbeiters über die israelische Orchestrierung des JFK-Mordes durch den Mossad über andere Geheimdienstnetzwerke, insbesondere James J. Angletons CIA und die pro-israelischen Kräfte des SDECE, stimmen mit anderen Fakten überein, die in diesem Kapitel und über die Seiten dieses Bandes hinweg zusammengetragen wurden.

Das Endgericht ist unausweichlich...

Israel war in der Tat die treibende Kraft hinter der Ermordung von Präsident John F. Kennedy. Die Rolle Israels war das ungeahnte, aber allgegenwärtige „Missing Link" in der Verschwörung zur Ermordung von JFK.

Gehen wir einen Schritt weiter und untersuchen, wie die Medien von der CIA und dem Mossad manipuliert wurden und/oder wurden, um die Wahrheit über die Ermordung des Präsidenten zu verschleiern. Wir werden auch den Mord an Senator Robert F. Kennedy untersuchen. Sein Tod war in der Tat ein wesentlicher Bestandteil der Vertuschung der Ermordung seines Bruders in Dallas.

KAPITEL XVII

Sie wagen es nicht, sich zu äußern:
Das Schweigen der Medien - Warum die Rolle Israels? bei der Ermordung von JFK nicht enthüllt werden konnte

Der Einfluss Israels und seiner Lobby auf die amerikanischen Medien hätte es jedem, der Israel verdächtigte, an der Ermordung von JFK beteiligt gewesen zu sein, schwer gemacht, das Wort zu verbreiten. Die Medien förderten die Ergebnisse der Warren-Kommission und griffen ihre Kritiker an. Und die Medien schoben die Schuld auf Fidel Castro.

Die Reportage des Syndikatskolumnisten Drew Pearson und Oliver Stones sensationeller Film *JFK* sind klassische Fallstudien darüber, wie mit Israel verbundene Medienquellen die öffentliche Wahrnehmung des Mordes an Präsident Kennedy manipuliert haben.

„Die Vertuschung des Kennedy-Mordes hat nur deshalb so lange überlebt, weil die Presse vor die Wahl gestellt wurde, entweder zu glauben, was ihr erzählt wurde, oder die Fakten unabhängig zu untersuchen, und sich für das Erstere entschieden hat. Solange die Presse diese Wahl nicht aufgibt, ist es unwahrscheinlich, dass wir die Wahrheit erfahren werden".[689]

Mit diesen Worten fasst Jerry Pollicoff, ein Forscher, der sich lange Zeit mit dem Fall JFK beschäftigt hat, die Haltung der Medien der herrschenden Klasse zu ihrer Berichterstattung über das Verbrechen des Jahrhunderts zusammen.

Die Medien begnügten sich damit, praktisch jede erdenkliche Theorie bis zu einem gewissen Grad zurückzuweisen - bis auf eine: dass Israel hinter dem Mord steckte, eine Theorie, die jedenfalls in der arabischen Welt weit verbreitet ist.

Wie wir jedoch insbesondere in Kapitel 5 gesehen haben, war nur sehr wenig über JFKs geheimen Krieg gegen Israel und die große Kehrtwende in der Außenpolitik des Nahen Ostens bekannt, die auf JFKs Ermordung folgte.

So hatten selbst die schärfsten Kritiker der Warren-Kommission, die angeblich die Mordverschwörung „untersuchte" - die meisten würden sagen „vertuschte" -, keinen Grund zu vermuten, dass es eine israelische Verbindung zur Ermordung von JFK geben könnte. Die endgültigen Schlussfolgerungen der Warren-Kommission stellten kaum jemanden zufrieden, außer den Freunden Israels und der CIA in den Medien der herrschenden Klasse, die die Schlussfolgerungen des Berichts vorbehaltlos unterstützten.

DER DISSENS EINES BÜRGERS

Mark Lane, der Anwalt aus New York, machte mit seiner klinischen Sezierung des Warren-Berichts in seinem Bestseller *Rush to Judgment* große Fortschritte. Eine Lawine

---

[689] Sid Blumenthal (Herausgeber). *Government by Gunplay: Assassination Conspiracy Theories From Dallas to Today* (New York: Signet Books, 1976), S. 231.

von weiteren Büchern folgte. Lanes zweites Buch zum Thema JFK-Attentat, *A Citizen's Dissent*, ist jedoch sehr aufschlussreich für die Reaktion der herrschenden Klasse - insbesondere der Medien - auf den Skandal, den die Veröffentlichung von *Rush to Judgment* ausgelöst hatte.

Es besteht kein Zweifel - und das ist wichtig -, dass sich die Medien fast einstimmig auf die Seite des Warren-Berichts geschlagen haben, trotz aller Beweise, die diesen als Schwindel entlarvt haben. Die Medien würden keine abweichende Meinung dulden. Was die Medien betraf, war die JFK-Kontroverse abgeschlossen. Punkt.

GARRISON UND DIE VERBINDUNG VON CIA UND MOSSAD

Die Medien haben sich sicherlich überschlagen, als sie hysterisch über die Ermittlungen des Staatsanwalts von New Orleans, Jim Garrison, zum Mord an JFK in den Jahren 1967 bis 1969 und über die Anklage gegen den Geschäftsmann aus Crescent City, Clay Shaw, berichteten.

Zu der Zeit, als Garrison begann, Shaw zu verfolgen, waren die Fakten, die wir heute über Shaw und seine Verbindungen zu der mit Lansky, dem Mossad und der CIA verbundenen und in Rom ansässigen Permindex kennen, noch nicht so offensichtlich.

Erst 1975 gab der ehemalige CIA-Beamte Victor Marchetti öffentlich zu, dass Shaw Verbindungen zur CIA hatte und dass die CIA sehr daran interessiert war, Shaw während der Zeit seiner Anklage in New Orleans zu unterstützen.[690]

Der ehemalige CIA-Direktor Richard Helms selbst gab später unter Eid zu, dass Shaw Verbindungen zur CIA hatte. Hätte Jim Garrison zum Zeitpunkt des Prozesses gegen Shaw über diese Beweise verfügt, wäre das Urteil tatsächlich anders ausgefallen.[691]

DIE INTERVENTION VON ANGELTON

Es gibt noch weitere Beweise für Versuche der CIA, Garrisons Ermittlungen zu behindern. Diese Beweise betreffen direkt den Direktor der CIA-Gegenspionage, James J. Angleton, dessen einzigartige Verbindungen zum Mossad und dessen zentrale Rolle bei der Vertuschung der JFK-Verschwörung wir in den Kapiteln 8, 15 und 16 untersucht haben.

In seiner kürzlich veröffentlichten Biografie über den ehemaligen FBI-Direktor J. Edgar Hoover beschreibt der Autor Anthony Summers, wie die angeblich kompromittierenden Fotos von Hoover bei homosexuellen Aktivitäten (beschrieben in Kapitel 7) im Rahmen von Garrisons Ermittlungen wieder auftauchen konnten.

Laut Summers erzählte ihm Gordon Novel, der ehemalige CIA-Agent, dass James J. Angleton ihm diese Fotos gezeigt hatte.

Novel, der von New Orleans aus operierte, war in Jim Garrisons Ermittlungen als möglicher Verdächtiger aufgetaucht, und als direkte Folge davon hatte er (Novel) Garrison verklagt.

Novel erklärte, dass er von seinen CIA-Partnern dazu gedrängt worden sei, seine Klage gegen den Staatsanwalt von New Orleans fortzusetzen, dass Hoover aber dagegen sei. Daraufhin kontaktierte Angleton Novel, legte die kompromittierenden Fotos offen und

---

[690] Jim Garrison, *On the Trail of the Assassins* (New York: Sheridan Square Press, 1988), S. 251.
[691] *Ibid.*

schlug ihm vor, Hoover diskret zu informieren, dass er die Fotos gesehen hatte, die Novel nach eigenen Angaben gesehen hatte, was er zum Missfallen des FBI-Direktors auch tat.[692]

Es ist klar, dass Garrison auf dem richtigen Weg war. Als er seine Ermittlungen gegen Shaw aufnahm, glaubte Garrison, dass er seine patriotische Pflicht erfüllte. Er versuchte, einen Mann zu verfolgen, von dem er glaubte, dass er mit dem Mordkomplott gegen JFK in Verbindung stand. Garrison versuchte, die Mörder unseres Präsidenten vor Gericht zu bringen. Der Staatsanwalt von New Orleans wurde jedoch von einem offensiven Hurrikan der Medien empfangen, insbesondere von einem Medium mit engen Verbindungen zu Mitgliedern der pro-israelischen Lobby.

DIE „STERN GANG"

Die Beweise deuten in der Tat darauf hin, dass die Meisterhand pro-israelischer Propagandisten am Werk war, die den Angriff auf Garrison orchestrierten. Der Angriff auf den Staatsanwalt wurde von dem mit NBC verbundenen Fernseh- (und Radio-) Sender WDSU in New Orleans durchgeführt.

Der Besitzer der WDSU war Edgar Stern aus der mächtigen Stern-Familie aus New Orleans, die nicht nur zum American Jewish Committee und dem American Jewish Appeal beitrug, sondern auch zur Anti-Diffamierungs-Liga (ADL) der B'nai B'rith.[693] Außerdem war eine enge Freundin von Clay Shaw Edgar Sterns Ehefrau Edith Stern, deren Unterstützung für Shaw angesichts seiner Anklage in James Kirkwoods Bericht über Shaws Prozess, *American Grotesque*, sehr deutlich vermerkt wurde.[694]

Wie wir in diesem Kapitel sehen werden, fungiert die ADL nicht nur als Auslandsgeheimdienstoperation für Israel, sondern arbeitet auch eng mit dem US-Geheimdienst zusammen. Noch wichtiger ist, dass die ADL ihren Einfluss nutzt, um eine wichtige Rolle innerhalb der amerikanischen Medienberichterstattung zu spielen. Dies war entscheidend, um die Wahrheit über die Ermordung von JFK zu verschleiern.

Der böswillige Angriff der WDSU auf Garrison war jedoch ein viel größeres Projekt, als es zunächst den Anschein hatte. Tatsächlich waren die landesweiten Nachrichten des NBC in New York die Haupttriebfeder der Propagandakampagne gegen den Staatsanwalt.

Der Koordinator des NBC-Projekts war ein ehemaliger Beamter des Justizministeriums, Walter Sheridan, der zuvor für die National Security Agency gearbeitet hatte. Laut Sheridan war Edgar Stern „ein mutiger und liberaler Mann, der unsere Ansichten über Garrison und seine Ermittlungen teilte. Der WDSU war die einzige Stimme in Louisiana, die sich gegen das, was Garrison tat, aussprach".[695]

Dennoch stellt sich die Frage nach dem Mut und dem liberalen Charakter der Familie Stern, wenn man nicht nur ihren Angriff auf Garrison, sondern auch ihre wohlbekannte Unterstützung der ADL und ihrer Aktivitäten, insbesondere in New Orleans, betrachtet.

1968, inmitten der Garrison-Shaw-Kontroverse, war es das ADL-Büro in New Orleans, das 36.500 Dollar aus eigenen Mitteln für eine FBI-Operation bereitstellte, mit der Tommy Tarrants, ein Mitglied des Ku-Klux-Klans, und eine junge Frau namens Kathy Ainsworth

---

[692] Anthony Summers, *Official and Confidential: The Secret Life of J. Edgar Hoover* {New York: G. P. Putnam's Sons, 1992), S. 244-245.
[693] James Kirkwood. *American Grotesque: An Account of the Clay Shaw-Jim Garrison Affair in New Orleans* (New York: Simon & Schuster, 1970), S. 47.
[694] *Washington Observer*, 1. August 1970.
[695] Walter Sheridan. *The Fall and Rise of Jimmy Hoffa.* New York: Saturday Review Press, 1972), S. 418.

in die Falle gelockt werden sollten. Miss Ainsworth war bei einer Schießerei getötet worden.[696]

Interessanterweise war der Vertreter der ADL in New Orleans, der der erste Akteur in dieser seltsamen Verschwörung war, A. Benick. L. (Bee) Botnick.

Es war in Kapitel 15, als wir die enge Beziehung zwischen Botnick und Guy Banister bemerkten, dem ehemaligen offiziellen FBI-Koordinator, der zum ehemaligen CIA-Koordinator in Bezug auf Operationen im Zusammenhang mit Anti-Castro-Exilkubanern in New Orleans wurde.

Natürlich war es Banisters Büro in der Camp Street 544, von dem aus Lee Harvey Oswald im Auftrag Banisters Geheimdienstoperationen durchgeführt und sich als Pro-Castro-Agitator präsentiert hatte.

SABOTAGE

Walter Sheridans Verwicklung in den Fall Garrison ging weit über die Tatsache hinaus, dass er ein Journalist war, der dabei war, eine Abrissarbeit zu leisten. Sheridan versuchte in Wirklichkeit, Garrisons Ermittlungen zu sabotieren, indem er sich in den eigentlichen Ablauf der Ermittlungen einmischte.

Wie Garrison bemerkte, gingen Sheridan und seine Partner „weit über Wortspiele hinaus. Sie führten eine offizielle Untersuchung der Staatsanwaltschaft einer Großstadt durch. Sie versuchten, Zeugen dazu zu bewegen, ihre Aussagen zu ändern, und verlegten sogar die wichtigsten Zeugen dauerhaft in einen anderen Teil des Landes."[697]

NOCH MEHR VON DER „STERN GANG"

Interessant ist auch, dass die von der Familie Stern geleiteten und mit der ADL verbundenen Medien der WDSU vor und nach der Ermordung von Präsident Kennedy eine herausragende Rolle bei der Förderung des Bildes von Lee Harvey Oswald als „Pro-Castro"-Aktivist spielten.

Es war am 16. August 1963, als Oswald und ein Kollege vor Clay Shaws International Trade Mart auftauchten und Pro-Castro-Flugblätter verteilten. Der Forscher Dick Russell weist auf zwei interessante Fakten hin: „Sie waren nur ein paar Minuten lang da, dennoch wurde der Beweis vom WDSU-TV gefilmt, das nachweislich anwesend war. Jessie R. Core III, die PR-Agentin für den International Trade Mart, war ebenfalls bei der Verteilung der Flugblätter anwesend gewesen und hatte unmittelbar danach das FBI alarmiert."[698]

So waren nicht nur die Fernsehkameras der Familie Stern da, um den „Pro-Castro"-Aktivisten Oswald einzufangen, sondern auch das Vorstandsmitglied der Permindex, Clay Shaw, ein Teilhaber des Trade Mart, bemühte sich, den jungen „Kommunisten" beim FBI anzuzeigen, und stärkte so Oswalds linkes Image.

Dies war jedoch nicht das Ende der Beteiligung des WDSU an der Förderung des öffentlichen Bildes von Oswald als pro-kommunistischer Agitator vor der Ermordung von Präsident Kennedy.

---

[696] *Los Angeles Times*, 13. Februar 1970.
[697] Jim Garrison. *On the Trail of the Assassins: My Investigation & Prosecution of the Murder of President Kennedy* (New York: Sheridan Square Press, 1988), S. 168.
[698] Dick Russell. *The Man Who Knew Too Much.* [New York: Carroll & Graf Publishers, 1992), S. 400.

Am 17. August organisierte William Stuckey vom WDSU-Radio ein Radiointerview mit Oswald, in dem der junge Mann seine linken Ansichten verkündete. Anschließend schickte die WDSU eine Kopie des Bandes an das FBI.

Das war noch nicht alles. Am 19. August kontaktierte Stuckey von der WDSU Oswald erneut und sorgte dafür, dass er an einer Diskussion mit einem Anti-Castro-Aktivisten auf seinem Radiosender teilnahm. Zu diesem Zeitpunkt erklärte sich Oswald zum Marxisten. Am nächsten Tag übergab der WDSU eine Kopie der Abschrift der Debatte an das FBI-Büro in New Orleans.[699]

Bei einer zweiten Gelegenheit, am 30. August, stellte der WDSU-Radiosender dem FBI erneut die Abschrift von Oswalds Radiodebatte zur Verfügung.[700] Die WDSU war ein sehr öffentlich zugänglicher Radiosender.

OSWALDS „KOSTENLOSE WERBUNG"

Das mit der ADL verbundene WDSU-Fernsehen und -Radio hatte so „einen isolierten Spinner" - Lee Harvey Oswald - mit mehr kostenloser Publicity versorgt, als sich jeder andere kleine Linke in der Stadt New Orleans je hätte träumen lassen.

Doch der WDSU war noch nicht fertig mit Oswald. Unmittelbar nach Oswalds Verhaftung in Dallas am 22. November spielte der WDSU erneut eine Rolle dabei, Oswald vor einem nationalen Fernsehpublikum als pro-Castro-Agitator zu präsentieren.

Warren Hinckle und William Turner schreiben: „Das NBC Network hat einen Staatsstreich durchgeführt, und zwar dank seiner Filiale in New Orleans, der WDSU. Am frühen Abend hatte sie eine Kassette mit Oswalds Stimme abgespielt, in der er seine Bewunderung für Fidel Castro bekundete und erklärte: „Ich bin Marxist".[701]

Eine interessante Fußnote. Der junge WDSU-Kameramann Johann Rush, der Oswalds Verteilung von Flugblättern filmte, erschien rund 30 Jahre später, 1993, als „Experte", dessen „Aufarbeitung" des Zapruder-Films über den JFK-Mord als endgültiger Beweis dafür gefeiert wurde, dass Oswald allein handelte.

Rush arbeitete mit dem Autor Gerald Posner an der Veröffentlichung eines Bandes mit dem Titel *Case Closed* zusammen, der in den Medien der herrschenden Klasse weithin als ultimative Widerlegung der Theoretiker des JFK-Mordkomplotts gefeiert wurde.

U. S. News & World Report, der von Mortimer Zuckerman, einem Israel-Enthusiasten, herausgegeben wird, widmete eine längere Version einer Sonderausgabe, in der das Buch in seinem Hauptartikel hervorgehoben wurde.

Das Buch von Posner und Rush strotzt jedoch vor Fehlern, Widersprüchen, Ungenauigkeiten und Verdrehungen der Tatsachen. Das Buch ist ziemlich unehrlich in seiner These, dass die Warren-Kommission zwar in einigen Punkten falsch lag - was Kritik hervorgerufen hatte -, ihre Grundthese (dass Oswald allein handelte) jedoch richtig war.

Die Autoren ignorieren wesentliche Beweise für die Verbindungen der CIA und anderer Geheimdienste zu Oswald und Ruby und legen nahe, dass fast alle der zahlreichen Zeugen, die Informationen liefern konnten, die auf eine Verschwörung hindeuteten, entweder psychisch instabil, regelrecht verlogen oder beides waren.

Johann Rush, ein ehemaliger WDSU-Verschwörer, der Lee Harvey Oswald beschuldigte, ein Pro-Castro-Agitator zu sein, rückte damit wieder in den Mittelpunkt der

---

[699] *Ibid.*, S. 401-402.
[700] *Ibid.*, S. 430.
[701] Warren Hinckle und William Turner. *Deadly Secrets*. [New York: Thunder's Mouth Press, 1992), S. 252.

medialen Vertuschung dessen, was am 22. November 1963 in Dallas tatsächlich geschehen war.

DIE VERBINDUNG ZU SHERIDAN UND ISRAEL

Später kam natürlich der von der NBC angeheuerte Walter Sheridan nach New Orleans und startete mit Unterstützung des WDSU die Initiative, Jim Garrison in einem landesweiten Fernsehpublikum zu schaden. Der WDSU hatte bereits so viel getan, um die Grundlage für die Darstellung von Lee Harvey Oswald als isoliertem kommunistischen Agitator zu legen.

Später ist anzumerken, dass es Sheridan war, der sich - obwohl er kein Anwalt war - in der Anwaltskanzlei Miller, Cassidy, Larroca und Lewin in Washington D.C. niedergelassen hatte. C. Es war die Kanzlei eines ehemaligen Kollegen Sheridans aus dem Justizministerium namens Nathan Lewin, der zu diesem Zeitpunkt zu einem der prominentesten Handlanger der Israel-Lobby in Washington geworden war.

Von seinem Büro in Lewins Firma aus hatte Sheridan den Grundstein für die Gründung einer Sicherheitsfirma gelegt, die exklusive Dienstleistungen für das karibische Hotelimperium, das unter dem Namen Resorts International bekannt ist, erbrachte.[702] Wie in Kapitel 7 angemerkt, wird Resorts International allgemein als eine gemeinsame Geheimdienstoperation gesehen, die die CIA und Meyer Lanskys Syndikat des Verbrechens neben dem israelischen Mossad verbindet.

In diesem Zusammenhang sollte erwähnt werden, dass der Forscher Peter Dale Scott darauf hingewiesen hatte, dass Walter Sheridans Bericht über seine Arbeit im Kampf gegen das organisierte Verbrechen in Kennedys Justizministerium „so relevante Namen wie die von Meyer Lansky auslässt".[703] Das ist natürlich nicht überraschend, wenn man alles bedenkt, was wir über Sheridan und die Kräfte hinter den Bemühungen, Jim Garrisons Ermittlungen gegen Clay Shaw und die Verschwörung zur Ermordung von JFK zu zerstören, gesehen haben.

GARNISON KRITISIERT

Auf jeden Fall ist es sehr klar, dass Kräfte mit engen Verbindungen zur Israel-Lobby zu denjenigen gehörten, die den Angriff auf Garrison anführten. Garrison wurde im nationalen Fernsehen wiederholt kritisiert. Er wurde in der Presse brutal angegriffen. Seine Integrität wurde angezweifelt und seine Ermittlungsmethoden wurden in Frage gestellt.

Dasselbe galt für jeden, der die „offizielle" Version über die Ermordung von JFK in Frage stellte. Die CIA machte sich sogar die Mühe, eine Studie von Mark Lanes Bestseller *Rush to Judgment* über die Kritik an der Warren-Kommission vorzubereiten, die an Freunde und CIA-Agenten in den Medien verteilt worden war.

All dies war Teil der Kampagne, die darauf abzielte, diejenigen zu diskreditieren, die im Begriff waren, die wahre Wahrheit über die Ermordung von JFK aufzudecken, was weder Israel noch seine Verbündeten bei der CIA zulassen durften.

---

[702] *Executive Intelligence Review. Moscow's Secret Weapon.* [Washington, D.C.: Executive Intelligence Review, 1. März 1986), S. 119.

[703] Peter Dale Scott. *Deep Politics and the Death of JFK.* (Berkeley, California: University of California Press, 1993), S. 187.

DIE SABOTAGE VON INNEN

In seinen Memoiren hält Garrison fest, wie er und seine Ermittlerkollegen von der Bezirksstaatsanwaltschaft in New Orleans immer wieder Beweise dafür fanden, dass ihre Arbeit von innen heraus sabotiert wurde. Infiltrierte Regierungsbeamte und andere spionierten nicht nur Garrisons Aktivitäten aus, sondern versuchten auch, die gesamte Untersuchung zu unterminieren. Zu Garrisons Bestürzung stellten sich sogar einige scheinbar engagierte Freiwillige, die angeboten hatten, den professionellen Ermittlern zu helfen, als Saboteur heraus.

Einer der „freiwilligen" Assistenten war ein junger Mann, den Garrison als „einen jungen Engländer" beschreibt.[704] Dieser junge Engländer war in Wirklichkeit ein gewisser Tom Bethell, der später mit Garrison „brach" - wenn er denn wirklich von Anfang an auf derselben Seite wie Garrison gearbeitet hatte - und zu einer Quelle für Garrisons Kritik wurde. Vielleicht wissen wir inzwischen, was Bethells Belohnung gewesen war, nachdem die Zeit verstrichen ist.

Der ehemalige CIA-Mitarbeiter William F. Buckley Jr. hatte den jungen Bethell später als Chefredakteur seiner Zeitschrift *National Review* angestellt und ihn als einen der großen jungen konservativen Schriftsteller der damaligen Zeit angepriesen. Dank Buckleys Mäzenatentum war Bethells Karriere als Journalist recht gut verlaufen.

(In Kapitel 9 hatten wir die engen und wiederholten Verbindungen Buckleys und seiner Familie zu einer Vielzahl von Schlüsselfiguren des JFK-Mordkomplotts - insbesondere E. Howard Hunt, den wir in Kapitel 17 ausführlicher besprochen hatten - unter die Lupe genommen).

NOCH MEHR CIA-INTERVENTION?

Es gibt noch weitere Beweise für die offensichtliche Einmischung der CIA in die Garrison-Untersuchung. Als der Autor und Garrison-Kritiker James Kirkwood 1968 sein Buch *American Grotesque* veröffentlichte, hatte er die Katze aus dem Sack gelassen, was die Initiative der Geheimdienstgemeinschaft betraf, Garrisons Anschuldigungen gegen Clay Shaw zu misshandeln.

Kirkwood beschrieb, wie der Journalist James Phelan ihm (Kirkwood) seine eigene Erzählung darüber geliefert hatte, wie er (Phelan) versucht hatte, den Fall Garrison gegen Shaw zu widerlegen. Kirkwood veröffentlichte eine Abschrift eines aufgezeichneten Interviews, das er mit Phelan geführt hatte.

Phelan beschrieb, wie er ein Treffen mit Garrison in Las Vegas (während eines Urlaubs des müden und verbrauchten Staatsanwalts) arrangiert hatte. Zu diesem Zeitpunkt wusste Garrison noch nicht, dass Phelan feindselig war. Phelan erzählte Kirkwood, wie Garrison ihm vertraulich eine Reihe von Schlüsseldokumenten zur Verfügung gestellt hatte, die er ihm am nächsten Morgen zurückgeben sollte.

Laut Kirkwoods Transkript sagte Phelan Folgendes: „Als [Garrison] sie [die Dokumente] mir gab, legte er mir keine Beschränkungen auf. Er wusste, dass ich einen Artikel schrieb. Er sagte: „Sie werden meinen Fall verstehen, wenn Sie sie lesen". Ich stand also früh auf und rief Bob Mayhew im Desert Inn an, um ihm zu sagen, dass ich eine Xerox brauche und dass ich sie schnell brauche. Ich musste zwei Dokumente fotokopiert haben und wollte nicht, dass jemand anderes sie liest oder weiß, dass sie kopiert wurden. Sie

---

[704] *Ibid.*, S. 173.

kopierten mir die Kopien und ich schickte die Originale an Garrison zurück und äußerte mich nicht dazu. Ich wollte die Verhandlung abwarten".[705]

Wichtig, insbesondere im Zusammenhang mit der Zeit, in der Kirkwood dieses Interview zum ersten Mal veröffentlichte (1968), ist, dass erst einige Jahre später zum ersten Mal bekannt wurde, dass es sich bei dem ehemaligen FBI-Agenten und späteren CIA-Agenten Robert Maheu um den Hauptvermittler zwischen der CIA und dem organisierten Verbrechen bei der gemeinsamen Verschwörung gegen Fidel Castro handelte. Als Kirkwood zum ersten Mal die Machenschaften von Phelan und Maheu enthüllt hatte, waren Maheu's Aktivitäten hinter den Kulissen immer noch ein dunkles und großes Geheimnis.

Es war derselbe Robert Maheu (von Kirkwood fälschlicherweise als „Mayhew" verstanden), der Phelan bei seinem Versuch half, Garrisons Untersuchung zu sabotieren - eine Untersuchung, die, wenn sie zu Ende geführt worden wäre, die von der CIA organisierte Verschwörung gegen Castro aufgedeckt hätte, die auch viele der in den Mord an JFK involvierten Personen belastete.

In Kapitel 11 wurde ausführlich auf Maheu's Beteiligung an der CIA und Meyer Lansky's Persönlichkeiten des organisierten Verbrechens wie Johnny Rosselli, Sam Giancana und Leutnant Santo Trafficante eingegangen.

Es sei auch daran erinnert, dass das oben erwähnte Desert Inn (zu diesem Zeitpunkt im Besitz des Milliardärs Howard Hughes) ursprünglich von Morris Dalitz, dem vertrauten Partner von Meyer Lansky, gegründet worden war, dessen seltsame Aktivitäten und Verbindungen wir in den Kapiteln 10 und 15 untersucht haben.

Die CIA hatte also ihre Mitarbeiter in Schlüsselpositionen, um die Jim-Garrison-Ermittlungen zu beeinträchtigen.

GARRISON UND MARCELLO

Einige von Garrisons kreativsten Feinden in den Medien hatten einen neuen Weg gefunden, den Staatsanwalt von New Orleans zu diskreditieren. Anstatt wirklich nach der Wahrheit über den Mord an JFK zu suchen, behaupteten sie, dass Garrison in Wirklichkeit versuchte, ihn zu vertuschen. Garrison, so behaupteten sie, sei ein williges Werkzeug des Mafiabosses Carlos Marcello gewesen.

Mit dem Fingerzeig auf die CIA behaupteten Garrisons Kritiker, der Staatsanwalt versuche, den Verdacht von Carlos Marcello zu zerstreuen, der, so behaupteten sie, der wahrscheinlichste Verdächtige sei.

Diese Behauptung ist zumindest unlogisch. Wenn Garrison absichtlich versucht hätte, Marcellos Verbindungen zum Mordkomplott zu verschleiern, wäre er ziemlich schlecht gefahren.

(In Kapitel 10 erfuhren wir von der Kampagne gegen Garrison, die von Richard Billings vom *Life-Magazin* angeführt wurde und das Garrison-Marcello-Szenario propagierte. Billings war es natürlich auch, der später als Chefberater des Mordausschusses des Repräsentantenhauses fungierte, der „die Mafia", - und insbesondere Marcello - für den Mord an JFK verantwortlich machte).

Wenn Garrison versuchte, Marcello zu schützen, war die letzte Person, auf die er hätte losgehen sollen, David Ferrie, der gelegentliche Privatpilot und manchmal auch Rechtsanwalt des Mafiabosses. Ferrie stand neben Marcello in einem Bundesgerichtssaal in New Orleans, genau zu dem Zeitpunkt, als JFK erschossen wurde.

Indem Garrison zunächst Ferries Aktivitäten untersucht, dringt er praktisch direkt in Marcellos Büro ein. Diese Tatsache allein hebt Garrisons kreative (aber sehr

---

[705] Kirkwood, S. 162.

unvollkommene) Kritik an der „Mafia-Deckung" auf, eine Kritik, die bis heute über Garrisons Gedächtnis schwebt. Dennoch ignorieren diejenigen, die die Theorie „Die Mafia tötete JFK" unterstützen, diese Tatsache.

Offensichtlich glaubten die Menschen in New Orleans nicht an den muskulösen Angriff der herrschenden Klasse auf Garrison. Er wurde trotz - oder vielleicht gerade wegen - des Mediensperrfeuers erneut in das Amt des Staatsanwalts gewählt.

Dies ist umso bemerkenswerter, als es die Zeitungen aus New Orleans waren, die Garrison am schärfsten kritisierten.

Garrison war eindeutig auf dem richtigen Weg. Er schaute an den richtigen Stellen. Garrison war es, der Clay Shaw mit dem Mordkomplott gegen JFK in Verbindung brachte, und Shaw war es, der im Vorstand von Permindex saß, der dunklen israelischen Firma mit Verbindungen zum Mossad, die eine so zentrale Rolle bei der Ermordung des amerikanischen Präsidenten spielte. Wir werden nie alles erfahren, was Shaw über die bevorstehende Ermordung des Präsidenten wusste, aber es besteht kein Zweifel daran, dass Shaw mit dem Kern der Verschwörung verbunden war.

DIE FÖDERALISTEN GEGEN GARRISON

Es ist daher nicht verwunderlich, dass Garrison die ganze Härte der Bundesregierung auf den Kopf fiel. Er wurde von einer ordnungsgemäßen Anklageschrift wegen Korruption getroffen, später jedoch freigesprochen - und das zu Recht. Der zentrale Zeuge gegen ihn, ein ehemaliger Freund namens Pershing Gervais, gab in einem Presseinterview (mit der Journalistin Rosemary James, die selbst eine Kritikerin Garrisons war) zu, dass die Anschuldigungen gegen Garrison ein Konstrukt des Justizministeriums waren. Gervais behauptete: „Sie wollten Jim Garrison zum Schweigen bringen. Das war ihr Hauptziel...". Es war regelrecht, so Gervais, „eine totale und vollständige politische Intrige". Er erklärte, dass „alles" eine Lüge gewesen sei.[706]

Trotz der Entlastung stürzte sich die Steuerbehörde in die Geschichte und klagte Garrison wegen Steuerhinterziehung an, weil er die Steuern auf die angeblichen Bestechungsgelder, von deren Annahme er freigesprochen worden war, nicht gezahlt hatte. Das klingt natürlich unglaublich, ist aber absolut wahr. Garrison wurde nicht verurteilt, aber die Kritiker der herrschenden Klasse behaupteten weiterhin (in einem letzten verzweifelten Versuch, Garrison niederzuschlagen), dass die Geschworenen in diesen Fällen - wie auch im vorherigen Fall - möglicherweise bestochen worden waren, um ein Urteil zu fällen, das sie nicht schuldig machte.

DIE MEDIEN BESCHMUTZEN KENNEDYS IMAGE

Mehr noch: Dank der Medien wurde auch das Image von John F. Kennedy in den Jahren nach dem Attentat mehrfach angegriffen. Dies wurde fast zu einer rituellen Form der Diffamierung.

Kennedys berühmtes Sexualleben wurde nicht nur zum Thema der Boulevardzeitungen, sondern auch der Presse der herrschenden Klasse. Es wurde erzählt, dass Kennedy nicht das war, was er vorgab zu sein. Seine Affäre mit Marilyn Monroe wurde zum Gesprächsthema an jedem Tisch. (Die seltsame Rolle von Meyer Lanskys Hollywood-Mann Mickey Cohen bei der Kennedy-Monroe-Affäre - die wir in Kapitel 13 behandelt haben - war jedoch kein wesentlicher Bestandteil der anhaltenden Berichterstattung.

---

[706] Garrison, S. 270.

Die Dummheiten von John Kennedys Bruder Edward halfen nicht viel. Die Medien stürzten sich begeistert auf jeden noch so kleinen Fehler des Senators aus Massachusetts und begannen - als 1993 der dreißigste Jahrestag der Ermordung von JFK näher rückte - mehrere bösartige Bücher zu loben, die Ted Kennedy mit etwas angriffen, von dem viele annahmen, dass es den jüngeren Kennedy-Bruder davon abhalten sollte, ins Weiße Haus einzuziehen.

Selbst die verstorbene Jacqueline Kennedy, die später mit dem griechischen Milliardär Aristoteles Onassis verheiratet war, wurde in den folgenden Jahren von den Medien lächerlich gemacht. Selbst sie war nicht frei von der Diffamierung durch die Medien.

DIE VERBINDUNG ZU HUNT - CIA ELIMINIERT

Trotz aller Faszination der Medien für die Kennedy-Familie waren die Medien seltsam ruhig geblieben, was die verblüffenden Enthüllungen betraf, die 1985 aus dem Verleumdungsprozess von E. Howard Hunt gegen die Zeitung *The Spotlight* in Miami hervorgegangen waren. Damals kam die Jury, wie in Kapitel 16 beschrieben, zu dem Schluss, dass die CIA tatsächlich eine Rolle bei der Ermordung von John F. Kennedy gespielt hatte. Davon abgesehen hatten die Freunde der CIA bei der *Washington Post* während des Prozesses wenig zu Hunts blendender Niederlage zu sagen. War es Zufall oder Absicht? An diesem Punkt ist die Schlussfolgerung nur allzu offensichtlich.

DIE CIA UND DIE MEDIEN

Die Tatsache, dass die CIA eine wichtige Rolle bei der Unterwanderung des ersten Verfassungszusatzes und der Beeinflussung der amerikanischen Medien gespielt hat, ist mittlerweile eine weithin akzeptierte Wahrheit. Laut einem Artikel von David Wise in *The American Police State*, der sich teilweise mit der Rolle der CIA bei der Manipulation der Medien befasst hat:

„Die Kontakte der CIA zur Verlagswelt beschränkten sich nicht auf Versuche, Bücher zu unterdrücken. Über die American Information Agency subventionierte die CIA große Verlage bei der Produktion von Büchern, von denen einige dann in den USA ohne jegliche Regierungskennzeichnung verkauft wurden, um den ahnungslosen Käufer zu warnen.

„Im Jahr 1967 räumte der Verleger Frederick A. Praeger ein, dass er 15 oder 16 Bücher für die CIA veröffentlicht hatte. Mitte der 1960er Jahre hatte die Regierung bereits mehr als eine Million Dollar für ihr Buchentwicklungsprogramm ausgegeben. Der Senatsausschuss für Geheimdienstfragen schätzte, dass die CIA bis 1967 „weit über 1000 Bücher" im In- und Ausland produziert, gesponsert oder subventioniert hatte.[707]

(Eines von Praegers Büchern ist im Zusammenhang mit der „französischen Verbindung" zur JFK-Affäre interessant. Im Jahr 1989 veröffentlichte Praeger *Challenging De Gaulle: The OAS and the Counterrevolution in Algeria*. Der ehemalige CIA-Direktor William Colby schrieb die Einleitung zu Harrisons Buch, das als die erste vollständig dokumentierte Geschichte der OAS bezeichnet wurde.

Wise fügte hinzu: „Die CIA hat auch Artikel in der ausländischen Presse veröffentlicht, von denen einige an die amerikanische Öffentlichkeit weitergegeben wurden. Colby versicherte dem Geheimdienstausschuss des Repräsentantenhauses, dass die CIA [die

---

[707] David Wise. *The American Police State: The Government Against the People* (*Der amerikanische Polizeistaat: Die Regierung gegen das Volk*) (New York: Random House, 1976), S. 200-201.

Associated Press] niemals manipulieren würde, da es sich um einen US-Nachrichtendienst handele. Darüber hinaus betrieb die CIA zwei Nachrichtendienste in Europa. Diese „Eigentümer" oder Tarnfirmen der CIA bedienten amerikanische Zeitungen; einer von ihnen hatte mehr als dreißig amerikanische Abonnenten".[708]

Darüber hinaus gibt es eine weitere wichtige Kraft im amerikanischen Leben, die eine noch größere Rolle bei der Gestaltung der Medien spielt.

ISRAEL UND DIE AMERIKANISCHEN MEDIEN

Der eigentliche Schlüssel zum Verständnis der Rolle der Medien bei der Vertuschung des JFK-Mordes liegt darin, den unglaublichen Einfluss der israelischen Lobby in den USA auf die amerikanischen Medien zu erkennen. Dies ist ein Thema, das viel mehr Beachtung verdient, als wir auf diesen Seiten geben können.

Es gibt jedoch insbesondere vier Bücher, die dem Leser einen tiefen Einblick in die Art und Weise geben, wie Israel und seine Lobby in diesem Land einen so starken Einfluss auf die Art und Weise haben, wie Nachrichten über Israel berichtet werden. Jedes Werk verdient eine sorgfältige Untersuchung:

Split Vision: The Portrayal of Arabs in the American Media, herausgegeben von Edmund Ghareeb, veröffentlicht 1983 vom American-Arab Affairs Council ;

They Dare to Speak Out: People and Institutions Confront Israel's Lobby von dem ehemaligen Parlamentsabgeordneten Paul Findley, veröffentlicht 1985 von Lawrence Hill & Company.

A Changing Image: American Perceptions of the Arab-Israeli Dispute von dem ehemaligen Diplomaten Richard H. Curtiss, 1986 vom American Educational Trust veröffentlicht ;

Conspiracy Against Freedom, veröffentlicht 1986 von Liberty Lobby, der populistischen Institution mit Sitz in Washington, die *The Spotlight* herausgibt, die Zeitung, die hinter dem von E. Howard Hunt angestrengten Prozess (beschrieben in Kapitel 16) stand, der zu dem Ergebnis der Geschworenen führte, dass die CIA an dem Mordkomplott gegen JFK beteiligt war.

Dieser Band ist insofern von besonderem Interesse, als er Dokumente aus ADL-Dateien präsentiert, die die Rolle der pro-israelischen Anti-Defamation League (ADL) der B'nai B'rith bei ihrem Versuch belegen, Israelkritiker durch weitreichende Techniken wie Drohungen, Wirtschaftsboykott und andere fragwürdige und illegale Maßnahmen, die der amerikanischen Tradition widersprechen, zum Schweigen zu bringen.

Insbesondere die Aktivitäten der ADL scheinen eine wiederkehrende Rolle bei der medialen Vertuschung der Verschwörung zum Mord an JFK gespielt zu haben.

DIE TENTAKEL DES MOSSAD

Der Geheimdiensthistoriker Richard Deacon kommentierte in seiner Geschichte des israelischen Mossad die allgegenwärtige Rolle der Israel-Lobby und die Art und Weise, wie sie ihren Einfluss ausübte:

„Jahrelang hatten die Tentakel des israelischen Geheimdienstes alle Horizonte des amerikanischen Lebens erreicht, nicht auf unheimliche Weise, wie seine Feinde manchmal behaupteten, sondern auf eine diskrete und beharrliche Art, die darin bestand, Freunde zu

---

[708] Wise, *.ebd.*

gewinnen und Menschen zu beeinflussen, Meinungslobbys aufzubauen und Informationen zu sammeln.

Deacon fügt hinzu: „Dieser Einfluss erstreckte sich [auf das Abgeordnetenhaus] und den Senat, das Pentagon, die Rüstungs- und Elektronikindustrie, Forschungslabore und jüdische Organisationen wie die Anti-Diffamierungs-Liga, das Jewish Defense Committee, Bonds for Israel und die Federation of Jewish Philanthropies.

„Einige dieser Gremien dienten als Fassaden für die Sammlung von Informationen und es gibt nur wenige wichtige Ausschüsse des Kongresses, die nicht über einen einzigen Mitarbeiter oder Assistenten verfügen, der nicht das israelische Netzwerk füttert.[709]

DIE ANTI-DEFAMATIONSLIGA

Es ist bezeichnend, dass Deacon speziell auf die Anti-Diffamierungs-Liga (ADL) der B'nai B'rith Bezug nahm. Vielleicht mehr als jede andere Organisation war es die ADL, die stets einen großen Einfluss auf die amerikanischen Medien hatte. Und im Fall der Berichterstattung über die Ermordung von JFK, die Ermittlungen der Warren-Kommission und die anschließende Kritik an der Kommission ist der Touch der ADL, wie wir sehen werden, deutlich zu erkennen.

Dass die ADL als Israels Sprachrohr ein Interesse daran hatte, jede Andeutung zu unterdrücken, dass Israel - ebenso wie Israels Verbündete in der CIA - eine Rolle bei der Ermordung von JFK gespielt hat, kann nicht bestritten werden.

Immerhin hat die ADL die Verteidigung Israels und die Diffamierung seiner Kritiker, seien sie nun tatsächlich oder vermeintlich, als ihre Aufgabe übernommen.

DIE ADL UND DIE LANSKY-GEWERKSCHAFT

Darüber hinaus unterhält die ADL - bis heute - sehr enge Verbindungen zu den Überresten von Meyer Lanskys Syndikat des organisierten Verbrechens, und zwar durch die gesamte Geschichte hindurch. Viele hochrangige Geschäftspartner von Lansky waren lange Zeit große finanzielle Unterstützer der ADL.

Laut einer Studie des Jesuitenpriesters Pater Dan Lyons aus dem Jahr 1968 stammten damals von dem Gesamtbudget der ADL in Höhe von 6.183.000 Dollar 5.500.000 Dollar aus Beiträgen der Alkoholindustrie. Die Alkoholindustrie war quasi das Lehen mächtiger jüdischer Familien, die für ihre Hingabe an Israel bekannt waren, darunter die Familie des ehemaligen Schmugglers Samuel Bronfman.[710]

(Wie wir in den Kapiteln 7 und 15 gesehen haben, waren die Bronfman-Familie - zusammen mit dem Alkoholbaron Sam Rothberg, der die US-Israel-Bonds-Kampagne anführte - die wichtigsten finanziellen Unterstützer Israels und knüpften enge Verbindungen zu Lanskys Syndikat des organisierten Verbrechens.

Tatsächlich war die ADL, wie in Kapitel 10 festgestellt, so eng mit Lanskys Syndikat verbunden, dass Morris Dalitz, ein alter Geschäftspartner Lanskys, 1983 von der ADL mit dem renommierten „Torch of Liberty Award" geehrt wurde. (Dalitz' Dienst für die Sache Israels wurde offenbar für wichtiger erachtet als seine Aktivitäten in der Unterwelt.)

---

[709] Richard Deacon. *The Israeli Secret Service (Der israelische Geheimdienst).* (New York: Taplinger Publishing Co, Inc., 1978), S. 171.
[710] *Twin Circle.* 29. September 1968.

All dies ist natürlich wichtig, wenn man die Aktivitäten der ADL im Zusammenhang mit dem Medienansturm auf diejenigen betrachtet, die über eine mögliche Verschwörung hinter dem Mord an JFK nachdachten.

Die ADL hat jedoch - wie wir sehen werden - Verbindungen, die über die Interessen des organisierten Verbrechens hinausgehen und die von der Ermordung JFKs profitiert haben. Die ADL hat seit langem Verbindungen zum US-Geheimdienst.

DIE ADL UND DER AMERIKANISCHE GEHEIMDIENST

In *American Jewish Organizations and Israel* liefert Lee O'Brien eine informative Studie über die Arbeitsweise der ADL:

„In ihren ersten Jahrzehnten trat die ADL an Personen oder Institutionen heran, die als antisemitisch galten, und versuchte privat, sie zu überreden oder zur Vernunft zu bringen, damit sie missbräuchliche Äußerungen zurücknahmen und beleidigendes Verhalten korrigierten." In den folgenden Jahren verlegte sich die ADL auf öffentlichere und aggressivere Maßnahmen, die sie in die Kategorien „Aufklärung", „Wachsamkeitsarbeit" und „Gesetzgebung" einteilte. Tatsächlich wurde aus der „Wachsamkeitsarbeit" eine reine Überwachung von Einzelpersonen und Gruppen, deren Ergebnisse sowohl über ihre Konsulate und Botschaften an das israelische Netzwerk zur Sammlung von Informationen als auch über das FBI an den US-amerikanischen Inlandsgeheimdienst weitergeleitet wurden. Die Beamten der ADL hatten den Einsatz von verdeckten Überwachungstechniken zugegeben".[711]

DIE ADL UND DIE MEDIEN

O'Briens Zusammenfassung der Arbeitsweise der ADL ist recht interessant, da sie den Einfluss der ADL auf die Medien und die öffentliche Debatte über die Rolle Israels angesichts der Gestaltung der US-Politik im Nahen Osten hervorhebt:

„Heute ist die ADL bei der Nutzung ihrer Regionalbüros und Cluster zur Sammlung und Verbreitung von Informationen viel aktiver als andere Community Relations-Organisationen.

„Die Zentrale in New York versorgt die Regionalbüros mit Analyseblättern, Vorlagen für Leserbriefe, die in den lokalen Medien platziert werden sollen, Biografien von israelischen Führern und antizionistischen Rednern.

„Die Regionalbüros überwachen wiederum alle Aktivitäten mit Bezug zu Israel oder dem Nahen Osten in ihrer Region, wie z. B. Medien, Redner und Filme. Indem sie lokale Ereignisse der Zentrale zur Kenntnis bringen, spielen sie eine zentrale Rolle bei der allgemeinen Aufsicht über die ADL auf nationaler Ebene."[712]

GEGEN ISRAELKRITIKER VORGEHEN

O'Brien beschreibt ein typisches Beispiel für die Aktivitäten der ADL zur Verteidigung Israels: „Ein jüdischer Aktivist, der die israelische Politik kritisierte, entdeckte 1983, dass die ADL seit 1970 ein Dossier über ihn führte; es umfasste Informationen über das Thema,

---

[711] Lee O'Brien. *American Jewish Organizations and Israel.* (Washington, D.C.: Institute for Palestine Studies, 1986), S. 99.
[712] *Ibid.*

die aus lokalen Zeitungen gesammelt wurden, Vorträge auf dem Campus, abteilungsübergreifende Notizen (der Institution, an der die Person lehrt), Geschäftstreffen, Diskussionen im Radio und im Fernsehen sowie Zeitungsartikel und andere verschiedene Dokumente.

„Wie aus den Akten hervorgeht, waren bestimmte Personen damit beauftragt worden, die Vorträge dieser Person zu überwachen, entweder durch Tonbandaufnahmen und Texttranskripte oder durch detaillierte Zusammenfassungen dessen, worum es ging, den Kontext des Vortrags, die anderen Teilnehmer, die Größe des Publikums, die von den Teilnehmern gestellten Fragen, die Stimmung im Publikum etc.

„In einigen Fällen war es den Beobachtern gelungen, in geschlossene Sitzungen einzudringen, an denen die Person teilnahm. Anschließend erstellte und verbreitete die ADL einen kurzen Aufhänger über diese Person, der den Formaten „Mythos" und „Fakt" folgte, und verteilte ihn an ihre Agenten, damit diese ihn bei künftigen Ansprachen verwenden konnten.[713]

Dies ist natürlich nur ein Beispiel von vielen, das den allgegenwärtigen Einfluss der israelischen ADL und ihrer geheimen Bemühungen, die öffentliche Debatte über die Nahostpolitik der USA zu kontrollieren, an allen Fronten, insbesondere in den US-Medien, belegt.

SPIONAGESKANDAL

Anfang 1993 wurde die Geschichte der ADL in Bezug auf heimliche - und illegale - Inlandsspionage jedoch schließlich zum Gegenstand einer allgemeinen öffentlichen Kontroverse.

In San Francisco brach ein Spionageskandal aus, in den die ADL, einer ihrer langjährigen Informanten und ein Polizeibeamter aus San Francisco verwickelt waren, der der ADL geheime Polizeiinformationen verkauft hatte.

Eine Razzia in den Büros der ADL in San Francisco und Los Angeles brachte ans Licht, dass diese ADL-Büros rund 12.000 Amerikaner und die Aktivitäten von rund 950 sozialen und politischen Organisationen aller politischen Überzeugungen überwachten.

Später wurde bekannt, dass die ADL ähnliche Spionageoperationen in anderen Großstädten des Landes durchführte und dabei ein Netzwerk von Informanten einsetzte, die damit beauftragt wurden, Organisationen zu infiltrieren, die von der ADL ins Visier genommen wurden.

(In Kapitel 15 haben wir die Wahrscheinlichkeit untersucht, dass der Leiter des ADL-Geheimdienstes von New Orleans, A. L. (Bee) Botnick, die guten Dienste seines extremistischen antikommunistischen Kollegen, ehemaligen FBI-Agenten, Privatdetektivs und CIA-Agenten Guy Banister in Anspruch genommen hat, um linke Gruppen in New Orleans auszuspionieren, wobei er sich die Fähigkeiten eines jungen Mannes namens Lee Harvey Oswald zunutze gemacht hat.

Ironischerweise waren unter den Zielen der ADL-Spionage auch Organisationen, die mit der ADL im Laufe der Jahre in einer Anzahl von Joint Ventures zusammengearbeitet hatten, darunter die National Association for the Progress of Colored People und die American Civil Liberties Association.

---

[713] *Ibid.*, S. 100.

JEDEN AUSSPIONIEREN

Entgegen der landläufigen Meinung spionierte die ADL nicht nur sogenannte „rechte" oder „antisemitische" Gruppen aus. Stattdessen scheint die ADL eine ständige Überwachung eines breiten Spektrums von Gruppen und Einzelpersonen aufrechterhalten zu haben.

Obwohl die ADL versuchte, über die laufenden Ermittlungen zu schweigen, wurden insbesondere die eindringlichen und sachlichen Untersuchungsberichte des *San Francisco Examiner* und der *Los Angeles Times* landesweit verbreitet, was der langjährigen Stellung der ADL als „Bürgerrechts"-Organisation immensen Schaden zufügte.

DIE VERBINDUNG MIT ANGLETON

Irwin Suall, der von der ADL-Zentrale in Manhattan aus operierte, war seit langem der Leiter des Spionagenetzes der ADL (euphemistisch „Fact-Finding Division" genannt). Suall war früher in der Arbeiterbewegung aktiv und ein Schützling von Jay Lovestone, dem wir in Kapitel 8 zum ersten Mal begegnet sind.

Sualls Mentor, wir erinnern uns, war der Kontaktmann des Chefs des verbündeten Geheimdienstes Mossad, James J. Angleton von der CIA, in den Beziehungen der CIA zu den kriminellen Organisationen auf Korsika und Sizilien, die mit dem Lansky-Syndikat in Verbindung standen.

Diese ausländischen Kriminellen (die sich um Lanskys Drogenhandel in Europa kümmerten) wurden auch von der CIA bei ihrer Kampagne gegen die linken Arbeiterbewegungen im Mittelmeerraum in der Nachkriegszeit eingesetzt.

Da James J. Angleton nach den Enthüllungen über seine Beteiligung an der illegalen Inlandsspionage durch die CIA entlassen worden war, können wir nur vermuten, dass Angleton angesichts der Enthüllungen über die Spionage der ADL mit ziemlicher Sicherheit auf die guten Dienste seiner Freunde in der mit dem Mossad verbundenen ADL angewiesen war, um weitere Informationen zu erhalten.

(In Kapitel 15 haben wir darauf hingewiesen, dass das FBI die ADL auch als Spionagetrumpf eingesetzt hat, insbesondere die Spionageoperationen der ADL gegen den Bürgerrechtsführer Martin Luther King, Jr.).

DIE ADL UND DIE ERMORDUNG JFKS

Dass die ADL die Berichterstattung über die Ermordung von JFK mitgestaltete, war unvermeidlich, vor allem angesichts der Enthüllungen, die wir auf den Seiten dieses Buches hervorgehoben haben.

Tatsächlich war das erste Mal, dass die Medien der herrschenden Klasse eine Theorie aufstellten, dass Lee Harvey Oswald Teil einer viel größeren Verschwörung sein könnte, in einem Bericht, der von zwei führenden Kolumnisten ausgestrahlt wurde, die nicht nur der ADL, sondern auch wichtigen Persönlichkeiten des Verbrechersyndikats von Meyer Lansky sehr nahe standen. Die Fallstudie, die wir gleich untersuchen werden, ist sehr wichtig und veranschaulicht diesen Punkt sehr gut.

DAS DECKEN VON PEARSON UND ANDERSON

Am 3. März 1967 veröffentlichten der gewerkschaftlich organisierte Kolumnist Drew Pearson und sein Assistent Jack Anderson einen Artikel, der nahelegte, dass Fidel Castro hinter dem Mord an JFK steckte (Der Artikel erschien zu einer Zeit, als der Staatsanwalt von New Orleans, Jim Garrison, in den ersten Phasen seiner eigenen umstrittenen Ermittlungen zum Mordfall war).

Kurioserweise hatten Pearson und Anderson ihren Artikel sogar so ausgerichtet, dass sie andeuteten, dass in gewisser Weise der damalige Generalstaatsanwalt Robert Kennedy - der jüngere Bruder des Präsidenten, der 1964 in den New Yorker Senat gewählt worden war - an der Umsetzung des angeblich von Castro in Auftrag gegebenen Mordkomplotts beteiligt gewesen war.

Pearson und Anderson behaupteten: „Präsident Johnson sitzt auf einer politischen H-Bombe, einem unbestätigten Bericht, wonach Senator Robert Kennedy ein Mordkomplott gebilligt haben soll, das sich gegen seinen verstorbenen Bruder hätte wenden können." Das angebliche Mordkomplott war eines derjenigen, die angeblich zwischen der CIA und der Mafia stattgefunden haben sollen.[714]

Nach dem, was Charlson und Anderson wohlwollend als Fantasiegeschichte bezeichnen können, hatte Castro eine Reihe von CIA- und Mafia-Auftragskillern, die ihn verfolgten, gefangen genommen und „umgeleitet"; kurz gesagt, die Anti-Castro-Auftragskiller hatten es sich daraufhin anders überlegt, waren in die USA zurückgekehrt und hatten Kennedy getötet.

Erst einige Jahre später enthüllte Anderson, dass die Mafia-Figur Johnny Rosselli tatsächlich die angebliche ursprüngliche Quelle der Geschichte gewesen war, die laut Anderson Edward P. Morgan, einem Anwalt aus Washington mit Verbindungen zur CIA, erzählt worden war.

(In Kapitel 11 wurde Rossellis Verwicklung in die Mordkomplotte gegen Castro behandelt, auf die sich die Geschichte von Pearson und Anderson zum Teil stützte, um ihre Theorie zu untermauern).

WARUM DAS COVER NICHT HÄLT, WAS ES VERSPRICHT...

Zu Recht glauben die Biografen Rossellis, Charles Rappleye und Ed Becker, überhaupt nicht an die Geschichte von Pearson und Anderson. Sie schreiben:
„Das einfache und starke Argument gegen das kubanische Sponsoring des Kennedy-Mordes wurde in dem Artikel nicht erwähnt, nämlich die große Gefahr für Castro, wenn ein Komplott gegen den US-Präsidenten aufgedeckt würde. Wie der Kirchenausschuss [des US-Senats] [der die Mordkomplotte der CIA untersucht] feststellte, hätte ein solcher Patzer „Kuba der Invasion und Zerstörung ausgesetzt".

Später wurde bekannt, dass Castro zur Zeit der Schießerei in Dallas neue diplomatische Wege beschritten hatte und sich, wie ein Diplomat es ausdrückte, „um Kommunikation mit den USA bemüht" zeigte. Schließlich erscheint Rossellis Geschichte von den „umgeleiteten" CIA-Scharfschützen im Nachhinein sehr unplausibel, das Ergebnis eines koreanischen Kriegsrekrutierungsspots.

„Anderson bemerkte auch nicht seine enge Beziehung zu seiner Quelle; die Tatsache, dass Morgan über Rossellis Aussagen hinaus keine Beweise hatte, um Castros

---

[714] *Washington Post*, 3. März 1967.

Vergeltungstheorie zu untermauern; oder dass Rosselli wahrscheinlich seine eigenen Ziele verfolgte.[715]

Jimmy Fratianno, ein „pünktlicher" ehemaliger Angehöriger der Mafiafamilien in Kalifornien, berichtete von einem Treffen mit Rosselli im Jahr 1976, als Rosselli den Ermittlern des Kongresses Details über die Mordkomplotte der CIA und des organisierten Verbrechens gegen Fidel Castro lieferte.

Was Fratianno in Erinnerung hat, lässt vermuten, dass Rosselli nie offen über die Ereignisse, wie sie sich tatsächlich zugetragen haben, gesprochen hat. Fratianno erinnert sich an Rossellis Worte wie folgt:

„Sie brachten mich ins Carroll Arms Hotel ... für eine geheime Sitzung und ich habe sie wirklich fertig gemacht. Sie sind alle so aufgeregt, wer Kennedy getötet hat. Manchmal würde ich ihnen gerne sagen, dass es die Mafia war, nur um den Ausdruck auf ihren dummen Gesichtern zu sehen. Wir sollen doch dumm sein, oder?

„Wir heuern einen Psychopathen wie Oswald an, um den Präsidenten zu töten, und finden ein mickriges Großmaul wie Ruby, um ihn zum Schweigen zu bringen. Wir würden diesen Schwachköpfen nicht zutrauen, einen verdammten Hund zu erschießen.

„Auf jeden Fall fangen sie an, mich über den Mist zu befragen, den ich Morgan vor Jahren erzählt habe. Sie wissen, dass Castro Kennedy zurückschlug, weil jemand versucht hatte, ihn zu töten. Ich sagte ihm: „Ich kann mich nicht daran erinnern, solche Informationen erhalten oder weitergegeben zu haben".

„Jimmy, es ist nicht meine Schuld, dass Morgan eine blühende Fantasie hat. Ich habe auch in Jack Andersons Büro vorbeigeschaut und wir werden sehr gute Freunde, wir haben zusammen Mittag- und Abendessen. Ein netter Kerl, er versucht zwar immer, mir Informationen zu entlocken, aber er ist cool".[716]

DIE VERBINDUNG ZU CIA

Rossellis Biografen sind der Meinung, dass „die Frage, wer die falsche Spur, dass Castro Kennedy getötet habe, tatsächlich gesponsert hat, interessanter ist als Rossellis Motivation [zur Schaffung der von Pearson und Anderson erzählten Geschichte].[717]

Laut Rappleye und Becker scheint „Santo Trafficante der wahrscheinlichste Teilnehmer zu sein".[718] Doch sie gehen noch einen Schritt weiter. Sie glauben, dass die CIA in diesem Zusammenhang hinter Trafficantes Handlungen steht:

„Könnte die CIA die Castro-Theorie erneut vorgebracht haben, um von [Jim] Garrisons Ermittlungen [in New Orleans] abzulenken? Wenn die CIA tatsächlich in die Ermordung Kennedys verwickelt gewesen wäre, wie einige prominente Forscher meinen, würde das Szenario passen.

„Aufgrund seiner engen Verbindung zur Agency hätte Rosselli ihre und Trafficantes Anweisungen akzeptiert. Und Ed Morgan selbst unterhielt enge Verbindungen zur Agency, sowohl über [den CIA-Agenten Robert] Maheu als auch über einen früheren Job als Rechtsberater des Senatsausschusses für auswärtige Beziehungen.[719]

---

[715] Charles Rappleye und Ed Becker. *All American Mafioso: The Johnny Rosselli Story* (New York: Doubleday, 1991), S. 471.
[716] Ovid Demaris. *The Last Mafioso: The Treacherous World of Jimmy Fratianno* (New York: Bantam Books, 1981), S. 389.
[717] Rappleye und Becker, S. 475.
[718] *Ibid.*
[719] *Ibid.*

(Wie wir insbesondere in Kapitel 12 gesehen haben, war Trafficante nicht der große Verbrecherboss, als den ihn die Medien der herrschenden Klasse darstellten. Er war vielmehr der Stellvertreter des langjährigen CIA-Mitarbeiters - und Israeltreuen - Meyer Lansky.

PEARSON, JOHNSON UND DAS LANSKY-SYNDIKAT

Der Kritiker der Warren-Kommission, Peter Dale Scott, merkt außerdem an, dass Pearson selbst dem damaligen Präsidenten Lyndon B. nahe stand. Johnson war und dass Pearson Johnsons von der CIA unterstützte Pläne zur Entwicklung des Vietnamkriegs unterstützte (die Frage, über die JFK und die CIA in Konflikt geraten waren, was zu einer endgültigen Konfrontation geführt hatte).[720]
Eine antikommunistische Geschichte heraufzubeschwören (d. h. einen kommunistischen Diktator mit der Ermordung des gemarterten Präsidenten in Verbindung zu bringen) hätte auch den Nebeneffekt, eine antikommunistische Hysterie zu schüren, die für die „antikommunistische" Offensive in Vietnam nützlich gewesen wäre, die sich, wie wir gesehen haben, nicht nur für die CIA, sondern auch für Meyer Lanskys Syndikat des Verbrechens und seine Verbündeten in Israel als so vorteilhaft erwiesen hat.
Die Beziehung Pearson-Johnson hatte auch andere Auswirkungen. Laut Scott hatte Pearson seinen Artikel benutzt, um Regierungsinformationen über den Hauptzeugen Don Reynolds zu verbreiten, der gegen Bobby Baker aussagte, einen langjährigen Freund Johnsons und angesehenen Handlanger."[721]
(Baker war, wie wir in Kapitel 6 gesehen haben, nicht nur ein unabhängiger Agent, sondern auch ein Namensgeber für verschiedene korrupte LBJ-Unternehmen. Baker hatte mehr als zahlreiche Geschäfte mit engen Geschäftspartnern von Meyer Lansky abgewickelt, darunter Ed Levinson, ein Verwalter der Bank of International Credit (BCI) von Tibor Rosenbaum, einem Mossad-Agenten.
(Wie wir in Kapitel 15 festgestellt haben, war Rosenbaums BCI natürlich einer der Hauptaktionäre von Permindex, der dunklen Gesellschaft, die eine sehr zentrale Rolle in der Verschwörung der CIA und des Mossad gegen John F. Kennedy spielte).

EARL WARREN WIRD ABGEZOCKT

Drew Pearsons Interesse an der Berichterstattung über die Ermordung von JFK hatte eine lange Vorgeschichte. Scotts Recherchen zufolge war es sogar Pearson selbst, der dem Vorsitzenden Richter Earl Warren zu Beginn der Ermittlungen der Warren-Kommission sagte, dass die Verschwörungen der CIA und des organisierten Verbrechens gegen Castro nach hinten losgegangen seien und dass Castro zurückgeschlagen und die Ermordung Kennedys angeordnet habe.[722]
Laut John Henshaw, Pearsons langjährigem Vertrauensmann, waren Warren und Pearson kurz nach der Ermordung von JFK gemeinsam in die UdSSR gereist. Dort wurde Pearson dem sowjetischen Staatschef Nikita Chruschtschow vorgestellt. Offenbar war eines

---

[720] Peter Dale Scott. *Crime and Cover-up: The CIA, the Mafia, and the Dallas-Watergate Connection.* (Berkeley, California: Westworks Publishers, 1977), S. 26.
[721] *Ibid.*, S. 25.
[722] *Ibid.*

der Themen, die Pearson und Chruschtschow besprachen, die Ermordung von John F. Kennedy.[723]

Henshaw hatte festgestellt, dass ein als „streng geheim" eingestuftes Dokument, das im Nationalarchiv in Washington vergraben war (unterzeichnet von CIA-Direktor Richard Helms), die Bezeichnung „Diskussion zwischen Präsident Chruschtschow und Mr. Drew Pearson über Lee Harvey Oswald" trug.[724]

Es ist eines der Dokumente, die auf Anordnung des Obersten Richters Warren 75 Jahre lang versiegelt werden sollten. Die geheimen Gespräche zwischen Pearson und dem sowjetischen Diktator wurden nie in Pearsons Klatsch und Tratsch berichtet. Offenbar war es in dieser Zeit, dass Pearson als erster Castros Verschwörungstheorie propagierte, die später im Jahr 1967 die Aufmerksamkeit der Öffentlichkeit auf sich zog.

Zum Zeitpunkt der Untersuchung durch die Warren-Kommission glaubte der Oberste Richter jedoch offensichtlich, dass Pearsons Geschichte wahr sei, und daher eine konsequente Notwendigkeit, die Wahrheit zu verbergen, um den Ausbruch eines Krieges zu verhindern. Dies war offenbar die notwendige List, um Warren davon zu überzeugen, das zu verbergen, was er fälschlicherweise für die beunruhigende Wahrheit hielt. Pearsons Biograph beschrieb die Handlungen des Chronisten barmherzig: „Das Ziel des Chronisten - inzwischen Diplomat - war es, die Hysterie zu reduzieren, die das fragile Gleichgewicht zwischen den [USA und der UdSSR] hätte stören können."[725]

Wie dem auch sei, der Fall Pearson-Anderson über Castros angebliche Verschwörung gegen JFK sorgte für Aufsehen und vernebelte die Karten zu einem Zeitpunkt, als die Behauptungen über ein Mordkomplott gegen JFK an Glaubwürdigkeit gewannen. So rational die Geschichte zu diesem Zeitpunkt auch erschienen sein mag, die Beweislage war im besten Fall, wie wir gesehen haben, dürftig. Tatsache ist, dass die „Enthüllungen" von Pearson und Anderson nichts weiter als bewusste Desinformation waren.

VON DER POLEMIK ABLENKEN

Die Artikel von Pearson und Anderson „entlasteten" nämlich die CIA hinsichtlich ihrer Beteiligung am Mord an JFK und zeigten mit dem Finger auf Castro.

Gleichzeitig hatten die Artikel von Pearson und Anderson die Aufmerksamkeit von Garrisons Untersuchung in New Orleans abgelenkt, bei der es um die wahrscheinliche Beteiligung CIA ging und die auf die Verbindung zwischen Clay Shaw und dem Permindex gestoßen war, wodurch die Untersuchung direkt vor die Tür Israels gebracht wurde.

Es besteht kein Zweifel daran, dass insbesondere Drew Pearson ebenfalls ein Interesse daran hatte, jede israelische Beteiligung zu schützen.

ISRAELS LIEBLINGSJOURNALIST

Pearson, der jüdischer Abstammung ist, war ein engagierter Freund Israels - von Anfang an. In der Zeit vor der Gründung des Staates Israel hatte Pearson sogar als Auftragskiller für die Israel-Lobby in den USA gearbeitet und in seiner Kolumne diejenigen angegriffen, die als feindlich gegenüber den israelischen Interessen wahrgenommen wurden.

---

[723] *Washington Observer*, 1. April 1967.
[724] *Washington Observer*, 15. Juni 1968.
[725] Oliver Pilat. *Drew Pearson: An Unauthorized Biography.* (New York: Harper's Magazine Press, 1973), S. 241.

Eines von Pearsons bevorzugten Zielen war James Forrestal, der damalige Verteidigungsminister. Laut Pearsons Biographen: „Als Forrestal [Präsident Harry] Truman überredete, sich aus militärischen Gründen auf die Seite der Araber gegen die Juden in Palästina zu stellen, nutzte Pearson die Gunst der Stunde. Er machte Forrestal zu einer bürokratischen Stimme für die US-amerikanischen Ölgesellschaften, die im Nahen Osten viel auf dem Spiel hatten. Walter Winchell und andere Meinungsmacher hatten seine Position unterstützt".[726]

Pearsons hysterische Medienattacke auf Forrestal führte nach Meinung einiger zu einer psychischen Instabilität des Kabinettssekretärs, was Forrestals Selbstmord zur Folge hatte. Viele glauben jedoch, dass Forrestal ermordet wurde - gerade wegen seiner starken Opposition gegen die Israel-Lobby.

Pearson hatte seine Verbindungen zur Israel-Lobby verstärkt und war inoffiziell seit Jahrzehnten mit der Anti-Defamation League (ADL) der B'nai B'rith, dem israelischen Geheimdienst- und Propagandaarm, in eine Verschwörung verwickelt.

PEARSON UND DIE ADL

Laut Pearsons Biografen „hatte die ADL Pearson im Laufe der Jahre enorm geholfen. Sie hatte ihm Informationen geliefert, die er sonst nicht bekommen konnte, seine Vortragsreisen unterstützt und sogar bei der Verbreitung seines wöchentlichen Newsletters geholfen."[727]

Pearsons ehemalige Schwiegermutter, Cissy Patterson, die Herausgeberin des *Washington Times-Herald*, war in ihrer Beschreibung von Pearson weniger barmherzig. In einem flammenden Leitartikel über Pearson bezeichnete sie ihn als „Undercover-Agent und Sprecher der Anti-Defamation League".[728]

Außerdem hatte Pearson eine langjährige Abmachung mit der ADL, nach der die ADL die Ausgaben seiner Handlanger wie John Henshaw bezahlte, im Gegenzug dafür, dass Pearson in seinen Kolumnen irreführende Propaganda für die ADL machte.[729]

PEARSONS VERBINDUNG ZUM MOSSAD

Gleichzeitig hatte sich Pearson im Laufe der Jahre mit einer Reihe hochrangiger, Israel nahestehender Geheimdienstmitarbeiter vertraut gemacht, insbesondere mit Sir William Stephenson, einem Geheimdienstmagier kanadischer Abstammung.

Stephenson war, wie wir in den Kapiteln 7 und 15 gesehen haben, nicht nur die treibende Kraft hinter der israelischen Mossad-Versammlung, sondern auch der Drahtzieher hinter den alliierten Geheimdienstoperationen während des Zweiten Weltkriegs, die die Ressourcen von Meyer Lansky und seinem Netzwerk des organisierten Verbrechens nutzten. Er war auch ein enger Geschäftspartner und Mentor von Louis M. Bloomfield, dem Vorsitzenden der vom Mossad unterstützten Firma Permindex, die eine zentrale Rolle im Mordkomplott gegen JFK spielte.

Laut Pearsons Biografen „hatte Stephenson Pearson während des Krieges kennengelernt, als er als Werbeleiter die meisten Kunden in den USA betreute."[730] In

---

[726] *Ibid.*, S. 183.
[727] *Ibid.*, S. 17.
[728] *Ibid.*, S. 169.
[729] Interview mit Alec de Montmorency, 25. Januar 1992.
[730] Pilat, S. 183.

mindestens einem Fall veröffentlichte Pearson eine Geschichte, die ihm laut seinem Biografen „mit dem Löffel serviert wurde"[731] von Stephenson.

Pearsons andere Verbindungen waren ebenso interessant und weisen in die Richtung seines Interesses, Israel und seine Verbündeten im JFK-Mordkomplott - die CIA und Meyer Lanskys Syndikat des organisierten Verbrechens - zu decken.

DIE ISRAELISCHE LOBBY UND PEARSON

Laut Pearsons Partner John Henshaw hatte Pearson unlautere Geschäftspraktiken mit dem Anwalt Max M. Kampelman, einer Schlüsselfigur der Israel-Lobby in Washington und ehemaliger hochrangiger Direktor der Anti-Diffamierungs-Liga (ADL).

Kampelman, der persönliche Anwalt von Vizepräsident Hubert Humphrey, und Pearson versuchten, die Kontrolle über den Fernsehkanal 14 des Senders WOOK zu erlangen, der Schwarzen in Washington gehörte.[732]

(Wie wir in Kapitel 6 gesehen haben, war Humphrey das Produkt einer politischen Organisation in Minnesota, die zum Teil von dem berüchtigten Isadore Blumenfeld finanziert wurde, einem wichtigen Rädchen in Lanskys Verbrechersyndikat.

Die Verbindungen zwischen Pearson und der Israel-Lobby in Washington waren noch enger. Pearsons Schwiegersohn (und Chefredakteur seiner „Notizbücher"), der Anwalt Tyler Abell, war von der Anwaltskanzlei David Ginsburg, einem zugelassenen ausländischen Agenten Israels, angeheuert worden.

Ginsburg gehörte, wie einige andere Persönlichkeiten, die für ihr Interesse an der Förderung der Interessen Israels in Washington bekannt waren, zum engen Kreis von Hubert Humphrey (Ginsburg hatte sich von seiner eigenen Kanzlei beurlauben lassen, um im Namen des Vizepräsidenten Hubert H. Humphrey zu arbeiten, der im Präsidentschaftswahlkampf 1968 gescheitert war).[733] In Kapitel 6 haben wir uns mit den ersten politischen Erfolgen des Vizepräsidenten im vom Lansky-Syndikat beherrschten Minneapolis befasst.

MICKEY COHENS ZUSTIMMUNG

1968 hatte Pearson Hand in Hand mit Mickey Cohen, dem Handlanger des Westküstler Meyer Lansky, zusammengearbeitet, um Richard Nixons Präsidentschaftskampagne zugunsten seines demokratischen Gegners Humphrey zu brechen (in Kapitel 13 hatten wir Cohens Verbindung zum JFK-Mordkomplott ausführlich untersucht).

Laut Cohens Memoiren arrangierte Präsident Johnson, dass Pearson Cohen anrief, der sich zu diesem Zeitpunkt im Gefängnis befand. Pearson wollte Geheimnisse über Nixon aus der Zeit ausgraben, als der ehemalige Vizepräsident von Kalifornien laut Cohen Nixon finanziell unterstützt hatte.

Pearson erklärte Cohen: „Wir werden Humprey als Präsident unterstützen. „Und ich versichere Ihnen, wenn er unser Präsident wird, werden Sie aus medizinischen Gründen entlassen", im Gegenzug dafür, dass er Scheiße über Nixon geliefert hatte.

---

[731] *Ibid.*
[732] *Washington Observer*, 14. Februar 1967.
[733] *Washington Observer*, 1. November 1968.

Laut Cohen „stimmte ich allem zu, was Pearson gegen Nixon unternehmen wollte".[734] Nixon gewann jedoch die Wahlen und Cohen wurde aus medizinischen Gründen nie auf Bewährung entlassen.

Pearsons Beziehung zu den Herausgebern der Zeitung *National Enquirer* (die für die Verunglimpfung der Kennedy-Familie bekannt ist und auch wilde Geschichten über die Verschwörung zum Mord an JFK veröffentlichte) ist ebenfalls interessant, vor allem im Lichte der Verbindungen der CIA und der Israel-Lobby zum *Enquirer*.

PEARSON UND DER NATIONAL ENQUIRER

Wie Pearsons Handlanger John Henshaw im Newsletter der Ausgabe des *Washington Observer* vom 1. Juli 1969 berichtete, hatte die World Wide Features, Inc., die den *Enquirer* herausgab, einen interessanten Hintergrund.

Sie gehörte den drei Brüdern Anthony, Fortune und Generoso Pope. Sie waren die Söhne von Generoso Pope Sr., einem italienischen Führer politischen Organisation Tammany Hall in New York City, die ihrerseits untrennbar mit Meyer Lanskys Syndikat des organisierten Verbrechens verbunden war.

Die Familie Pope hat über die Generoso Pope Foundation lange Zeit zu pro-israelischen Anliegen beigetragen. Die Stiftung wurde auch weithin verdächtigt, ein geheimer Vermittler von CIA-Geldern zu sein.

Generoso Pope Jr. gehörte der *Enquirer National*. Pope Jr. hatte während des Koreakriegs für die CIA gearbeitet und war selbst eng mit Frank Costello, Lanskys altem Partner, befreundet. Tatsächlich hatte Costello den *Enquirer* von Anfang an mitfinanziert.[735]

Pearson hatte Generoso Pope Sr. als den ersten „prominenten Italoamerikaner", der sich gegen Mussolini stellte, sehr positiv beworben. Im Gegenzug hatte Pope Pearson prompt einen Vertrag für eine wöchentliche Kolumne in seiner Zeitung *El Progresso* gegeben, der ersten italienischsprachigen Zeitung des Landes. Der Vertrag über 150 Dollar pro Woche war mehr als das, was jede andere Zeitung für eine wöchentliche Kolumne zahlte.

Mitte der 1960er Jahre schlossen sich Pearson und Fortune Pope sowie Leonard Marks, Lyndon Johnsons TV- und Radioberater, zusammen und kauften das Bell-McClure-Syndikat und die North American Newspaper Alliance. (Marks wurde später von Johnson zum Leiter der American Information Agency ernannt).[736]

Pearsons Biograf schließt aus, dass Pearsons Beziehung zur umstrittenen Familie von Pope „verwirrend" ist.[737] Diese Beziehung stärkt jedoch Pearsons Verbindungen zur Israel-Lobby und seinen Verbündeten in der CIA.

DIE VERBINDUNG ZU JOE TRENTO

Es ist nicht uninteressant zu erwähnen, dass der Leiter des Büros von Generoso Pope in Washington eine Zeit lang der Journalist Joe Trento war, der sich als Autorität in Sachen Geheimdienstarbeit etabliert hatte.

---

[734] Mickey Cohen und John Peer Nugent. *Mickey Cohen: In My Own Words.* (Englewood Cliffs, NJ: Prentice-Hall, Inc., 1975), S. 232-233.

[735] *Uncle Frank: The Biography of Frank Costello* (New York: Drake Publishers, Inc., 1973), S. 230.

[736] *Washington Observer*, 1. Juli 1969.

[737] Pilat, S. 233.

Trento hatte, wie wir in Kapitel 16 gesehen haben, einen umstrittenen Artikel mitverfasst, in dem behauptet wurde, dass der ehemalige CIA-Mitarbeiter E. Howard Hunt an dem Tag, an dem JFK erschossen wurde, möglicherweise in Dallas gewesen sei.

Trento hatte, wie wir festgestellt haben, ausgezeichnete Verbindungen zur CIA - insbesondere zu James Jesus Angleton, und wir wissen, dass Angleton Trento als Vermittler in den Medien für heimtückische Zwecke einsetzte. Dies haben wir natürlich in Kapitel 16 ausführlich behandelt.

DIE VERBINDUNGEN VON JACK ANDERSON

Jack Anderson, der Partner und Schützling von Drew Pearson, hatte nicht nur bemerkenswerte Verbindungen zur Israel-Lobby, sondern auch zu Lanskys Syndikat des organisierten Verbrechens. Nicht nur teilte er früher seine Büros mit einem Israel-Lobbyisten, der auch mit Lanskys Schützling Carlos Marcello eng befreundet war.[738] sondern er unterhielt auch enge Arbeitsbeziehungen zu Herman (Hank) Greenspun, einem langjährigen Partner des Lansky-Syndikats und Waffenhändler für Israel.

Greenspun war ein Schützling von Lanskys Kumpel Joseph „Doc" Stacher, einem Mafioso aus New Jersey, der in den späten 1940er Jahren einer der wichtigsten amerikanischen Unterstützer des jüdischen Widerstands in Palästina war.[739] Stacher durfte später nach Israel ins Exil gehen, nachdem er in den USA wegen Steuerhinterziehung verurteilt worden war. Laut Robert Lacey, Lanskys Biograf und Freund, hat der Tod von Stacher Lansky sehr getroffen. Sie waren sehr enge Freunde und langjährige Geschäftspartner.[740]

Greenspun arbeitete auch als PR-Beauftragter für Lanskys Jugendfreund Benjamin Siegel, der später auf Lanskys Befehl hin erschossen wurde.

The Washington Observer berichtet: „Zu Beginn des Palästinakrieges war Hank Greenspun vom jüdischen Widerstand nach Hawaii geschickt worden, um überschüssige Waffen und Ausrüstung von der US-Armee zu kaufen. Durch die Bestechung von Sicherheitsleuten der amerikanischen Naval Air Station in Oahu hatte er ein Waffenlager überfallen und 15 Tonnen Flugzeugmaschinengewehre der Kaliber 30 und 50 gestohlen. Die geschmuggelten Maschinengewehre waren in 58 Kisten mit der Aufschrift „Motorenteile" verpackt und nach Los Angeles verschifft worden, von wo aus sie nach Mexiko und Israel reexportiert wurden. Greenspun hatte das britische Embargo gegen ein Schiff, das Waffen an Israel lieferte, angeführt. Später bekannte er sich wegen Verstoßes gegen das Neutralitätsgesetz der Vereinigten Staaten schuldig und wurde zu drei Jahren Haft auf Bewährung verurteilt. Er wurde nie wegen Diebstahls von Eigentum der Bundesregierung strafrechtlich verfolgt".[741]

Greenspun, der zu einer wichtigen Figur in Las Vegas geworden war, gründete später eine Zeitungskette in Nevada und Colorado, die *The Las Vegas Sun* herausgab.

Wie wir in Kapitel 7 gesehen haben, war das israelische Waffenschmuggelmilieu, zu dem auch Greenspun gehörte, eine kleine, eng verbundene Clique. Und es war Louis Bloomfield (später Generaldirektor von Permindex), der offensichtlich der

---

[738] J. Hougan. *Secret Agenda (Geheime Agenda).* (New York: Random House, 1984), S. 89.
[739] *Washington Observer,* 1. Februar 1971.
[740] Robert Lacey. *Little Man: Meyer Lansky and the Gangster Life.* (Boston: Little, Brown & Company, 1991), S. 417.
[741] *Washington Observer,* Ebd.

Schlüsselkoordinator des israelischen Waffenschmuggels in Zusammenarbeit mit dem Lansky-Syndikat und Andersons Partner Greenspun war.

Anderson und Greenspun waren an einem anderen Unternehmen beteiligt, das mit Lanskys Syndikat in Verbindung stand. Die beiden waren zusammen mit dem mit der CIA verbundenen Anwalt Edward Morgan (der angeblich die Geschichte der von Pearson und Anderson initiierten Castro-Verschwörung weitergegeben hatte) Mittelsmänner beim Verkauf des Desert Inn an Howard Hughes, dem Glücksspielpalast von Morrits Dalitz, Lanskys Geschäftspartner und Gewinner der „Torch of Liberty".[742]

UND EIN LETZTER INTERESSANTER PUNKT: Jack Anderson war auch ein sehr öffentlicher und langjähriger „Intimfreund"[743] des Mossad und Frank Sturgis, einem der CIA-Agenten, seit 1960 - drei Jahre bevor Sturgis, wie er selbst zugab, eine Rolle bei den Ereignissen auf der Dealey Plaza spielte.

EINE FALLSTUDIE ZUM THEMA DESINFORMATION

Dass Drew Pearson und Jack Anderson sehr enge Verbindungen zu allen Hauptanstiftern des JFK-Mordes - Israel, der CIA und Meyer Lanskys Syndikat des organisierten Verbrechens - unterhielten, wirft nicht nur einen echten Zweifel an der Geschichte des Castro-Mordes auf, die die beiden Kolumnisten übertrieben haben, sondern weist auch in Richtung der wahren Motivation hinter der Veröffentlichung der Geschichte: die wahren Verschwörer zu decken.

Der Fall von Pearson und Anderson veranschaulicht vor allem die heimtückische Natur des israelischen Einflusses auf die US-Medien und liefert eine klare Fallstudie darüber, wie die Medien manipuliert wurden, um die Wahrheit über das JFK-Mordkomplott zu verzerren.

Obwohl die Medien im Allgemeinen zunächst die Vertuschung der Warren-Kommission unterstützten, zwang die Meinungsverschiedenheit über die Schlussfolgerungen die Freunde Israels in den Medien dazu, ihr Spiel zu spielen. - größtenteils dank der Arbeit des Kritikers der Kommission, Mark Lane, und seines Freundes Jim Garrison, Staatsanwalt von New Orleans.

Plötzlich tauchten Geschichten auf, dass „die Mafia JFK tötete" und „Castros" Verschwörung gegen JFK. Pearson und Anderson waren nur zwei Akteure in diesem ständigen Vertuschungsversuch. Und Pearson hatte (wie wir gesehen haben) tatsächlich dazu beigetragen, Earl Warren davon zu überzeugen, dass es eine (von Castro manipulierte) Verschwörung gegeben hatte, die es notwendig machte, die Wahrheit zum Wohle der Öffentlichkeit zu verbergen. Tatsächlich versuchten Pearson und seine Verbündeten in Israel und bei der CIA, die Wahrheit zu verbergen.

NOCH MEHR DESINFORMATION

Eine ziemlich interessante Geschichte über die Ermordung von JFK tauchte in Form des Buches des ehemaligen CIA-Agenten Hugh McDonald auf, das er zusammen mit dem produktiven Autor Geoffrey Bocca verfasste. Das Buch von McDonald-Bocca, *Appointment in Dallas*, fand weite Verbreitung.

Das Buch enthielt ein Interview mit einem internationalen Auftragskiller namens „Saul", der McDonald gestand, dass er der wahre Mörder von Präsident Kennedy war. Der

---

[742] *Ibid.*
[743] Hougan. S. 80.

Auftragskiller erzählte, dass er von einer privaten Gruppe angeheuert worden war und nicht von der CIA, für die er in der Vergangenheit Aufträge ausgeführt hatte.

Obwohl viele Kritiker dem Buch sehr skeptisch gegenüberstanden und es als eine Form der Desinformation (vielleicht von der CIA selbst) betrachteten - obwohl sie nicht unbedingt McDonalds Aufrichtigkeit in Frage stellten - wäre es aufschlussreicher gewesen, die Rolle von Geoffrey Bocca beim Schreiben des Buches zu untersuchen. Bocca war nämlich ein Propagandist der von der CIA unterstützten und von Israel finanzierten Organisation der französischen Geheimarmee (OAS) und war dafür bekannt, dass er „einige ihrer Flugblätter ins Englische übersetzte, zu einer Zeit, als die Organisation glaubte, sich an die Vereinten Nationen zu wenden, um Hilfe zu erhalten".[744] Bocca schrieb auch eine heroische Erzählung über die OAS mit dem Titel *The Secret Army*.

Es versteht sich von selbst, dass im Lichte der „französischen Verbindung" zum JFK-Mordkomplott das Auftauchen eines OAS-Propagandisten als Mitautor eines Buches, das die CIA tatsächlich von der Verwicklung in das Verbrechen „entlastet" hat, zumindest interessant ist.

Eine seltsame Fußnote: Mehrere Jahre nach der Veröffentlichung von *Appointment in Dallas* schrieb McDonald ein weiteres Buch über die Ermordung von JFK. Sein Co-Autor, Robin Moore, der starke Verbindungen zur CIA hatte, war interessanterweise bekannter für sein berühmtes Buch *The French Connection* - über den französischen Geheimdienst, und den internationalen Heroinhandel des Lansky-Syndikats.

Das Buch von McDonald und Moore trug den Titel *LBJ and the JFK Conspiracy (LBJ und die JFK-Verschwörung)*.

Dieses Buch führte das Thema von Mc Donalds erstem Buch weiter aus und erklärte, dass der mutmaßliche Auftragskiller Saul von der Sowjetunion angeheuert worden war, um Präsident Kennedy zu töten.

Die Theorie, dass die Sowjets hinter dem Mordkomplott steckten, entspricht natürlich dem ursprünglichen Plan der CIA über ihr von James J. Angleton ausgehecktes Mexiko-Drehbuch, das Verbrechen dem KGB in die Schuhe zu schieben. Wie dem auch sei, McDonald's zweites Buch erhielt wenig bis gar keine Anerkennung, obwohl es die Spuren verwischte.

EIN PRO-ISRAELISCHER „KRITIKER"

Die aufschlussreiche Hand der israelischen Sympathisanten ist mittlerweile auch in den Reihen der „Kritiker" der Ergebnisse der Warren-Kommission deutlich geworden. Der liberale Journalist *Jack Newfield*, ein glühender Anhänger Israels, gehörte zu der Gruppe selbsternannter „Kritiker" der Warren-Kommission, die eine Organisation mit dem Namen „Attentats-Informationsbüro" gegründet hatte.

DAS COVER „HOFFA HAT JFK GETÖTET"

1992, als das öffentliche Interesse an dem JFK-Mordkomplott aufgrund der gleichzeitigen Veröffentlichung von Mark Lanes Bestseller *Plausible Denial* und Oliver Stones Film *JFK* seinen Höhepunkt erreichte, brachte Newfield eine weitere lächerliche Geschichte über das JFK-Mordkomplott auf den Markt - ein neuer Blickwinkel auf die Theorie „Die Mafia hat JFK getötet".

---

[744] Alexander Harrison. *Challenging De Gaulle: The OAS and the Counter revolution in Algeria* (New York: Praeger, 1989), S. 15.

„Hoffa tötete JFK" skandierte die Schlagzeile auf der Titelseite der sensationellen Ausgabe der *New York Post* vom 14. Januar.

Es war das New Yorker Boulevardblatt, das die Geschichte „ausplauderte", dass Jimmy Hoffa, der Chef der Teamster, über seine Kontakte den Mord an JFK organisiert hatte. Es ist daher nicht verwunderlich, dass der Autor des *Post-Artikels* Jack Newfield ist.

Die *Post* war natürlich eine der wichtigsten pro-israelischen Stimmen in den Medien, fast bis zur Besessenheit. Jede Verschwörung, die sich auf Israel - oder seine Verbündeten von der CIA - beziehen konnte, durfte nicht geduldet werden.

Fast sofort schnappte sich der Rest der Medien der herrschenden Klasse die Exklusivität der Boulevardblätter und begann, sie zu übertreiben. Ziel war es, die Verschwörung zu diskreditieren, die schließlich Millionen von Amerikanern aufgedeckt worden war.

Als Reaktion auf Newfields Gebräu sah sich sogar Dan Rather auf CBS genötigt, der Welt mitzuteilen, dass die Beweise vorlagen: Jimmy Hoffa, der jahrelange Gewerkschaftsführer der Teamster, hatte „der Mafia" befohlen, John F. Kennedy zu töten.

Auch die *Washington Post*, lange Zeit eine Quelle für Desinformationen der CIA, veröffentlichte den Artikel. Ebenso wie die konservative, dezidiert pro-israelische Wochenzeitung *Human Events*, die stets die Ansicht vertrat, dass jede Verschwörung im Zusammenhang mit dem Mord an JFK - insbesondere der CIA - die Fantasie eines Verrückten sei.

In Newfields Artikel wurde ein mutmaßlicher langjähriger Partner des organisierten Verbrechens, der Anwalt Frank Ragano, mit der Behauptung zitiert, Jimmy Hoffa, der Boss der Teamster, habe ihm befohlen, „die Mafia" anzuweisen, Präsident John F. Kennedy zu ermorden.

Laut Raganos unwahrscheinlicher Geschichte hatte Ragano die Nachricht an Carlos Marcello, den Schmugglerboss von New Orleans, und Santos Trafficante, den Mafiaboss von Tampa, weitergeleitet. Beide waren, wie wir bereits festgestellt haben, direkte Untergebene von Meyer Lansky.

Sie haben sich in Raganos Version der Geschichte wahrscheinlich an Hoffas Befehl gehalten, denn schließlich wurde Kennedy tatsächlich erschossen.[745] Wie Mark Lane jedoch bemerkte: „Hoffa hat der Mafia keine Befehle erteilt. Die Mafia hat Hoffa Befehle gegeben".[746]

WARUM HOFFAS GESCHICHTE NICHT STIMMT

Raganos wichtigster „Beweis" dafür, dass Trafficante in den Mord an JFK verwickelt war, war eine von Trafficante gemachte Bemerkung, nämlich: „Wir hätten Bobby töten sollen, " wobei er sich auf den damaligen Generalstaatsanwalt Robert F. Kennedy bezog. Nicht, dass Trafficante zugegeben und gesagt hätte, „wir" hätten JFK getötet - sondern vielmehr „wir hätten Bobby töten sollen".

Das alles ist umso merkwürdiger, als Ragano - ein hochrangiger Strafverteidiger mit hochrangigen Beziehungen - sagt, dass er diese Erinnerungen bis vor kurzem erfolgreich „verdrängt" hatte.

Ragano erzählte, dass er wegen seiner Verbindung zum organisierten Verbrechen „schuldig und beschämt" gewesen sei; seinen Aussagen zufolge hatten ihn seine Schuldgefühle dazu gebracht, diese Erinnerungen zu verdrängen. Allerdings hätte er genauso gut daran interessiert sein können, seinen Memoiren, die später veröffentlicht wurden, etwas Würze zu verleihen.

---

[745] *New York Post*, 14. Januar 1992.
[746] *The Spotlight*, 17. Februar 1992.

Mehr noch: Ragano, der zum zweiten Mal gegen eine Verurteilung wegen Steuerhinterziehung auf Bundesebene Berufung einlegte, könnte etwas anderes im Sinn gehabt haben, als diese Geschichte zu erzählen, die die CIA und jede andere Bundesbehörde, die an dem Mord und dessen Vertuschung beteiligt gewesen sein könnte, reinwäscht.

WER HAT HOFFA GETÖTET?

Dan Moldea, Hoffas Biograf, hat interessante „vertrauliche" Informationen über die Wahrheit über Hoffa und seinen Mord geliefert. Moldea berichtet: „Ironischerweise konnte der Anwalt William Bufalino ... versehentlich mit dem Finger in die richtige Richtung zeigen. Er versuchte anzudeuten, dass die Mafia nichts mit Hoffas Mord zu tun hatte, und zog es vor, die Schuld auf die Regierung zu schieben, aber er sagte es so:
Sagen Sie dem FBI, dass es gegen die CIA ermitteln soll. Und sagen Sie der CIA, sie soll gegen das FBI ermitteln. Dann haben Sie die Antwort [auf den Fall Hoffa]." Und er fügte hinzu, dass er glaube, dass der Mord an Hoffa mit den Morden an [Sam] Giancana und Johnny] Rosselli in Verbindung stehe.[747]

(In Kapitel 11 haben wir uns natürlich mit den seltsamen Todesfällen von Sam Giancana und Johnny Rosselli befasst und sind entgegen dem populären Mythos zu dem Schluss gekommen, dass die beiden Mafiafiguren in Wirklichkeit nicht die Opfer der Schüsse der „Mafia" waren - sondern im Gegenteil, wenn nicht von der CIA selbst, so doch sicherlich auf deren Wunsch hin kaltgestellt worden waren).

Interessanterweise war es ein anderer engagierter pro-israelischer Polemiker, Max Lerner, Schriftsteller für die *Washington Times*, der ebenfalls kam, um die Mafia-Berichterstattung, an der Hoffa beteiligt war, zu verteidigen.

Lerner meint: „Die Mafia gehörte neben dem KGB und Fidel Castro aus Kuba immer zu den wichtigsten möglichen Szenarien für den Mord. Allerdings erst, nachdem Raganos Erzählung alle Puzzleteile zusammengesetzt hatte. Marcello leitete die Mafiaoperation in New Orleans, Trafficante in Tampa und Kuba. Sie hatten genug Zeit, um ihren Plan auszuarbeiten. Sie hatten eine Armee von talentierten Killern".[748]

Lerner manipulierte natürlich die Tatsachen. Er wusste nichts von der zentralen Rolle, die Meyer Lansky bei der Manipulation der Aktivitäten von Marcello und Trafficante spielte.

SUN MYUNG MOON, ISRAEL UND DIE CIA

Es ist nicht überraschend, dass die *Washington Times* ein Interesse daran hatte, die Mafia-Geschichte über Hoffa zu fördern. Schließlich unterhielt die *Times* enge Verbindungen zur Geheimdienstgemeinschaft und war ein glühender Leitartikler, der sich für Israel einsetzte.

Die *Washington Times* wurde von dem seltsamen globalen Konglomerat der koreanischen Kultfigur Sun Myung Moon finanziert.

Moon wurde mehrfach mit der koreanischen CIA in Verbindung gebracht, die natürlich eng mit ihrem amerikanischen Gegenstück verbunden ist. Darüber hinaus hatte Moon eine enge Zusammenarbeit mit Israel und seiner US-Lobby geschmiedet und war ein Faktor für

---

[747] Dan Moldea. *The Hoffa Wars: Teamsters, Rebels, Politicians and the Mob* (New York: Paddington Press, 1978), S. 421.
[748] *The Washington Times*, 19. Januar 1992.

den Fortschritt der pro-israelischen Agenda auf der sogenannten „konservativen Bewegung" in den USA.

Moons damaliger Chefredakteur bei der *Washington Times* war Arnaud de Borchgrave, ein ehemaliger Topkorrespondent für das CIA-nahe *Newsweek* (im Besitz der Washington Post Company) und ein angesehener „ehemaliger" Geheimdienstmitarbeiter. Darüber hinaus war de Borchgrave eng mit der Familie Rothschild verschwägert. Wie wir gesehen haben, waren die Rothschilds seit langem Förderer des Staates Israel.

DIE VERSCHLEIERUNG DER KONSERVATIVEN

Ebenso interessant ist die Antwort auf die Behauptungen über die JFK-Verschwörung, die von einer anderen „konservativen" Quelle stammt. Die Organisation mit dem malerischen Namen Accuracy In Media (Genauigkeit in den Medien), ein sogenannter konservativer „Medien-Wachhund", nahm Anstoß daran, dass hinter der Ermordung des Präsidenten eine Verschwörung stecken könnte.

Als Mark Lanes *Plausible Denial* und Oliver Stones *JFK* in die Kinos kamen, schloss sich Reed Irvine, der Vorsitzende der AIM, auf unerklärliche Weise, wie es scheint, den übrigen Medien an, um die im Buch und im Film dargestellten Verschwörungstheorien zu verurteilen.

In der konservativen Wochenzeitung *Human Events* hatte Irvine den Medien, die die Theorien angegriffen hatten, Respekt gezollt. Irvine sagte: „Die Mainstream-Medien waren zu ihrer Verteidigung fast einstimmig der Meinung, dass Stone ein verlogener Scharlatan sei."[749]

(Auch wenn Stone natürlich nicht die ganze Wahrheit gesagt hat).

Irvine wies Lane dann als „links" zurück und verkündete kategorisch, dass jeder, der glaubte, dass hinter dem Mord an JFK irgendeine nationale Verschwörung steckte, von der sowjetischen Propaganda getäuscht worden sei. Die Antwort der AIM war interessant, vor allem vor dem Hintergrund der Vorgeschichte einiger ihrer Tenöre.

WER STEHT HINTER DEM AIM?

Irvine hatte zuvor als Wirtschaftswissenschaftler im Dienst der Federal Reserve gestanden. Bernard Yoh, neben Irvine Mitbegründer des AIM, war ein Untergebener von General Edward Lansdale, einem CIA-Agenten aus der Zeit des Vietnamkriegs[750]. Wie wir in Kapitel 11 gesehen haben, war Lansdale für die Anti-Castro-Operationen verantwortlich, die unter dem Namen Operation Mongoose in Zusammenarbeit mit Meyer Lanskys Verbrechersyndikat durchgeführt wurden.

Während seines Dienstes in Vietnam hatte Lansdale, wie in Kapitel 12 angemerkt, eng mit der korsischen Mafia zusammengearbeitet - die ein integraler Bestandteil von Lanskys Drogenhandel war, der in Zusammenarbeit mit der CIA betrieben wurde. Es ist daher nicht überraschend, dass Lansdales ehemaliger Vietnam-Partner sich vehement gegen die Verschwörungstheorien von JFK ausspricht.

---

[749] *Human Events*, 4. Januar 1982.
[750] *Covert Action Information Bulletin*, Sommer 1989.

DIE ISRAELISCHE VERBINDUNG VON AIM

Besagter Yoh ist auch dem Internationalen Sicherheitsrat (ISC) angeschlossen, einem Think Tank, der sich durch seine Hingabe für die Förderung der Interessen Israels bei der Gestaltung der US-Außenpolitik auszeichnet.

Der Gründer des ISC war der allgegenwärtige Dr. Joseph Churba, ein ordinierter Rabbi, den wir in Kapitel 8 zum ersten Mal als Schützling von Jay Lovestone kennenlernten, der im Auftrag von James J. Angleton von der CIA die Kontakte der CIA zur korsischen und sizilianischen Mafia koordiniert hatte.

Interessanterweise spielte Churba (inzwischen verstorben) auch eine Schlüsselrolle im Jüdischen Institut für Nationale Sicherheit und in einer als Americans for a Safe Israel (ASI) bekannten Gesellschaft, die in den USA als verlängerter Arm der israelischen Untergrund-Terrorgruppe Irgun gegründet wurde.

Zu denjenigen, die eng mit den Vorläufern der ISA zusammenarbeiteten, gehörte der rumänisch-jüdische Emigrant Ernst Mantello, dessen Bruder Giorgio zusammen mit Major Louis M. Bloomfield zu den Gründern der düsteren Permindex-Gesellschaft gehörte, die in Kapitel 15 ausführlich untersucht wird.[751]

EINE ANDERE VERBINDUNG ZUR CIA UND LANSKY

Eine weitere Figur der AIM ist ebenfalls interessant im Zusammenhang mit der Kritik der Organisation an den Verschwörungstheorien zur Ermordung von JFK. Der Vorsitzende der AIM ist Murray Baron, ein ehemaliger Offizieller der Internationalen Teamster-Bruderschaft, die von Lanskys Syndikat des organisierten Verbrechens dominiert wird, aber auch Mitglied des von der CIA finanzierten Bürgerkomitees für ein freies Kuba und Mitbegründer des Bürgerkomitees für Frieden und Freiheit in Vietnam ist.[752]

Man könnte beiläufig hinzufügen, dass die AIM auch immer ein starker Verfechter Israels und seiner Interessen war. Was die AIM betrifft, wäre es ein Skandal, auf irgendeine Verschwörung hinzuweisen, die Israel und seine Verbündeten innerhalb der CIA betreffen könnte. Für die Genauigkeit in den Medien von Accuracy in Media kommen wir also wieder.

OLIVER STONE

Was ist mit Oliver Stones *JFK*? Welchen Platz nimmt dieser umstrittene Film in den Annalen der Verschwörungstheorien über die Ermordung von JFK ein? Was ist mit der hysterischen Reaktion der Medien auf den Film (die ihm übrigens eine größere Öffentlichkeit beschert hat)?

In der *New York Times* vom 20. Dezember 1991 stellte Stone eine recht einfache Frage: „Wenn der Führer eines Landes ermordet wird, fragen sich die Medien normalerweise:" Welche politischen Kräfte waren gegen diesen Führer und würden von seiner Ermordung profitieren?

Die Ironie ist, wie wir sehen werden, dass, obwohl Oliver Stone selbst diese Frage durch die Ägide seines kontroversen Films *JFK* auf wichtige Weise aufgeworfen zu haben schien - die Tatsache ist, dass Stone selbst in gewissem Sinne bewiesen hat, dass er letztendlich zu

---

[751] *Moscow's Secret Weapon.* [Washington, D.C.: Executive Intelligence Review, 1. März 1986], S. 82-84.
[752] *Covert Action Information Bulletin, Ibid.*

einem wichtigen Faktor bei der anhaltenden Vertuschung der wahren Wahrheit über die Ermordung von John F. Kennedy geworden ist.

Es ist in der Tat ironisch, dass, obwohl Stones Film *JFK* die internationale Aufmerksamkeit auf das JFK-Mordkomplott lenkte, stillschweigend darüber spekuliert wurde, ob der Medienfuror Teil eines hochrangigen Plans gewesen sein könnte, um die Wahrheit über das Komplott weiter zu verschleiern.

Viele Wissenschaftler, die sich mit dem JFK-Attentat beschäftigen, insbesondere Mark Lane, sind zutiefst besorgt darüber, dass Stones Film eine seltsame Mischung aus Fakten und Fiktion darstellt. Die Fakten über die Verschwörung zum Attentat sind sensationell genug, um keine fiktiven Details hinzuzufügen, wie er und andere betonten. Lane fasste es treffend zusammen: „Es war gut, dass Stone die Teenager und andere auf den ungelösten Mord aufmerksam gemacht hat. Es war mies, dass er dies tat, indem er die Akte fälschte".[753]

IN DIE FALSCHE RICHTUNG WEISEN

Obwohl Stones Film beiläufig auf die CIA-Verbindungen von David Ferrie und Clay Shaw hinweist - und auch die Permindex erwähnt -, war der Kerngedanke des Films, dass die Verschwörung vom sogenannten „militärisch-industriellen" Komplex ausging.

Die Hauptverschwörer wurden als hochrangige Militärs und ihre Verbündeten unter den Rüstungsfirmen mit Milliardenverträgen dargestellt. Die Rolle der Geheimdienstgemeinschaft wurde, gelinde gesagt, unterschätzt.

Das allein hat einige Kritiker Stones zu der Vermutung veranlasst, dass der ultimative Zweck des Films vielleicht gar nicht darin bestand, die wahren Verantwortlichen für den Mord an JFK zu identifizieren, sondern den Finger in eine andere Richtung zu zeigen. *Die Beweise für all dies sind, wie wir sehen werden, ziemlich überzeugend.*

STONES VERBINDUNG ZU LANSKY UND ISRAEL

Die Tatsache, dass der Vertrieb von Stones Film von Warner Brothers übernommen wurde, ist angesichts der Erkenntnisse aus *Final Judgement* etwas beunruhigend. Tatsächlich ist Warner Brothers, eine Tochtergesellschaft des gigantischen Medienimperiums Time-Warner, aus einer Filmproduktionsfirma hervorgegangen, die von Meyer Lanskys langjährigem Geschäftspartner Louis Chesler, einem Kanadier mit etwas zweifelhaftem Ruf, gegründet wurde.

Im Jahr 1956 gründete Lanskys Vertreter Chesler die Seven Arts Productions in Montreal, Kanada. Obwohl es sich scheinbar um eine Filmproduktionsfirma handelte, diente Seven Arts Lansky und einigen seiner Geschäftspartner zur Geldwäsche.[754]

1955 hatte sich Seven Arts mit einem New Yorker Bankenkonsortium zusammengetan und sich in weniger als zehn Jahren die Taschen vollgestopft.

1967 erschütterte Seven Arts die Wall Street und verblüffte Hollywood, als es die Kontrolle über die berühmten Warner Brothers Studios übernahm - mit anderen Worten: eine Machtübernahme von Lansky. Die Initiative war damals für viele ein Rätsel, aber sie wussten nicht viel über die Transaktionen, die das Lansky-Syndikat hinter den Kulissen abwickelte, was die Machenschaften erleichterte.

---

[753] Mark Lane. *Rush to Judgment (Ansturm auf das Urteil).* (New York: Thunder's Mouth Press, 1992), S. XXVII.
[754] *The Spotlight*, 17. Juli 1978.

Das neue Unternehmen wurde Warner-Seven Arts Studios genannt und 1968 in Warner Communications umbenannt.[755] Es stellt sich heraus und ist wenig überraschend, dass es Bernie Cornfelds Investors Overseas Service (JOS) war, der „die wichtigsten Aktienpakete besaß"[756] von Warner-Seven Arts.

Herr Cornfeld vom IOS war, wie wir in Kapitel 15 gesehen haben, ein Vertreter von Tibor Rosenbaum, einem ehemaligen Mossad-Beamten und Hauptanstifter der mit Lanksy verbundenen Firma Permindex, die damals im Zentrum des JFK-Mordkomplotts stand.

„DIE ISRAELISCHE MAFIA"

Im Jahr 1981 erschütterte ein großer Skandal die Warner Communications. Mehrere seiner Hauptprotagonisten - Salomon Weiss, Stephen Ross und Jay Emmett- wurden in Fällen von Steuerhinterziehung, Korruption und anderen vom Justizministerium erhobenen Vorwürfen des illegalen Handels erwischt. Warners Verbindungen zum organisierten Verbrechen waren Gegenstand von Ermittlungen.[757]

Besonders wichtig an diesem Fall ist jedoch, dass ein Großteil der Beweise, die gegen Weiss, der stellvertretender Hauptschatzmeister von Warner Communications war, erhoben wurden, aus Dokumenten stammten, die in den Akten des United Jewish Appeal und anderer pro-israelischer philanthropischer Organisationen gesammelt worden waren, die vom Justizministerium beschlagnahmt worden waren.[758]

Darüber hinaus stieß die Warner Communications bei ihren Ermittlungen wiederholt auf Verbindungen zur „israelischen Mafia", d. h. zu Mitgliedern des organisierten Verbrechens, die in Israel leben und operieren.

Und um den Kreis zu schließen: Die Ermittlungen der Justiz gegen den oben erwähnten Stephen Ross in der Warner-Affäre hatten die engen Verbindungen zwischen dem Informationsriesen und dem Skandal um die American Bank and Trust (ABT) aufgedeckt.[759]

WIEDER TIBOR ROSENBAUM

In Kapitel 7 hatten wir zum ersten Mal erfahren, dass die in New York ansässige ABT eine amerikanische Tochtergesellschaft der Swiss-Israel Trade Bank war, deren Direktor kein anderer als Tibor Rosenbaum vom israelischen Mossad war, der Pate des besagten Bernie Cornfeld von der IOS.

Wie wir gesehen haben, ist es ziemlich ironisch, dass die Schweiz Israel am 22. November 1963 die Leitung der American Bank and Trust übernahm. Diese ging jedoch schließlich bankrott, nachdem sie von dem Finanzier David Graiver, einem langjährigen Mossad-Agenten, ausgeplündert worden war.

Abraham Feinberg, der New Yorker Finanzier, der durch den ABT-Skandal befleckt wurde - und der schließlich mit der Warner Communications Affäre in Verbindung gebracht wurde - war nicht nur Verwalter des ABT, sondern auch derjenige, der John F.

---

[755] Ibid.
[756] Connie Bruck. *Master of the Game*. (New York: Simon & Schuster, 1994), S. 52.
[757] *The Spotlight*, 5. Oktober 1981.
[758] Ibid.
[759] Ibid., 10. August 1981.

Kennedys erstes unangenehmes Treffen mit den wichtigsten Finanziers der pro-israelischen Lobby in Amerika organisiert hatte (beschrieben in Kapitel 4).[760]

Warner Communications überlebte die Serie von Skandalen und fusionierte schließlich mit Time-Life, Inc. dem anderen großen Mediengiganten, der von den mit dem JFK-Attentat befassten Forschern als für die Vertuschung des JFK-Attentats geeignet eingestuft wurde.

DIE TIME-LIFE-BANDE

In Kapitel 10 hatten wir erfahren, wie der *Life-Korrespondent* Richard Billings nach New Orleans gereist war und Jim Garrisons Ermittlungen zum Mord an JFK sabotiert hatte. Billings und sein Team hatten das *Life-Magazin* als Forum benutzt, um Garrison als Werkzeug der Mafia darzustellen. Billings und das Unternehmen hatten Garrison als Sprecher von Carlos Marcello, dem Mafiaboss von New Orleans, dargestellt, aber natürlich ignoriert, dass er im Vergleich zu seinem Patenonkel Meyer Lansky eine untergeordnete Stellung einnahm.

Er arbeitete mit dem Leiter des Komitees, G. Robert Blakey, zusammen, der Jahre zuvor als Leumundszeuge für Morris Dalitz, Lanskys alten Vertrauten, tätig gewesen war und angeblich „bewiesen" hatte, dass Dalitz keine Verbindungen zur Unterwelt hatte.

So kam es, dass Time-Life und Warner Communications zu Time-Warner fusionierten. Und natürlich war es Warner Brothers, eine der Tochterfirmen von Time-Warner, die schließlich zur Vertriebsgesellschaft für Oliver Stones Film *JFK* wurde - in dem „der militärisch-industrielle Komplex" für den Mord an JFK verantwortlich gemacht wurde - und keineswegs der israelische Mossad, die Mafia oder gar die CIA.

(Dasselbe Unternehmen war über seine Tochtergesellschaft Time Warner Books auch für den Vertrieb der Biografie des Chicagoer Mafiabosses Sam Giancana zuständig, in der es hieß, dass es sich um eine Verschwörung der CIA und der Mafia gegen JFK gehandelt habe, die fast ausschließlich von Giancana selbst inszeniert worden sei).

WIEDER DIE BRONFMANS

Interessanterweise hatte die Bronfman-Familie, die über ihre Firma Seagram mit dem Lansky-Syndikat verbunden ist, Anfang 1993 eine erhebliche Mehrheitsbeteiligung an Time Warner erworben und damit die Verbindungen des Medienriesen zu den engsten Kreisen, die mit der CIA, dem Lansky-Syndikat und dem israelischen Mossad verbunden sind und die das Unternehmen seit seiner Gründung umgaben, weiter gestärkt.

Wie wir in Kapitel 15 gesehen haben, war Major Louis M. Bloomfield, der Geschäftsführer der Firma Permindex, lange Zeit der persönliche Ankläger der Interessen der Bronfmans und eine wichtige Figur der Israel-Lobby in Kanada gewesen.

Dass ein Unternehmen, das seit den frühen Jahren nicht nur mit den engsten Kreisen um Meyer Lansky und seinem internationalen Verbrechersyndikat sondern auch mit Israel und seinem Mossad eng verbunden war, die Schirmherrschaft über Oliver Stones Theorie der großen Verschwörung übernimmt, ist, gelinde gesagt, schon Grund genug, um Fragen zu stellen. Aber das ist noch nicht alles.

Interessanterweise stellte Stone die mächtige PR-Agentur Washington, D.C. Firm von Hill & Knowlton ein, um die Publicity und die Kontroverse zu bewältigen, die mit der Veröffentlichung des Films entstanden waren. Schließlich war es Hill & Knowlton, die eine

---

[760] *Ibid.*

große Propaganda für die amerikanische Beteiligung am Krieg im Persischen Golf gegen den Irak und für Israel inszeniert hatten.

STEINS VERBINDUNG MIT DEM ADL

Mehr noch: Frank Mankiewicz, der Manager von Hill & Knowlton, der die Aktien seiner Kanzlei im Auftrag von Stone verwaltet hatte, startete gerade in die PR-Branche, indem er für die pro-israelische Anti-Defamation League (ADL) des B'nai B'rith in Los Angeles arbeitete (In Kapitel 18 werden wir sehen, dass Mankiewicz eine kuriose Rolle in den Umständen um ein weiteres Kennedy-Attentat spielte).

STONE REAGIERT AUF *ENDURTEIL*...

Am 16. Februar 1994 versuchte ein Mitarbeiter des Autors in Washington, D. C., Oliver Stone ein Exemplar der ersten Ausgabe von *Endgültiges Urteil* zu übergeben. Dies geschah mehrere Monate, nachdem das Buch erstmals im Programm des jährlichen Symposiums über die Ermordung von JFK, das vom JFK Assassination Information Center in Dallas, Texas, gesponsert wurde, angekündigt worden war.

Obwohl Stone nicht an dem Symposium teilgenommen hatte, war er durch einen seiner Geschäftspartner vertreten und es bestand kein Zweifel daran, dass Stone von der Veröffentlichung von *Final Judgement* wusste. Schließlich erschien eine ganzseitige Anzeige, die für ein Buch mit einer Einleitung von Stone warb, gegenüber einer ganzseitigen Anzeige für *Endgültiges Urteil*.

Als Stone jedoch sein Exemplar des Buches erhielt, erstarrte sein Gesicht, als er den Buchumschlag sah, und er weigerte sich, das Buch anzunehmen, und erklärte: „Bitte schicken Sie es mir mit der Post." Stone, der Freidenker und Anti-Konformist, wandte sich ab und ging einige Augenblicke später weg, wobei er ein weiteres Paket mit Dokumenten annahm, das ihm von einer anderen Person vorgelegt worden war.

Warum war Stone so zögerlich, das Buch anzunehmen? Wir haben vielleicht Informationen, die die Antwort liefern. Stone wusste tatsächlich von der sogenannten „französischen Verbindung" im Zusammenhang mit dem JFK-Mord, die in *„Final Judgement"* dokumentiert und in der Programmwerbung für das JFK-Forum in Dallas referenziert wurde.

STONE UND „DIE FRANZÖSISCHE VERBINDUNG"

Kurz nach der Veröffentlichung von *Endgültiges Urteil* hatte Ron Lewis, der in New Orleans mit Lee Harvey Oswald befreundet war und auch in Guy Banisters „französischer" Operation arbeitete, etwas sehr Interessantes über Stone und die französische Verbindung enthüllt.

Als Lewis, der während der Dreharbeiten zu *JFK* als Berater für Stone tätig war, Stone bei der Einrichtung der Kulissen, die Banisters Büro in New Orleans nachbilden sollten, unterstützte, baute Stone eine Reihe von Kisten ein, die offensichtlich Waffen enthielten und auf Spanisch bedruckt waren.

Lewis widersprach dem Spanischen, indem er sagte: „Die Schrift auf den Schachteln war französisch", da die Waffen mit der Rebellion der OAS, die von der von Israel gesponserten Permindex unterstützt wurde, gegen den französischen Präsidenten Charles De Gaulle in Verbindung gebracht wurden. Doch Stone antwortete Lewis mit den Worten:

„Spanisch dient dem Thema des Films besser". So kam es, wie Lewis betonte: „Es war also auf Spanisch".[761]

Also abstrahierte Oliver Stone die „französische" Verbindung - eine Verbindung, die ihrerseits die Verbindung zwischen Israel und dem Mord an John F. Kennedy hervorhebt. Eine weise Geste für einen Filmemacher, dessen Sponsoren enge Verbindungen zu den Tätern hatten, die in das Verbrechen verwickelt waren, das Stone auf unheimliche Weise auf die Leinwand brachte.

STONES VERBINDUNG ZUM MOSSAD

Es gibt jedoch noch eine letzte, ziemlich faszinierende Tatsache über Oliver Stone und seinen Film, die erwähnt werden sollte. Auch wenn Stone zweifellos das unbestreitbar talentierte kreative Genie war, das für *JFK* verantwortlich war, sollte man sich immer vor Augen halten, dass in der Filmbranche das - schiere - Geld darüber entscheidet, ob ein Film gedreht wird oder nicht. Dem Produzenten des Films fällt die wichtige Aufgabe zu, die Finanzierung zu organisieren. Wenn man den Abspann von Stones *JFK* überprüft, wird man in der Liste der ausführenden Produzenten den Namen „Arnon Milchan" finden.

Wer ist Arnon Milchan? Warum ist sein Name relevant für unsere Untersuchung der Fakten über die Rolle Israels beim Mordkomplott gegen JFK und die Art und Weise, wie Oliver Stone diesen entscheidenden Faktor unterdrückt hat?

Laut dem liberalen Journalisten Alexander Cockburn in *The Nation* vom 18. Mai 1992 wurde Milchan, der ausführende Produzent von *JFK*, „in einem israelischen Bericht von 1989 als 'wahrscheinlich Israels größter Waffenhändler' identifiziert". Eine Firma, die ihm gehörte, war bereits dabei erwischt worden, wie sie Zündvorrichtungen für Atomwaffen in den Irak schmuggelte. Im Rahmen einer gemeinsamen Operation der israelischen und südafrikanischen Regierungen - „Muldergate" - hatte er als Geldwäscher fungiert, um liberale Publikationen, die sich gegen die Apartheid wandten, zu unterdrücken".[762]

Der israelische Historiker Benjamin Beit-Hallahmi, der den weltweiten Waffenhandel Israels untersuchte, beschreibt Milchan als „Mossad-Mann"[763] . Im Lichte von JFKs Hinterzimmerschlacht mit Israel über die Frage der israelischen Nuklearentwicklung ist es jedoch vielleicht noch faszinierender, dass laut James Riordan, dem Biografen von Oliver Stone: „Milchan machte international Schlagzeilen, weil er Vereinbarungen zugunsten des israelischen Atomwaffenprogramms getroffen hatte, aber er behauptet, dass die Verteidigung seines Landes und nicht der Profit seine Motivation gewesen sei."[764]

Aber das ist noch nicht alles. Es stellte sich laut Riordan auch heraus, dass Milchan das, was Riordan als „französisches Geld"[765] beschreibt, für die Produktion von Stones Film verfügbar gemacht hatte.

Wir haben also eine Mossad-Figur im Zentrum des israelischen Atomentwicklungsprogramms, die zusammen mit ihren französischen Partnern einen Film finanziert, der nicht nur 1) die sogenannte „französische Verbindung" (die sogar von einem der Berater des Films, dem sogenannten Ron Lewis, beschrieben wird) unterdrückt, sondern

---

[761] Ron Lewis. *Flashback.* (Medford, Oregon: Lewcom Productions, 1993), S. 119.
[762] Alexander Cockburn, *The Nation*, 18. Mai 1992.
[763] Benjamin Beit-Hallahmi. *The Israeli Connection-Who Israel Arms and Why* (New York: Pantheon Books, 1987), S. 155.
[764] James Riordan. *Stone.* (Hyperion Books, 1995), S. 364.
[765] *Ibid.*, S. 370.

2) auch niemals JFKs erbitterten Konflikt mit Israel erwähnt, insbesondere den Kampf um Israels Bemühungen, ein Atomwaffenarsenal aufzubauen.

EINE „BEGRENZTE SITUATION" NACH HOLLYWOOD-ART?

Ist es vor diesem Hintergrund wirklich eine große Anstrengung der Vorstellungskraft, wenn man also vorschlägt, dass Oliver Stones „Interpretation" des JFK-Mordkomplotts in Wirklichkeit eine sehr ausgeklügelte Form düsterer Propaganda war, die mit Mossad-Geldern finanziert wurde? Lieferte der massive Medienrummel Stones Film eine gewisse Form der „begrenzten Lage" im Namen Israels und seiner CIA-Verbündeten? War die allgemeine Förderung von Stones Film ein Versuch, die Kontroverse endlich zu beenden und der Öffentlichkeit das zu geben, was sie wollte: eine Form der Erklärung dafür, „was wirklich passiert war" in Dallas? Das werden wir natürlich nie erfahren.

Es ist vielleicht auch erwähnenswert, dass mir seit der Erstveröffentlichung von *Final Judgement* gesagt wurde - aber ich konnte es nie bestätigen -, dass Oliver Stone großzügig an die Israel-American Public Affairs Commission, die Israel-Lobby, gespendet hat. Wenn das stimmt, dann ist es einfach ein weiteres interessantes Detail, das dabei hilft zu erklären, warum Stone sich dafür entschieden haben könnte, alle Beweise zu ignorieren, die eine unwiderrufliche israelische Verbindung mit dem Mord an John F. Kennedy belegen.

EINE EINLADUNG ZUR DEBATTE

Ich würde mich freuen, mit Oliver Stone in einem öffentlichen Forum zu diskutieren. Immerhin sind wir uns (offenbar) einig, dass Jim Garrison auf dem richtigen Weg war, als er seine Ermittlungen gegen Clay Shaw begann. Das ist ein guter Ausgangspunkt. Wo wir uns trennen, ist, wie weit die Verschwörung ging. Stone setzt die Grenze bei Shaws Verbindung zu Israel. Ich nicht. Das wäre eine interessante Debatte. Wenn es Leser von „*Endgültiges Urteil*" gibt, die eine solche Debatte organisieren könnten, lassen Sie es mich bitte wissen.

WO STONE VERSAGT HAT....

Wie wir bereits festgestellt haben, stellte Stone in der *New York Times* folgende Frage: „Wenn ein Führer eines beliebigen Landes ermordet wird, stellen die Medien normalerweise die Frage:" Welche politischen Kräfte waren gegen diesen Führer und würden von seiner Ermordung profitieren?

Wie wir gesehen haben, war eine politische Kraft, die sich gegen John F. Kennedy stellte und von seiner Ermordung profitiert hätte, Israel, aber Stone zieht es offensichtlich vor, diese Kraft nicht speziell zu benennen.

Trotz aller Kritik, die wir an Stone geübt haben - und sie ist wohlverdient -, hat Stones Film dennoch den Weg für neue Denkweisen über die offensichtliche Tatsache geebnet, dass es eine Verschwörung war, die das Leben von John F. Kennedy beendete.

Stone ist es nicht gelungen, die Quelle dieser Verschwörung zu finden, aber genau das haben wir auf den Seiten von „*Endgültiges Urteil*" getan. Wie schade, dass Oliver Stone nicht die ganze Geschichte der Verschwörung erzählen konnte.

DIE MEDIEN LEHNEN *ENDURTEIL* AB

Offensichtlich spielte die Berichterstattung in den Medien bzw. die Tatsache, dass über die Ermordung von JFK nicht berichtet wurde, eine entscheidende Rolle bei der Verschleierung der wahren Hintergründe der Verschwörung, die zur Ermordung des Präsidenten führte. *Es besteht kein Zweifel daran, dass die Medien eine große Rolle bei der Aufrechterhaltung der Vertuschung gespielt haben und dass Israel und seine Lobby einen großen Einfluss auf die Gestaltung der amerikanischen Medien haben.*

Obwohl die Medien die Ergebnisse der Warren-Kommission zunächst unterstützten, zwang die Skepsis der Öffentlichkeit die Medien, eine Vielzahl von Berichten und begrenzte Auszüge aus der Wahrheit zu veröffentlichen. Die Verbindung zu Israel war jedoch nie in Betracht gezogen worden - bis jetzt.

KAPITEL XVIII

Der Erbe des
Die Ermordung von Robert F. Kennedy
Israel, der Iran, Lansky und die CIA

Die Ermordung von Senator Robert F. Kennedy, dem jüngeren Bruder des ermordeten Präsidenten, war für die anhaltende Vertuschung der Wahrheit über die Ermordung von JFK unerlässlich.

Wenn RFK ins Weiße Haus gegangen wäre, hätte er endlich die Macht gehabt, die Mörder seines Bruders vor Gericht zu stellen.

Die Ermordung von Robert F. Kennedy verbindet nicht nur Israel und seine Verbündeten in der CIA und Meyer Lanskys Syndikat des organisierten Verbrechens, sondern auch die SAVAK, die Geheimpolizei des Schahs von Iran.

Auf den ersten Blick ist die „offizielle" Erklärung der Umstände rund um den Tod des ehemaligen Generalstaatsanwalts Robert F. Kennedy so einfach wie der Bericht der Warren-Kommission über die Ermordung von John F. Kennedy. In beiden Fällen, so die Geschichte, war „ein einsamer Störenfried" für das Verbrechen verantwortlich. Es gab keine Verschwörung.

Die Ermordung von Robert F. Kennedy 1968 in Los Angeles erfolgte unmittelbar nachdem RFK (der 1964 in den New Yorker Senat gewählt worden war) die Vorwahlen der Demokratischen Partei in Kalifornien gewonnen hatte. Dies brachte den jungen Kennedy an die Spitze der Präsidentschaftsnominierung seiner Partei und damit potenziell in die Reihe, um nach den Kongresswahlen ins Weiße Haus einzuziehen.

RFK hielt seine Siegesrede in Kalifornien vor einer großen Menge von Anhängern im Ballsaal des Ambassador-Hotels. Nachdem er seine Rede beendet hatte, wollte sich der triumphierende Kennedy einen Weg durch die Menschenmenge im Ballsaal bahnen, um das Hotel zu verlassen.

Laut einem Wahlkampfhelfer, der vor Ort war, bestand einer von Kennedys Vorgesetzten jedoch wiederholt darauf, dass Kennedy durch die Küche des Hotels hinter dem Ballsaal gehen sollte. Derjenige, der so sehr darauf bestand, dass RFK durch die Küche ging, war Frank Mankiewicz, der seine Karriere in der Öffentlichkeitsarbeit im Büro der Anti-Defamation League (ADL) der B'nai B'rith in Los Angeles begonnen hatte und, wie wir in Kapitel 17 gesehen haben, die Werbung für Oliver Stones Spielfilm *JFK* betreute.[766]

Dort, in jener Küche, in der Mankiewicz Senator Kennedy dirigierte, wartete ein junger arabisch-amerikanischer Mann namens Sirhan Sirhan. Der verstorbene William Sullivan, langjähriger stellvertretender Direktor des FBI, sagte: „Wir konnten nie erklären, warum Sirhan in der Küche des Ambassador Hotels war."[767] Allerdings wissen wir jetzt, warum Bobby Kennedy durch die Küche des Hotels ging, anstatt den Weg zu nehmen, den er gehen

---

[766] Privates Gespräch mit einem ehemaligen Freiwilligen der RFK-Kampagne, der am Tatort war, als Robert Kennedy ermordet wurde.

[767] G. Robert Blakey und Richard Billings. *The Plot to Kill the President.* (New York: Times Books, 1981), S. 395.

wollte, obwohl Mankiewicz sagte, dass es RFK war, der sich für den Weg durch die Küche entschieden hatte - gegen den Willen des ehemaligen ADL-Mitarbeiters.

„DER TÄTER IST EIN ARABER"

Was in diesen kurzen Sekunden wirklich geschah, ist bis heute umstritten, obwohl die Wahrheit wie folgt lautet: Auf Robert F. Kennedy wurden Schüsse abgefeuert. Der Präsidentschaftskandidat wurde schwer verletzt. Er starb kurz darauf. Der arabisch-amerikanische Angreifer wurde zu Boden geworfen, festgenommen, für schuldig befunden und zu einer Gefängnisstrafe verurteilt.

Die Öffentlichkeit wurde auf düstere Weise darüber informiert, dass Sirhan mit Kennedys pro-israelischer Haltung unzufrieden war und dass dies eine der Motivationen war, die ihn zu dem Verbrechen veranlasst hatte. So wurde ein arabischer Amerikaner der Welt als Mörder eines jüngeren Bruders und Märtyrers des amerikanischen Präsidenten präsentiert, der selbst eine populäre öffentliche Figur war.

Welche Ironie, dass ein Araber-Amerikaner der Mörder des Kennedy-Bruders ist, der von „Eingeweihten" zumindest privat als Antisemit vom gleichen Schlag wie sein Vater wahrgenommen wurde.

Es besteht kein Zweifel daran, dass Kennedy während seiner Zeit im US-Senat tatsächlich eine virulente pro-israelische Haltung eingenommen hat. Als Senator des Staates New York (der natürlich eine mehrheitlich jüdische Bevölkerung hat) war dies für Robert Kennedy, der, gelinde gesagt, ein Pragmatiker war, eine politische Notwendigkeit.

(Wie wir in Kapitel 5 gesehen haben, hielt RFK jedoch die Loyalität von Myer Feldman, dem wichtigsten Berater seines Bruders für jüdische Angelegenheiten, für verdächtig. „Das Hauptinteresse [von Feldman] galt eher Israel als den Vereinigten Staaten", hatte RFK gesagt)".[768]

Wenn jemand von Präsident John F. Kennedys geheimem Krieg gegen Israel wusste (der in Kapitel 5 ausführlich behandelt wird), dann war es sein Bruder und Vertrauter, Robert F. Kennedy. So kam es, dass ein arabischer Sündenbock für den Mord an RFK verantwortlich gemacht wurde, ein Verbrechen, das aus einer Verschwörung heraus entwickelt worden war, die definitiv nicht arabischen Ursprungs war.

DIE RFK-VERSCHWÖRUNG

In diesem Kapitel erforschen wir die Quelle der Verschwörung, die Robert Kennedy von der politischen Arena fernhielt und ihn somit daran hinderte, die Macht zu haben, die Verschwörung zu untersuchen, die die Präsidentschaft seines Bruders beendete.

Und wie wir sehen werden, schließt sich mit dem Mordkomplott gegen RFK der Kreis zum Mordkomplott gegen JFK: Die gleichen mächtigen und eng verbundenen Quellen waren miteinander verbunden, aber auf eine ganz andere Art und Weise.

Im Gegensatz zu Lee Harvey Oswald, der sich selbst zum „Sündenbock" erklärte, reagierte Sirhan Sirhan fast protestlos, mit einer gewissen Passivität. Dies hatte unter anderem dazu geführt, dass einige den Verdacht hegten, Sirhan sei ebenfalls ein Sündenbock, und dass er - vielleicht durch Drogen oder Hypnose - darauf programmiert worden sei, RFK zu töten.

---

[768] Seymour Hersh. *The Samson Option: Israel's Nuclear Arsenal and American Foreign Policy* (New York: Random House, 1992), S. 100.

Doch im Laufe der folgenden Wochen und Monate der - offiziellen und inoffiziellen - Ermittlungen wurde schnell klar, dass es Beweise dafür gab, dass mehrere Schusswaffen in die Küche des Ambassador-Hotels gefeuert hatten. Dennoch - wahrscheinlich gerade wegen der anhaltenden Zweifel am ersten Kennedy-Mord - erreichte das öffentliche Bewusstsein für die ernsten Fragen, die der zweite Kennedy-Mord aufwarf, nicht das gleiche Niveau.

Außerdem waren die Umwälzungen des Jahres 1968 so groß, dass viele andere Dinge die Aufmerksamkeit der Öffentlichkeit auf sich zogen: der Vietnamkrieg, Rassengewalt und Unruhen sowie der Dreierwahlkampf um das Präsidentenamt zwischen Richard Nixon, Hubert Humphrey und George C. Wallace.

Obwohl viele glaubten, dass der Mord an Bobby Kennedy in direktem Zusammenhang mit dem Mord an seinem Bruder fünf Jahre zuvor stand, schien niemand in der Lage zu sein, die Puzzleteile zusammenzusetzen.

DIE SAVAK MACHT IHREN AUFTRITT

Tatsächlich gibt es, wie der ehemalige CIA-Agent Robert Morrow in seinem wenig beachteten (aber sehr wichtigen) Buch *The Senator Must Die* nachgewiesen hat, Verbindungen zwischen den beiden Ereignissen - und zwar tiefere, als man sich je hätte vorstellen können.

Im Klartext lautet Morrows These: Der Mord an Robert F. Kennedy war ein Auftrag der CIA, ausgeführt über den alten Verbündeten der CIA in der internationalen Verschwörung, die SAVAK, die Geheimpolizei des Schahs von Iran - ein Geheimdienst, der zum Teil vom israelischen Mossad gegründet wurde und eng mit dem Mossad verbunden ist.

(Und wie wir in Kapitel 15 festgestellt haben, bringen die von Morrow entdeckten Informationen Meyer Lanskys Syndikat des organisierten Verbrechens und seine Verbindung zur israelischen Verschwörung mit Sitz in der Schweiz mit der Verschwörung in Verbindung, die das Leben von John F. Kennedy geopfert hat).

Morrows eigener eingehender Untersuchung zufolge hatte in den letzten Wochen von Robert F. Kennedys unglücklichem Präsidentschaftswahlkampf 1968 ein gewisser Khyber Khan, ein hochrangiges Mitglied der SAVAK des Schahs, das Wahlkampfhauptquartier von RFK in Kalifornien infiltriert.

Khan hatte auch andere SAVAK-Agenten zur Teilnahme an der Kampagne aufgefordert. Diese Infiltration war Teil des Mordkomplotts. Khan hatte die Aufgabe, den Mord an RFK zu koordinieren.

RFK ließ Khan in seinen inneren Kreis, weil er glaubte, dass Khan ein Gegner des Schahs von Iran sei. Diese Schlussfolgerung beruhte auf seinen früheren Beziehungen zu Khan.

Anfang der 1960er Jahre hatte sich Khan in einen Streit mit dem Schah über ein schiefgelaufenes Handelsabkommen verstrickt und war aus Rache an Washington gekommen, wo er dem damaligen Generalstaatsanwalt Robert Kennedy Beweise dafür lieferte, dass der Schah die Auslandshilfe der USA an den Iran veruntreut hatte. Die Beziehungen zwischen der Kennedy-Regierung und dem Schah, die nie stabil gewesen waren, waren noch angespannter geworden.

Khan und der Schah hatten jedoch Abbitte geleistet und kurze Zeit später war ein Bündnis geschlossen worden. Tatsächlich hatte Khan 1963 die SAVAK-Operationen an der Westküste aufgebaut - natürlich alles ohne das Wissen von Robert F. Kennedy.

DIE ZWEITE „WAFFE"

Im Rahmen von Khans Plan wurde beschlossen, das Attentat von Sirhan Sirhan, einem Jordan-Amerikaner und einem weiteren Teilnehmer, ausführen zu lassen.

Laut Morrows Schilderung waren sowohl Sirhan als auch der andere bewaffnete Mann am Tatort, als RFK ermordet wurde. Die beiden Männer schossen. Sirhan benutzte die 22-Kaliber-Pistole, die ihm nach der Ermordung abgenommen worden war. Der andere Schütze trug jedoch eine von der CIA hergestellte 22-Kaliber-Pistole, die als Kamera getarnt war.

Nachdem Kennedy seine letzte Rede gehalten hatte und in die Küche des Ambassador-Hotels gegangen war, zog Sirhan natürlich seine eigene Waffe und begann, in Richtung des Senators zu schießen. Dies machte Sirhan zum Mittelpunkt der Aufmerksamkeit, obwohl ein Zeuge den Behörden sagte, Sirhan sei nie nahe genug herangekommen, um aus nächster Nähe zu schießen.

Der andere Schütze feuerte unterdessen ebenfalls mit seiner Waffe und gab wahrscheinlich den tödlichen Schuss ab. Mitten im Getümmel, so Morrow, flüchtete der zweite Schütze mit seiner „Kamera". Natürlich wäre es für das Wohl der Mordverschwörung nicht klug gewesen, wenn der andere Schütze mit einer von der CIA hergestellten Waffe gefangen genommen worden wäre.

ANDERE POTENZIELLE SCHÜTZEN

Viele Theoretiker des RFK-Mordkomplotts haben auf eine Person namens Thane Caesar hingewiesen, die sich zum Zeitpunkt der Ermordung des Senators am Tatort befand und in letzter Minute vom Ambassador Hotel als Ersatz für einen anderen Sicherheitsbeamten angestellt wurde. Es gibt auch Stimmen, die vermuten, dass Caesar der „zweite Revolver" war. Obwohl Caesar im Volksmund als „Leibwächter von Howard Hughes" (dem einsamen Milliardär) beschrieben wurde, sind seine wahren Verbindungen weitaus interessanter. Offensichtlich hatte Caesar durch seine Verbindungen in Las Vegas stärkere Verbindungen zu Meyer Lanskys Syndikat des organisierten Verbrechens. Aber das bedeutet nicht, dass Caesar in irgendeiner Weise involviert ist. Letztendlich ist die Geschichte von Thane Caesar nur eine weitere dieser Ablenkungen, die zu nichts führen.

Inzwischen hat Lisa Pease in ihrem neuen Buch *The Assassinations* (Los Angeles: Feral House, 2003) den Beweis erbracht, dass ein britischer Staatsbürger jüdischer Herkunft, Michael Wien, der sich „Michael Wayne" nannte, sich vor dem RFK-Mord im Ballsaal des Ambassador-Hotels aufgehalten hatte und offenbar über fortgeschrittene Kenntnisse der bevorstehenden Ereignisse verfügte. Nach der Schießerei gab es Behauptungen, dass Wien (oder „Wayne") etwas bei sich trug, das für einige wie eine Papproöhre oder etwas Ähnliches aussah, und einige Leute glaubten, dass er darin eine Schusswaffe versteckt hatte. Obwohl die Polizei Wien offenbar in Untersuchungshaft genommen hat, deutet Pease an, dass es noch viel mehr unbeantwortete Fragen zu Wien - und anderen verdächtigen Personen, die an diesem Tag dort waren - gibt. Doch Frau Pease gehört zu der Gemeinschaft der „Forscher", die sich nicht traut, „Mossad" zu sagen.

DIE UNTERSUCHUNG SABOTIERT WIRD

Wie dem auch sei, wie Robert Morrow feststellt, wurden spätere Versuche, das Komplott zu untersuchen, von zwei CIA-Agenten der „Sondereinheit des Senators" des Los Angeles Police Department vereitelt, die zur „Untersuchung" des Attentats eingesetzt worden waren. Morrow sagte, dass es sich bei den Polizisten um die Agenten Manny Pena und Enrique Hernandez handelte, die beide dafür bekannt waren, dass sie neben ihrer Arbeit für das Polizeidepartment auch für die CIA gearbeitet hatten.

In seinem Buch *The Senator Must Die* berichtet Morrow im Wesentlichen die Rekonstruktion des Mordkomplotts gegen RFK auf sehr überzeugende Weise.

Ein Großteil von Morrows Forschung wurde durch Informationen gestützt, die er aus einem Interview mit einem gewissen Alexis Goodaryi aus Washington, D.C., gewonnen hatte. C. Obwohl er in seiner öffentlichen Figur der beliebte Zeremonienmeister des Luxusrestaurants Rotunda in Capital Hill war, war Goodaryi auch der unmittelbare SAVAK-Vorgesetzte von Khyber Khan, dem SAVAK-Agenten von der Westküste, der den Mord an RFK koordinierte.

Goodaryi wurde Anfang 1977 ermordet - nur einen Monat, nachdem er mit Morrow gesprochen hatte. Doch obwohl die Medien den Mord an Goodaryi als „Unterwelt-Coup" beschrieben, bestätigten Morrows Quellen ihm das Gegenteil: Es war eine Operation der SAVAK.[769]

DIE VERBINDUNG ZU LANSKY

Das alles ist ziemlich interessant, insbesondere Morrows Bemerkung, dass Goodyari ihm erzählt, dass er (Goodyari) während ihrer Partnerschaft Khyber Khan einer Reihe seiner Geschäftspartner aus dem organisierten Verbrechen in Washington vorgestellt habe: insbesondere einem gewissen C. H. „Jim" Poller. Mr. Poller war laut Morrow „der Verbindungsmann der Washingtoner Unterwelt für [Meyer] Lansky und Santo Trafficante".[770] Folglich sehen wir einmal mehr das Gespenst von Meyer Lansky vor dem dunklen Hintergrund des Mordes an einem Kennedy.

Wir könnten sogar noch weiter gehen. Während Sirhan Sirhan für seine Rolle bei der Ermordung von Robert F. Kennedy ausgebildet wurde, arbeitete der junge Araber-Amerikaner in den Ställen der Pferderennbahn von Santa Anita. Santa Anita war in der Tat eines der wichtigsten Profitcenter von Mickey Cohen, Lanskys Handlanger an der Westküste und Chef der Schmuggler in Südkalifornien. Wir können nur vermuten, dass Cohen und seine Untergebenen möglicherweise an einigen Aspekten der Ermordung von RFK beteiligt waren.

Es ist jedoch keine Spekulation, dass die iranische SAVAK (die für die Ermordung von Robert F. Kennedy zuständig war) eng mit der amerikanischen CIA verbündet war. Die Fakten sind zu eindeutig. Die Rolle der CIA beim Sturz eines nationalistischen iranischen Führers, Mohammed Mossadegh, und der Wiedereinsetzung des Schahs von Iran auf seinen Thron im Jahr 1953 ist allgemein bekannt und umfassend dokumentiert.

Weniger bekannt sind jedoch die engen Arbeitsbeziehungen zwischen der iranischen SAVAK und dem israelischen Mossad.

Obwohl der Iran, eine persische Nation, und Israel als feindselig gegeneinander wahrgenommen werden könnten, war dies keineswegs der Fall.

---

[769] Robert Morrow. *The Senator Must Die: The Murder of Robert F. Kennedy* (Santa Monica, California: Roundtable Publishing, Inc., 1988). ANMERKUNG: Morrows Rekonstruktion des Mordes an RFK, wie sie im Wesentlichen auf den Seiten 119 bis 227 von Morrows Buch beschrieben wird.
[770] *Ibid.*, S. 49.

ISRAEL UND DER IRAN

1958 schlug der israelische Premierminister Ben-Gurion dem US-Präsidenten Dwight D. Eisenhower eine vereinte Front gegen den ägyptischen Führer Gamal Abdel Nasser vor. Ben-Gurion sagte: „Mit dem Ziel, einen hohen Damm gegen die nasseristisch-sowjetische Flutwelle zu errichten, haben wir begonnen, unsere Verbindungen zu mehreren Staaten am äußeren Rand des Nahen Ostens enger zu knüpfen. Unser Ziel ist es, eine Gruppe von Ländern - nicht unbedingt ein offizielles Bündnis - zu organisieren, die der indirekten sowjetischen Expansion über Nasser widerstehen kann."[771]

Der Iran war eines der Länder, denen Ben-Gourion anbot, Teil dieser neuen Allianz zu werden. Ben-Gurion hatte im Hinterkopf, dass der Iran dazu benutzt werden könnte, die arabischen Länder Irak und Syrien unter Kontrolle zu halten.[772]

Tatsächlich war Israel schon seit einiger Zeit aktiv an dem Versuch beteiligt, sich in die inneren Angelegenheiten des Iran einzumischen. Laut Andrew und Leslie Cockburn in *Dangerous Liaison: The Inside Story of the U. S. - Israeli Covert Relationship* „ermutigten israelische Agenten die verbündeten Streitkräfte im Iran seit den ersten Tagen des Staates.[773]

Die Ergebnisse waren die Mühe wert: Im Juni 1950 hatte der Iran beispielsweise Israel „de facto" diplomatische Anerkennung gewährt - (eine Bezeichnung, die noch keine vollständige diplomatische Anerkennung ist).

Obwohl die Beziehung zwischen dem Iran und Israel laut den Cockburns nicht einfach war und viele internationale Verschwörungen beinhaltete „stand die Verbindung zwischen dem Iran des Schahs und Israel auf einem soliden Fundament. Beide Länder teilten ein starkes Misstrauen und eine tiefe Abneigung gegenüber den arabischen Nationen an ihren Grenzen. Beide hatten enge Verbindungen zu den Vereinigten Staaten, insbesondere zur CIA".[774]

DER IRAN UND DIE ISRAELISCHE LOBBY

Außerdem, so die Cockburns: „Jedes [Land] bot dem anderen das an, was es brauchte. Im Falle des Iran war dies Öl, das er ab 1954 nach Israel lieferte. Israel seinerseits konnte wertvolles Fachwissen in den Bereichen Geheimdienst und innere Sicherheit anbieten. In den Augen des Schahs hatte Israel seinen Freunden etwas noch Wertvolleres zu geben: den allgegenwärtigen Einfluss der Juden in den USA und der ganzen Welt.

David Kimche erinnert sich amüsiert daran, dass „wenn es in irgendeiner Zeitung in den USA oder sogar in Europa einen anti-iranischen Artikel gab, der Schah uns anrief und sagte: „Warum habt ihr das zugelassen?"„ Wir plädierten vergeblich auf nicht schuldig [sagte Kimche] „und sagten, dass wir nicht die gesamten Weltmedien kontrollierten[und] dass wir nicht die Banken kontrollierten, wie einige dachten."

---

[771] Andrew Cockburn und Leslie Cockburn. *Dangerous Liaison: The Inside Story of the U.S.-Israeli Covert Relationship* (New York: Harper Collins Publishers, 1991), S. 99.
[772] *Ibid.*, S. 101.
[773] *Ibid.*, S. 102.
[774] *Ibid.*, S. 103.

„Chaim Herzog [Israels Präsident], der während seiner Zeit als Leiter des israelischen Militärgeheimdienstes viel mit dem iranischen Monarchen zu tun hatte, erzählte später, dass [der Schah von Iran] jeden Israeli als eine Verbindung zu Washington betrachtete.[775]

DIE ISRAELISCHEN URSPRÜNGE DER SAVAK

Mansur Rafizadeh, der ehemalige SAVAK-Chef, der später mit dem Schah gebrochen hatte, lieferte ebenfalls zusätzliche Einblicke in die engen Beziehungen zwischen der SAVAK, der CIA und dem Mossad. In seinen Memoiren enthüllte Rafizadeh, dass die SAVAK auf gemeinsamen Wunsch Israels, der USA und Großbritanniens gegründet worden war.[776]

Die ersten Kontakte zwischen der SAVAK und dem Mossad scheinen im Herbst 1957 bei einem Treffen zwischen General Taimour Bachtiar und dem Mossad-Chef Isser Harel in Rom entstanden zu sein. Sie einigten sich auf gemeinsame Interessen.[777]

ISRAEL BILDET DIE SAVAK AUS

Die neuen Rekruten der SAVAK waren nicht nur von Israel, sondern auch von der CIA ausgebildet worden. Die Internationale Polizeiakademie in Washington war für die Ausbildung der SAVAK-Agenten durch die CIA zuständig. Diese Akademie spielte auch eine wichtige Rolle bei der Ausbildung von Agenten des israelischen Mossad. Die Akademie wurde von einem gewissen Joseph Shimon geleitet, einem Mann mit interessanten Verbindungen.[778]

Zu Shimons engen Freunden zählten Sam Giancana, der Boss der Chicagoer Mafia, und Johnny Rosselli, der reisende Botschafter der Mafia, deren Rollen im JFK-Mordkomplott wir in Kapitel 11 ausführlich untersucht haben.

Tatsächlich sagte Shimon 1975 auch vor dem Geheimdienstausschuss des Senats aus, dass er an Treffen zwischen Giancana, Rosselli und CIA-Agenten in Miami teilgenommen habe, um die Mordkomplotte der CIA und des organisierten Verbrechens gegen Fidel Castro vorzubereiten.[779]

EIN SHAH RAVI

Es besteht kein Zweifel daran, dass der Schah von Iran sich über den Mord an John F. Kennedy (und zweifellos auch über den Mord an Robert Kennedy) gefreut hat. Laut dem ehemaligen SAVAK-Chef Rafizadeh: „Die Ermordung von Präsident Kennedy am 22. November 1963 hatte den Schah fröhlich gestimmt. Kennedy hatte Druck auf ihn ausgeübt, um soziale Reformen zu erreichen. Später erfuhr ich, ... dass der Schah eine Art Party

---

[775] *Ibid.*
[776] Mansur Rafizadeh. *Witness: From the Shah to the Secret Arms Deal-An Insider's Account of U.S. Involvement in Iran.* (New York: William Morrow & Company, 1987), S. 393.
[777] *Ibid.*
[778] Cockburn, S. 104.
[779] Morrow, S. 10.

veranstaltet hatte. Als er die Nachricht von Kennedys Tod erhielt, bat er um einen Drink, um die Nachricht zu feiern.[780]

„Der Schah verachtete Kennedy, der ihm ständig riet, die Menschenrechte für seine Untertanen wieder einzuführen, und darauf bestand, dass eine solche Linie notwendig und unvermeidlich sei. Der Schah betrachtete diese Linie als eine lächerliche Bedrohung seiner Macht und hatte sie daher abgelehnt.

„Von nun an war die von Kennedy ausgehende Bedrohung verschwunden; die Beziehungen des Schahs zu Präsident Johnson waren komfortabel und er fürchtete die Vereinigten Staaten nicht mehr, trotz der großen Demonstrationen, die in New York, Washington und im ganzen Land [während seiner offiziellen Besuche in Amerika] gegen ihn organisiert wurden.[781]

(Es sei darauf hingewiesen, und das ist wichtig, dass Robert Morrow in seiner Darstellung des Mordes an RFK kategorisch erklärt, dass Rafizadeh in Wirklichkeit der SAVAK-Führer im Iran war, der den Audit Khyber Khan angewiesen hatte, das Mordkomplott gegen RFK zu inszenieren. Morrow behauptet, Rafizadeh sei als Belohnung für das erfolgreiche Attentat auf RFK zu seinem Posten als SAVAK-Chef befördert worden.[782]

Es ist daher - gelinde gesagt - interessant, Rafizadeh dabei zuzusehen, wie er die Reaktion des Schahs auf die Ermordung von JFK kommentiert.

In seinem Buch geht Rafizadeh natürlich nicht auf die Umstände rund um die Ermordung RFKs durch die von der CIA und dem Mossad unterstützte SAVAK ein.

DIE VERTUSCHUNG FORTSETZEN

Die Ermordung von Robert F. Kennedy durch die SAVAK des Schahs war eine erneute Bekräftigung der seit langem bestehenden Feindschaft zwischen den Kennedy-Brüdern und dem Schah. Die Ermordung von RFK trug dazu bei, die Verschleierung der Rolle, die die SAVAK-Verbündeten in der CIA und im Mossad bei der vorherigen Ermordung Kennedys gespielt hatten, fortzusetzen. Es war wieder, wie bei der Ermordung von JFK, eine Angelegenheit gemeinsamer Interessen, die hier ins Spiel kam.

RICHARD HELMS UND DER SCHAH

Es gibt noch eine weitere interessante direkte Verbindung zwischen dem Schah von Iran und der CIA, die hervorgehoben werden sollte.

Tatsächlich waren Richard Helms (der später 1966 CIA-Direktor wurde) und der Schah in den frühen 1930er Jahren in ihrer Kindheit im Internat in der Schweiz beste Freunde und Klassenkameraden gewesen.[783] Es war Helms, der später der CIA-Koordinator des Staatsstreichs war, der den Schah 1953 auf den Thron setzte.[784] Es handelte sich um eine lebenslange Beziehung, die ihren Höhepunkt erreichte, als Helms später Botschafter der Vereinigten Staaten im Iran wurde.

So hätte Helms durch seine Beziehungen zum Iran und zur SAVAK, wie Robert Morrow feststellt, „plötzlich eine internationale, geheime Schlagkraft zur Verfügung, die

---

[780] *Ibid.*, S. 33.
[781] Rafizadeh, S. 124.
[782] *Ibid.*, S. 126.
[783] Morrow, S. 178.
[784] *Ibid.*, S. 11.

aus engagierten, ausgebildeten und trainierten professionellen Agenten und Attentätern besteht."[785]

Während seiner Zeit bei der CIA war Helms, wie wir in Kapitel 8 gesehen haben, der „Chefboss" von James Jesus Angleton, dem CIA-Kontaktmann im Mossad und glühenden Verfechter Israels.

Und erst nachdem Helms Direktor geworden war, verstrickten sich Angleton und er in eine wenig beachtete Kontroverse über ein Memorandum der CIA, das offenbar auf den Agenten E. gezeigt hatte. Howard Hunt von der CIA als an dem Tag, an dem John F. Kennedy ermordet wurde, in Dallas gewesen war (In Kapitel 16 haben wir dieses Memorandum ausführlich analysiert).

EINIGE ABSCHLIESSENDE BEMERKUNGEN

Die Tatsache, dass Israels Verbündete innerhalb der CIA und der SAVAK eine Rolle bei der Ermordung von Robert F. Kennedy spielten, scheint aufgrund der von Robert Morrow bereitgestellten Informationen in Kombination mit dem, was wir über die engen Beziehungen zwischen der SAVAK und ihren Auftraggebern innerhalb der CIA und des Mossad wissen, offensichtlich zu sein. Da Robert Kennedy 1968 aus dem Rennen um die Präsidentschaft ausgeschieden war, hätten diejenigen, die für die Ermordung seines Bruders verantwortlich waren, keine Angst vor Vergeltungsmaßnahmen, falls RFK die Präsidentschaft übernehmen sollte.

Wenn Morrow Recht hat, dass die SAVAK das Attentat im Auftrag der CIA koordiniert hat, dann sollten die mit dem JFK-Attentat befassten Forscher damit beginnen, die Ursprünge der SAVAK zu untersuchen. Aber dazu müssten sie natürlich mit dem Finger auf den Mossad zeigen - ein Bereich, in den sich die Forscher nicht zu wagen trauen.

Es ist bemerkenswert, dass *The Globe* eine Skandalzeitung wegen Verleumdung verklagt wurde, nachdem ein amerikanischer Pakistani gegen die Boulevardzeitung geklagt hatte, weil sie Robert Morrows Behauptungen veröffentlicht hatte, dass diese Person die „zweite Waffe" bei der Ermordung Robert Kennedys gewesen sei. Morrow starb (offenbar eines natürlichen Todes) kurz nach der Urteilsverkündung, und das Urteil wurde am 17. Mai 1999 vom Obersten Gerichtshof bestätigt.[786]

In *The Senator Must Die* gab Morrow ein Foto wieder, auf dem der Mann, der damals Student war, mit einer Kamera um den Hals neben Senator Kennedy stand, kurz bevor die tödlichen Schüsse abgegeben wurden. Morrow behauptete, er sei der zweite Schütze gewesen, doch inzwischen ist klar, dass er es nicht war.

Die Tatsache, dass diese Person unschuldig ist, bedeutet jedoch nicht, dass es keine „zweite Waffe" gegeben hat oder dass Morrows grundlegende Theorie falsch ist.

Doch wie ich an anderer Stelle auf den Seiten von *Final Judgement* erwähnt habe, habe ich seit langem Vorbehalte gegen viele von Morrows Behauptungen in Bezug auf andere Fragen.

Wenn meine These über die Rolle Israels bei der Ermordung von JFK jedoch richtig ist (und ich glaube, das ist der Fall), ist es nur logisch, dass die Ermordung von RFK tatsächlich von Kräften aus dem israelischen Einflussbereich inszeniert wurde.

---

[785] *Ibid.*, S. 117.
[786] *Ibid.*

Kurzum, ich neige dazu, Morrows These über die Ermordung von RFK insgesamt für richtig zu halten.

ZUSAMMENFASSUNG

In der folgenden „Schlussfolgerung" fassen wir die grundlegenden Parameter des JFK-Attentatskomplotts zusammen, die auf den Seiten von „*Endgültiges Urteil*" beschrieben wurden. Es ist in gewissem Sinne ein komplexes Netz, aber wenn man bedenkt, dass die israelische Verbindung immer noch vorhanden ist, ist die skizzierte Mordverschwörung in der Tat recht einfach.

In den folgenden Anhängen werden wir jedoch sehen, dass es noch viele weitere Facetten der Verschwörung und Vertuschung gibt, die ignoriert, unterdrückt, verkannt oder vergessen wurden. In diesen Anhängen werden wir wiederholt die Verbindung zwischen Israel und der Ermordung von JFK sehen, die bis zur Veröffentlichung von „*Endgültiges Urteil*" nie bewiesen wurde.

SCHLUSSFOLGERUNG

Operation Haman
Die Theorie, die funktioniert
Die Zusammenfassung

„ Sie verbündeten sich alle miteinander." Nehemia 4:8

Der Staat Israel hatte Verbindungen zu allen großen Machtgruppen, die wollten, dass John F. Kennedy als US-Präsident beseitigt wird.

Das globale Netzwerk Israels hatte die Macht, nicht nur den Mord an Kennedy zu orchestrieren, sondern auch die anschließende Vertuschung. Israel spielte tatsächlich eine Schlüsselrolle bei der Verschwörung zur Ermordung von JFK und war den Beweisen zufolge einer der Hauptanstifter des Verbrechens.

Alle israelischen Mitverschwörer - und diejenigen, die ein Interesse daran hatten, Kennedy tot zu sehen - hatten gute Gründe, bei der Vertuschung der Affäre zu helfen. Sie schützten damit ihre eigenen Interessen.

Im Jahr 1963 hatte sich John F. Kennedy viele Feinde gemacht. Die Anklage, die sein Bruder, Generalstaatsanwalt Robert Kennedy, gegen die Mafia und die von Meyer Lansky geleiteten Verantwortlichen des organisierten Verbrechens erhob, erregte, gelinde gesagt, den Zorn vieler Mitglieder des Verbrechersyndikats. Die ersten Schritte der Anklage gegen Meyer Lansky waren bereits eingeleitet worden. Carlos Marcello, Lanskys Vertreter in New Orleans, war bereits angeklagt worden. Mickey Cohen, Lanskys Handlanger an der Westküste, war ebenfalls ins Visier genommen worden.

LANSKYS GEWERKSCHAFT MIT VERBINDUNG ZU ISRAEL

Lansky war das endgültige Ziel: Die Feindschaft zwischen der Kennedy-Familie und Meyer Lansky reichte Jahrzehnte zurück. Nicht nur galt der Vater des Präsidenten, Joseph P. Kennedy, als Feind des jüdischen Volkes, sondern Lansky glaubte auch, dass er wegen einer von Lansky inszenierten Unterschlagung eines der illegalen Whiskeyhändler von Kennedy senior einen Groll gegen ihn (Lansky) hegte. Angesichts der geheimen Allianz John F. Kennedys mit der Mafia während des Wahlkampfs 1960 war sein Krieg gegen Lanskys Unterwelt-Syndikat ein doppelter Verrat, der nicht toleriert werden konnte.

LYNDON JOHNSON

Der Präsident plante außerdem, seinen Vizepräsidenten Lyndon Johnson von den Wahlen 1964 auszuschließen. Es war möglich, dass Johnson, der lange Zeit politisch von Lansky und seinem mafiösen New-Orleans-Kumpel Carlos Marcello finanziert worden war, schließlich den Rest seines Lebens im Gefängnis verbringen würde. Die Kennedy-Brüder interessierten sich für Johnsons Geschäfte über seinen Namensvetter Bobby Baker, der später ebenfalls im Gefängnis landete. Dazu gehörte auch Ed Levinson, ein Direktor der mit dem Mossad verbundenen International Credit Bank, die von dem ehemaligen Mossad-Beamten Tibor Rosenbaum gegründet worden war.

KUBANISCHE ANTI-CASTORISTEN

Außerdem bereitete sich Kennedy auf eine Annäherung an Castros Kuba vor, so dass das Lansky-Syndikat nicht in der Lage gewesen wäre, seine enormen Glücksspielinteressen dort neu zu beleben. Die Änderung der kubanischen Politik war auch für die kubanische Anti-Castro-Gemeinde in Miami, New Orleans und anderswo schmerzhaft. Anti-Castro-Kubaner hatten bei ihren Anti-Castro-Aktivitäten natürlich eng mit dem Lansky-Syndikat zusammengearbeitet. Gleichzeitig hatte die neue kubanische Politik die CIA verärgert, die der wichtigste Förderer der Anti-Castro-Kräfte war. Wie wir ebenfalls gesehen haben, spielte der Mossad über seinen Stützpunkt in Miami eine wichtige (wenn auch wenig bekannte) Rolle bei der Verschwörung, in die die kubanischen Anti-Castro-Kräfte verwickelt waren.

DIE CIA

JFK hatte noch weitere Probleme mit der CIA. Er hatte Schritte unternommen, um die CIA zu zerschlagen, und nach seiner offensichtlichen Absicht, die US-Streitkräfte aus Vietnam abzuziehen, hatte er sich auf einen geheimen Krieg mit der Agentur eingelassen. Dies hätte dem sogenannten „militärisch-industriellen Komplex" (zu dem die Israel-Lobby ein wichtiger Bestandteil war), der von der anhaltenden Präsenz der USA in Südostasien immens profitieren sollte, einen schweren Schlag versetzt.

HOOVER

Letztendlich hatte Kennedy vor, alle US-Geheimdienste - einschließlich des FBI - in einer einzigen Einheit unter der Leitung seines Bruders Robert zu verschmelzen. Dieser Plan wurde natürlich von FBI-Direktor J. Edgar Hoover, den Kennedy nach der Wahl 1964 ebenfalls absetzen wollte, nicht gerade begeistert aufgenommen. Wie wir gesehen haben, hatte Hoover seine kleinen geheimen Absprachen mit Lansky auf persönlicher Ebene und mit dem organisierten Verbrechen im Allgemeinen. Hoover hatte auch eine in seinem Namen gegründete Stiftung, die von der mit Lansky verbundenen Alkoholindustrie und der Anti-Defamation League (ADL) der B'nai B'rith finanziert wurde, die als de facto amerikanischer Propaganda- und Geheimdienstzweig des israelischen Mossad fungierte. Hoover hat sich zwar nicht aktiv gegen das Leben von John F. Kennedy verschworen, aber er hat sicherlich weggeschaut, als er wusste, dass eine Verschwörung zur Ermordung von JFK entstanden war.

VIETNAM UND DROGEN

Kennedys Absicht, die Vietnampolitik zu ändern - sein Plan, sich einseitig aus dem Schlamassel zurückzuziehen - brachte nicht nur die CIA, sondern auch die Mitglieder des Pentagons und ihre Verbündeten im militärisch-industriellen Komplex zur Verzweiflung.

Zu dieser Zeit hatte Lanskys Syndikat bereits den internationalen Heroinhandel aufgebaut, der über die mit der CIA verbundene korsische Mafia von Südostasien bis ins Mittelmeer lief. Die gemeinsamen Operationen von Lansky und der CIA im internationalen

Drogenhandel waren ein lukratives Geschäft, das infolge des großen Engagements der USA in Südostasien, das als Deckmantel für die Drogenhandelsaktivitäten diente, florierte. Wir wissen heute, dass der Mossad als „Mittelsmann" in einem Großteil dieser Drogenschmuggel-Aktivitäten eine wichtige Rolle spielte.

ISRAEL, DIE CIA UND DAS LANSKY-SYNDIKAT

John F. Kennedys erbitterter Konflikt mit Israel führte dazu, dass er gegen einen Verbündeten nicht nur der CIA, sondern auch des Lansky-Syndikats kämpfte, zwei Einheiten, die auch enge Verbindungen zu den Anti-Castro-Kubanern unterhielten. Die Verbindungen von Vizepräsident Lyndon Johnson zu Lansky, der Mafia und der Rüstungsindustrie sowie seine engen Beziehungen zur Israel-Lobby und seine alten freundschaftlichen Beziehungen zu Hoovers CIA und FBI machten Johnson zu einer akzeptablen Alternative (unter diesen verschiedenen Partikularinteressen) zu einer Kennedy-Dynastie. Kennedy war Israel und seinen Verbündeten lange Zeit suspekt gewesen, wie wir in Kapitel 4 gesehen haben.

Wir wissen jetzt auch, dass selbst die berüchtigte „Chicagoer Mafia" unter Sam Giancana stark in weitreichende internationale Beziehungen mit dem israelischen Mossad eingebunden war, was größtenteils auf die guten Dienste des wahren Bosses des Chicagoer Syndikats, Hyman Lamer, dem Komplizen von Meyer Lansky, zurückzuführen ist. Wir finden daher, dass die Theorie, dass selbst „die Chicagoer Mafia JFK tötete", zweifellos eine sehr deutliche „Mossad-Verbindung" hat.

MICKEY COHEN

Bereits 1960 (wie in Kapitel 13 nachgewiesen) hatte Mickey Cohen, Meyer Lanskys Handlanger an der Westküste, Kennedys Geliebte, die Schauspielerin Marilyn Monroe, benutzt, um zu versuchen, Kennedys Absichten gegenüber Israel in Erfahrung zu bringen. Wir erfuhren, dass die Vorstellung Kennedys bei Miss Monroe durch einen von Cohens Geschäftspartnern genau diesem Zweck diente, und vielleicht auch, um JFK zu erpressen.

Obwohl die „offizielle" Geschichte die stürmische Affäre des Präsidenten mit Miss Monroe anerkennt, wurden ihre tatsächlichen Ursprünge - und der Zweck, zu dem sie inszeniert wurde - verschleiert und vergessen. („Die offizielle Geschichte" würde uns eher an Kennedys andere, weithin bekannte unerlaubte Beziehung mit Judith Campbell, der Geliebten des Chicagoer Mafiabosses Sam Giancana, erinnern).

Cohen, ein langjähriger Anhänger Israels und einer seiner ersten Unterstützer, hatte mehr als nur ein vorübergehendes Interesse an dem Staat im Nahen Osten. Einer Erzählung zufolge fanden wir heraus, dass Cohen mit Kennedys Haltung gegenüber Israel nicht sehr zufrieden war.

BEN-GURION UND DIE ISRAELISCHE ATOMBOMBE

Im April 1963 befanden sich Kennedys Beziehungen zum israelischen Premierminister David Ben-Gurion und dem Staat Israel in einer gefährlichen Sackgasse, insbesondere in Bezug auf Israels Entschlossenheit, eine Atombombe zu entwickeln.

Auf Kennedys letzter offizieller Pressekonferenz beklagte er, dass die Israel-Lobby seine eigenen Bemühungen, Brücken zur arabischen Welt zu bauen, absichtlich sabotiert habe. JFK wusste nicht, dass die Saat seiner eigenen Zerstörung infolge seiner Bemühungen, dem Nahen Osten Frieden zu bringen, gesät worden war.

David Ben-Gurion hatte ein intensives persönliches Misstrauen - ja sogar Hass und Verachtung - gegenüber Kennedy entwickelt. Er glaubte, dass Kennedys Präsidentschaft eine Gefahr für den Fortbestand des Staates Israel selbst darstellte, der Nation, die Ben-Gurion mit geschaffen hatte.

Ben-Gurion war zu diesem Zeitpunkt paranoid. Er glaubte, dass Israel zerstört werden könnte. Aufgrund seiner Verachtung für Kennedy und der Haltung des US-Präsidenten gegenüber Israel trat Ben-Gurion von seinem Amt als Premierminister zurück. Es ist wahrscheinlich, dass seine letzte Amtshandlung als Premierminister darin bestand, den Mossad anzuweisen, ein Attentat auf John F. Kennedy zu inszenieren.

Wir erfuhren, dass es Yitzhak Shamir, der damalige Leiter des Mossad-Attentatsteams, war, der die notwendigen Vorkehrungen traf, um die Verschwörung in Gang zu setzen. Shamir wusste natürlich, dass ein breites Spektrum an Interessen - sowohl national als auch international - Kennedy aus dem Weißen Haus entfernt haben wollte. Es gab verschiedene Akteure, die zusammengebracht werden konnten, um den Erfolg einer Mordverschwörung zu gewährleisten: insbesondere Meyer Lanskys Syndikat des organisierten Verbrechens, das mit dem Mossad verbunden war, sowie die CIA und Mitglieder ihrer Einflusssphären.

Gab es einen Codenamen für die Verschwörung gegen Präsident Kennedy? Mehr als wahrscheinlich. Aber wir werden seinen Namen wahrscheinlich nie erfahren. Hatte der Mossad den Codenamen „Operation Haman" vergeben - und die Verschwörung zur Ermordung des amerikanischen Präsidenten nach Haman benannt, dem ehemaligen amalektischen Verschwörer, der die Vernichtung des jüdischen Volkes anstrebte? Dieser Codename wäre so vernünftig wie jeder andere, wenn man Ben-Gurions Hass auf Kennedy - den modernen Haman in seinen Augen - bedenkt.

DIE VERSCHWÖRUNG WIRD IN GANG GESETZT

Unter der Ägide des Zusammenschlusses von Mossad, CIA und Lansky wurde ein Netzwerk zur Rekrutierung von Killern und zur Planung von Attentaten aufgebaut, wobei die mysteriöse Firma Permindex genau im Zentrum der Operation stand. Alle profitierten von der Absetzung John F. Kennedys. Viele Menschen am Rande der Verschwörung - tatsächlich vielleicht sogar viele von denen im Zentrum - wussten nicht, wie oder warum sie aufgefordert wurden, viele der Aktionen durchzuführen, die sie unternommen hatten, um das Endziel, JFK aus dem Weißen Haus zu entfernen, zu erreichen.

DIE WICHTIGSTEN AKTEURE DER CIA - ALLE MIT DEM MOSSAD VERBUNDEN

Die Beweise legen nahe, dass es sich um James Jesus Angleton handelte, den mächtigen Mann der CIA und Leiter des israelischen Büros der CIA, der die Hauptrolle bei der Manipulation der CIA-Beteiligung an dem Attentat gespielt hatte. Während seiner gesamten Karriere kreuzten sich Angletons Aktivitäten mit denen von Lanskys Syndikat des organisierten Verbrechens, insbesondere in Bezug auf die Beziehungen der CIA zur korsischen Mafia. Es war Angletons israelisches Büro bei der CIA, das die seltsame Allianz der Agentur mit den korsischen kriminellen Figuren koordinierte.

Wie wir gesehen haben, waren gegen Castro gerichtete CIA-Mitglieder daran beteiligt, Lee Harvey Oswald als Sündenbock zu etablieren. In New Orleans koordinierten CIA-Kontakte wie Clay Shaw, Vorstandsmitglied der Permindex, Guy Banister und David Ferrie, beide Mitglieder der Anti-Defamation League, die Anti-Castro-Aktivitäten der kubanischen Exilanten. Sie waren für die Verschwörung unverzichtbar: Sie manipulierten

Lee Harvey Oswald, indem sie ihn als „Pro-Castro-Agitator" darstellten. Banister und Ferrie waren auch an den Machenschaften des CIA-Agenten (und Mossad-Agenten) Frank Sturgis beteiligt, der außerhalb von New Orleans am Lake Ponchartrain tätig war. Es heißt, Oswald habe in diesem Lager seine Ausbildung absolviert.

Die WDSU das Medienimperium der Familie Stern - die Hauptförderer der israelischen Liga gegen Verleumdung und enge Freunde von Shaw, Vorstandsmitglied der Permindex - hatten zur Verschwörung beigetragen, indem sie Oswalds Aktivitäten bekannt machten und dem FBI zur Verfügung stellten und damit die Grundlage für Oswalds Identifizierung als Castro-Agent legten.

DIE FRANZÖSISCHE VERBINDUNG

Und wie wir in Kapitel 15 gesehen haben, gibt es weitere Hinweise darauf, dass CIA-Agenten, die mit der französischen OAS in Verbindung standen, auch Guy Banisters Hauptquartier in New Orleans nutzten. Viele der gleichen OAS-Agenten hatten auch Verbindungen zu Lanskys Drogenhandel. Sie waren auch John F. Kennedy gegenüber feindlich eingestellt, der die algerische Unabhängigkeit unterstützt hatte.

Darüber hinaus war es E. Howard Hunt, der CIA-Verbindungschef zu den Anti-Castro-Kubanern, der auch die Verbindung zu einem der größten OAS-Agenten, Jean Souetre, herstellte, dessen angebliche Anwesenheit in Dallas - wie auch die von Hunt - umstritten ist.

Wie in Kapitel 16 angemerkt, behauptet ein ehemaliger französischer Geheimdienstoffizier, dass ein französischer Attentäter im Auftrag des Mossad an den Ereignissen auf der Dealey Plaza beteiligt gewesen sein soll, wobei seine Anwesenheit in Dallas von einer Fraktion des französischen Geheimdienstes SDECE unter der Leitung von Oberst Georges De Lannurien organisiert worden sei.

„DER FIKTIVE MORD"

Die Beweise legen nahe, dass E. Howard Hunt von der CIA seine eigene Anti-Castro-Operation (unter dem Deckmantel eines versuchten Mordes am Präsidenten) hätte durchführen können. Oswald wurde wahrscheinlich in irgendeiner Weise bei dieser Operation eingesetzt. Es scheint jedoch, dass dieser „vorgetäuschte Mordversuch" von Elementen manipuliert und/oder infiltriert wurde, die in Wirklichkeit den Präsidenten töten wollten. Hunt selbst war wahrscheinlich genauso überrascht gewesen wie jeder andere, als die tödlichen Schüsse in Dallas fielen. Hunt war zweifellos in eine Falle gelockt worden.

Wie wir gesehen haben, war es der Mossad-Mitarbeiter James Jesus Angleton, der Hunt im November 1963 nach Dallas geschickt hatte. Nur Hunt kann uns sagen, was er in Dallas tat - oder was er zu tun glaubte. War Hunt - ebenso wie Oswald - ein Sündenbock?

Hunt selbst gestand unter Eid, dass er es für möglich hielt, dass seine ehemaligen CIA-Kollegen in Erwägung gezogen hatten, ihm das Kennedy-Attentat anzuhängen. Hunt erklärte jedoch nie - zumindest nicht öffentlich -, was er am 21. November 1963, dem Tag vor der Ermordung von John F. Kennedy, in Dallas tat. Stattdessen behauptete Hunt, er sei nicht dabei gewesen.

Frank Sturgis, der langjährige Mossad-Agent, der auch für die CIA tätig war, hatte Hunt (und Jack Ruby) am Tag vor dem Attentat in Dallas getroffen. Später erzählte Sturgis Marita Lorenz, dass er in das Attentat verwickelt gewesen sei. Allein durch die Untersuchung von Sturgis kann man also uneingeschränkt sagen, dass ein bekannter Mossad-Agent auf diese Weise zugegeben hat, eine direkte Rolle bei der Ermordung des Präsidenten gespielt zu haben.

Darüber hinaus deuteten, wie bereits erwähnt, verschiedene Quellen an, dass es mindestens mehrere Personen gab, die am 22. November auf der Dealey Plaza operierten und glaubten, dass sie dort im Rahmen eines Coups der „Mafia" tätig waren, der nicht auf Kennedy, sondern vielmehr auf den texanischen Gouverneur John B. Connally abzielte

Die Verwendung von „falschen Bannern" war eine klassische Mossad-Taktik, eine gängige Praxis der israelischen Spionageagentur. Und wie wir in Kapitel 16 gesehen haben, wurden laut dem ehemaligen Mossad-Agenten Victor Ostrovsky er und seine Mossad-Kameraden von ihren Vorgesetzten darüber informiert, dass das Attentat auf Kennedy in Wirklichkeit ein Unfall war. Das eigentliche Ziel, so der Mossad, sei Connally gewesen, die von „der Mafia" ins Visier genommen worden sei.

JACK RUBY, MICKEY COHEN UND DER MOSSAD

Wie wir in Kapitel 13 gesehen haben, spielte Mickey Cohen, Lanskys Leutnant an der Westküste - der enge Verbindungen zum israelischen Waffenschmuggel unterhielt - eine seltsame Rolle bei der Verschwörung gegen JFK. Cohen stand seit langem mit Jack Ruby in Verbindung, der selbst in den Waffenschmuggel nach Israel verwickelt war. Tatsächlich war Ruby (der auch im US-Geheimdienst handelte), wie wir gesehen haben, definitiv „mehr Mossad als Mafia", entgegen den alten Legenden über Ruby und seine angeblichen „Verbindungen zur Mafia".

Kurz vor der Ermordung von JFK landete Al Gruber, Mickey Cohens Handlanger und Rubys alter Freund (der Ruby seit Jahren nicht mehr gesehen hatte), in Dallas, um Ruby zu besuchen. Eine Stunde nach der Verhaftung von Lee Harvey Oswald rief Ruby Gruber an. Es ist anzunehmen, dass Ruby Gruber anrief, um ihm mitzuteilen, dass die ausgewählte Taube nicht wie geplant vor seiner Festnahme getötet worden war, und dass Ruby anschließend mitgeteilt wurde, dass es in seiner Verantwortung lag, die Arbeit zu beenden.

Melvin Belli, Mickey Cohens Freund und Anwalt, trat bald als Jack Rubys Verteidiger auf und brachte Ruby mit dem mit Israel verbundenen Lansky/Cohen-Team in Verbindung, das nur wenige Forscher untersucht hatten und sich stattdessen lieber auf „Rubys mythische Verbindungen zur Mafia" konzentrierten.

James Jesus Angleton von der CIA hatte versucht, den Eindruck zu erwecken, dass der sowjetische KGB hinter dem Mord an Kennedy steckte. Angleton bestritt vehement die Zuverlässigkeit des sowjetischen Deserteurs Juri Nosenko, der darauf bestanden hatte, Oswalds Betreuer beim KGB in der Sowjetunion gewesen zu sein, und der erklärte, Oswald sei kein KGB-Agent gewesen.

Wie wir gesehen haben, war Angleton - aus eigenem Antrieb - der wichtigste „Kontaktmann" der CIA in ihren Beziehungen zur Warren-Kommission. Mehr noch: Angletons enger Freund William Sullivan, die Nummer 3 des FBI, war der Verbindungsmann des FBI zur Kommission.

Es ist vielleicht kein Zufall, dass Angleton (durch eine seltsame interne CIA-Notiz) den CIA-Mitarbeiter E. Howard Hunt wegen seiner möglichen Beteiligung an der Ermordung Kennedys denunziert hatte, wahrscheinlich als „abtrünniger" Agent, der auf eigene Faust gehandelt hatte. Dieses abgekartete Spiel fand genau zu dem Zeitpunkt statt, als in der Öffentlichkeit der Verdacht auf eine institutionelle Verwicklung der CIA diskutiert wurde. In Kapitel 16 haben wir dieses Memorandum ausführlich analysiert.

EARL WARREN

Der Oberste Richter Earl Warren, der von der CIA über eine mögliche sowjetisch-kommunistische Beteiligung an der Ermordung des Präsidenten informiert worden war, wurde dazu gedrängt, die Wahrheit über das Attentat zu verbergen, die er fälschlicherweise für die Wahrheit hielt. Das „Mexiko-City-Szenario " der CIA - verwaltet von Angletons Büro bei der CIA und koordiniert von David Atlee Phillips, dem damaligen Leiter des CIA-Büros in Mexiko-Stadt - wurde Warren als Beweis dafür vorgelegt, dass die Sowjets in die Ermordung des Präsidenten verwickelt waren.

Das Attentat auf „einen einsamen Störenfried" festzunageln, war Warrens Mittel, um die nationale Sicherheit der USA zu schützen. Laut Warren war ein Krieg mit der Sowjetunion verhindert worden. Warren erfuhr wahrscheinlich nie die Wahrheit - oder auch nur einen Teil der Wahrheit - darüber, was wirklich geschah oder woher das Mordkomplott stammte.

Jede Initiative Warrens, die Sache zu vertiefen, wäre wahrscheinlich sofort unterdrückt worden: Schließlich war eines der Mitglieder seiner Kommission der ehemalige CIA-Direktor Allen Dulles, der übrigens von JFK entlassen worden war.

Darüber hinaus gab es, wie wir in Anhang 4 sehen werden, erhebliche und vielfältige israelische (und jüdische) Auswirkungen auf die Mitarbeiter der Warren-Kommission - ein Faktor, der vor der Veröffentlichung von *Endgültiges Urteil* nie berücksichtigt wurde.

Darüber hinaus stand Warren auch unter dem Einfluss seines engen Freundes, des gewerkschaftlich organisierten Kolumnisten Drew Pearson, der ein langjähriger Agent und Mitarbeiter der Anti-Defamation League der B'nai B'rith, des israelischen Propaganda- und Geheimdienstzweiges des Landes, war. Es war Pearson, der die falsche und eklatante Geschichte in Umlauf gebracht hatte, dass Fidel Castro der Hauptanstifter für die Ermordung von JFK gewesen sei.

FALSCHE PISTEN

In der gesamten Reihe von Ereignissen, die zu dem Attentat führten, wurden falsche Spuren gelegt - und danach - eine klassische Mossad-Taktik. Es wurden „falsche Fahnen" aufgestellt, um die Aufmerksamkeit auf andere Bereiche zu lenken. Selbst Lyndon Johnson wusste möglicherweise nicht, woher der Befehl zur Ermordung von JFK kam, obwohl es (nie bewiesene) Anschuldigungen gab, dass Johnson selbst Teil der Organisation des Attentats war. Johnson hatte sicherlich keinen Grund, einzugreifen oder zu versuchen, die Durchführung des Attentats zu verhindern.

ROBERT F. KENNEDY

Die Ermordung von Senator Robert F. Kennedy - mit einem Araber als „falschem Banner" - war Teil der fortgesetzten Vertuschung der Ermordung von Präsident Kennedy. Bei der Ermordung von RFK war, wie wir gesehen haben, die iranische SAVAK, eine gemeinsame Kreation der CIA und des israelischen Mossad, für die Koordination der Ermordung des Senators verantwortlich. Der Tod Robert Kennedys hinderte den jungen Kennedy daran, die Mörder seines Bruders vor Gericht zu bringen.

ISRAEL UND DIE MEDIEN

In den letzten 28 Jahren hatten die mit dem JFK-Attentat befassten Forscher bis vor kurzem keinen Zugang zu Beweisen für Kennedys geheimen Krieg mit Israel über die Atombombe. Daher wurde nie der Verdacht geäußert, dass Israel, wie andere oft genannte Verdächtige des Verbrechens, einen Grund gehabt haben könnte, an einer Verschwörung gegen John F. Kennedy mitzuwirken.

Die staatlich kontrollierten Medien mit ihrer Ergebenheit gegenüber Israel sind natürlich nie in diese Richtung gegangen. Die Medien haben sich darauf beschränkt, die Theorie „Die Mafia hat JFK getötet"- zu fördern, aber die Medien ignorieren die Verbindung zu Lansky. Und diejenigen, die so weit gehen, anzudeuten, dass die CIA eine Rolle bei dem Mord und der Vertuschung gespielt hat, werden als „Verrückte" und „Verschwörungstheoretiker" dargestellt.

Natürlich wird die vollständige Wahrheit - all die schmutzigen Details - nie bekannt werden. Daher müssen wir uns auf die Informationen verlassen, die uns zur Verfügung stehen und die es uns ermöglichen, ein endgültiges Urteil zu fällen.

DIE AUSWIRKUNGEN DES ATTENTATS

Die Ermordung von John F. Kennedy hatte große politische Auswirkungen, die weit über die bloße Übernahme des Präsidentenamtes durch Lyndon Johnson hinausgingen. Der Tod von JFK hatte mehrere direkte Folgen, sowohl in den USA als auch im Ausland:
- Die Aufrechterhaltung der Autonomie der C.I.A. ;
- Der Schutz des FBI-Imperiums von J. Edgar Hoover ;
- Eine Änderung der Politik Vietnams mit dem Ergebnis, dass

(a) ein profitabler Krieg für Lyndon Johnsons Verbündete (und Israel) innerhalb des militärisch-industriellen Komplexes; und

(b) kontinuierliche Berichterstattung über die gemeinsamen Drogenschmuggeloperationen der CIA und Lanskys aus Südostasien.
- Das Ende der zunehmenden Unterdrückung durch das Lansky-Syndikat des organisierten Verbrechens; und
- Eine radikale Kehrtwende in der US-Politik gegenüber Israel.

Dies ist unbestreitbar das auffälligste Endergebnis und steht nicht zur Debatte.

Obwohl es diejenigen gibt, die behaupten, dass John F. Kennedy in Wirklichkeit das amerikanische Engagement in Vietnam aufrechterhalten hätte, ***kann man die klare und inzwischen weitgehend bewiesene Tatsache nicht bestreiten, dass JFK in einen erbitterten Kampf mit Israel verwickelt war und dass nach Kennedys Tod die amerikanische Nahostpolitik sofort eine 180-Grad-Wendung nahm.***

Auf den Seiten von *Endgültiges Urteil* haben wir zum ersten Mal die gesamte Verschwörung dargelegt, die zur Ermordung von John F. Kennedy und der anschließenden Vertuschung führte. Wir behaupten nicht, dass wir alle Antworten haben, aber wir glauben, dass das fehlende Glied nun geliefert wird. Nie zuvor wurden die Beweise so zusammengetragen wie auf diesen Seiten.

EIN KLEINER KREIS VON VERSCHWÖRERN

Die engen Verbindungen zwischen einem relativ kleinen Kreis von Personen und denjenigen, die sich in ihrem unmittelbaren Einflussbereich befinden, sind kein Zufall. Dass sie alle in gewisser Weise Teil der Umstände rund um die Ermordung John F. Kennedys waren, ist ebenfalls kein Zufall.

Kritiker der Verschwörungstheorien zur Ermordung von JFK argumentieren, dass eine solche Verschwörung die Beteiligung einer großen Anzahl von Personen erfordern würde. Tatsächlich bestand der Mechanismus, der die in *Endgültiges Urteil* beschriebene Verschwörung auslöste, wahrscheinlich nicht aus mehr als 20 Personen. Die meisten der an der Verschwörung beteiligten Personen waren wahrscheinlich nicht einmal über die Aktivitäten der anderen Beteiligten informiert. In diesem Fall wollen wir zur Information

die Personen nennen, die unserer Meinung nach im Voraus wussten, dass John F. Kennedy am 22. November 1963 ermordet werden sollte. Es handelt sich dabei um:
- Der israelische Premierminister David Ben-Gurion ;
- Der Chef der Hinrichtungen des israelischen Mossad Yitzhak Shamir ;
- Der Generaldirektor von Permindex Louis M. Bloomfield ;
- Der Mossad-Führer und Permindex-Bankier Rabbi Tibor Rosenbaum ;
- Der Leiter der CIA-Gegenspionage James J. Angleton ;
- Der französische Geheimdienstagent Georges De Lannurien ;
- Der Chef des Verbrechersyndikats Meyer Lansky ;
- Die Schützen von Dealey Plaza. Die Beweise weisen eindeutig auf den französischen Söldner Michael Mertz als einen dieser Schützen hin. Wie dem auch sei, wie wir gesehen haben, war mindestens einer der Attentäter über illoyale Mitglieder des französischen Geheimdienstes vom Mossad angeheuert worden, auch wenn es wahrscheinlich ist, dass es mehrere Attentäterteams gab.
- Der CIA-Agent und alte Mossad-Agent Frank Sturgis behauptete, eine Rolle bei den Ereignissen auf der Dealey Plaza gespielt zu haben. Seine exilkubanischen Handlanger Guillermo und Ignacio Novo, die mit Sturgis in Dallas waren, spielten ebenfalls eine Rolle, obwohl bis heute nicht geklärt ist, ob es sich um echte bewaffnete Männer handelte.

Obwohl es wahrscheinlich (aber nicht sicher) ist, dass Meyer Lanskys Mafia-Leutnants - Santo Trafficante Jr. aus Tampa und Carlos Marcello aus New Orleans - von dem bevorstehenden Attentat wussten, ist nicht klar, ob sie oder übrigens auch der Chicagoer Mafiaboss Sam Giancana oder der „reisende Botschafter" der Mafia, Johnny Rosselli, in die Planung des Attentats involviert waren. Heute wissen wir jedoch, dass sowohl Giancana als auch Rosselli unter der Fuchtel von Hyman Lamer standen, dem mit dem Mossad verbundenen Verbrecherboss, und das öffnet eine neue Büchse der Pandora.

Die Rolle der italo-amerikanischen Figuren des organisierten Verbrechens bei der Ermordung von JFK ist eher ein Medienmythos als die Realität. Bestenfalls waren sie Nebenakteure im Gesamtsystem.

In Anhang 9 untersuchen wir auch die wahrscheinliche Rolle - zumindest als Vermittler -, die Shaul Eisenberg bei den Ereignissen rund um das Attentat spielte, was darauf hindeutet, dass Eisenberg tatsächlich fortgeschrittene Kenntnisse über das bevorstehende Attentat hatte.

DIEJENIGEN, DIE AM RANDE STANDEN....

Hier sind die Personen, deren Handlungen sie mit der Mordverschwörung in Verbindung brachten (unabhängig davon, ob sie wussten, dass tatsächlich ein echter Mord stattfinden sollte oder nicht):
- Lee Harvey Oswald ;
- Der CIA-Geheimagent E. Howard Hunt ;
- Der Leiter des CIA-Büros in Mexiko-Stadt, David Atlee Phillips ;
- CIA-Agent und Mitglied des Permindex-Rates Clay Shaw ;
- CIA-Agent Guy Banister ;
- CIA-Agent David Ferrie ;
- Maurice Brooks Gatlin; Permindex-Kurier ;
- CIA-Agent Robert Morrow ;
- Der Dallas-Unterweltpartner Jack Ruby ;
- Der CIA-Mitarbeiter, US-Senator John Tower und

- Eine Auswahl von Anti-Castro- und anderen Exilkubanern, darunter auch die CIA-Agentin Marita Lorenz.

Mickey Cohen, Meyer Lanskys Handlanger an der Westküste, und der israelische Diplomat (und spätere Premierminister) Menachem Begin waren in die israelische Geheimdienstverschwörung gegen Präsident Kennedy verwickelt gewesen, aber es kann nicht mit Sicherheit gesagt werden, dass sie vor der Tat von einer Mordverschwörung wussten, obwohl es wahrscheinlich ist, dass Cohens Partner Al Gruber Jack Ruby den Auftrag gab, Lee Harvey Oswald zu töten.

Mehrere Mitglieder der CIA, führende Persönlichkeiten der Mafia und des Lansky-Syndikats, FBI-Direktor J. Edgar Hoover sowie einige Ermittler der Warren-Kommission und des Attentatsausschusses des Repräsentantenhauses hatten im Laufe der Jahre vielleicht Informationen über Teile der Geschehnisse gesammelt, doch nur wenige von ihnen waren über die gesamte Verschwörung informiert.

Diejenigen, die sich an der Peripherie befanden, waren an verschiedenen Aspekten der Vertuschung beteiligt (aus jeweils eigenen Gründen), ebenso wie einige Medienpersönlichkeiten, darunter Drew Pearson und Jack Anderson.

Es gab auch eine letzte Person, die zumindest einen Teil der Umsetzung des Komplotts rettete: der französische Präsident Charles De Gaulle, dessen Geheimdienst vom Mossad kompromittiert wurde.

DAS ENDGÜLTIGE URTEIL

Die von uns vorgelegten Beweise zeigen, dass es eine sehr solide Grundlage für die in diesem Buch vorgestellte These gibt. Es ist ein Szenario, das Sinn macht, sehr zum Entsetzen derjenigen, die behaupten würden, die Schlussfolgerungen des *Final Judgement* seien irgendwie „lächerlich", „skandalös" oder „absurd".

Das ist unser Endgericht: Der israelische Mossad war ein wichtiger (und entscheidender) Akteur hinter den Kulissen der Verschwörung, die das Leben von John F. Kennedy beendete. Dank seiner umfangreichen Ressourcen und internationalen Kontakte in der Geheimdienstgemeinschaft und im organisierten Verbrechen hatte Israel die Mittel, die Möglichkeit und das Motiv, eine führende Rolle im Verbrechen des Jahrhunderts zu spielen, und es tat es auch.

Der israelische Premierminister David Ben-Gurion und Präsident John F. Kennedy (links) verstrickten sich in einen erbitterten Konflikt über die Entschlossenheit Israels, ein Atomwaffenarsenal aufzubauen. Der Konflikt führte zu Ben-Gurions brutalem Rücktritt im Juni 1963 und legte den Grundstein für die Rolle des israelischen Geheimdienstes bei der Ermordung von JFK. Die gleichen Kräfte, die mit dem Verschwörungsgeflecht gegen JFK in Verbindung standen, waren auch an von Israel in Auftrag gegebenen Verschwörungen gegen den französischen Staatspräsidenten Charles De Gaulle (rechts mit Ben-Gourion) beteiligt, der Israel verärgert hatte, indem er Algerien die Unabhängigkeit gewährte und einen Rückzieher bei der französischen Unterstützung für das israelische Atomprogramm machte.

Das Attentat auf JFK (und die Verschwörungen gegen De Gaulle) wurden über eine internationale Organisation inszeniert und finanziert, die unter dem Namen Permindex bekannt ist, einer Scheinfirma, die eine Tarnung des israelischen Geheimdienstes Mossad war. Oben ein Foto von der Gründungsversammlung der Permindex. Die treibende Kraft hinter der Permindex war die Banque De Credit International (BCI) mit Sitz in Genf, die von Rabbi Tibor Rosenbaum (rechte Beilage) gegründet wurde, einem Finanzier und Beauftragten für Waffenkäufe für den Mossad. Rosenbaums Bank diente auch dazu, Geld für das Verbrechersyndikat des internationalen Mafiabosses Meyer Lansky (linke Beilage) zu waschen, dessen kriminelles Imperium (zu dem auch die Mafia gehörte) das Ziel der Kennedy-Regierung war, als diese ein massives Vorgehen gegen das organisierte Verbrechen einleitete.

Als der Staatsanwalt von New Orleans, Jim Garrison (links), den Mord an Clay Shaw, einem langjährigen CIA-Aktivisten und Direktor für internationalen Handel, untersuchte und ihn beschuldigte, an der Verschwörung zur Ermordung von JFK beteiligt gewesen zu sein, fand Garrison heraus, dass Clay Shaw Mitglied des Vorstands des Mossad-Unternehmens Permindex war. Garrison kam offenbar zu dem Schluss, dass der Mossad mit dem Attentat in Verbindung stand, äußerte seinen Verdacht jedoch nur in einem unveröffentlichten Roman. Vorsitzender der Permindex war der Anwalt Louis M. Bloomfield (rechts) aus Montreal, eine wichtige Persönlichkeit der Israel-Lobby in Kanada und ein langjähriger Handlanger des Alkoholbarons Sam Bronfman, der sowohl ein wichtiger Förderer Israels als auch eine führende Persönlichkeit in Lanskys Verbrechersyndikat war.

Zusammen mit Clay Shaw von der Permindex arbeiteten die in New Orleans ansässigen CIA-Agenten Guy Banister (links) und David Ferrie (rechts) mit Agenten der Organisation de l'Armée Secrète (OAS) an Verschwörungen gegen Charles De Gaulle, die über die Permindex, die Tarnfirma des Mossad, finanziert wurden. Shaw, Banister und Ferrie waren auch für die „Verkleidungsaktion" verantwortlich, die den mutmaßlichen Mörder von JFK, Lee Harvey Oswald, als „pro-Castro"-Agitator darstellte. Obwohl viele Leute Bannisters Verbindungen zu dem „rechten" Agitator Kent Courtney als Beweis für eine „rechte" Orientierung bei Banister und seinen Partnern hervorheben, übersehen dieselben Forscher Courtneys enthusiastische Unterstützung für Israel. Auf dem Foto (rechts) ist es ein Artikel von Courtney aus dem Jahr 1970, in dem Courtney Israel als Hindernis auf dem Weg des sowjetischen Expansionismus begrüßt. Courtneys Ansichten über Israel spiegelten genau die Ansichten von James Angleton wider, der als Verbindungsmann der CIA zum Mossad tätig war.

James Jesus Angleton (Beilage), langjähriger CIA-Direktor für Spionageabwehr, war der hochrangige CIA-Akteur im JFK-Mordkomplott und später die treibende Kraft hinter der Rolle der CIA bei Richard Nixons „Watergating". Als Israel-Anhänger spielten Angleton und sein Mossad-Verbindungsbüro in der CIA eine zentrale Rolle in den Überwachungsbündnissen der CIA mit Lanskys Verbrechersyndikat, eine Tatsache, die viele Forscher zu ignorieren und/oder zu vergessen versuchten. Dieses Denkmal in Israel (oben) ist eines von vielen, mit denen Angleton für seine Verdienste um Israel geehrt wird. Die Gedenktafel des Denkmals wird rechts gezeigt. Die Fotografie des Denkmals wurde ausschließlich für dieses Buch aufgenommen und ist die einzige bekannte Fotografie, die jemals von diesem Denkmal veröffentlicht wurde.

Ein ehemaliger französischer Geheimdienstmitarbeiter sagte Michael Collins Piper, dem Autor von „Das jüngste Gericht", dass Yitzhak Shamir (oben links) - der Leiter der Mossad-Morde im Jahr 1963 - über Colonel Georges De Lannurien (Mitte), einen hochrangigen Mossad-Verbündeten im französischen Geheimdienst, einen Vertrag mit mindestens einem der an der Ermordung von JFK beteiligten Attentäter geschlossen hatte. Es ist kein Zufall, dass De Lannurien am Tag der Ermordung von JFK im CIA-Hauptquartier in Washington mit James J. Angleton, einem hochrangigen Verbündeten des Mossad bei der CIA, kuschelte. Tatsächlich hatte die israelische Verschwörung gegen JFK kurz nach seiner Wahl begonnen, als Mickey Cohen (rechts), ein Handlanger von Meyer Lansky aus Los Angeles, und der israelische Diplomat Menachem Begin (unten rechts) die Schauspielerin Marilyn Monroe (unten Mitte) in eine Spionageoperation und sexuelle Erpressung gegen JFK hineinmanipuliert hatten. Die Desinformation in den Medien förderte den Mythos, dass die Kennedy-Familie in Monroes Tod verwickelt war, obwohl die Beweise in Wirklichkeit darauf hindeuteten, dass Cohen dafür verantwortlich war. Von der Forschung weitgehend ignoriert, war Cohen ein Freund und Vorbild für Jack Ruby (unten links), eine Figur aus der Unterwelt von Dallas, dessen Verbindungen zu Lansky und dem israelischen Waffenhandel von denjenigen verschleiert wurden, die erklärten: „Die Mafia hat JFK getötet".

In Zusammenarbeit mit dem CIA-Büro in Mexiko-Stadt, das von David Atlee Phillips (links) geleitet wurde, hat das israelische Büro von James Angleton bei der CIA gefälschte „Beweise" zusammengebastelt, um den Obersten Richter Earl Warren davon zu überzeugen, dass Lee Harvey Oswald sich mit den Sowjets verschworen hatte, um JFK zu ermorden. Der Warren-Bericht wurde also erstellt, um zu vertuschen, was Warren (vielleicht) für die Wahrheit hielt, und um einen Krieg zwischen den USA und der UdSSR zu verhindern. Viele Menschen glauben, dass Phillips - der später für eine Firma arbeitete, die am Waffenschmuggel für den Mossad beteiligt war - der CIA-Agent (der den Namen „Maurice Bishop" verwendet hatte) war, der Oswald kurz vor dem Attentat in Texas gesehen hatte. Dieser „Künstlerdruck" (Mitte) von „Maurice Bishop" wurde vom Ausschuss des Repräsentantenhauses für Attentate ausgestellt. Michael Collins Piper, Autor von *Endgericht*, spekuliert jedoch, dass „Maurice Bishop" ein CIA-Codename gewesen sein könnte, der auch von einer anderen in Texas ansässigen CIA-Figur verwendet wurde, die 1963 in die kubanischen Angelegenheiten verwickelt war - George Bush (rechts).

1986 denunzierte der israelische Atomtechniker Mordechai Vanunu (links) Israel und enthüllte der Welt, dass Israel tatsächlich über Atomwaffen verfügte. Vanunu wurde für seine Gewissensentscheidung zu 18 Jahren Gefängnis verurteilt. Kurz bevor die vierte Ausgabe von *Endgültiges Urteil* in Druck ging, veröffentlichte das amerikanische Friedensaktivistenpaar Nicholas und Mary Eoloff aus St. Paul, Minnesota, die Vanunu

adoptiert hatten, einen Brief vom 12. Oktober 1997, in dem ihr Adoptivsohn behauptete, dass es einen Zusammenhang zwischen der Ermordung von JFK und dem Sechstagekrieg von 1967 gebe, den Israel gegen seine arabischen Nachbarn begonnen hatte. Vanunus Enthüllungen, insbesondere angesichts seiner Vorgeschichte im israelischen Atomprogramm, deuten eindeutig auf eine Bestätigung der Behauptungen hin, die bereits in der 1994 veröffentlichten ersten Ausgabe von *Endgame Judgement* aufgestellt worden waren. Obwohl Vanunus Behauptungen über seine Verbindung zu JFK geheim gehalten wurden, behauptete der einzige Pressebericht, in dem er erwähnt wurde, vorhersehbar, dass es sich um einen Beweis für Vanunus „Paranoia" handele.

Der ehemalige CIA-Offizier Victor Marchetti (links) behauptete in einem Artikel, der 1978 in *The Spotlight* erschien, dass die CIA den CIA-Agenten E. Howard Hunt (Mitte) der Verwicklung in den Mord an JFK zu bezichtigen. Die Beweise deuteten darauf hin, dass der israelische CIA-Verbündete James Angleton hinter der Verschwörung stand, Hunt eine Falle zu stellen. Angletons Referent, der Journalist Joe Trento (rechts), glaubt, dass Angleton Hunt im November 1963 nach Dallas schickte und dann 15 Jahre später eine CIA-Notiz durchsickern ließ, die Hunt zum Zeitpunkt des Attentats in Dallas verortete. Hunt arbeitete mit vielen der an dem Attentat beteiligten Personen zusammen und wusste viel mehr, als er zugeben würde. Hunt scheint Teil dessen gewesen zu sein, was einige für einen „fiktiven" Mordversuch an JFK hielten, der darauf ausgelegt war, Castro-Agenten zu involvieren, der aber kooptiert und in eine „wahre Begebenheit" umgewandelt wurde. Wahrscheinlich wurde Lee Oswald auf diese Weise manipuliert und dazu gebracht zu glauben, dass er in eine Verschwörung verwickelt war, die Castro einen Anschlagsversuch auf JFKs Leben anhängen sollte, während er in Wirklichkeit als „Sündenbock" hereingelegt wurde."

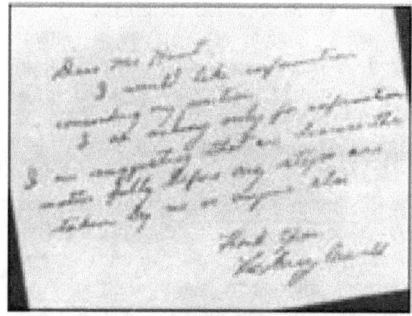 

Obwohl der britische Schriftsteller Christopher Andrew, der mit der CIA in Verbindung steht, behauptet, dass der berühmte Brief „Dear Mr. Hunt " (links) - der offenbar von Lee Oswald zwei Wochen vor dem Sturm auf JFK geschrieben wurde - eine Fälschung des KGB war, war der Brief wahrscheinlicher Teil der „Limited Situation"-Kampagne - die von James Angletons Mossad-Büro bei der CIA gemalt wurde, um Hunt in eine Falle zu locken und die Suche nach JFK weiter zu verwirren. Der Brief tauchte genau 1975 auf, zu der Zeit, als Mike Canfield und Alan Weberman das Buch *Coup d'État in Amerika* (rechts) veröffentlichen, das den Mythos aufbaute, Hunt sei einer der „Penner" gewesen, die nach dem Attentat in Dallas aufgelesen wurden. Weberman war nicht nur eng mit Mordechai Levy, einem bekannten Agenten der mit dem Mossad verbundenen Anti-Defamation League, verbunden, sondern Weberman enthüllte auch, dass der einflussreiche Mann im US-Kongress, der Webermans Initiative zur Verbreitung der Theorie von „Hunt dem Penner" maßgeblich erleichterte, Richard Perle (rechte Beilage) war, ein alter Mossad-Agent, der heute eine Schlüsselfigur im pro-israelischen „neokonservativen" Netzwerk ist. Darüber hinaus war der Nigerianer, der Webermans Buch veröffentlichte, auch der Herausgeber der Schriften des israelischen Führers David Ben-Gurion. Der Autor von *„Endgültiges Urteil"* Michael Collins Piper spekuliert, dass Webermans Buch „tendenziöse Propaganda" aus dem israelischen Büro von Angleton bei der CIA war. Interessanterweise war es Weberman, der enthüllte, dass der Staatsanwalt von New Orleans, Jim Garrison, diskret die Beteiligung des Mossad an der Ermordung von JFK andeutete - ein Punkt, den selbst viele Bewunderer Garrisons nur ungern zugeben.

Nachdem E. Howard Hunt (unerklärlicherweise) *The Spotlight* wegen Verleumdung verklagt hatte, weil er das CIA-Komplott aufgedeckt hatte, um ihm den Mord an JFK anzuhängen, fungierte der berühmte Ermittler, Anwalt Mark Lane (links), als Strafverteidiger für *The Spotlight* und sabotierte Hunts Fall. Die Aussage der ehemaligen CIA-Agentin Marita Lorenz (rechts) enthüllte, dass Hunt sich am Tag vor der Ermordung von JFK in Dallas mit dem CIA- und Mossad-Agenten Frank Sturgis, einer kubanischen Anti-Castro-Truppe, aber auch mit Jack Ruby, einem Handlanger von Lansky und Bronfman, getroffen hatte. Einige Jahre später inszenierte Andrew Allen, ein Geheimdienstmitarbeiter des Mossad und der CIA, einen weiteren Prozess gegen *The Spotlight*, was die Zeitung in den Bankrott trieb und dem Bundesrichter S. Martin Teel die Gelegenheit gab, das Magazin 2001 einzustellen. Es ist kein Zufall, dass Teel in den (von *The Spotlight* erstmals aufgedeckten) INSLAW-Skandal verwickelt war, bei dem Beamte des Justizministeriums eine Überwachungssoftware stahlen, die später dem Mossad übergeben wurde, wie Gordon Thomas in seinem Buch Robert Maxwell: *Israel's Super-Spy* enthüllt hatte.

 William R. Corson (links), ein CIA-Veteran und ehemaliger „cut-off"-Journalist für James Angleton, den Mossad-Kontaktmann der CIA, verbreitete die Geschichte „Hunt ist in Dallas", die *The Spotlight* im Hunt-Prozess inspirierte. Später, nach Corsons Tod, setzte einer von Corsons Partnern seine Arbeit fort und schmiedete hinter den Kulissen energische Komplotte, um Mark Lane und Michael Collins Piper zu diskreditieren und den Vertrieb von *Endgültiges Urteil* zu stoppen. Die „Geheimoperation" gegen Lane und Piper beinhaltete die Verbreitung von Desinformationsdokumenten (möglicherweise aus CIA-Akten), die vorgaben, die Verwicklung der CIA und Israels in den JFK-Fall „zuzugeben". Die gefälschten Dokumente wurden in der Hoffnung veröffentlicht, dass sie leicht diskreditiert werden könnten, was dann auch geschah. Heute verkünden die CIA und die Israelis: „Die Theorie der Zusammenarbeit von CIA und/oder Israel bei der Ermordung von JFK basierte auf gefälschten Dokumenten, daher ist die Arbeit von Lane und Piper diskreditiert." Was die Kritiker jedoch nicht erwähnen, ist Folgendes: Weder Lane noch Piper stützten sich auf diese offensichtlich gefälschten Dokumente.

Mindestens drei unabhängige Quellen bestätigen, dass der berüchtigte CIA-Agent Frank Sturgis (links) seit 1948 für den israelischen Mossad gearbeitet hat und dass seine Beziehungen zum Mossad bis in die 1970er Jahre andauerten. Marita Lorenz sagte aus, dass Sturgis den Konvoi aus zwei Autos von Miami nach Dallas führte, der am 21. November 1963 in Dallas ankam, einen Tag vor der Ermordung von JFK, an dem sich Sturgis und sein Team aus kubanischen Anti-Castro-Kämpfern mit dem CIA-Offizier E. Howard Hunt und Jack Ruby trafen. Laut Miss Lorenz behauptete Sturgis später gegenüber ihr, dass sein Team in die Ereignisse auf der Dealey Plaza verwickelt gewesen sei. Der kubanische Geheimdienst kam aufgrund seiner eigenen Ermittlungen zu dem Schluss, dass Sturgis tatsächlich an der Ermordung von JFK beteiligt war. Sturgis' einzigartige Positionierung rückt somit einen bekannten Trumpf des Mossad in den Kreisen der CIA fest ins Zentrum der Intrige um das Attentat und liefert ein weiteres „missing link", das auf die Zusammenarbeit des Mossad mit der CIA bei der Ermordung von Präsident Kennedy hindeutet.

Der legendäre CIA-Agent Gerry Patrick Hemming (rechts) war zusammen mit Frank Sturgis, einer mit dem Mossad verbundenen CIA-Figur, an der Ausbildung von exilkubanischen Anti-Castro-Kämpfern außerhalb von New Orleans beteiligt - ein Projekt, an dem David Phillips, Guy Banister, David Ferrie und Clay Shaw - ganz zu schweigen von Lee Oswald - an der Ermordung von JFK beteiligt waren. Einer der Hauptauftraggeber von Hemmings Anti-Castro-Komplott, in das Sturgis verwickelt war, war Theodore Racoosin, den Hemming als „einen der wichtigsten Gründer des Staates Israel" beschrieb. Die mit dem Mossad verbundenen amerikanisch-jüdischen Interessen in der Glücksspielbranche sind dafür bekannt, dass sie die Operation in New Orleans finanziert haben. Hemming sagte dem Autor von *Final Judgement* Michael Collins Piper, dass er (Hemming) seit den späten 1960er Jahren wusste, dass der Mossad über die bevorstehende Ermordung von Präsident Kennedy informiert war, obwohl Hemming behauptet, dass er keine Beweise für eine direkte Beteiligung des Mossad kannte. Hemming zufolge leitete der Mossad eine eigene Untersuchung des JFK-Attentats ein und bewahrt bis heute die Akten seiner Untersuchung auf.

 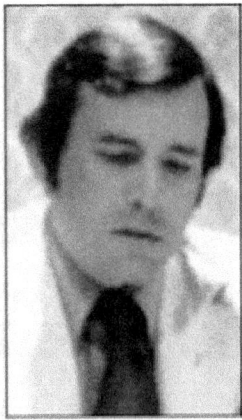 

Laut der ehemaligen CIA-Agentin Marita Lorenz gehörten Guillermo Novo (links) und sein Bruder Ignacio (Mitte) zusammen mit E. Howard Hunt und dem CIA- und Mossad-Agenten Frank Sturgis zu den Dallas Cubans. Später wurden die Novos zusammen mit dem internationalen Abenteurer Michael Townley (rechts) wegen des Mordes an dem chilenischen Diplomaten Orlando Letelier im Jahr 1976 verurteilt. Die Verbindung zwischen Novo und Townley reicht möglicherweise noch weiter zurück. Zum Zeitpunkt der Ermordung von JFK war Townley ein Agent für Investors Overseas Services (IOS). Nominell von Bernie Cornfeld (unten links) geleitet, war IOS eine Fassade des Mossad von Rabbi Tibor Rosenbaum, dessen Permindex das Herzstück des JFK-Mordkomplotts war.

 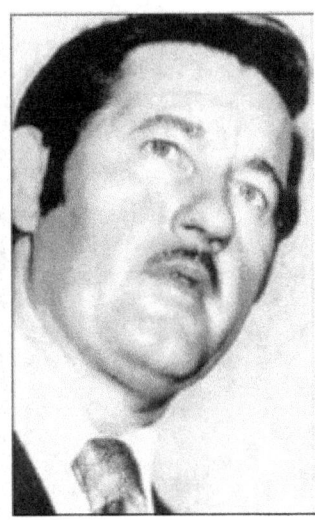

Der Direktor des Ausschusses des Repräsentantenhauses, Robert Blakey (oben links), erklärte, wenn jemand für die Organisation des Mordes an John F. Kennedy verantwortlich sei, dann die Mafiabosse Carlos Marcello (oben rechts) und Santo Trafficante Jr. (unten rechts), die beide Untergebene von Meyer Lansky gewesen seien. Dennoch zeigte Blakey nicht ein einziges Mal mit dem Finger auf Lansky und versuchte, Lanskys Verbindung zu dem Attentat geheim zu halten. Zuvor war Blakey bei Lanskys Partner und Permindex-Investor Morris Dalitz (unten links) angestellt gewesen, dessen Oberleutnant Ed Levinson im Vorstand der Bank De Credit International des Mossad-Offiziers Tibor Rosenbaum saß, der für Lanskys Syndikat „schmutziges Geld" wusch und mit der JFK-Verschwörung in Verbindung stand. Während die Mainstream-Medien Blakeys Legende „Die Mafia hat JFK getötet" unterstützen, wird die weitreichende Interaktion zwischen dem israelischen Geheimdienst und dem amerikanischen organisierten Verbrechen unterdrückt. Die Medien ignorieren auch die zentrale Rolle, die jüdische Mafiosi auf der höchsten Ebene des organisierten Verbrechens spielen, und konzentrieren sich stattdessen auf das Bild des „Paten" der italienischen Mafia. Obwohl die Diskussion über das Thema als Tabu gilt, könnte das, was man als „erhebliche Sensibilität für jüdische Belange" bezeichnen könnte, einer der Gründe dafür sein, dass die Eigentümer und Chefredakteure mehrerer großer Nachrichtenquellen der Medien festlegten, dass es nicht angemessen sei, genau über die jüdischen und israelischen Verbindungen zur amerikanischen Mafia zu berichten.

1967 bauten der Kolumnist Jack Anderson (oben links) und sein Chef Drew Pearson (links in der Beilage), die beide der CIA und der Israel-Lobby nahestanden, eine fingierte Geschichte auf, die von Johnny Roselli, einem Mafioso aus Chicago (oben rechts), erzählt wurde und Fidel Castro für die Ermordung von JFK verantwortlich machte. Roselli - der die Geschichte später zurückwies - arbeitete mit Dritten, darunter dem Chicagoer Mafiaboss Sam Giancana (unten links), bei den CIA-Verschwörungen gegen Castro zusammen, die mit Billigung der Unterwelt von Meyer Lansky durchgeführt wurden, dessen Rolle durch „offizielle" Ermittlungen und von Forschern, die befürchteten, Lansky zu erwähnen, unterdrückt wurde. Während Anderson ab 1960 eine enge Freundschaft mit dem CIA- und Mossad-Agenten Frank Sturgis aufbaute, wissen wir heute aufgrund der neuen Enthüllungen von Giancanas Neffen, dass der wahre „Boss" der Chicagoer Unterwelt Lanskys Partner Hyman Larner (unten rechts) war - der Jude und kein Italiener war - und dessen größere Operationen in Absprache mit dem Mossad und der CIA durchgeführt wurden. Das bedeutet also, dass selbst die Vermutung, dass „Die Chicagoer Mafia JFK getötet hat" die Beteiligung des Mossad noch deutlicher macht. *Die Verbindung des Mossad mit der Ermordung von JFK - über viele Plattformen und auf vielen Ebenen - ist einfach unausweichlich.*

Die Fußspuren des reichen Mäzens Israels, einer der Figuren des Lansky-Syndikats, Sam Bronfman aus Kanada (links), sind überall im JFK-Mordkomplott zu finden. Louis Bloomfield, Bronfmans langjähriger Handlanger, war nicht nur Vorstandsvorsitzender der vom Mossad gesponserten Firma Permindex, sondern neue Beweise deuten darauf hin, dass Jack Ruby Figur aus der Dallas-Mafia ein Angestellter Bronfmans war. Während ein weiterer Geschäftspartner Bronfmans in Dallas, der Ölmann Jack Crichton, nach der Ermordung von JFK als „Übersetzer" für die Witwe von Lee Harvey Oswald fungierte, saß ein weiterer Bronfman-Beamter - der „Superanwalt" John McCloy (Mitte) - in der Warren-Kommission. McCloy war Treuhänder und Crichton war Vizepräsident des Empire Trust, einer Finanzgruppierung, die teilweise von der Bronfman-Familie kontrolliert wird. Obwohl Bronfman vor allem für sein Spirituosenimperium Seagrams bekannt ist, ist, was viele Forscher, die mit dem Finger auf die „Ölbarone von Texas" zeigen, übersehen haben, dass Bronfman selbst ein Ölbaron von Texas war, nachdem er 1963 Texas Pacific Oil gekauft hatte. Bereits 1949 war Allen Dulles (rechts) - später von JFK entlassener CIA-Direktor und auch ein Mitglied der Warren-Kommission - der Anwalt in Privatunternehmen von Bronfmans Tochter Phyllis.

Wenige Minuten nach der Ermordung von Lee Harvey Oswald durch Jack Ruby am 24. November 1963 begann Eugene Rostow, der damalige Dekan der juristischen Fakultät von Yale, bei Präsident Johnson auf die Einrichtung der späteren Warren-Kommission zu drängen, die die Wahrheit über die Ermordung von JFK verschleiern sollte. Rostows zentrale Rolle in diesem Fall blieb bis 1993 geheim. Als langjährige Galionsfigur der Israel-Lobby war Rostow Mitglied des Vorstands des Jüdischen Instituts für nationale Sicherheitsangelegenheiten, das als „von Personen geleitet wird, die eng mit israelischen Interessen verbunden sind, und als virtuelle Lobbyorganisation für den Staat Israel betrachtet werden kann" beschrieben wurde. Als extremistischer Fanatiker des Kalten Krieges war Rostow einer der Gründer der Actual Danger Commission, einer „neokonservativen" Kommission, die der Ansicht war, dass die Sicherheit Israels im Mittelpunkt aller Belange der US-Außenpolitik stehe.

Als die Warren-Kommission den Mord an JFK untersuchte, war der Detroiter Industrielle Max Fisher (links) ein enger Berater und Hauptunterstützer des ehemaligen Kongressabgeordneten Gerald Ford (links), der zu den engagiertesten Befürwortern der Kommission gehörte. Fisher hatte nicht nur langjährige Verbindungen zu Lanskys Verbrechersyndikat, sondern war auch Geschäftspartner des Mossad-Offiziers Rabbi Tibor Rosenbaum und des israelischen Milliardärs Shaul Eisenberg (rechts), die die Hauptmotoren hinter dem Permindex-Netzwerk waren, das im Zentrum der Verschwörung zum JFK-Mord stand. Eisenberg, der langjährige Verbindungsmann des Mossad zum kommunistischen China, spielte eine Schlüsselrolle in den streng geheimen Programmen zur Entwicklung von Atombomben zwischen Israel und Rotchina. Präsident Kennedys Plan, einen Militärschlag gegen die Atombombenproduktionsanlagen des kommunistischen China zu starten, wurde von Lyndon Johnson innerhalb von 30 Tagen nach der Ermordung von JFK gekippt, was zur Folge hatte, dass die chinesischen Aktivitäten fortgesetzt wurden. Die Beweise deuten darauf hin, dass die erste Explosion eines nuklearen Sprengsatzes durch „China" in Wirklichkeit ein Joint Venture zwischen Israel und Rotchina war.

Ein weiterer Komplize der Mossad-Figur Tibor Rosenbaum bei der Verschwörung war Prinz Bernhard der Niederlande (links), dessen Beziehungen zu Rosenbaum Gegenstand eines Skandals waren. Es ist vielleicht kein Zufall, dass Bernhard (der Gründer der mächtigen Bilderberg-Gruppe) zum Zeitpunkt der Ermittlungen der Warren-Kommission nicht nur Ford, sondern auch ein anderes Mitglied der Kommission, John McCloy, bei einem der Bilderberg-Konklaven empfing. Bernhard hatte auch Beziehungen zu Rosenbaums Partner bei der Permindex, Clay Shaw aus New Orleans, die bis 1954 zurückreichen. Die *New Orleans Times und die Picayune* berichteten am 20. März 1954, dass Bernhard Shaws International Trade Mart bei einem Besuch, den das holländische Konsulat als „streng inkognito" bezeichnete, besichtigt hatte.

Arlen Specter (links) und Albert Jenner (rechts) waren zwei Schlüsselmitglieder der Warren-Kommission. Wie die meisten Schlüsselmitglieder der Warren-Kommission hatten auch Specter und Jenner enge Verbindungen zur Israel-Lobby. Heute ist Specter, der inzwischen Senator von Pennsylvania ist, einer der größten Befürworter Israels im Kongress (wo seine amerikanische Schwester ihren Wohnsitz hat). Bevor Jenner in der Warren-Kommission saß, war er Anwalt des Chicagoer Milliardärs Henry Crown, der nicht nur mit Lanskys Verbrechersyndikat verbunden war, sondern dessen riesiges Finanzimperium auch half, das israelische Programm zur Entwicklung von Atomwaffen zu finanzieren, das Präsident Kennedy ein Dorn im Auge war und die Quelle von JFKs geheimem Konflikt mit Israel darstellte.

Der russische Adlige George De Mohrenschildt (rechts) fungierte im Frühjahr 1963 als „CIA-Babysitter" für Lee Harvey Oswald und behauptete später, dass hinter dem Attentat ein Betrug stecke und er unfreiwillig als Teil dieser Verschwörung benutzt worden sei. Kurz vor seinem angeblichen Selbstmord erklärte De Mohrenschildt, dass „die Juden" und „die jüdische Mafia" hinter ihm her seien. Heute beeilt sich der mit der CIA verbundene Schriftsteller Gerald Posner, Autor von *Case Closed*, der behauptet, Oswald sei ein „einsamer Stalker" gewesen, zu behaupten, dass De Mohrenschildts Behauptungen auf Paranoia und Wahnsinn des Adligen beruhten. Obwohl die Forscher Posners zahlreichen Hochstapeleien recht kritisch gegenüberstanden, wagte es keiner, nachzuforschen, warum De Mohrenschildt glaubte, dass „die Juden" es eilig hätten, ihn zum Schweigen zu bringen.

William Sullivan (links) - ein enger Freund von James Angleton, dem Verbindungsmann des Mossad zur CIA - war der Informant der CIA innerhalb des FBI. Sullivan koordinierte die berüchtigten COINTELPRO-Operationen des FBI zur Infiltration von Dissidentenorganisationen. Es gibt Beweise dafür, dass der ehemalige CIA-Agent David Ferrie (der Lee Harvey Oswald vor der Ermordung von JFK manipulierte) einer von Sullivans COINTELPRO-Agenten war, die 1962 in den Brandanschlag auf eine Schwarze Freimaurerloge in Louisiana verwickelt waren. Sullivan starb 1977 bei einem seltsamen Jagdunfall. Unterdessen deuteten neue Informationen darauf hin, dass der berüchtigte Barry Seal (rechts) - ein großer Drogenhändler, der in die Operationen der CIA im Iran verwickelt war - seine Karriere als Ferries Schützling startete und dass es Seal war, der ein

Hintertürchen bei der Ermordung von JFK darstellte. Seal wurde 1986 in einem, wie die Quellen behaupten, vom Mossad in Auftrag gegebenen Auftrag unter Einsatz von CIA-Agenten ermordet- und das kolumbianische Drogenkartell, das mit dem Mossad verbunden war.

Die prominente Verschwörungstheoretikerin Mae Brussell vertrat die Ansicht, dass der ehemalige Nazi-General Reinhard Gehlen (rechts), der nach dem Zweiten Weltkrieg für westliche Geheimdienste arbeitete, wahrscheinlich ein Verschwörer bei der Ermordung von JFK gewesen sei. Tatsächlich stellen die israelischen Schriftsteller Dan Raviv und Yossi Melman in ihrem Buch *Every Spy a Prince* fest, dass Gehlen dem israelischen Geheimdienst sehr nahe stand und „der Ingenieur für die besondere Beziehung zwischen dem jüdischen Staat und dem" neuen Deutschland „war und dass Gehlen" eine tiefe berufliche Beziehung zu Israel aufbaute. Wenn Brussell also mit einer „Nazi-Verbindung" zum Attentat recht hätte (wenn auch unwahrscheinlich), könnte man logischerweise vorschlagen, dass die ehemalige Nazi-Kapelle das Attentat auf JFK im Namen ihrer Mossad-Verbündeten organisiert hat. Eine Verbindung des Mossad zum Fall JFK lässt sich in der Tat an den unwahrscheinlichsten Stellen finden.

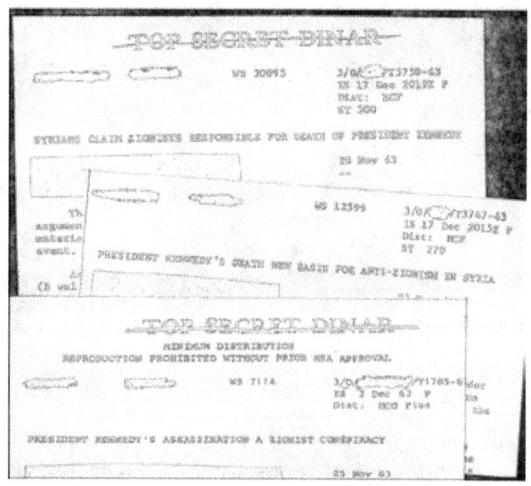

Ein wenig bekanntes Geheimnis um den Fall JFK ist die Rolle, die Isaac Don Levine (rechts) bei der Manipulation der Witwe von Lee Harvey Oswald nach der Ermordung von JFK spielte. Levine zeigte ein seltsames Interesse daran, dass Oswald (während er in Russland war) mit Alexander Ziger in Verbindung gebracht wurde, einem russischen Juden, der in geheimdienstliche Verschwörungen verwickelt gewesen sein könnte - selbst wenn er für die CIA und/oder den israelischen Mossad gearbeitet hätte - und der Oswald vielleicht sogar gesteuert hätte. Eine gründliche Untersuchung der Levine-Ziger-Affäre - sowie eine Prüfung der überzeugenden Behauptung eines Forschers, dass es tatsächlich „zwei Oswalds" gegeben haben könnte - einschließlich eines, der jüdischer Herkunft zu sein scheint - wäre sicherlich aufschlussreich.

Die oben dargestellten geheimen Berichte der US-Geheimdienste zeigen, dass nur wenige Tage nach der Ermordung von JFK in den offiziellen Zeitungen der arabischen Regierungen offen darüber spekuliert wurde, dass das Attentat Israel und dem Mossad zugeschrieben werden könnte. Offensichtlich handelte es sich dabei um wenig bekannte (und ziemlich gut vertuschte) „schreckliche Gerüchte" aus dem Ausland, die die Warren-Kommission unbedingt zum Schweigen bringen wollte. Hätten die Amerikaner diese Gerüchte gehört, hätten sie vielleicht begonnen, JFKs Politik gegenüber Israel zu untersuchen und entdeckt, dass der Mossad das Motiv, die Mittel und die Möglichkeit hatte, bei der Ermordung von JFK mitzuwirken. In den letzten Jahren erklärte der syrische Verteidigungsminister Mustafa Tlas öffentlich im syrischen Fernsehen, er glaube, dass der Mossad bei der Ermordung von JFK eine Rolle gespielt habe.

Oben ein Foto, das unmittelbar nach der Ermordung von JFK am Dealey Plaza aufgenommen wurde. Rechts ist der berühmte und elegante „Mann mit dem Regenschirm" zu sehen, von dem weithin bekannt ist, dass er eine Rolle bei dem Attentat spielte. Obwohl ein gewisser Louis Steven Witt später behauptete, er sei der „Mann mit dem Regenschirm" gewesen, wird diese Behauptung von vielen Wissenschaftlern angezweifelt. Obwohl der Begleiter des „Mannes mit dem Regenschirm" oft als „Latin" bezeichnet wird, erklärte ein

Veteran der Nahostreisen gegenüber Michael Collins Piper, dem Autor des Buches „*Das jüngste Gericht*", dass die Person eher wie ein typischer jemenitischer sephardischer Jude aussah. Tatsächlich könnte es sich bei dem „Mann mit dem Regenschirm" um den berüchtigten Mossad-Attentatsspezialisten Michael Harari (siehe unten) handeln, der 1963 im Einsatz war. William Pepper, Anwalt des mutmaßlichen Mörders von Martin Luther King, James Earl Ray, brachte Rays Vorgesetzten „Raul" zusammen mit Jack Ruby mit einer in den USA ansässigen Waffenschmuggeloperation in Verbindung, an der 1963 ein hochrangiger Mossad-Offizier beteiligt war, bei dem es sich zweifellos um Harari gehandelt haben muss.

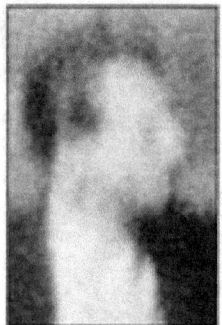  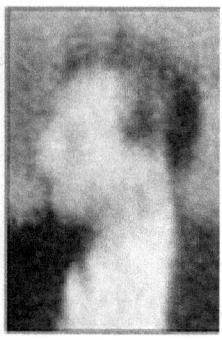

Michael Harari, der stets gut gekleidete Modegraveur und Spezialist für Mossad-Attentate, ist (in der Mitte) auf einem seltenen Foto aus dem Jahr 1985 abgebildet. Hararis Akte legt nahe, dass, wenn der Mossad seine eigenen Agenten in Dallas eingesetzt hätte, es Harari gewesen wäre. Wie die Begleitfotos zeigen, hat Harari eine verblüffende Ähnlichkeit (obwohl er 22 Jahre älter ist) mit dem „Mann mit dem Regenschirm" von der Dealey Plaza, der in Nahaufnahme gezeigt wird (mit dem rechten Foto „im Salto", um ein ähnliches Profil zu veranschaulichen). Beachten Sie Hararis (a) hohe Stirn, (b) Frisur, (c) Falkennase und (d) Kiefer. Vergleichen Sie dann Hararis Gesichtszüge mit denen des „Mannes mit dem Regenschirm".

Die SAVAK - eine gemeinsame Kreation der CIA und des Mossad - diente dem Schah von Iran (oben links), einem erbitterten Feind der Kennedy-Familie, als Geheimpolizei. Die SAVAK ermordete 1968 im Auftrag der CIA und des Mossad den Senator Robert Kennedy. Richard Helms (oben rechts), ein enger Freund des Schahs und James Angletons Chef bei der CIA, war an Angletons Machenschaften beteiligt, E. Howard Hunt der Beteiligung an der Ermordung von JFK im Jahr 1978 zu beschuldigen. Später versuchte Präsident Richard Nixon (links) in der Hoffnung, den Watergate-Skandal zu entgleisen, Helms und die CIA bezüglich der Rolle der CIA bei der Ermordung von JFK zu erpressen. Zum Teil auf den Enthüllungen des Buches *Katharine the Great* (von Debra Davis) aufbauend, zeigt *Final Judgement*, dass die Watergate-Affäre von Angletons unerkanntem Büro im Weißen Haus inszeniert wurde, um Nixon zum Rücktritt zu zwingen. Neue Beweise deuten darauf hin, dass Nixon plante, die israelische Lobby öffentlich wegen Blockadehaltung anzugreifen.

Als Oliver Stone (links) seinen Erfolgsfilm JFK über Jim Garrisons Ermittlungen gegen Clay Shaw, der mit dem Mossad in Verbindung stand, drehte, entfernte Stone die Beweise für die sogenannte „französische Verbindung" (die in Wirklichkeit die Verbindung zu Israel war), vielleicht weil sein wichtigster finanzieller Unterstützer ein Mossad-Veteran namens Arnon Milchan (rechts) war, Israels größter Waffenhändler und eine wichtige Figur in der israelischen Armee. Nach Garrisons Tod verklagte Garrisons Familie Milchans Unternehmen, weil die Familie nicht alle Gewinne erhalten hatte, die ihrem Vater versprochen worden waren, als Stone die Rechte an Garrisons Memoiren gekauft hatte.

Obwohl *Destiny Betrayed* von James Di Eugenio, (links) eine faktenbasierte Überprüfung von Jim Garrisons Ermittlungen gegen Clay Shaw ist - Di Eugenio (der sich öffentlich über *Endgültiges Urteil* lustig machte) achtete darauf, die vielfältigen Verbindungen des Mossad zur Permindex, der Shaw angehörte, nicht zu erforschen. Di Eugenios Buch wurde von der Sheridan Square Press herausgegeben, deren Gründer von der Familie Stern aus New Orleans finanziert wurden, die auch zur Anti-Defamation League (ADL), dem Geheimdienstzweig des Mossad, beitrug. Als enge Freunde von Clay Shaw besaßen die Sterns das Medienimperium WDSU, das eine zentrale Rolle dabei spielte, dass Shaw Lee Oswald vor der Ermordung von JFK als „Pro-Castro-Agitator" „verkleidete". Obwohl wir inzwischen wissen, dass Garrison die Verwicklung des Mossad in den JFK-Fall erkannt hatte, äußerte er (vielleicht klugerweise) seinen Verdacht nur in einem unveröffentlichten Roman - eine Tatsache, die viele Menschen zu ignorieren beschlossen.

Abe Foxman (links), nationaler Direktor der Anti-Defamation League (ADL) der B'nai B'rith, einem Mittelsmann des israelischen Mossad, verurteilte das Jüngste *Gericht* hysterisch bei seiner Veröffentlichung und erklärte jede Verschwörungstheorie zur Ermordung von JFK für inakzeptabel und tabu. Foxman stellte die absurde Behauptung auf, dass jeder, der glaube, dass der „militärisch-industrielle Komplex" an dem Attentat beteiligt gewesen sei, genauso gut glauben könne, dass der Holocaust ein Scherz sei. Marcia Milchiker (rechts), eine der ADL angeschlossene Universitätsverwalterin in Orange County, Kalifornien, spielte später eine Schlüsselrolle bei den erfolgreichen Bemühungen der ADL, Michael Collins Piper, den Autor von „*Endgültiges Urteil*", daran zu hindern, in einem Universitätsseminar über sein Buch zu sprechen. Es brach eine große Aufregung aus und Zeitungen im ganzen Land berichteten über die Kontroverse (unten).

Obwohl manche es lieber ignorieren, hat der mutmaßliche Mörder von Martin Luther King, James Earl Ray (rechts), in seinem Buch, in öffentlichen Erklärungen und in juristischen Dokumenten angedeutet, dass er eine Verbindung des Mossad mit dem Mord an Dr. King vermutet. Henry Schwarzschild, ein ehemaliger Beamter des New Yorker Büros der Anti-Defamation League (ADL), einem Ableger des Mossad, enthüllte 1993, dass die ADL King vor seiner Ermordung ausspioniert und ihre Erkenntnisse dem FBI übergeben hatte. Die ADL betrachtete King als „öffentliche Gefahr". Quellen aus dem Umfeld von Kings Familie erklärten, dass King tatsächlich auf eine öffentliche Unterstützung der palästinensischen Sache zusteuerte, was heute im Gegensatz zu den häufigen Behauptungen der ADL steht, King sei ein „glühender Verfechter Israels" gewesen. *Final Judgement* hat außerdem eine Reihe weiterer seltsamer Details über Kings Ermordung aufgedeckt, die auf eine sehr definitive Verbindung zu Israel hindeuten.

Jared Taylor (links), der am bekanntesten für sein Buch ist, in dem er verkündet, dass Schwarze minderwertiger als Weiße sind, hat bereits versucht, einen Vortrag des Autors von *Endgültiges Urteil* Michael Collins Piper zu sabotieren, weil Taylor sich von Pipers Kritik an der CIA und dem Mossad beleidigt fühlte. Taylors Schriften waren Gegenstand von Artikeln in der *National Review* des CIA-Mitarbeiters William F. Buckley Jr. und wurden in dem von Norman Podhoretz geleiteten *Commentary* des American Jewish Committee gelobt. Taylors Ablehnung von *Endgültiges Urteil* ist nicht überraschend, da Taylor hinter den Kulissen bereits Kontakte zum verstorbenen Irwin Suall (rechts) unterhielt, der lange Zeit der Chef-"Ermittler" der ADL war und Taylors Ablehnung sowohl der positiven Diskriminierung als auch von *Endgültiges Urteil* teilte. Carroll & Graf, der New Yorker Verleger von Taylors Buch über Rasse, warb auch für eine Reihe bizarrer Bücher eines gewissen Harrison Livingstone, der die CIA aktiv von jeder Beteiligung am Mord an JFK freispricht und das Verbrechen Lyndon Johnson, seiner Frau Lady Bird und den Ölbaronen von Texas in die Schuhe schiebt.

Robert Welch (links), Gründer der pro-israelischen John Birch Society, spielte eine wichtige Rolle dabei, die Aufmerksamkeit der Konservativen von der möglichen Rolle der CIA bei der Ermordung von JFK in Richtung des KGB abzulenken, indem er die Propagandalinie von James J. Angleton, dem Mossad-Verbindungsmann der CIA, begünstigte. Morris Bealle, ein amerikanischer Konservativer, durchschaute Welchs Spiel schon früh. In der Ausgabe seiner *Capsule News* vom 19. Juni 1965 berichtete Bealle, dass Welch erklärt habe, dass Beleles Buch *The Guns of the Regressive Right* - das mit dem Finger auf die CIA zeigte - „völlig falsch" sei, und behauptete gegenüber den Birch-Mitgliedern, dass nicht die CIA, sondern Lyndon Johnson hinter der Ermordung von JFK steckte. Bealle sagte: „Wir haben alle seine Kommuniqués von 1964 gründlich untersucht ... [die] voll von Angriffen auf Earl Warren und seltsamen Ausdrücken einer herzlichen Verständigung mit ihm über den Mythos, dass „ein Kommunist (d. h. der Lockvogel Oswald) Kennedy getötet hat", waren. Erst am 21. November 1988 pries das amerikanische Magazin *New American* der Birch Society den Bericht der Warren-

Kommission wohlwollend an und behauptete, dass „die Beweise ohne den geringsten Zweifel zeigen", dass Lee Harvey Oswald - ein einsamer kommunistischer Störenfried - JFK getötet hat.

Mehrere Schriftsteller, die sich mit JFK befassen, haben festgestellt, dass das Medienimperium von S. I. Newhouse (links), einer Großmacht der Israel-Lobby, eine Schlüsselrolle bei der Unterdrückung der Beweise für eine Verschwörung im Fall JFK gespielt hat. Es ist wahrscheinlich kein Zufall, dass Newhouse' lebenslanger Freund, der Mafia-Anwalt Roy Cohn (rechts) - der seinen Einfluss nutzte, um Newhouse' Veröffentlichungen zu beeinflussen - ein Feind der Kennedy-Familie war und mit der Mossad-Firma Permindex in Verbindung stand, die eine grundlegende Rolle bei der Verschwörung gegen JFK spielte. Eine Wochenzeitung in der Kleinstadt Newhouse veröffentlichte einen Artikel über *Endgültiges Urteil*, aber der Chefredakteur entfernte Daten, die sich auf die These des Buches bezogen, und ersetzte sie ungeschickt durch einen hochtrabenden Wortschwall, der besagte, dass das Buch „Anschuldigungen in Bezug auf die Ermordung von JFK aufwirft". Michael Collins Piper merkt an: „Es ist vielleicht das erste Mal in der Geschichte, dass ein Presseartikel über ein Buch über die Ermordung von JFK die These des Buches nicht einmal erwähnt".

Nachdem 1997 eine Reihe von landesweiten Berichten über die Behauptungen in *Endgültiges Urteil* berichtet hatte, dass Israel in die Ermordung von JFK verwickelt gewesen sei, veröffentlichte die sehr aufsehenerregende (aber weit verbreitete) Boulevardzeitung *Weekly News*, veröffentlichte eine seltsame (aber zeitlich passende) Titelgeschichte, in der verkündet wurde, Fidel Castro habe „gestanden", dass er der Hauptanstifter des Attentats gewesen sei - eine Geschichte, die ganz dem ursprünglichen Plan der CIA- und Mossad-Verschwörer entsprach, die daran gearbeitet hatten, Lee Harvey Oswald mit Castro und dem sowjetischen KGB in Verbindung zu bringen.

Am 14. Januar 1992 brachte die *New York Post*, die von Rupert Murdoch, einem der größten Unterstützer Israels, herausgegeben wird, eine mythische Geschichte (links) in Umlauf, der zufolge Jimmy Hoffa, der Chef der Teamster, letztlich für die Ermordung von JFK verantwortlich war. Die Geschichte war von Jack Newfield geschrieben worden, einem Kolumnisten, der für seine Sympathie für Israel bekannt war. Wie die oben abgebildete Geschichte „Castro tötete JFK" ist dies alles Teil der Bemühungen pro-israelischer Fraktionen in den Medien, die Wahrheit über den Mord an Präsident Kennedy zu verschleiern und die Öffentlichkeit mit extrem konkurrierenden und unterschiedlichen Theorien zu verwirren. Die Leser sagen, dass „*Judgement Day*" das erste Buch ist, das die meisten konventionellen Theorien auf eine endgültige und vernünftige Weise miteinander verknüpft.

Nach *Endgültiges Urteil* schickte der Autor Michael Collins Piper einen ersten Entwurf seines Buches an Paul Findley (links), den hoch angesehenen ehemaligen liberalen Kongressabgeordneten aus Illinois. Findley schrieb an Piper und enthüllte, dass er (Findley) vier Jahre lang eine lange Korrespondenz mit einem ehemaligen europäischen Diplomaten und Geheimdienstoffizier geführt hatte, der unter den Händen des Mossad gelitten hatte. Während dieser Zeit, so merkte Findley an, habe der Diplomat Findley dazu gedrängt, ein Buch über die Rolle des Mossad bei der Ermordung von JFK zu schreiben. Findley bot auch an, Pipers Manuskript an den Diplomaten weiterzuleiten, damit dieser es begutachten könne. Nachdem er das Manuskript erhalten hatte, kontaktierte der Diplomat Piper und gab ihm Insiderinformationen über die sogenannte „französische Verbindung" - von der der Diplomat behauptete, sie sei in Wirklichkeit eine Schlüsselverbindung des Mossad - mit der Ermordung JFKs. Die Details bestätigten Pipers erste Schlussfolgerungen, und auf der Grundlage der Beiträge des Diplomaten setzte Piper seine Nachforschungen fort und verbesserte sein Manuskript über die „französische" Verbindung vor der Veröffentlichung wesentlich.

Am 16. November 2003, nur wenige Tage vor dem 40. Jahrestag der Ermordung von JFK, verlieh die „rechte" zionistische Organisation Amerikas Kriegstreiber - eine führende pro-israelische Organisation - ihren Preis für „herausragenden Journalismus" an Joseph Farah (rechts), den Chefredakteur von *WorldNetDaily*, einer im Internet verfügbaren Tageszeitung. Der Preis kam kurz nachdem Farah damit begonnen hatte, ein neues Buch mit dem Titel *Triangle of Death: The Shocking Truth About the Role of South Vietnam and the French Mafia in the Assassination of JFK* zu bewerben. Obwohl die Autoren in mancher Hinsicht Michael Collins Pipers Recherche über die „französische Verbindung" mit der JFK-Verschwörung widerspiegelten, vermieden es Farahs Autoren sorgfältig, die vielfältigen Mossad-Verbindungen zu erwähnen, die man über die „französische Verbindung" finden kann. Was die Autoren als „neue" Beweise bezeichnen - ein CIA-Dokument über einen französischen Söldner - war bereits von Piper und Dutzenden von Autoren, die sich vor ihm mit dem Fall JFK befassten, angemerkt worden. Da Farah sowohl für seine starke Unterstützung für Israel - trotz seines arabischen Erbes - als auch für seine Verbindungen zum Milliardär Richard Scaife (der lange Zeit in die Machenschaften der CIA verwickelt war) bekannt ist, vermutet Piper, dass Farahs Buch „tendenziöse Propaganda" ist, die dazu gedacht ist, das Bild zu verzerren und die tatsächliche Wahrheit über die „französische Verbindung" zu unterdrücken.

Im Folgenden wird oben ein (ehemals) geheimes Dokument vom 6. Oktober 1976 aus dem Büro der Abteilung für Militärjustiz des Verteidigungsministeriums wiedergegeben. In diesem bisher unveröffentlichten Dokument wird die Weigerung der französischen Regierung bekannt gegeben, Pierre Neuville, einem ehemaligen französischen Diplomaten und Geheimdienstmitarbeiter, der in Abwesenheit wegen „Hochverrats" und „Gefährdung der Staatssicherheit" zu 20 Jahren Zwangsarbeit verurteilt wurde, weil er ein gemeinsames Komplott des französischen Geheimdienstes und des Mossad zur Ermordung des ägyptischen Präsidenten Nasser im Jahr 1956 aufgedeckt hatte, Gnade zu gewähren. Pierre - der aus Frankreich ins Exil geflohen war - versorgte Michael Collins Piper später mit wichtigen Informationen, die er für die Abfassung von *Endgültiges Urteil"* benötigte. Dieses bis dahin geheime Dokument (das 1976 versehentlich an Pierre weitergegeben wurde, der es später an Piper weitergab) bestätigt, dass Pierre im Auftrag des französischen Geheimdienstes in eine Verschwörung auf höchster Ebene verwickelt war (trotz der offiziellen gegenteiligen Behauptung der französischen Regierung heute). Pierre ist der Ansicht, dass Bernard Ledun (der französische Regierungsbeamte, der das Dokument gegen den Willen seiner Vorgesetzten veröffentlichte) am 1. Februar 1994 in Paris als Vergeltungsmaßnahme ermordet wurde, als der Mossad herausfand, dass Pierre eine Quelle für Piper bei der Erstellung von *Endgericht* war. Pierres Adresse wurde entfernt, um sein Privatleben zu schützen.

Margaret Truman, die Tochter von Präsident Harry Truman (links), beschuldigte in einer 1973 erschienenen Biografie über ihren Vater, dass israelische Agenten bereits versucht hätten, ihren Vater zu ermorden. 1992 enthüllte der ehemalige Mossad-Offizier Victor Ostrovsky (rechts), dass eine Fraktion des Mossad die Ermordung von Präsident George H. W. Bush geplant hatte, nachdem Bush aus Israel geflohen war. Obwohl pro-israelische Anhänger wütend über die angebliche Beteiligung des Mossad an der Ermordung von JFK sind, wird in Israel allgemein anerkannt, dass der israelische Geheimdienst eine Rolle bei der Ermordung des israelischen Premierministers Yitzhak Rabin im Jahr 1995 (unten links) gespielt hat. John F. Kennedy Jr. (unten rechts) verärgerte die israelische Lobby, als er in seinem Magazin *George* Behauptungen über die Zusammenarbeit des israelischen Geheimdienstes bei der Ermordung von Rabin veröffentlichte. Kurz vor dem Tod von JFK Jr. erhielt der Autor von *Final Judgement* Michael Collins Piper einen anonymen maschinengeschriebenen Brief, in dem Piper für seinen „Mut" gelobt wurde und in dem es hieß, dass der Verfasser des Briefes „wusste", dass Pipers These richtig war. Piper fand später heraus, dass die maschinengeschriebene Absenderadresse auf dem Umschlag die des Büros des Magazins von JFK Jr. war. Außerdem unterstützten enge Freunde einer großen Persönlichkeit aus dem inneren Kreis des Weißen Hauses von JFK privat Pipers These, dass der Mossad in den Mord an JFK verwickelt sei.

Als Jack Ruby nach der Ermordung von JFK (rechts) das Polizeihauptquartier in Dallas überwachte, erklärte Ruby, er habe als „Übersetzer" für israelische „Journalisten" am Tatort gearbeitet, die bis heute nicht identifiziert worden seien. Am Tag des Attentats waren tatsächlich Israelis in Dallas, darunter die Mossad-Figur und spätere israelische Premierministerin Yitzhak Rabin, damals ein hochrangiger Militäroffizier, angeblich auf einer „militärischen Informationstour", wie Rabins Witwe berichtete. Zwei Wochen später wurde Rabin zum Generalstabschef der israelischen Verteidigungsstreitkräfte befördert. Das beweist zwar nichts, ist aber ein Detail für die Akten. Die Frage, warum nie ein Forscher versucht hat, die Israelis zu identifizieren, die bei Ruby waren, bleibt ein Rätsel.

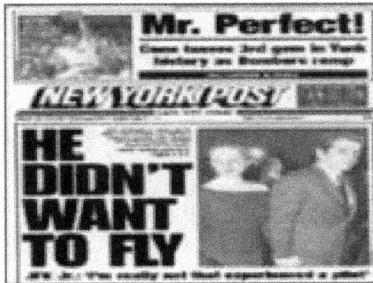 

Der israelisch-amerikanische Doppelbürger und ehemalige Mossad-Agent, der Schriftsteller C. David Heymann (rechts), tauchte am Tag nach der Tragödie, bei der John F. Kennedy Jr. ums Leben kam, auf und erzählte eine Geschichte, die jetzt wie eine völlig betrügerische, wenn auch weithin hervorgehobene Geschichte aussieht (oben), die „erklären" sollte, warum der Flugzeugabsturz von JFK Jr. ein Unfall und nichts anderes war. Die Frage ist, ob Heymann im Auftrag des Mossad unterwegs war, als er diese Geschichte erzählte - und wenn ja,

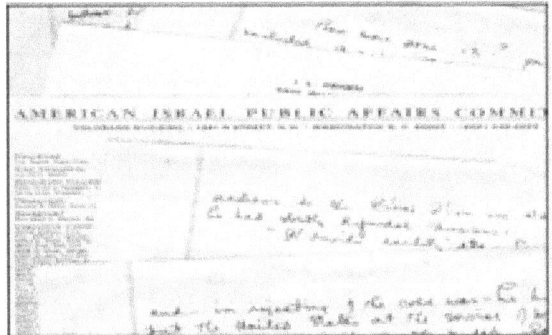 

Kurz bevor die fünfte Auflage von *Endgültiges Urteil* in Druck ging, hinterließ eine anonyme Quelle ein Paket mit aufschlussreichen Dokumenten vor dem Büro des Autors (links). Die Dokumente aus dem Jahr 1976 enthielten bittere, handgeschriebene Angriffe auf JFK und seine Politik gegenüber Israel von niemand geringerem als I. L. Kenan, dem Gründer der Israel-Lobby American Israel Public Affairs Committee (AIPAC). Kenans Angriffe auf JFK belegen zweifelsfrei, dass JFK kein „großer Freund Israels" war, wie es die Israel-Lobby (und einige Wissenschaftler) suggeriert hatten, um der Gründungsthese von *„Endgültiges Urteil"* entgegenzuwirken. Das Buch *Support Any Friend* (rechts) von Warren Bass aus dem Jahr 2003, der allererste Überblick über JFKs Nahostpolitik, wurde von pro-israelischen Stiftungen finanziert und ist eindeutig Teil der Operation, das wachsende Bewusstsein für die in *Endgültiges Urteil* aufgestellten Behauptungen zu entschärfen. Das von Israel gesponserte Buch bringt das verdrehte und eindeutig irreführende Argument vor, dass JFKs Konflikt mit Israel die Beziehung zwischen den USA und Israel gestärkt habe, und behauptet, weil JFK Israel mit konventionellen Waffen versorgt habe (wobei er in der Hoffnung, Israel vom Bau von Atomwaffen abzuhalten, regelrecht erpresst wurde), sei dies gewissermaßen ein „Beweis" dafür, dass JFK der geistige Vater der „besonderen Beziehung" zwischen den USA und Israel gewesen sei. Es ist nicht überraschend, dass die amerikanischen Medien, insbesondere jüdische Zeitungen, das Buch weit verbreitet haben. Kritiker von *Endgültiges Urteil* zitieren Bass' Buch als eine wirksame Widerlegung von *Endgültiges Urteil*. Dies ist nicht der Fall.

Foreign Relations of the
United States, 1961–1963

Volume XVII

Near East
1961–1962

Die oben vorgestellte offizielle Veröffentlichung der US-Regierung (veröffentlicht 1994) veröffentlichte zum ersten Mal lange Zeit unter Verschluss gehaltene diplomatische Dokumente der USA, die belegten, dass es zwischen JFK und Israel tatsächlich einen erbitterten Konflikt über Israels Entschlossenheit, ein Atomwaffenarsenal aufzubauen, gegeben hatte. Die Dokumente zeigen auch, dass andere Aspekte von JFKs Politik in Bezug auf Israel sehr umstritten waren. Das neuere Buch *Israel and the bomb* des israelischen Historikers Avner Cohen wirft ebenfalls ein neues Licht auf den lange Zeit geheim gehaltenen Konflikt zwischen JFK und Israel, obwohl Cohen selbst das Jüngste *Gericht* anprangerte. Aufschlussreiche Auszüge aus einigen der relevantesten amerikanischen Dokumente finden Sie auf den folgenden zwei Seiten...

„Im Rahmen einer wohlüberlegten Politik lehnen wir es nach wie vor ab, dass Israel eine nukleare Waffenfähigkeit erwirbt."

Auszug aus: Memo des amtierenden stellvertretenden Staatssekretärs für Angelegenheiten des Nahen Ostens und Südasiens (Meyer) an den stellvertretenden Unterstaatssekretär für politische Angelegenheiten (Johnson), 19. Oktober 1961.

> Wir haben Israel gegenüber wiederholt auf höchster Ebene unsere Ablehnung der Verbreitung von Atomwaffenkapazitäten zum Ausdruck gebracht... Wir würden nicht zögern, Israel gegenüber unsere Überzeugung fest zu bekräftigen, dass es nicht im Interesse Israels oder dieses Landes liegt, dass Israel sich an Programmen beteiligt, die auf die Herstellung von Atomwaffen abzielen... Ich bin zuversichtlich, dass die anhaltende Aufmerksamkeit, die wir diesem Problem widmen, Israel davon abhalten wird, eine Atomwaffenkapazität aufzubauen".

Auszug aus: Brief von Staatssekretär Rusk an den Unterstaatssekretär für Verteidigung (Gilpatric), 30. August 1961.

> Die Argumente der US-Außenpolitik für eine besondere Vereinbarung zur nationalen Sicherheit mit Israel und für die Lieferung der Hawk-Rakete wurden hinzugefügt. *Diese Argumente sind nicht sehr zahlreich.* [Hervorhebung durch Michael Collins Piper].

Auszug aus: Brief von Staatssekretär Rusk an den Unterstaatssekretär für Verteidigung (Gilpatric), 30. August 1961

Argumente für und gegen eine Sonderregelung zur nationalen Sicherheit mit Israel.

a. *Für*

i. **Aus außenpolitischer Sicht** *gibt es keine Vorteile* [Hervorhebung durch Michael Collins Piper].
ii. **Aus nationaler Sicht wären die amerikanischen Unterstützer Israels glücklich und weniger kritisch gegenüber unserer Politik.**

b. *Gegen*

i. Dies wäre eine direkte Herausforderung der USA an die Araber, da es das wachsende Vertrauen der Araber in unsere Unparteilichkeit zerstören und die schützende Decke der Vereinten Nationen, hinter der wir die meisten palästinensischen Fragen behandeln, wegnehmen würde.

ii. Dies könnte nicht durch die Schaffung einer gleichwertigen Beziehung zu den Arabern ausgeglichen werden.

iii. Dadurch würden die USA in den Augen der Araber für jedes israelische Militärunternehmen verantwortlich gemacht.

iv. Dies würde die fanatischeren Araber dazu ermutigen, ähnliche Beziehungen zur Sowjetunion zu suchen, und es würde den Sowjets eine sehr nützliche Propagandawaffe in die Hand geben.

v. Es wäre das einzige amerikanische Sicherheitsarrangement mit einem anderen Land, das sich nicht gegen den chinesisch-sowjetischen Block richtet und uns weitere Probleme mit Pakistan bereiten würde, da sich weigert, die pakistanische Seite im Kaschmir-Streit zu übernehmen.

vi. Dies würde zu einem Anstieg der israelischen Nachfrage nach hochentwickelten Waffen führen. Dies würde größeren Druck auf die den USA wohlgesonnenen arabischen Führer ausüben.

vii. Dies wäre für die Aufrechterhaltung der Sicherheit Israels nicht notwendig.

viii. Dies würde zu Sicherheitsproblemen für das Verteidigungsministerium führen.

Wir halten es für wichtig, dass wir dem israelischen und nationalen Druck auf eine besondere Beziehung im Bereich der nationalen Sicherheit nicht nachgeben. Ein militärisches Bündnis mit Israel würde das empfindliche Gleichgewicht zerstören, das wir in unseren Beziehungen im Nahen Osten aufrechterhalten wollen [Hervorhebung durch Michael Collins Piper].

Auszug aus: Note des Stellvertretenden Staatssekretärs für Angelegenheiten des Nahen Ostens und Südasiens (Talbot) an Staatssekretär Rusk, 7. Juni 1962.

FÜNF ANSICHTEN ÜBER DIE VERBINDUNGEN DES MOSSAD ZUR VERSCHWÖRUNG ZUR ERMORDUNG VON JFK

Unten und auf den folgenden drei Seiten finden Sie fünf verschiedene Grafiken, von denen jede (auf ihre Weise) die Kontinuität der Verbindung des Mossad mit allen in Kontakt stehenden Elementen, die auf die eine oder andere Weise in das JFK-Mordkomplott verwickelt waren, demonstriert. Diese Grafiken wurden vom Autor des Buches „*Endgültiges Urteil*", Michael Collins Piper, entworfen.

„Die Mafia"		
Die Franzosen auf Korsika	Die französische OAS	Der militärisch-industrielle Komplex
Die Verheimlichung von Medien	Die „Korrupten" der CIA	Anti-Castro-Kubaner

Dieses erste Modell zeigt eine Schachtel (die Michael Collins Piper als „Mossad-Box" bezeichnet), in der eine Vielzahl kleinerer Schachteln in einem perfekten Quadrat zusammenpassen. Der schattierte Bereich stellt das Mossad-Gelenk dar, das mit allen anderen allgemein anerkannten „Verdächtigen" in Kontakt steht, die mit dem Mord an JFK und seiner Vertuschung in Verbindung gebracht werden. Laut Piper zeigt dieses Modell, dass alle wichtigen und weithin anerkannten Theorien über die Ermordung von JFK relativ leicht in die „Mossad-Box" passen, wenn alle Beweise (wie sie in *„Final Judgement"* dargelegt sind) zusammenkommen. Piper fügt hinzu, dass „Ölbarone" und „Rechtsextremisten" sowie das FBI selbst ebenfalls auf die Liste gesetzt werden könnten, wie *Final Judgement* gezeigt hat.

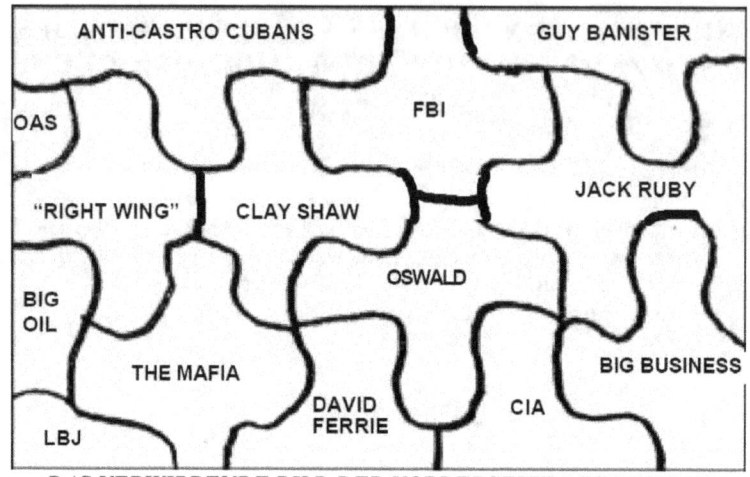

DAS VERWIRRENDE BILD DER VORDERSEITE DES PUZZLES

Diese zweite Vorlage zeigt ein Puzzle, das viele scheinbar disparate Teile (oben) enthält, die eine Ansicht einer scheinbar komplexen Verschwörung präsentieren. Alle Teile auf der Vorderseite des Puzzles sind im Geheimdienstjargon „falsche Banner", die mit ausgezeichnetem Geschick eingesetzt werden, um diejenigen zu verwirren, die herausfinden wollen, wer John F. Kennedy wirklich getötet hat - und warum. Wenn Sie sich jedoch die „Rückseite des Puzzles" (unten) ansehen, sehen Sie, dass alle Teile zusammen ein überraschend klares Bild der israelischen Flagge illustrieren.

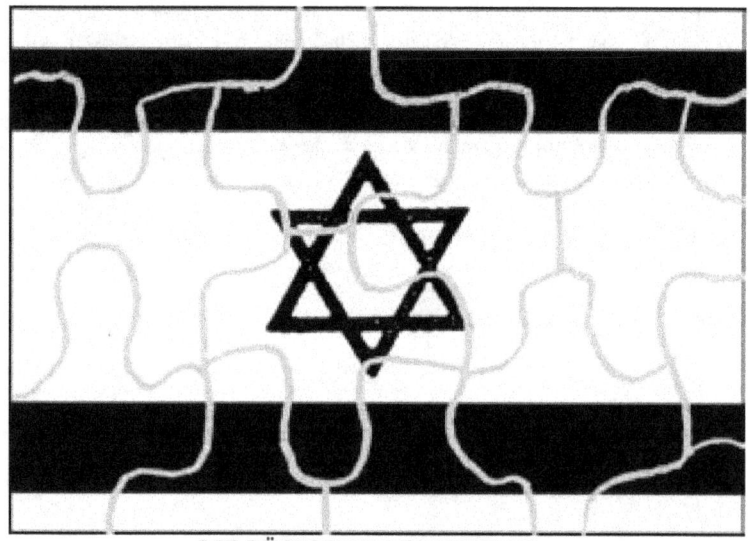

DIE RÜCKSEITE DES PUZZLES....

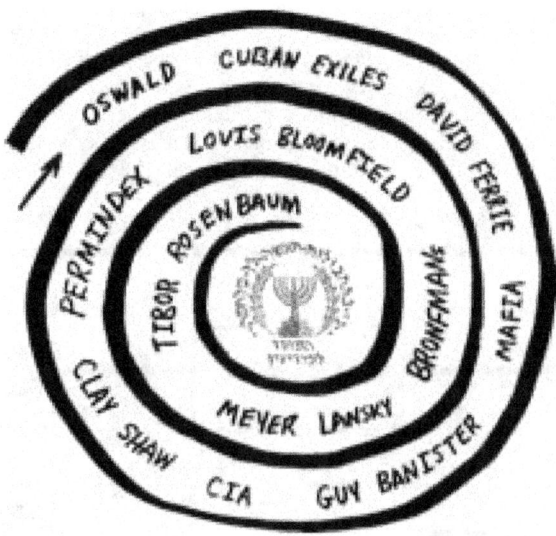

Dieses dritte Modell eines kreisförmigen „Tunnels" (oben abgebildet) veranschaulicht, wie man, wenn man hinter die Kulissen der Untersuchung der mit dem Mordkomplott gegen JFK verbundenen Schlüsselakteure blickt, schließlich zum Kern der Verschwörung gelangt: dem israelischen Mossad, der in diesem Modell durch das Mossad-Logo in der Mitte repräsentiert wird.

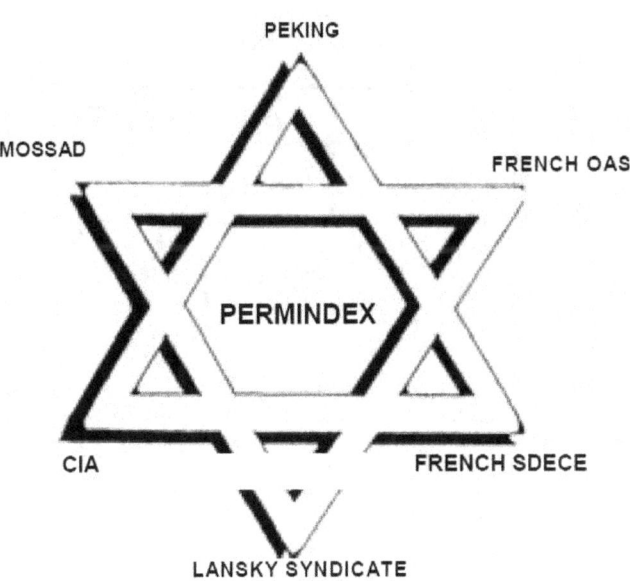

Dieses vierte Modell - Piper nennt es den „Permindex-Stern" - zeigt ebenfalls die zentrale Stellung der Mossad-Verbindung zu allen Schlüsselakteuren, die auf die eine oder andere Weise in die Verschwörung und Vertuschung des JFK-Mordes verwickelt waren. Dieses Muster umfasst auch die „Peking"-Verbindung, die sich auf das geheime gemeinsame Programm zur Herstellung von Atombomben zwischen Israel und Rotchina bezieht, das von Shaul Eisenberg vom Mossad, einem Hauptakteur im Permindex-Netzwerk, geschmiedet wurde.

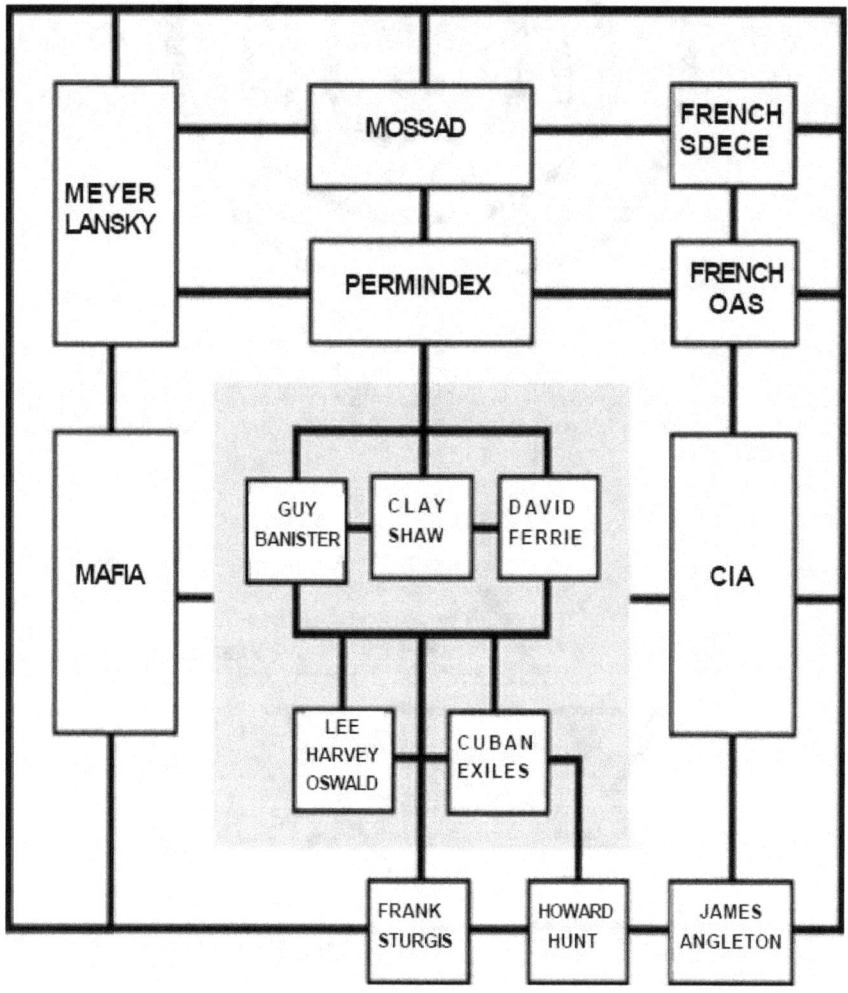

Diese Grafik veranschaulicht die Verbindungen des Mossad zu den Hauptakteuren der Verschwörung gegen JFK, insbesondere zu den Mitgliedern der CIA und des Lansky-Syndikats in New Orleans, die Lee Harvey Oswald im Sommer 1963 als „Pro-Castro-Agitator" „verkleideten". (Beachten Sie jedoch, dass die Grafik nicht viele andere signifikante Verbindungen aufzeigt; zum Beispiel: Jack Rubys Verbindungen zu Lansky und dem israelischen Waffenschmuggel oder die Kontrolle der Chicagoer Mafia durch den

Mossad-Mitarbeiter Hyman Larner. Er erwähnt auch nicht die wahrscheinliche Rolle der korsischen Auftragskiller, die von israelischen Sympathisanten des französischen Geheimdienstes angeworben wurden. Die Beziehung zwischen all diesen scheinbar unterschiedlichen Beteiligten wird in *Endgültiges Urteil* beschrieben. Die meisten Forscher gehen nicht über die Verbindung „CIA-Mafia" in New Orleans hinaus (veranschaulicht durch den grau unterlegten Bereich). Doch selbst Frank Sturgis - ein alter CIA- und Mossad-Agent, der behauptete, an der Ermordung von JFK beteiligt gewesen zu sein - kann aufgrund seiner Rolle bei der Ausbildung von Anti-Castro-Exilkubanern außerhalb von New Orleans als Teil dieser Verbindung betrachtet werden. Die Forscher, die behaupten, dass „Die Mafia tötete JFK", missachten sorgfältig Clay Shaws Verbindung zum Lansky-Syndikat über die Permindex.

Der bekannte israelische Journalist Barry Chamish (links) schrieb kürzlich, dass *Final Judgement* „einen überzeugenden Beweis dafür liefert, dass der Mossad die treibende Kraft hinter der Ermordung von JFK ist". Als selbsternannter „Zionist", der „der Stärke und dem Überleben Israels verpflichtet" ist, akzeptiert Chamish das Argument von *Endgültiges Urteil*, dass die Firma Permindex eine Fassade des Mossad für verdeckte Operationen war und dass es plausibel ist, dass der israelische Premierminister Ben-Gurion das Know-how des Mossad in die Verschwörung zur Ermordung von JFK einbrachte, weil er mit JFKs Widerstand gegen die israelischen Atomziele unzufrieden war. Zuvor, am 31. August 1996, traf Ray Kalainikas, ein Leser von „*Endgültiges Urteil*", den bekannten SCB-Moderator Walter Cronkite (rechts) auf dem West Tisbury Agricultural Market in Marthas Weinanbaugebiet. Kalainikas skizzierte Cronkite die These vom *Jüngsten Gericht*, und dieser hörte aufmerksam zu. Dann blickte Cronkite zum Meer und machte eine kurze, knappe Bemerkung: „Ich sehe keine Gruppe - mit Ausnahme des israelischen Geheimdienstes -, die das Mordkomplott gegen JFK so lange unbemerkt hätte aufrechterhalten können."

Die Idee, dass sich der israelische Mossad gegen einen amerikanischen Präsidenten verschworen hat - eben die These vom *Jüngsten Gericht* - gewann an Glaubwürdigkeit, als Gordon Thomas in seinem Buch *Gideon's Spies* enthüllte, dass der Mossad Präsident Bill Clinton mit illegal aufgezeichneten Gesprächen zwischen dem Präsidenten und Monica Lewinsky erpresst hatte. Diese Enthüllung befeuerte die Amtsenthebungskampagne gegen Clinton zu einer Zeit, als der Konflikt zwischen Clinton und Israel an Fahrt gewann. Später brachte Clinton die Israel-Lobby zur Verzweiflung, indem sie öffentlich Fragen über das „geheime" israelische Atomwaffenprogramm aufwarf - und damit in die Fußstapfen ihres Helden John F. Kennedy trat, der privat das Gleiche getan hatte. Obwohl viele „Verbindungen" zwischen Israel und den Umständen rund um die Lewinsky-Affäre tatsächlich aufgetaucht sind, muss die vollständige Geschichte der Rolle des Mossad in dieser Affäre noch erzählt werden.

Nachdem die in „*Endgültiges Urteil*" dargelegten Fakten über den alten Konflikt zwischen der Kennedy-Familie und Israel zunehmend ins öffentliche Bewusstsein gerückt waren, unternahm die Israel-Lobby eine große Anstrengung, um die unbequeme Wahrheit zu unterdrücken. Am 3. Juni 1998 fand anlässlich einer einwöchigen Feier zum 50. Jahrestag der Geburt Israels in der Union Station in Washington D. C. (oben abgebildet), gab es eine Sondersendung: „Erinnerung an Robert Kennedy", die von der Anti-Defamation League gesponsert wurde. In der Sendung wurde betont, dass „diese Veranstaltung eine Hommage an die starke Verbindung zwischen der Kennedy-Familie und dem Staat Israel war", obwohl es sich natürlich nur um einen Mythos handelt, der keinerlei Einfluss auf die geopolitische oder historische Realität hat.

Die US-Banknote von 1966 (oben) befindet sich im Besitz eines hoch angesehenen ehemaligen Kritikers der Federal Reserve Bank. Ihre Existenz beweist zweifelsfrei, dass es ein absoluter Mythos ist, dass nach der Ermordung von JFK keine US-Banknoten ausgegeben wurden, und widerlegt die Theorie, dass JFK getötet wurde, weil er angeordnet hatte, die US-Banknoten aus dem Verkehr zu ziehen, und dass sein Nachfolger Lyndon Johnson nach seinem Tod die Anordnung von JFK umgestoßen hätte. *Urteil Final* belegt, dass JFKs Anordnung nichts mit den US-Banknoten zu tun hatte. Obwohl die Kennedy-Familie gegen die Federal Reserve war und schließlich vorhatte, dieses Monopol anzufechten, hat der Mythos über „JFKs Greenbacks" die Debatte über die Verschwörung gegen JFK verwischt und ist ein Mythos (bei dem so viele Menschen Wunschdenken hatten), der sich trotz der Tatsachen einfach weigert zu verschwinden.

Zahlreiche Anhänge und vollständige Bibliografie in: *Endgültiges Urteil II - Das fehlende Glied in der Ermordung von JFK*

ANDERE PUBLIKATIONEN

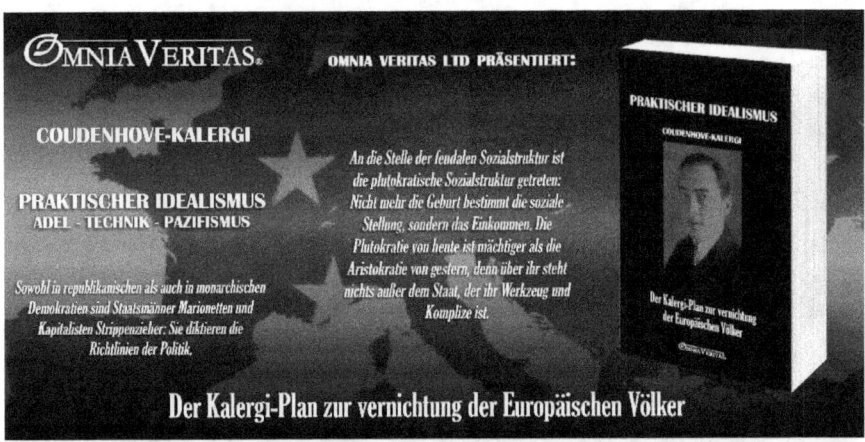
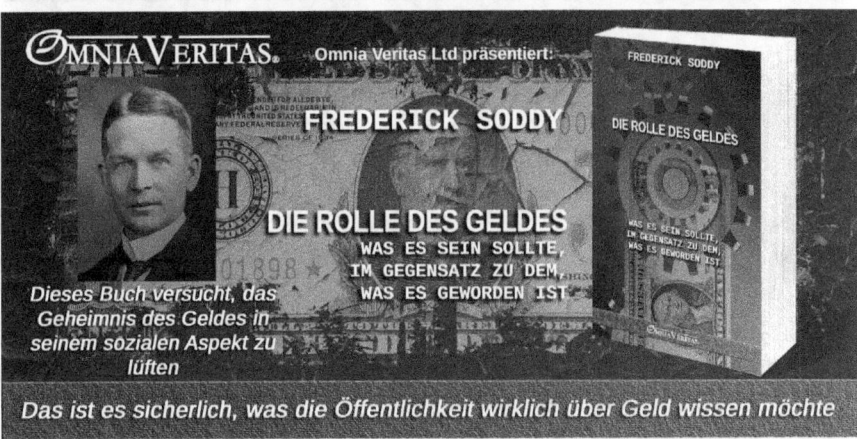

www.ingramcontent.com/pod-product-compliance
Lightning Source LLC
Chambersburg PA
CBHW050326230426
43663CB00010B/1756